六朝江南地域史研究

中村圭爾 著

汲古書院

汲古叢書 68

六朝江南地域史研究　目　次

序章　六朝江南地域史研究史 ……………………………………………… 3
　第一節　六朝史と江南地域史 …………………………………………… 3
　第二節　日本における六朝江南地域史 ………………………………… 7
　第三節　中國における六朝江南地域史研究 …………………………… 19
　第四節　建康研究 ………………………………………………………… 36

第一編　江南社會と流民

第一章　東晉時期揚州の流民に關する一考察 …………………………… 69
　はしがき ……………………………………………………………………… 69
　第一節　東晉初太興四年の流民對策 …………………………………… 70
　第二節　揚州流民の著籍 ………………………………………………… 77
　第三節　義熙土斷 ………………………………………………………… 82
　むすび ……………………………………………………………………… 84

第二章　東晉南朝における豫州・南豫州について ……………………… 89
　はしがき …………………………………………………………………… 89

第一節　豫州から南豫州へ ………………………………………………………… 90
　第二節　東晉宋齊政權と豫州・南豫州 …………………………………………… 102
　むすび ………………………………………………………………………………… 117

第三章　南朝政權と南徐州社會 ……………………………………………………… 124
　はしがき ……………………………………………………………………………… 124
　第一節　南徐州の概要 ……………………………………………………………… 125
　第二節　南徐州社會 ………………………………………………………………… 131
　第三節　王朝の南徐州運營 ………………………………………………………… 137
　むすび ………………………………………………………………………………… 141

第二編　江南の開發と地域性

第四章　六朝時代三吳地方における開發と水利についての若干の考察 ………… 159
　はしがき ……………………………………………………………………………… 159
　第一節　三吳地方の地勢 …………………………………………………………… 160
　第二節　三吳地方の水利關係施設 ………………………………………………… 164
　第三節　開發と水利 ………………………………………………………………… 176
　第四節　水利事業をめぐる諸問題 ………………………………………………… 182
　むすび ………………………………………………………………………………… 192

目次

第五章　六朝江南の地域社會と地域性 …………………………… 203
　はしがき ……………………………………………………………… 203
　第一節　後漢三國の三吳と建業 …………………………………… 204
　第二節　東晉の僑民と三吳 ………………………………………… 208
　第三節　各小地域の役割 …………………………………………… 210
　第四節　地域的役割と地域性 ……………………………………… 213
　むすび ………………………………………………………………… 215

第六章　建康と三吳地方 ……………………………………………… 222
　はしがき ……………………………………………………………… 222
　第一節　建康の人口 ………………………………………………… 223
　第二節　三吳地方の小商業 ………………………………………… 231
　第三節　三吳地方の産業 …………………………………………… 238
　むすび ………………………………………………………………… 244

第七章　六朝時期會稽郡の歴史的役割 ……………………………… 252
　はしがき ……………………………………………………………… 252
　第一節　會稽郡の産業とその特質 ………………………………… 253
　第二節　消費と流通 ………………………………………………… 257
　第三節　會稽郡の社會の變化 ……………………………………… 262

目次 4

むすび ……………………………………………………………… 265

第三編　江南六朝墓と出土品

第八章　南京附近出土六朝墓に關する二三の問題 ……… 271

はしがき ……………………………………………………… 271
第一節　形式と規模について ……………………………… 272
第二節　所在地をめぐって ………………………………… 279
第三節　いわゆる宗族墓 …………………………………… 285
むすび ………………………………………………………… 291

第九章　江南六朝墓出土陶瓷の一考察 …………………… 323

はしがき ……………………………………………………… 323
第一節　江南六朝墓の概觀 ………………………………… 325
第二節　副葬陶瓷の組合せ ………………………………… 328
第三節　生産と流通 ………………………………………… 363
むすび ………………………………………………………… 375

第十章　東晋南朝の碑・墓誌について …………………… 384

はしがき ……………………………………………………… 384
第一節　文獻にみえる碑・墓誌 …………………………… 386

目次

第二節　現存・新出の碑・墓誌 …………………………………………………… 392
第三節　著録・新出の碑・墓誌の關係 …………………………………………… 395
補章　江南新出土六朝墓と墓誌 …………………………………………………… 407
　はしがき ……………………………………………………………………………… 407
　第一節　墓の形式と規模 …………………………………………………………… 408
　第二節　一族墓 ……………………………………………………………………… 414
　第三節　墓誌 ………………………………………………………………………… 423
　むすび ……………………………………………………………………………… 430

第四編　建康研究

第十一章　建康の「都城」について ……………………………………………… 453
　はしがき …………………………………………………………………………… 453
　第一節　文獻における「都城」 …………………………………………………… 454
　第二節　建康の水系 ………………………………………………………………… 459
　第三節　都城位置の推測 …………………………………………………………… 463
　第四節　秋山説への疑問 …………………………………………………………… 467
　むすび ……………………………………………………………………………… 470

附章　建康都城の位置に關する一試論 …………………………………………… 476
　はしがき …………………………………………………………………………… 476

第一節　都城位置の舊說	476
第二節　『建康實錄』注の記事	477
第三節　古水道の位置と都城位置の推測	479
第四節　本說の別側面からの補強	480
第五節　本說への疑問とその解說	482
第十二章　建康と水運	484
はしがき	484
第一節　建康の水路とその整備	485
第二節　宮城・都城と居住區	490
第三節　水運と商業	499
むすび	504
第十三章　建康における傳統と革新	513
はしがき	513
第一節　王朝の正統性と都城建設	514
第二節　建康の傳統的要素	517
第三節　建康における新機軸と革新的要素	525
むすび	534

目次

附編

第十四章　臺傳―南朝における財政機構―
はしがき ……… 557
第一節　臺傳に關する史料 ……… 557
第二節　臺傳の意味 ……… 559
第三節　臺傳の組織 ……… 563
第四節　臺傳の機能 ……… 566
むすび ……… 569

第十五章　南朝戸籍に關する二問題
はしがき ……… 576
第一節　籍注と士庶 ……… 576
第二節　籍注僞濫の實態 ……… 578
むすび ……… 585

第十六章　六朝史と「地域社會」
はしがき ……… 592
第一節　六朝史研究における「地域」的視點 ……… 597
第二節　六朝時代の「地域」の具體像とその歷史的性格 ……… 600
むすび ……… 607
……… 619

あとがき……1 索引……625

六朝江南地域史研究

序章　六朝江南地域史研究史

第一節　六朝史と江南地域史

一

六朝史の主たる舞臺は江南である。そして六朝史と江南地域は不可分の關係にある。それはただ吳、東晉、宋、南齊、梁、陳六王朝の國都が建康にあっただけでなく、六朝の歷史を構成する諸現象、すなわち政治、軍事、經濟、社會、民族、文化などあらゆる分野と、江南地域の地域性とが相互に不可分に結合し、相互の規定的條件として存在しつつ、六朝史と江南地域の地域性とを實現していたからである。本書が標榜する六朝江南地域史研究とは、六朝史をそのように相互に規定しつつ、みずからの地域性をも實現した江南地域を歷史的に分析しようとするものである。

もちろん、六朝史が歷史研究上の他の時代とおなじく、政治、經濟、社會、文化など、あらゆる歷史的現象を包含する概念であることはいうまでもない。そしてそれら諸現象は、本來、歷史の所產であり、連綿たる中國史の傳統のなかから生成されたものである。したがって、それらは基本的には歷史の主體である人間と社會の所在地の自然的條

件などによって決定的に規定されるものではありえず、たとえば江南であろうと華北であろうと、所與の自然條件の一定の影響はあっても、いずれの地においても普遍性をもつ歴史が成立し、展開するはずのものである。

六朝史にも、當然それは妥當する。しかしながら、六朝史には、漢魏西晉史の歴史的傳統の延長上、ないし系譜上で理解しがたい歴史的諸現象が出現、存在しているようにみえる。それらは漢魏西晉史の歴史的傳統のみを基礎にして成立したものというよりは、その歴史的傳統がなんらかの外部的規定をうけた結果生じたものではないかとおもわれるのである。すなわち、分裂時代であったとはいえ、中國史上、はじめて皇帝權力とその支配地域が華北以外の土地に出現した吳の歴史的諸現象のなかには、秦漢の歴史的傳統では説明できないものが存在するようにみうけられる。そして、それは吳の所在地である江南地域の地域性によるところがおおきいと豫測されるのである。そのことは、東晉以下においても同樣である。

ここでいう江南地域とは、主として長江下流南岸、江蘇安徽兩省江南部、浙江省北部に包含された地域、舊三吳地域を指す。この地域は、現在においても、その地貌、地質、土壌、氣候などの自然條件をほぼ共有し、ひとつのまとまりのある地域とみなすことができるが、歴史的にみても、漢唐間の江南認識を明示する『史記』地理志の火耕水耨、飯稻羹魚（食稻與魚）の表現が、この地域が他と異なる社會と習俗をもつひとまとまりの世界であったことをものがたっている。

ではその地域の地域性とはなにか。それこそがじつは本書の主要な課題であるが、そこにはいまのべたようなさまざまな自然條件ももちろんふくまれるし、人文的條件もふくまれる。いまあげた『史記』をはじめとする正史のなかでは、各地の土壌、物産、社會經濟の状況や人物、風俗習慣などが、地域の差を表現する指標としてもちいられている。中國史において、地域的性格とそれによる歴史の變化を明確に主張したのは、桑原隲藏「歴史上より觀たる南北

支那」であるが、この論文は、自然條件、物產、人文的條件その他で、南北、すなわち長江流域と黃河流域とで顯著な差があること、人材、戶口、物力など、上代では華北がはるかに華中を壓倒していたのが、晉室の南渡によって南方の開發が進み、やがて時がたつにつれて南が北を凌駕することを概括的にのべたものである。そこでは、自然條件、物產、人文的條件、人材、戶口、物力などが南北中國の地域性を表現する事物、現象として認識されている。さらにそれらを基盤にした經濟的社會構成の諸要素や諸產業、社會の內實、風俗習慣から、價値觀にいたるあらゆるもの、しかも他と差別化されたそれらが地域の地域性を構成する要素としてかんがえられよう。しかし、それらはすべてが所與のものではなく、そのあるものはこの地域の、あるいは地域をこえた歷史の所產でもあるのである。このように地域の諸條件と地域において展開する歷史を相卽不離に認識し、それが歷史と地域の諸條件に他と區別された現象を生じたとき、それを地域性とかんがえておきたい。

六朝江南地域史とは、このような地域性と六朝の歷史との相卽不離の關係のなかで實現した江南地域の歷史をいうのである。

二

ところで、みぎにのべたような六朝江南地域史という槪念に包含される研究の對象とその境界はかなり漠然としたものであるとせざるをえない。すなわち、それはさきにのべたような地域性を表現するあらゆる事物、現象を包攝するものであるからである。したがって、これを柔軟に理解すれば、一般的な六朝史をふくむ、江南地域の諸事物諸現象をすべて對象とする研究を意味することになりかねない。たとえば、吳や東晉南朝の政治制度は、ここまでの中國歷史の所產であるが、江南に形成されていた豪族勢力や社會の狀況と無關係ではない。土地制度や稅制も、おなじく

中國歷史の所產であるが、當然江南地域の自然條件や、それに規定された農業技術や作物と無關係ではない。このようなばあい、はばひろく理解すれば、吳や東晉南朝の政治制度や土地制度、稅制は六朝江南地域史の概念に包含されうる。しかしそれらは、一方ではやはり普遍的な魏晉南北朝史の一部であり、そこに江南地域性の規定性を過度に強調することは問題がある。このようなばあい、六朝史と六朝江南地域史を截然と辨別することは困難である。

それゆえ、六朝江南地域史研究を標榜する本書の具體的對象も、おのずとその範圍が不分明とならざるをえないが、現在の時點では、およそ六朝史の研究對象である政治、經濟、社會の諸制度については、その前代の歷史的所產の要素を重視して、研究の範圍にふくめず、もっぱら江南地域に獨特の自然條件や、六朝時代江南にのみみられる歷史的現象に限定したい。とはいえ、なおその辨別のあいまいさがのこってしまうことはさけられない。

このような事情により、次節以下で、六朝江南地域史研究を概觀するさい、吳、東晉、南朝史に關する諸研究のなかで、南北を通じた研究、および漢魏西晉史研究と系譜的に接續する政治、經濟、社會の諸制度に關する研究は、一部をのぞき、言及を割愛することにしたい。それはたとえば、日本では宮川尙志『六朝史研究』政治社會篇（一九五六）、越智重明『魏晉南朝の政治と社會』（一九六三）、『魏晉南朝の貴族制』（一九八二）、『魏晉南朝の人と社會』（一九八五）、藤家禮之助『漢三國兩晉南朝の田制と稅制』（一九八九）などである。ただ、中國では後揭の諸著作所收の論文や田餘慶『東晉門閥政治』（北京、一九八九）、安田二郎『六朝政治史の研究』（二〇〇三）は、社會や政治史についてのすぐれた研究であるが、同時にそれらを江南の地域性と不可分に論じており、しばしば言及することになろう。

また、孫吳王朝研究については、政治史に屬するものは省略し、江南の地理的自然的條件に言及し、あるいはこの地域の特異な社會構造の分析、たとえば豪族、開發などもふくむものについては一部言及するが、內容の要約などは

割愛した。東晉王朝成立史に關するものも、江南豪族、南北人問題などをのぞいて割愛した。

ただし、第三節の中國における江南地域史に關連する研究の取捨においては、この境界がかなり不鮮明となっているが、これは六朝江南地域史という概念のあいまいさとともに、ある部分で歴史と地域の研究の一體化の傾向が存在するからである。

本書は、六朝江南地域史という標題のもとに、六朝江南地域の地域性とその歴史を、流民問題、江南地域の開發と流通、江南六朝墓とその出土品、建康の四側面から考察するのを主題としている。もちろんこの四側面のみが江南地域の地域性を表現するすべてではないが、このような側面に江南地域の地域性がもっとも顯著にあらわれているのではないかという認識があることをはじめにのべておきたい。

第二節　日本における六朝江南地域史研究

一

日本における六朝時代江南地域史研究の起點というべきものは、東晉の南渡とそれにともなう江南の開發を論じた桑原隲藏の二篇の論文、「晉室の南渡と南方の開發」「歴史上より觀たる南支那の開發」(6)であろう。とくに前者は、東晉の成立が、文化の傳播、江南の開發の契機となったことを、人材の輩出や南北文化の比較などから論じて、その歴史上の意義をのべたものであるが、産業や社會風俗などで江南の地域的特性に言及していて、その後の江南地域に對する認識の基礎となったものである。

桑原の論をうけて、江南の地域的特性を明確に意識しつつ六朝江南史を概觀したものが、日本における魏晉南北朝史研究の開拓者ともいうべき岡崎文夫である。一九三二年、岡崎はその著書の一章に「南朝の文明」なる項目をたて、その第一節「江域被化小記」は、長江流域の開化を、漢代の華北と華中の人口比較、すなわち、前漢で五對一であった南北比が後漢で二對一となることと、もとは文明の低い地域とみられていた江南に儒學が廣がり、人材が輩出しはじめた狀況から概觀する。第二節「建康の奠都と南地の文運」は、建康の狀況と魏都との比較、建康奠都が王朝を支える南北有力者の均衡と關連あること、吳に人材が出現することなどをのべる。第三節「南朝治下に於ける江南の一般經濟狀態並に中央政府の財政々策」は、三吳地域の水田開發と稻作、水路の發達とそれに附設された埭や桁についてのべ、また貨幣政策についての詳細な記述があるほか、村落制度、租稅、土斷などに言及する。第四節「南朝の社會制」は、戶籍制度、貴族政治、貴族制、名族の經濟基盤としての園田や屯邸の經營などに關する記述のほか、貴族社會の淸議と社會道德およびそれと連關する學術や文藝をのべたものである。第五節「南朝の風俗思潮梗概」は、孫權と建初寺以後盛んになる江南佛教と、南朝貴族の佛僧尊重、沙門と王者の敬禮問題などをのべている。第六節「南朝の佛教」は、孫權と建初寺以後盛んになる江南佛教と、南朝貴族の佛僧尊重、沙門と王者の敬禮問題などをのべている。

以上のように、岡崎の「南朝の文明」は江南の社會、經濟、文明について、その地域的特色を多岐にわたってのべたものであるが、示唆的な記事が隨所にみられ、今日でも參考に値するところが多くある。岡崎にはこのほかにも、建康や南朝の錢についての研究もあるが、それらはのちに言及したい。

二

このようにして東晉南朝史の一般的理解が形成されるとともに、この時期の人口移動が東晉南朝史、およびその舞臺である江南地域の規定的要因であるという認識が普遍化していった。そのなかで、江南地域においてこの人口移動

岡崎の著書の翌年、土斷に關する稻葉岩吉の論考がでた。稻葉は、流民の存在が當時の政治の積弊であり、その一掃をはかったのが桓溫の庚戌土斷であるという主張を呈しているが、そのなかですでに當時の戸籍として『晉令』（『太平御覽』卷六〇六）の黃籍に言及している。これは戰後さかんに東晉固有の問題として議論された流民と土斷、黃白籍、僑州郡縣問題の嚆矢といえる研究である。

しかし、これらの問題の出發點としては、增村宏の黃白籍に關する研究をあげるべきであろう。黃白籍については、すでに岡崎の、黃籍は士族、白籍は庶民の籍という說があったが、增村宏の研究はその批判としてだされたものであり、黃籍は『晉令』に規定された正規の戸籍であり、白籍は土斷した僑寓戸を登錄したものであって、土斷された地名の下に出身本郡が注記された戸籍であるという說をたてた。

以後、黃白籍に關する研究では、おおむねこの見解が前提とされるが、その細部については、史料解釋もふくめ、研究者間で見解の差異が大きく、現在でもなお定說とすべきものがない狀況である。その理由の大なるものは、黃白籍と土斷についてきわめてかぎられた史料しかないことであり、かつ當時の東晉王朝の政治過程を背景として、その史料を解釋する方法がとられているためであるとかんがえられる。

籍に黃白のあることをしめす史料はただ二つ、『晉書』卷七成帝紀咸康七年（三四一）四月條の、

　實編戸、王公已下、皆正土斷白籍、

という記事と、同書卷七五范甯傳の、太元一四年（三八九）の「陳時政」にみられる黃白籍に言及した部分のみである。これに東晉の四次の主な土斷、すなわち咸和年間（三二六～三三四）、咸康七年（三四一）、興寧二年（三六四）の桓溫の庚戌土斷、義熙九年（四一三）の劉裕の義熙土斷の關連記事、および僑州郡縣關連記事をくわえたものが、史料

の大半であり、以後の研究はすべてがその範圍のなかでおこなわれている。とくに咸康七年條については、「實」の字義に、檢實、充實の兩說があり、「正土斷白籍」わずか五文字の解釋には、東晉の流民問題に關する認識を反映させて、諸說がある。

この問題が注目をあびるのは、戰後、越智重明の精力的な東晉南朝史研究が開始されてからのことである。それ以後、この黃白籍と土斷、僑州郡縣、あるいは流民問題については、越智を中心に、矢野主稅、大川富士夫、安田二郎諸氏がおおくの業績を公表されてきた。

もっとも、これらの研究のおおくは東晉南朝の政治史、社會史にふかくかかわってなされたものであり、したがって單なる戶籍や地方行政區畫の制度的檢討にとどまるものではなかったが、しかしその個別研究の核心に上記二史料の解釋があったことは事實である。たとえば、越智の義熙土斷に關する最初の研究は、劉裕政權が武人政權から出發して、宋朝建國時には貴族政權に變質していたことを、土斷が貴族擁護、豪族抑壓の政策であることから立證しようとしたもので、そのための具體的作業として義熙土斷の內容を白籍、閭伍の制、藏戶の檢括、封疆の整理の四點にまとめて、分析したものであるし、つぎには東晉の南北人の「地緣」問題について、北人貴族が東晉において政治的優位を維持するために、華北出身という「地緣」性に依據し、その方策として北人民庶を無役の狀態におくために白籍を造出したと論じた。さらにその後、東晉南朝の豪族を考察するなかで、白籍制は、その白籍登錄の民を豪族が村落の共同體規制からきりはなして支配するものであったという論點も提示している。越智によれば白籍は中原からの流寓者をその現住地において、その地を本籍地として登錄し、そこに本郡が挾注されているというものであり、咸康七年土斷をそのさい出現したものなのである。

矢野は後述する南北人問題の分析を土斷、白籍へ發展させた。矢野の問題意識は、東晉では一面で流民の北方歸還
(11)

を前提とする白籍政策をとりながら、他面では流民を江南に土着させようとする土斷政策がおこなわれたが、この矛盾のようにみえる白籍と土斷の關係はどうであるのか、というものであった。そして當時の北人の僑寓地と墓地や本籍地、秀才孝廉を對象とする詳細な檢討の結果、白籍はなお北方の本貫をうしなってはおらず、また江南の本貫がまださだまっていない流民の、現住地が假寓の場所として記載してある假の戸籍であって、そこに北方の本貫が挾注されてあるようなものであるとする。土斷とはその白籍の否定と江南への土着であって、完全な白籍の否定は義熙土斷によってなされ、それが南北人問題の終結、南朝の成立であるとする結論をだしている。

おなじころ、黃白籍問題の發端となった增村宏も、舊稿を補訂した專論を公表した。そこでは「正土斷白籍」解釋の諸說を檢討し、より自然とおもわれる讀み方を提唱して、それは土斷が實施され、白籍が整理されたことをしめすとするとともに、東晉南朝における土斷の史料をまとめ、白籍整理の後もなお土斷が必要な事態が存續したとのべている。大川富士夫の論文である。大川はそこで咸康七年條と范甯の「陳時政」、東晉の土斷に關する從來說を總合的にまとめようとしたのが、咸康七年條は白籍に附け、僑郡縣に屬させることであり、土斷とは北人は白籍、南人は黃籍をもって、現住地の僑寓縣、南土の郡縣に屬籍するものであったと結論している。

以上のような諸研究、とくに土斷研究の水準を一擧にひきあげたとみられるのが、安田二郎の一連の研究である。安田の土斷研究の最初の關心は雍州土斷にむけられていた。そして雍州僑民が軍政支配から民政支配へと移行した事實から、劉裕が王朝體制確立の基盤を姓族層の地域社會秩序形成力にもとめようとしていたこと、一方でそれの轉換を實現せしめた僑民層の力量の存在を論じた研究につづき、大明年間に雍州でおこなわれた王玄謨の土斷についての細密詳細な史料分析をつうじて、この土斷が氏のいわゆる「現土土斷」を當初意圖しながら、「實土化土斷」へと政

策的に後退したこと、そこにも前稿で論じたと同様、僑民の意向と力量が存在したことをあきらかにした。

そしてこの両研究から発展して、いよいよ東晉の流民問題と義熙土斷に關する畫期的な研究が公表された。この研究は、第一に、僑民の役について、義熙土斷以前においても、從來說のように免役ではなく、役や征役を負擔していたことを實證した點でまず注目されたが、さらに重要な意義は、義熙土斷の實態を精細丹念な史料分析によって、あらたうかぎり明らかにしようとしたところにある。そこでは無實土僑州郡縣の僑民に對する土着政策は、「現土土斷」と「實土化土斷」しかありえないことが說得的に說明される。さらにこの理解を基礎に、從前の難問である黃白籍についても、本來僑州郡縣の僑民は黃籍で把握されたが、流浪現象の激化にともない生じたこの方式の缺陷を是正すべく、僑民を無實土僑州郡縣が黃籍で把握するだけでなく、その現住地に白籍登錄する二重屬籍制をとったのであるとする。白籍とはこのように、現住地が正規記載、本郡は副次的記載の戶籍であり、その管掌は現住地の官廳によりすなわちその官廳は舊民を黃籍で、境内僑民は白籍で把握したのである。これは現在到達しうる土斷研究の最上の段階といえるであろう。

なお、義熙土斷については、「唯徐兗靑三州居晉陵者、不在斷例」という措置をめぐって解釋がわかれるが、その詳細はここでは割愛したい。⒃

人口の大量南遷は、如上の問題などに密接に關連しつつ、東晉史上固有のいわゆる南北人問題を發生させた。それは東晉の政治、社會上の基幹的問題であるとともに、江南社會の原質とその變化にとっても、重要な歷史的現象であった。

最初の、しかも廣汎な視野と內容をともなう南北人問題研究は、戰後まもなく守屋美都雄によってなされた。⒄守屋は、仕官の場面における北人優位、南人劣位からはじめ、雙方の感情的對立と通婚拒否、さらに雙方の生活習慣、食

生活の差、家庭生活や族結合のあり方、女子の地位、家族構成など、社會内部のさまざまな現象における南北人の差や對立、そして兩者の融合の實態を細大漏らさず描寫した。

前項でのべた越智の土斷、白籍に關する研究は、その基本的視野が東晉における北人貴族および北人民庶の政治的社會的地位にむけられており、これも南北人問題の一環であるが、すでに言及しているのでここでは省略する。

越智とほぼ並行して、一九五〇年代末から、矢野主税がこの問題にとりくみ、論文を公刊していた。それは尚書の主要官職就任者を統計分析し、東晉における南人北人の妥協の傾向を論じたものと、南下北人の僑寓居住地と墓地の記事を網羅的に調査し、それがしだいに一致しはじめ、したがって僑寓居住地が故郷化し、かくて「北人の南人化」がおこると論じたものの兩篇である。とくにその後者は東晉期の江南の社會問題として江南獨自の現象とみられるのであるが、これが前述の戸籍問題の研究に發展することになる。

なお、流民問題の一環として、流民が結成する集團のありかたと、それを主導する塢主の存在が注目されている。塢が防禦用の障壁をもうけた施設であり、その内部に形成される自治的集團の指導者が塢主であって、それが集團の移動中は行主とよばれたことをあきらかにしたのは那波利貞[19]であるが、行主の率いる集團の軍事力が、東晉王朝の薄弱な軍事力をおぎない、東晉政治史のみならず、江南社會に支配的な影響をあたえた情況を明確化したのが、川勝義雄の研究[20]であった。

　　　　　三

一九三〇年代、社會經濟史への注目とともに、華北の均田制との對照で、江南の大土地所有という通念が形成されつつあった。たとえば、西田保[21]は當時の江南が少數の人口、大量の空閑地という狀況の中で、大土地所有が急速に發

達し、山川田澤の占有がすすみ、南下流民を勞力とする開拓によって耕地が増大する、という江南像をえがいている。
この問題はその後ほとんど自明の事實とみなされた感があったが、大川富士夫の研究にいたって、大土地所有の實態が山川叢澤の占有の分析を通じてあきらかになってきた。大川はここで、まず東晉時代の江南の戸口減少の狀況と、自然條件や資源の豐富な山澤への農民の逃亡から、王朝の山澤政策不可避の事情を說明し、ついで豪家や公家による山澤占有とそれに對する禁令、大明年間の山澤占有容認の實情をあきらかにする。そしてその占有された山澤の經營形態、規模、分布について、謝靈運の始寧墅や孔靈符の永興墅などの例をあげて具體像をしめしている。大川によれば、江南社會は未開發の山川叢澤に富んでいたが、それは豐富な生活物資の供給源として小農經營の經濟的基礎をなすものであり、かつ强大な國家權力の介入が容易であった點から、自立的農業生產の條件を備えていたにもかかわらず、その田園經營に積極的役割をはたしたのは在地の宗族的勢力を有する豪族層であり、かれらの存在と權力の微弱さの故に、江南諸王朝は郡縣農民の把握と山川叢澤の公有を貫徹できなかったのであるという。
その後をうけた關尾史郎の論文は、大川も言及した山川叢澤の占有容認である『宋書』卷五四羊玄保傳の規定を「五條制」と名づけ、その內容分析を根據に江南社會の特質を解明しようとしたものである。氏によれば「五條制」は、當時の江南地域の山澤と農業の獨特のあり方の中で、豪族層の擡頭を抑壓し、下層農民の再生產を保證するために制定されたものである。本論文は華北と異なる自然的地理的條件のもとでの特異な江南社會と、それに規定されながらも、一方で豪族中間層と下層農民の矛盾という普遍的な問題を統一して考察した注目すべき論考といえる。
なお、江南の開發に關しては、獨自の自然條件に關連して、水利や農業關係の硏究がすくなからずある。上述の關尾論文も江南農業と水利の不可分な關係についてふれるところがあったが、この方面の基本文獻としては、やや槪括的ではあるが、天野元之助の業績をまずあげるべきであろう。しかしその後、江南農業に關してはいわゆる火耕水耨

の問題以外、あまり論議されたとはいえない。これ以外に、水利とそれに關連する漕運や水旱災について佐久間吉也の一連の研究があるが、史料提示が中心であるので、内容については省略する。

この大土地所有の問題と關連して、注目の對象となったのは、大土地所有者たる江南豪族であった。この問題についても研究の端緒は越智重明によってひらかれた。ここではそのおもな論文三篇について紹介する。その第一は、南朝における貴族と豪族の對立という認識を基軸にしたもので、政治的優位にたつ貴族には王朝への寄生官僚的性格が濃厚であるが、そこに弱點があり、これに對する豪族は在地勢力を保持してしだいに政治的に擡頭し、貴族の側ではこの狀況に對應して、官職や通婚において、「地縁性」に基づく獨特の方策をとることを論じ、第二に、東晉の豪族に限定して、治水事業や奴兵徵發を主要事例として、前者における國家權力への依存、後者における豪族の貴族化が展開する力を強調し、國家權力が豪族の自立的基盤を制約すること、そしてその狀況の克服のために豪族の貴族化が展開すると論じる。そして第三に、その豪族の村落支配が、當時出現しはじめたあたらしい集落である村において實現され、その實態は城外の村に存在する塢においてその主である豪族が村民を支配したり、豪族が政治特權を利用して客として村民を隷屬させるというものであったと論じている。

一九六〇年代後半からは、江南の地域的性格との密接な關連から江南豪族を論じた大川富士夫の一連の研究が精力的にすすめられた。大川の研究は、後漢時代から南朝までの長期を視野にいれ、とくに東晉以後の北來貴族優位の貴族制の特質が、その社會的基礎としての江南豪族社會の實態を反映したものであるという認識の基になされたものであった。そして、その豪族の歷史的展開を、三國時代から東晉初の吳郡・會稽郡姓族の形成、東晉末から南朝宋にかけての吳興豪族など寒門層の擡頭、梁末・陳初の廣範な土豪將帥層の活躍という構想でとらえている。以上のような展開の過程を、諸豪族の族的結合の實態、土地所有や開發、私兵所有、在地における社會關係、諸政權との政治的關

係、北來貴族層との關係などについて、獨自の手法で分析考察しているのである。

大川の研究の特色は、ひとつには江南地域を地理的、歷史的條件によって、いくつかの地域に細分して、ある地域の豪族を他地域と比較檢討するところにあり、たとえば江南が舊來の傳統的地區である吳郡・會稽郡、新興地區である吳興郡、それ以外の諸郡のように區分されている。いまひとつは、各豪族の詳細な系譜的研究である。かくて傳統的名族である吳郡の四姓、會稽郡の四族、あるいは新興勢力である吳興郡の周、沈氏などが後漢から南朝へとたどった軌跡が、族人ひとりひとりの傳記の紹介とともに、詳細綿密にえがかれる。とくに二章にわたる吳興武康の沈氏研究は、江南豪族社會獨特の空氣をつたえる描寫といえよう。

ところで、大川の江南豪族に對する理解には獨特の部分がある。それは江南豪族が早期に士大夫社會を形成しつつあったことを强調する點である。たとえば、孫吳成立のころすでに、孫氏集團が任俠的性格をおびている一方で、張昭に象徵される士大夫秩序がすでに存在、機能しており、吳郡陸氏などに士人的な存在がみられるとするのはその一例である。また、東晉のころには揚州の士大夫社會が成長していたこと、しかし士大夫社會の南北における成長の差が、南北人間の優劣を生ぜしめたと論じ、吳會の傳統的諸氏に對して吳興の新興豪族が不遇であるのは、士大夫社會を基盤とする北來貴族と吳會諸氏の支配體制が完成しつつあったためと論じるなどのところは、大川の獨自の江南社會認識を顯著にしめしているであろう。なおこの問題については、次項を參照されたい。

なおまた、江南豪族と江南政權との關係については、劉裕の土斷などの政策が江南社會の安定につながり、それが豪族の主導する江南社會からの支持をうけ、宋の成立を結果したとする葭森健介の主張がある。(28)

序章　六朝江南地域史研究史

このようにして、六朝時代の江南世界の全體像が、三吳地域を中心にしだいに鮮明になりはじめたのであるが、この江南の地域性像をこの時代の歷史認識にまで昇華させたのは、川勝義雄の孫吳政權下における江南の社會の特質に關する研究であった。この論文のもっとも基本的な問題關心は、四世紀初頭の華北の混亂をさけて江南に亡命し、固有の成立基盤を喪失したはずの華北貴族が、なぜ江南でかれらが主導する支配體制を築きえたのかというところにある。そしてその答えを、華北社會と江南社會の質的差からみちびこうとしたものである。

川勝によれば、華北で實現した貴族制社會とは鄕論とその重層的な累積を基礎とし、その最上位に貴族社交界が位置するという構造であった。いわゆる「鄕論環節の重層構造」と名づけられるものである。そして、この構造を成立せしめる要因として、社會の階層分化を推進する豪族の領主化の力に對抗する、鄕黨における共同體的關係を志向する自立農民の主體的な力量の存在が強調される。そして、江南はこれとは異質の世界であった。

川勝が描く江南は、ほぼ以下のようになろう。まず、この地に樹立された孫吳政權は江北の任俠無賴者集團と江南の在地豪族の協力による軍事政權であった。この政權が支配する江南は、開發途上にある植民地的な社會であり、この政權自體の性格がそのことによって深く規定されていた。そしてこの植民地的社會は、原住民たる山越の存在によって、未開發の廣大な地域を殘した、華北とは異なる社會として理解されるのであり、孫吳政權がそこに展開した支配體制は、「世兵制」、「奉邑制」、屯田に支えられた開發領主的傾向を有する將軍によって構成される純軍事政權であった。

つづいて川勝は、そのような孫吳の江南社會の崩壞から江南に貴族制が成立する經緯を分析した。すなわち、以上のような孫吳期江南社會を特徵づけていた開發領主的體制が、開拓軍屯の隷屬農民流動化による崩壞によって、豪族による大土地所有中心の社會に移行しつつ、一方で流動化現象の激化が豪族層を不安定化させ、その安定化のために華北貴族がよってたち、かれらをこの地の支配傳統的權威をもとめて東晉を成立させるというのである。そのなかで華北貴族がよってたち、かれらをこの地の支配

者的地位におしあげたものこそが、華北先進文化と鄉論主義的イデオロギーであった。
なおまた、川勝の南朝貴族制の沒落を論じた論文では、南朝後半期、貨幣經濟の發達と商業の隆盛、商業人口の增加による人民の流動化、商人の擡頭、それに影響される貴族層の變質など、江南社會の變動を分析したが、そこにもまた孫吳以來の江南地域の原質のようなものが發想されているようにおもえる。
川勝の江南社會像はこのようにして、單なる華北社會との地理風土の差ではなく、地域の社會を構成する豪族や農民の固有の狀況、さらには地域經濟の發展などの視點を導入した斬新なものであり、その後の江南認識におよぼした影響ははなはだ大きいものがある。
川勝の提起した江南地域像や江南史の構想は、さまざまな分野であたらしい問題追究の契機となったようにみえる。

　　　　五

以上にのべたもの以外で、江南地域史の槪念にふくまれるとみなせる分野の研究の若干について、補足しておきたい。
前述のように川勝は吳の江南社會の一側面を、山越の存在から理解しようとしたのであったが、そこでは從來の呂思勉・唐長孺說に對して、山越における未開性や漢民族との異質性を強調している。その後、山越については川本芳昭、關尾史郞兩氏から對立的な理解が提示されている。兩者の相違を單純化していえば、前者が後漢孫吳時期にすでに蠻（山越）漢融合によって、その區別は各地域間の風俗差へと變質したとして、比較的早期の「漢化」をかんがえるのに對して、後者は山越は吳ではなお民族的個性を喪失せず、その「漢化」には孫吳の江南開發が前提であったとするところにあるようである。

文物考古關係では、帝陵については、町田章[33]が丹陽の南齊帝陵について、磚壁畫や墓室の構造、墓前の石獸などを根據に、墓主比定をこころみているし、來村多加史は南朝陵墓を現地調查し、その葬地が獨特の地勢のなかにおかれていることを紹介している。帝陵前の石刻と磚畫については、曾布川寬[35]が、南京および丹陽のそれについて、さらに詳細で大部の研究を公表している。

東晉南朝墓誌は、川合安[36]が精力的な研究を進めている。とくに、九〇年代後半の新出墓誌についての氏の精密な讀解は貴重な作業である。

三國西晉江南墓に特有の穀倉罐については、岡內三眞、小南一郞、菊池大[37]がそれぞれ、編年、用途、命名などを對象としつつ分析をしているが、いずれもこれが江南地域獨自の地域性の表現であることに關心をよせている。その特異な器形の意味するところについては、今後の研究の課題として注目したい。

このほか、錢貨使用に關する岡崎文夫や前述の川勝義雄、江南獨特の租稅である三調に關する古賀登や藤家禮之助、村落組織の一環である符伍に關する增村宏、公田に關する菊池英夫や藤家禮之助など、江南獨自の現象に關する研究がなおすくなからずあるが、すでにのべた本章の主旨により詳細は省略することにしたい[38]。

第三節　中國における六朝江南地域史研究

一

周知のように、二〇世紀にはいっての中國における歷史研究は、一九三、四〇年代にまず盛時をむかえ、新中國成

立後は一九五〇年代に活發化したが、一九六〇、七〇年代の歷史的政治狀況によって、科學的研究が停滯を餘儀なくされた。それを克服するかのように、一九八〇年代はおおきな轉換がおとずれた時代であったといえる。

それは魏晉南北朝史研究も例外ではなかった。一九八四年秋に成都で中國魏晉南北朝史學會成立大會が開催されたのは、その象徵である。その席上、田餘慶は當時の歷史研究を概觀して、統一王朝の歷史研究が隆盛であるのに、分裂時期の歷史研究は等閑視され、冷遇されてきたとのべ、魏晉南北朝史の研究成果は漢唐にくらべて荒廢したものであると嘆じている。武仙卿や何茲全がはやく三〇年代から經濟史關係の論文を續々と公表し、六〇年代前半までに、周一良、唐長孺の水準の高い論文集をもっていたこの時代の研究が、その後二〇餘年間、どのような狀況であったかをしめす發言であろう。

田餘慶はつづいて、それまでの魏晉南北朝史研究における最大の貢獻は陳寅恪によるものであるとして、陳寅恪の歷史研究の詳細を紹介した後、一九四三年のかれの論文「魏書司馬睿傳江東民族條釋證及推論」をとりあげる。そこで『陳書』が梁末侯景の亂に「郡邑巖穴之長、村屯郞壁之豪」が機に乘じて起こったとしるすのを江東の「世局之一大變」と論じたのに言及して、その背後にはかならず江南經濟・文化の進展があり、その發展は分裂時代にこそ可能であったこと、そのことに分裂時代の一地域の積極的役割が存在することをのべている。これは魏晉南北朝史研究における江南地域研究の重要性の主張にほかならないのである。

なお、陳寅恪のこの論文は、南朝の政治史を論じて、北人中の「善戰」なる武裝寒族が君主となり、「不善戰」の文化高門が公卿補佐となって相互利用しつつ北人統治の狀況を形成したが、しだいに寒族北人も「不善戰」化し、それにかわって新來北人と南方土族が支配權をにぎったと「推論」している。これは、東晉南朝において、士人は北音をもちい、庶民は吳音であったことを論じた論稿などとともならんで、江南地域の地域的な特異性を對象とした先驅的な

研究である(45)。

さて、この魏晉南北朝史學會成立大會の前後から、中國における魏晉南北朝史研究はしだいに盛況を呈することになる。後述する著名研究者の個人文集や、專門論文集が公刊され、また魏晉南北朝史學會大會が三年に一度開催され、海外をふくめて參加人數が增加してゆく。そのなかで江南地域史研究は魏晉南北朝史研究の確固とした一部分を構成するようになる。そのことを、以下に二つの側面からしめしてみよう。

その一つは、江南地域を中心にした魏晉南北朝史、すなわち「六朝史」を標榜した概說もしくは通史の出現である。

その最初は、一九九一年の張承宗・田澤濱・何榮昌主編の『六朝史』(46)であり、ややおくれて、一九九四年、簡修煒・莊輝明・章義和著の『六朝史稿』(47)が公刊された。しかし、後記によって編集・出版の經過をみると、前者は、一九八五年の江蘇省六朝史研究會（後述）の會後に、後述の『六朝經濟史』とともに提案され、蘇州大學歷史系中國古代史教研室の企畫で、すでに一九八六年に梗概ができあがっていて、草稿は一九八八年に完成していたというし、後者も前者とあい前後して、一九八四年の魏晉南北朝史學會、翌年の江蘇六朝史研究會成立以後、關係各省の社會科學院が主催して、湖北蒲圻・江蘇常州・四川重慶・南京で擧行された古代長江流域の經濟開發學術討論會に對應してその企畫がうまれたようであり、一九九一年完成していたという。つまり兩者とも、すでに八〇年代なかごろに、その構想が出現しているのであり、その時點に「六朝史」概念の再確立をみとめることができる。

前者の內容は、王朝の領域、土地制度、階級構成、經濟、民族、官制と兵制、思想文化、科學技術、生活風俗の各項目で六朝史を敍述したものであり、後者は土地所有と隸屬民、農業經濟、商工業と都市、階級・階層構造、社會矛盾、對外關係、文化と科學技術、社會生活の各分野にわけての敍述である。兩者の敍述にはそれぞれ特徵があるが、土地所有形態や、農工商業、民族問題、社會生活などの側面で、江南地域の自然的地理的條件に規定された、華北地

域とは異なる歴史的諸現象の存在を承認し、六朝江南史の歴史的意味を主張しようとするところは共通している。許輝・蔣福亞主編の『六朝經濟史』(48)は、前者の姉妹編で、後者と同様、古代長江流域經濟開發學術討論會の影響下、著述されたようである。本書は、大土地所有と山川占據、水稻作農業や青瓷手工業、商業の發展、内陸運河交通などの側面で、當時の江南の自然的地理的條件が生成した江南の經濟的現象の特徴と、活發な開發活動の結果としての著しい地域的發展をのべており、いっそう江南地域の歴史的特質をしめすものとなっている。なお、このほか、陳明光の財政に關する著書もある。(49)

第二に、一九八〇年代以後の、江南に限定した研究の増加である。曹文柱・李傳軍は二〇世紀の魏晉南北朝史研究の詳細な研究史整理をおこなった。(50)かれらはそこで、二〇世紀魏晉南北朝史研究を、一九四九年までを二期、一九四九年以後二〇〇〇年までを三期の全五段階に區分し、それぞれの時期の特徴や代表的研究を紹介している。そこにとりあげられている研究の主題と研究論文をみると、一九四九年までは江南地域に限定した研究はほとんどみられない。四九年以後についても、魏晉南北朝全體をあつかう論文が多く、江南地域に關するものはあまり多くはないが、その中では門閥關係の研究がとくに突出しているようである。それ以外では大土地所有と莊園經濟、租調、黃白籍、商業・商品經濟と貨幣、山越などの民族問題と民族融合、家庭と婚姻、社會風俗などである。これらの一部の内容に關してはのちに再度言及するが、やはり一九八〇年代以降の公刊が多い。このことも江南地域史研究の最近の状況をしめすものといえる。

以下、もうすこし具體的な研究内容にたちいって、江南地域史研究の内容をながめてみたい。

中國史學界における六朝江南地域史研究の起點については、諸説ありうるが、前述の陳寅恪論文のほかに、譚其驤の人口移動の研究をおしてみたい。本論文は、郡縣僑置の記事を分析しつつ、當時の人口移動の方向や經路、移動人口などを具體的にあきらかにしたもので、その後、人口南遷問題に關してしばしば引用される古典的研究である。

その數年後の一九三八年、この人口移動にはじまる江南社會の變化を、多様な側面から論じた周一良の長編論文が公刊された。そこでは、南渡北人や南方土着の原住民の分布、政治方面における南北士人の通婚不通婚問題、南方言語、土斷などがとりあげられ、詳細な分析と論述がなされている。

なおこの問題は、その後あまりとりあげられなかったようであるが、八〇年代後半からまた論題となり、西東晉間の流民の組織内容や王朝側の對策、社會や政治への影響を總合的に論じた曹文柱、流民が流寓先での經濟開發にはたした役割をあきらかにした童超と萬繩楠の論文がでている。

新中國の成立は江南地域史研究にも轉換をもたらしたようである。その最初の記念すべき業績として、江南特有の土地所有と生產、および隸屬民に關する唐長孺の論文と著書をあげることができる。前者は、山澤の占有とその開發、山澤への勞働力投下と開發、物資の貯藏、販賣のための施設であり、山澤を占據してひらかれた別墅や田園に附設された、一種の封建的土地所有の組織形態であると結論する。それはおもに南下北人が江南での農田獲得の困難のために創出したあたらしい土地所有であった。そしてその勞働力は役をさけ逃亡した私的隸屬民であったのである。これは江南獨特の自然的および歷史的條件を基礎に江南土地所有の實態を明瞭に分析した重要な業績である。

後者は百頁餘の小冊子であるが、呉における土地集中と、江南原住の宗部・山越の強制的なとりこみと編戶化、人口南遷による人口增加が、封建的隸屬關係を增幅させたこと、隸屬農民や吏に對する過重負擔と、公有地である山川

の豪族による侵奪が東晉における農民叛亂を惹起したこと、大土地所有者による土地經營の具體例や、かれらの勢力增大による土地不足、江南地域の奴婢・部曲・客など諸種の隸屬民の身分問題と實體、寺院所有人口など、江南特有の歷史的現象について、充實した論述がなされている。本書で、結論的に唐長孺が提示している歷史認識は、北方の國家的土地所有に對して、南方では大土地所有がきわめて迅速かつ障碍なしに進展し、小農の沒落と共同體の崩壞を加速させたというものであって、そこに江南地域の地域的特性による歷史的性格の規定という發想をみとめうる。このような發想は、江南地域史の理解に多大の影響をあたえるものといえるであろう。

なお、唐長孺はそのほかにも、江南地域の原住民や獨自な風俗について研究を公表しているが、ここでは內容紹介は割愛する。(55)

以後、經濟史の分野では江南の封建的大土地所有は一種の通念となったようで、たとえば一九六三年公刊された韓國磐の著書(56)は、北朝の土地所有の敍述の中心に均田制をおくのに對して、南方については大土地私有制を中心とするし、朱紹侯の著(57)も、北魏の均田制と江南の大土地所有制を對置している。高敏編著(58)においては、土地國有制に關しては、江南は吳の屯田と南朝の軍屯、公田制のみで、大半は曹魏・北朝をのべ、一方、土地私有制に關しては、東晉南朝をおおきくあつかうなど、やはり上記傾向が強い。(59)

このように、中國における江南地域史研究も、新中國以後、當面は土地所有や生產者、生產關係の分析が研究の主題であり、そのなかで、華北社會と對蹠的な、典型的な封建的大土地所有と生產關係の存在を重視する傾向があったようにみえる。

このような動向と關連して、さきにふれたように曹文柱・李傳軍の研究史概觀に言及されたものにも、土地所有と莊園經濟、租調、商工業・商品經濟と貨幣など、社會經濟史關係の諸現象に關する研究がすくなくない。しかし、お

おむね江南社會の社會經濟の狀況については、細部の意見の異同は、前述のような認識が共通しているようにみえる。そのなかで、黄白籍についての見解の相違は興味深い。詳細は曹・李兩氏の概觀を參照されたいが、比較的早期の研究である賀昌羣、曹文柱の論文は、黄白籍を土斷、僑民の別の表現とし、賴家度が白籍を庶人の籍とするのに對して、一九八〇年に公表された高敏、曹文柱の論文は、黄白籍を士著、僑民の籍とすることでは一致するが、土斷について前者は白籍の黄籍化とかんがえ、後者は僑民の白籍編入とする。この概觀には言及がないが、一九八六年の萬繩楠說（後述）は、黄籍は士庶をふくむ戶籍、白籍は僑郡縣在住の僑人の籍であり、土斷はその白籍の解消と黄籍化で、その最初が咸和二年であるとする。このような學說の展開は、日本における黄白籍研究の經緯と類似するところがある。

なお、經濟史的研究においては、開發問題も重要であり、それがなお原住民や逃亡漢族の居住する未開の土地を大量にのこす江南開發前線における開發のありかたや、農業技術や作物との關連で論じられているところも注目される。

以上のような經濟史關係の問題が、江南地域史研究としてはもっとも集中的に研究された主題であるようにみえるが、もちろんそれ以外の分野でも特徴的な研究がすくなくない。以下、項をあらためて、やや方法をかえて、概觀してみたい。

三

前項にのべたような江南地域史研究の主要な傾向以外にも、もちろんいくつかの論點があった。しかし、それら全體を網羅することは、大量の報刊類の存在からみてほとんど不可能にちかいので、ここでは魏晉南北朝史に限定した研究論文集、主要な魏晉南北朝史研究者の個人論文集、江南地域に關する專門的主題研究の單行書、および主要な學術誌のなかで、江南地域史研究に關するいかなる主題が、いかに位置づけられているかを概觀することで、研究史の

把握にかえたい。

魏晉南北朝史に限定された論文集は、先にのべた一九八六年の『魏晉南北朝史研究』を最初として[60]、以後數種が出版されている。まずこれと同年の一九八六年、『魏晉南北朝史論集』[61]が出版されている。本論集は魏晉南北朝史學會成立大會に先んじた一九八二年に企畫されたものであるが、一七篇の收錄論文中に、唐長孺の江南風俗に關する前揭論文のほか、高敏の租調、萬繩楠の土斷、胡守爲の孫吳の張昭などをあつかった論文をふくんでいた。つづいて一九九一年、魏晉南北朝史學會編『魏晉南北朝史論文集』[62]が出版された。本論集には二二篇の論文が收められたが、そのなかには、黃佩芳の浙江社會經濟、王志邦の浙江地方誌、陳玉屛の孫吳の屯田の論文があった。同學會の論文集はつづいて一九九六年、一九九八年にも出版された[63]。前者は一九九五年、襄樊で開催された第五回、後者は一九九八年、南京で開催された第六回の學術討論會の論文集である。前者は、二六篇の中國、日本、韓國研究者の論文を揭載しているが、江南關係の論文は、羅宗眞の文物を材料にした吳の經濟に關するもの、および孟聚の廬江何氏研究以外にほとんどないのに對して、後者は表題通り江南地域史關係の特集で、六朝の文化、經濟、文物、政治、軍事に關する中日韓の研究者の論文二五篇が收錄されている。

つぎに主要な魏晉南北朝史研究者の個人論文集中の江南地域研究をみてみよう。それらの多くは、先述の唐長孺、周一良兩氏や、繆鉞のものを除いて[64]、一九八〇年代以後の出版である。なお、唐、周兩氏も八〇年代以後に論文集を公刊しているが、それらのなかには、周氏の札記をのぞき、江南地域に特化した研究はほとんどない。

その繆鉞の著書は、一四篇の論文からなるが、それらは曹操、陳壽、三長制、鮮卑語などに關するものと、王粲・顏延之・魏收・顏之推の年譜である[65]。その中に、陶潛と五斗米、南朝漢人の少數民族地區への逃亡についての論文がある。

一九八〇年代以後のものでもっとも早期に屬するのは何茲全の著書である。ただし、氏はすでに一九三〇年代に研究活動を開始していて、本書に收錄された一六篇の論文にも四〇年代のものが三篇ある。そのうちの一篇が、東晉南朝の錢貨使用、もう一篇が魏晉南朝の兵制を論じた古典的論文である。論題が明示するように、魏晉から南朝への繼續性という歷史認識のもとで、主として南朝に固有の現象を對象としている。

これにつづくのは、一九八三年の萬繩楠の著書である。本書は、全一六章からなる一種の通史であるが、しかし一般的な通史ではなく、各章においてとくに注目すべき問題に限定して詳細な分析をおこなっているところに特色がある。その第四章は孫吳についてのものであるが、復客制、世襲領兵制、屯田、山越をとりあげ、第八章と第一〇章は東晉に關して、咸和土斷や山川藪澤に關する壬辰詔書、五斗米道を、第一一章では南朝について、大家族、莊園、戶籍問題、寒門などに焦點をあてて論述しているが、時に獨自な所說がみられる。

一九八九年には、鄭欣の論集が出版されている。增補版が一九九七年に出たが、そこには二六篇が收錄されている。その大半の主題は土地制度、稅役制度、人口と戶籍、地主問題、流民叛亂などであるが、江南關係でも、東晉南朝の士族莊園、南朝の租調、雜調、徭役など、經濟史關係の論文があるほか、孫權を論じたもの、唐寓之の亂を分析した論文がふくまれている。

一九九三年、田餘慶の著書[69]が刊行された。その魏晉史に關する論文は魏、蜀史關係のものがおおいが、吳に關するものとして、孫吳成立と變質の過程をきわめて斬新に說明した論文や、東晉の北府兵に關する著名な文章がある。

一九九五年の陳玉屛の論文集[70]は、所收の論文二四篇中、魏晉南北朝關係は一八篇、その大半は士家・兵戶と諸葛亮關係の論文であるが、一篇のみ、吳の屯田に關するものがある。

一九九六年の李培棟の論文集[71]は、所收一一篇札記三篇中に、吳東晉南朝の正統性の主張に關する政治思想的論文が

一九九八年、朱大渭の著書が刊行された。氏の研究は、階級構造、人口、官僚制、城壁、文化、醫術などの主題を魏晉南北朝全體を通じて論じる壯大なものがおおく、また軍事史家として令名ある專家らしく、軍事に關する論文もすくなくない。しかし本書の全二三篇の論文中、江南に關するものとして、農民叛亂や梁末陳初の豪族、少數民族問題の論文があるのみであるのは、南北を兼ねて論じる氏の研究方法によるところが大きかろう。

一九九九年、黎虎の著書が刊行された。氏の研究も、南北を通じるものがおおく、またその主題は、土地制度、徭役などのほか、農業と作物、飲食と食糧、交通など、從來の社會經濟史的研究とはかなり異なるものがすくなくなく、獨自の地位をしめるものである。

そのなかで、江南の馬の來源と取得方法についての論文が異彩をはなっているが、やはり南北を通じた論說のためか、江南地域史に關するものはあまりない。

二〇〇〇年には、梁滿倉の著書が刊行された。そこには、建康の土俗信仰としてしられる蔣子文神や、その他の民俗祭祀をあつかった論文がある。また同年には熊德基の遺稿集も刊行された。本書には、農民戰爭と宗教問題、階級構造、農民問題、奴婢や隸屬民、兵戶などに關する論稿が收錄されているが、江南關係のものはみられない。

なお、高敏は社會經濟史を中心に數冊の著書を公刊している。それらに收錄された論文の主題は多種多樣であるが、そのなかに、孫吳の屯田と黃白籍についてのものがふくまれている。

ところで一九九〇年代になると、このような論文集ではなく、かなり限定的な主題を集中的に研究する專題的な著書が出現するようになる。それは研究がより細分化され專門化されたことを明示するであろう。以下その主なものをとりあげてみよう。

その早期のものとして、まず方北辰の江南豪族の研究をあげることができる。その研究は前半の上篇四章で、江南豪族の後漢時代における淵源とその活動、孫吳初期における政權の支柱としての活動、中期の二宮の爭いにみられる孫氏宗族との矛盾、三嗣主時期の政權、西晉時期の舊吳豪族の地位、周氏による「三定江南」、東晉への結集、宋齊時期における吳興沈氏、吳郡張氏の軍功による上昇と、顧陸二氏の壓倒、梁陳時期の江南出身の寒人・恩倖の續出という政治活動概況を明確にする。下篇では、江南の地理狀況と人口などを指標に形成・成長と沒落の過程をのべ、經學・音韻學・史學・地理學・文學・藝術・科學技術・宗教などの分野での業績をとりまとめ、最後に江南豪族の構造的特徵として、同姓家族・異姓家族の結合の狀況に論究している。

二〇〇〇年代になると、さらに詳細な專門研究が出現する。たとえば呂春盛の研究は、族群なる概念を用いて陳朝の成立、構造的特質、衰亡を論じたものである。政治史的研究に屬するようにみえるが、じつはその族群とは、周一良の分類にしたがった僑人、吳人、南方土著（非漢族）の三類であり、その衝突と融合が族群問題であるという。そこには江南社會の獨自性が反映しているのである。また章義和の研究は、南朝の政治過程を從來よくみられた皇族、門閥、武將、寒門というような階層的集團からではなく、地域を核とした集團の運動から分析しようとしたものである。そのうち京口、江東兩集團の分析は江南地域の特質とふかく關わるものであろう。

そのほか、李萬生の著書は侯景自身の勢力防衛の防禦線を想定して、それを指標に南北關係を考察したものであるが、一部に江南地域に關する論述がある。

歷史地理的研究については、胡阿祥の著書がある。それは吳東晉南朝の領域の擴大や變遷を論じ、州郡縣、僑州郡縣など、地方行政制度全般について分析したものである。

一九八〇年代以後の、六朝江南地域史研究には、獨特の潮流として、江南地域在住在職の研究者による、地方史研究的性格があらわれた。

前述の中國魏晉南北朝史學會成立大會における田餘慶報告は、この大會の學術報告に南方の省區からの參加者が、この時代におけるその地域の經濟發展に關する研究報告を提出したことにふれ、それが既存の文獻史料にとどまらず、その省區の地貌、物産、土壤、氣候などの材料を發掘したものであり、このような方向が南方の各省區に擴大すれば、この時代の南方の開發過程に關する認識を發展させるであろうと、期待をこめてのべている。

それに呼應するかのように、翌一九八五年、南京で江蘇省六朝史研究會が成立し、第一次學術討論會が開催された。その開幕の辭で、會長の卞孝萱は、六朝史は中國史上に積極的な役割をはたしたとして、孫吳の長江流域開發、西晉末以後の人口の南遷による先進的な文化と技術の傳播、比較的安定した社會における經濟文化の發展の段階に押し上げたと評價した。そして研究課題として、經濟史、文化史、地方史、城市史、交通史、少數民族史を列擧している。江南の學術關係者が六朝江南史の研究上の意義と課題を、みずからの地域のものとして意識しはじめたといえるであろう。

すでにのべたように、その前後から、關係各省の社會科學院が湖北蒲圻・江蘇常州・四川重慶・南京で古代長江流域の經濟開發學術討論會を主催し、蘇州大學や華東師範大學で六朝通史の編纂がはじまるのも、そのような意識と直結したものにちがいない。

江蘇省六朝史研究會はその後も定期的に學術討論會を開催したり、六朝江南地域に關する研究書や論文集を編纂し

(82)

て、六朝江南研究の中心となっている。一九九八年九月には、魏晉南北朝史學會、江蘇省社會科學院、南京博物院、南京市文物局と「六朝文化國際學術研討會暨中國魏晉南北朝史學會第六屆年會」を共催し、前述のような同會名の論文集を公刊し、最近では本會が責任編集した許輝・邱敏・胡阿祥主編の大冊『六朝文化』を公刊した。本書は書名に文化を標榜するが、その文化をひろくとらえて、藝術や生活文化、風俗にまで視野をひろめ、じつに多彩な內容の記事をふくむだけではなく、文化遺跡、文物などの今日的活用のありかたにも言及し、一種の觀光學の方向性を顯示するなど、異色である。

ところで、本會はこのような研究活動のみならず、教育活動にも積極的で、南京教育學院と共同で、「六朝史系列講座」を開催している。それは卞孝萱の言によれば「幹部、學生、群衆に對して、六朝史の知識を普及させることは、愛國主義教育を進行させ、地區經濟を發展させ、旅遊事業を推進するために有意義な役割をはたすことになる」からであった。

なお、江蘇省では本會以外にも、江蘇地域史研究の推進母體がいくつかあり、そのなかで六朝江南地域史に關する多樣な研究がすすめられているが、それらについての詳細は省略したい。

一方、六朝時代、會稽や上虞を中心に重要な役割をはたした浙江省でも、浙江地域に特化集中した研究動向がみられた。その代表的存在は八〇年代中葉以後に活躍した王志邦である。氏は一九八九年出版の著書で、六朝時期の江南、とくに浙江地區の地域研究を公表した。その主な內容は、第一、吳東晉の王朝とその構成員の關係、すなわち吳と江北士人、東晉と江南士族を論じたもの、第二に、會稽に流寓した北方士人の流寓時期、流寓地などを論じたもの、第三に浙江、とくに浙東の文化を論じたもの、第四に六朝時期の浙江の開發と農業生產、およびその發展の狀況を水利、稻作、手工業など產業のあり方と、土地所有や王朝の政策から論じたものにわけられる。そのほか、山越や浙江の六

朝墓葬の分析もある。これらの内容が浙江地域の獨自性を現實に踏まえ、一種の臨場感をもってかたられるところに、本書の特色がある。

その後まもなく、王志邦は『六朝地域社會叢書』を計畫した。それは當時谷川道雄が主唱していた、地域社會が六朝の政治や文化にいかなる影響をおよぼしたか、という問題に積極的に關與し、浙江地域社會の研究を推進し、地域社會の構造とそれがおよぼす六朝社會全體の變遷への影響を分析するためのものであった。そして、當初、江東の佛教文化や穀倉罐に象徴される江南文化の研究、江東の大族の研究、會稽郡・東陽郡などの地理、人口、民族、村落、交通、文化、歷代太守などをしるした地方志、會稽關係の佚文地方志の集成などが計畫されていた。實現した書籍からみれば、それらは浙江地域史の重要な成果というべきものであり、各地の地域像や文化現象を如實、鮮明にしめすものであった。

一九九〇年代になると、南京を中心にこのような地域研究的叢書の出版がいっそう盛行するようになる。その最初は『六朝叢書』で、それは政治、經濟、軍事、文化の各部門で、學術的價値の高い著書を集成した學術編、内容が高度で平易な文體で知識を提供する知識編、六朝古籍整理の文獻編を、あわせて八〇種出版するという壯大な計畫であった(89)。

その後も、新規の叢書計畫が南京出版社によって實現している。『可愛的南京叢書』と『六朝文化叢書』である。その最初その叢書を構成するのは、すべてがここでいうような江南地域史に直結する專著ではないが、そのなかには多樣な主題と視角から江南の獨自性を主張する成果が包含されている。

たとえば、前者は後揭の蔣贊初著『南京史話』を一九九五年に出版したのを最初に、全三輯一六種の著作があり、そのなかには南京の文物や地名をあつかって六朝時代に記述がおよぶもの、あるいは六朝石刻に關するものなどがあ

また後者は經史文學、文化藝術、宗教、民俗、科學技術など多方面におよぶ全一一部の學術的な叢書である。直接歷史研究に關するものはおおくないが、ここでとくにふれておきたいのはその一冊である張承宗の江南民俗についての著書である。氏は六朝江南の民俗の特色を、社會の價値觀が武から文に轉じたこと、開放的な「風氣」の社會であったこと、文化が多元化したこと、「鬼神」文化が隆盛であったこと、顯著な地域差が生じたこと、の五點に集約する。そして、飮食、服飾、居所と園林、交通と旅游、宗族・家庭と交際、婚姻習俗、民間の禮儀風俗、節日の習俗、娛樂、信仰の各項目で、詳細な記述を展開する。本書は今後の江南地域の地域性の檢討に必讀の文獻となろう。

最後に學術誌『東南文化』にふれておきたい。本誌の歷史はほぼ三〇年をかぞえるが、當初は江蘇省、とくに南京附近の文物考古關係の情報がおもに揭載されていた。しかしその後、古代から近代まで時代をとわず江南地區の考古や文化關連の多樣な主題の文章を揭載するようになっている。その中にはもちろん六朝時代のものがおおくふくまれている。ここでそれらすべてをあげる餘裕はないが、こころみにこの數年のものをみても、穀倉罐や靑瓷のような文物とその民族との關係、瓦當、墓葬、帝陵のような考古學的研究、言語、精神文化などが論題となっており、六朝江南地域史研究にとって重要な役割をはたしているといえよう。

五

歷史學と考古學は異なる學問體系であるが、もちろん現在、六朝のように考古遺跡の年代と文獻の年代が對應するような場合、兩者には密接な關係がうまれる。そして現在、江南地域史研究にとって、考古學的成果は不可缺の資料となっている。もちろん、その場合考古學上の成果を歷史研究の資料としてもちいるにはさまざまな配慮が必要であり、また考古學

の成果を歴史研究に安易に利用するのみであってはならないのは當然である。

江南地域の考古活動とその成果については、羅宗眞の簡明な概説があり、新中國以後では、南京附近で一九五〇年におこなわれた南京南郊鄧府山の六朝古墓の調査をその最初にあげている。しかし、歴史研究との關連でいえば、一九五二年末に發見され、五三年から發掘がおこなわれた宜興の周氏一族墓が重要な意味をもっているであろう。この發掘では、一號墓の墓主が墓磚の年月日から西晉末の武將周處と確定された。それは『三國志』や『晉書』に記事のある人物の墓であり、墓地全體の規模や副葬品が「江東之豪」と稱された周氏の實體を具體的にしめす實例であった。

それ以後の南京博物院および南京市博物館、そして江南各地の關係機關の六朝考古に關する活動はめざましいものがあった。南京近郊を中心に、鎭江、馬鞍山、蘇州、杭州、さらに上流の鄂城や武昌、浙江省山間部の新昌や嵊縣、沿岸部の黃巖、餘姚などで、大量の六朝墓が發掘、調査された。それらの内容の集約については、蔣贊初、羅宗眞、李蔚然らの著作にくわしい。同時にかれらはこのような考古學的成果を歴史研究に對應させ、さまざまな江南地域の特色を、各自得意の分野で提示している。

たとえば、蔣贊初の研究は、長江中下游六朝墓の分期と斷代、武昌城、青瓷の研究に特色があり、羅宗眞のそれは出土文物による歴史的研究が出色であり、李蔚然は、長年南京で六朝墓の發掘にたずさわったその經驗に基づいて、六朝墓とその出土品を總合整理していて、六朝墓の全體像を把握するのにきわめて有用である。

考古學的成果と歴史研究との關係で特筆すべきことは、一九六五年の南京北郊での琅邪王氏墓誌を最初として、最近にいたるまで、王氏、南京南郊の陳郡謝氏、東郊の廣陵高氏、おなじく東郊の廣平李氏など、有力家族の集團墓から多數の墓誌が出土している。從來ほとんど存在しないとされていた南朝墓誌の出土があいついだことであろう。それらは文獻と對照しうるのみならず、文獻記錄の缺をうめることもあり、歴史研究の重要な史料となっている。ま

35　序章　六朝江南地域史研究史

たこれら墓誌で注目されるのは、現在のところ一部をのぞいて大半が北來士族のものであり、これも一面では江南地域の南北人にまつわる状況をしめすものとして、研究の対象となっている。

南京附近の六朝陵墓と墓前の石刻についての研究にも言及しておくべきであろう。それは文化的、美術工藝の題材であるが、同時に南朝帝王陵墓と墓前の石刻の所在地を明示する歴史研究の重要な資料でもあるからである。

南京および丹陽の六朝石刻については、早い時期に朱希祖、朱偰父子による調査がおこなわれ、今にいたる貴重な文獻となっている。(102) しかし、その後の戦亂による環境の劣化などがあって、新中國成立直後の一九四九年十二月から再調査がおこなわれたが、(103) 憂うべき状況であったようである。

その後、南京と丹陽でいくつかの陵墓本體が發掘調査されているが、それらと文獻として集成したのが、羅宗眞の研究である。(104) そこでは文獻上の帝陵王墓の所在地七四箇所を網羅し、一方考古調査と地表觀察によって確認できた陵墓三三箇所を統計し、つづいて族單位での葬地集中、山を背後に平野に臨む葬地選擇、墓坑をひらき磚築する墓室、排水溝の設置、墓室の構造、および墓前の石刻などを説明し、南朝帝陵王墓の基本文獻といえる。

また蔣贊初はいくつかの東晉大墓について、その規模と位置を文獻と照合し、南京大學北園墓を元明成三帝いずれかの陵、富貴山大墓を孝武帝陵、幕府山M2號墓を穆帝陵と推定し、幕府山M1、3、4號墓を東晉皇族墓とした。(105) 東晉帝陵の位置についての蔣、羅兩氏の研究は、政治史のみならず、建康とその周邊の空間的構成をかんがえていくうえで貴重な價値をもつものといえる。

なお、墓前の石獸をふくむ石刻全體については、梁白泉主編の書がきわめて有用であることを附記しておく。(106)

江南六朝墓の特色のひとつは豊富な陶磁器、とくに青瓷の伴出である。これについては、陶磁史はもちろん、美術史、工藝史、あるいは六朝墓の考古學上の編年など、さまざまな研究がある。しかし、それにとどまらず、青瓷は江南の商工業や文化、地域性の重要な資料でもありうる。この側面における研究の代表的存在として、謝明良[107]をあげておきたい。氏は、江南の三國西晉墓特有の明器である「穀倉罐」の總合的考察や、そこにみられる佛教圖像、あるいは出土陶磁器の器種の組合せや墓主身分の差による明器の差などについて、重要な成果を公表している。

最後に、都市に關する考古學的成果について補足しておきたい。この分野では、孫吳の武昌城と京口・晉陵（鎮江）の羅城・鐵甕城跡の發見がよくしられている。前者については蔣贊初[108]、後者については劉建國[109]の業績が重要な位置を占めている。

このほか、江蘇の文物考古學關係書籍には、大部な圖冊や、文物目錄、圖錄、圖版などが多數あり、歷史研究にとっても貴重な資料をふくんでいるが、内容についてはここでは割愛することにしたい[110]。

　　第四節　建康研究

　一

日本における建康研究はそれほどおおくはない。岡崎文夫の研究が最初にしてほとんど唯一のものであったといえるであろう[111]。後述する王煥鑣・朱偰兩氏の著書に數年先行したその研究は、まず建康が首都に選ばれた事情をのべたあと、氏が南京臺地と稱する現在の江寧、上元、溧水、句容を包含する地域についての歷史的地名と現在の地名との

比定をおこない、ついで南京臺地をとりかこむ諸山をのべ、つぎに長江、秦淮沿岸部の水流、陸地、塘、洲の位置について詳細な考證をすすめ、さらに破崗瀆、潮溝、運瀆、青溪の考證をおこなう。そのなかには、當時『建康實錄』原本がみられず、諸書引用のそれによったこともあり、破崗瀆は吳初は陸路にして、水路は劉宋代に開鑿されたと推測し、潮溝は南齊で開設されたとするなど、今日からすれば誤解というべき見解もあるが、一方で西池より長江に通じる水路として白水の存在を推測し、班瀆の位置を推定するなど、重要な見解がふくまれる。そのつぎに、南京臺地に分布した諸城を檢討し、宮城、石頭城、東府城が建康防衞の重地であるとのべ、また白下、新亭の戰術上の重要な役割に言及する。

戰後は、宮川尚志(112)が、吳の建業建都の歷史をたどり、以下建康の規模、門と宮殿官署、都市防衞施設、周邊の水路網、人口、住民居住地、佛寺などを文獻にしたがって敍述し、建康住民の社會生活を活寫したが、これは岡崎の研究をおぎなうところがあった。

その後、ながく建康研究にみるべき成果はおおくはなかったが、日本史の古代都城の研究に關連して建康をとりあげた秋山日出雄の建康復原研究(113)がでるにおよんで、變化がみられるようになった。その復原試案は大膽なもので、南唐金陵城が建康を踏襲しているという發想のもとに、建康と洛陽を類比させ、また籬門を外郭として、北は明南京內城北邊、南は明外城南邊と推測するなど、異色のものであった。

これに對して、中村圭爾(114)は秋山論說の一部について批判するとともに、建康の水路から都城の位置を推測するこころみを提示した。

一九九一年、郭湖生の論文が日本の學術書に揭載され、建康研究はあたらしい狀況にはいったようにみえる(115)。郭氏のこの研究は、宮室制度に關するものであり、建康についてもその關心はおもに臺城にある。そして、臺城について、

きわめて詳細な内部配置の復原推測圖を提示したものであったが、それ以外にさらに注目すべき都城の位置想像圖を提示した。これは朱說の位置から都城の位置を提示したものであった。

その後、外村中はこの郭氏の研究および、中村說を引用批判しつつ、總括的な建康研究を公表した。そこでは、『宮苑記』にもとづき都城門・宮城門を詳細に檢討したほか、都城、宮城、籬門、街道、市、外郭、寺院などを論じ、さらに明陳沂『金陵古今圖考』に類似した都城・宮城の位置推測圖を提示している。

二

中國における近代の建康研究の起點というべきは一九三〇年代なかばの王煥鑣、朱偰兩氏の著作である。前者は傳統的な地方志の樣式で、各項目に南京に關する歷代の文獻記錄を整理配置し、あわせて圖表・寫眞をそえたものである。項目は沿革、疆域、城垣（卷一）、街道（卷二）、山陵上（卷三）、山陵下（卷四）、水道、氣候（卷五）、戶口、官制、警政、自治、財政、司法（卷六）、教育上（卷七）、教育下（卷八）、兵備、交通（卷九）、外交（卷一〇）、食貨上（卷一一）、食貨下（卷一二）、禮俗（卷一三）、方言、宗教（卷一四）、人表、藝文（卷一五）、歷代大事表（卷一六）であるが、その うちの卷一城垣には、都城を取りまく石頭城、東府城などのほか、都城一二門、宮城八門、籬門その他について、『建康志』『肇域志』などから關連記事を拔粹し、建康に關する簡便な史料集となっている。後者は緒論以下、金陵之形勢（第一章）、金陵大事年表（第二章）、秦漢以前之遺蹟（第三章）、六朝城郭宮闕遺址（第四章）、六朝陵墓（第五章）、南朝四百八十寺（第六章）、隋唐之遺蹟（第七章）、南唐遺蹟（第八章）、宋元之遺蹟（第九章）、明代之遺蹟（第一〇章）、滿清及太平天國遺蹟（第一一章）、近代之玄觀祠宇及梵刹（第一二章）、園林及第宅（第一三章）、結論（第一四章）からなり、それぞれ關連する歷代の文獻を摘錄しつつ、說明をくわえたものである。

本章の主題に關していえば、第四、五、六章が建業、建康についての部分であるが、正史および『建康實錄』『景定建康志』『至正金陵新志』その他豐富な文獻引用により、きわめて詳細な記述があり、今日でも建康研究の基本文獻としての地位をうしなわない。

なかでも、その後の研究に多大の影響をあたえたのは、建康の都城と臺城に關するいくつかの論說である。たとえば都城と臺城は別であること、都城とは外郭、臺城とは建康宮城であって、後者の位置を南は乾河沿、北は北極閣下の鷄鳴寺前、西は中山路のやや西、東は成賢街にある古城、すなわちいまも臺城とよばれる古城壁を都城遺跡とみなし、これを起點に推測した建康都城位置圖は、その後定說化し、ほとんどの研究書がこれを踏襲することになった。その他にも南京城内の古水道の調查は貴重な記錄として重要な價值がある。

新中國になって、建康研究をあらたな水準に導いたのは、蔣贊初が一九六三年に公刊した南京の通史である。本書は南京の地理槪觀から筆をおこし、新石器時代から南京の歷史をのべてゆくが、その第四章「寧飮建業水、不食武昌魚——東吳的首都建業」、第五章「王與馬、共天下——東晉的首都建康」第六章「南朝建康都城的盛衰」、第七章「南朝四百八十寺、多少樓臺煙雨中——建康時期佛敎的盛行」がそれぞれ吳、東晉、南朝の建業・建康の都城、宮城、官府、苑囿や城内の里巷、民居、都城外の石頭、東府、冶城などの要塞等々を詳細に敍述し、それにくわえて政治、經濟、文化方面での現象や都市生活の實像を描いている。

その後は、建康研究は中國歷史學界の事情もあって、ほとんどみるべきものが現われなかったようであるが、一九八〇年代になって、ようやく個別研究が公表されはじめた。それらは羅宗眞[120]、劉淑芬[121]、郭黎安三氏[122]の研究である。そのうち羅氏の研究は墓葬の分布から建康都城の位置を推測したり、城壁の磚築の歷史を論じたりするところに特色が

あるが、建康都城の位置については朱氏說をほとんど踏襲している。これに對して劉氏の研究は文獻中心で、建康の歷史、經濟、市場、民居、園宅などを描寫したものであるが、建康と北魏洛陽の比較をおこなっているところが注目される。郭氏の研究も文獻中心であるが、建康都城の特徵的な內部配置、すなわち宮城前のＴ字形道路や御街周邊への官府の集中などについて、洛陽や鄴との比較をおこなったり、朱氏說とはことなる都城位置の推測をしめすなど、參考とすべきところがすくなくない。

二〇〇〇年代にはいって、上記郭氏、および盧海鳴、賀雲翺兩氏の建康に關する專門的著作が刊行された。前者は六朝建康に關する最初の總合的研究書というべく、建康に關するあらゆる問題について、總合的かつ綿密な考察と敍述を展開している。もちろんそのなかには從來の懸案である都城位置についての新說もふくまれている。後者は建康都城の建築と施設の空間配置についての分析に特徵があり、やはり都城位置について新說を提示している。この兩著が今後の建康研究の重要な一步となるであろう。

注

（１）六朝の語の本義はそうであるが、日本では魏晉南北朝、もしくは三國兩晉南北朝時代を指す總稱としてもちいることがおおい。中國では、六朝史という語は、のちに言及する諸研究にみられるように、本義でもちいられることが一般的であるが、最近では、日本同樣、魏晉南北朝史と同義でもちいる例がみられるようになっている。たとえば、魏晉南北朝史の著名研究者朱大渭の『六朝史論』（後揭）、おなじく熊德基の遺稿集『六朝史考實』（後揭）など、いずれも書名に六朝と名附けて、その內容は魏晉南北朝全般にわたるし、劉馳の『六朝士族探析』（北京、二〇〇〇）は、ほとんど五胡北朝の士族を對象としている。

（２）三吳は、はじめは吳興、吳郡、會稽をさしていた（『水經注』漸江水注）が、のち吳興、吳郡、丹陽をさすようになった

（『通典』）ようである。もちろん、郡名に限定せず、長江下游南岸一帯をさすこともある。本書では、江南のややひろい地域をさすことばとしてもちいたい。

(3) 桑原隲藏「歷史上より觀たる南北支那」（初出一九二五、『桑原隲藏全集』第二卷、一九六八）

(4) 後揭『六朝史』の序言で、吳澤は六朝史は魏晉南北朝史の一部分であり、南方地區の地域的斷代史であるとし、その南方地區はそれ自體が獨自の政治、經濟、文化上の特色をもつこと、しかし北方からの人口移入により中原文化を吸收しつつ發展したとのべ、江南地域の地域性が全中國史からまったく孤立したものではないことを強調している。

(5) その主なものは以下の通りである。

大川富士夫「孫吳政權の成立をめぐって」初出一九六七

宮川尙志「三國吳の政治と制度」（初出一九五五、宮川『六朝史研究—政治・社會篇—』一九五六）

石井仁「初期孫吳政權の性格について」（ともに大川『六朝江南の豪族社會』一九八七）

　　　　「孫吳政權と士大夫」初出一九六九（ともに大川『六朝江南の豪族社會』一九八七）

渡邉義浩「孫吳政權の成立をめぐる諸問題」（『東北大學東洋史論集』六、一九九五）

　　　　「孫吳政權の形成」初出一九九九

　　　　「孫吳政權の展開」初出二〇〇〇（ともに渡邉『三國政權の構造と「名士」』二〇〇四）

桑原隲藏「晉室の南渡と南方の開發」（初出一九一四）

(6) 「歷史上より觀たる南支那の開發」（初出一九一九、ともに『桑原隲藏全集』第一卷、一九六八）

(7) 岡崎文夫『魏晉南北朝通史』（一九三二）

(8) 稻葉岩吉「庚戌土斷と團貌と」（『東亞經濟研究』一七—一、一九三三）

(9) 前揭岡崎文夫『魏晉南北朝通史』五九四頁以下、同『南北朝に於ける社會經濟制度』（一九三五）二三八頁以下參照。

(10) 增村宏「黃白籍の新硏究」（『東洋史研究』二—四、一九四〇）

(11) 越智重明「劉裕政權と義熙土斷」（『重松先生古稀記念九州大學東洋史論叢』一九五七）

(12) 矢野主税「土斷と白籍――南朝の成立――」（『史學雜誌』七九―八、一九七〇）
『魏晉南朝の貴族制』（一九八二）第四章第六節

(13) 增村宏「東晉南朝の黃白籍と土斷」『鹿兒島大學法文學部紀要』（『社會科學研究報告』二〇、一九七一）
「郡望と土斷」（『史學研究』一一三、一九七一）
「本籍地と土斷、秀孝及び中正について」（『社會科學研究報告』二〇、一九七一）

(14) 大川富士夫「東晉期と僑寓北人――白籍をめぐって――」初出一九七〇
「東晉期と僑寓北人――僑州郡縣をめぐって――」初出一九八六（ともに大川前掲『六朝江南の豪族社會』）

(15) 安田二郎「晉宋革命と雍州（襄陽）の僑民」初出一九八三
「いわゆる王玄謨の大明土斷について」初出一九八七（いずれも安田二郎『六朝政治史の研究』二〇〇三）

(16) 越智ははじめ前掲「劉裕政權と義熙土斷」では、この例外を土斷不實施とみて、その理由に劉裕の家系が「貴族」化の可能性をもつことを世人に確認させ、同時に自族を中心とするこの地の有力者の大土地經營を溫存することの二點をあげた。この說については、山崎孝雄「義熙土斷に於ける晉陵郡の除外について」（『史海』七、一九六〇）が、白籍者の征役從事策と關連させた見解をだしたが、越智はその後自說を撤回し、例外措置とはより強力な土斷を實施したとする見解への登錄を強行したとする說に轉じている（前揭『魏晉南朝の政治と社會』二一四頁、『魏晉南朝の貴族制』二三一頁）。これに對して、後揭安田論文は、無實土僑州郡縣に對する土斷は、現土土斷か實土化土斷しかありえないが、そのような土斷が實施されなかったことが「斷例外」の內容であるとしている（安田前揭著五〇一頁）。

(17) 守屋美都雄「南人と北人」（初出一九四八、守屋『中國古代の家族と國家』一九六八

序章　六朝江南地域史研究史　43

(18) 矢野主税「南人北人對立問題の一考察」(『長大史學』一、一九五八)

(19) 那波利貞「塢主攷」(『東亞人文學報』二─四、一九四三)

(20) 川勝義雄「初期東晉政權の軍事的基礎」「東晉貴族制の確立過程」(いずれも初出一九七九、川勝『六朝貴族制社會の研究』

(一九八二)第Ⅱ部第4章として補訂再錄

(21) 『東洋中世史』一 (一九三九)第二篇第五章「南朝大土地所有の發達」

(22) 大川富士夫「東晉・南朝時代における山林藪澤の占有」(初出一九六一、大川前揭『六朝江南の豪族社會』)

(23) 關尾史郎「六朝期江南の社會」(『歷史學研究』別冊特集「東アジア世界の再編と民衆意識」一九八三)

(24) 天野元之助「中世農業の展開」(『中國中世科學技術史の研究』一九六三)

(25) 佐久間吉也「孫吳期の水旱災と漕運について」初出一九六九

「孫吳期の漕運路形成について」初出一九六八

「晉代の水利について」初出一九六四

「晉代における飢饉の概況について」初出一九七五

「晉代水旱災に對する應急對策」初出一九六六

「晉代の水旱災について」初出一九六六

「南朝の治水灌漑」初出一九六七

「南朝の水旱災と稅役の減免」初出一九六九 (いずれも佐久間『魏晉南北朝水利史研究』一九八〇)

(26) 越智重明「南朝の貴族と豪族」(『史淵』七六、一九五八)

「東晉の豪族」(『史淵』六九、一九五六)

前揭「東晉南朝の村と豪族」

(27) 大川富士夫「三國時代の江南とくに揚州について」初出一九六七
「三國時代の江南豪族について」初出一九七一
「晉代の江南豪族について」初出一九七二
「六朝前期の吳興郡の豪族ーとくに武康の沈氏をめぐってー」初出一九七七
「南朝時代の江南豪族について」初出一九八〇
「南朝時代の吳興武康の沈氏について」初出一九八一
「吳の四姓について」初出一九八二

(28) 葭森健介「晉宋革命と江南社會」(『史林』六三ー二、一九八〇)
「後漢代の會稽郡の豪族について」初出一九八五 (いずれも大川前揭『六朝江南の豪族社會』)

(29) 川勝義雄「貴族制社會と孫吳政權下の江南」(初出一九七〇、その後半部分を川勝前揭『六朝貴族制社會の研究』第Ⅱ部第二章「孫吳政權と江南の開發領主制」として補訂再錄

(30) 川勝義雄「孫吳政權の崩壞から江南貴族制へ」(初出一九七三、川勝同右書第Ⅱ部第三章として補訂再錄)

(31) 川勝義雄「南朝貴族制の沒落に關する一考察」(初出一九六二、川勝同右書第Ⅲ部第三章「貨幣經濟の進展と侯景の亂」として補訂再錄)

(32) 川本芳昭「六朝期における蠻の漢化について」初出一九八一
「六朝期における蠻の理解についての一考察」初出一九八六 (ともに『魏晉南北朝時代の民族問題』一九九八)
「山越再論」(『佐賀大學教養部研究紀要』二三、一九九一)

(33) 町田章「南齊帝陵考」(『奈良國立文化財研究所創立三十周年記念論集』『文化財論叢』一九八三)
關尾史郎「山越の「漢化」について の覺書」(『上智史學』三四、一九八九)

(34) 來村多加史「南朝陵墓選地考」(『網干善敎先生華甲記念考古學論集』一九八八)
「中國皇帝陵の地相分析」(『網干善敎先生古希記念考古學論集』一九九八)

45　序章　六朝江南地域史研究史

(35) 曾布川寬「南朝帝陵の石獸と磚畫」(『東方學報』京都第六三冊、一九九一)
(36) 川合安「六朝『謝氏家族墓誌』について」(『古代文化』五四―二、二〇〇二)
(37) 岡内三眞「五聯罐と裝飾附壺」(『古代史探叢』Ⅱ、一九八五)
　　　長谷川道隆「吳(西晉)墓出土の神亭壺―系譜および類型を中心に」(『考古學雜誌』七一―三、一九八六)
　　　小南一郎「壺型の宇宙」(『東方學報』京都第六一冊、一九八九)
　　　「神亭壺と東吳の文化」(『東方學報』京都第六五冊、一九九三)
　　　菊池大「後漢・孫吳・西晉時期の江南地域に見られる五連罐・神亭壺について」(『明大アジア史論叢』六號、二〇〇一)
(38) 岡崎文夫「南朝の錢幣問題」(岡崎前揭『南北朝に於ける社會經濟制度』)
　　　古賀登「南朝租調攷」(『史學雜誌』六八―九、一九五九)
　　　藤家禮之助前揭『漢三國兩晉南朝の田制と稅制』
　　　增村宏「宋書王弘傳の同伍犯法論議」(『鹿兒島大學文理學部紀要文科報告』四、一九五六)
　　　「晉南朝の符伍制」(『鹿大史學』四、一九五六)
(39) 菊池英夫「南朝田制に關する一考察」(『山梨大學教育學部紀要』四、一九六九)
　　　朱大渭が、一九九五年襄樊で開催された第五回魏晉南北朝史學會學術討論會によせた、中國の魏晉南北朝史研究を回顧した前言(《魏晉南北朝史研究》武漢、一九九六)參照。なお、曹文柱・李傳軍「二十世紀魏晉南北朝史研究」(『歷史研究』二〇〇二―六)は、二〇世紀魏晉南北朝史研究を、一九〇一～一九二九、一九三〇～一九四九、一九四九～一九六六、一九六六～一九七八、一九七八～二〇〇〇の五段階に區分している。これはかならずしも魏晉南北朝にかぎったことではなく、中國における歷史研究全般についていえることであろう。
(40) 田餘慶「魏晉南北朝史研究的過去和現在」(中國魏晉南北朝史學會編『魏晉南北朝史研究』成都、一九八六、田後揭『秦漢魏晉史探微』)。なお、本論文集は中國魏晉南北朝史學會成立大會學術討論會に提出された七〇餘篇から、一三三篇をえらんで

（41）唐長孺『魏晉南北朝史論叢』（北京、一九五五）、同『魏晉南北朝史論叢續編』（北京、一九五九）、周一良『魏晉南北朝史論集』（北京、一九六三）揭載したものであるが、その中に江南地域研究として、王志邦「東晉南朝浙江農業生產的發展」、萬繩楠「論黃白籍、土斷及其有關問題」がふくまれていた。

（42）陳寅恪「魏書司馬睿傳江東民族條釋證及推論」（初出一九四三、陳『金明館叢稿初編』上海、一九八〇）。なおこのほか『天師道與濱海地區之關係」初出一九三三、「桃花源記旁證」初出一九三六（いずれも前揭『金明館叢稿初編』）も、江南地域に限定したものではないが、その着想の斬新さと論證の卓拔さで、地域性や民族を視野に入れた研究に對して、多大の影響をのこしたものとして言及しておきたい。

（43）ちなみに、朱大渭は、前揭の前言で、中國における魏晉南北朝史研究の第一段階は陳寅恪、湯用彤、呂思勉三人を中心とし、第二段階が、唐長孺、繆鉞、周一良、何茲全、王仲犖、韓國磐を代表とするとのべているが、この段階では、本文でのべるように通史的敍述のなかで江南地域に言及されることはあっても、學術誌などでみるかぎり、江南地域史に特化した專門主題の研究はけっしておおくなかった。

（44）陳寅恪「東晉南朝之吳語」（初出一九三六、陳『金明館叢稿二編』上海、一九八九）。なおこのほか後揭朱大渭「梁末陳初豪强酋帥的興起」が少數民族酋帥の擡頭はそれほど顯著でなく、沒落したとされる高門士族がなお勢力を維持していると論じ、何德章「論梁陳之際的江南土豪」（『中國史研究』一九九一—四）が、土豪は少數民族ではなく、山地の經濟開發により成長した地方豪族であると批判しているし、高敏「論侯景之亂對南朝後期社會歷史的影響」（『中國史研究』一九九六—三）は、侯景の亂の影響はそれにとどまらず、兵戶制の崩壞と募兵・私兵の出現、社會階層の變動、統治集團の民族構成と士庶の階層構成の數量的變化、北强南弱の情勢の形勢をもたらしたとしている。

（45）なお、この陳寅恪說については、その後これに論及するものがすくなくない。たとえば後揭朱大渭

（46）張承宗・田澤濱・何榮昌主編『六朝史』（南京、一九九一）。章節構成は以下の通り。

　第一章　六朝的政治概況（孫吳建國的始末　東晉政權的興衰　宋齊梁陳的更替

（47）簡修煒・莊輝明・章義和『六朝史稿』（上海、一九九四）。章節構成は以下の通り。

結語　六朝の歴史地位

第一章　導論（漢唐間封建生産關係的變革　六朝經濟的發展及其特點　六朝的歷史地位）

第二章　六朝時期的地權關係，奴役形式和賦役制度（六朝的地權關係　六朝的奴役形式和賦役制度）

第三章　六朝農業經濟（南方耕作方式和六朝的農業結構　六朝的水利建設和土地墾殖　六朝農業生產力水平的提高和農產品的商品化傾向）

第四章　六朝工商業與城市的發展（六朝手工業生產的進步　六朝商業的發達　六朝城市的興盛）

第五章　六朝的階級階層結構（上）（階級階層結構的基本特點　地主階級內部的階層關係　六朝的統治階層與門閥政治）

第六章　六朝的階級階層結構（下）（依附農民租佃制與佃客・十夫客・傭客　部曲和部曲制度　六朝的奴婢問題）

第七章　六朝的社會矛盾（階級矛盾與農民反封建鬥爭　地主階級的內部矛盾與爭鬥　民族關係與民族矛盾　南北對峙與

六朝豪族地主的特點和歷史地位的估計）

第八章　六朝的官制兵制（中央機構的職官建制　地方行政體制和職官建置　選官制度的演變與特點　六朝的兵制）

第九章　六朝的思想文化（經學與玄學　佛教的傳播與發展　道教的流傳與變革　史學的繁榮　文學與藝術）

第十章　六朝的科學技術（天文學數學的發展　醫藥學的進步　科技領域的其他成就）

第十一章　六朝的生活風貌（婚姻與家庭　飲食　服飾　文娛體育活動）

第二章　六朝的地理沿革（雄踞江東的孫吳　東晉的偏安與僑州郡縣　南朝的地理沿革　六朝的都城建康）

第三章　六朝的土地關係（土地所有制形態及其演變　田賦制度及其演變　大族地產的經營模式及其影響）

第四章　六朝的階級結構（士族的形成與發展　庶族寒門地主階層　勞動群眾各階級）

第五章　六朝的經濟發展（東吳時期的南方經濟　江南經濟的開發　東晉南朝的社會經濟　中外經濟文化交流的發展）

第六章　六朝的民族融合（孫吳時期山越與漢族的融合　賓族與漢族的融合　蠻族與漢族的融合　南方其他各族與漢族關係的發展）

序　章　48

(48) 許輝・蔣福亞主編『六朝經濟史』(南京、一九九三)。章節構成は以下の通り。

第八章　六朝時期的對外關係(六朝與海東諸國的交往　六朝與南海的交往　六朝與南亞・西域諸國的交流)
第九章　六朝的文化與科技(文化與科技的突出成就　六朝文化發展的特點　六朝文化發展的原因)
第十章　六朝的社會生活(六朝民風的演變　崇尚奢華的物質生活　雙重性質的婚姻生活　薄葬與重喪　紛繁多彩的節俗)
第一章　六朝經濟區的開發(六朝以前南方經濟概貌　南方經濟發展的主要因素　新經濟區的出現)
第二章　大土地所有制的形成和發展(大土地所有制的形成　大土地所有制的發展　占山護澤)
第三章　地主階級和依附民(地主階級　依附民)
第四章　戶籍和田賦制度(戶籍制度　賦役制度)
第五章　農業(農田水利　農業生產技術　農作物品種)
第六章　手工業(兩種手工業　手工業門類(一)　手工業門類(二))
第七章　商業與交通(商業與城市　南北互市及海外貿易　貨幣的紊亂　交通的發展)

(49) 陳明光『六朝財政史』(北京、一九九七)
(50) 前揭曹文柱・李傳軍「二十世紀魏晉南北朝史研究」
(51) 譚其驤「晉永嘉喪亂後之民族遷徙」(初出一九三四、譚『長水集』上、北京、一九八七)
(52) 周一良「南朝境內之各種人及政府對待之政策」(初出一九三八〔周前揭『魏晉南北朝史論集』〕)
(53) 曹文柱「兩晉之際流民問題的綜合考察」(『歷史研究』一九九一—二)
(54) 童超「東晉南朝時期的移民浪潮與土地開發」(『歷史研究』一九八七—四)
萬繩楠「江東僑郡縣的建立與經濟的開發」(初出一九五四、唐『山居存稿』北京、一九九九)
唐長孺「南朝的屯、邸、別墅及山澤佔領」
唐長孺「三至六世紀江南大土地所有制的發展」(上海、一九五七)

（55）唐長孺「孫呉建國及漢末江南的宗部與山越」（唐前掲『魏晉南北朝史論叢』）

（56）韓國磐『北朝經濟試探』（上海、一九五八）、唐『南朝經濟試探』（上海、一九六三）。後者は土地問題以外に、階級關係、農業、土斷、戶口檢括、賦役、手工業、商業、寺院經濟をとりあつかっている。のち補訂合編して『南北朝經濟史略』（廈門、一九九〇）。

（57）朱紹侯『魏晉南北朝土地制度與階級關係』（鄭州、一九八八）。なお、本書は、江南に關しては、戶口、戶籍、里伍、隷屬戶について詳細な論述がある。

（58）高敏主編『魏晉南北朝經濟史』（上）（下）（上海、一九九八）。なお、本書は、土地所有以外に、戶口、戶籍、租調、税制、徭役、階級構造、農業、畜牧業、官私手工業、商業、貨幣制度、經濟現象を總括的にとりまとめた有用な文獻である。

（59）大土地所有中心ではなく、小農に着目した研究もないわけではない。その一篇として、侯旭東「東晉南朝小農經濟補充形式初探」（『中國史研究』一九九六—一）をあげたい。本論文は、貧困小農がかならずしも大土地所持するのみでなく、商品生産と交換、漁撈、採集などさまざまな手段を講じて再生産を維持していることを具體的に論じ、江南社會の一面をしめしている。

（60）これに先んじて、中國社會科學院歷史研究所魏晉南北朝隋唐史研究室編の『魏晉隋唐史論集』第一輯（北京、一九八一）、同第二輯（一九八三）が刊行されている。その第二輯には八篇の魏晉南北朝史論文がふくまれ、その内の江南關係には、周年昌「東晉北府兵的建立及其特點」があった。

（61）吳澤主編・簡修煒選編『魏晉南北朝史論集』（華東師範大學學報叢刊、上海、一九八六）。本論文集收錄論文と著者は以下の通り。

唐長孺「讀陶淵明贈長沙公詩序論江南風俗」

王仲犖「魏晉南北朝史餘義」

(62) 中國魏晉南北朝史學會編『魏晉南北朝史論文集』(濟南、一九九一)。本論文集收錄論文と著者は以下の通り。

簡修煒「漢唐間封建生產關係變革略論」
彭神保「"部曲佃客生產制"質疑」
鄭欣「曹魏屯田制度縱橫談」
高敏「兩晉南朝租調制度考辨」
萬繩楠「關于土斷的若干問題」
簡修煒・夏毅輝「南北朝時期寺院地主經濟初探」
程應鏐「拓跋部漢化過程中問題述論」
胡守爲「張昭與孫吳的立國方針」
楊廷福「《晉律》略論」
吳澤「漢唐間土地、城隍神崇拜與神權研究」
柯昌基「東晉時代的般若學和三論學」
黃惠賢「讀《宋書・郭世道傳》書後」
楊耀坤「略論《南・北史》」
袁英光「周濟和《晉略》研究」
劉精誠「北朝末年各族人民起義與北方門閥的衰落」
黃烈「評魏晉南北朝史的歷史特點」
陳達慶「魏晉時期鹽鐵事業的恢復和發展」
黎虎「六朝時期荊州地區的人口」
袁純富「魏晉南北朝時期江漢地區的水利建設」
黃佩芳「孫吳時期的浙江社會經濟」

序章　六朝江南地域史研究史　51

陳玉屛「孫吳毗陵屯田的性質」
周國林「兩晉"兩類郡縣農民"說榷議」
馮君實「魏晉官制中的護軍」
楊耀坤「東魏北齊兵制概論」
嚴耀中「北魏中書學及其政治作用」
朱大渭「魏晉南北朝政界名人成才年齡結構剖析」
施光明「西州大姓敦煌宋氏研究」
劉馳「北魏末期的戰亂與士族旁支的興起」
謝重光「淨人新探」
黃佩謹「魏晉南北朝民族關係的發展」
劉美崧「建平蠻、天門蠻、臨江蠻興衰述略」
汪福寶「禿髮、拓跋"分姓"目的辨析」
景蜀慧「西晉名教之治與放達之風」
趙一德「雲岡曇曜五窟的帝王象徵」
李瑞良「魏晉南北朝的書籍文化」
王志邦「六朝浙江方志的特點」
劉靜夫「習鑿齒評傳」

（63）前掲魏晉南北朝史學會編『魏晉南北朝史研究』（一九九六）、『六朝文化國際學術研討會暨中國魏晉南北朝史學會第六屆年會論文集』（『東南文化』一九九八年增刊二）
前者の江南關係論文は、
盧華語「試論孫吳人才群體的特徵及效應」

羅宗眞「從出土文物看三國東吳的經濟發展」
孟聚「魏晉南朝時期的何氏家族」
のみであった。その他の論文名、後者の全體の論文名は割愛したい。

(64) 繆鉞『讀史存稿』（北京、一九六三）。本文で言及したのは、
「陶潛不爲五斗米折腰新釋」
「南朝漢人逃往少數民族地區的問題」初出一九五七

(65) 唐長孺『魏晉南北朝史論拾遺』（北京、一九八三）

(66) 唐前揭『山居存稿』

(67) 唐前揭『唐長孺文化史論叢』
唐長孺『魏晉南北朝隋唐史三論』（武漢、一九九二）
周一良『魏晉南北朝史論集續編』（北京、一九九一）
周一良『魏晉南北朝史札記』（北京、一九八五）

(68) 何茲全『讀史集』（上海、一九八二）。本文で言及したのは、
「東晉南朝的錢幣使用與錢幣問題」初出一九四九
『魏晉南朝的兵制』初出一九四七
萬繩楠『魏晉南北朝史論稿』（合肥、一九八三、再版臺北、一九九九）
鄭欣『魏晉南北朝史探索』（濟南、一九八九）。この初版本は一八篇（再版本後記に一九篇という）の論文を收錄していたが、一九九七年、七篇を増補し、二六篇の書として再版された（濟南）。本文の言及は再版本による。本文で言及したのは、
「東晉南朝時期的士族莊園制度」初出一九七八
「南朝的租調制度」初出一九八六
「南朝的雜調」初出一九八八

(69) 田餘慶『秦漢魏晉史探微』(北京、一九九三、後重訂本北京、二〇〇四) 所収の、
「論孫權」初出一九八七
「南朝的徭役制度」初出一九九

(70) 陳玉屏『秦漢魏晉南北朝史論集』(成都、一九九五) 所収の、
「蛋艷案及相關問題」初出一九九一
「孫吳建國的道路」初出一九九二
「唐寓之暴動的性質」初出一九六三
「北府兵始末」初出一九八九

(71) 李培棟『魏晉南北朝史緣』(上海、一九九六) 所収の、
「論孫吳毗陵屯田的性質」初出一九八九
「六朝國策異同論」

(72) 朱大渭『六朝史論』(北京、一九九八)。本文で言及したのは、
「梁末陳初豪強酋帥的興起」初出一九八九
「孫恩徐道覆起義的性質及其歷史作用」初出一九六四
「南朝少數民族概況及其與漢族的融合」初出一九八〇
「關于唐寓之起兵的性質」初出一九七九
「論謝安的政治軍事業績」初出一九九四
「蕭梁名將陳慶之戰績考實」初出一九九四

(73) 黎虎『魏晉南北朝史論』(北京、一九九九) 所収の、
「六朝時期江左政權的馬匹來源」初出一九九一

(74) 梁滿倉『漢唐間政治與文化探索』(貴陽、二〇〇〇) 所収の、

(75)「論蔣神在六朝地位的強固與提高」初出一九九一

(76)「論六朝時期的民間祭祀」初出一九九一

熊德基『六朝史考實』(北京、二〇〇〇)

(77)高敏『魏晉南北朝社會經濟史探討』(北京、一九八七)所收の、

「東吳屯田制略論」

「關于東晉時期黃、白籍的幾個問題」初出一九八〇

方北辰『魏晉南朝江東世家大族述論』(臺北、一九九一)。章別構成は以下の通り。

上篇 第一章 兩漢時期江東世家大族之出現及其政治活動 第二章 孫吳時期江東世家大族的政治活動 第三章 兩晉時期江東世家大族的政治活動 第四章 南朝時期江東世家大族的政治活動

下篇 第一章 經濟地理環境與江東世家大族的興衰 第二章 江東世家大族的文化活動 第三章 江東世家大族的集團結構

(78)呂春盛『陳朝的政治結構與族群問題』(臺北、二〇〇一)。章別構成は以下の通り。

第一章 導論 第二章 陳霸先在嶺南的崛起 第三章 陳朝政權的成立及其結構 第四章 土豪酋帥與陳政權的關係 第五章 從外在形勢論陳宣帝的北伐 第六章 陳朝內部的弱點及其滅亡 第七章 總結

(79)章義和『地域集團與南朝政治』(上海、二〇〇二)。章別構成は以下の通り。

第一章 晉末宋初的京口集團 第二章 青徐集團始末 第三章 雍州集團的變遷 第四章 荊州勢力的興衰與南朝政治 第五章 江東集團與南朝政治 第六章 論江州 第七章 梁陳之際統治階層的變動及陳朝政權的支撐力問題

(80)李萬生『南北朝史拾遺』(西安、二〇〇三)。章別構成は以下の通り。

一 侯景江北防綫的考察 二 防綫確立的基礎 三 西魏拓地與侯景防綫 四 梁失侯景防綫的結果及原因 五 東魏北齊政局的變化 六 陳朝國運與侯景防綫

(81) 胡阿祥『六朝疆域與政區研究』（西安、二〇〇一）。章別構成は以下の通り。

緒論　上編　六朝疆域變遷考述　第一章　孫吳疆域的開拓與保持　第二章　東晉南朝疆域的變遷　第三章　六朝疆域形勢略說　中編　六朝政區制度研究　第四章　六朝府、州、郡、縣、鄉、里制度述略　第五章　孫吳特殊政區制度考論　第六章　東晉南朝都督區概述　第七章　東晉南朝僑州郡縣的設置及其地理分布　第八章　東晉南朝雙頭州郡考論　第九章　南朝的寧蠻府、左郡左縣、俚郡獠郡　第一〇章　六朝政區的增置與濫置　下編　史料評說及六朝政區建置表　第一一章から第一五章省略

(82) 江蘇省六朝史研究會編『江蘇六朝史研究會刊』參照。本誌によれば、卞孝萱司會の討論會で唐長孺が「魏晉南北朝時期發生的變化和南北差異」、韓國磐が「南朝文化」の講演をおこなったほか、政治方面、六朝經濟方面、六朝軍事方面、六朝文化、六朝考古、六朝人物の六部門での專門研究報告會がもたれ、

羅宗眞「南朝士族門閥勢力的盛衰」
蔣福亞「略論三吳地區的開發」
汪家倫「六朝時期江蘇水運事業的發展」
李蔚然「試論六朝時期建康人口的發展」
許輝　「評東晉北伐」
孟昭庚・孫述圻「〈建康實錄〉的史料價值和版本源流略論」
劉建國「晉陵羅城初探」

など、三〇の報告があった。

(83) その若干例をあげると、江蘇省社會科學院歷史研究所と共編で『古代長江下游的經濟開發』（西安、一九八九）を出版し、『南京史志』一九九一〜三に、同誌編輯部と共編の「六朝史研究」を特集し、「六朝史研究的最新の成果」を提示した。前者には二一篇の論文が收錄されているが、六朝時代に關するものとして、以下のような論文がある。その多くが、江南の地域性に關する主題をもつ。

後者に収録された論文名と著者名は以下の通りである。

魏嵩山「北宋以前江南地區的開發過程及其在全國經濟地位的歷史演變」
周偉洲「南朝蠻族的分布及其對長江中下游地區的開發」
王炎平「略論三世紀以來長江下游經濟持續穩定增長的原因」
許輝「論東晉、南朝前期徐、揚地區經濟的發展」
方亞光「六朝隋唐時期的金陵與廣陵」
童超「東吳屯田制述論」
田澤濱・黃正藩「六朝時期江南的"墅"」
郭黎安「論魏晉隋唐之間江淮地區水利業的發展」
簡修煒・葛壯「六朝工商業與長江下游的經濟開發」
石受祿「六朝時期京口港和商業都會的形成」
何榮昌「六朝時期長江下游商業的發展」
蔣福亞「南朝三吳地區的十夫客」
卞孝萱「六朝軍事史最新研究成果的交流」
周偉洲「六朝南北戰爭性質論」
簡修煒「孫吳"保有江東"基本國策分析」
余大吉「東吳軍事思想述略」
邱敏「東晉南朝中軍補說」
萬繩楠「赤壁之戰拾遺」
鍾立飛「六朝水軍與水戰」
周兆望「東吳之舟師及作戰特點」

劉曼春「東晉末年建康攻守戰」
　張學鋒「後趙"浮海抄略"散論」
　王永平「"元嘉之治"及其北伐」
　羅宗眞「石頭城的軍事地位和六朝江南時期防御政策」
　張南「戰爭頻仍中的六朝江南城市」
　孫永和「東晉的西府及其戰略地位」
　楊在年「劉宋政權的崛起與北府兵的興亡」
　葉聚森「宜興周氏與六朝軍事」
（84）許輝・邱敏・胡阿祥『六朝文化』（南京、二〇〇一）。章別構成は以下の通り。
基礎研究編　導論　時代特徵與六朝文化　第一章　文化精神與人生哲學　第二章　六朝文化建設　第三章　六朝世家大族的文化風貌　第四章　六朝學術　第五章　六朝宗教　第六章　六朝科技　第七章　六朝藝術　第八章　六朝社會文化　第九章　六朝文化交流　第十章　六朝建康：政治中心和文化重鎮　應用開發編　專題一　江蘇省域六朝文化遺存及其開發作用　專題二　六朝石刻的保護和利用　專題三　六朝京口雲陽文化帶與現代文化振興　專題四　六朝旅游與江蘇六朝專題旅游發展戰略　專題五　六朝家族研究與姓氏資源開發　專題六　六朝文物陳列與六朝文化開發　專題七　重視帝都輝煌、展示六朝文化風采
（85）卞孝萱「《六朝史講座》前言」（『南京教育學院學報』一九八七―二）。なお、この講座は以下のようなものであった。
　卞孝萱「試論六朝的歷史地位」
　蔣贊初「長江中游地區六朝考古的重要發現」
　羅宗眞「六朝文物和六朝史」
　許輝「從長江流域經濟的發展看魏晉南北朝的歷史地位」
　簡修煒「六朝時期勞働者階層結構略論」

たとえば南京師範學院地理系江蘇地理研究室江蘇省社會科學院歴史研究所は、江蘇省社聯歴史學會と共編で『江蘇史論考』(南京、一九八九)を出版しているが、そのおおくは六朝時代を重要な發展時期として重視し、その記述は江蘇六朝都市研究の基礎となりうる。江、揚州など、江蘇の主要都市について、古代から近代までの歴史を概觀したものであるが、そのおおくは六朝時代を重要な發展時期として重視し、その記述は江蘇六朝都市研究の基礎となりうる。また江蘇省社會科學院歴史研究所は、江蘇省社聯歴史學會と共編で『江蘇史論考』(南京、一九八九)を出版しているが、そこにも以下のような建康や江南經濟に關する論考が收錄されている。

邱敏「六朝目錄學的發展」
孫述圻「六朝佛教槪說」
黃佩瑾「略論王導」
孟昭庚「六朝門閥士族評述」

(86)

季士家「南京城成因探源」
郭黎安「南京歷史人口的變遷及其原因」
許輝「六朝時期南方經濟的發展及其原因」
汪家倫「六朝時期江蘇內河水運事業的發展」

(87) 王志邦『六朝江東史論』(北京、一九八九)。本書の内容は以下の通り、一一篇の論文からなる。その内の五篇は既發表であるというが、前述の「東晉南朝浙江農業生產的發展」ほか三編以外は初出誌、年次が確認できない。なお、本項冒頭で引用した田氏の言及にある南方の省區からの參加者の研究とは、本論文のことのようである。

一「孫吳對山越的政策及其性質、目的」
二「江北士人與孫吳的鼎立江東」
三「東晉的建立與江東士族」初出一九八七
四「東晉朝流寓會稽的北方士人」(谷川道雄編『地域社會在六朝政治文化上所起的作用』にも收錄)
五「東山與"東山"風度」

59　序章　六朝江南地域史研究史

(88) 王志邦・王致涌『《六朝地域社會叢書》簡介』（杭州、一九九二）によれば、以下の一二冊刊行の豫定であった（著者名、出版年次の記載があるのは、中村が出版を確認しているもの）。

一　『江蘇佛教文化』（朱封鰲責任編集、北京、一九九三）

二　『江東大族』

三　『穀倉罐與江南文化』

四　『東吳史』

五　『會稽郡』

六　『東陽郡』（王志邦・陳興構、北京、一九九二）

七　『臨海郡』（丁式賢責任編集、北京、一九九二）

八　『新安郡』

九　『吳興郡與吳興士族的文化現象』（余方德責任編集、北京、一九九三）

十　『富春孫氏的歷史與文化』

十一　『石城・沃洲與新昌大佛』（傅振照・王志邦・王致涌輯注、北京、一九九二）

十二　『會稽方志集成』

(89) その最初の一冊である吳功正『六朝園林』（南京、一九九二）所載の卞孝萱の「六朝叢書」總序。なお、やはりその一冊で

ある後揭羅宗眞『六朝考古』(一九九四)の卞氏總序はやや變更がなされているようで、たとえば八〇種という冊數は消去されている。

(90) 陳平主編『南京的文物』(南京、一九九五)(第一輯)

呂武進編『南京地名趣話』(南京、一九九六)(第二輯)

梁白泉主編『南京的六朝石刻』(南京一九九八)(第三輯)

(91) 以下に本叢書の全册をあげる(この點については、南京大學出版社盧海鳴氏のご教示をえた。感謝の意を表したい)。

邱敏『六朝史學』

盧海鳴『六朝都城』二〇〇二

張承宗『六朝民俗』二〇〇二

許輝・李天石編著『六朝文化概論』二〇〇二

周瀚光・戴洪才主編『六朝科技』二〇〇三

吳功正・許伯卿『六朝文學』二〇〇三

田漢雲『六朝經學與玄學』二〇〇三

許抗生・趙建功・田永勝『六朝宗教』二〇〇四

羅宗眞・王志高『六朝文物』二〇〇四

曾布川寬・傅江譯『六朝帝陵』二〇〇四

林樹中編著『六朝藝術』二〇〇四

(92) 張承宗前揭『六朝民俗』。章別構成は以下の通り。

第一章 飲食 第二章 服飾 第三章 居處及園林 第四章 交通及旅游 第五章 宗族、家庭和交際 第六章 婚俗 第七章 民間禮俗 第八章 節俗 第九章 娛樂 第一〇章 信仰

(93) 本誌は一九七五年刊の南京博物院編『文博通訊』(隔月刊)にはじまり、これが七八年からは江蘇省文物管理委員會との共

編で八四年までつづき、八五年より年刊で八七年まで三輯、八七年からは江蘇省考古學會・江蘇省博物館學會・江蘇省民俗學會・南京博物院の四者共編で隔月刊となった（この年度は三冊）が、すぐに南京博物院主編となり、九五年より季刊、九九年より再度隔月刊となり、二〇〇〇年から二〇〇三年までは月刊、その後、また隔月刊となり、今日にいたっている。

（94）盧海鳴「六朝時期建康的語言狀況辨析」一九九九—五
卞敏「論六朝文化精神」二〇〇〇—一
陳鍠「六朝石刻藝術四論」二〇〇〇—五
周玓「穀倉罐動物裝飾的文化內涵」二〇〇〇—五
毛穎「孝道與六朝喪葬文化」二〇〇〇—七
孫長初「穀倉罐形制的文化演繹」二〇〇〇—七
夏燕靖「六朝染織史考」二〇〇〇—九
王志高・周維林「關于東晉帝陵的兩個問題」二〇〇一—一
賀雲翱「南京出土六朝瓦當初探」二〇〇三—一
吳桂兵「南京大學北園東晉大墓的形制、墓主及其他」二〇〇三—九
王志高「南京大學北園東晉大墓的時代及墓主身份的討論」二〇〇三—九
唐根順「趣議六朝瓷器發展之大勢」二〇〇三—一一
周玓「六朝青瓷中的喪葬禮俗」二〇〇三—一一
孫長初「六朝青瓷中的宗教信仰」二〇〇四—一
楊潮・卞堅「南京地區六朝石刻保護現狀的調查與分析」二〇〇四—二
姚義斌「試論六朝繪畫對畫像磚的影響」二〇〇四—三
王志高・賈維勇「六朝瓦當的發現及初步研究」二〇〇四—四
李金堂「"石頭城"縱論」二〇〇五—一

(95) 羅宗眞『六朝考古』(南京、一九九四) 第一章序論。その報告書は南京博物院編『南京附近考古報告』(上海、一九五二)。なお、後者によれば鄧府山の調査は一九五一年四月である。

(96)「江蘇宜興發現古墓」『文物參考資料』一九五三―一)、華東文物工作隊清理小組「江蘇宜興周墓墩古墓清理簡報」(同一九五三―八)、羅宗眞「江蘇宜興晉墓發掘報告」『考古學報』一九五七―四)。

(97) 蔣贊初『長江中下游歷史考古論文集』(北京、二〇〇〇)。六朝關係論文は以下の通り。

　「長江中下游地區六朝考古的重要發現」初出一九八七
　「長江中游地區東漢六朝青瓷的初步研究」初出一九八六
　「關于長江下游六朝墓葬的分期和斷代問題」初出一九八二
　「長江中下游六朝墓葬的分期和斷代―附論出土的青瓷器」初出一九八四
　「長江中下游孫吳墓葬的比較研究」初出一九九八
　「鄂城六朝考古散記」初出一九八三
　「湖北鄂城六朝考古的主要收穫」初出一九八五
　「鄂城六朝墓發掘資料的學術價值」
　「關于宜興陶瓷發展史中的幾個問題」初出一九八四
　「近年來宜興古陶瓷研究的新進展」初出一九八九
　「六朝文物和六朝史」初出一九八八
　「六朝時期南京的文物、古迹」未刊稿
　「從考古資料看六朝謝氏家族的興衰」初出一九九七

(98) 羅宗眞前揭『六朝考古』、『探索歷史的眞相』(南京、二〇〇二)。本文に關連する後者收錄論文は以下のもの。

(99) 李蔚然『南京六朝墓葬的發現與研究』(成都、一九九八)。章別構成は以下の通り。

第一章　總説　第二章　葬地分布與排葬情況　第三章　墓葬形制與結構　第四章　墓葬建築材料　第五章　地

券與墓志　第六章　青瓷器　第七章　陶器　第八章　銅器與鐵器　第九章　金銀器　第一〇章　石器與玉器　第一一章　其他隨葬器物

(100) 詳細は、本書第三編補章參照。

(101) 東晉南朝墓誌については、前揭羅『六朝考古』、李前揭著に言及があるほか、羅宗眞に以下の論文がある。

「南京新出土梁代墓志評述」（『文物』一九八一―一二）

「略論江蘇地區出土六朝墓志」（『文物』一九八〇）

「梁蕭敷墓志的有關問題」初出一九八六（ともに前揭羅『探索歷史的眞相』）

そのほか、以下のような論文がある。

汪慶正「南朝石刻文字概述」（『考古』一九八五―三）

(102) 王去非・趙超「南京出土六朝墓志綜考」（『考古』一九九〇―一〇）

南京市博物館「南京市博物館藏六朝墓志」（『東南文化』一九九二―五）

費玲伢「南朝女性墓志的考釋與比較研究」（『東南文化』二〇〇五―二）

朱希祖・滕固「六朝陵墓調查報告」（南京、一九三五）

朱偰『建康蘭陵六朝陵墓圖考』（上海、一九三五）

(103) 南京市文物保管委員會・南京博物院「南京市及其附近的古蹟調查報告」（『文物參考資料』一九五一―七）

羅宗眞「六朝陵墓埋葬制度綜述」（『中國考古學會第一次年會論文集』北京、一九七九）、羅「六朝陵墓及其石刻」（初出一九七九、羅『探索歷史的眞相』南京、二〇〇二）（兩者を總合したものが羅前揭『六朝考古』）。このほか、東晉の東陵、西陵の位置の考證をおこなった

(104) 「東晉諸陵地望名稱之正誤」初出一九八三

や、甘家巷獅子沖の石刻が通說のように陳文帝陵ではなく、宋文帝陵の可能性が高いとした

「南朝宋文帝和陳文帝陵考」初出一九八四（いずれも前揭羅『探索歷史的眞相』）

などもある。

(105) 「南京東晉帝陵考」初出一九九二(前掲蔣『長江中下游歷史考古論文集』)

(106) 梁白泉主編・盧海鳴副主編『南京的六朝石刻』(南京、一九九八)。章別構成は以下の通り。
第一章 六朝史概說 第二章 六朝石刻產生的歷史背景 第三章 六朝石刻藝術的淵源與影響 第四章 六朝石刻在今天刻的價值 第五章 六朝石刻的藝術成就 第六章 六朝石刻藝術成就 第七章 六朝石刻在南京的遺存現狀

(107) 謝明良の六朝陶磁器に関する論文は多数あるが、ここではその代表的なものに言及するにとどめた。
「三國兩晉時期越窯青瓷所見的佛像裝飾」(『故宮學術季刊』三―一、一九八四)
「江蘇六朝墓出土陶瓷組合特徵及其有關問題」(『故宮學術季刊』八―一・二、一九九〇・九一)
「六朝穀倉罐綜述」(『故宮文物月刊』一〇―一、一九九二)
「從階級的角度看六朝墓葬器物」(『國立臺灣大學美術史研究集刊』第五期、一九九八)

(108) 蔣贊初「六朝武昌城初探」初出一九八八

(109) 劉建國「六朝隋唐時期武昌城與京口(潤州)城的興廢及其城址的變遷」初出一九九六(蔣前揭『長江中下游歷史考古論文集』)

(110) 姚遷・古兵『六朝藝術』(北京、一九八一)

(111) 江蘇省美術館・江蘇藝術編委會編『六朝藝術』(南京、一九九六)

(112) 羅宗眞主編『魏晉南北朝文化』(上海、二〇〇〇)

(113) 岡崎文夫『六代帝邑攷略』(初出一九三一、岡崎前揭『南北朝に於ける社會經濟制度』(一九五六)第八章「六朝時代の都市」

(114) 秋山日出雄「南朝都城「建康」の復原序說」(『橿原考古學研究所論集』第七、一九八四)

中村圭爾「建康の「都城」について」(初出一九八八、本書第四編第十一章)「三―七世紀における中國の都市」一九五三の増補

なお、中村「六朝古都建康的都城位置新探」(初出一九九一、本書第四編第十一章附章) は、右論文の考證を略して、結論を南京の現在地名と比定したものである。

(115) 郭湖生「魏晉南北朝至隋唐宮室制度沿革、兼論日本平城京的宮室制度」(『中國古代科學史論』一九九一、なお、本論文の原型は『東南文化』一九九〇—一、二に掲載)、なお同「六朝建康」(『建築師』五四期、一九九三)にも、ほぼ同内容の議論がある。

(116) 外村中「六朝建康都城宮城攷」(『中國技術史の研究』一九九八)

(117) 王煥鑣『首都志』(南京、一九三五)

(118) 朱偰『金陵古蹟圖考』(上海、一九三六)。なお同氏には、本書を簡略化したとおもわれる『南京的名勝古蹟』(南京、一九五六)もあるが、そこでは六朝都城關連圖はすべて省かれている。

(119) 蔣贊初『南京史話』。本書は一九六三年、北京で出版されたが、一九八〇年、増補されて、南京で再度出版された。その後版を重ね、一九九五年には、「可愛的南京叢書」の一冊として再度出版された。本冊は、全一八章あった舊版一一章について補訂して、蔣氏著の上冊とし、清代以後をあつかった一二章以下は、舊版に一八四〇年以後についての沈嘉榮ほか八名の増補作業をほどこし、沈氏主編の下冊として、両者を合編したものである。本文の言及は本冊による。

(120) 羅宗眞「對南京六朝都城的一些看法」初出一九八六
「江蘇六朝城市的考古探索」初出一九八八 (以上、前掲羅『六朝考古』に一部改稿して收錄)
「六朝時期建康都城的商業繁榮」(『南京史志』一九八七—五)
「六朝時期建康都城的商業」初出一九九〇
「石頭城的軍事地位和六朝時期的防禦政策」初出一九九一 (以上、前掲羅『探索歷史的眞相』)

(121) 劉淑芬「建康與六朝歷史的發展」初出一九八三
「六朝建康城的興盛與衰落」初出一九八三
「六朝建康的經濟基礎」初出一九八三

「六朝建康的園宅」初出一九八三
「六朝建康與北魏洛陽之比較」初出一九八三
「六朝時代的建康－市廛、民居與治安」初出一九八四（劉『六朝的城市與社會』臺北、一九九二）

（122）郭黎安「試論六朝時期的建業」（『中國古都研究』杭州、一九八五）
「魏晉南北朝都城形制試探」（『中國古都研究』第二輯、杭州、一九八六）
「六朝建康的教育與藏書」（『東南文化』一九九九－六）
「南京歷史人口的變遷及其原因」（注（86）所掲）
『六朝建康』（香港、二〇〇二）。本書は、氏の建康研究の論文集ではなく、これまでの研究をもとに、あらたに書きおろされたものである。章別構成は以下の通り。
第一章　建業的興起　第二章　從建業到建康　第三章　水陸交通的發展　第四章　繁榮的經濟　第五章　民居生活　第六章　南中國的文化中心　第七章　氣候、生態環境與自然災害　第八章　建康與重要軍鎮的關係　附錄一　建康遺迹和歷史地名　附錄二　建康大事年表

（123）盧海鳴『六朝都城』（南京、二〇〇二）。章別構成は以下の通り。
第一章　建康的定都條件　第二章　建康的規畫、營建與布局　第三章　建康的宮城、都城和外郭　第四章　建康的城堡軍壘和郡縣治所　第五章　建康的禮制建築　第六章　建康的市政建設　第七章　建康的市場
第八章　建康的里坊　第九章　建康的園林　第一〇章　建康的佛寺、道觀和神廟　第一一章　建康的陵墓
第一二章　建康的歷史地位

（124）賀雲翺『六朝瓦當與六朝都城』（北京、二〇〇五）。章別構成は以下の通り。
上篇　六朝瓦當（省略）　下篇　六朝都城　第五章　六朝都城規畫建設中的人工河流　第六章　六朝都城和宮城
第七章　都城內主要禮制建築和太學　第八章　其他重要建築空間的考定　附錄一　從文物考古看先秦兩漢時期的南京　附錄二　南京古都風貌特徵淺析

第一編　江南社會と流民

第一章　東晉時期揚州の流民に關する一考察

はしがき

　東晉の流民は大規模な人口移動とその流寓先江南での社會形成という點で、漢唐間の歷史變遷の研究において、主要な主題の一つに數えることができる。そして、實際、これまでにすくなからぬ優れた成果のある、東晉史研究の重要な一分野である[1]。この問題の研究には多樣な論點があるが、從來は黃白籍、僑州郡縣、土斷などに研究が集中している。これらについては、安田二郎氏の研究がおおくの事實を證明しているとかんがえるものであるが、しかしまた、氏の研究によってこれらの論點のすべてが見解の一致を見ることになるとはいえないところものこっているようにおもう。

　本稿は、なお見解が一致しないところのあるこのような論點、たとえば流民把握の戶籍制度黃白籍や行政制度である僑州郡縣のような制度的要素の檢討をとりあえず避け、それ以外の側面での東晉王朝の流民對策の實際を全般的に考察することを目的としたい。その際、江北と江南での流民處遇の差などに留意しつつ、とくに東晉の直接的基盤であった揚州境内の流民をとりあげ、その對策について考察してみたい。

第一節　東晉初太興四年の流民對策

本節では、東晉建國直後の元帝太興四年（三二一）、揚州境內の流民に對して特別にとられた措置を檢討したい(2)。まずこれに關する記事をかかげよう。

(a)『晉書』卷六元帝紀太興四年五月庚申條、

詔曰、昔漢二祖及魏武皆免良人、武帝時、涼州覆敗、諸爲奴婢亦皆復籍、此累代成規也、其免中州良人遭難爲揚州諸郡僮客者、以備征役、

(b)『晉書』卷九八王敦傳、

帝以劉隗爲鎭北將軍、戴若思爲征西將軍、(1)悉發揚州奴爲兵、外以討胡、實禦敦也、永昌元年、敦率衆內向、以誅隗爲名、上疏曰、劉隗前在門下、邪佞諂媚、……(2)免良人奴、自爲惠澤、自可使其大田以充倉廩、今便割配、皆充隗軍、……(3)又徐州流人辛苦經載、家計始立、隗悉驅逼、以實已府、……(4)復依舊名、普取出客、從來久遠、經涉年載、或死亡滅絕、或自贖得免、或見放遣、或父兄時事、身所不及、有所不得、輒罪本主、百姓哀憤、怨聲盈路、

(c)『晉書』卷六九戴若思傳、

出爲征西將軍都督兗豫幽冀雍幷六州諸軍事假節加散騎常侍、發投刺王官千人爲軍吏、調揚州百姓家奴萬人爲兵配之、

(d)『南齊書』卷一四州郡志上南兗州、

71　第一章　東晉時期揚州の流民に關する一考察

時百姓遭難、流移此境、流民多庇大姓以爲客、元帝太興四年、詔以流民失籍、使條名上有司、爲給客制度、而江北荒殘、不可檢實、

（e）『隋書』卷二四食貨志、

其無貫之人、不樂州縣編戶者、謂之浮浪人、樂輸亦無定數、任量准所輸、終優於正課焉、都下人多爲諸王公貴人左右佃客典計衣食客之類、皆無課役、官品第一第二、佃客無過四十戶、……第九品五戶、……客皆注家籍、

この内、（b）（c）と（e）には年次記載がないが、（b）（c）の劉隗が鎭北將軍に、戴若思が征西將軍に任じられたのは、『晉書』元帝紀によれば、太興四年七月のことであるから、（b）（c）は太興四年内のこととなる。（e）は、佃客の規定が（d）の給客制度以降、翌年正月改元の永昌元年以前、すなわち太興四年七月以降、翌年正月改元の永昌元年以前、すなわち太興四年内のこととなる。從って、この四者はいずれも太興四年のものである。また（d）については、『南齊書』州郡志、ここにみられる流民の狀況は江南にも存在したであろうし、給客制度もこの州だけではなく、都下人（（e））をはじめとして、揚州はもちろん、流民の存在する東晉境內全體に施行されたとみられる。

さて以上の記事から、太興四年の揚州の流民對策を檢討することにしたいが、議論をはじめるにあたり、內容が類似する（a）と（b）（c）の關係をはっきりさせておく必要がある。というのは、『資治通鑑』卷九一晉紀元帝太興四年五月庚申條は、これを同一のものと理解しているらしいのである。すなわちそこには、

詔免中州良民遭難爲揚州諸郡僮客者、以備征役、尚書令刁協之謀也、由是衆益怨之、

とある。つまり（a）は刁協の發案であるというのであるが、『晉書』卷六九刁協傳には、

太興初、遷尚書令、……以奴爲兵、取將吏客使轉運、皆協所建也、

とあって、(b)において王敦が非難する劉隗の施策が、じつは刁協の發案と斷じているのであるが、それはすなわち(a)と(b)が同一のものであるとすることにほかならない。

ところが、この措置に關するもっとも詳細な研究とおもわれる越智重明氏の説[4]では、この兩者はまったく別個のものとされているのである。もっとも、越智氏はこの兩者をまったく別の措置と理解しているのではない。氏によれば、(b)(1)と、(b)(2)は別のものであり、(b)(2)は、(a)によって免じられた中州良人奴が、本來農耕に從事するべきところを、劉隗が軍に充當したことをいうのである、と。[5]ただこれによっても、氏はこの太興四年の措置を、五月と七月の二段階に理解していることは明白である。

それゆえ、あらためて兩者をいくつかの角度から比較してみたい。まず兩者の時期であるが、すでにのべたように、(a)は五月と明記されるが、(b)(c)は明文がなく、王敦傳の記事の順からいえば、同年七月以後のこととなる。

つぎに用語表現を比較してみると、

(a) 其免中州良人遭難爲揚州諸郡僮客者、以備征役、
(b)(1) 悉發揚州奴爲兵、(2) 免良人奴、……皆充軍、
(c) 調揚州百姓家奴萬人爲兵、

となり、(a)は「免・僮客・征役」、(b)(1)は「發・奴・兵」、(b)(2)は「免・奴・充軍」、(c)は「調・奴・兵」というように、あきらかに表現に差がある。ただし、後三者はおなじ措置である。[6]

また、(a)は、免ぜられた僮客の來源が中州の良人の流民と明記されているが、(b)の「揚州奴」「良人奴」「揚州百姓家奴」が流民とどのような關係にあるのかについては、なにも言及がない。

第一章　東晉時期揚州の流民に關する一考察

以上のことからすると、（a）（b）兩者が別個の措置である可能性があり、太興四年五月に（a）の措置がとられ、七月に（b）（c）の措置がとられたということになる。しかしながら、一方で兩者を同一の措置とみなすべき根據もある。まず再度、用語表現からみると、

(a) 其免中州良人遭難爲揚州諸郡僮客者、以備征役、
(b) (1) 悉發揚州奴爲兵、(b) (2) 免良人奴……皆充軍、
(c) 調揚州百姓家奴萬人爲兵、

この三者は、表現が異なっていても、内容は類似する。とくに（b）（2）の上疏は、（b）（1）をいいかえたものであるが、それは（a）とくらべると免の對象が僮客か奴かの差はあるが、それ以外は良人といい、征役・從軍といい、共通するところがすくなくない。ちなみに、後に庾翼が實施した同類の施策の場合、一方で「發江荊二州編戸奴、以充兵役」と表現されているものごとが、他方で「大發僮客、以充戎役」と表現されていて、僮客と編戸奴が同一の存在であることをしめしているが、なお、（a）が免という表現をもちいるのは、それが實際は戎役への充當であっても、王朝の施策としては、僮客や奴の解放という側面を强調しているためである。

つぎに、この措置の對象と流民の關係である。さきにのべたように、（a）は、免ぜられた僮客の來源が中州の良人の流民と明記されているが、（b）（c）についてては、なにも言及がない。しかし、（b）（c）の三例の表現のうち、「揚州奴」「良人奴」、（c）の「揚州百姓家奴」が、所有者と被所有者を示しているのに對して、（b）の「揚州奴」「良人奴」、（c）の「揚州百姓家奴」が、流民とどのような關係にあるのかについては、なにも言及がない。しかし、（b）（c）の三例の表現のうち、「揚州奴」がその存在地または施策對象地を、「揚州百姓家奴」が、所有者と被所有者の關係を示しているのに對して、「良人奴」の良人はもちろん場所ではないし、所有被所有の關係、すなわち「揚州百姓良人所有の奴」の意味でもなく、「良人で奴となったもの」の意

「惠澤」（(b)(1)）という表現をもちいているのは、それが實際は戎役への充當であっても、

味でなければならない。あえて良人と強調するこの奴は、揚州に存在する奴一般を包括するものではあるが、とくに（a）と同樣、中州の良人の流民を來源とするものが主要であるにちがいない。

さらに、（a）の五月と（b）（c）の七月以降の差については、王敦傳と戴若思傳の記事が、七月の劉隗・戴若思の鎭北・征西將軍就任後に「發揚州奴爲兵」「調揚州百姓家奴萬人爲兵」を置くのは、時間の經過にそった記述ではないと考えられる。（b）（2）をよくみると、「免良人奴」の措置が先行し、それらが本來大田で使役されるところを、劉隗・戴若思の軍に充當したというのが正しい經過のようであり、劉隗・戴若思が鎭北・征西將軍に就任して後、かれらの軍を强化するためにこの措置をとったのではないと理解するほうが合理的である。したがって（b）（c）の措置は七月以前であったにちがいない。

以上の檢討によれば、（a）と（b）（c）は、やはり『資治通鑑』の記事にしたがい、同一のこととせざるをえない。

以下、この檢討を前提にして、太興四年の揚州境内の流民の狀況とその對策を考察したい。まず、以上の記事からわかる太興初年の流民の狀況については、中州良人であった大量の流民が戸籍を失い、大姓の客・奴となっている事態があったことがわかる。（a）の遭難して僮客となるということと、（d）の大姓に庇護されて客となるということは、表現は異なるが、ほぼ同一の事態を示すと考えられる。それはまた、百姓家奴と大姓に表現されうる存在でもあった。しかもこの狀況は、當時の流民がしばしば郷里單位、ばあいによっては郡縣規模の集團を構成して流寓していた事態と異なり、個別の流民が單一家族か、せいぜい數家族單位で、流寓先の有力者の支配下に入っていた事態を想像させる。

ついで（d）（e）によれば、この狀態に對處するために、東晉政府が失籍流民に對して、大姓の客・奴となって

いる現狀を追認しつつも、「條名上有司」として戶籍による把握をめざしたことになる。その戶籍による把握は、流民を編戶として編籍するのではなく、「客皆注家籍」、すなわち大姓の戶籍に客として注記したのではなかろうか。「客皆注家籍」は、客自身の戶籍に、何某の客であると注記したとよむことが通說であるが、多數の失籍者が客となっている當時の狀況や、客寓生活が開始されてまだ時も淺く、流民に故鄕への歸還の希望が強くあったとおもわれるこの時に、かれらをまず編籍し、その戶籍に誰それの客人であると注記するという方式をとることは、ほとんど不可能であったろう。

注意しておきたいのは、(d) にいうように、江北では混亂が極まっていて、流民の檢實、すなわち客となっている流民の調査が不可能であったこと、おそらくそれに對して、江南ではそれが實行されたことである。(a) にあるように、客の徵發が揚州を對象としていることの理由の一つは、客の把握が揚州においてのみ可能であったということであろう。さらにいえば、『晉書』卷七七何充傳に、庾翼の江荊二州の奴の徵發に關連して、

　充復欲發揚州奴以均其謗、後以中興時已發三吳、今不宜復發而止、

とあるのによれば、この太興四年の政策が、實は揚州のなかでも三吳地域を主たる對象にしていたことが判明し、東晉初頭の流民對策の重點は、三吳地域であったことが明白となる。
(10)

ところで、おなじく太興四年のこの二つの措置、すなわち (a) (b) (c) (d) の施行月が確定できないから、兩記事の前後關係は、(d) の給客制度とはいかなる關係にあるのだろうか。しかし、論理的にいえば、當然、まず流民の實態を調查して、客として把握し、その所有者の家籍に注籍せざるをえない。論理的にいえば、當然、まず流民の實態を調查して、客として把握し、その所有者の家籍に注籍する給客制度が先行し、その後に注記された客を免じる〈發する〉という措置がくるはずである。

したがって、これら全體を包括した太興四年の流民對策は、つぎのようなものであったのではないかと推測される。

すなわち、大量の流民の戸籍登錄がこの時點では不可能であることを前提に、特に揚州江南の良人流民が客となっているる實狀を利用し、大姓に對しては客を公認するかのごとく給客制度を創設し、それによってまず間接的に流民を把握する。ついでその客である流民に對しては恩澤をほどこすかのように客の身分を免じ、戎役に充當することによって、王朝の軍事的力量を補充するとともに、流民に對する軍制的把握を徹底させたのである、と。

太興四年の當時、東晉王朝は國內には王敦、國外には石勒という脅威が存在し、軍事力量の增強が喫緊の課題であった。その狀況下、なお存命であった豫州刺史祖逖（太興四年九月卒）のような、流民集團の軍事力量化をめざしたのが、この太興四年の給客制度と奴・客の徵發であったと考えるのが、穩當であろう。（b）（2）と並行して劉隗がとったという（b）（3）は、それを傍證するであろう。徐州刺史下邳の力量低下のなかでも、徐州流民の北方への歸還の希望、本籍地奪還の意志は強固なものであったと想像できる。それは石勒に對抗するための、強力な軍事力量となり得たであろう。

ここで注目されるのは、ここの「徐州流民」という表現である。この表現からは、かれらが揚州境內の流民のような奴や客という身分ではなく、本籍地を離脱したとはいえ、徐州の編戶という地緣的なまとまりをもった集團として存在していたと考えられるからである。かれらを統括すべき徐州刺史下邳の力量低下のなかでも、徐州流民の北方への歸還の希望、本籍地奪還の意志は強固なものであったと想像できる。それは石勒に對抗するための、強力な軍事力量となり得たであろう。

揚州境內の流民の出身地が、おもに徐・兗・靑・豫諸州であったことはよくしられている。個別の有力者の支配下に置かれたかれら流民を、まず客として把握し、ついでかれらを徵發して北土奪還の軍事力量として利用するという方式を導入したことが、太興四年の揚州流民への施策であったというのが、本節の結論である。

第二節　揚州流民の著籍

太興四年から數年後に、東晉最初の土斷として知られる、咸和年間（三二六～三三四）の土斷が實施される。『陳書』卷一高祖紀によれば、陳武帝の先祖は潁川陳氏であり、著名な漢太丘長陳寔の子孫の陳達なるものが永嘉に南遷し、長城令となってここに家をおいたが、その子陳康が「咸和中土斷、故爲長城人」という。東晉初年、第三代皇帝成帝咸和年間に蘇峻の亂が勃發した。この亂は、流民集團の指導者であった蘇峻が、その勢力の故に東晉の嫌疑をうけ、咸和二年（三二七）、本據地歷陽から建康に侵攻したものであるが、同四年二月に終息し、翌三月に論功行賞がおこなわれ、政府の體制が復舊した。この亂の結果は、『晉書』卷一五地理志下に、

成帝初、蘇峻祖約爲亂於江淮、胡寇又大至、百姓南渡者轉多、

とあり、『南史』卷五九王僧孺傳に、沈約の言として、

晉咸和初、蘇峻作亂、文籍無遺、後起咸和二年、以至于宋、所書並皆詳實、

というふたつの條件を生み出した。すなわち、大量の流民の南渡と、蘇峻の亂中の建康炎上による舊戸籍の燒失と新戸籍の作成である。萬氏はこの條件のもと、咸和土斷の必然性と、その土斷が戸籍整理を伴うものであったことを述べている。また、前掲『南史』王僧孺傳や『通典』卷三が力説するところである。

この咸和中の晉籍作成の正確な年次については、前掲王僧孺傳によれば咸和二年から起こしたとあるが、この亂で

建康が炎上したのは咸和四年（三三九）正月のこと、乱が終息し、政府の體制が復舊した同咸和四年三月であるから、それ以後のこととみるのが自然であろう。これについては、後にふれるように咸和四年に複数の僑郡縣設置の記事があることが、傍證となろう。

ちなみにいえば、萬氏のこの着眼は秀逸であるが、陳武帝祖先の潁川人の南渡と長城への土斷は、史實とみるよりは、かえって咸和籍への信頼を利用した、江南土豪陳氏による、著名な姓族潁川陳氏への系譜假託の可能性を考慮すべきであろうと考える。すなわち、あらたに作成された咸和籍で呉興郡長城縣へ登録された陳氏が、根拠とすべき舊籍が燒失していることを利用して、あたかも潁川から呉興へと土斷されたかのごとくいつわったと考えられはしないか。もしこの考えが成立するとして、ここで重要なのは、陳氏の戸籍詐僞が咸和の作籍と關連させられていることである。それは咸和年間の土斷と作籍がまぎれもない史實として當時認識されていたことを意味する。しかも、この土斷が、後世の僑郡縣が多量におかれた長江兩岸ではなく、はるかに南に位置する呉興郡長城で實施されたことになっていることに、十分に留意すべきである。それらは、咸和土斷に假託した陳氏の貫籍の眞僞と系譜僞託への疑念を強めるものにほかならない。

つぎに『晉書』卷四三山濤傳附孫遐傳に、

遐字彦林、爲餘姚令、時江左初基、法禁寬弛、豪族多挾藏戸口、以爲私附、遐繩以峻法、到縣八旬、出口萬餘、縣人虞喜以藏戸當棄市、遐欲繩喜、諸豪強莫不切齒於遐、言於執事、以喜有高節、不宜屈辱、又以遐輒造縣舍、遂陷其罪、遐與會稽内史何充牋、乞留百日、窮覈通逃、退而就罪、無恨也、

とある。この山遐の措置が、豪族の私附藏戸を摘發して、それを戸籍登録したものであり、前節で檢討したような奴や客に關わる措置でないことは明らかである。

第一章　東晉時期揚州の流民に關する一考察　79

この事件は、何充が蘇峻の亂後、東陽太守を經て會稽内史となった時期（『晉書』卷七七何充傳）のことであるから、咸和土斷よりやや後の時期であるとみてあやまりはないが、この措置が咸和土斷の一環であったかどうかは、明らかではない。「法禁寬弛」のこの時代に、たまたま餘姚に赴任した山遐が、不法な藏戶の横行に對して、その政策を忠實に實行したという可能性も捨てきれない。

ただ、一般にいう土斷と藏戶の檢括はかならずしも同一ではない。ここにみられるような豪族に挾藏され、私附となった戶口の大部分の來源は流民であると考えられるから、かれら藏戶化した流民を戶籍登錄する點では、これはまさしく土斷の範疇にはいる。その意味で、山遐の措置が咸和土斷の一環であることをまったく否定することはできない。しかし、すべての藏戶が流民ではなく、江南の社會條件からうみだされた江南土着民の藏戶も存在したと考えられるのであり、それらの檢括は一般の土斷とは異なる。

いずれにしても重要なのは、山遐の措置と咸和土斷との時期の接近であり、それは政府關係者が藏戶に對する危機感を共有していて、それが一方では縣令による藏戶の檢括、他方では政府による土斷として現われたということである。

この咸和年間の二つの史實からは、東晉初頭から流民に對する對處は、かならず戶口調査、戶籍登錄と藏戶の檢括が實施されているということがわかるという點を強調しておこう。

ところで、成帝咸和年間は、すでに王仲犖氏があきらかにされているように、僑民南渡の第二次高潮期である。そして、この時期の僑民南渡をつたえる記事には、注目すべき内容がある。それらは、この咸和年間の二つの史實からは、東晉初頭から流民に對する對處は、かならず戶口調査、戶籍登錄と藏戶の檢括が實施されているということがわかるという點を強調しておこう。

この咸和年間の二つの史實からは、東晉初頭から流民に對する對處は、かならず戶口調査、戶籍登錄と藏戶の檢括が實施されているという點、會稽郡や吳興郡という後世僑郡縣が出現しない地域で、繼續的に戶口の調査と藏戶の檢括が實施されていることがわかるという點を強調しておこう。

成帝初、蘇峻祖約爲亂於江淮、胡寇又大至、民南度江者轉多、乃於江南僑立淮南郡及諸縣、(『宋書』卷三五州郡志一揚州淮南太守)、

晉成帝咸和四年、司空郗鑒又徙流民之在淮南者於晉陵諸縣、其徙過江南及留在江北者、並立僑郡縣以司牧之、(同書南徐州)、

北州流民多南渡、晉成帝立南兗州、寄治京口、時又立南青州及幷州、(同書卷三五州郡志一南兗州)、

成帝咸和四年、僑立豫州、(同書卷三六州郡志二南豫州)

などであるが、これらの記事からは、王氏のいう流民南渡の第一次の高潮期である元帝南遷時とは異なり、長江を越え江南内地に移住するものが相當に多く存在したらしいこと、咸和四年を中心に、成帝時代、僑州郡縣が續々設置されていることがわかるのである。

上記咸和年間の戸籍問題は、この流民の状況と密接に關連したものであることはもちろんである。そして、このような流民對策はこの後も繼承され、またこのような對策を必要とする流民の状況が繼續して江南にあったことも事實である。咸和四年と推定される新戸籍作成から一二年後、咸康七年(三四一)夏四月に、

實編戸、王公已下皆正土斷白籍、

という『晉書』卷七の有名な記事が出現する。

この記事の解釋をめぐっては、すでに多くの議論があり、多様な見解が公表されている。小論は、それらに對する判斷を留保し、ここまでに論じてきたことからして、この記事も戸口調査とそれに基づく戸籍登録を意味すると述べるにとどめたい。なお、一二年という間隔は、三年一造籍からみて、注意したい年數である。

つづいて、これより二三年後の哀帝興寧二年(三六四)三月、桓温の「庚戌制」が實施された。後の義熙年間には、

この制は「庚戌土斷」とよばれたが、これもまた「大閱戶人」(『晉書』卷八哀帝紀)とあるように、その主たる內容は戶口調查であったとみられる。

實際、この「庚戌制」の實情を示す記事である。『晉書』卷三七宗室彭城穆王權傳附玄傳に、

會庚戌制、不得藏戶、玄匿五戶、桓溫表玄犯禁、收附廷尉、既而宥之、

とあることによれば、戶口調查の主たる目的が、藏戶の檢括であったことは明白である。これに關連して、同書卷七六王彪之傳には、

後以彪之爲鎮軍將軍會稽內史、加散騎常侍、居郡八年、豪右斂跡、亡戶歸者三萬餘口、

とある。王彪之の會稽內史在任期間八年は、海西公の太和二年(三六七)より哀帝興寧三年までとみられ、「亡戶歸者三萬餘口」は、八年間の政績ということになる。この記事からすれば、山遐の事例と同樣、王彪之の檢括と「庚戌制」が全く無關係であるとは斷定できない。そしてまた、桓溫が君臨した時代にも、會稽で藏戶と檢括が重要な政策課題であったことがわかるであろう。

「庚戌制」が「財阜國豐」という狀態をもたらしたことは、『宋書』卷二武帝紀義熙九年の土斷の表に明言されている。それが編戶の增加の結果であったことは容易に想像できる。そして、その政策實行の具體例が會稽にあるというのは偶然ではない。この政策は揚州の中心地三吳をねらったものなのである。

「庚戌制」より一二年後にはじまる孝武帝太元年間(三七六~三九六)の初期にも、これと同樣な狀況は繼續していた。『世說新語』政事篇注引『續晉陽秋』に、

自中原喪亂、民離本域、江左造創、豪族幷兼、或客寓流離、名籍不立、太元中、外禦強氏、蒐簡民實、三吳頗加

澄檢、正其里伍、其中時有山湖遁逸、往來都邑者、後將軍安方接客、時人有於坐言乱舍藏之失者、安每以厚德化物、去其煩細、又以強寇入境、不宜加動人情、乃答之云、卿所憂在於客耳、然不爾、何以爲京都、言者有慚色、という。前秦の侵攻直前、「豪族幷兼」と「客寓流離」によって、依然として戸籍が不安定な狀況にあったことが明らかであるし、その對應として、戸口調查を實施したこと、その調查がとくに三吳地域、すなわち江南內地で徹底されたことがよくわかる。

以上に述べてきたように、東晉の揚州境內の流民對策は、咸和以降は藏戸の摘發と著籍が中心であり、それは基本的には揚州境內の流民に經濟的役割をはたさせようという意圖をもっていたのである。

第三節　義熙土斷

東晉王朝の流民對策の最終的施策は義熙土斷である。この土斷は、義熙九年の劉裕の上表に明言するように、「庚戌土斷之科」を模範としていた。それはここまでのべてきたような揚州境內の流民對策、すなわち經濟的基盤の强化のための藏戸の摘發という方針の繼續である。ところが、義熙土斷には、從來なかった特別の施策が附隨していた。その第一は、『宋書』武帝紀にある(20)「唯徐兗靑三州晉陵者、不在斷例」である。この措置については、周知のように諸說があるが、かつては晉陵居住の流民を土斷せず、編戸の負擔を免除して、依然として北府兵のための供給源としおおきな差異があるうにおもう。それは氏のいわゆる「現土土斷」か「實土化土斷」の二方式しかありえない無實土僑州郡縣僑民の土著化政策のなかで、そのいずれの方式の土斷も實施され、無實土のままであったというものもっとも說得的であるようにおもう。それは氏のいわゆる「現土土斷」か「實土化土斷」の二方式しかありえない無實土僑州郡縣僑民の土著化政策のなかで、そのいずれの方式の土斷も實施され、無實土のままであったというもの(21)のための供給源としつづけることを意圖したものであったとする說が有力であった。しかし、現在のところ安田二郎氏の說が

である。(22)

ではその無實土僑州郡縣の僑民は東晉王朝においていかなる任務をになうよう期待されたのか。舊說は無役の僑民に兵役を代替として課して兵力化するというものであるが、安田氏は僑民が無役であることは否定され、役・征役の負擔者であったと結論される。この點では兩說は決定的に異なるのであるが、安田說のように斷例からの除外の意味を理解すると、晉陵の僑民は依然として無實土のままの狀態で役・征役を負擔していたことになる。安田氏は、この晉陵の斷例除外の意圖についてはかたくなに晉陵僑民の斷例からの除外は、結果として北府を中心とする晉陵の軍事態勢の溫存をもたらしたのではなかろうか。

その第二は、『宋書』卷四四謝晦傳に、

　義熙八年、土斷僑流郡縣、使晦分判揚豫民戸、以平允見稱、

とあるものである。この義熙八年は、義熙九年が正しく、この措置が義熙土斷の一環であることは別に論じたことがある。(23) この時、揚州の江西を豫州に編入したのであり、謝晦の「分判揚豫民戸」とは、揚州江西・江南の本來の揚州民戸と、この地に流入した豫州民戸を分別して、江西が加わった豫州と、江西を失った揚州の民戸に再編したことを示すと見られる。

この時の揚州牧は劉裕であり、かれはこの年豫州刺史を兼ねることになって、この施策を謝晦に實施させたのであった。ではなぜこの施策を行なったのか。劉裕が揚州江西を編入することで豫州を辨別するためであった。それはまもなくはじまる北伐の準備のためであった。つまり、豫土」（『宋書』卷三六州郡志南豫州）のためであった。これは王朝の經濟基盤である揚州と、對北方の軍事力量である豫州を辨別するためであったと考えられる。

義熙土斷は東晉の揚州境內流民に對する施策の典型である。そこにはとくに三吳を中心とする江南內地の流民を土

着化させて經濟基盤を強化するとともに、揚州の長江沿岸部の流民は、土着化させて北歸を斷念させるよりは、土斷例から除外したり、舊來の州名を殘して、北土恢復の期待をもたせつつ軍事力量化するという二つの方策が併存しているのである。これが東晉の揚州境内流民に對する對策の特徴なのである。

むすび

本稿は東晉王朝による揚州流民對策を、從來學界の懸案である黄白籍、僑州郡縣にほとんど言及しないという異例の方法で、考察してみた。結果的には、その結論はとりたてて目新しいものにはなっていないが、やや獨自なかんがえもすこししめしたつもりである。太興四年の施策と檢括や著籍のたびかさなる實施は、江南内地ともいうべき揚州の三吳地域に東晉期を通じて流民が廣範かつ大量に存在していることを明示している。しかしその地域には江淮間および長江南北沿岸部で顯著な僑州郡縣の設置がまったくみられないことは、周知のことである。その理由は、江南内地と長江南北沿岸以北とで、流民の存在形態や王朝の流民對策に差があったとしかかんがえられない。しばしばいわれるように州郡縣單位に集團化し、軍事的要素と關連づけられる長江沿岸部以北の流民とは異なり、江南内地では個別家族の有力者への依附というのが流民の一般的な存在形態なのであり、そのような流民への對策の差が象徴的にあらわれたのが義熙土斷における揚州と豫州化、農業人口化であったろう。このような流民への對應のちがいが、次編で扱う州郡縣の再編ではないか、というのが本稿でたどりついた理解である。

注

（1）増村宏「黄白籍の新研究」『東洋史研究』二―四　一九四〇
　　　　　「東晉南朝の黃白籍と土斷」『鹿兒島大學法文學部紀要』文學科論集六　一九七〇
　　越智重明「劉裕政權と義熙土斷」『重松先生古稀記念九州大學東洋史論叢』一九五六
　　　　　『魏晉南朝の政治と社會』一九六三　第二篇第二章
　　　　　『魏晉南朝の貴族制』一九八二　第四章第六節
　　矢野主税「土斷と白籍―南朝の成立―」『史學雜誌』七九―八　一九七〇
　　　　　「郡望と土斷」『史學研究』一二三　一九七一
　　大川富士夫「本籍地と土斷、秀孝及び中正について」『社會科學研究報告』二〇　一九七一
　　　　　「東晉朝と僑寓北人―僑州郡縣をめぐって―」初出一九八六（いずれも大川富士夫『六朝江南の豪族社會』一九八七）
　　安田二郎「晉宋革命と雍州（襄陽）の僑民」初出一九八三
　　　　　「いわゆる王玄謨の大明土斷について」初出一九八六
　　　　　「僑州郡縣制と土斷」初出一九八七（いずれも安田二郎『六朝政治史の研究』二〇〇三）
　　周一良「南朝境内之各種人及政府對待之政策」（初出一九三八、『魏晉南北朝史論集』北京、一九六三）
　　王仲犖『魏晉南北朝史』上冊（上海、一九七九）三四頁以下
　　高敏「關于東晉時期的黃、白籍的幾個問題」初出一九八〇（『魏晉南北朝社會經濟史探討』北京、一九八七）
　　胡阿祥『六朝疆域與政區研究』（西安、二〇〇一）
　　　これらのなかでも、とくに安田氏の第三論文は、義熙土斷の實態に關して、今日の研究が到達しうる最上の水準をしめしているといえる。また從來議論の的となった黃白籍についての見解も說得的である。とはいえ、氏自身、なお未解決の問題がのこることをみとめておられる（安田前揭著五〇二頁）。

(2) なお、『宋書』卷三五州郡志一南徐州南琅邪太守條によると、太興三年（三二〇）、元帝の舊封地琅邪の國人で渡江したもの千餘戸のために、建康近邊に懷徳縣が立てられた。これが後の著名な僑郡縣南琅邪郡臨沂縣の嚆矢であり、これまた太興年間の流民對策の重要措置であるが、琅邪國人という特殊な事例であるので、本節ではとりあげない。

(3) この『隋書』の記事が『南齊書』の給客制度と對應することは、濱口重國「唐の部曲・客女と前代の衣食客」（初出一九五二、『唐王朝の賤人制度』一九六六）參照（同書四九八頁以下）。

(4) 越智氏前揭一九六三年著第二篇第二章第三節・第六節にみえる。

(5) 同右越智著二三四頁。ただし、この（b）（2）についての氏の理解には、細部でしたがえないところがある。越智氏は（b）（2）は（b）（1）および（c）とは別のものとされるが、本文でのべるように、したがいがたい。

(6) 前注でふれたように、越智氏の（b）（2）の理解は妥當であろう。

(7) 前者は『晉書』卷七七何充傳、後者は同書卷九四隱逸翟湯傳の記事である。

(8) この點では、越智氏の（b）（2）の理解は妥當であろう。

(9) 濱口重國「唐の部曲・客女と前代の衣食客」（初出一九五二、『唐王朝の賤人制度』一九六六）、堀敏一『均田制の研究』（一九七五）第一篇第二章。これに對して主家の戸籍につけられるという説が、越智氏前揭一九六三年著二四六頁、「客と部曲」（『史淵』一一〇、一九七三）にある。

(10) なお、『晉書』卷二六食貨志には、太興二年、三吳が飢饉にみまわれたさい、後軍將軍應詹が上表して、間者流人奔東吳、東吳今儉、皆已還反、という。この二年後の太興四年がどのような狀況であったかは不明であるが、この當時三吳に流入する流人がすくなくなかったことはあきらかである。

(11) 萬繩楠『魏晉南北朝史論稿』（合肥、一九八三）第八章「論淝水戰前東晉的鎭之以靜政策」一五七頁參照。

(12) 翌咸和五年六月に、東晉稅制史上有名な「初稅田畝三升」（『晉書』成帝本紀）の政策が實施されるが、これは前年編成の戸籍を基礎にしたものと考えられる。

(13) 大川富士夫前揭「東晉朝と僑寓北人─白籍をめぐって─」は、『南史』陳本紀の、「姓陳氏、其本甚微、自云、漢太丘長寔之後也」という記事を根據に、陳氏の咸和中土斷の說は、家系の由緒をかざるための附會の說というべきであると斷じているが、したがうべきであろう。

(14) 『晉書』卷七三庾翼傳には、「山遐作餘姚半年、而爲官出二千戶」とあり、やや表現が異なるが、より明確に摘發された藏戶が官の編戶とされたことを示している。

(15) 『晉書』

(16) 注(1)の諸論文參照。

(17) 池田溫『中國古代籍帳研究─概觀・錄文─』(一九七九)三三頁には、五世紀後半、南齊における三年一造籍の存在を推測している。

(18) 憶測であるが、これも翌年が咸康七年より二四年目、すなわち造籍の年次にあたり、その準備の意味もあったのではなかろうか。

(19) 『晉書』卷八海西公紀によれば、太和二年九月に會稽內史郗愔が平北將軍徐州刺史に轉任しており、その後任が王彪之であったと判斷できる。會稽內史からの轉出は、卷七六本傳に、「庚戌制」の一年九ヵ月後の興寧三年二月で、桓溫ににくまれて免官され、左降されて尚書となったというのとやや異なるが、かれが「庚戌制」の前後に會稽內史であったことは確かな事實である。なお、『北堂書鈔』卷七五『晉中興書』では、「豪強斂迹、戶口日增」とする。

(20) 越智氏は、この晉陵郡の例外措置に關して、はじめ自族をふくめ、北來諸族の北人としての地位と勢力の維持を目したものとしていたが(前揭「劉裕政權と義熙土斷」)、のち、獨特の說をたてている。すなわち、この例外措置というのは、劉裕の强權がもっともおよんだ晉陵郡で他の地域よりもより强力な土斷を斷行したことなのであって、その强力な內容とは、晉陵郡の流民を黃籍につけたことであるというのである(越智前揭一九六三年著二一四・二一五頁、一九八二年著三二一頁)。しかしながら、この說は論理が晦澀で、理解し難いところがある。たとえば、斷例の例外措置が黃籍につけることであるな

(21) 田餘慶「北府兵始末」(初出一九八九、『秦漢魏晉史探微』北京、一九九三)參照。これよりかなりはやく、山崎孝雄「義熙土斷に於ける晉陵郡の除外について」(『史海』七、一九六〇)は、これを白籍者の征役從事のためであったと論じていた。

(22) 安田前揭著、たとえば五〇〇頁以下。

(23) 中村圭爾「東晉南朝における豫州・南豫州について」(『人文研究』五三-二、二〇〇一、本書第二章)參照。なお、この點は八年が誤字であるか否かの議論があり、增村氏は八年土斷を九年土斷の一部とかんがえるべきであるとしている(增村前揭第二論文)。また山崎氏は八年土斷を九年土斷の前驅的土斷であるとする。拙稿は初出時この兩者說に言及せず、禮を失したものとなってしまった。

なおまた、拙稿は、安田氏の豫州僑郡についての分析(安田前揭著四五九頁以下)をただしく理解せず、豫州四郡の土斷について不十分なところがすくなくなかったことを遺憾におもう。

らば、斷例とは白籍に登錄することになる。すると斷例が適用される義熙土斷對象地は、すべて白籍登錄であったということになるが、一方では義熙土斷は白籍廢止をともなうともいっているのである。また、氏は義熙土斷が模範とした桓溫の庚戌土斷においては、土斷と白籍につけることとは別のものであったが、義熙土斷では、庚戌土斷に白籍につけることも含めているとかんがえられるというのだが、そのような論斷の根據はしめされていない。

第二章　東晉南朝における豫州・南豫州について

はしがき

東晉南朝史において、華北からの大量の南遷人口はその歷史的前提である。從って、かれらへの對應である僑州郡縣は、東晉南朝史の研究にとって、不可缺な主題の一つであり、これまでにも、僑州郡縣を基本的視角にした東晉南朝史特有の問題の分析が、少なからずなされてきた。しかし、その多くは南徐州、ないしは南徐州に關わる問題が中心であった。それにはもちろん理由があって、南徐州がその人口からいって最大の僑州であるだけでなく、僑州郡縣に關わって生じる東晉南朝史固有の問題が、多くは南徐州と不可分の關係にあったということによる。實際、宋齊梁三朝の皇室出身地、實土僑郡の設置、北府の存在、王朝による特別管理方式等々によって、南徐州が他の僑州とは異なる獨自な立場にあったことは、すでに周知の事實である。

しかし、南徐州以外に注目すべき僑州がないわけではない。ここで取り上げようとする豫州・南豫州もその一つで、これまで比較的等閑視されてきたが、いくつかの理由からみて、あらためて檢討を加える必要がある。

南徐州は、東晉南朝の首都建康の東方にあって、いわば東門の位置にあたり、それゆえに軍事重鎭北府の本據地京

口もここにあった。これに對して、南豫州は、その治所が建康西南の蕪湖・姑孰や歷陽におかれることが多かったが、この地域は長江の渡河地點であり、やはり軍事的要衝であって、西中郎將府、すなわち西府の據點となることもあった。

特に、北方の軍事的壓力が南方に向かう時には、淮南（壽春）、歷陽經由であることが常で、豫州・南豫州が直接軍事的對應を强いられることが多く、また上流の軍事重鎭荊州と建康政府の緩衝地域として、不斷に軍事的緊張が存在した。

南徐州の本州である徐州には、東晉南朝屈指の貴族琅邪王氏の他、彭城劉氏、蘭陵蕭氏等有力士族が本貫を繫げていたが、南豫州の本州豫州には、王氏と併稱される陳郡謝氏の他、陳郡袁氏・殷氏、潁川荀氏・庾氏、譙國桓氏等、東晉南朝史において重要な位置附けをさるべき大族の本貫が多かった。

僑州南豫州が成立するのは劉宋初のことで、東晉ではその地域は依然豫州と稱されてはいたが、その豫州刺史は東晉の政治情勢と深く關わっている。その關わり方は他の重要方鎭である南徐州や荊州との關係で理解すべきであり、東晉政治史における南渡流民や僑州の意義附けをみるためには、これまでのように南徐州に重心をおいた方法では限界があるようにおもえる。

本稿は、このような觀點から、東晉の豫州及び宋齊時期の南豫州について、いくつかの事實を明らかにしようとするものである。

　　第一節　豫州から南豫州へ

91　第二章　東晉南朝における豫州・南豫州について

一　南豫州の成立

東晉時代の僑州郡縣については、史料が不備なうえに混亂があり、特に本來あるべき記述が『晉書』地理志にないため、その缺を補うように、僑州郡縣の移動、僑置先とその境域や管轄關係など、僑州郡縣にとっての最も基本的項目が主な研究關心となってきた。その代表的なものが洪亮吉「東晉疆域志」であろう。しかしこの書が實は誤謬に滿ちたものであることは、胡阿祥氏が詳細に檢證するところであり、そのことが東晉僑州郡縣の境域や位置に關する研究がいかに困難であるかを如實に示しているが、その胡氏による東晉僑州郡縣の區域や所在地の研究が、現狀では最も安當なものと判斷される。

さて豫州、すなわち現在の河南省南部の一帶は、潁川、汝南、陳郡等、魏晉時代の政治的・文化的先進地域を含む土地であるが、西晉末年の動亂で最も大きな被害を被った地域の一つでもあり、石氏後趙政權の南方進出や苻堅前秦政權の南征、あるいは桓溫や劉裕の中原恢復戰役によって、その歸屬がしばしば東晉と中原北族政權のあいだで變動する地域でもあった。

それが東晉の豫州の境域確定をいっそう困難なものにしているが、いま胡氏の整理する東晉末義熙一四年の豫州管轄郡縣と州郡縣治の大概をみると、ほぼ次のような狀況であった。すなわちいま豫州管郡の內、實郡としての汝南、汝陽、新蔡、陳郡、南頓、潁川、弋陽諸郡は、いまの河南省內に、汝陰、歷陽、晉熙諸郡が安徽省內に置かれ、僑郡としての南汝陰、南梁、南譙が安徽省內に、新蔡、西陽は湖北省、沛郡、魯郡は江蘇鎭江に、淮陽は江蘇淮陰に置かれていた。しかし、特に河南省內に存在した諸郡縣についていえば、後趙、前燕、前秦等と東晉との間の境界線の變動によって、その歸屬が極めて不安定な狀況にあったろうことは推測に難くない。それに反して、安徽省內の豫

州管郡こそは東晉政權の主要な據點のひとつとして、東晉政治史の重要要素であったといえる。以下、具體的に東晉における豫州の狀況と、以上のような豫州管郡の移動について、胡氏が整理した義熙一四年の狀況に至る經過を中心に、若干の點を補ってみたい。

『宋書』卷三武帝紀永初三年二月丁丑條に、

　詔曰、豫州南臨江㵐、北接河洛、民荒境曠、轉輸艱遠、撫莅之宜、各有其便、淮西諸郡、可立爲豫州、自淮以東、爲南豫州、以豫州刺史彭城王義康爲南豫州刺史、征虜將軍劉粹爲豫州刺史、

とあり、同書卷三六州郡志二南豫州に、

　永初三年、分淮東爲南豫州、治歷陽、淮西爲豫州、

とあるように、劉宋建國第三年に、はじめて南豫州なる僑州が成立した。これは東晉成帝時に立てられた南兗州・南青州（『宋書』卷三五州郡志）を除くと、その前年に立てられた南徐州に次ぐ、南字が冠された初期の僑州である。

この武帝紀の記事によれば、當時の豫州境域は黃河以南、長江以北という廣大なもので、その廣域に加えて、住民も荒殘、運輸上の困難もあり、統治の便宜のために淮水を境に南北に分割しようというものであった。宋初、このように豫州の廣大な境域が生じていた直接の原因は、『宋書』卷三六州郡志二南豫州に、

　宋武帝欲開拓河南、綏定豫土、（義熙）九年、割揚州大江以西大雷以北、悉屬豫州、豫基址因此而立、

というように、永初三年を一〇年ほど遡る義熙九年、中原恢復運動の一つとして、河南進出をめざす劉裕が、揚州を再編したことにあろう。大雷戍は現在の安徽省望江縣、すなわち九江東北數十キロの長江北岸にあったが、當時の揚州は長江北岸から淮水までの廣大な江北部を擁していたので、したがって大江以西大雷以北の地を移管して、豫州を再編したことにあろう。

ここで新たに設定された豫州は舊揚州境域の江北部分全體を含むことになり、長江以北がすべて豫州管內に入ったのである。

ただ、この九年の措置が單なる豫州に關わる行政區畫の改編だけであったのかどうかは、やや詳しく檢討する必要がある。というのも、この義熙九年という年は、有名な義熙土斷が實施された年であるうえ、劉裕がこの土斷の直後に豫州刺史に就任しているのであり、さらに、『宋書』卷四四謝晦傳に、

　轉豫州治中從事、義熙八年、土斷僑流郡縣、使晦分判揚豫民戶、以平允見稱、

とあって、その前年に揚州と豫州の僑郡縣が土斷されたという記事があるからである。一般的に、いわゆる義熙土斷は、この謝晦傳の記事と『宋書』卷二武帝紀中義熙九年の記事をとって、義熙八、九年にわたって實施されたとみなされている。

ただし、豫州の土斷がこの記事通りに義熙八年であったかどうかは、檢討の必要がある。なぜなら、この年は劉裕の新王朝建設にあたっての最大の強敵であった荊州の劉毅を打倒した年であったが、この年の四月、荊州刺史に任じられた劉毅は、江陵に入るや、それ以前のかれの任地豫州の文武の僚屬、江州の兵力を割いて荊州に取り込む等、豫州は混亂の中にあり、しかもその豫州の刺史は、これも野心家の諸葛長民であって、かれと劉裕との間に互いに猜疑心が生じており、この年にはたして劉裕主導の土斷を豫州で斷行できたかははなはだ疑問である。謝晦が實施した土斷は、この諸葛長民が翌義熙九年三月、劉裕によって殺害されたその直後であった可能性が強い。實際、『資治通鑑』卷一一六義熙九年は、諸葛長民殺害の後に、劉裕の義熙土斷の上表を載せ、その後に劉裕の豫州刺史就任記事を續けている。こう考えると、先の劉裕による豫州の行政區畫再編と、義熙八年とされていた謝晦による豫州の土斷とは、義熙九年に起こった一つのできごとであったことになる。

ところで、義熙土斷が「徐兗青三州の晉陵に居る者」を「不在斷例」、すなわち土斷の例外としたことはよく知られている。その例外措置の意味についてはさまざまな意見があるが、例外措置を一般の土斷例よりより強力な措置とみるか、一般例の適用から除外したものとみるかによって、この土斷の性格に対する理解が異なってくる。しかも、それはこの土斷が民を黃籍につけるものであったのか、白籍につけるものであったのかという問題にも關わってくる。次にこのことを檢討しておこう。

一般的にいえば、土斷とは流寓民を居住地に戸籍登錄する措置であると解すれば、白籍にすらつけないということになる。一方、義熙土斷がすべて流寓民を土着民と同一に黃籍につけるものとした場合、それがなにを意味するかが分からなくなってしまう。

もちろん、義熙土斷とはいえ、劉裕の中原恢復の可能性を重視して、白籍への登錄ではなく、黃籍への登錄を前提とし、從って黃籍への登錄という變則的措置を、ここでまったく排除するものではない。しかし、かりに義熙土斷がそのような性格のものであるとすると、その ような措置を最も望むものたちこそ「徐兗青三州の晉陵に居る者」であったと思われるから、「不在斷例」として活躍が特に期待できるものたちこそ中原への歸還という希望をかなえることによって中原恢復戰役における主要戰力として活躍が特に期待できるものたちこそ白籍にもつけないという解釋を生むことになるこの理解には矛盾が生じる。

第二章　東晉南朝における豫州・南豫州について

やはり、義熙土斷は一般的には黃籍登錄を伴うものであったが、「徐兗青三州の晉陵に居る者」はその措置から除外され、北府の中心戰力となったと考えるのが穩當であろう。すなわち、義熙土斷においては「徐兗青三州の晉陵に居る者」以外のもの、例えば揚州豫州の僑郡縣民は、一般的土斷、すなわち黃籍登錄の措置を受けたことになる。

すでに述べたように、劉裕による豫州の行政區畫再編は、謝晦が主擔した義熙土斷と同一のものごととみなせるから、ここにおいて豫州の流寓民は、この行政區畫再編によって劉裕が新たに設定した義熙九年、舊豫州管內の豫州所屬の黃籍民として土着民化されたことになろう。考え方を變えれば、舊揚州の廣大な江北部分を含む豫州管內に、揚州の江北部分に大量に流入していた豫州の流寓民をその地に豫州の黃籍民として土着させるために、揚州の江北部分を割いて豫州に移管したということになろう。この際、舊揚州民で揚州江北部の舊郡、例えば歷陽、廬江の編戶は、これらの郡の豫州移管に伴い、豫州民にと所管が變更されたはずである。こうして義熙九年、舊豫州出身の舊豫州管內および舊揚州江北部への流寓民と、舊揚州土着民からなる新豫州が成立したのである。

本節冒頭で述べた永初三年の南豫州成立の前提は、この新しい豫州であるはずである。そして以上の經緯をみれば、新しく出現した豫州の境域が、舊豫州管內の淮水以北を含み、さらに淮水以南、長江以北にまたがる廣大なものであること、またその編戶が豫州揚州の僑舊兩民を包含するものであることが理解されるであろう。永初三年の淮水以北を境にしてのこのような事情に起因するものであるが、しかしこの新しい豫州の內、淮西、すなわち淮水以南、長江以北が新しい豫州の中心部分であることは、改めていうまでもない。實際は宋にとっては實效支配が及びにくく、淮東、すなわち淮水以南、長江以北が實際は宋にとっては實效支配が及びにくく、明白である。そしてこの部分が南豫州になったのであろうか。

それでは、この永初三年の南豫州成立、それに先立つ義熙二年の、『南齊書』卷一四州郡志豫州條には、義熙二年、時の刺史であった劉毅の以下のような上表を載せている。

悉任此州、地不爲曠、西界荒餘、密邇寇虜、北垂蕭條、土氣彊獷、民不識義、唯戰是習、逋逃不逞、不謀日會、比年以來、無月不戰、實非空乏所能獨撫、請輔國將軍張暢領淮南安豐梁國三郡、

當時の豫州が、北中國の十六國との緊張の中で、荒れ果てすさみ、住民はそのような境遇の中で、荒々しく反抗的な氣風にあったことが分かる。また張暢に淮南安豐梁國三郡を領させようというのは、この三郡が獨立した一個の郡として十分な條件を備えていなかったからであろうと推測できる。このような行政區畫の混亂をより具體的に眺めてみよう。

宋における南豫州の管郡は、『宋書』卷三六州郡志によれば、一九郡あった。それらは、

歴陽　南譙　盧江　南汝陰　南梁　晉熙　弋陽　安豐　汝南　新蔡　陳郡　南頓　潁川　西汝陰　汝陽　陳留

南陳左郡　邊城左郡　光城左郡

である。しかし、汝南以下の諸郡には、弋陽以前の諸郡にみられた人口記載と州治および京都からの水陸の距離記載がなく、一方で「別見」という注記がある。そして、汝南以下の諸郡はすべて豫州の條にも記されていて、上記のような人口、距離數が附記されている。後に述べるように宋齊の南豫州と豫州は分離統合を繰り返していて、上記のような記載方式は、兩者統合の状態での南豫州と、分離の状態での南豫・豫兩者のそれぞれの管郡を示しているのである。そして豫州條にみえる汝南以下の管郡は、『晉書』地理志所載の豫州管郡と大半が一致する。この部分が本來の豫州ということであり、西晉以前設置の郡ということになる。

ちなみに『南齊書』卷一四州郡志では、豫州と南豫州管郡は、以下のようになっている。

豫州　　南汝陰　晉熙　潁川　汝陽　梁郡　北陳郡　陳留　南頓　西南頓　北梁　西汝陰　北譙　汝南　北新蔡

弋陽　陳郡　安豐　光城左郡　邊城　建寧　齊昌

南豫州　淮南　宣城　歷陽　南譙　廬江　臨江

『宋書』にくらべて、とくに舊豫州管内で新設らしい郡が増加しているのは、南豫州設置後も、豫州で人口移動が續き、行政區畫が固定していないことを示すであろう。

この舊豫州所屬の諸郡について、『宋書』州郡志の記事は戸口、州治及び京都からの距離を記す他、その若干については、東晉に入ってからの建置や統合、屬州の移動の事情を記している。それらは、

汝陽太守、……（東）晉成帝咸康二年、省併新蔡、後復立、

汝陰太守、……成帝咸康三年、省併汝南、後又立、

陳留太守、……屬兗州、中原亂發、（東）晉成帝咸康四年復立、

梁郡太守、……孝武大明元年度徐州、二年還豫、

というものであるが、他にも、潁川について、東晉成帝咸康二年、かつて潁川郡から分立させた襄城郡をやめて潁川郡に併合したことを記し、新蔡郡について、今は汝南に帖治するといっている。

帖治とは、錢大昕『廿二史考異』卷二九の説明では、二郡が一つの郡治を共有し、一人が兩郡太守を兼ねることであるといい、このような關係にある郡を雙頭郡と呼んだとするが、實態はある郡の郡治に別の郡も郡治を假に寄宿させておくことであろうとおもわれ、前者が郡として正常の状態であるのに對して、後者はなお僑置直後か、郡としての要件を十分滿たしていない状態の郡であろうと推測できる。このような方式の存在は該當の郡の位置、管轄編戸の不安定な状態を暗示しているが、確かに他の州に比べて、豫州管郡に雙頭郡が多くあることは事實である。特に淮南・宣城、陳・南頓、汝南・新蔡、歷陽・南譙の組合せの二郡太守は數例みられ、これらが一方の郡治に他方が郡治を假住まいさせていることであるとすると、ここにみえる諸郡のいずれかはある時期には獨自の郡治すらもてぬ状況であっ

たことになる。このようなことはまた、舊豫州管郡のなかに、舊來の名稱そのままであっても、東晉に入って、その郡治の位置や境域が變動し、あるいは、管轄編戸に變化が起こったものがあったことを示しているであろう。

これに對して、南豫州固有の管郡は、三左郡を除けば、

歷陽　南譙　廬江　南汝陰　南梁　晉熙　弋陽

の七郡になる。これらの内、歷陽、廬江、弋陽三郡が、廬江が漢の舊郡、歷陽が西晉設立の揚州屬郡、弋陽が魏代設立で西晉の豫州屬郡である他は、南譙、南梁が東晉孝武帝太元中に、晉熙が安帝代に、南汝陰は時期は不明であるが、東晉代に立てられたものである。

以上のことからみて、舊豫州以南、揚州以北の廣大な地域には、東晉を通じてかなりの數の僑郡が散在していたことになる。その整理のための土斷としては、東晉では、義熙土斷以前、桓溫による有名な興甯二年（三六四）の土斷、すなわち「庚戌制」が行なわれているが、上記東晉建置にかかる南豫州內の僑郡南譙、南梁、晉熙三郡は、いずれもその後のことである。まず東晉初期以來の豫州流民は「庚戌制」によって土斷され、その後、桓溫の中原進出の挫折等によって新たに流入した流寓民を土着民化させたものが義熙土斷であったのであろう。

二　豫州人士の南遷

前項のような豫州全體の混亂と住民の南下という狀況の中で、豫州の支配者的地位にあった有力士族の動向はどのようなものであったろうか。豫州の有力士族として、東晉南朝に著名なものたちには、穎川の荀氏と庾氏、陳郡の謝氏、殷氏、袁氏、譙國の桓氏などがある。かれらの東晉での移動の事情を眺めてみたい。

豫州の謝氏は、「新出門戶」として、東晉中期に急速に擡頭した一族である。かれらの渡江は、謝鯤・謝褒兄弟を

第二章　東晉南朝における豫州・南豫州について

最初とする。この兩人の内、東晉成立直後の太寧元年（三二三）に卒した謝鯤は、墓誌が南京南郊の雨花臺、往時の墓地石子岡で發見されており、謝襃の方は、その子謝安の墓がやはり石子岡にあったとする記事が『元和郡縣圖志』卷二五にある。また謝安の曾孫である謝濤なるものの墓誌が宋代に、南京南郊から出土したとされているが、その葬地が墓誌では「建康縣土山里」となっていて、この土山里は『晉書』卷七九謝安傳に、謝安が墅を營み、樓館竹林がはなはだ盛んと記されている土山のことに相違ない。

一方で、謝安は若年、仕官を拒否して禁固され、ながく東土に隱棲していたといわれるが、その地は現在の浙江省上虞縣にあたる會稽郡始寧縣のことであるらしい。そして『宋書』卷六七謝靈運傳には、

　靈運父祖並葬始寧縣、幷有故宅及墅、遂移籍會稽、修營別業、傍山帶江、盡幽居之美、

とあって、靈運の祖と父、すなわち謝安の兄謝奕の子玄と、玄の子瑍の墓と故宅、墅も始寧にあり、玄の孫謝靈運がついにここに移籍したという。始寧は會稽の曹娥江流域にあって、ここに後年が集まられていたことはよく知られているが、豫州出身者では譙國戴氏が剡に隱居しており、潁川庾氏も會稽に徙居していたとする説もある。ともあれ、謝靈運がこの地に所有していた莊園はかれの作品「山居賦」に描かれるように豐かなものであり、謝氏が新しい本據地をここに再建していたことに疑問の餘地はない。

ところが、一九八四年から八六年にかけての調査で、南京南郊雨花臺區鐵心橋鄕で七基の六朝墓が發見され、その内三基から墓誌が出土した。それらは謝奕の孫の謝琰の孫の謝珫字景玫（永初二年沒）、その第二弟謝溫（義熙二年沒）のものであった。琰・球の父は謝玄の兄にあたる。この雨花臺區鐵心橋鄕附近は往時の石子岡であり、先述のようにこれまでにも謝氏の墓地であるという傳承や證據がある地區である。このあたり一帶に南渡した謝氏の本據地が存在したことは、これで確證を得たということになろう。

以上のように、謝靈運と祖父の故宅と墓が始寧にあったという記事がある一方で、奕の孫や曾孫の墓が南京南郊で發見されているという事實は、兩立させるとすれば、この時點で、建康南郊と會稽始寧とに謝氏の居住地は分離していたと考えざるを得まい。謝奕の子供たちは少なくとも建康と始寧とに分かれて墓地を營んでいたのである。

譙國龍亢の桓氏の渡江は、『世説新語』德行篇の『桓彝別傳』によれば、桓彝が最初である。しかし、王敦の亂が鎭まった後、かれが宣城太守に推薦された時のこととして『晉書』卷七四本傳に、

葬上疏深自撝挹、内外之任並非所堪、但以墳柏在此郡、欲暫結名義、遂補彝宣城内史、

とあって、すでに蕪湖東南の宣城に族人の墓があったことになっている。かれは幼くして父を失ったようなので、渡江にあたって父の墓を南に移したこともあり得るが、詳細は不明である。ただ、名義を結ぼうとしたという表現から は、桓氏と宣城との關係がまだ淺く、從って桓氏が宣城に墳墓を設けてあまり日が經っていないことを伺わせる。この後、桓彝の長子桓溫は、母を宣城郡治の宛陵に葬ろうとしているし、溫の弟祕が免官されて宛陵にいたというから、宣城はまったく桓氏の本據、居住地となっていたと考えられる。桓氏は豫州から長江を隔てた土地に土着したのである。しかし、その地が實は豫州の治所になったこともある蕪湖や姑孰にほど近いことは、留意しておくべきであろう。

ところで譙國の桓氏には、銍縣に本貫を繋ける疏宗が存在する。その代表的人物が桓宣である。この人物は東晉初期に塢主が盤踞する豫州で、祖逖に協力してこの地域の統一に努め、蘇峻の亂後、武昌、さらに襄陽に鎭して石虎の侵攻に抗し、政績があった。その族子桓伊は淮南、歷陽の太守から豫州刺史を一〇年務め、「荒雜を綏撫して、甚だ物情を得た」といわれる。つまり、かれらは宣城に移居した龍亢縣の桓氏本宗とは異なり、あくまで豫州を根據地にしているとみられるのである。

潁川鄢陵の庾氏は、明帝穆皇后とその兄弟である亮、懌、冰、條、翼が東晉初期から中期にかけての政治史に大きな役割を演じたが、渡江記事があるのはかれらの父琛(『晉書』卷九三外戚傳)、及び琛の兄冰の第二子蔑(『晉書』卷八八孝友傳)である。哀は八王の亂に林慮山、次いで大頭山に隠れ、崖から落ちて死んだ人物で、このころからかれらは故郷を離れ始めていたようであるが、南渡の後のかれらの動靜はよく分からない。冰の子希が一時晉陵の曁陽に客寓していたという記事があるが、これは特別の事情であるらしく、おそらく建康近邊に居住していたのではないかとおもわれる。(26)

かれらの他には、豫州の名族として潁川の荀氏、陳郡の殷氏、袁氏、汝南の周氏等があるが、いずれも渡江後の居住地などは分からないことが多い。(27)しかしいずれにしても、大半は豫州境内ではなく、長江南岸に客寓居住していたとみられ、日常の生活空間としては、豫州との關係は希薄であったとみられる。そうではあっても、かれらが政治的な意味での豫州との關係をもたなかったわけでは決してない。かれらと豫州刺史の關係は次章で詳しくみることにして、ここでは義熙土斷における豫州人士の關與の例を示しておきたい。それはすでに述べた揚州豫州土斷の主擔者謝晦のことである。かれは豫州の大族陳郡陽夏の謝氏の出で、謝安の弟據の曾孫であり、劉裕の腹心劉穆之に見出され、劉裕の太尉參軍、刑獄賊曹を經て、豫州治中從事史に轉じて、この土斷を擔當した。謝晦の豫州治中從事史起用は、豫州治中從事史の圓滑な遂行のためであり、豫定されている土斷の大族としての評價が定まった東晉末の謝氏の豫州への影響力が重視されたからであろう。行政區畫が混亂し、名目上の所屬行政區畫と居住地とが一致しない状況であっても、州郡縣を單位とする一種の社會秩序は、觀念として存在し續けていることを、これは示している。

第二節　東晉宋齊政權と豫州・南豫州

一　東晉の豫州と豫州刺史

前節でたどった東晉の豫州の動向は、東晉政治史と密接な關係にある。ここでは豫州と東晉史の關係を瞥見してみよう。

まずはじめに、東晉の豫州刺史と州治の變遷を整理しておきたい。[28]

表 I

年　代	刺史（軍號・都督管區）	治　所
建武元年（三一七）	祖逖　平北將軍	雍丘
太興二年（三一九）	〃　　鎭西將軍	
三年（三二〇）	〃　　鎭西將軍	
四年（三二一）九月	祖約　平西將軍	譙城？
永昌元年（三二二）	〃　　平西將軍	譙城から壽春へ
咸和四年（三二九）三月	庾亮　平西將軍都督豫州揚州之江西宣城諸軍事	蕪湖
六年（三三一）	〃　　鎭西將軍	
九年（三三四）	〃　　征西將軍都督江荊豫益梁雍六州諸軍事領江荊豫三州刺史	邾城
咸康四年（三三八）	毛寶	
六年（三四〇）	庾翼（荊州刺史領豫州）	武昌

年号	人物	官職	地点
建元元年（三四三）八年（三四二）	庾懌 路永	輔國將軍西中郎將監宣城廬江歷陽安豐四郡事	蕪湖
永和元年（三四五）		冠軍將軍	
二年（三四六）	趙胤	西中郎將督揚州之六郡軍事	牛渚（歷陽）蕪湖
四年（三四八）	謝尚	安西將軍	壽春
九年（三五三）	〃	都督豫揚江西諸軍	歷陽
一一年（三五五）	〃	都督豫揚江西諸軍	馬頭
升平元年（三五七）	〃	鎮西將軍督幷冀幽三州諸軍事	譙
二年（三五八）	謝奕	都督豫兗冀幷四州諸軍事安西將軍	
三年（三五九）	謝萬	西中郎將監司冀幷豫四州諸軍事領淮南太守	
隆和元年（三六二）一〇月	謝萬失脚		
二月	袁眞	西中郎將監護豫司幷冀四州諸軍事	
興寧元年（三六三）八月	〃	西中郎將都督司冀幷三州諸軍事	
太和四年（三六九）一〇月	〃	謀反	
寧康元年（三七三）	桓熙	征虜將軍	
三年（三七五）六月	桓沖		姑孰
太元九年（三八四）二月	桓伊	督豫州諸軍事西中郎	歷陽
一〇年（三八五）	桓石虔	冠軍將軍監豫州揚州五郡軍事	
一二年（三八七）	朱序	揚州豫州五郡軍事	馬頭
一三年（三八八）	桓石虔		歷陽
一五年（三九〇）	庾楷	西中郎將	歷陽
隆安二年（三九八）七月	庾準 〃 謀反 譙王尚之 奮威將軍 敗死		汝南・譙より壽春
元興元年（四〇二）	桓玄 〃	平西將軍	歷陽
二年（四〇三）	刁逵	西中郎將	

第一編　江南社會と流民　104

三年（四〇四）	魏詠之	建威將軍
義熙元年（四〇五）	劉毅	都督豫州揚州之淮南歷陽廬江安豐堂邑五郡諸軍事
八年（四一二）	劉道規	都督豫州江二州揚州之宣城淮南廬江歷陽安豐堂邑六郡諸軍事
九年（四一三）	諸葛長民	都督豫州揚州之六郡諸軍事領歷陽太守
	劉裕	姑孰
一二年（四一六）一月	劉義符	征西將軍
一三年（四一七）三月	劉裕	督豫州司豫二州刺史　督淮北諸軍事
	劉義慶	督豫州諸軍事　　　　　　　　　壽陽

みられるように、豫州の治所は祖逖時代の雍丘以後は、譙、壽春、馬頭、歷陽、蕪湖、姑孰と轉々としている。これらは誰が淮北、壽春、馬頭（壽春東北）が淮水南岸、歷陽が建康西南方の長江西岸、蕪湖、姑孰が東岸にあって、相隔たる土地にあり、このような治所の移轉は、南北兩政權間に位置する豫州の特異な地位を如實に示すものである。

しかし、豫州の特別な地位は、その州刺史人事において、いっそう顯著に現われる。この表に現われた豫州刺史の大半は、東晉末の一時期を除いて、庾、謝、袁、桓の諸氏に獨占されている。かれらが豫州の最上流層であって、しかし南渡後は必ずしも豫州管内には居住していないことをすでに前節で逑べたが、そこに州による地方統治とその州の有力者層との特異な關係をみることができるのである。ところがその關係は當時の東晉政府が置かれていた政治的狀況とも深く關わっている。節を改め、そのことを眺めてみたい。

二　東晉政治史と豫州刺史

東晉最初の豫州刺史祖逖（『晉書』卷六二本傳）の事績については東晉史上著名な事實に屬するが、かれと豫州との

關係のあらましをみておくと、洛陽、次いで長安にいて大亂にあった祖逖は、親黨數百家を率いて南下し、元帝から徐州刺史に任ぜられ、京口に寓居した。中原恢復の志を抱く祖逖の建議を受けた元帝は、祖逖を奮威將軍豫州刺史に任じ、かれは長江を渡河して、淮陰に進出した。時に河南淮北の地は、後趙石勒の勢力の進出に加えて、流民塢主が各地に割據し、互いに攻防を繰り返す騷亂狀態にあったが、祖逖はよく人心を得てこの地に安定をもたらし、遂には黃河以南を恢復し、石勒に河南進出を斷念させるまでになった。祖逖傳末には、王敦が野望を抱きながらも、祖逖を怖れ、その死（三二一）まで行動を控えていたことを特筆するが、それは廣く河南に恩信を布いた祖逖自身のひととなりとともに、祖逖が豫州を根據地にしていたこととも無關係ではあるまい。

壯圖牛ばにして祖逖が沒した後、豫州刺史を繼いだのは、同母弟祖約（『晉書』卷一〇〇本傳）である。祖約は王敦の亂には、自ら東晉王朝に不遇を感じ、王敦の淮南太守を結んで、それ以後は壽春を據點に、「北境の藩扞」として重きをなしたが、誰から壽春に進出し、豫州刺史を繼いだのは、次第に實力を蓄え、これを警戒した時の執政庾亮が朝廷に徵しようとしたため、反旗を翻して建康に亂入したのである。この亂はたまたま蘇峻が輕率にも數騎で行動して戰死するという椿事によって收束に向かったが、建康での攻防戰の最中には早期の平定は困難という見方が多かった。これは豫州、特に歷陽の地理的位置と、そこで鍊成された軍事力が建康政府にとっていかに重大な脅威であったかを暗示するものであろう。

この亂の後、庾亮はその責任をとるかのように、「外鎭自效」を求めて出鎭したが、それが「持節、都督豫州揚州之江西宣城諸軍事、平西將軍、假節、豫州刺史、領宣城內史」であった。この都督が、僑置豫州、揚州江西の淮南廬江、弋陽、安豐、歷陽、江東の宣城、すなわち建康のすぐ上流の左右岸を包括するものであって、藩鎭に出たとは

いっても、實は建康を掣肘下におき、庾亮の政敵王導を壓迫するものであったことは、田餘慶氏が詳細に論じるところである。庾氏はその後、陶侃の死を機に、荊州、江州を掌握し、成帝・康帝二帝の際、權勢並ぶものがないといわれた庾氏勢力の中心となった。

このころ、庾翼が後述の殷浩に送った書簡の中で、「當今、江東社稷安危、内委何（充）褚（裒）諸君、外託庾桓數族」（『晉書』卷七七殷浩傳）と述べているが、外藩として江東の命運を擔ったとされる庾氏が、荊州江州とともに豫州を一〇年以上にわたって掌握していたことからすれば、東晉政治史において豫州のもつ意味は極めて大きいといわねばなるまい。

庾氏の豫州を含めた上流支配は、豫州刺史庾亮の死（三四〇）後、あとを弟懌が繼いだが、その懌が成帝の怒りをかって自殺し、その後、庾氏の中心で、車騎將軍江州刺史として上流を抑えていた亮の弟冰が沒し（三四四）、續いて征西將軍荊州刺史庾翼が沒する（三四五）と、終止符が打たれた。荊州には、何充の策によって、桓溫が庾氏の抵抗を押し切るように刺史として赴任、以後東晉末まで數十年にわたる桓氏の根據地西楚の經營が始まった。

一方、豫州刺史には謝尚が任命された。本傳（『晉書』卷七九）によると、かれは歷陽太守や江夏相などを歷任し、武昌に鎮した庾翼を訪ねては、その軍事に參畫していた。庾冰が沒すると、尚は江州刺史を領し、にわかに西中郎將豫州刺史に轉じ、歷陽に鎮した。これが、以後十數年にわたる謝氏の豫州掌握の第一步である。以後、この豫州を基盤に、東晉初頭それほど有力でなかった謝氏の地位は上昇し、遂に謝安を中央政界に送り出すことになる。これまた豫州の東晉政治史に及ぼした重要な影響の一つである。

ところで謝尚の一二年にわたる豫州刺史在任中、謝氏と、さらに上流の重鎮桓溫や、桓氏との關係は一見良好であるかのようにみえる。例えば、謝尚の豫州刺史を繼ぐことになる謝安の兄奕は、もと桓溫の司馬であるが、溫とは布

衣の誼みであったとされ、謝安もながらく出仕を拒みながら、ようやく四〇歳を越えて初めて就任した地位は、溫の司馬であった。しかし、突のあと、豫州刺史となった安の弟萬が北伐に失敗し、廢黜されたのは、下流豫州の謝氏の存在を嫌った桓溫の意向に出たものというのが、田氏の解釋である。

謝萬廢黜のあと、豫州刺史となったのは袁眞である。この人はおそらく陳郡の袁氏の出であろうと思われるが、確證がなく、またその豫州刺史就任の經緯についても不明であるが、そのことについて若干の推測を試みたい。初め桓溫・謝尚がそれぞれ荊州・豫州に出たその年は、康帝が沒し、その子穆帝が二歲で卽位した年（三四五）でもある。幼帝を補佐したのは、臨朝した康帝皇后の褚氏や、その父褚裒・元帝の末子會稽王昱であったが、會稽王昱が桓溫と對抗するために殷浩を登用したことから、一擧に東晉の政治過程は緊迫する。殷浩は、皇太后の父であるため朝廷入りを憚って徐克二州刺史として京口にいた褚裒が、石虎の死をきっかけに北進して戰敗し、憂憤のうちに死んだ機を捉え、褚裒の長史を務めたことのある荀羨（『晉書』卷七五）を徐州刺史に、蔡裔（『晉書』卷七七殷浩傳附）なるものを豫州刺史に拔擢するとともに、北伐の體制を整えた。この時、荀羨とともに督統に任じられたのは豫州刺史謝尚であった。しかし、殷浩の北伐は失敗し、桓溫によって廢黜される（三五四）。『資治通鑑』卷九九は、これより內外の大權はすべて桓溫に歸したというが、豫徐克三州に限っていえば必ずしもそうではないようにおもわれる。というのも、殷浩失脚の後も、荀羨が依然として克州にいるばかりか、蔡裔に代って克州刺史をも兼ねており、荀羨が病を得ると、朝廷はながく徐克二州刺史として、この地域に恩信のあった郗鑒の子で、會稽王の司馬を務めた郗曇（『晉書』卷六七）を荀羨に代え、郗曇が沒すると、會稽王と親しく、桓溫の恨みをかっていたという范汪（『晉書』卷七五）を登用し、范汪が桓溫によって廢黜されると、庾希を登用したのである。庾希は庾冰の長子で、この人事は、こまでの經過や、この後の桓溫の庾氏への警戒と執拗な攻撃をみれば、朝廷側の桓溫に對する對抗の一端であること

は明らかである。

謝萬の後任である袁眞の豫州刺史就任は、この庾希の徐兗二州刺史とともに、哀帝隆和元年（三六二）二月のことであった。以上のような經緯と、後述の袁眞庾希兩人の末路からみて、謝萬の後任としての袁眞の起用は、上昇一途の桓溫の勢力に對抗する朝廷側の人事であったと推測できる。そうであるとすると、豫州は徐兗二州とともに、東晉中期の政治過程にきわめて重要な役割を演じる地域であったということになろう。

さて、袁眞と庾希は、やがて桓溫によってその地位を追われ、遂には消滅させられることになる。まず庾希は、前燕に管下の數郡を奪われた責任を問われて免ぜられ、その後任の徐兗二州には、郗鑒の長子愔が任ぜられたが、桓溫の腹心であった愔の長子超が、溫の意を汲んで父の溫宛の書簡を改變し、父にその地位を辭退させ、遂に溫が念願の徐兗二州を得た。こうして、基盤を強化した桓溫は大擧前燕遠征の途についたのであったが、枋頭と襄邑で大敗することになる（三六九）。袁眞は、この遠征に動員されたが、枋頭の大敗の責任を溫に押し附けられて、前燕に投降、沒した。後任の豫州刺史には、桓溫の世子熙が任命された。なお、庾希は、暫く後、桓溫に兄弟を殺され、密かに京口城に入って反亂を起こし、敗死した。

桓溫沒（三七三）後、謝安がいかにして巧妙な人事によって、桓氏を一荊江軍閥にまで追い落としたかについては、安田二郎氏の詳細な研究がすべてを明らかにしている。その結果は、荊州には溫の弟桓沖や甥の石民、子嗣や桓伊が刺史の任にあり、豫州も桓伊が一〇年、さらに石民の兄石虔が四年間刺史の地位にあって、上流は依然桓氏の勢力圏であったが、一方の徐兗には謝玄が赴任して、以後、淝水の戰をはさんで、謝氏の政權掌握の基盤の一つとなった。しかし、淝水の戰で絶頂にあった謝氏の勢力が、その後まもなく、謝安の死（三八五）とともに衰落したことは著名な史實である。

そのような情勢の中で、淝水の戰の五年後、豫州刺史に興味深い人事が行なわれる。孝武帝太元一三年（三八八）、桓石虔の後任に庾準が、そして準の死後にはその弟楷が登用されたことになるのである。庾準庾楷兄弟は庾亮の孫である。庾懌の死後、實に四〇年を經て、再び庾氏が豫州に復歸したことになるのだが、この人事の意味はいかなるものであろうか。いったい孝武帝は父簡文帝の死後、一〇歳で即位した（三七二）が、それは翌年桓溫が沒し、謝安の執政が始まるという、いわば桓謝兩氏の勢力交代の時期に當たった。その後暫くは謝安の政局運營が續くが、謝安死後は孝武帝の親政が始まる。しかし、それもやがて孝武帝が酒色に溺れて政務を顧みない中、孝武帝の實弟會稽王道子が寵臣王國寶を重用して、政權運營の主導權を握り、兄弟の對立が激化する。かくして孝武帝が揚州刺史會稽王道子に對する牽制として、太原王恭を兗青二州刺史として京口へ出鎭させる人事であった（三九〇）。その同年、庾準に代って弟庾楷が豫州刺史に任命されるのだが、この人事は、庾楷が會稽王道子の腹心である王國寶の黨派であったことからみて、王恭の人事に對抗するものであったに違いない。事實、王恭は入朝して王國寶を除こうとしながらも、豫州の庾楷を恐れて實行に踏み切れなかったのである。これに先立つ庾楷の兄庾準の豫州刺史任命は、會稽王側からする孝武帝への對抗であったと推測できる。ただし、事態はさらに複雜で、これに荊州刺史の人事が絡んでいる。

荊州はすでに述べたように、ながく桓氏の根據地である。ところが孝武帝太元一四年（三八九）の刺史桓石民の死後、王忱なるものがそれに代った。この人事の意圖は、『資治通鑑』卷一〇七が、その記事の後にわざわざ忱は國寶の弟なり、と附け加えたことがすべてであったろう。ただし荊州に赴いた王忱と桓玄が衝突した逸話が殘されているのは、同時にこの人事が東晉王朝の桓氏抑制という意圖から出たものであろうことをも示唆する。さて、三年後に王忱が沒すると、後任に殷仲堪が起用された（三九二）が、殷仲堪は孝武帝が日頃親愛している人物で、この人事は實

は會稽王に對抗するために孝武帝が行なったものであった（『晉書』八四殷仲堪傳）。つまり、上流の重鎮荊州刺史の人事は、この時期には孝武帝と會稽王の政爭の焦點でもあったといえる。従って、桓石虔死後の庾準庾楷兄弟の豫州刺史起用は、建康東方に盤踞する桓氏に對決の焦點でもあったといえる。従って、桓石虔死後の庾準庾楷兄弟の豫州刺史起用は、建康東方に盤踞する桓氏に對して、建康西方にむけての會稽王の勢力擴大であるとともに、上流の大勢力桓氏への對抗の意圖であったとみたい。

孝武帝が急死（三九六）した後、王恭は殷仲堪と結んで王國寶を除こうとし、遂に國寶は自殺に追い込まれた（三九七）。しかし會稽王は王恭、殷仲堪を憚り、これを牽制するために國寶の異母弟愉を江州刺史とし、豫州の四郡をその都督下に編入させた。これが豫州刺史庾楷の不滿をよび、楷は王恭と結んだが、宗室譙王尚之に討たれ、桓玄のもとに奔った。その後任である譙王尚之は、王國寶亡き後、會稽王の補佐として重きをなした人物である(37)。

以上、煩雜な敍述を重ねたのは、從來東晉政治史において重要な役割を果たしたとされている荊州、徐兗二州に伍して、豫州もまたそれに勝るとも劣らない役割を擔っていることを明らかにしたかったためである。その役割は、もちろん建康の西南に近接し、江淮間交通の終着點の要衝である歷陽や姑孰に州治をおく豫州の地理的な位置環境に負う所が大きかろう。しかし、同時に豫州を本貫とする有力者層に、東晉政治史において重要な役割をはたす條件を備えていたために、豫州の有力者層が東晉政治史の重要な要素となり得たということもできる。

三　宋齊王朝の南豫州支配

本節では、まず成立以後の南豫州について、檢討してみたい。『南齊書』卷一四州郡志南豫州條に、永明七年（四八九）南豫州別駕殷灡なるものの牒が引用されている。そこには以下のような文言がみられる。

第二章　東晉南朝における豫州・南豫州について

『宋書』卷三六州郡志南豫州條によれば、豫州と南豫州は分離合併が繰り返され、また南豫州には長江東南岸の淮南・宣城が編入されることもあって、それに伴って治所が移動することもあった。このような分離統合の動きは、豫州・南豫州の位置や州の實情と不可分のものであった。そのことを端的に表わしているのが、『南齊書』卷一四州郡志南豫州條の、以下の記事である。

建元二年、太祖以西豫吏民寡刻、分置兩州、損費甚多、省南豫、左僕射王儉啓、愚意政以江西連接汝潁、土曠民希、匈奴越逸、唯以壽春爲阻、若使州任得才、聲不先聞、胡馬倏至、壽陽嬰城固守、不能斷其路、朝廷遣軍歷陽、已當不得先機、戎車初戒、每事草創、執興方鎭常居、軍府素正、臨時配助、所益實少、安不忘危、古之善政、所以江左屢分南豫、意亦可求、……太祖不從、

建元二年（四八〇）は南齊建國第二年に當たる。西豫というのが豫州のことで、太祖蕭道成が西豫は吏民共に少數であるために、豫州・南豫州二州並置が非效率であるとして、兩者を統合させようというのであった。これに對する王儉の反對の大意は、對北方防禦の觀點からして、重要據點の壽春を確保するためには、豫州設置が不可缺であり、そうでなければ敵はやすやすと南豫州に侵入し、建康西南の要衝歷陽が直ちに危機に陷るというものであった。

しかし、豫州・南豫州分離は、必ずしも戰略的觀點だけによって分界されるわけではなかった。豫州・南豫州統合に反對した王儉の論據には、

如聞、西豫力役尙復粗可、今得南譙等郡、民戶益薄、於其實益、復何足云、

という部分もあって、兩州の統合は、また南譙など、編戶の少ない郡を編入する結果となり、徒に境域のみ廣大で、人口密度の低い州を設けることになるともいう。

同志には、永明二年（四八四）、再び南豫州建置に際して、宣城、淮南、歷陽、譙、廬江、臨江六郡を南豫州所管としたことを述べ、これに對して同四年、冠軍長史沈憲なるものが、

二豫分置、以桑堨子亭爲斷、潁川汝陽在南譙歷陽界內、悉屬西豫、廬江居晉熙汝陰之中、屬南豫、求以潁川汝陽屬南豫、廬江還西豫、

と述べて、潁川汝陽の南豫へ、廬江の西豫への所管換えを求めている。ところが七年には、先に觸れた殷灝が、

潁川汝陽、……實應屬南豫、二豫亟經分置、廬江屬南豫、濱帶長江、與南譙接境、民黎租帛、從流送州、實爲便利、遠踰西豫、非其所願、郡領灄舒及始新左縣、村竹產、府州採伐、爲益不少、府州新創、異於舊藩、資役多闕、實希得廬江、請依昔分置、

と述べて、廬江は南豫に所屬するのが、交通の面や、南豫に對する財政面での補充の點から適當であることを主張している。

もっともこの殷灝の主張に對して、尚書の參議は、

往年慮邊塵實、故啓迴換、今淮泗無虞、宜許所牒、

というものであって、詳細は不明であるが、かつて廬江を西豫、すなわち豫州所管としたことが、北方の情勢に對應

113　第二章　東晉南朝における豫州・南豫州について

するものであったことを匂わせている。これは豫州・南豫州それぞれの所管郡縣の選擇に戰略的觀點が入っているこ
とを推測させるが、沈憲・殷瀾の意見は、それ以外の要素もあることを明示しているのである。
以上のような豫州・南豫州の議論で感知できるのは、兩州の宋齊王朝における位置附けに差があり、南豫州には經
濟的な、豫州には戰略的な意味を強く持たしているということである。當然それは、兩州の地理的位置から必然的に
導かれる結果であったろう。以下で檢討したいのはこの點である。
次に、宋齊の豫州・南豫州刺史一覽の表を掲げるが、以下の表は以上に述べた狀況をも含めたものである。

表Ⅱ

年　代	南豫州刺史	豫州刺史（含南豫州）	豫州刺史
永初元年（四二〇）		彭城王義康	劉粹
永初三年（四二二）（分）			管義之
元嘉元年（四二四）二月	江夏王義恭		
〃　　三年（四二六）八月	廬陵王義眞		
〃　　五年（四二八）一一月	到彥之		劉德武
〃　　七年（四三〇）一〇月（合）	彭城王義康	劉德武	
〃　　一六年（四三九）八月（分）	始興王濬	長沙王義欣	劉邈考
〃　　一七年（四四〇）一二月	武陵王駿		趙伯符
〃　　二一年（四四四）			
〃　　二三年（四四五）（合）六月		南平王鑠	

(38)

年号	月	人物①	人物②
〃 三〇年（四五三）		劉遵考／魯爽／王玄謨／申恬／宗慤	庾深之／垣護之
孝建元年（四五四）	一月		
〃 二年（四五五）	八月		
〃 三年（四五六）	二月		
大明三年（四五九）	（分）[39] 七月	東海王褘	劉德願／山陽王休祐
〃 四年（四六〇）	八月		
〃 五年（四六一）	九月	（淮南・宣城移管）	
〃 七年（四六三）	六月	尋陽王子房	
泰始元年（四六五）	五月	柳元景	
〃	八月	湘東王彧	
〃 二年（四六六）	一一月	劉遵考	
〃	一二月		
〃	一月（合）	（淮南・宣城揚州へ）	
〃	九月（分）	山陽王休祐	殷琰
〃 三年（四六七）	五月（合）	王玄謨	
〃	八月		張興世
〃 四年（四六八）	一〇月（分）	（淮南・宣城移管）	劉勔
〃 五年（四六九）	二月（合）	（蘆江王褘（州廢））	段佛榮
〃	六月		

第二章　東晉南朝における豫州・南豫州について

年次			
七年（四七一）一二月（復設・分）	王玄載（盧江南豫へ、南汝陰豫へ）		任農夫
〃 泰豫元年（四七二）	劉靈遺		劉懷珍
〃 元徽元年（四七三）	王寛		
〃 二年（四七四）三月	邵陵王友		
〃 三年（四七五）六月	段佛榮		蕭晃
〃 四年（四七六）八月	阮佃夫		
〃 昇明元年（四七七）五月	劉澄之		
〃 二年（四七八）八月	全景文		
〃 三年（四七九）一〇月	柳世隆	垣崇祖	蕭晃
建元元年（四七九）四月	蕭賾		
〃 二年（四八〇）（合）			
〃 四年（四八二）	建安王子眞		垣崇祖
永明二年（四八四）（分）	晉安王子懋	蕭鸞	巴東王子響
〃 三年（四八五）一月			蕭鸞
〃 五年（四八七）一月	建安王子眞		蕭鸞
〃 七年（四八九）一月	巴陵王子倫		王敬則
〃 一〇年（四九二）二月	盧陵王子卿		
〃 一一年（四九三）一月	新安王昭文		崔慧景

建武元年（四九四）五月		宜都王鏗
〃　　　　　　　八月	王廣之	
〃　四年（四九七）一一月	蕭遙昌	
〃　　　　　　　一二月	裴叔業	
永元二年（五〇〇）二月	蕭懿	
〃　　　　　　　八月	陳伯之	

これをみてみると、宋齊王朝の豫州・南豫州刺史の人選には、東晉の豫州刺史のそれとは際だって違った傾向があるようにみえる。まず第一に、東晉の場合に多くみられた庾、謝、桓、殷氏といった豫州の名族の任命は、殷琰の例を除いて、全くみられないということである。その例外である殷琰は、『宋書』卷八七本傳によれば、豫州治中從事史、別駕、南豫州刺史潯陽王子房司馬、行南豫州事、豫州刺史山陽王休祐長史、行右軍豫州事等、豫州・南豫州にゆかりの諸官を歷任していたが、晉安王子勛の擧兵に對抗して、就任豫定であった吏部郎張岱の代りに、急遽、行右軍豫州事から刺史に起用されたのである。したがってこれは權宜の措置であって、宋齊王朝の豫州・南豫州刺史人事は、豫州の名族を登用した東晉王朝のそれと對照的な方針であったということになる。このことは、第二の點とも關連するが、宋齊王朝の地方統治の理念ないし方針が、宗室出鎭などにみられるように從來とは大きく轉換したことを意味する。それと同時に、州の名族に依據するような地方統治が意味をなさないような州民構成の變化、人口流動の結果生じていることをおもわせるのである。ただし、この點はまだ十分に考察が深化していない。

第二は、兩州並置の場合の豫州と南豫州の刺史の人選に明らかな差があることである。まず南豫州刺史は、宋末の一時期を除いては、大半が宗室で占められるのに對し、豫州刺史は、逐一履歷を提示することは割愛するが、その多くが河南・江淮地區で地方官や軍人として活動した經歷を持つ寒門武人である。このことは、豫州と南豫州とでは王

第二章　東晉南朝における豫州・南豫州について

むすび

以上に、東晉宋齊の豫州郡縣の移動狀況、その一つの結果としての南豫州の成立、豫・南豫州の東晉宋齊王朝における意義、王朝によるその統治方式等について、いくつかの問題を檢討してきた。東晉期の豫州刺史人事をめぐる動き等は、極めて複雜であり、本稿の分析もなお皮相な段階に止まらざるを得なかったが、とりあえず、六朝諸王朝にとって、建康西方への南下流寓民を收容する豫・南豫州が、對北方の重要な軍事的意義を有するのみならず、内部の政治過程においても時には決定的な役割をはたす政治的要因として機能していること等のあらましがほぼ把握できたようにおもう。

朝から期待されている役割が異なっていることを示唆している。つまり、南豫州は皇帝支援のためのいわば對内的な王朝防衞の機能を持っているのに對して、豫州は外敵に備えた實戰戰力としての王朝防衞の機能を有しているのであるといえる。特に南豫州の場合は、かつて南徐州で檢討したのと同樣、宋齊王朝が南渡人口の直接掌握に重要な意義を認識していたことを示している。

ただし、そのようなことは流寓民の存在形態や分布の狀況、豫・南豫州の機構や州佐屬僚とかれらによる州行政、豫・南豫管郡縣の守令人事、西府の軍事力の實體その他さまざまな問題を總合的に分析してはじめて、より正確な理解に到達し得るものであって、本稿はその意味で單なる端緒に過ぎない。それらを分析するには史料上の制約があって、必ずしも容易なことではないが、今後も課題として保持し續けたい。

注

（1）東晉南朝の僑州郡縣については、史料整理としては洪亮吉『東晉疆域志』（『二十五史補編』）、政治社會史的研究としては周一良「南朝境內之各種人及政府對待之政策」（初出一九三八、『魏晉南北朝史論集』北京、一九六三に再錄）以後、多くの研究があり、特に、土斷、黃白籍、南北人問題などに關して、增村宏、矢野主稅、越智重明、安田二郎、高敏諸氏の業績が重要であるが、文獻名を列擧するのは、紙幅の都合で割愛する（本書序章參照）。中國における僑州郡縣研究の槪況は、胡阿祥『六朝疆域與政區研究』（西安、二〇〇一）第七章第一節「僑州郡縣的記載與研究」に詳しい。なお、本書は最近刊行されたものであるが、六朝の疆域や行政區域について、新しい方法・觀點から詳細かつ總合的な分析を加えていて、今後の僑州郡縣研究はもちろん、歷史地理的研究の必讀書であるようにおもう。

（2）その最近の一例として、拙稿「南朝政權と南徐州社會」（初出一九九九、本書第三章）參照。

（3）豫・南豫州に關する專論としては、萬繩楠「晉、宋時期安徽僑郡縣考」（『安徽師大學報』（哲學社會科學版）一九八二年第二期）がほとんど唯一のもので、安徽省內に置かれた豫・南豫僑州郡縣の位置を詳細に考證し、それぞれの地域の經濟的條件を槪括している。

（4）注（1）胡著三三六頁以下、及び三五一頁以下の「東晉僑州郡縣（含僑郡領實縣）建置表（義熙一四年四一八年）」參照。

（5）同右胡著「東晉僑州郡縣（含僑郡領實縣）建置表（義熙一四年四一八年）」による。ただし、同表表題に示されるように、これは東晉極末の義熙一四年のものであって、東晉成立後およそ百年を經ている。その間の變化を知ることは容易ではないが、本文に後述するように、州刺史駐在地がしばしば變動していることからして、州域の伸縮と移動、管郡管縣の變化があったことは當然考慮するべきであろう。

（6）南豫州設置年については、永初二年、三年の兩說がある。『宋書』武帝紀は本文に引いた永初三年二月丁丑とするが、州郡志は、中華書局評點本校勘記によれば、三年を各本は二年に作るという。しかし評點本は州郡志の二年を、『宋書』により、三年と改めている。ただし、評點本には言及がないが、『南齊書』卷一四州郡志は、この豫・南豫分離を永初二年とする。また、武帝紀によれば、南豫州設立に伴い刺史となったのは彭城王義康であるが、彭城王義康傳は、これを永初二年

こととし、三年には義康は南徐州刺史となっている（『宋書』巻六八）。武帝紀は續いて永初三年三月の武帝の不豫の記事を載せ、盧陵王義眞の南豫州刺史任命に、武帝不豫と記されそれに續けて義眞を南豫州刺史としたとするのと符合する（『宋書』巻六一）。

そうすると、かりに南豫州設置が永初三年であったとすると、義康の南豫州刺史在任は僅か二ヵ月であり、義康の三年南徐州刺史任命は説明がつくとしても、この方は義眞傳のように南豫州設置を永初二年とすると、この點は合理的に説明ができよう。

もっとも、義康、義眞の南豫州刺史交代については、『資治通鑑』巻一一九に次のような事情を傳えている。武帝劉裕が不豫となった永初三年三月にかける記事であるが、皇太子（武帝長子義符、少帝）が後繼者として問題があるのを憂えた謝晦がそのことを武帝劉裕に告げたところ、劉裕は二男の盧陵王義眞はどうかと尋ねた。謝晦はその目で見てみたいといって義眞を訪ねて面談し、歸って人主に非ずと評した。それで丁未（五日）に義眞を南豫州刺史として出鎭させたというのである。その年五月に劉裕は死に、少帝が卽位した。もしこれが事實であるとすれば、武帝の後繼をめぐる政局の中で南徐州、南豫州刺史の人事が行なわれていたのであり、義康が僅か二ヵ月で南豫州から南徐州に任命替えとなったのも、必ずしも不自然とはいえなくなろう。

(7)　『宋書』巻三五州郡志一南徐州
　　武帝永初二年、加徐州曰南徐、而淮北但曰徐、

(8)　『資治通鑑』巻一一六安帝義煕九年二月條は、庚午の後秦北魏修好記事のあと、劉裕の土斷についての上表文を掲げ、土斷の記事を載せたその八日後の戊寅に豫州刺史就任を記しているから、土斷と豫州刺史就任をほとんど一連のものとみているようである。

(9)　例えば、王仲犖『魏晉南北朝史』上册（上海、一九七九）三五〇頁、及び註一六。

(10)　前者は越智重明『魏晉南朝の政治と社會』（一九六三）第二篇第二章第五節（二二四、二二五頁）にみえる見解で、晉陵に居る者を黃籍に附けたことを指すという。ただし越智氏のこの問題に關する言説にはさまざまな經緯があり、これはある時

期における氏の一時的見解である可能性もある。後者は田餘慶「北府兵始末」(『紀念陳寅恪先生誕辰百年學術論文集』北京、一九八九)二一九頁(『地域社會在六朝政治文化上所起的作用』一九八九版八二頁)にみえるものを代表とするが、この措置は晉陵京口の特別の地位を維持し續けるもので、この地の僑民を北府兵だけに充當し、一般編戸の賦役を負擔させなかったとするものである。

(11) 注 (10) 田氏説參照。ただし、この説が具體的に證明されるような實例は見出しがたい。

(12) 以下の記述については、『宋書』州郡志をみると、そこに言及される『永初郡國記』、何承天及び徐爰等『宋書』州郡志等で記事に出入がある。これらを逐一檢討することは容易ではないので、いまは沈約『宋書』州郡志に從うことにして、統一をはかりたい。

(13) なお、汝南と弋陽の間にある安豐は人口、距離數ともに記事がないが、「別見」の注記もない。從って、以後の考察から除外したい。

(14) 京都からの水陸距離記載の意味については、錢大昕『廿二史攷異』卷二三南徐州條に、實土がある場合はこれを記し、ないものは實土のない僑寓であるという。

(15) 胡氏前掲書二五五頁。

(16) 淮南・宣城二郡太守の例は、蕭映『宋書』卷一〇順帝紀昇明二年四月、蕭晃(同上一〇月)、劉式之(同書卷四二劉穆之傳附子式之傳)、長沙王秉(同書卷五一宗室長沙景王道憐傳附孫乘傳)、松滋二郡太守の例は、徐循『宋書』卷五文帝紀元嘉一五年七月)、鄭琨(同書卷二八本傳)、陳・南頓二郡太守の例は、皇甫道烈(同書卷八〇孝武十四王松滋侯子房傳)、李元德(同書卷九二良吏傳)、劉奉伯『南齊書』卷二七劉懷珍傳)、汝南・新蔡二郡太守の例は、宗越(同書卷八三本傳)、劉穎之(同書卷八六劉勔傳)、周羚・常珍奇(同書卷八七殷琰傳)、陳憲(同書卷九五索虜傳)、歷陽・南譙二郡太守の例は、建平王景素『宋書』卷八明帝紀泰始元年一二月)、王玄邈(『南齊書』卷二七王玄載傳附弟邈傳)、張稷(『梁書』卷一六本傳)、長沙王業(同書卷一二三本傳)である。

(17) なお、豫州・南豫州の戸口數は、『宋書』卷三六州郡志によれば、
豫州戸二二九一九、口一五〇八三九
南豫州戸三七六〇二、口二一九五〇〇
であるが、同志の兩州管郡の戸口を總計すると、
豫州戸二二二一一、口一五二四三三
南豫州戸二三三二〇六、口一四七九二二三
となって、南豫州に誤差が大きい。その理由はよく分からない。
(18) 田餘慶『東晉門閥政治』(北京、一九九一年版)一九九頁以下「陳郡謝氏與淝水之戰」參照。
(19) 注(18)前揭田著一九九頁參照。
(20) 拙著『六朝貴族制研究』(浙江、一九八七)四三八頁以下參照。
(21) 王志邦『六朝江東史論』(浙江、一九八九)五二頁以下參照。
(22) 拙稿「六朝時代三吳地方における開發と水利についての若干の考察」(初出一九八一、本書第四章)。
(23) 謝琉墓は南京市博物館・雨花臺文化局「南京南郊六朝謝琉墓」、謝温墓は同「南京南郊六朝謝温墓」(いずれも『文物』一九九八年五期)、謝球墓は「我市發現東晉謝景璋墓誌」(『南京日報』一九八六年五月一五日。この資料は、南京博物院羅宗眞氏の教示による。景璋が字で、諱が球であることは謝琉墓誌にみえる。)。なお、本書第三編補章參照。
(24) 『晉書』卷七四桓彝傳、および附傳、同書卷九八桓溫傳。
(25) 『晉書』卷八一桓宣傳、桓伊傳。
(26) 『晉書』卷七三庾亮傳附冰傳によれば、冰の子希は郭璞の筮に應じるため、曁陽に家したという。曁陽は晉陵の東部海岸近くにある。
(27) 袁氏については、宋大明三年、孝武帝が籍田の道すがら、宋代の袁湛の墓を通りかかったということで(『宋書』卷五二本傳)、建康近邊に墓があったということが分かるが、それ以上のことは不明である。

第一編　江南社會と流民　122

(28) 『晉書』本紀・各本傳、『宋書』州郡志南豫州・豫州條、および萬斯同・吳廷燮「東晉方鎭年表」(『二十五史補編』) による。

(29) 『晉書』本傳は江陰とするが、中華書局本校勘記に從う。

(30) 『晉書』卷一〇〇蘇峻傳に、

(蘇峻) 兵威日盛、戰無不克、由是義衆沮衂、人懷異計、朝士之奔義軍者、皆云、峻狡黠有智力、其徒黨驍勇、所向無敵、惟當以天討有罪、誅滅不久、若以人事言之、未易除也、

とある。

(31) 田餘慶『東晉門閥政治』(北京、一九九一年版) 一一九頁。

(32) 岡崎文夫『魏晉南北朝通史』一七九頁。

(33) この謝尚の豫州刺史就任の經緯について、田前揭著二〇五頁は、朝廷が庾冰の死を契機に一擧に庾氏勢力の削減を謀って、謝尚を江州刺史に任命したが、荊州刺史庾翼が先手を打って冰の領兵を取り込み、さらに尋陽に甥を太守として送り込んだので、謝尚は江州を掌握できず、歷陽に後退し、豫州刺史となったのであるとする。

(34) 田氏前揭著二〇八頁參照。

(35) 魏晉時代、袁氏として史籍にみえる人物は、『晉書』卷五二華譚傳に附傳された西晉の袁甫なるものが、淮南、あるいは歷陽の人 (『太平御覽』卷二六六引く『晉中興書』) というのを除いて、すべて陳郡の袁氏であること (矢野主稅編『改訂魏晉百官世系表』一九九八參照) を考えれば、その經歷からみても袁眞が陳郡の人である蓋然性は高いとおもう。

(36) 安田二郎「褚太后の臨朝と謝安」(初出一九九一『六朝政治史の研究』二〇〇三)。

(37) 譙王尚之の後、豫州には桓玄を經て、桓玄を打倒した劉裕がその盟友劉毅を遣わし、そして劉毅を打倒した後は、劉裕自身が掌握して、晉宋革命へと進んでゆくが、この間の經緯については、省略する。ただ、これらの動向も、豫州が極めて重要な位置にあることの證明となろう。うに、東晉の政治過程において、豫州が極めて重要な位置にあることの證明となろう。

(38) 萬斯同「宋方鎭年表」「齊方鎭年表」(『廿五史補編』)、及び『宋書』卷三六州郡志、『南齊書』卷一四州郡志による。ただし、『宋書』州郡志文帝元嘉七年から孝武帝大明三年までの記事については、中華書局版評點本校勘記に從う。

（39）『南齊書』巻一四州郡志は大明元年とする。
（40）庾深之は潁川の庾氏ではなく、新野の庾氏である。『宋書』巻七九參照。

第三章　南朝政權と南徐州社會

はしがき

東晉は四世紀初頭にはじまる大規模な漢族人口の南遷によって成立した。この不可分の關係にある東晉政權と南遷漢族人口の兩者に關しては、これまでにもさまざまの問題についてすくなからぬ研究がなされてきた。南北人問題、塢主、北府兵、黃白籍、土斷、僑郡縣、北伐などがそれであり、大量の人口移動と定着、その地における王朝の成立、それがひきおこした特殊な現象についておおくの興味ある事實が明らかにされてきている。

東晉が百年の命運を閉じたあと成立した南朝政權下において、東晉ほどに顯著でなくとも、移動人口と王朝の緊密な關係は存續していた。特にかれらのために長江下流南岸に設置された僑州南徐州は、最大の南遷人口を擁しただけでなく、宋齊梁三朝の帝室を出し、南朝政治史上、きわめて特異な立場にあるといえる。

その地理的位置からいえば、中心地京口は建康の東門ともいうべき地點にあって、長江下流南岸の要衝であるだけでなく、對岸の廣陵とともに南北交通の幹線上にある。南渡流民集中の地であったのは、そのような交通上の位置と無緣ではない。

第三章　南朝政權と南徐州社會

州域は京畿揚州の東に隣接し、舊吳の毗陵屯田區を內包する、經濟上の重要地域であり、州域のほぼ中心にある曲阿は、建康との間を結ぶ破崗瀆の一方の起點であった。破崗瀆は建康とその後背地吳・吳興・會稽を結ぶ幹線であったから、この地は江南豪族の本據地をにらむ戰略據點でもあった。

南徐州はまた東晉時代には北府の據點として、政治・軍事上に巨大な役割をはたした。その詳細は田餘慶氏の研究が明確にしたところであるが、南朝宋齊梁三王朝は、北府の東晉時代の活動の延長線上に存在するのであり、王朝と南徐州の關係は依然密接なものがある。[1]

本稿は、東晉に比してあまり檢討がなされていない南朝の南徐州について若干の考察を試み、南渡漢族と江南王朝の關係に多少の知見を加えようとするものである。

第一節　南徐州の概要

僑州南徐州とはなにかのか、その總體を最初に把握しておくべきであろう。

まず南徐州成立の經過を、『宋書』卷三五州郡志一南徐州の項を中心にして、簡單にみておこう。

西晉のいわゆる永嘉の喪亂の際、幽・冀・青・幷・兗の諸州および徐州の淮北の民は、おおく淮水を越えて江淮の間に入り、さらには長江をわたって、晉陵郡界に僑居するものもあった。東晉成帝咸和四年(三二九)、司空郗鑒が流民の淮南にいるものを晉陵に移し、かれらの江南に移ったものも、江北に殘ったものも僑郡縣をたててこれを統治した。こうして江北には、徐州・兗州二州のほか、幽・冀・青・幷四州が僑置されたが、安帝義熙七年(四一一)、淮北を北徐州とし、淮南を徐州とした。その後、幽・冀二州は徐州に併合され、青・幷は兗州に併合された。宋武帝永初

第一編　江南社會と流民　126

二年(四二一)、淮南の徐州を南徐州と稱し、北徐州を單に徐州とした。文帝元嘉八年(四三一)、江北を南兗州、江南を南徐州に統一し、南徐州には、舊揚州の晉陵および、兗州九郡の江南に僑置されていたものを屬せしめ、南東海郡等がおかれていた京口を治所とした。明帝泰始四年(四六八)には舊揚州義興郡を加え、かくてかつての徐・兗・幽・冀・青・幷・揚七州の郡縣を包含することになり、郡一七、縣六三三、戶七萬二四七二、口四二萬六〇四〇を擁する巨大な州となった。

なお、吳郡が宋孝武帝大明七年から八年にかけて、一時的に南徐州に移管されている(『宋書』州郡志揚州吳郡條)が、それは孝武帝の寵愛をかたむけた愛子新安王子鸞が八歲で南徐州刺史になった時に、子鸞に對する優遇の一端としてなされた措置である(『宋書』卷八〇)。後にとりあげる戶口數の問題に關しては、この一時的措置は考察の對象外とする。

南徐州が統轄する一七郡と、その舊屬州、管縣數、戶口數はつぎのとおりである。

南東海　徐　六　戶五三四三・口三萬三六五八
南琅邪　徐　二　戶二七八九・口一萬八六九七
晉陵　　揚　六　戶一萬五三八二・口八萬一一三
義興　　揚　五　戶一萬三四九六・口八萬九五二五
南蘭陵　徐　二　戶一五九三・口一萬六三四
南東莞　徐　三　戶一四二四・口九八五四
臨淮　　徐　七　戶三七一一・口二萬二八六七
淮陵　　徐　三　戶一九〇五・口一萬六三〇

以上は『宋書』州郡志による管郡であるが、『南齊書』州郡志もほとんどこれと同じである。ただ後者では、南蘭陵郡がなく、宋志所載の南蘭陵郡管縣蘭陵・承二縣が南琅邪所管となり、宋志の濟陽が南濟陽となって、南徐州管郡は一六という違いがある。

南魯郡　豫　二　戸一二一一・口六八一八
濟陽　　兗　二　戸一二三三・口八一九二
南泰山　兗　三　戸二四九九・口一萬三六〇〇
南濮陽　兗　二　戸二〇二六・口八二三九
南濟陰　兗　四　戸一六五五・口八一九三
南平昌　青　四　戸二一七八・口一萬一七四一
南高平　兗　三　戸一七一八・口九七三一
南清河　冀　四　戸一八四九・口七四〇四
南彭城　徐　一二　戸一萬一七五八・口六萬八一六三

この一七郡は、まず晉陵・義興二郡と、南東海・南琅邪、および南蘭陵以下の一五郡とに大別できる。前二者が舊來からこの地におかれている舊郡であるのに對し、南東海・南琅邪、および南蘭陵以下の一五郡が僑郡である。そしてこの一五の僑郡は、實際の郡領域をもつついわゆる實土僑郡である南東海・南琅邪兩郡と、實際の郡領域をもたず單に戸口を管領するためだけのいわゆる無實土僑郡である南蘭陵以下とに分けられる。

これら一五の僑郡が實土であるか無實土であるかは『南齊書』州郡志では各郡に注記されているし、『宋書』州郡志においても、晉陵・義興兩舊郡と南東海・南琅邪の兩實土僑郡は京都からの水陸の距離數を附記されているのに、

南蘭陵以下はそれがないという記載の差で明らかであるが、それ以外にも、各郡の設置の經過と管縣の記載が實土無實土の違いを如實に示している。

例えば南徐州治がおかれた南東海郡についてみると、この郡は最初、東晉元帝初に、吳郡海虞縣の北境を割って建置されたもので、穆帝永和中、京口に移り、南徐州設置にともない、州治となった。管縣六の內、丹徒・武進・毗陵三縣はもと晉陵郡の前身の毗陵郡所管の舊縣であり、郯・朐・利城三縣もそれぞれ實際の縣域をもっていた。

南琅邪郡設立の經緯は、以下のようになっている。はじめ琅邪國人の元帝に從って南下したもの一千餘家のために、太興三年（三二〇）に建てられた懷德縣がその始まりであるが、成帝咸康元年（三三五）、舊來の丹陽郡所管の江乘縣を割って臨沂縣が建てられ、その地に琅邪郡も置かれた。その後、臨沂・建康兩縣域を割って、陽都・費・卽丘三縣が設置された。この三縣はやがてまた臨沂・建康に合併され、最終的に管縣は臨沂・江乘二縣となった。(3)

この二僑郡は、このように舊來の行政區畫を割いて置かれたものであり、管轄する縣も、舊來別の郡に所屬していた縣を移管したものと、新しく舊縣の一部を割いて建置した僑縣とを包含しているのである。

一方の二舊郡はといえば、晉陵郡の管縣六は、西晉の管縣七、すなわち丹徒・曲阿・武進・延陵・毗陵・暨陽・無錫から、南東海に移管した丹徒・武進二縣を除き、これに成帝咸康七年（三四一）、かつての司鹽都尉を昇格させた南沙縣をくわえたものであり、西晉よりやや縮小したものの、舊來の郡域をそのまま維持しているし、(4) 義興郡は西晉惠帝永興元年（三〇四）、吳興郡から分けた陽羨縣を中心に建てられ、管縣五のうちの陽羨縣を除く四縣は、その後、陽羨縣や吳興長城縣などを分割して設置されたものであるから、これも舊來の郡域を繼承していることになる。

これらに對して南蘭陵以下一三郡とそれぞれの管縣についての記事は、いずれの郡縣名とも名目上のもので、實際に郡縣域の存在はうかがえない。(5)

このような南徐州の枠組みが大きく變更されたのは梁初である。『梁書』卷二武帝紀天監元年（五〇二）四月條に、

改南東海爲蘭陵郡、土斷南徐州諸僑郡縣、

とあるように、州治南東海が蘭陵と改名され、同時に僑郡縣が土斷されている。この土斷は上記無實土僑郡縣の内の南蘭陵以外のものの廢止とみられ、後述するように梁陳代には、それら僑郡の太守名は記錄上には現われない。

つぎに、南徐州の人口について檢討してみよう。先にのべたように南徐州の戸口數は戸七萬二四七二、口四二萬六〇四〇である。この戸口數を、こころみに『宋書』州郡志の諸州中の主なものと比較すると、つぎのようになる。

舊州

揚州　戸一四萬三三九六・口一四五萬五六八五

荊州　戸六萬五六〇四（口數記事なし）

江州　戸五萬二〇三三・口三七萬七一一四

湘州　戸四萬五〇八九・口三五萬七五七二

僑州

南兗州　戸三萬一一五・口一五萬九三六二

南豫州　戸三萬七六〇二・口二一萬九五〇〇

このように南徐州は、別格の揚州について、僑州はもちろん、舊州をもうわまわる戸口數を擁する州となる。しかも、後述のようにその戸口數の大半は南渡漢族であり、いわば南渡漢族の最大の據點であったともいえるのである。

この南徐州總人口はどのように構成されているのか。南徐州が置かれた地域は、西晉時代の毗陵郡（晉陵郡）を中心に、丹陽郡・宣城郡・吳郡・吳興郡のそれぞれ毗陵郡と接する一部地域にあたる。西晉時代のこれら諸郡の管縣と

戸數は、『晉書』地理志揚州條の戸數記載(口數記載なし)によれば、丹陽郡一一縣五萬一五〇〇、毗陵郡七縣一萬二〇〇〇、吳郡一一縣二萬五〇〇〇、吳興郡一〇縣二萬四〇〇〇、あわせて一三萬六六〇〇戸である。先にのべたように、この内、南徐州となったのは晉陵全郡と、丹陽郡江乘縣、吳郡海虞縣北境、吳興郡陽羨縣、および吳興郡・宣城郡のごく一部地域のみである。したがって、南徐州に相當する地域の、漢族南渡以前の戸口數は、上記の毗陵郡一萬二〇〇〇戸に、せいぜい數千から一萬戸を加えた程度であったと推測できる。

これらの戸口を包含するのが、いまのべた舊郡舊縣を設置した南蘭陵・南東海・晉陵・義興四郡であることはいうまでもない。この四郡の先述の戸を合計すると三萬七〇〇〇戸となる。これはおおまかにいって、漢族南渡以前の人口のほぼ二倍に相當する。また、以上の四郡以外の無實土僑郡一三の總戸數は約三萬四八〇〇である。この數は上記四郡の總戸數に接近している。この數字を單純計算すると、南徐州における舊居民と南渡僑居民の割合は、ほぼ前者が三割弱、後者が七割強というようなところであろう。

なお、かれらの具體的な居住地、特に無實土僑郡所管の編戸の在住地については、彭城劉氏・高平檀氏・東莞劉氏・東莞徐氏・平昌孟氏、あるいは東莞臧氏(『南齊書』卷五四)・琅邪諸葛氏(『梁書』卷五二)等が京口に居住していたと推測できる。たとえば、無實土僑郡の一つ濟陽の蔡氏の族人蔡冰なるものの墓磚が南京棲霞山から出土したが、棲霞山附近は、當時は南琅邪郡臨沂縣の境域であった。ただし墓地の所在地が必ずしも居住地に同じということにはならないようで、やはり無實土僑郡が設置された東莞の劉岱は、その墓誌によれば丹陽郡句容縣に葬られているし、おなじく平昌の孟府君の墓は馬鞍山市にあるが、その墓地が居住地であるのか、居住地と離れて設けられたのか確認し難い。

このような住民構成となった南徐州の社會は、そのような狀態に固有のさまざまな現象をうみだしたにちがいない。

そのいくつかについて、南徐州内部の社會狀況と、南朝諸王朝の南徐州に對する施策の二方面から、略述してみたい。

第二節　南徐州社會

いまのべたような狀況におかれた南徐州社會におけるかれらの日常生活を想起してみると、たとえば舊僑兩民の土地・農業・水利等生產面にかかわる軋轢、生活慣行その他における文化摩擦、舊僑兩民の負擔義務面での不均等等の問題が續出したことが容易に想像されるのであるが、歷史記錄にはそのことは顯著なかたちではあらわれない。かろうじて、南徐州を中心とした南渡漢族集中の地に麥作が獎勵されたことが注目される他、(14)『南齊書』卷三武帝紀永明四年（四八六）五月條に、

　詔揚南徐二州今年戶租、三分二取見布、一分取錢、

とあることからみれば、揚南徐二州は他州に較べて編戶の錢獲得が容易であり、ひいては錢流通が盛んであったことがうかがわれるし、『南齊書』卷六明帝紀建武二年（四九五）三月條に、

　詔南徐州僑舊民丁、多充戎旅、蠲今年三課、

とあり、『南史』卷五齊本紀東昏侯に、

　上自永元以後、魏每來伐、繼以內難、揚南徐二州人丁、三人取兩、以此爲率、

とあるように、しきりに軍事的に動員される狀態であったことがわかる。

しかし、これらの問題についてはこれ以上の詳細を追究するには史料上からも限界があるので、ここでは、また別の視角から南徐州社會を考察してみたい。

そのてがかりの一つとして、地方行政組織州郡縣の屬僚をとりあげてみよう。當時の州郡縣の屬僚は多くその地の有力者、名望家の出であり、特に州官就任はその人物の社會的身分を表示する指標であった。一方で、それゆえにこそ、たとえば州主簿・從事のような評價のたかい官職の經歷詐稱がなされたりもする。南徐州も僑州ではあるが、州機構は完備していたはずであり、州官の任用には、おのずから上述のような舊僑兩民の存在にかかわるなんらかの問題が發生していたと豫測できる。以下、個別に幾種かの州郡官について、檢討してみる。

まず第一に、州中正をとりあげたい。州中正、または州大中正は、南朝においては本來の職務である鄕品裁定機能をしだいにうしない、ただ地方官の人事に權限を有するだけになっていたといわれるが、その就任者が依然その州の名族、有力者であった點は、東晉以前と同様であったとみられる。したがって、州中正任用者をみることによって、その州の社會的な身分秩序の一面をうかがうことができるであろう。

以下に、南徐州の州中正任用者を列擧しよう（括弧内＊は南徐州中正ではなく、本州中正という表記であることを示す。その後に、本貫、就任時期と出典を注記する）。

宋　王敬弘（＊琅邪　永初中　宋六六）　王球（＊琅邪　元嘉初　宋五八）　蕭思話（南蘭陵　元嘉二四　宋七八）

齊　王延之（＊琅邪　建元四　南齊三二）　王儉（＊琅邪　永明三　南齊二三）　王奐（＊琅邪　永明四　南齊四九）

梁　王晏（＊琅邪　永明九　南齊四二）　臧未甄（東莞　南齊末　梁四二）

梁　王份（琅邪　天監中　梁二一）　蕭琛（蘭陵　普通中　梁二六）　蕭子雲（蘭陵　大同二　梁三五）　王沖

陳　王通（琅邪　天康中　陳一七）　王固（琅邪　太建中　陳二一）　徐陵（東海　太建七　陳二六）　江總（濟陽　天嘉四　陳二七）

琅邪の王氏の本州中正、舊來の徐州中正のことをいうのか、南徐州中正、舊克州を例外とすれば、南徐州中正は、王氏と蕭氏にほぼ獨占されている。それは南徐州の社會的な階層秩序をそのまま表現していることになる。

ところがここに注目すべき事實がある。それは舊克州から南徐州に編入された濟陽郡考城縣を本貫とする江氏・蔡氏・范氏に關してである。この三氏からは克州または南克州大中正が多く出ているのである。たとえば江氏からは、江夷（東晉末 宋五三）、江湛（元嘉二五 宋七一）、江斅（永明中 齊四三）、江蒨（梁初 梁二一）と、父子連續して四代に渉って州中正を輩出している。この内前三者は本州中正となっているが、それが克州または南克州大中正であることは、江夷の時點では濟陽は克州所管であること、江湛の在任時、南徐州大中正は蕭思話であることから判斷できる。また江革は梁中大通中、南北克二州大中正である（梁三六）。ただし、すでにみたように、江蒨の子江總は、陳天嘉中、南徐州大中正である。

また、濟陽考城の蔡興宗が克州大中正（宋明帝時 宋五七）、蔡約が本州中正（齊初 齊四六）であり、おなじく濟陽考城の范岫が齊末、南北克二州大中正である（梁二六）。濟陽郡は、もとは陳留郡から西晉惠帝時にわかれた克州管郡であり、『南齊書』州郡志では南徐州所管南濟陽郡であるが、南齊建武三年（四九六）に省かれたことになっている。南齊末以前の濟陽がどのようになり、また濟陽を本貫と標榜する江氏等の行政區畫上の所屬がどうであったのかは明らかにし難いが、これ以前が南徐州管郡であることは疑いないから、江氏・蔡氏・范氏三氏の克・南克州中正就任は、僑州郡の統屬關係とは異なる州中正選任の方式が存在したことになる。なお、宋以後でかれら以外に克・南克州中正であったのは、南齊末の克州大中正垣榮祖（齊二八）、呂安國（齊二九）、周奉叔（齊二九）の三人だけである。以上の點については、他の州郡官の例をあわせて、後に考察してみたい。

州秀才についても、當時の察擧の實際の運用からみると、社會の階層的身分秩序が反映されたものとみなせる。以下に、南徐州秀才を列擧してみよう。

宋　江淹（濟陽　梁一四）

齊　臧榮緒（東莞　不就　齊五四）　江革（濟陽　梁三六）　蕭琛（蘭陵　梁二六）　王琳（琅邪　梁二一）

梁　諸葛璩（琅邪　天監中　梁五一）

この數例では斷定は避けるべきであろうが、琅邪の王氏・諸葛氏、蘭陵の蕭氏などは、南徐州の最上層部であることは疑いない。なお、濟陽の江氏については後にあらためて言及する。

つぎに南徐州の州官全體について、檢討してみよう。州官の中では、迎主簿という特別の存在がある。『南史』卷六〇徐勉傳に、

舊揚徐首迎主簿、盡選國華、中正取勉子崧充南徐選首、帝敕之曰、卿寒士、而子與王志子同迎、偃王以來、未之有也、

とあるのによれば、迎主簿は南徐州最上層階層から選ばれたのである。これに似たことは州從事についてもいえるし、さらに上級の別駕・治中についても同樣である。以下、具體例をあげて考察する。なお、ここにあげる例は、原則として史料に本州主簿・從事等とある例を除いたものである。その理由はさきにもふれたように、濟陽の江氏・蔡氏・范氏の扱いに混亂が生じる可能性があるからである。

まず主簿・迎主簿の例をあげよう。

齊　蕭琛（蘭陵　梁二六）

宋　王思遠（琅邪　宋末　齊四三）　江敩（濟陽　宋末・不就　齊四三）

第三章　南朝政權と南徐州社會

つぎにその他の州官をあげる（時代は省略する）。

従事　關康之（南平昌〔もとは河東の人、京口に世々居り、南平昌に寓屬という〕　不就　宋九三）　江淹（濟陽　梁

　　一四）　祖冲之（范陽　齊五二）　劉俊（彭城　齊三七）　蕭洽（蘭陵　南一八）

州迎西曹行事　到洽（彭城　梁二七）

西曹　臧榮緒（東莞　齊五四）　關康之（南平昌　不就　宋九三）

西曹書佐　王智深（琅邪　齊五二）

治中（治中從事）　蕭惠開（南蘭陵　宋八七）　蕭洽（蘭陵　梁四一）　劉遵（彭城　梁四一）

　　四九）　蕭际素（蘭陵　梁五二）

別駕（別駕從事）　劉瓛（東莞　梁四二）　劉卷（東莞　宋四二）　蕭惠開（南蘭陵　宋八七）　江祏（濟陽

　　齊四二）　王泰（琅邪　梁二一）　臧未甄（東莞　梁四二）　王勘（琅邪　陳一七）　徐伯陽（東海

　　陳三四）

議曹從事史　諸葛璩（琅邪　不就　梁五一）　徐度之（東海　陳三四）

州祭酒　荀伯玉（廣陵　齊三一）　王智深（琅邪　齊五二）

　これら全體をみてみると、州官就任者も、州中正の例とおなじ琅邪の王氏、蘭陵の蕭氏に加えて、彭城・東莞の劉氏、東莞の臧氏、東海の徐氏がみられる他、州中正と違って濟陽の江氏・蔡氏の名がみられるところが注目される。しかし濟陽出身者は、一方で宋の兗州別駕范義（范岫の父　梁二六）、齊の兗州治中江泌（齊五五）があり、州官就任についても必ずしも濟陽の士人と兗州の關係が斷絕したのではなさそうである。

それはともかく、中正とは違って彭城・東莞の劉氏、東莞の臧氏、東海の徐氏などが州官に現われるのは、南徐州社會の中に、琅邪の王氏等最上級貴族より下位に位置する集團が存在していたことを推測させる。かつて論じたように、かれらは京口居住という地緣的關係と婚姻關係を基軸に、同程度の政治的地位を共有する集團を形成しているのである[20]。

これとともに注目したいのは、南徐州の舊郡である晉陵・義興出身者の名がみあたらないことである。このことの說明は、以下のようにできるであろう。まず晉陵は舊吳の毗陵典農校尉が郡となったものであり、舊吳の傳統的な地域である吳・吳興・會稽等と違い、社會的な身分を有する傳統ある一族が存在していなかったことがおおきな理由であろう。また義興は、そもそも本郡が西晉末の周氏一族の地域安定への貢獻に對して建てられたことからもうかがわれるように、舊吳以來の大族周氏の本據地であったが、王敦のときに周氏一族が誅滅されて以後、特に有力な一族は現われず、南徐州規模では、南渡漢族上流階層に伍して州官に就任するような地位身分を有するものが存在していなかったと考えられる。このような中正・秀才・州官への就任狀況によると、南徐州社會においては南渡漢族が中心的存在であり、しかも舊民である晉陵・義興出身者を排除するようにして、社會的な身分秩序が再構築されていたということになる。

このことに關連して注目すべきものが濟陽出身者の問題である。さきにみたように、行政區畫上は南徐州管郡濟陽に屬しながら、兗州大中正を、しかも父子四代にわたって出す江氏のような存在をどのように理解すればよかろうか。おそらくこの現象の大きな原因は、兗州の最有力者の一員であった江氏の地位の慣性的繼續、傳統的本貫への懷舊とならんで、右のような南徐州社會の身分秩序の中で、みずからを琅邪の王氏の下位に位置附けざるを得なかった江氏が選擇した名目上の措置に關わるものといえよう。とはいえ、現に南徐州管下となったことは否定できず、現實に南

第三章　南朝政權と南徐州社會

徐州民としてあつかわれることになってみると、南兗州の舊望としての地位が重視され、その結果として秀才以下の州官への選任が優先的になされるということになったのであろう。このようなことが南徐州上流階層の間に州官就任等をめぐって何らかの緊張關係をもたらしたことも推量されるが、詳細はあきらかにしがたい。

なお蛇足であるが、琅邪の王氏について附言しておく。もともと南徐州の發端の一つが琅邪國人の建康移住者にあることは先述したとおりで、そのなかでも東晉建國の功臣王導にひきいられた王氏は、建康に居住しつつ、その墓地を建康北郊に僑置された琅邪郡臨沂縣境内に設けていたことは、かつて論じたことがある。(21) 南徐州南琅邪郡臨沂縣が實土僑郡縣であることは、王氏の社會的地位にとっても重要な要件であったはずである。そのかれらに南徐州州官就任例が比較的少ないのは、以上のような考察と矛盾するようであるが、實際には王氏のような最上級層のばあい、州官を經歷せず、祕書郎・著作佐郎あたりから起家するものが大半であったという事情がある。

ところで、州官に關しては、もう一つの側面を考慮する必要がある。これまでしばしば議論されてきたように、それが在地の有力者にとってかれらの鄕里社會支配の梃子となり、王朝にとっては地方支配體制において在地有力者の鄕里社會への影響力を利用するという側面である。これは南徐州社會の問題であるとともに、王朝側の南徐州に對する對應、一般的にいえば、王朝の基盤の重要要素である南渡漢族にたいする王朝の對應という問題である。章をあらためて論じたい。

第三節　王朝の南徐州運營

南徐州が京畿揚州に隣接し、南渡漢族を中心とする大人口を擁して、政治的軍事的に重要地域であることが、王朝

第一編　江南社會と流民　138

の南徐州運營の基軸である。『南史』卷一七劉康祖長子延孫傳に、宋大明中のこととして、

又出爲南徐州刺史、先是、武帝遺詔、京口要地、去都密邇、自非宗室近親、不得居之、……延孫於帝室本非同宗、不應有此授、時司空竟陵王誕爲徐州、上深相畏忌、不欲使居京口、遷之廣陵、廣陵與京口對岸、使腹心爲徐州、據京口以防誕、故以南徐州授延孫、而與之合族、使諸王序親、

とあるように、南徐州刺史には宋帝室を任じよというのが、武帝劉裕の遺命であり、それが忠實におこなわれていた。宋代、帝室諸王が都督として出鎭することは一般におこなわれたが、刺史についてこのような原則があったことは異例に屬し、南徐州刺史の特別な位置がよくうかがわれる。

この南徐州刺史任用の實態を檢討してみよう。別表は南朝歷代の南徐州刺史、および南徐州を管下におく都督の任用一覽である。これによれば、宗室が出鎭するという原則は、梁末陳初を除いて遵守されている。しかもたとえば宋元嘉年間の刺史は文帝の兄弟か子であるというように、宗室中の重要人物が任用されているし、逆に、孝武帝大明中の新安王子鸞のように六歲で就任したりすると、『南齊書』卷三二張岱傳に、

新安王子鸞以盛寵爲南徐、割吳郡屬焉、高選佐史、孝武帝召岱謂之曰、卿美效夙著、兼資宦已多、今欲用卿爲子鸞別駕、總刺史之任、無謂小屈、終當大伸也、

とあるように、優れた人物を屬僚に配置するなどの措置がとられた。この新安王子鸞のばあい、在任四年間に行事兼南東海太守として蔡興宗（宋五七）・江智淵（宋五九）・顧琛（宋八一）・王僧虔（齊三三）が赴任している。

都督についても、揚州や南兗州と組み合わされることが多いが、建康東方の軍事體制にとって南徐州が不可缺の要地であり、王朝が緊密な掌握をめざしたことの現われである。

つぎに南徐州管郡の太守の任用狀況についてみよう。南徐州管郡一七について、太守任用者をほぼ網羅して、

本籍、身分等いくつかの基準によって分類比較した結果、以下のような傾向がみられることが判明した[23]。

（一）南東海郡　三六例[24]

南東海郡は南徐州の州治である。この當時州治の所在郡の太守は州鎭將の長史が兼ね、あわせて行州事であることがしばしばであり、南東海郡の場合も例外ではない。舉例のほぼ半數にあたる一七例は南徐州行事である。本貫・姓族別にみると、宗室三、濟陽江氏五、琅邪王氏・南蘭陵蕭氏三、陳郡袁氏・陳郡謝氏・潁川庾氏二、以上の北人に對して、南人では吳郡陸氏・吳興沈氏二という狀態である。江氏を除けば、特に突出したような現象はなさそうであるが、ほぼ半數が南徐州管郡を本貫とするものたちであるのは、南東海郡統治上の地緣的要請とおもわれる。

（二）南琅邪郡　一二四例

宗室一三例という任用狀況は顯著な現象である。これに琅邪王氏四例、さらに南蘭陵蕭氏・高平檀氏各一を加えれば、ほとんど南琅邪出身者が太守を獨占していることになる。南人は僅かに吳郡全氏一例のみ。これは南琅邪郡が建康北郊に治所をおき、白石壘とともに、建康防衞の北郊の要衝であったことと無關係ではなかろう。もちろん東晉創業の元帝の舊封地が琅邪郡であり、その琅邪國人のための僑縣が南琅邪郡の前身であるという、東晉帝室との密接な緣も右の狀況の原因であろう。

（三）晉陵郡　五一例

主な任用者は、宗室五、琅邪王氏一〇、彭城劉氏・濟陽蔡氏三、南蘭陵蕭氏二、東莞劉氏・東海徐氏一等、南徐管郡が本貫のものの任用が半數あるが、陳郡謝氏四・袁氏三があり、南人も義興周氏二以外に、吳郡顧氏・張氏、吳興沈氏、會稽孔氏等の名族がみえる。南徐州出身者にやや偏向した任用におもえるが、南東海に類似したものと判斷できる。

(四) 義興郡　四一例

宗室の任用例がないこと、琅邪王氏一二例であることが突出した現象である。これ以外に彭城劉氏・陳郡謝氏・河南褚氏・京兆韋氏・呉郡張氏各二等がみられるが、南徐州管郡出身者任用例がやや多い。

(五) 南蘭陵郡　一〇例

梁代に南東海郡から蘭陵郡へと改名される以前の例をみると、宗室と蕭氏で三例ある他に、王道隆という寒門と目される人物がみられることであるが、これについては後にとりあげる。

(六) 臨淮　一六例

宗室五、琅邪王氏・陳郡謝氏各二等、南徐州出身が大半を占める。

(七) 淮陵　一八例

宗室二、蕭氏三、王氏一があるが、その他はいわゆる恩倖をはじめ、寒門武人の任用が多い。

(八) 南彭城　二〇例

宋齊宗室諸王侯が一六例をしめる特異なばあいである。ただ宗室諸王侯とはいっても、初代開國王侯ではなく、また有力宗室でないものが多い。

南彭城郡は、南徐州僑郡最多の六萬八千口を擁しており、他の無實土僑郡とは事情を異にしている。これが他郡と太守任用においてこのような差を生じさせた理由であろう。

(九) 濟陽　一〇例

(一〇) 南東莞　四例／南清河　七例／南高平　四例／南平昌　五例／南濟陰　九例／南泰山　七例／南魯郡　四

宗室三例の他に、顯著な特徴はみられない。

例

寒門寒人や下級武人の任用がきわだっている。南東莞や南清河・南魯のように大半がそうであるものもある。また、これら無實土僑郡の太守任用例が、實土僑郡にくらべてきわめて少數であるのは、梁初に土斷され、存在の期間が短いという理由の他、正史に記錄されないような下級階層のものの就任が多かったことにもよると推測される。それは、宗室任用例が突出している南彭城郡の任用例數が他の無實土僑郡に比して格段に多いということで傍證できる。

こう考えれば、南徐州の無實土僑郡太守は、恩倖、寒門、武人に與えられる官位であったということになる。大半が京口に治所をおくこれら僑郡の太守の地位は、恩倖等を厚遇しつつ、常にかれらを身邊に配置しておきたい權力者にとっては、都合のよい官位であったようにおもわれる。ただしかれら以外に一部宗室や濟陽江氏・琅邪顏氏・蘭陵蕭氏等もみえるから、まったく恩倖寒門武人のためにだけもちいられたものというわけではない。

以上の檢討で南朝の南徐州、南徐州管下の舊郡、および僑郡に對する管掌の方向性がある程度明らかになった。南徐州刺史が原則として宗室であった他、南琅邪、南彭城のような重要僑郡にも多く宗室と南徐州本貫の姓族を配置して、かれらの鄉里社會への影響力と地緣的關係を基軸とする僑民の安定的統治をめざし、その他の中小僑郡には多く恩倖等を配置してその所管僑民把握の强化をねらったのである。しかし、一方舊民が多數を占める晉陵・義興には琅邪王氏等北來の名族を配し、もって僑舊の編戶掌握を强化しようとするものであったといえる。

　　　　むすび

以上に南朝における南徐州について、その社會、王朝との關係をみてきた。移動人口を主たる基盤としてその移動

第一編　江南社會と流民　142

地に成立した權力が、その人口を基盤として維持し續けるために、どのような統轄の方式をとったかについて、一つの類型が明らかになったとおもう。また移動人口が移動先で舊來の身分秩序を維持していることもおおよそ明らかになったであろう。ただしこの點に關しては、表面的な分析に終始しており、上層階層の一部分をみたにすぎない。今後別の視角から考察を深化させる努力をしたい。

注

（1）田餘慶「北府兵始末」（『紀念陳寅恪先生誕辰百年學術論文集』北京、一九八九、谷川道雄編『地域社會在六朝政治文化上所起的作用』一九八九）、および『東晉門閥政治』（北京、一九九一年版）。

（2）この措置は『宋書』卷三五州郡志では大明七、八年、同卷六孝武紀も大明七年のことであるが、本傳では子鸞が南徐州刺史となったのは大明五年となっている。

（3）琅邪臨沂については、拙著『六朝貴族制研究』一九八七、第四篇第一章參照。

（4）晉陵縣は『宋書』州郡志南徐州南東海郡條によれば、宋孝武帝大明（四五七～）末に南東海に移管されており、同晉陵郡條に晉陵縣があるのは、なにかの誤りであろう。

（5）なかには南彭城管下の蕃・薛兩縣のように、軍戶を免じて設立した縣もある（『宋書』州郡志南徐州南彭城郡條）。

（6）『晉書』卷一五地理志吳興郡には陽羨縣がないが、本來はなければならないことは、『晉書』斠注引畢沅のいうとおりであろう。

（7）南徐州義興郡綏安縣は宣城・吳興の一部を割ったものである（『宋書』州郡志南徐州義興郡條）。

（8）譚其驤「晉永嘉喪亂后之民族遷徙」（初出一九三四、『長水集』人民出版社、一九八七）は南徐州僑民人口を二二萬餘とするが、その算出の具體的根據は不明である。

(9) 拙稿「六朝時代江南的地域社會與地域性」(谷川道雄編『地域社會在六朝政治文化上所起的作用』一九八九、注(16)參照。

(10) ただし、『宋書』巻二九符瑞志には、元嘉一九年(四四二)、白烏が晉陵暨陽の僑民彭城の劉原秀の宅の樹にうまれたという、この人物は本貫僑置の南彭城郡がありながら、晉陵暨陽に屬していたようである。このような例は他にもあったであろう。なお、安田二郎「僑州郡縣制と土斷」(初出一九八七、『六朝政治史の研究』二〇〇三)四八二、三頁參照。

(11) 『南京出土六朝墓誌』(文物出版社、一九八〇)、『六朝藝術』(文物出版社、一九八一)二三頁、注(3)拙文四四四頁參照。

(12) 注(3)拙文參照。

(13) 注(11)に同じ。

(14) たとえば『宋書』巻六孝武帝紀孝建元年(四五四)條に、

是歲、始課南徐州僑民租、

とあり、これ以前に南徐州舊僑新僑兩民に租の負擔で差があったことが推測されるし、注(1)田氏「北府兵始末」八二頁(『地域社會在六朝政治文化上所起の作用』版)は、東晉末義熙九年土斷において斷例から除外された晉陵僑民について、舊民同樣の賦役を負擔しなかったとのべている。ただし、注(10)安田論文五〇一頁は、土斷措置を受けない無實土の僑州郡縣民も役・征役の負擔者であったとする。

(15) 『宋書』巻五文帝紀元嘉二一年七月條。なお、南徐州に限らず、麥作は東晉以後の江南における救荒作物として獎勵された。

(16) 『六朝經濟史』(南京、一九九三)二九一頁以下參照。

(17) 鄧元起の例、安田二郎「晉宋革命と雍州(襄陽)の僑民——軍政支配から民政支配へ——」(初出一九八三、『六朝政治史の研究』)は、州職機構が設けられていない時點での僑雍州において、僑雍州州官就任という虛僞の官歷が記錄に殘された事實のあることを指摘しているが、それもある意味で當時の州官就任の意味を暗示している。
なお、氏の指摘されたことは以下の南徐州州官にも該當するものがありうるが、いまは、考慮の外におくことにしたい。

(18) 以下の分析には、宮川尚志『六朝史研究』(一九五六)政治社會篇第四章三二四頁中正在職者一覽表を參照した。
宮崎市定『九品官人法の研究』(一九五六)二七九頁以下參照。

(19) この「本州」という語は、僑州ではなく、名目的に残っている舊州を意味する可能性があるので、注意が必要である。のちにふれる濟陽の例を參照のこと。
(20) 前揭拙著第三篇第三章。
(21) 注(3)參照。
(22) 注(2)のように大明七年就任であると八歲である。かれがこのように幼年で南徐州刺史となったのは、『宋書』卷八〇孝武十四王に、
　母殷淑儀、寵傾後宮、子鸞愛冠諸子、
とあり、本文に引く張岱傳にもあるように、特別の寵愛をうけていたからであり、南徐州に呉郡を移管したのもその一環である。これはまた南徐州が他の諸州とは別格の地位にあったことを示している。
(23) 附表參照。
(24) 南東海を改名した梁陳の蘭陵郡太守はこの中に含まない。

表　南徐州刺史・都督一覽

年號	刺史	都督・刺史
宋		
永初元（四二〇）	長沙王道憐	長沙王道憐　都督南徐兗二州・南徐南兗二州刺史
二（四二一）	〃	
三（四二二）	〃	
景平元（四二三）	彭城王義康	彭城王義康　都督南徐南兗二州
元嘉元（四二四）	〃	
二（四二五）	〃	
三（四二六）	江夏王義恭	江夏王義恭　監南徐兗二州揚州之晉陵・徐州刺史
四（四二七）		

145　第三章　南朝政權と南徐州社會

宋

年	月	人物	官職
五（四二八）		彭城王義康	
六（四二九）	六月	〃	彭城王義康　都督揚南徐南兗三州
七（四三〇）		〃	劉遵考　都督南徐兗州之江北淮南・南兗州刺史
八（四三一）		〃	衡陽王義季　都督南徐
九（四三二）		衡陽王義季	
一〇（四三三）		〃	
一一（四三四）		〃	
一二（四三五）		〃	
一三（四三六）		〃	
一四（四三七）	四月	南譙王義宣	江夏王義恭　揚南徐兗三州　南譙王義宣　都督南徐州
一五（四三八）		〃	
一六（四三九）		〃	
一七（四四〇）		〃	
一八（四四一）		〃	
一九（四四二）		〃	
二〇（四四三）		〃	
二一（四四四）	八月	廣陵王誕	
二二（四四五）		〃	
二三（四四六）		〃	
二四（四四七）		〃	
二五（四四八）		〃	
二六（四四九）		〃	
二七（四五〇）	七月	盧陵王紹	
二八（四五一）	一〇月	始興王濬	始興王濬　都督南徐兗二州・南徐兗二州刺史
二九（四五二）	一二月	江夏王義恭	江夏王義恭　都督揚南徐二州

第一編　江南社會と流民　146

宋

年號	西暦	月	人名	官職
三〇	(四五三)	一〇月	竟陵王誕	江夏王義恭　都督揚南徐二州・南徐徐二州刺史
孝建元	(四五四)	〃	〃	竟陵王誕　都督南徐兗二州
二	(四五五)	八月	劉延孫	豫章王子尚　都督南徐兗二州・南兗州刺史
三	(四五六)	〃	〃	竟陵王誕　都督南兗青冀幽六州・南兗州刺史
大明元	(四五七)	〃	〃	
二	(四五八)			
三	(四五九)			
四	(四六〇)	一〇月	新安王子鸞	
五	(四六一)	〃	〃	
六	(四六二)	〃	〃	豫章王子尚　都督揚南徐二州
七	(四六三)	九月	永嘉王子仁	
八	(四六四)	一二月	桂陽王休範	桂陽王休範　都督南徐兗徐青冀四州
泰始元	(四六五)	〃	〃	桂陽王休範　都督南徐兗徐青冀六州
二	(四六六)	〃	〃	
三	(四六七)	四月	晉平王休祐	
四	(四六八)	〃	〃	
五	(四六九)	閏月	晉平王休祐	晉平王休祐　都督南徐兗徐青冀六州
六	(四七〇)	二月	巴陵王休若	巴陵王休若　都督南徐兗徐青冀六州
七	(四七一)	六月	桂陽王休範	
		七月	劉秉(當陽縣侯)	劉秉　都督南徐兗豫青冀六州
		閏月	建平王景素	
泰豫元	(四七二)	〃		
元徽元	(四七三)	〃		
二	(四七四)			
三	(四七五)			

王朝	年次	都督任命	備考
宋	四 (四七六)	七月 武陵王贊 李安民	武陵王贊 都督南徐兗青冀五州
	昇明元 (四七七)	〃 齊王蕭道成	晉熙王燮 都督揚南徐二州・揚州刺史
	二 (四七八)		
齊	建元元 (四七九)	七月 長沙王晃	豫章王嶷 都督揚南徐二州・揚州刺史
	二 (四八〇)	〃	
	三 (四八一)	〃	
	四 (四八二)	一月 南郡王長懋	文惠太子 都督南徐二州
	永明元 (四八三)	五月 長沙王晃	
	二 (四八四)	一月 聞喜公子良	
	三 (四八五)	一〇月 桂陽王鏘	
	四 (四八六)	〃	
	五 (四八七)	一月 〃	
	六 (四八八)	〃	
	七 (四八九)	一月 安成王暠	
	八 (四九〇)	〃	
	九 (四九一)	一月 江夏王鋒	
	一〇 (四九二)	〃	
	隆昌元 (四九三)	一月 永嘉王昭粲	海陵王 都督揚南徐二州・揚州刺史 蕭鸞 都督揚南徐二州・揚州刺史 竟陵王子良 督南徐州
	建元元 (四九四)	〃	
	二 (四九五)	八月 河東王鉉	蕭諶 都督揚南徐二州・揚州刺史
	三 (四九六)	〃	始安王遙光 都督揚南徐二州・揚州刺史
	四 (四九七)	七月 晉安王寶義	晉安王寶義 都督南徐州
		〃	

第一編　江南社會と流民　148

齊		梁		
永泰元（四九八）	八月	晉安王寶玄	都督南徐兗二州	晉安王寶玄　都督南徐兗二州・南徐兗二州刺史
永元元（四九九）	八月	晉安王寶玄		晉熙王寶嵩　都督南徐兗二州
永元二（五〇〇）	五月	晉熙王寶嵩		
中興元（五〇一）	三月	蕭秀		蕭衍　都督揚南徐二州・揚州刺史
天監元（五〇二）	一月	鄱陽王恢		鄱陽王恢　都督揚南徐州・揚州刺史
天監二（五〇三）	一月	"		臨川王宏　都督揚南徐州・揚州刺史
天監三（五〇四）	一月	建安王偉		
天監四（五〇五）	一月	豫章王綜		豫章王綜　都督南徐州
天監五（五〇六）		"		南平王偉　都督南徐州
天監六（五〇七）		"		南平王偉　都督南徐州
天監七（五〇八）		"		
天監八（五〇九）	一月	南康王績		南康王績　都督揚州
天監九（五一〇）		"		
天監一〇（五一一）		"		
天監一一（五一二）		"		
天監一二（五一三）		"		
天監一三（五一四）		"		
天監一四（五一五）		"		
天監一五（五一六）	二月	豫章王綜		
天監一六（五一七）		"		
天監一七（五一八）		"		
普通元（五一九）		"		
普通二（五二〇）		簡文帝		
普通三（五二一）		"		臨川王宏　都督揚南徐二州・揚州刺史
（五二二）		"		

第三章　南朝政權と南徐州社會

梁

年號	西暦	事項
四	(五二三)	
五	(五二四)	
六	(五二五)	
七	(五二六)	
大通元	(五二七)	
二	(五二八)	
中大通元	(五二九)	
二	(五三〇)	
三	(五三一)	
四	(五三二)	
五	(五三三)	
六	(五三四)	
大同元	(五三五)	
二	(五三六)	
三	(五三七)	四月　河東王譽
四	(五三八)	
五	(五三九)	
六	(五四〇)	
七	(五四一)	
八	(五四二)	
九	(五四三)	
一〇	(五四四)	
一一	(五四五)	
中大同元	(五四六)	
太清元	(五四七)	八月　邵陵王綸
二	(五四八)	三月　蕭淵藻（〜二年七月）

梁		陳	
大寶元（五五〇）	三（五四九）	永定元（五五七）	天嘉元（五六〇）
天正元（五五一）		二（五五八）	二（五六一）
承聖元（五五二）		三（五五九）	三（五六二）
二（五五三）			四（五六三）
三（五五四）			五（五六四）
紹泰元（五五五）			六（五六五）
太平元（五五六）			光大元（五六六）
			二（五六七）
			天康元（五六八）
			太建元（五六九）
			二（五七〇）
			三（五七一）
			四（五七二）

七月　新興王大壯			
五月　陳霸先		〃　徐度　留異	
〃　侯安都		〃	
		二月　鄱陽王伯山	
		黄法氍	
		淳于量	
		〃	

南海王大臨　都督揚南徐二州・揚州刺史		黄法氍　都督南徐州	沈恪　監南徐州
新興王大壯　都督南徐州		鄱陽王伯山　綠江都督	
陳霸先　都督南徐州		周寶安　都督南徐州	
陳文帝　監南徐州		陳宣帝　都督揚南徐東揚南豫北江五州・揚州刺史	
陳霸先　都督中外・揚南徐州刺史　侯安都　都督南徐州		黄法氍　都督南徐州	
陳擬　監南徐州		淳于量　都督南徐州　沈君理　監南徐州	

陳		
五（五七三）	豫章王叔英	
六（五七四）	一一月　鄱陽王伯山	
七（五七五）	一〇月　新安王伯固	新安王伯固　都督南徐南豫南北兗四州・南徐州刺史
八（五七六）		
九（五七七）		
一〇（五七八）	一月　盧陵王伯仁	
一一（五七九）		
一二（五八〇）	四月　河東王叔獻	河東王叔獻　都督南徐州
一三（五八一）	宜都王叔明	新安王伯固　都督揚南徐東揚南豫四州・揚州刺史
一四（五八二）	四月　蕭摩訶	
至德元（五八三）		
二（五八四）		
三（五八五）		
四（五八六）		
禎明元（五八七）		
二（五八八）	六月＊永嘉王彥	＊就任年月不明。六月に軍號進號記事あり。
三（五八九）	一二月　南海王虔	

※　空白欄は不明　※※　都督・刺史欄は南徐州一州刺史は省略

附表　南徐州管郡太守一覽　＊は南徐州行事

南東海

謝朏（陳郡　宋二八・梁一五）　垣護之（略陽　宋五〇）　庾登之（潁川　宋五三）　羊玄保（太山　宋五四）　沈曇慶（呉興　宋五四）　蔡興宗＊（濟陽　宋五七）　何偃（廬江　宋五九）　江智淵＊（濟陽　宋五九）　江槪＊（濟陽　宋五九）

袁淑（陳郡　宋七〇）　江湛（濟陽　宋七一）　顧琛*（吳　宋八一）　宗越（南陽　宋八三）　庾徽之（潁川　宋八四）　蕭惠開（蘭陵　宋八七）　袁粲（陳郡　宋八九）　蕭道成*（南蘭陵　齊一）　蕭穎冑（蘭陵　齊四・齊三八）　張瓌*（吳郡　宋二四）　王玄邈（下邳　齊二七）　劉善明*（平原　齊二八）　王廣之（沛　齊二九）　江謐（濟陽　齊三一）　王僧虔*（琅邪　齊三三）　虞悰（會稽　齊三七）　蕭赤斧（南蘭陵　齊三八）　江祀*（濟陽　齊四二）　沈文季*（吳興　齊四四）　始安王遙光*（齊宗室　齊四五）　王慈*（琅邪　齊四六）　陸慧曉*（吳　齊四六）　謝朓*（陳郡　齊四七）　劉繪*（彭城　齊四八）　王績（琅邪　齊四九）　陸澄（吳　梁一四）　安成王秀（梁宗室　梁二二）

南　琅　邪

王僧虔（琅邪　宋二八）　王僧達（琅邪　宋二八）　王遠（琅邪　宋二八）　劉成（?　宋二九）　褚恬之（河南　宋五二）　王微（琅邪　宋六二）　裴松之（河東　宋六四）　巴陵王休若（宋宗室　宋七二）　蕭源之（南蘭陵　宋七八）　始平王子鸞（宋宗室　宋八〇）　邵陵王子元（宋宗室　宋八〇）　淮南王子孟（宋宗室　宋八〇）　建安王子眞（齊宗室　宋八三）　全景文（吳郡　齊二九）　周盤龍（北蘭陵　齊二九）　隨郡王子隆（齊宗室　齊四〇）　黃回（竟陵　齊四〇）　南海王子罕（齊宗室　齊四〇）　巴陵王子倫（齊宗室　齊四〇）　檀弘宗（高平　齊五一）　河東王譽（梁宗室　梁八一）　岳陽王詧（梁宗室　梁三）　長沙嗣王業（齊宗室　梁二三）　蕭藻（梁宗室　梁二三）　南平王偉（陳宗室　陳二六）

晋　　陵

袁標（陳郡　宋八・八四）　沈文叔（吳興　宋二九）　劉牢之（彭城　宋四七）　劉敬宣（彭城　宋四七）　謝景仁（陳郡　宋五二）　謝方明（陳郡　宋五三）　蔡景玄（濟陽　宋五七）　荀萬秋（潁川　宋六〇）　王茂之（琅邪　宋六六）　陳郡　宋七〇）　顏師仲（琅邪　宋七七）　劉粹之（東莞　宋八一）　袁顗（陳郡　宋八四）　王穆（琅邪　宋八五）　王蘊（琅邪　宋八五）　營道侯義綦（宋宗室　宋九九）　王遜（琅邪　齊二三）　蕭子晉（齊宗室齊三五）　王亮（琅邪　梁一六）　齊四四）　杜僧明（廣陵　梁五・陳八）　周文育（義興　梁六・陳八）　王贍（琅邪　梁二二）

153　第三章　南朝政權と南徐州社會

王瞻（琅邪　梁二一）　張充（吳　梁二一）　蔡撙（濟陽　梁二一）　南浦侯推（梁宗室　梁二一）　長沙嗣王業（梁宗室　梁二三）　蕭昱（南蘭陵　梁二四）　范岫（濟陽　梁二六）　謝舉（陳郡　梁三七）　褚翔（河東　梁四一）　劉儒（彭城　梁四一）　顧憲之（吳　梁五二）　孫廉（東莞　梁五二）　杜稜（吳　陳三・一二）　王克（琅邪　陳五）　周捨（義興　陳八）　王勇（?　陳一四）　王勱（琅邪　陳一七）　王質（琅邪　陳一八）　謝哲（陳郡　陳二二）　孔奐（會稽　陳二二）　駱牙（吳興　陳二二）　裴忌（河東　陳二五）　陳君範（陳宗室　陳二八）　殷不害（陳郡　陳三二）　蔡凝（濟陽　陳三四）　陰鏗（武威　陳三四）

義　興

到元度（彭城　宋六）　劉禎（?　宋二九）　垣閎（略陽　宋六・五〇）　向劭（河內　宋四五）　劉損（沛　宋四五）　劉延熙（彭城　宋七八）　張茂度（吳　宋五三）　江夷（濟陽　宋五三）　王準之（東海　宋二一）　王微（琅邪　宋六二）　羊欣（泰山　宋六二）　劉湛（彭城　宋六九）　何悠之（廬江　宋六六）　王景文（琅邪　宋八五）　王蘊（吳　宋五二）　張瓌（彭城　梁四一）　謝胐（陳郡　梁一五）　謝超宗（陳郡　齊三六）　劉瑱（彭城　梁四一）　韋翽（京兆　陳一八）　韋載　謝

傅隆（北地　宋五五）　王球（琅邪　宋五八）　王僧達（琅邪　宋七五）　顧琛（吳　宋八一）　王僉（琅邪　宋八一）　孔覬（會稽　宋八四）　王琨（琅邪　梁四一）　任昉（樂安　梁一四）

臧質（東莞　宋七四）　褚裒（河南）　陸杲（吳　梁二六）　王騫（琅邪　梁二一）　王珉（琅邪　齊三二）

王秀之（琅邪　齊四六）　褚續（河南）　王儉（琅邪　梁七）　陳擬（陳帝室疏屬　陳一五）　褚翔（河南　梁四一）

王瑩（琅邪　梁二一）　張充（吳　梁二一）　陸杲（吳　梁二六）　胡穎（吳興　陳一二）

（京兆　陳一八）　沈欽（吳興　陳七）

毛喜（榮陽　陳二九）

南　蘭　陵

湘東王（宋明帝　宋八）　段佛榮（京兆　宋八四）　王道隆（吳興　宋九四）　巴陵王子倫（齊宗室　齊四〇）　蕭諶（南

蘭陵　齊四二）　王泰（琅邪　梁二一）　張續（范陽　梁三四）　孔休源＊（會稽　梁三六）　褚球（河南　梁四一）　謝

第一編　江南社會と流民　154

徵（陳郡　梁五〇）

南　東　莞

戴明寶（南東海　宋九四）　齊武帝（南蘭陵　齊三）　周盤龍（北蘭陵　齊二九）　呂文顯（臨海　齊五六）

臨　淮

檀道濟（高平　宋四三）　向靖（河內　宋四五）　劉敬宣（彭城　宋四七）　垣護之（略陽　宋五〇）　盧陵王子興（宋宗室　宋六一）　永脩縣侯伯禽（宋宗室　宋六一）　始安王伯融（宋宗室　宋七二）　巴陵王休若（宋宗室　宋七二）　王僧達（琅邪　宋七五）　謝莊（陳郡　宋八五）　王敬則（晉陵　齊二六）　王琨（琅邪　齊三二）　謝超宗（陳郡　齊三六）　魚復侯子響（齊宗室　齊四〇）　江斅（濟陽　齊四三）　茹法亮（吳興　齊五六）

淮　陵

孟龍符（平昌　宋四七）　蒯恩（蘭陵　宋四九）　盧陵王德（宋宗室　宋六一）　沈慶之（吳興　宋七七）　吳喜（吳興　齊宗室　齊三二）

巢尚之（魯　宋九四）　阮佃夫（會稽　宋九四）　李道兒（臨淮　宋九四）　豫章王世子子廉（齊宗室　齊三二）　王績（琅邪　齊

宋八三）　周奉叔（北蘭陵　齊二九）　薛淵（河東　齊三〇）　焦度（南安　齊三〇）　蕭赤斧（南蘭陵　齊三八）

四九）　劉敬宗（丹陽　齊五六）　梁武帝（南蘭陵　梁一）　柳慶遠（河東　梁九）　蕭子恪（蘭陵　梁三五）

南　彭　城

宋明帝（彭城　宋八）　長沙王道憐（宋宗室　宋五一）　褚湛之（河南　宋五二）　盧陵王德（宋宗室　宋六一）　宜陽縣

侯愷（宋宗室　宋六八）　徐湛之（東海　宋七一）　晉熙王昶（宋宗室　宋七二）　巴陵王休若（宋宗室　宋七二）　桂陽王休範（宋宗室　宋七九）　盧江

王休秀（宋宗室　宋七九）　盧江王充明（宋宗室　宋七九）　武昌王渾（宋宗室　宋七九）

第三章　南朝政權と南徐州社會

始安王子眞（宋宗室　宋八〇）　江夏王鋒（齊宗室　齊三五）　魚復侯子響（齊宗室　齊四〇）　巴陵王子倫（齊宗室　齊四

〇）　徐孝嗣（東海　齊四四）　始安王遙光（齊宗室　齊四五）　呂僧珍（東平　梁一一）　廬陵王績（梁宗室　梁一二九）

南　清　河

王敬勤（太原？　宋七四）　劉延孫（彭城　宋七八）　譚金（「荒中傖人」　宋八三）　巢尙之（魯　宋九四）　戴明寶（南

東海　宋九四）　呂文顯（會稽　齊五六）　沈約（吳興　梁一三）

南　高　平

廬陵王紹（宋宗室　宋六一）　陳承叔（不明　宋七四）　朱幼（東陽　宋九四）　劉懷珍（平原　齊二七）

南　平　昌

裴方明（河東　宋四七）　卜伯興（吳興　宋九一）　楊運長（宣城　宋九四）　周山圖（義興　齊二九）　江祏（濟陽　齊

四二）

南　濟　陰

何邁（廬江　宋四一）　建平王景素（宋宗室　宋七二）　沈慶之（吳興　宋七七）　宗越（南陽　宋八三）　殷孝祖（陳郡

宋八六）　徐爰（南琅邪　宋九四）　姜產之（南彭城　宋九四）　戴僧靜（會稽　齊三〇）　茹法亮（吳興　齊五六）

南　濮　陽

江智淵（濟陽　宋五九）　彭文之（泰山　宋八三）　顏師伯（琅邪　宋七七）　曹道剛（彭城　齊二九）　殷孝祖（陳郡

齊三〇）　荀伯玉（廣陵　齊三一）　蕭諶（南蘭陵　齊四二）　呂文度（會稽　齊五六）　桓康（北蘭陵

南　泰　山

庾炳之（潁川　宋五三）　壽寂之（吳興　宋九四）　蕭承之（南蘭陵　齊一）　柳世隆（河東　齊二四）　王敬則（晉陵　齊二六）　紀僧眞（丹陽　齊五六）　呂文顯（臨海　齊五六）

濟　陽

永脩縣侯伯禽（宋宗室　宋六一）　顏臮（琅邪　宋七三）　宗越（南陽　宋八三）　黃回（竟陵　宋八三）　王晏（琅邪　齊四二）　海陵王（齊帝　齊五）　周盤龍（北蘭陵　齊二九）　薛淵（河東　齊三〇）　荀伯玉（廣陵　齊三一）　巴陵王昭秀（齊宗室　齊五〇）

南　魯

陳敬元（丹陽　宋四一）　戴法興（會稽　宋九四）　阮佃夫（會稽　宋九四）　蕭坦之（南蘭陵　齊四二）

第二編　江南の開發と地域性

第四章　六朝時代三吳地方における開發と水利についての若干の考察

はしがき

六朝時代は、江南開發史上、もっとも重要な畫期のひとつである。二世紀以後の華北における戰亂の連續、わけても永嘉の喪亂と晉室の南渡は膨大な人口の江南への流入を惹起し、それを契機に江南の開發は飛躍的にすすんだのである。この意味で、六朝時代は、五代以後における江南の大規模な水田開發と農業生產技術の發展という中國經濟史上に比類のない著名な歷史的現象の準備段階であり、いわば前史であったといえるのである。

とりわけ、江南と總稱される地域のなかでも、いわゆる長江三角洲地帶は、五代以後の水利田の大規模開發によって中國最大の稻作地帶へと變貌をとげ、國家の經濟的・財政的な重心としての地位をしめるにいたったが、この地域はまた、六朝時代、南朝における中樞的地域であり、南渡する中原よりの避難民の輻輳の地でもあったのである。この地域は、三吳地方ともよばれ、當時の行政區畫でいえば揚州の一部と南徐州にあたる。「江左以來、樹根本於揚越」（『宋書』卷六六史臣曰）(2)。「三吳、國之關閫」（『南齊書』卷三七劉悛傳）などという表現は三吳地方が南朝にあっていかなる位置づけをされていたかを如實にしめしている。

第二編　江南の開發と地域性　160

かくて、五代にはじまる本格的な水利開發の前史として、また南朝における中樞的地域としての意味・實態を解明するため、六朝時代三吳地方における開發、およびそれと密接に關聯する水利事業のありかたを檢討することはきわめて大なる意義をもつものといわねばならない。しかるに、唐宋以後におけるこの地域の開發と水利についての研究がそれこそ枚擧に遑ないのに反し、六朝時代三吳地方の開發と水利に言及した研究はそれほど多くない(3)。しかも、數すくないそれらの研究にしても、若干の事業例の例擧にとどまるか、あるいは概略的な論述に終始することがしばしばで、六朝時代三吳地方における開發、とりわけそれと關聯する水利事業・施設について廣汎かつ詳細な檢討をくわえた研究にいたっては皆無といわざるをえない(4)。

本稿は、以上のような點を顧慮し、江南開發の前史の實像を解明するとともに、おそらくは最大の經濟的基盤でもあった三吳地方の開發と水利の實態の究明を通して、南朝における中樞的地域、そして南朝史研究における政治的經濟的そして社會的な諸關係の檢討におけるひとつの基礎的な素材を提供しようとしたこころみである。

第一節　三吳地方の地勢

本題にはいるにあたって、まず三吳地方の自然地理的環境・條件について、おおまかな素描をこころみておこう(5)。

三吳地方のもっとも顯著な地勢的特徵は、低海拔（およそ二乃至五メートル）の大平原が廣大なひろがりをみせることであって、それらはおもに長江と錢塘江による沖積作用の結果形成されたものである。とりわけ太湖をとりまく北・東・南の三地域、すなわち、當時の吳郡と晉陵・吳興郡の東部はそのような平坦かつ低海拔の大平原地帶であり、同時に太湖の水の排水路でもある婁・吳淞・黃浦諸江をはじめ、無數の水路が錯綜し、湖沼が點在する地域であって、

第四章 六朝時代三吳地方における開發と水利についての若干の考察

まさにいわゆる水郷澤國である。一方、太湖の西北、鎭江、丹陽より西の部分、すなわちそれは南朝の京畿であった丹陽郡と晉陵郡西部の地であるが、そこは寧鎭山脈や茅山山地に代表される丘陵がひろがる土地であって、その自然景觀は太湖の周邊部とはおもむきをやや異にする。太湖西南には天目山脈がひかえ、そこに源を發する東西苕溪は扇狀地を形成しつつ太湖に流入するが、その流域にもとの吳興郡である。錢塘江を東渡すると、そこはまた天臺山より發する曹娥江をはじめ、浦陽江・姚江などの諸川が貫流し、扇狀地の分布がみられた。

そして、これら諸地域に共通するのは、いずれも農耕地としての立地條件にめぐまれている土地が多いばかりでなく、土壤そのものも比較的肥沃であり、ゆたかな農田地帶として發展する可能性をつよく祕めていたことである。

さて、かような現代にみられる自然環境は、大部分三世紀より六世紀にいたる六朝時代においても、ほぼ該當するはずのものであるが、ここで當時の記録のなかから、三吳地方の地理的條件について言及してあるもの若干をかかげ、當時における自然環境の具體的事情と問題點をみてみよう。

『三國志』卷五四吳書魯肅傳注引『吳書』には、後漢末の戰亂にあって江南に難をさけようとはかる魯肅がその配下にかたることばとして、

　吾聞江東沃野萬里、民富兵彊、可以避害、

というのをひく。『隋書』卷三一地理志下揚州條には、

　宣城毗陵吳郡會稽餘杭東陽、其俗亦同、然數郡川澤沃衍、有海陸之饒、珍異所聚、故商賈並湊、寧肯相隨俱至樂土、以觀時變乎、

としるす。これらは三吳地方全般についてのべたものであるが、前者からは肥沃かつ廣大な平野のひろがるさまが、そして後者からは沖積平野にはしばしばみられる河川沼澤の點在するさまがうかがわれよう。

第二編　江南の開發と地域性　162

このような大平原のひろがる三吳地方には、ゆたかな田園地帶が隨所に存在した。『宋書』卷五四史臣曰に、

會土帶海傍湖、良疇亦數十萬頃、膏腴上地、畝直一金、鄠杜之間、不能比也、

とあるのは、會稽地域に、また、『陳書』卷五宣帝紀太建四年閏月條に、

辛未、詔曰、姑熟饒曠、荊河斯擬、博望關畿、天限嚴峻、龍山南指、牛渚北臨、對熊繹之餘城、邇全琮之故壘、良疇美柘、畦畎相望、連宇高甍、阡陌如繡、

とあるのは、建康南方の姑熟地方に、それぞれ肥沃な農田がひろがり、ゆたかな農業生産の場となっていることをのべている。

しかしながら、このような肥沃な農田地帶がある一方で、低海拔の沖積地にはありがちな劣惡な地理環境にある地域もまたすくなからず存在した。ふるくは、『水經注』卷二九沔水注に伍子胥のことばとしてひく、

吳越之國、三江環之、民無所移矣、但東南地卑、萬流所湊、濤湖泛決、觸地成川、枝津交渠、世家分汊、潰、難以取悉、

というくだりは、ここが河川の輻輳する地であることをのべており、また、『南齊書』卷四〇武十七王竟陵王子良傳に、

明年（建元三年）、上表曰、京尹雖居都邑、而境壤兼跨、廣袤周輪、幾將千里、縈原抱隰、其處甚多、

とあるように、すくなからぬ濕地帶が分布する土地でもあったのである。したがって、またそこは、低海拔地の宿命でもある水災にしばしば襲われる土地でもあった。これは、天目山および茅山に發する諸水系が流入し、しかも排水狀態が良好とはいえない太湖周邊にとりわけよくみられる狀況であった。たとえば、『宋書』卷九九ニ凶始興王濬傳に、する吳興郡について、

明年(元嘉二二年)、濬上言、所統吳興郡袲帶重山、地多汙澤、泉流歸集、疏決遲壅、時雨未過、已至漂沒、或方春輟耕、或開秋沈稼、田家徒苦、防遏無方、

とあり、『梁書』卷八昭明太子傳に、

吳興郡屢以水災失收、

とあるように、吳興郡は土地が卑濕で河川が輻輳しているうえ、水はけが悪く、したがってしばしば水害にみまわれる土地であった。このような状況は、吳興郡ほど典型的ではなくとも、三吳地方の隨所にみられたものであったとおもわれる。

いまひとつ三吳地方の地勢の特色となるのは、海岸線が長大で、とりわけ杭州灣沿岸にある地方では、その獨特の灣形のために海潮に對する對策が必須のものであったという點である。「會土邊帶湖海」(『南齊書』卷二六王敬則傳)・「會土帶海傍湖」(『宋書』卷五四史臣曰)というように、杭州灣南岸にある會稽郡はまさにそのような土地であったし、錢塘江北岸の吳郡錢塘縣は、『世說新語』卷中雅量篇第六注引『錢塘縣記』に、

縣近海、爲潮漂沒、

というような狀態であった。

以上にのべたような三吳地方獨特の自然地理的環境は開發のありかた、あるいは水利事業や水利施設の性格に一定の傾向をあたえるものであることはいうまでもなかろう。かような環境は三吳地方の開發と水利についての諸問題を考察する際に、大いなる留意を要する點である。

第二節　三呉地方の水利關係施設

前節でのべたような三呉地方獨特の自然地理的環境はおのずからこの地方における水利施設のありかたを規定するであろう。本節では、三呉地方の水利施設がいかなる特徵をもつものかについて檢討してみたい。

六朝期に三呉地方に存在し、あるいは創建された水利關係施設を一覽表にしたものが以下にかかげる表である（以下、「表」と略稱）。むろん、この「表」にあるものは、おそらく規模が比較的大なるものがゆえに記錄にのこされたものばかりであって、これら以外にも多數の水利施設とよびうるものが存在したであろうことはいうまでもないし、また、出典として利用したもののうち、宋元代の地方志はそれぞれ各地のもので記錄に精粗があり、したがって各地方間で偏差がうまれることはさけがたいが、これらだけでもある程度の傾向や特徵をよみとることはできるであろう（「表」注記參照）。

それゆえ、この「表」をもとにして、三呉地方における水利關係施設について、

(1) 水利關係施設の種類、地理的分布、建設の時期

(2) 開發と密接な關連をもつ灌漑施設の概況、若干の具體例・典型例

の二點を中心にして、以下に若干の檢討をくわえてみよう。

【表】三吳地方における水利關係施設

江蘇省南部地區（丹陽郡・晉陵郡・吳郡の一部）

名稱	所在	設置年代	設置者	概略	出典
元武湖	建康城北二里			周回四十里・灌田一百頃	景定建康志一八
迎擔湖	北・石頭城後五里			漑田三十頃	″・六朝事跡編類引南徐州記
蘇峻湖	西北一五里			周回十里・灌田十二頃	″
葛塘湖	東南七二里			周回七里・灌田四十頃	″
婁湖	東南一五里	吳	張昭	周回七里・漑田數十頃	″・元和郡縣圖志二五
絳巌湖	句容縣西南三十里	吳・赤烏中		周回二十里（一名赤山湖）	″・讀史方輿紀要二〇
陽湖	常州府東五〇里	宋・元嘉中		宋元嘉中、修湖堰、得良疇數百頃	讀史方輿紀要二五
蠡湖	無錫縣東南五〇里	晉・太興四	傳：范蠡	東西長十三里南北六里	晉書七六
新豊湖	鎮江府東南三五里	晉	內史張闓	漑田八百餘頃	″・元和郡縣圖志二五
練湖	丹陽縣城北	晉	陳敏	漑田數百頃	″
高塘湖 長塘湖		梁・普通五	謝德威	灌田十二頃	太平寰宇記八九
五部湖	無錫縣東北一〇里			東西二十里南北十里、漑田百餘頃	咸淳毗陵志一五
栅塘		吳		夾淮立栅、號栅塘	景定建康志一九
緣淮塘	秦淮上	梁・天監九		自江口緣淮築塘	景定建康志一九
橫塘	″	吳・大帝時			″
倪塘	建康城東南二五里	梁		屈曲十二里・灌田二十頃	景定建康志一九
臨賀塘	″ 東三〇里	吳	臨賀王正德		″
浦田塘	丹陽縣境	梁			至順鎮江志七
吳塘	″ 東南	吳・孫權時	吳遊	周回四十里	″

名称	位置	時代	人物	備考	出典
單塘	金壇縣東北二八里	齊	彭城令謝法崇		至順鎭江志七
謝塘	〃北二五里	梁・天監九	廬陵王記室參軍謝德威	二塘各灌田千餘頃	〃
南謝塘北謝塘	〃東南三〇里	梁・普通中	南臺侍御史謝賀之	〃	〃
莞塘	〃東南三〇里	梁・大同中	沈瑀	雍水爲塘	〃
赤山塘		齊・明帝時			梁書五三
方山埭	湖熟・江寧府東南四五里	吳・赤烏八	校尉陳勳	於方山南、截淮立埭	景定建康志一六・梁書五三
柏岡埭	句容縣東南二五里	吳・赤烏八	校尉陳勳	鑿開水道、立十二埭、以通吳會諸郡	太平御覽三一引吳錄・吳志二一
破岡瀆	常州府西三〇里	晉	晉元帝子裒	赤山湖塘 北出孟河口六十里、西抵丹陽六十里、爲運道漕渠	讀史方輿紀要二五
奔牛埭				運船出京口、水涸、奏請立埭	〃
丁卯埭	鎭江府南三里	晉		破岡瀆中七埭之一	〃
長岡埭	丹陽縣西南				景定建康志一六
浮山堰	建康城東南二〇里	梁・天監一三			讀史方輿紀要二〇
直瀆	江寧府東三二里	吳		鑿長八十一里（唐代漑田千餘頃）	〃
徑瀆	溧陽縣北三〇里	晉宋間		〃	〃二五
梁溪	無錫縣城西	梁・大同中		（嘗浚治之、故曰梁溪）	〃
泰伯瀆	〃東南五里		傳・泰伯	導江水漑田	
黃田港	江陰縣北二里		傳・春申君		
	上海縣東北	晉	太守虞潭	修滬瀆壘、以防海沙	晉書七六

浙江省浙西地區（吳興郡・吳郡の一部）

名稱	所在	設置年代	設置者	概略	出典
太湖	長興縣西南一五里			一名吳城湖、舊記、吳王築土於此、遂成湖、周七十里、溉田三千頃	讀史方輿紀要九一
南湖	餘杭縣南二里	漢・熹平二	縣令陳渾	其……苕溪發源天目、乘高而下、曰南下湖、並山者曰上湖、一曰縣令陳渾始築兩湖以瀦水、溉…	〃九〇
（南下湖）				塘高一丈四尺、上廣二丈五尺、下廣一丈、周回三十四里一百八十一步、灌溉七千餘戶、縣境公私田一千餘頃所利	咸淳臨安志三四
延寧湖	鹽官縣西北二五里			東西十里南北六里	〃
臨平湖	錢塘縣	吳・建興中		溉田三百餘頃	元和郡縣圖志二五
荻塘	湖州府南一里餘・烏程	晉	太守殷康	旁溉田千餘頃	嘉泰吳興志一九・元和郡縣圖志
謝塘	烏程縣西一〇里	齊	太守謝安	重開之、更名吳興塘南塘、開一涇、泄於太湖	嘉泰吳興志一九
胥塘	長興縣南四五里	晉	太守李安人		〃
皋塘	〃西四〇里	越	相范蠡		〃
荊塘	〃南九〇里	漢	皋伯通		〃
孫塘	〃南一里	吳	孫皓	一名謝公塘	〃
官塘	〃南七〇里	晉	太守謝安	高一丈、廣二丈、溉田甚廣	咸淳臨安志三八
査湖塘	餘杭縣北三五里				〃
靑湖塘					
柳塘	湖州府北三里	梁	太守柳澤	重浚、因易今名	讀史方輿紀要九一

第二編　江南の開發と地域性

名稱	所在	設置年代	設置者	概略	出典
防海大塘	錢塘縣	宋	太守沈攸之	灌田二千餘頃	太平御覽引錢塘記、水經注四〇
〃	〃				水經注四〇
餘杭高堤	餘杭縣	後漢	縣令陳渾	邸閣池水灌田五百十畝	宋書四七
邸閣水	安吉縣	後漢	司隸校尉萬向	築坂漑田	太平寰宇記九四
黃浦	烏程縣	後漢	太守張景		咸淳臨安志三九
東郭堰	餘杭舊縣之東南渠河上	吳	郡議曹華信	開瀆作塸	元和郡縣圖志二五
吳興塘	烏程	宋	傳・范蠡	灌田二千餘頃	讀史方輿紀要九一
蠡塘	長興縣西南三五里				

浙江省浙東地區（會稽郡）

名稱	所在	設置年代	設置者	概略	出典
鏡湖	山陰城南三里	漢・永和五	太守馬臻	築塘蓄水、…周廻三百十里、漑田九千餘頃	太平御覽六六引會稽記
回涌湖	會稽縣東四里	漢	太守馬臻	沿湖開水門六十九所、下溉田萬頃	水經注四〇
西溪湖	上虞縣西南三里			以防若耶溪之水　周七里、漑田二百頃	嘉泰會稽志一〇
謝陂湖	〃　北三五里		縣令戴延興	舊經云、謝靈運莊也	嘉泰會稽志一〇
廣德湖	寧波府西一二里	齊梁之間		築高塘	讀史方輿紀要九二
錢湖	〃				〃
刑塘	會稽縣北一五里		傳・太守馬臻	夾鏡湖而爲塘	嘉泰會稽志一〇
夾塘					
古塘	山陰縣西南二五里	晉	太守謝輶	沃其一縣、並爲良疇	水經注二九
穴湖塘	餘姚縣				
方勝碶	奉化縣東二里	宋・元嘉中	令謝鳳	以備旱潦	讀史方輿紀要九二

169　第四章　六朝時代三吳地方における開發と水利についての若干の考察

運河				
府西一里	晉	司徒賀循	鑿此以漑田	嘉泰會稽志一〇
句章縣	晉	内史孔愉	修復故堰、漑田二百餘頃	晉書七八
餘姚縣	宋	太守孔靈符	遏蜂山前湖、漑田以爲埭、埭下開瀆、直指南津	水經注四〇

註記

一　この表には、名稱・故事來歷・出典などからみて六朝時代にすでに存在したか、創立されたもので、かつ水利施設として機能していたと判斷しうるものすべてを收録した。

一　位置については、出典にあるものをそのままとった。したがって、位置表示については、出典による差異がそのまま出ている。

一　槪略・規模・灌漑面積についても、出典の記錄をそのまま採用した。したがって、この數字は、それら出典の成立時代のものであるとするべきであり、かならずしも六朝時代の數字ではないことに留意が必要である。

一　便宜的に、湖、塘、埭、その他の順にしたが、これは嚴密な分類ではない。たとえば本文でものべるように、練塘は練湖ともよばれるが、それは單なる名稱上の差でしかない。

　　　　一　種類、地理的分布など

　水利關係施設の主たるものは、湖・塘・埭に大別される。そのうち、湖と塘の大部分は灌漑施設であり、埭と塘の一部は漕運水路用施設である。のちにのべるように、灌漑施設の大半が湖・塘であることは三吳地方の水利施設の重要な特徵であろう。なお、いまひとつ三吳地方獨特の施設のひとつとして、防潮堤が二例みえていることも注目される(7)。

　灌漑施設としての湖・塘は全地域にわたって分布しているが、とりわけ建康周邊、丹陽・晉陵郡内、吳興郡西部、會稽郡山陰縣附近に集中している。それらは、ほとんどが大平原地區ではなく、丘陵・山地と平野の中間地點、扇狀地帶であるといってよい。たとえば、「表」中、湖・塘の存在の顯著な地域の二、三を例にとれば、建康周邊には丘

陵が多く、金壇縣は茅山山地のすぐ東にあり、長興・安吉・餘杭など吳興郡西部は天目山に發源する東・西苕溪の流域にある。したがって、それらはおもに山間からの溪流をせきとめ灌漑施設化したものにたるものに相違なく（本節二參照）、灌漑施設をともなう開發が當時山地と平野の中間地域や扇狀地に集中したことをものがたるものといえよう。また、丹陽・晉陵兩郡內に灌漑施設がとくに多いのは、南渡の流民の集住がとりわけこの地にいちじるしく——僑州である南徐州はここにおかれている——、京畿であることもくわわって、開發がここに集中したことをしめすものといえる。
なお、大平原地區の中心である吳郡について、灌漑施設の存在が確認できないのは、地方志史料における記載の有無にも關係があるのであろうが、また、右のような立地における農田經營とは異なった形態の開發があったか、あるいは五代以後における圍田のごとき高度な技術にいまだ到達せず、低濕の大平原地帶が開發の後進地であったかのいずれかを暗示するものといえよう。
漕運用水路の施設である埭・塘は、丹陽・晉陵地方に集中し、孫吳期のものが多い。建康を首都とする政權の成立は、三吳全域の支配・把握のため、建康周邊に交通路としての水路整備を結果したのである。
施設建設の時期は、傳承によるものをのぞくと、兩漢代にさかのぼるものも若干あるが、孫吳以後がやはり壓倒的に多くなる。南朝各朝を通じ、ほぼ平均した事業件數であるが、なかでは梁朝のそれが比較的多い。もっとも、これが記錄の殘存の多寡・偏向によるものなのか、梁朝の水利事業への關心の格別の高さをしめすものなのかははっきりしない。

二　灌漑施設の形態

さきにふれたように、「表」にみるかぎり、灌漑施設としては湖と塘が壓倒的多數をしめている。塘は隄のことで

第二編　江南の開發と地域性　170

第四章　六朝時代三吳地方における開發と水利についての若干の考察

あるが、また隄にかこまれた池のことをも意味する。湖は、「說文」に「湖、大陂也、从水胡聲、揚州寖有五湖、寖、川澤所仰以溉灌者也」といい、灌漑用貯水池である陂の大なるもののことであるという。したがって、湖と塘は本來まったく同一のものとはいいがたい。しかしながら、現實には、貯水池部分が湖、その隄防が塘でありほとんど同一施設の部分による異稱であることが多い。しかしながら、湖と塘は名稱は異なっても全體の施設の形態はほとんど同一のものであったとみてよいであろう。のちにふれる練塘・新豐塘がそれぞれ練湖・新豐湖とよばれるようになっているのはそのような事情からである。そしてまた、塘から湖へという名稱の變化は、はじめ塘が建設され、その塘が河川をせきとめて湖を形成するようになるという一般的經過をしめしている。

しかしながら、この「表」にみえる湖のすべてが塘の建設の結果形成された人造湖であるとみるのは卽斷にすぎよう。たとえば、周廻三一〇里という鏡湖（また鑑湖・長湖）など巨大な湖がまったくの人造湖であったとは到底みなしがたいのである。現に佐藤武敏先生は、のちにふれる練湖成立について、それ以前から存在した自然湖に改修工事をほどこし、灌漑施設化したのではないかとの推測をのべておられるが、きわめて興味ある見解である。地勢のところでのべたように天然の湖沼の多數點在するこの地方では、そのような天然の湖沼を改修して灌漑施設化した可能性は大いにあろう。

かような灌漑施設としての湖・塘の實態をしるために、「表」のうち、比較的大規模で、かつ記錄も詳しいもの若干をえらび、創立經過、利用の狀況、維持その他について、簡單な言及をしてみよう。

まずはじめに、六朝時代の創建にかかるもっとも著名な水利施設のひとつである練塘（湖）と新豐塘（湖）について(13)みてみよう。この兩者にはいくつかの共通點がある。その位置からいえば、練塘は雲陽地方（すなわち曲阿）を灌漑したとされ、新豐塘は曲阿に建設されたといわれるから、兩者とも古の曲阿にあった。今の地名でいえば、練塘は

第二編　江南の開發と地域性　172

江蘇省丹陽縣西北にあり、新豐塘もおなじく江蘇省の丹徒縣東南三五里にあって丹陽縣西北界と接しているというから、兩者はきわめて近接した位置にある。創建の年代は、練塘が晉永興元年（三〇四）から永嘉元年（三〇七）までの間であり、新豐塘は晉太興四年（三二一）であって、その間十數年のへだたりしかない。またその漑田規模も練塘が數百頃、新豐塘が八百頃とされ、近似したものとなっている。

さて、練塘については、創建から唐宋時代にかけてのそれについて、佐藤武敏先生の研究があるので、それに依據して概略をのべてみよう。『太平御覽』卷六六引『輿地志』に、

練塘、陳敏所立、遏高陵水、以溪爲後湖、

とあり、また、『元和郡縣圖志』卷二五江南道一潤州丹陽縣條に、

練湖、在縣北一百二十步、周廻四十里、晉時陳敏爲亂、據有江東、務修耕績、令弟諧遏馬林溪、以漑雲陽、亦謂之練塘、漑田數百頃、

とあるように、練塘は高陵水、あるいは馬林溪なる溪流をせきとめてつくられたものであるという。ただ、前述したように、佐藤先生は、『太平御覽』卷六六引『輿地志』にみえる後湖が陳敏の工事以前にすでに存在したことをしめす記事をあげられ、「陳敏はそれ以前から存在していた後湖に大規模な改修工事を行い、廣く灌漑に利用できるようにしたのではないか」という推測をされている。これは、三吳地方の湖沼が灌漑にはたした役割を示唆する興味ぶかい發言である。

新豐塘は練塘の建設後十數年にして創建された。『晉書』卷七六張闓傳に、

出補晉陵內史、在郡甚有威惠、……時所部四縣、竝以旱失田、闓乃立曲阿新豐塘、漑田八百餘頃、每歲豐稔、葛

とあり、『北堂書鈔』卷七四引『晉中興書』に、

張敬緒出補晉陵内史、乃立新豐塘、方九十四尺、擅興造免官、洪爲其頌、計用二十一萬一千四百二十功、以擅興造免官、

とあり、『元和郡縣圖志』卷二五江南道一潤州丹陽縣條に、

新豐湖、在縣東北三十里、晉元帝大興四年、晉陵内史張闓所立、舊晉陵地廣人稀、且少陂渠、田多惡穢、闓創湖成漑灌之利、初以勞役免官、後追紀其功、超爲大司農、

とあるものが、創建の事情や規模をものがたっている。その建設の動機は、『晉書』が旱魃をあげ、『元和郡縣圖志』が水利施設の少なさと惡穢の田の多かったことをあげるが、いずれにしても灌漑用水のためであったことにはまちがいない。また、その灌漑の範圍は、『晉書』によれば晉代の晉陵郡管下の四縣の旱害を救うことに目的があったから、ほぼその四縣におよぶものであったろうが、それは晉代の晉陵郡の管縣七の過半をしめている。

この兩塘は、練塘が數百頃、新豐塘が八百頃の田を灌漑したというから、その灌漑の利は曲阿近邊をひろくうるおしたであろうとおもわれる。

『宋書』卷九一孝義徐耕傳には、つぎのような記事がある。

徐耕、晉陵延陵人也、自令史除平原令、元嘉二十一年、大旱、民飢、耕詣縣陳辭曰、今年亢旱、禾稼不登、氓黎饑餒、採掇存命、聖上哀矜、已垂存拯、但饑饉來久、困殆者衆、米穀轉貴、糴索無所、方涉春夏、日月悠長、不有微救、永無濟理、……今以千斛助官賑貸、此境連年不熟、今歲尤甚、晉陵境特爲偏枯、此郡雖弊、猶有富室、承陂之家、處處而是、並皆保熟、所失蓋微、陳積之穀、皆有巨萬、旱之所弊、實鍾貧民、溫富之家、各有財寶、徐耕の言によれば、大旱にもかかわらず、晉陵のみは陂による灌漑によってその被害をまぬかれる家がすくなくないのであり、徐耕自身もおそらくそのひとりとして千斛もの穀類を官に提供している。徐耕の本貫延陵縣はもと曲阿縣

延陵郷であり（『宋書』巻三五州郡志一南徐州晉陵郡）、練塘・新豐塘はその近邊にある。もとは陂渠が少なく惡穢の田が多い（前掲『元和郡縣圖志』）といわれた晉陵郡、およびそこに本貫をおく徐耕が右にのべたような狀態でありえたのは、おそらく曲阿附近に設置された練・新豐兩塘の存在によるところが大であったものとおもわれる。

つぎに、吳興郡烏程縣にあったという荻塘についてみてみよう。『嘉泰吳興志』巻一九長興縣荻塘條注には、

吳興記云、晉太守殷康所開、旁溉田千餘頃、統記云、古烏程縣南一里一百二十步、晉太守殷康開、旁溉田一千頃、後太守沈嘉重開之、更名吳興塘南塘、李安人又開一涇、泄於太湖、

とある。この荻塘（のち吳興塘南塘）は晉の太守殷康が創建し、ついで晉の太守沈嘉が重修し、さらに李安人が一道のみぞをひらいて太湖にそそいだという。殷康・沈嘉の工事がいつ頃なされたかは不明であるが、李安人については、かれが吳興太守になったのは齊の永明四年（四八六）のことである（『南齊書』巻二七本傳）から、その工事はこの年以後のことであることがわかる。

ところで、吳興郡烏程縣には、『元和郡縣圖志』巻二五江南道一湖州烏程縣條に、

吳興塘、太守沈攸之所建、灌田二千餘頃、

とあって、吳興塘という灌漑施設も存在していた。荻塘とこの吳興塘とは、荻塘が沈嘉の重修ののち吳興塘南塘とよばれたこと、その施工者がともに沈姓であることの二點からみて、ひとつの工事が傳承の過程で二通りに分化したものであって、本來は一施設であったのではないかとの疑問がわく。もしそうであれば、沈嘉あるいは沈攸之のどちらかが殷康の創設したものを改修したということになる。
(18)

それはともかく、烏程縣は、東天目山からの水流である東苕溪が太湖へ流入する道筋にあたり、ふるくから吳興郡治として、この地域の中心地であった。荻塘・吳興塘の存在はそのような地である烏程縣周邊での開發が活潑であっ
(19)

たことをものがたる。詳細は不明であるが、あるいはこの施設は、苕溪そのもの、もしくは山地から苕溪へ流入する溪流をせきとめて灌漑施設化したものであろうかとも推測される。

ところで、荻塘・呉興塘でいまひとつ注目されるのは、その施工者として、沈姓の人物の名がふたりあがっていることである。沈攸之・沈嘉ともに呉興郡最大の大族武康縣沈氏の一員である。武康縣はもと烏程・餘杭兩縣を分割して立てられたものであるから、いわば烏程・武康は同一地域とみてよい。つまり、大族沈氏が、本籍地の太守として出身地のすぐ近くに水利事業を實施しているのであり、そこにこの荻塘・呉興塘の建設の特殊な性格があるといえるのである(第四節三、および注(35)參照)。

いまひとつ、以上のものにくらべて比較的小規模なものであるが、䩿湖についての記述をつけくわえておこう。䩿湖は今の江蘇省江寧縣東南にある。この湖について、『元和郡縣圖志』卷二五江南道一潤州上元縣條には、

䩿湖、縣東南五里、吳張昭所創、溉田數十頃、周廻七里、昭封䩿侯、故謂之䩿湖、宋時爲苑

とあり、『景定建康志』卷一八山川志三江湖條には、

䩿湖、在城東南十五里、周廻十里、灌田二十頃、水流入艦澳、輿地志云、䩿湖苑、吳時、張昭所創、有湖以溉田、宋時、築封爲苑、張昭封䩿侯、故謂之䩿湖、

とあり、吳の時代に張昭がこの地に湖をひらき、その湖の水を灌漑用水に利用したことがしられる。あるいはこの湖は、水流を直接せきとめたのではなく、水流の傍に水をひいて貯水池をつくったものではないかとおもわれる(注(20)參照)。後世、この湖もまた灌漑施設として利用されたとみられるが、『宋書』卷七七沈慶之傳には、

又有園舍在䩿湖、慶之一夜攜子孫徙居之、以宅還官、悉移親戚中表於䩿湖、列門同開焉、廣開田園之業、毎指地示人曰、錢盡在此中、

とあり、宋代に、沈慶之が一族をともない、ここに大がかりな莊園をひらいたことがみえる。婁湖はかれの開發に際して、重要な灌漑用水源であったのである。

以上にみてきたように、三吳地方における主要な灌漑施設の形態は湖と塘、すなわち點在する天然の湖沼を利用し、それに築塘など若干の改修工事をほどこし、灌漑施設化したもの、および溪流をせきとめて灌漑施設化したものであった。そして、それらは大部分、低濕地帶よりはむしろ丘陵と平野の中間地點、あるいは扇狀地に設置されたものであったとおもわれる。

第三節　開發と水利

一　湖沼周邊の開發

六朝時代は江南の開發が飛躍的に進展した時期であるが、江南の水稻農業にとって灌漑用水が不可缺の要素であるから、この時代の農地開發は當然水利に有利な土地をえらんですすめられ、また水利施設の建設・修復を不可分にともなっていた。ここではこのような開發と水利についての實態を史料に卽して檢討してみたい。

さて、水利に有利な立地條件といえば、この地方の地勢の特色である湖沼の點在をまず想起すべきであろう。このような湖沼は、前述のように、改修工事によって容易に灌漑用水源となったのである。それゆえ、當時の記錄には湖沼の近邊に開發の手がくわえられ、また肥沃な農地が存在することをつたえるものがすくなからずある。たとえば、『水經注』卷四〇漸江水注に、

浦陽江、自嶔山東北、逕太康湖、車騎將軍謝玄田居所在、

とあり、同書卷二九沔水注に、

江水又東逕穴湖塘、湖水沃其一縣、並爲良疇矣、

とあり、『宋書』卷五四史臣曰に、

會土帶海傍湖、良疇亦數十萬頃、膏腴上地、畝直一金、

とある。

太康湖は剡（今の浙江省嵊縣）より、浦陽江（今の曹娥江）をやや下ったところ、始寧縣近郊にあった。そこに、沔水の戰功で青史に名をとどめる東晉の車騎將軍謝玄の田居があったという。謝玄は陳郡陽夏縣の人で、いうまでもなく南渡の北人である。三吳地方に移住してきた北人たちは、すでにこの在地勢力をさけ、いまだ開發の手のおよばぬ地域に土地をもとめねばならなかったが、會稽郡山陰縣の東を北流して杭州灣に注ぐ浦陽江を四明山にむけてさかのぼったこの邊境を謝氏は客寓の地にえらんだのである。謝玄の孫がかの謝靈運であるが、『宋書』卷六七謝靈運傳に、

在（永嘉）郡一周、稱疾去職、從弟晦曜弘微等並與書止之、不從、靈運父祖並葬始寧縣、幷有故宅及墅、遂移籍會稽、修營別業、傍山帶江、盡幽居之美、

とあるように、宋朝に志をえなかったかれが隱遁したのは、まさにその地であった。そしてそこには、この時代から開發・經營されてきた大規模な田園があったはずである。この地でつくった長大な「山居賦」のなかには、かれの祖父玄の謝氏の田園についての描寫が散見する。たとえば、

其居也、左湖右江、往渚還汀、……

近東、則上田下湖、西谿南谷、……

近南、則會以雙流、縈以三洲、……

近北、則二巫結湖、兩智通沼、橫石判盡、休周分表、引脩隄之透迤、吐泉流之浩漾、……

阡陌縱横、塍埒交經、導渠引流、脉散溝幷（井ヵ）、……

自園之田、自田之湖、……

などという。水流と湖沼にめぐまれた土地に開發の手がくわえられ、廣大な田園を形成しているさまを眼のあたりにうかがうことができよう。

この太康湖のある始寧縣は會稽郡にあり、また穴湖塘は會稽郡餘姚縣北部にあったが、この湖沼を灌漑用水源として容易に利用しうる湖沼近邊は會稽郡のみでなく、三吳地方に一般的にみられるものであったとおもわれる。『表』中の湖・塘のうち、大部分のものの周邊地區も右のような狀態であったろう。それら湖・塘の分布が丘陵と平原の中間點や扇狀地に集中するであろうということをさきに指摘したが、このような湖・塘の分布狀況はまた開發の先進・後進地をもしめすものとなっている。

なお、湖沼の灌漑施設化による開發以外に開發と水利施設が不可分な關係にあることをしめす記錄があるので附記しておこう。『晉書』卷七八孔愉傳に、

頃之、出爲鎭軍將軍會稽內史、加散騎常侍、句章縣有漢時舊陂、毀廢數百年、愉自巡行、修復故堰、溉田二百餘頃之、皆成良業、

（前掲『宋書』卷七七）史臣曰は記錄にのこしている。このような狀態はひとり會稽郡のみでなく、三吳地方に一般的にみられるものであったとおもわれる。『表』中の湖・塘のうち、……はその一例である。また、丹陽郡の婁湖周邊に一族を移住させ、開拓をおこなったという沈慶之（23）

第四章　六朝時代三呉地方における開發と水利についての若干の考察

とあり、『南齊書』卷四〇武十七王竟陵王子良傳に、

建元二年、……仍爲征虜將軍丹陽尹、開私倉、賑屬縣貧民、明年、上表曰、京尹雖居都邑、而境壤兼跨、廣袤周輪、幾將千里、縈原抱隰、其處甚多、舊遏古塘、非唯一所、而民貧業廢、地利久蕪、近啓遣五官殷瀰典籤僧瑗到諸縣循履、得丹陽溧陽永世等四縣解、幷村耆辭列、堪墾之田、合計荒熟有八千五百五十四頃、脩治塘遏、可用十一萬八千餘夫、一春就功、便可成立、上納之、

とあるように、舊來の水利施設を修復し、それを利用して開發をすすめるという方法がとられていることがわかる。あらたに水利施設を建築するよりは、このような方法の方がはるかに容易で效果的であることはいうまでもないが、ともあれ、開發にとって水利施設の整備が不可缺であり、開發事業はまず水利施設の整備からはじまることをこの兩記事はしめしている。

二　湖　田

三呉地方の開發と水利のありかたについての、いまひとつの特徴的事象は湖田の存在である。湖田、あるいは圍田・圩田などとよばれる水田は長江下流域、とりわけ三角洲地帶における獨特の農田形態としてはやくから注目され、とりわけ宋代以後のそれについては研究も多い。しかしながら、その原初的形態が六朝時代にみえるにもかかわらず、それに言及したものがあまりないので、とくにここでとりあげておきたい。

そのもっともふるい例とみられるのは、『三國志』卷六四吳書濮陽興傳に、

永安三年、都尉嚴密建丹楊湖田、作浦里塘、詔百官會議、咸以爲用功多而田不保成、唯興以爲可成、遂會諸兵民就作、功傭之費、不可勝數、士卒死亡、或自賊殺、百姓大怨之、

とあるものである。もっとも、この湖沼が後世の湖田のように湖沼中に堰塘を築き、そのなかを農地化したものかどうかは確認しがたいがたいことなどからみて、塘の建設が附随していること、その企畫が「用功多而田不保成」と表現され、難工事であったらしいことなどからみて、湖沼を利用した特殊な構造の農地であることは推測できる。

劉宋期には、『宋書』卷五四孔季恭傳附弟靈符傳に、

　入爲丹陽尹、山陰縣土境編狹、民多田少、靈符表徙無賞之家於餘姚鄞䢵三縣界、墾起湖田。上使公卿博議、……

上違議、從其徙民、並成良業、

というような事例がある。この孔靈符の徙民策に對しては、反對論・愼重論が續出したが、宋の孝武帝はこれを強行し、その結果良質の農地が開發されたという。開拓がおこなわれた餘姚・鄞・䢵三縣は會稽郡の最東部、沿海地域にあり、當時の邊境である。開拓の方法が湖沼を墾起することであったのだが、この湖田もはたしてのちの圍田のような形態をもつものであったかどうかあきらかでない。おそらく、この「墾起湖田」は、つぎにのべるような、湖沼の干拓による水田化のことをいうのであろうとおもわれる。

さて、『宋書』卷六七謝靈運傳には、

　靈運因父祖之資、生業甚厚、奴僮旣衆、義故門生數百、鑿山浚湖、功役無已、……（會稽太守孟）顗堅執不與、靈運旣不得回踵、又求始寧岯嵑湖爲田、太祖令州郡履行、此湖去郭近、水物所出、百姓惜之、顗又固執、靈運謂顗非存利民、正慮決湖多害生命、言論毀傷之、興顗遂構讎隙、

とあり、湖沼の干拓による農地開發の方法が存在したことをしめしている。しかも、この方法が當時ひろく認められていた開發の一形態であり、農地擴大のための有效な一手段であったらしいことは、太祖文帝が謝靈運の要求をいれ、州郡に實行させようとしたことからもうかがわれる。

第四章　六朝時代三吳地方における開發と水利についての若干の考察

細部の技術的な問題にまでたちいって檢討する手がかりはないが、右の二例の湖田もおそらくは湖沼の水を排水し、その內部を農地化して作成された水田のことであろうとおもわれる。それは、後世の圍田のような發達した構造の水田ではないにしても、湖沼の多い三吳地方における水稻栽培のための水田造成にとってももっとも適合的な方式であったにちがいない。

ところで、湖沼の排水・干拓による湖田の開發は灌漑用水供給の阻害・停止を必然的にともなうものであり、そこには、のちの宋代の圍田形成に附隨した問題と同樣な問題が發生することが豫想される。現に、「表」中の灌漑施設としての湖で、のちに田地化してしまっているものがあること(29)は、この問題が現實に發生したであろうことを推測させるが、六朝時代の湖田開發と灌漑の關係はどうであったろうか。謝靈運傳では、決湖のおよぼす影響がのべられている。回踵湖の場合、その影響は湖水の產出物資が採取できなくなるという點にあらわれ、灌漑用水には何らの言及もない。岯崲湖の場合、その湖田化に反對した會稽太守孟顗に對して、謝靈運は孟顗が熱心な佛教信者にかこつけて、「かれの反對は民の利益を考えてのことでなく、決湖のため水中の生き物が多く死ぬことを心配しているだけだ」と揶揄している。この場合も湖沼の排水・干拓の主要な影響は湖水の魚類などにあると認識されていたようである。そうすると、湖田形成において、灌漑用水についてはいまだ問題化していないということになる。それは、湖田開發がまだ廣汎に普及しておらず、またその開發も湖沼の灌漑機能と衝突しないようなかたちでおこなわれていたことをしめすものとみられる。

第四節　水利事業をめぐる諸問題

水利施設の建設、維持・管理、修復など水利事業一般についての問題は、即自的にとらえるのでなく、すぐれて政治的・社會的な問題として理解する必要がある。なぜなら、水利事業一般は政治的・社會的諸關係との緊密な關連のなかでなされるからであり、それゆえ水利事業一般に關する政治的・社會的視點からの考察は當該時代の歷史的特質を解明する有效なひとつの手段となりうる。かような視點にたって、本節では以下の諸點について檢討をくわえ、南朝の政治的・社會的構造追求のひとつのてがかりにしてみたい。

一　事業主體と勞働編成

「表」によれば、ほとんどの主要な水利事業には郡縣の長官がかかわっている。そうでない場合も、おおむね施工主催者は何らかの官僚身分をもっている。このことは、水利事業が公權力の管轄下にあった、もしくはその實施に公權力を必要としたという一般的・原則的結論をみちびく。そしてそれは、水利事業が皇帝權力の經濟的基盤である農業生產の維持・擴大に不可缺のものであり、かつそれをふくむ勸農政策は郡守縣令の重要な職責であったこと、および水利事業に際してのとりわけ大規模な勞働編成は公權力の主導のもとではじめて可能であったという事情と不可分の關係にある。しかしながら、これはあくまで一般的な原則論にすぎず、歷史的および地理的諸條件を勘案したよりきめこまかな分析がなされねばならないであろう。

さて、三吳地方の水利事業も大部分が地方官長の主導のもとに實施されたことは既述の通りであるが、注目したい

第四章　六朝時代三吳地方における開發と水利についての若干の考察

のは、公權力の側の一方的もしくは自發的意志によるそれでなく、在地の側の要請による水利事業が若干存在するこ
とである。そのひとつは、既揭の『南齊書』卷四〇武十七王竟陵王子良傳に、

建元二年、……仍爲征虜將軍丹陽尹、開私倉、賑屬縣貧民、明年、上表曰、京尹雖居都邑、而境壤兼跨、廣袤周輪、幾將千里、縈原抱隰、其處甚多、舊遏古塘、非唯一所、而民貧業廢、地利久蕪、近啓遣五官殷瀰典籤劉僧瑗到諸縣循履、得丹陽溧陽永世等四縣解、幷村耆辭列、堪墾之田、合計荒熟有八千五百五十四頃、脩治塘遏、可用十一萬八千餘夫、一春就功、便可成立、上納之、會遷官、事寢、

とあるものであり、いまひとつは、『宋書』卷九九二凶始興王濬傳に、

明年（元嘉二二年）、濬上言、所統吳興郡、衿帶重山、地多汙澤、泉流歸集、疏決遲壅、時雨未過、已至漂沒、或方春輟耕、或開秋沈稼、田家徒苦、防遏無方、彼邦奧區、地沃民阜、一歲稱稔、則穰被京城、時或水潦、則數郡爲災、頃年以來、儉多豐寡、雖賑資周給、傾耗國儲、公私之弊、方在未已、州民姚嶠比通便宜、以爲二吳晉陵義興四郡、同注太湖、而松江滬瀆壅噎不利、故處處涌溢、浸漬成災、欲從武康紵溪開漕谷湖、直出海口、卽遣主簿盛曇泰隨嶠周穿渠洽必無閡滯、自去踐行量度、二十許載、去十一年大水、已詣前刺史臣義康陳此計、卽遣主簿盛曇泰隨嶠周行、互生疑難、議遂寢息、卽事關大利、宜加研盡、登遣議曹從事史虞長孫與吳興太守孔山士同共履行、准望地勢、格評高下、其川源由歷、莫不踐校、圖畫形便、詳加算考、如所較量、尋四郡同患、非獨吳興、若此洽通、列邦蒙益、不有暫勞、無由永晏、然興創事大、圖始當難、今欲且開小漕、觀試流勢、輒差烏程武康東遷三縣近民、卽時營作、若宜更增廣、尋更列言、昔鄭國敵將、史起畢忠、一開其說、萬世爲利、嶠之所建、雖則芻蕘、如或非妄、庶幾可立、從之、功竟不立、

とあるものである。前者は丹陽地域の開發についてのもの、後者は吳興郡の排水問題についてのものであるが、とも

に最終的には實行にいたらずにおわった。しかしながら、その企畫立案の段階で村耆・州民と表現される在地の人びとの意見が參照され、とくに後者は計畫自體が州民姚嶠なるものの手になり、しかも實現への積極的な働きかけがかれから州郡へむけてなされたとみられる。また、州郡の側でも、これを受納し、實現にむけて努力していることがはっきりとみとめられる。むろん、この兩者はともに實現されていれば南朝において屈指の大事業となるはずの計畫であり、このような公的性格をつよくもった大規模な水利事業のありかたを、記錄にはのこされないような極小規模のそれにまで普遍化することには愼重であらねばならないが、すくなくとも大規模水利事業の場合、公權力の側も、直接の受益者である在地の側もともにその實施の責任・權限は公權力にあるということを認識していたといえそうである。

しかしまた、それは一方ではかなりの部分で在地側の利害にそった水利事業の實現を意味するものであり、そこには國家の施工にかかるものではありながら、在地の社會的關係に規定された水利事業の實現が成立することが考えられる。このことについては、吳興郡の排水事業において、その建議をした州民姚嶠とそれをうけて前刺史彭城王義康が調査に派遣した主簿盛曇泰とのあいだに意見の對立があったという『宋書』二凶傳の記事が示唆的である。その對立した意見の詳細をしることはいまではできないが、そこには計畫をめぐる公權力・在地兩者相互の利害の葛藤があったのではないだろうか。

ところで、大規模水利事業が公權力を必要とするのは、それが膨大な勞働力の動員と編成を必然的にともなうからである。こころみに、當時の水利事業における勞働力動員の具體例をつぎにしめそう。

（張闓）出補晉陵内史、……闓乃立曲阿新豐塘、溉田八百餘頃、每歲豐稔、葛洪爲其頌、遣校尉陳勳、將屯田及作士三萬人、鑿句容中道、〔『三國志』卷四七吳書孫權傳赤烏八年條〕二十功、以擅興造免官、〔『晉書』卷七六張闓傳〕

185　第四章　六朝時代三呉地方における開発と水利についての若干の考察

今欲且開小漕、觀試流勢、輒差烏程武康東遷三縣近民、即時營作、（『宋書』巻九九二凶始興王濬傳）

近啓遣五官殷瀾典籤劉僧瑗到諸縣循履、得丹陽溧陽永世等四縣解、并村耆辭列、堪墾之田、合計荒熟有八千五百五十四頃、脩治塘遏、可用十一萬八千餘夫、一春就功、便可成立、（『南齊書』巻四〇武十七王竟陵王子良傳）

吳興郡屢以水災失收、有上言、當漕大瀆以瀉浙江、中大通二年春、詔遣前交州刺史王弁假節、發吳郡吳興義興三郡民丁就役、（『梁書』巻八昭明太子傳）

ここでは計畫動員數約一一萬八千人となっている。丹陽郡の人口は劉宋代に二三萬餘、三吳地方をほぼ包括する揚・南徐二州の人口が一八七萬餘にすぎない。また、新豊塘の場合、かりに功を延べ人員數とみなすと、延べ二一萬餘人が動員されたことになるが、晉陵郡の人口は劉宋代に八萬でしかない。具體的數字のない二例においても、周邊諸郡のいくつかにわたって民丁が動員されており、勞働力の動員は大がかりなものであったことがしられる。

これらの動員がいかに大規模なものであるかを、數字上の比較からしめしておこう。丹陽郡の開発を例にとると、

さらにいえば、張閎が「擅興造」の科で免官され、中大通二年の吳興郡における排水路建設については、停止をもとめる昭明太子の切諫があることは、これらの事業が大規模どころか過酷な勞役によってはじめて成就しうるものであったことをうかがわせる。このような勞働力の動員と編成は到底民間で自發的によくするものではない。

むろん、水利事業をともなう開発は公權力の手になるものだけではなく、私家による開発も當然おこなわれた。あらためてその記録を引用すれば、沈慶之の代表的な例は、すでにふれた沈慶之と謝靈運によるものである。

又有園舍在婁湖、慶之一夜攜子孫徙居之、以宅還官、悉移親戚中表於婁湖、列門同閈焉、廣開田園之業、（『宋書』巻七七沈慶之傳）

というものであり、謝靈運のは、

靈運因父祖之資、生業甚厚、奴僮既衆、義故門生數百、鑿山浚湖、功役無已、（『宋書』卷六七謝靈運傳）

というものであった。ここにみえる勞働力の動員と編成はまったく異なる性質のものである。前者では、沈氏一族、およびおそらくかれらに所屬する隸屬民が動員され、後者では、奴僮、義故・門生などとよばれる私的隸屬・隨從者が開發のための勞働力となっている。後者の場合、義故門生數百という數字がしめされているが、さきにみた公權力による勞働力の動員・編成にくらべて、その規模ははるかに小さい。南朝きっての有力氏族のうちにかぞえられる沈氏・謝氏にしてこうであるとすれば、私家による勞働力の動員と編成にはおのずから一定の限界があり、その開發や水利事業もきわめて狹い範圍に限定されたものとおもわれる。

かくて、南朝においても廣範な地域におよび、公共性を有する水利事業は、勞働力の動員と編成の側面からみて、公權力の機能にゆだねざるをえなかったといえるであろう。

二 塘丁について

水利施設の維持・管理は水利事業のなかでもとりわけ重要な問題のひとつであるが、これについては三吳地方に塘丁という興味ある事象が存在するので、この塘丁の檢討から維持・管理の實態の一斑にふれてみたい。(31)

塘丁についての記録は、『南齊書』卷二六王敬則傳にみえるものが詳細かつ重要である。

敬則……尋遷爲使持節散騎常侍都督會稽東陽新安臨海永嘉五郡軍事鎭東將軍會稽太守、永明二年、給鼓吹一部、會土邊帶湖海、民丁無士庶皆保塘役。敬則以功力有餘、悉許斂爲錢、送臺庫、以爲便宜、上許之、竟陵王子良啓曰、伏尋三吳内地、國之關輔、百度所資、民庶彫流、日有困殆、蠶農罕獲、饑寒尤甚、富者稍增其饒、貧者轉鍾

第四章　六朝時代三吳地方における開發と水利についての若干の考察

其弊、可爲痛心、難以辭盡、頃錢貴物賤、殆欲兼倍、凡在觸類、莫不如茲、稼穡難勛、斛直數十、機杼勤苦、匹裁三百、所以然者、實亦有由、年常歲調、既有定期、僅卹所上、本不入官、良由陂湖必須員大、以兩代一、困於所貿、鞭搥質繫、益致無聊、臣昔忝會稽、粗閑民俗、塘上所上、東間錢多剪鑿、鮮復完者、公家所受、悉宜蠲、橋路須通、均夫訂直、民自爲用、若甲分毀壞、則終歲無役、今郡通課此直、悉以還臺、租賦之外、更生一調、致令塘路崩蕪、湖源泄散、害民損政、實此爲劇、建元初、狹虜游魂、軍用殷廣、浙東五郡、丁稅一千、乃有質賣妻兒、以充此限、道路愁窮、不可聞見、所通尚多、收上事絕、臣登具啓聞、卽蒙蠲原、而此年租課、三分逋一、明知徒足擾民、愚謂塘丁一條、宜還復舊、在所通卹、優量原除、……

上不納、

會稽郡は湖海に近接する地域であり、それゆえ、住民は士庶のいずれをとわず、塘役に從事することになっていた——會稽だけのものでないことは後述——。これを塘丁といったが、錢納が一部可能であった。永明二年（四八四）太守王敬則はこの塘役に餘裕のあることをしり、その勞役を錢貨に換算してすべて錢納させ、中央政府の收入としようとしたのである。これに對して、竟陵王子良は長文の上奏文を上して反對した。子良の反對の根據は、ひとつは、當時の錢貨流通上の弊害と、とりわけ良質貨幣獲得の困難さであり、いまひとつは、塘役の慣習的破棄への危惧であった。

さて、この塘丁の實態について、この永明二年より五年まえの宋朝昇明三年に會稽太守であった子良が聞見したところはおよそつぎのようなものであった。塘丁には錢納がゆるされているが、その塘丁の代納の錢貨はもともと官へは入らないものであって、塘役負擔者が平等に勞役相當の錢納額をきめ、住民が自主的にそれを管理、使用する（「民自爲用」）。その運營の具體的方法をしめすものとおもわれる「若甲分毀壞、則年一脩改、若乙限堅完、則終歲無

役」というくだりは、甲乙を水利施設ととるか人間ととるかで意味が多少かわってくるが、いずれにせよ施設の現状に應じて、勞役を提供して補修するか、あるいは塘役を錢納して勞役をやめるかというかたちで施設管理のなされたことがわかる。想像をするならば、各水利施設にはその管理を擔當する單位集團があり、それが施設の損傷の度合に應じて、力役か錢納かどちらかの義務をはたしていたのであろう。これは、ある意味ではきわめて合理的な方式といえよう。子良が反對のなかで王敬則の方式を、「今郡通課此直」、すなわち郡全體に、施設状況の如何をとわず、おしなべて錢納だけを義務づけるものと非難するのも、従來の方式がこうしたものであったからである。

しかも、これは住民が自主的・主體的に運營したものであったことが、「塘丁所上、本不入官」・「民自爲用」という二句からうかがえる。ただそれが完全な民間の自主管理を運營し、塘丁の代納錢を管理するような何らかの住民組織のようなものの存在の想定も可能となろう。そして、そのような方式を、つとに指摘されているように、勞役の錢納化はしばしば想定であるが、その實態解明には何のてがかりもない。

さて、つとに指摘されているように、勞役の錢納化はしばしば南朝にみられる現象であるが、この塘丁もその一環であるとみてよい。塘役の錢納がいつはじまったかは不明であるが、水利施設の維持・管理という側面からも本來的な維持・管理の原則をゆるがし、施設への主體的關心を喪失させかねない大きな問題をはらむ方式であったことは否定できない。

王敬則が提案したような塘役勞働の錢換算と錢納化という方策は、このほかにも、『南齊書』卷七東昏侯本紀に、

下揚南徐二州、橋桁塘埭丁計功爲直、歛取見錢、供太樂主衣雜費、由是所在塘潰、多有隳廢、

とあるように、そののちも實施されている。塘役をすべて錢納化し、それによって政府の收入增をはかるという方法

189　第四章　六朝時代三呉地方における開発と水利についての若干の考察

が可能であるということは、塘役が現實には右のような方式で運營されていたとしても、最終的・原則的にはそれが公權力の管掌下にあるものと認識され、またそうであったことをしめすものであろう。そしてそれは水利施設の維持・管理も最終的には公權力の機能のひとつであったことを意味する。

ところが、塘役錢納化はそのような公權力の水利施設維持・管理の方式が提案されたとき、竟陵王子良は「塘路崩蕪、湖源泄散」、すなわち水利施設が損傷をうけ、機能を停止してしまうことへの懸念をのべている。このときの錢納化實施の影響についての記録はないが、東昏侯のときには、はたして水利施設の放置・損壊がすくなくなかったことが明記されている。これは、一見合理的にみえる塘役錢納制の陷穽であるといえるが、視點をかえれば、塘役が全面的に錢納化されたとき、公權力はあらためて塘役の錢納の管理のための新規の力役徴發という負擔増大を民庶に強制することをあえてせず、在地の側でも塘役の錢納化の維持・管理に關心をはらわなかったことが右のような事態をうむにいたったのであり、したがって、公權力はともかくとして、在地の村落・社會の水利施設への主體的なかかわりかたに一定の限界のあったものがたる事實といえるであろう。

　　　　三　社會的諸關係と水利事業

水利事業のありかたと社會的諸關係のあいだには緊密な連關があるとみられる。ここでは、こうした點についての若干の考察をこころみてみよう。

まず、會稽郡での湖田開發の場合をみてみたい。すでにふれたように、『宋書』卷五四孔季恭傳附弟靈符傳に、

入爲丹陽尹、山陰縣土境編狹、民多田少、靈符表徙無貲之家於餘姚鄞鄮三縣界、墾起湖田、

とある。この徒民をより十分に理解するためには、當時の會稽郡山陰縣の實情についての認識が必要となる。この點については、孔靈符への反論をのべた江夏王義恭の、

　尋山陰豪族富室、頃畝不少、貧者肆力、非爲無處、

ということば、および、この徒民よりほぼ三〇年のちの山陰縣の社會について言及しているつぎのような記録を參照するべきであろう。

　(顧)憲之議曰、……山陰一縣、課戶二萬、其民貧不滿三千者、殆將居半、刻又刻之、猶且三分餘一、凡有貲者、多是士人復除、其貧極者、悉皆露戶役民、(『南齊書』卷四六陸慧曉傳附顧憲之傳)

ここには、山陰縣における階層分化、貧富の格差の現實が如實に表現されている。上層階層にはゆたかな土地所有と貲産があり、あまつさえかれらには免役特權がある。それに反して、下層階層はしかなく、貲産もとぼしく、くわえて力役負擔義務がある。この徒民の理由として孔靈符がのべた「民多田少」とは、土地所有の上層階層への集中のなかでうまれた下層階層のこうした状況をいうのである。

こうした實情のなかで、上層階層の側から一種の社會政策的意味をもたせて提案されたのがこの徒民であった。孔氏は會稽郡山陰縣を本貫とし、おそらく山陰縣では上層階層のなかでももっとも有力な一族であった。この山陰縣からの徒民の提案は、それが孔靈符の丹陽尹であったときのことである點からみて、會稽郡を統轄する地方官長としての孔靈符の提案ではなく、山陰縣の最有力者としての孔氏の孔靈符の立場からなされたものであることは確實であろう。それは各地における公共的開發事業にも在地の有力者層の積極的主導力がおよんでいたことをものがたる。と同時に、この徒民は山陰縣における社會的勢力としての孔氏の實態や役割、あるいは山陰縣における社會的關係のありかたをしめ

第四章　六朝時代三吳地方における開發と水利についての若干の考察

す事件であったといえるであろう。やはり徙民に批判的であった尚書令柳元景たちのことばに、

富戶溫房、無假遷業、窮身寒室、必應徙居、

とあるが、この徙民と湖田開發こそはかような階層分化した社會を背景にしてなされた水利事業であったのである。

ちなみに、さきにもふれたが、『南齊書』卷四〇武十七王竟陵王子良傳には、丹陽尹となった子良が丹陽郡域の開發についてのべた上奏文をのせるが、そのなかで子良は、

近啓遣五官殷瀰典籖劉僧瑗到諸縣循履、得丹陽溧陽永世等四縣解、并村者辭列、

という。この村者なる存在も、おそらく在地の有力者層とみられるが、そうだとすると孔靈符の場合と同樣、社會的勢力をもつ有力者が水利事業に積極的に關與し、主導的な役割をはたしていることがこの場合にも確認できる。

つぎに、水利施設の利用をめぐる問題についてみよう。この點についての興味ある記録は、これもすでにふれたが、『宋書』卷九一孝義徐耕傳に、

晉陵延陵人也、自令史除平原令、元嘉二十一年、大旱、民飢、耕詣縣陳辭曰、今年亢旱、禾稼不登、氓黎飢饉、采掇存命、……此境連年不熟、今歲尤甚、晉陵境特爲偏枯、此郡雖弊、猶有富室、承陂之家、處處而是、並皆保熟、所失蓋微、陳積之穀、皆有巨萬、旱之所弊、實鍾貧民、溫富之家、各有財寶、謂此等並宜助官、得過儉月、所損至輕、所濟甚重、

とあるものである。元嘉二十一年（四四四）の大旱魃の際、晉陵郡だけはその被害が比較的輕微であったが、それは灌漑施設であるため池「陂」が整備されていたからであると徐耕はいう。ここにいう晉陵郡の灌漑施設が私家個別の「陂」のみなのか、公共的な灌漑施設をいうのかは、この記事のもつ意味はかわってくる。前者であれば、それは在地の有力者層「富室」が個別の陂を所有して安定的な農業經營をおこない、個別の灌漑施設をもたない貧農がきわめ

て不安定な農業經營をしいられていることをしめすものとなる。したがって旱害をうけず、收穫を確保しえたのは「富室」のみであり、旱害の影響を集中的にうけているという狀況をしめすものとなる。とりわけ後者の貧農の場合であれば、公共の水利施設の利用は關連地域の住民が全員で平等におこなうのでなく、その施設の利用から排除され、されているということであり、前者の場合にしても、その地の社會的關係——社會的な力關係——に對應したかたちでなされているということになる。いずれにしても、右の記事は、水利施設の所有と利用がやはりそのようなかたちでな排他的獨占的利用をゆるしていることをしめすものであろう。

公私いずれの施設であれ、灌漑施設ないし灌漑用水源を有力者層が獨占することは、たびたびふれた沈慶之の婁湖開發にもうかがわれよう。かれが一族をひきいて婁湖周邊に灌漑用水源を開發したとき、婁湖を灌漑用水源とした從來の灌漑システムに何らかの影響をおよぼしたこととおもわれる。また、それが灌漑用水源であったという確證はないが、謝靈運の湖沼干拓もやや形式はちがうにせよ有力者層の水利施設への介入・獨占をものがたるひとつの事例といえるであろう。

要するに、六朝時代三吳地方においても、社會的勢力をもつ有力者層の介入・掣肘が、建設・利用など水利事業の諸過程においてみられたのであり、水利事業のありかたは當時の社會的諸關係に規定されたものになっているといえるのである。

　むすび

第四章　六朝時代三吳地方における開發と水利についての若干の考察

六朝時代の三吳地方における開發と水利事業について、以上にいくつかの問題ごとに檢討をくわえてきた。ここで、あらためてそれらを箇條的に要約し、それにもとづいて問題點と課題を提示することで結言にかえたいとおもう。

一　三吳地方の水利關係施設の種類と地理的分布。種類としては、湖・塘・堨が主要なものであり、湖・塘が灌漑用施設、堨と塘の一部が漕運水路用施設であった。またその分布は、湖・塘・堨がむしろ丘陵と平原の中間點・扇狀地附近に集中しているとおもわれるし、堨は丹陽・晉陵郡域を中心とする建康周邊に多いようである。

二　灌漑施設の形態。その主要なものは湖・塘である。それらは、なかには山間の溪流を築塘してせきとめた人造湖もあるが、大部分は天然の湖沼を利用し、何らかの改修工事をほどこして灌漑施設化したものであるとおもわれる。その代表的なものでは練塘・新豐塘・荻塘などがある。

三　水利事業をともなう開發。開發には水利施設の整備が前提となる。六朝時代三吳地方では、舊來の水利施設を利用する開發もあるが、大部分の開發は隨所に點在する湖沼を灌漑用水源とするものであることが特徵的といえる。その典型が、始寧縣にあった謝氏の田園である。

四　獨特な開發形態である湖田。三吳地方にみられる開發の特殊な形態として、湖沼の干拓による水田造成、すなわち湖田とよばれるものがあった。その早期のものは孫吳時代の丹陽に造成され、そのほかは劉宋代に會稽郡で造成されたり、企畫されたりしている。それは水田造成のもっとも安直な方法だったようであるが、廣汎に普及していたようではなかったとおもわれる。

五　水利事業の主體と勞働編成。おもな水利事業は地方長官や官人、すなわち公權力によってなされたが、ときに在地の側からの要請を公權力がうけいれるというような場合もあった。その場合も、最終的には公權力が實施の最高責任者であった。それは、とりわけ公共的性格をもつ水利事業においては、私家の勞働力動員・編成などよりははるか

に大規模な勞働力動員と編成が必要であったからである。

六　施設管理と塘丁。施設管理には塘（隄）丁とよばれる力役が運用された。會稽郡の場合、この塘丁は施設の破損狀況に應じて、實際に補修工事に從事するか、勞役をせずに錢納するかという方式がとられ、納入された錢は住民のあいだで自主的に管理されることになっていた。もっとも、ときには塘役がすべて錢納化され、その錢が中央政府に收奪されるという事態がうまれ、その結果、水利施設が荒廢するという事態も發生した。

七　社會的關係と水利事業。施設の建設・利用などの場面で、社會的勢力をもつ在地の有力者の水利事業への介入・掣肘がしばしばおこった。したがって、本來公共的性格をもつはずの水利事業は、その地の社會的諸關係につよく規定されたものにならざるをえなかったとおもわれる。

以上、蕪雜かつ皮相な考察に終始したが、六朝時代三吳地方の開發と水利をめぐる實態については、ほぼ全貌をあきらかにしえたとおもう。しかしながら、それはなおお問題の第一段階でしかない。なぜならば、かような實態をもつ六朝時代三吳地方の開發と水利が、いかなるところで特殊六朝的・特殊三吳的であるのか、あるいはないのかという點を究明しないかぎり、その歷史的意味は把握できないからである。その意味で、これは單なる一事例の研究でしかない。そのように理解すれば、今後の課題はおのずから明白となろう。

本稿を草するにあたって、當初よりひそかに期していたのは、つぎのようないくつかの問題を分析するための方法・素材を多少なりともえたいということであった。その問題とは、六朝時代三吳地方の開發はどの程度すすんだのか、またどのような地域的ひろがりをみせたか、それは社會的諸條件においてどのような影響を三吳地方にあたえたかというのがひとつであり、いまひとつは、南朝における政治的社會的諸構造のなかで開發と水利の問題はどのように位置づけうるのか、などというものであった。このうち、前者については、水利施設の所在などを通じての分析に可能

第四章　六朝時代三吳地方における開發と水利についての若干の考察

性を見出しえたが、後者についてはほとんどその端緒さええられなかったといってよい。このような反省をふまえて、今後、他の時代や他の地域との比較檢討をもふくめ、南朝史總體のなかでの開發と水利の問題の位置づけについての方法をきたえたいとおもう。

注

（1）桑原隲藏「晉室の南渡と南方の開發」（『東洋史說苑』一九二七）。

（2）三吳がどの範圍・地域をさすものかについては古來いくつかの說があって一定しない。代表的な說では、丹陽・吳興・吳郡（『通典』卷一八二州郡二二）、吳興・吳郡・會稽（『水經注』卷四〇漸江水注）などがあるが、本稿では便宜上、丹陽・晉陵・吳・吳興・義興・會稽諸郡にあたる江蘇省の長江以南、浙江省の北部を三吳地方と總稱することにする。それはまた、この地方が地域としてひとつのまとまりをみせているという理解にもとづくものでもある。

（3）天野元之助「中世農業の展開」（『中國中世科學技術史の研究』一九六三）、武漢水利電力學院・水利水電科學研究院《中國水利史稿》編寫組『中國水利史稿』上冊（北京、一九七九）第四章、佐久間吉也『魏晉南北朝水利史研究』（一九八〇）などがその主要なものである。その他、斯波義信「唐宋時代における水利と地域組織」（『星博士退官記念中國史論集』一九七八）は、唐宋時代における兩浙地方についての詳細精緻な研究であるが、單に唐宋時代にかぎらず、六朝期、さらには兩漢代にまでさかのぼって、この地域の水利施設に言及をしており、その水利施設についての精細な表は、この論稿の多樣でかつ示唆にとむ分析の方法・視角とともに、是非參照さるべきである。

（4）前揭佐久間著書は、近刊であるが、この分野における唯一の專論であり、豐富な事例が提示されている。ただ、本稿のように特定の地域に限定しての考察については、今後なおおこなうべき餘地がのこされているようにおもう。

第二編　江南の開發と地域性　196

（5）以下の記述については、前掲『中國水利史稿』上冊第四章第一節、『長江水利史略』第四章第一節では、ともにいわゆる三吳地方の水利施設・事業をもっぱらとりあげ、比較的詳細な言及をしているが、それでもわずかに三四頁にすぎず、なお多數補足しなければならないものとおもわれる。

（6）太湖周邊のかような狀況は史上許多の論及をうむにいたった。米田賢次郎「水利における二三の問題について」（『東方學報』京都、第二三册、一九五三）參照。なお、佐久間前揭著書第一二章(二)は、六朝時代の太湖周邊地域の排水問題をとりあつかっている。

（7）六朝時代の防潮堤（海塘）については、方楫編著『我國古代的水利工程』（上海、一九五五）四、前揭『長江水利史略』第六章第三節、ジョセフ・ニーダム『中國の科學と文明』（邦譯、一九七九）第一〇卷第二八章(f)(7)(Ⅵ)などに言及がある。

（8）斯波前揭論文參照。

（9）斯波氏は前揭論文で、「上部デルタに位置し太湖水を用益する蘇州は、秦・漢初の會稽郡治であり、築城の歷史も古い事實からみて、定住の最適地の一つであったことは疑えないが、後背地の都市化の形成が漢、三國、六朝の長期間、緩慢であった事から考えても、少なくとも唐代まで東後方の下部デルタに居住空間を展開する條件が整っていたとは見られない。」とのべておられる。

（10）佐久間前揭著書第四章、『中國水利史稿』上第四章第三節參照。

（11）陂については、佐藤武敏「古代における江淮地方の水利開發──とくに陂を中心として──」（『人文研究』一三―七、一九六二）が精細な考察を展開している。

（12）佐藤武敏「唐宋時代の練湖」（『中國水利史研究』第五號、一九七一）。

（13）この兩者については、注（3）の諸書にそれぞれ言及がある。

（14）『中國古今地名大辭典』參照。

(15) 前掲佐藤「唐宋時代の練湖」。

(16) 『中國古今地名大辭典』參照。

(17) 規模については『北堂書鈔』所引『晉中興書』に具體的數字が出ているが、方九十四尺とはあまりに小さい。方というのは、たとい塘、すなわち堤防そのものの規模とみなしても、一邊九四尺（魏尺で換算して二二メートル弱）ではさして大規模ともいえぬし、ましてそれが湖水の一邊のみならなおさらである。ただし、この方九十四尺について、現行の光緒一四年粵東孔（廣陶）氏刊本の校記には、陳（心抑）本・俞（羨長）本という二種のテクストをあげ、そこでは方九十を萬九千とつるとのべている。これで換算すれば一邊ほぼ四六〇〇メートル（一〇里強）となり、周廻約四〇里となって、練塘程度の規模となる。四の字の處置が厄介であるが、おそらく方九十四尺というのは萬九千尺のあやまりであろう。

(18) 吳興塘については、佐久間前掲著書に詳細な言及がある。

(19) 斯波前掲論文。

(20) ちなみに、烏程より東苕溪のはるか上流の舊餘杭縣に、南湖とよばれる水利施設がある。それは後漢代のものであるが、『讀史方輿紀要』卷九〇浙江二杭州府餘杭縣南湖條に、

南湖、縣南二里、苕溪發源天目、乘高而下、縣地平衍、首當其衝、淫潦暴漲、則泛溢爲患、漢熹平二年、縣令陳渾始鑿兩湖以瀦水、其並溪者曰南下湖、環三十二里、並山者曰南上湖、環三十里、

とあるものである。これは水流の側に設置された貯水池であるが、同時に遊水池の役割をもはたしていたものと想像される。南下湖についてはこのような類の施設であったかもしれない。南下湖は、『咸淳臨安志』卷三四山川十三にも、

南下湖、在溪南（餘杭）舊縣西二里六十五步、塘高一丈四尺、上廣一丈五尺、下廣二丈五尺、周回三十四里一百八十步、舊志云、按興地志、後漢熹平二年、縣令陳渾修隄防開湖、灌漑縣境公私田一千餘頃、所利七千餘戶、歲久塘圮、

というような記錄があり、湖の規模、灌漑面積などの具體的數字がしめされている。これによると、練塘・新豐塘とほぼ同規模の灌漑施設であることがわかる。

(21) 佐久間前掲著書・『中國水利史稿』上はともに、『宋書』本傳では沈攸之は吳興太守の任命を辭しているので、吳興塘の建

第二編　江南の開發と地域性　198

(22)『水經注』卷四〇漸江水注によれば、浦陽江は白石山に發して、剡縣東・始寧縣西・上虞縣南を經由するというが、これはまさしく今日の曹娥江のことである。一方今日の浦陽江は紹興（會稽郡山陰縣）の西側を流れる川の名であるが、それは設は、それ以前に武康令に就任したときのことではないかとしている。

(23) なお、湖沼周邊ではなく、河川流域が良質の農地となっていた例も當然ある。たとえば、『水經注』卷四〇漸江水注に、
　　（浦陽）江邊有査浦、浦東行二百餘里、與句章接界、浦裏有六里、有五百家、並夾浦居、列門向水、甚有良田、有青溪、餘洪溪、大發溪、小發溪、江上有溪六、溪列漑散入江、夾溪上下、崩崖若傾
とある。

(24) 岡崎文夫・池田靜夫『江南文化開發史』(一九四〇)、周藤吉之「宋代の圩田と莊園制──特に江南東路について──」(『宋代經濟史研究』一九六二)をはじめ多數あるが提示は省略にしたがう。

(25) ここにとりあげる湖田については、斯波前掲論文・『中國水利史稿』上に言及がある。なお、斯波氏は、以下本文にのべる會稽郡での湖田開發について、「湖田に賴る干拓はしだいに東漸して行ったにに相違ない。」とのべておられる。

(26) これは、『三國志』卷四八吳書三嗣主傳孫休永安二年三月詔に、
　　朕以不德、託于王公之上、夙夜戰戰、忘寢與食、今欲偃武修文、以崇大化、推此之道、當由士民之贍、必須農桑、管子有言、倉廩實、知禮節、衣食足、知榮辱、夫一夫不耕、有受其饑、一婦不織、有受其寒、饑寒並至而民不爲非者、未之有也、自頃年已來、州郡吏民及諸營兵、多違此業、皆浮船長江、賈作上下、良田漸廢、見穀日少、欲求大定、豈可得哉、亦由租入過重、農人利薄、使之然乎、今欲廣開田業、輕其賦稅、差科彊羸、課其田畝、務令優均、官私得所、使家給戶贍、足相供養、則愛身重命、然後刑罰不用、風俗可整、以擧僚之忠賢、若盡心於時、雖太古盛化、未可卒致、漢文升平、庶幾可及、及之則臣主俱榮、何可從容俯仰而已、諸卿尚書、可共咨度、務取便佳、田桑已至、不可後時、事定施行、稱朕意焉、
とあるのに應じておこなわれた事業である。

(27) この會稽郡東部邊境にあたる地では、一般的な水田經營と農業技術とは異なったものがおこなわれていたことをつたえる記録がのこされている。それは、『宋書』卷八〇孝武十四王豫章王子尚傳に、

時東土大旱、鄞縣多疁田。世祖使子尚上表至鄞縣勸農、

とあるものである。これは劉宋大明七年（四六三）のことであった。この疁田は、『晉書』卷七七殷浩傳にも、「開江西疁田千餘頃」としてでてくる。佐久間氏は、これについて、『說文』が「疁、燒穜也、从田翏聲、漢律曰、疁田茠艸」といい、段注が「謂焚其艸木而下穜、蓋治山田之法爲然、史記曰、楚越之地或火耕」というごとく（『晉書』食貨志）東南ではかような火耕水耨はすでに不都合になっていたとされ、晉初には、杜預に「疁、說文、疁、燒穜也、音流、案通溝漑田亦爲疁」とあるのを根據に、殷浩の疁田は火耕や火耕水耨より一段と進んだ農法であり、「灌水を組織的に行うために溝を設けたのであり、齊民要術における淮河流域稻作栽培の歲易直條播に近いものと考えられる。」とのべておられる（前揭著書）。

しかしながら、鄞縣の疁田はどうもそうではなさそうである。このことについては、『全晉文』卷一〇三陸雲與車茂安書に、

雲白、前書未報、重得來況、知賢甥石季甫當屈鄞令、尊堂憂灼、賢姊涕泣、上下愁勞、擧家慘慼、何可爾邪、輒爲足下具說、鄞縣上地之快、非徒浮言華豔而已、……遏長川以爲陂、燔茂草以爲田、火耕水種、不煩人力、決洩任意、高下在心、

とあるものを參照さるべきであろう。友人車茂安なるものの甥が邊境の地鄞縣の令に任じられることになり、一家が悲歎にくれているのを知った陸雲が、鄞縣とてそれほど惡しき土地ではないと書き送ったのがこの書簡である。そのような內容であるから、やや樂觀的であることはやむをえないが、その農業のことをのべている部分は、吳郡のひとである陸雲にとって目堵したも同然、きわめて信賴性があるものといえるだろう。そして、鄞縣でおこなわれていたこの農業は、やはり火耕水種と陸雲が稱するような地鄞縣でおこなわれていた疁田とほぼ同一のものといえよう。してみると、この疁田は、いわゆる火耕水耨と關連のある農地であり、また農業技術であるといわねばならない。そしてそれゆえにこそ、大旱の年、とくにこの地が勸農の使者の際にその影響をあまりうけずにすむ農業形態であったのであろう。

(28) この徙民と湖田開發については、佐久間前掲著書・大川富士夫「東晉・南朝時代における山川藪澤の占有」(初出一九六一、大川『六朝江南の豪族社會』一九八七)に言及がある。

(29) 『景定建康志』卷一八によれば、迎擔湖が一三世紀には田地化してしまっている。

(30) これらの人數については、延べ人員數なのか、動員總人數なのかについて、なお若干の吟味が必要である。『三國志』の場合は、動員人數であることはあきらかであり、『晉書』卷一一三符堅載記上に、

堅以關中水旱不時、議依鄭白故事、發其王侯已下及豪望富室僮隸三萬人、開涇水上源、鑿山起堤、通渠引瀆、以漑岡鹵之田、及春而成、百姓頼其利、

とあるのと同樣である。新豐塘については、『水經注』卷一四鮑丘水注にひく劉靖碑の文に、

(前略) 晉元康四年、君少子驍騎將軍平鄉侯弘受命、使持節監幽州諸軍事領護烏丸校尉寧朔將軍、(戾陵)遏立、積三十六載、至五年夏六月、洪水暴出、毀損四分之三、剩北岸七十餘丈、上渠車箱、所在漫溢、追惟前立遏之勳、親臨山川、指授規略、命司馬關內侯逄惲、内外將士二千人、起長岸、立石渠、脩主遏、治水門、門廣四丈、立水五尺、興復載利、通塞之宜、準遵舊制、凡用功四萬有餘焉。

とあるのが參考となろう。ここでは、二千人が就役し、その勞働の合計が四萬餘功ということになっている。おそらく、動員人數に就役日數を乘じたもの、すなわち延べ人數がこの四萬餘功であろうが、具體的にどのような算出の基準があったのかは不明である。それはともかく、新豐塘の「計用二十一萬一千四百二十功」というのが、右の例と同じく延べ人數であることはまちがいなかろう。

それでは、『南齊書』竟陵王子良傳の「可用十一萬八千餘夫」はどうであろうか。このまま理解すれば、これだけの人數を動員し、一春勞役させるというようにとれるが、はたして一日に一二萬ちかくの工夫を一擧に動員できるであろうか疑問でもある。あるいは、これも延べ人數のことかもしれない。それであれば、新豐塘建設のほぼ半分の勞役となる。

(31) 塘丁については、越智重明「宋齊時代の邨」(『東洋史研究』二二ー一、一九六三) に言及がある。

第四章　六朝時代三吳地方における開發と水利についての若干の考察

(32) 前揭越智論文參照。

(33) 孔靈符の徙民策は、劉宋大明年間（四五七〜四六四）初頭であり（『宋書』卷五四）、顧憲之の議論は、蕭齊永明六年（四八八）のことである（『南齊書』卷四六）。

(34) 『世說新語』卷中賞譽篇第八に、

會稽孔沈魏顗虞球虞存謝奉、並是四族之儁、于時之桀、

とあり、會稽郡の有力氏族として、四族、孔魏虞謝があげられ、その筆頭に孔氏が位置する。また、靈符自身も本傳に、

靈符家本豐、產業甚廣、又於永興立墅、周回三十三里、水陸地二百六十五頃、含帶二山、又有果園九處、爲有司所糾、詔原之、

というように、彈劾をうけねばならぬほどの大土地所有者であった。

(35) なお、『水經注』卷四〇漸江水注に、

（浦陽）江南有上塘陽中二里、隔在（上虞漁浦）湖南、常有水患、太守孔靈符過蜂山前湖、以爲埭、埭下開瀆、直指南津、又作水楗二所、以舍此江、得無淹漬之害、

とあって、孔靈符には會稽太守としても水利事業の業績がある。しかし、この場合もかれは純粹な公權力の體現者としてこの事業を實施したのではなく、當地の有力者としての一面をもって事にのぞんだのではないかとおもわれる。そして、これは、南朝における地方官長の本籍地任用の意義ともからむ問題であるが、ここではこれ以上ふれないでおく。

〔附記〕

本稿を、一九八〇年二月四日にひらかれた中國水利史研究會（大阪、なにわ會館）で發表した際、川勝守、佐藤武敏、長瀨守、好並隆司の諸先生方から懇切な御助言と御敎示をいただいた。それは、とりわけ湖・塘と陂の構造・立地上の差異、塘丁、湖田、いわゆる公權力の問題などに關するものであったが、いずれも本稿の論旨とふかくかかわるものであり、同時に筆者の蒙をひらく貴重なものばかりであった。本來ならば、本稿はそれらを吸收攝取し反映したうえで公表さるべきものであるが、付印の際

時間的制約により、その機會をもつことがまったくできなかったことを遺憾におもう。ここに、御教示をいただいた四先生に心から感謝を致しますとともに、ふかくお詫び申しあげる次第です。なお、これらの問題については、後日何らかのかたちで補訂の機會をもつ心算であることを申しそえます。

なお、本稿は昭和五五年度文部省科學研究費補助金（總合A）による「中國における水利政策の史的研究」の成果の一部である。

第五章　六朝江南の地域社會と地域性

はしがき

六朝時代に中國南半部を統治した吳、東晉、宋、齊、梁、陳六朝にとって、その王朝の中心たる最重要地域は長江三角州南岸、俗に江南、あるいは三吳とよぶ地域であった。この地域は、六王朝の統治領域中、經濟、政治、軍事、文化などあらゆる方面で卓越した地域であった。たとえば、經濟的側面では、自然條件にくわえて、大量の漢族の南渡による生產者の增加と開發の進展は、きわめて生產水準の高度な農業をこの地域に出現させた。そしてその基礎のうえに、商工業が活發化した。政治的側面では、六王朝における皇帝以下の統治者階層は、大部分が江南在住者（南渡して江南人化したものをふくむ）であった。また軍事的側面では、京口の北府を代表とする强大な軍事集團が存在したが、これは江南地域の高水準の經濟を背景にしていたものであるとかんがえられる。このほか、周知のように江南は六朝文化の擔い手たる文人たちの活躍の場でもあった。

六朝の首都建康は、このような江南の一角に位置した。そして建康の位置と江南の狀況には密接な關係が存在した。すなわち、上述のような江南の狀況のなかで、首都の位置は決定されたのであり、また首都の位置によって、江南各

第二編　江南の開發と地域性　204

地域が獨自の地域性を有するようになったからである。

ところで、江南といい、三吳といい、この地域の歷史上の意義を考察するときには、この地域をひとつの總體として認識するのが一般的であった。それはもちろんあやまりではないが、さらに仔細に觀察してみると、この江南地域内にじつはより細分され、かつ多樣な地域性が存在すること、そしてそれがこれまであまり注目されてこなかったことに氣づくであろう。たとえば、首都建康をはじめ、晉陵・京口附近や、吳郡・會稽一帶という江南主要地域は、それぞれの歷史的傳統や社會の條件に起因するものもある。その地域性は當然自然條件に起因するものもあれば、地域の歷史的側面でいずれも他と異なる地域性を有している。また、各地域の歷史上の政治的、經濟的地位や、首都建康との地理的位置關係から生じたものもある。このような異なる地域の地域性は、六王朝や、ひいては中國全體の歷史に對して、それぞれ異なった影響をあたえたとみられる。また逆に、各王朝の歷史も各地域社會と地域性に影響をおよぼしたであろう。

本章は、おもにこのような六朝時代江南の地域社會と地域性がはたした歷史的作用と、それら地域が受けた影響を考察することを目的としたものである。

第一節　後漢三國の三吳と建業

三國以前の江南社會は、漢族の移住はなお十分にすすんでおらず、「地廣人稀」（『史記』卷一二九貨殖列傳）と稱され、未開の邊境の性格をおびていた。その中で、もっとも先進的であったのは吳郡（蘇州）一帶である。ここは自然條件にめぐまれ、もっともはやく開拓された土地であった。(1)　秦の時代、江南統治のために會稽郡を置き、ここが郡治となっ

た。後漢時代、この地を中心に、吳郡を分置した。このような事情をみると、この地域がながく江南の中心地域であったことが理解できよう。吳郡の大族として著名な陸氏は、すでに後漢時代にその活動を始めていたことがしられるが、これは吳郡が分置されて以後、會稽郡治となったことと無關係ではない。

吳郡が分置されて以後、會稽郡治となったのは山陰（紹興）である。この土地もまたながい傳統を有する地域であった。山陰一帶もまた、土地の豐饒によって稱されたものである。後漢時代には會稽郡の著名大族として、上虞の魏氏、餘姚の虞氏などが出現した。かれらは吳郡の陸氏ほどには有名ではなかったが、ここからはこの地域の階層分化が進行し、有力豪族を主導者とする地域社會がしだいに形成されていることがうかがうことができる。

一方、毗陵（晉陵）郡一帶（鎭江、武進、常州）は長江南岸に接し、なかでも鎭江は地勢が險要であることがよくしられていた。傳説によれば、春秋戰國以來、長江と太湖を連結する水路が開鑿され、その水路がこの土地を經由していたため、古來この地は交通の要衝、軍事の要地として、重視された。ただし、この土地は四世紀初になってもなお「地廣人稀」（『元和郡縣圖志』卷二五）と稱され、三國以前は開發が進んだ地域とはみなせないようである。史書に名のみえるこの地出身者はわずかに二、三名にすぎず、しかも單賤の身分であるのは、この地の社會全體が十分に發展していない狀況を明示していよう。

最後に、建康に關しては、越王勾踐の越城以來、悠久の歷史的傳統を有する地域である。しかし、秦漢時代、この地域の中心地は秣陵、湖熟、丹陽などの内陸部にあり、建康自體は十分には發展しておらず、豪族勢力も實際はそれほど強大ではなかった。

江南はかくして三世紀初までは、江南内部の各地域の地域性はようやく現われはじめたものの、なお決定的な地域間

の差は顯現せず、全體として華北の先進地域と比較して歴史發展のあゆみの緩慢な地域であったということができる。江南のこのような狀況を一變させ、各地域の地域差を顯現させたのは、孫吳の建國と、建康の地理環境への奠都であった。建康を首都に選んだ理由については、從來から諸説あるが、その最大のものは建康の地理環境に關するものであろう。すなわち、建康自體が「龍蟠虎踞」と稱されるすぐれた地理的條件をそなえているだけでなく、華中の交通の大動脈たる長江下流の要地に位置し、豐沃な江南地區をその後背地に擁している。この地理的環境がここに首都をおく最大の理由であろう。(9)

かくして建康が首都となると、もともと江南地域のなかでも後進的であったこの土地は、ただちに脫皮して江南の政治、經濟、文化の中心地となり、その地域としての地位は急速に上昇した。

魏蜀と鼎立した孫吳が建康に建都すると、江南地域はその直接基盤たる後背地として重要な任務を擔わざるを得なくなった。ただし、江南各地のそれぞれ異なる地理環境、歷史的傳統、首都建康との地理的位置關係は、その各地が擔うべき重要な任務をそれぞれ異なるものとすることになった。

まず軍事的側面からみてみたい。孫吳の領域は、長江北岸をその範圍に包含するが、最終的な防禦線は長江である。長江南岸の毗陵郡京口は建康の「東門」として、極めて重要な戰略據點となった。京口が建康の軍事的要衝であることは、その後の五王朝でもかわることがなかった。(10) 毗陵郡が擔った軍事的任務を象徵するのが、赤烏中に毗陵郡一帶で展開された大規模な屯田である。『三國志』卷五二諸葛瑾傳注引『吳書』に、

赤烏中、諸郡出部伍、新都都尉陳表、吳郡都尉顧承各率所領人會佃毗陵、男女各數萬口、

とあるが、これによるとこの屯田はかなり大規模なものであった。その後も、ここには一般の郡縣を置かず、毗陵典農校尉の管轄下にあった。この地に屯田と典農校尉を置いた目的が、對魏の防禦據點である京口の充實であることは

疑いがない。

ちなみにいえば、この時期、京口はまた當時すでに開かれていた江南運河の起點であり、したがって、京口が擔ったところの防衞とは、單に建康に對してだけでなく、江南の經濟的中心である吳と會稽をその對象範圍に含んでいたであろう。それは經濟的側面での毗陵一帶の地域的任務に對して、吳郡・會稽郡が擔ったのはいかなる任務であるのか。すなわち、前述のように吳郡と會稽郡は後漢以來農業生產がしだいに發展し、建康の重要な經濟基盤となりつつあった。このことを明瞭にしめすのは、孫權時代に開鑿された句容中道、または破岡瀆とよばれる運河である。この運河の概要は、『建康實錄』卷二赤烏八年八月條に、以下のようにしるされている。

使校尉陳勳、作屯田、發屯兵三萬、鑿句容中道、至雲陽西城、以通吳會船艦、號破岡瀆、上下一十四埭、通會市、作邸閣、仍於方山南、截淮立埭、號曰方山埭、

とある。この運河は建康と吳郡會稽郡を連結するが、會市を通じ、邸閣を作るその內容などからみて、その主要目的が運河沿線の物資の集積と輸送であったことは疑いない。

吳郡には、さらに重要な任務があった。『三國志』卷六一陸凱傳に、

凱上疏曰、……先帝外仗顧陸朱張、內近胡綜薛綜、是以庶績雍熙、邦內清肅、

とある。この記事によれば孫吳政權中樞部の、とくに對外的人材は吳郡の大族によってしめられていたことになる。顧陸朱張はいうまでもなく吳郡四姓と稱された吳郡の大族である。吳郡は孫吳の人材供給の地であり、政治的側面での任務を擔っていたことになる。

以上に概觀したように、三國時代になると、江南地域は孫吳王朝の基盤となったが、江南の各地域の王朝の基盤としての役割は、地理的條件や歷史的傳統によってそれぞれ異なり、またそれによって各地域の地域性が急速に顯現し

たのである。

第二節　東晉の僑民と三呉

以上のような江南地域の狀況は、東晉以後も基本的には變化がなかったが、さらに多樣な地域性が出現することになる。その最大の原因は、四、五世紀に發生した大量の漢族の南下である。一說には、その數は九〇萬人に達するとされるが(12)、この人口の流入が江南地域にあたえた影響はけっしてちいさくはない。人口の激増にしたがって江南の開發は飛躍的に進展し、一〇世紀以後には江南が中國經濟の中心地となる基礎を築いた。

しかし、注意しなければならないのは、この人口が平均して江南全土に流入したのではなく、地域によって差があったことである。

まず、東晉王朝が建康で成立した時點で、その中樞に參加した諸人は、建康の周邊に居住した。かれらには上は東晉創業の最大の功臣王導のような名門士族から、下は元帝の舊封地琅邪國の國人千餘戶まで、さまざまなひとびとが含まれていた。かれら居住地は、たとえば琅邪王氏の居所としてよくしられた烏衣巷、顏氏の長干巷、琅邪國人を安置するために僑置された僑縣懷德縣など、建康附近にあった。そして、死後もまた建康郊外に葬られた(13)。さらに名門士族には建康周邊において、土地所有者としての活動を再開するものも存在した。その代表的なものは、王氏の大愛敬寺側の莊園(14)、謝氏の土山の園宅(15)であろう。しかしながら、當初建康附近に移住した人口は、それほど大量ではなかったようである。

これに對して、流入人口がもっとも集中したのは、晉陵郡一帶であった。なぜなら、この地域は當時人口がすくな

く、かつこの地が南北交通の要衝であったからで、山東、江蘇の流民がおおくこの地にはいった。そのうえ、かれら流民は華北の混亂が收拾されればただちに故郷に歸還することを望んでいたはずで、そのためにもさらに南下して江南内地に移住することを希望しなかったのであろう。かれらを把握するために、ここには最大の僑州、南徐州がおかれた。またこの流民中、とくに著名な士族、たとえば彭城の劉氏、東莞の徐氏をはじめとする大族は、その大半が晉陵郡京口里に居住した。その後の歷史からみて、このことは大きな意義を有する。

しかし、京口に寓居した大族は、名門とは目されないものが大多數であった。西晉以來の高門大族は、さらに南下して、吳郡や會稽郡に移住するものがすくなくなかった。琅邪と太原の王氏をはじめとして、陳郡謝氏、北地傅氏、陳留阮氏、譙國戴氏などの名門は會稽郡に集中的に移住した。著名な名門の南渡後の寓居地としては、ほかに宣城、豫章、襄陽などの地があるが、壓倒的多數は會稽郡にあった。

このように大量の名門が會稽郡に移住した原因はなにか。なかには、會稽郡の風土に魅せられ、永住を決心したものもいた。しかし、主要な理由は、この地が建康や京口のような緊張感のただよう對北方の前線地帶ではなく、歷史的傳統があり、かつ土着大族も吳郡のようには著名ではないこと、くわえてこの地が比較的簡單に本據地を形成しうる未開地にみちていたからである。事實、會稽郡は六朝を通じて特別に豐沃な地域であり、始寧の謝氏の田園、永興の孔靈符の莊園を代表とする新舊大族の大土地所有の發展がみられ、また山澤の物資を利用するために屯邸を設置することも、他地域にくらべてとくに顯著であった。これらのことは、會稽郡がなお開發の餘地があったことをしめしているし、また實際に開發がこうして進展したのである。

第三節　各小地域の役割

このような事情は、江南各地のもつ地域的任務と地域性とどのように關連したのであろうか。京口の任務は孫呉時代と同様であった。しかし、ここが流民集中の地となり、後に僑州南徐州が置かれたことは、京口が擔うし任務に對して重要な意義があった。

東晉時期、京口には北府と通稱される軍團が置かれ、對北方および王朝内部における軍事基地であった。同様に、東晉末年、孫恩・盧循の亂を鎭壓した主要な軍事力もまた北府であった。劉裕の擡頭はこの北府の軍事力量を背景にしたものであり、後年かれの遺詔中に京口に鎭守するものを宗室近戚に限定したのは、六朝の政局において京口の軍事力量の重要性を明白にしめすものである。

ではこの強力な北府の軍事力量の基礎はどこにあるのか。まず、經濟的基盤の側面からみてみると、前述のように、この地域はかつては孫呉最大の屯田地域であり、もともと朝廷が農業生産を管理する傳統があった。これにくわえて、大量の人口の流入は、軍團維持のための農業生産の實現を可能にした。西晉末より東晉初にかけて、この地域には有名な水利施設の練湖と新豐塘が建設されたし、王朝もまた流民の農業生産を向上させるための政策を實施した。これらの措置がこの地域の經濟を充實させるためのものであったことは疑いをいれない。

つぎに、軍事的側面に關しては、この軍團の兵力供給が流民と無關係ではないが、もっとも流民が多かった南徐州に對して王朝が特別にとった措置から、その推測が可能となるのである。明確な根據はないが、もっとも流民が多かった南徐州に對して王朝が特別にとった措置から、その推測が可能となるのである。

すなわち、流民の土着化のために、義熙九年（四一三）、劉裕は大規模な土斷を斷行したが、この時、晉陵郡居住民だ

けは、土斷の例外とされたのである。南徐州の僑民が正式の租調を賦課されたのは、劉宋孝武帝孝建元年（四五四）からのことであり、梁武帝天監元年（五〇二）に、南徐州僑郡縣は最終的に土斷されている。このように、當初南徐州の大量の流民を土着せしめず、また租調を徴收しないでおいたその理由は、土斷政策がつねに流民の不安と動搖を招くゆえに、もし大量の流民が集中している南徐州晉陵郡で土斷を強行すれば、流民の動搖と不滿は他の地域と比較にならない深刻な社會問題を引起こしたであろうというところにあるはずであると かんがえられる。しかし、さらに憶測すれば、晉陵の流民を土着させず、流民のままにしておき、かれらに故郷歸還の可能性をのこすとともに、租調の負擔を輕減し、その代償として北府軍團に編入して、北土奪還のための士氣の高い軍事力量を編成しようとしたのではなかろうか。

つぎに、吳郡、會稽郡、および孫吳で新置された吳興郡（湖州一帶）の狀況をながめてみることにしたい。この地域は前述した吳郡四姓のような舊來の大族や、吳興郡の周沈二氏のような新興大族にくわえて、移住してきた北來の名門大族が、それぞれ大土地所有の活動を推進していたが、とくに會稽郡北半は土着大族が優勢な地位を占めていたとみられる。このような大土地所有においては、華北・江淮より南下する流民はその重要な生産力を構成したであろう。こうして、吳郡・吳興郡・會稽郡一帶は、他の地域にくらべて大族の成長がさらに大規模かつ廣範にしたがって農業生產力の上昇もまた促進されたであろう。

さらに、やはり前述のように、會稽郡は宣城郡とともに、屯や邸の設置が流行した土地である。屯・邸は山川叢澤を開發し、その物資を加工し、流通させるための施設である。宣城郡と會稽郡は、その自然條件と、首都建康との交通關係からいえば、山澤の物資を利用し、首都に供給するための絶好の地域であり、吳郡・吳興郡・會稽郡の豐富な生產力は、建康をささえる最大の經濟的基盤であったといえる。建康政府の軍事活動は三吳

地域をつねに考慮にいれたものであったし、三吳地域の農業不振は建康にただちに影響をおよぼした。このほか、當時の王朝の重要な倉庫は、建康以外に、豫章・釣磯・錢塘に置かれていた。そのうちの錢塘倉設置の目的は、會稽郡地域の物資の集積であったとおもわれる。そうだとすると、これもまた會稽郡の生産物資の重要性をしめすものである。

軍事・經濟とともに重要なのはもちろん政治的側面での役割である。まず想起しなければならない事實は、宋・齊・梁三朝の皇帝が京口の住民、または京口附近を本據地とする大族であったこと、第二に、東晉南朝の統治者上層部には、吳郡・吳興郡・會稽郡の名門大族がおおくふくまれていたことである。

劉宋の創始者劉裕は、本貫は彭城であるが、南渡以後は京口に居住していた。齊梁の帝室蕭氏もまた、本貫は蘭陵であるが、南渡後は京口南方の武進に本據をかまえた。梁武帝は建康の生まれであるが、その母と皇后が武進に歸葬されていることからすれば、梁武帝が武進をその故郷とみなしていたことは明白である。齊梁の帝陵がすべて現在の丹陽武進にあることは、周知の事實である。

劉裕が王朝をたてたとき、その中心的力量となったのは京口と北府の軍事力である。同時に、かれをたすけたのは、劉宋創業に參加した劉穆之、劉毅、檀氏らはほとんどが京口に寓居していた。かれらの京口移住者の人脈であった。劉宋創業に參加した二流氏族出身の武將であり、このことと京口の地域性には不可分の關係がある。

しかし、重要であるのは、王朝の創設とその維持は軍事力量のみでは不可能なことである。たとえば劉宋創建時の王弘、宋齊革命時の褚淵、あるいは各王朝の高位高官を獨占した名門大族は、王朝を莊嚴し、權威づけ、またその正

統性を理論的に粉飾するのに、不可缺な存在であった。それらの大半は、そこに移住した北來の名族をふくめ、吳郡・吳興郡・會稽郡を根據地とするものたちであった。

このようにみれば、東晉南朝史上、軍事的側面での基盤は晉陵、京口にあり、經濟的側面での基盤は吳郡・吳興郡・會稽郡にあったが、このような異なる地域的任務を有する各地域を基礎として、政治方面では一貫して京口・武進出身の皇帝が吳郡・吳興郡・會稽郡出身の官僚と共同統治を行なうという圖式が存在した。

そしてこの異なる地域性を統合するのが、首都建康であった。建康は政治、經濟、文化、軍事の各側面での中心であったが、その建康の存在は、これら獨自の地域性を有する諸地域の緊密な統合を基盤にしてはじめて可能であったのである。

このような緊密な地域統合を可能にしたのは、諸地域を結合する水上交通網であり、ここに江南獨自の特色がある。破崗瀆（句容中道）は、京口の軍團と建康を結ぶ通路であるうえ、宋・齊・梁の皇帝が故鄉の京口をおとずれ、丹陽に葬送する通路であった。破崗瀆から江南運河に至る水路は、吳會から建康への物資輸送の大動脈であり、また逆に文化の中心である建康の洗練された物品が吳會に向かう道でもあった。このように江南地域は一方ではその内部に地域差を有する小地域を包攝しつつ、他方それらを緊密に統合して全體が獨特の性格をもつ江南地域を構成し、それによって六朝の歷史に多大の影響をおよぼしたのである。

　　第四節　地域的役割と地域性

最後に考察するべきことは、江南内部の各小地域が擔う役割の差が、それぞれその地域の社會にいかなる影響をお

第二編　江南の開發と地域性

およぼしたかである。これは容易な問題ではないが、推測と假說をまじえて、その概略をのべてみたい。建康が首都となった後、建康がおかれた舊の秣陵は大變貌をとげた。一說には、建康は梁の時代に人口が百數十萬人に達したとされる。そして、政治、經濟、文化の中心として非常な繁榮を達成した。では、その基盤であった京口および吳會地域はどのようであったろうか。

京口、晉陵は東晉南朝を通じて、ついに王朝上層部に參入する名門を生みだせなかった。そ の功績によって高位高官をえた諸人は、その地位をながくは維持できず、子孫は衰微していった。王朝の創業に參加し、そがつねに王朝上層部を獨占し、しかもその地位を世襲しえたのと對蹠的である。

しかし、當時の社會を觀察するとき氣附かれるのは、吳會地域では、それら大族の勢力が恆常的に擴大し、階層の分化と矛盾の深刻な社會が形成されていたことである。これに對して、京口、晉陵の狀況は判然とはしないが、この地域が擔った地域的任務からいえば、王朝が主體となった農業の經營管理が、大土地所有勢力の擴大に優先するような社會の存在が推測される。

さらに、この京口、晉陵の地域は、その對北方の兵站としての役割からして、階層の對立矛盾とは異質の、軍事的緊張感の繼續する社會であったと推測される。『隋書』卷三一地理志下に、

京口、東通吳會、南接江湖、西連都邑、亦一都會也、其人本並習戰、號爲天下精兵、俗以五月五日爲鬬力之戲、各料強弱相敵、事類講武、宣城毗陵吳郡會稽餘杭東陽、其俗亦同、然數郡川澤沃衍、有海陸之饒、珍異所聚、故商賈並湊、其人君子尙禮、庸庶敦厖、故風俗澄淸、而道敎隆洽、亦其風氣所尙也、

とある。このうち、とくに京口の習俗は、上述の京口の地域的任務と無關係とはいえないであろう。なお、ここでは宣城・毗陵・吳郡・會稽・餘杭・東陽も、その俗が同じとしるされるが、その風俗に京口の鬬力の習俗がふくまれな

むすび

以上、六朝時期の江南の地域社会について、おおまかに建康、晉陵、京口、吳郡、會稽郡などの小地域に分けて、それぞれ各地の地理的條件、歷史的傳統、さらに首都建康との地理關係、各地域が擔った地域的任務などを考察し、そのそれぞれおよびそれらを總合した江南全土の歷史的意義について概觀してみた。

これは試論の範圍をでない稚拙なものであるが、地域社会の歷史上の意義を考察する場合、十分考慮しなければならないのは、普遍的な地域性とともに、その中に包攝された小地域の地域的條件と、それが生みだす特質であることがあきらかになったとおもう。

いのは、この諸地域の「君子尚禮、庸庶敦厖」の語からみて、自明であろう。ここには、軍事的任務を擔っていた京口と、政治的經濟的文化的任務を擔い、生產力の豐富な吳會という兩者間の地域性が、社會の風俗に影響をおよぼしているありさまをみることができる。

注

（1）『讀史方輿紀要』卷二四蘇州府參照。
（2）『讀史方輿紀要』卷九三紹興府參照。
（3）『太平御覽』卷六六引『會稽記』、『水經注』卷四〇參照。
（4）『讀史方輿紀要』卷二五鎭江府參照。

(5) 武漢水利電力學院・水利水電科學研究院編寫組『中國水利史稿』上冊(北京、一九七九)一六五頁參照。

(6) 大川富士夫「三國時代の江南豪族について」(初出一九七一、大川『六朝江南の豪族社會』一九八七)參照。

(7) 蔣贊初『南京史話』(南京、一九八〇)二八頁以下參照。

(8) 大川富士夫「三國時代の江南とくに揚州について」(初出一九六七、大川『六朝江南の豪族社會』一九八七)參照。

(9) 岡崎文夫「六代帝邑攷略」(初出一九三一、岡崎『南北朝に於ける社會經濟制度』一九三五)、注(7)蔣氏著、郭黎安「試論六朝時期的建業」(『中國古都研究』杭州、一九八五)など參照。

(10) 『讀史方輿紀要』卷二五鎮江府參照。

(11) 『太平御覽』卷三一引『吳錄』、『三國志』卷四七吳主傳の關連記事、および『中國水利史稿』上冊二八四頁以下參照。

(12) 譚其驤「晉永嘉喪亂後之民族遷徙」(初出一九三四、譚『長水集』上冊、北京、一九八七)參照。

(13) 中村圭爾「南朝貴族の地緣性に關する一考察」(初出一九八三、中村『六朝貴族制研究』一九八七)參照。

(14) 『梁書』卷七太宗簡皇后王氏傳に、
（皇后父王）騫舊墅在（大愛敬）寺側、有良田八十餘頃、即晉丞相王導賜田也、
とある。

(15) 『晉書』卷七九謝安傳に、
又於土山營墅、樓館林竹甚盛、
とある。

(16) 京口に居住したものは以下の通りである。（ ）内は出典、晉・宋・齊・梁・魏・周はそれぞれ『晉書』『宋書』『南齊書』『梁書』『魏書』『周書』の略、數字は卷數である。以下、この例に從う。

彭城　劉牢之（晉八四）、劉毅（晉八五）、劉琨（宋一・齊一）、劉康祖（宋五〇）
沛　　劉悛（晉七五）、劉粹（宋四五）
東莞　劉穆之（宋四二）、徐邈（晉九一）、徐廣（宋五五）

（17）この他、蘭陵蕭氏は武進に移住した（齊一）。

會稽への移住者は以下の通りである。

琅邪　王羲之（晉八〇）、王弘之（宋九三）
太原　王述（晉八〇）、孫統・孫綽（晉五六）
陳郡　謝安（晉七九）、謝玄・謝瑛・謝靈運（宋六七）、謝方明（宋五三）
廬江　何子平（晉九一）
高平　郗恆（晉六七）
北地　傅敷（晉四七）、傅隆（宋五五）
江夏　李允（晉九二）
陳留　阮裕（晉四九）、阮萬齡（宋九三）
高陽　許詢（晉八〇）
魯　　孔淳之（宋九三）
譙　　戴顒・戴逵・戴勃（宋九三）
高平　檀韶（宋四五）
河内　向靖（宋四五）
平昌　孟懷玉（宋四七）
范陽　祖逖（晉六二）
渤海　刁協（魏三八）

（18）この他、呉郡に移住したものに、琅邪王薈（晉六五）、王華（宋六三）がいる。豫章に移住したものには、謝鯤（晉四九）、范宣（晉九一）、周統之（宋九三）などがおり、襄陽には柳元景（宋七七）、柳卓（周四三）が移住していた。宣城には譙國桓氏の根據地があった。その他については、省略する。

(19) 『宋書』巻九三隱逸戴顒傳にいう、
會稽剡縣多名山、故世居剡下、

(20) 『宋書』巻五四史臣曰條に、
會土帶海傍湖、良疇亦數十萬頃、膏腴上地、畝直一金、鄠杜之間、不能比也、
といい、同書巻五七蔡興宗傳に、
會土全實、民物殷阜、
といい、『南齊書』巻四六顧憲之傳に、
俗諺曰、會稽打鼓送卹、吳興步檐令史、會稽舊稱沃壤、今猶若此、
という。

(21) 『宋書』巻六七謝靈運傳にいう、
靈運父祖並葬始寧縣、并有故宅及墅、遂移籍會稽、修營別業、傍山帶江、盡幽居之美、

(22) 『宋書』巻五四孔季恭傳附弟靈符傳にいう、
靈符家本豐、產業甚廣、又於永興立墅、周回三十三里、水陸地二百六十五頃、含帶二山、又有果園九處、

(23) 『宋書』巻五七蔡興宗傳に、
會稽多諸豪右、不遵王憲、又幸臣近習、參半宮省、封略山湖、……會土全實、民物殷阜、王公妃主、邸舎相望、
とあり、『梁書』巻五二止足顧憲之傳に、
山陰人呂文度有寵於齊武帝、於餘姚立邸、頗縱橫、
とある。

(24) 『晉書』巻八四劉牢之傳參照。

(25) 『宋書』巻七八劉延孫傳にいう、
先是高祖遺詔、京口要地、去都邑密邇、自非宗族近戚、不得居之、

219　第五章　六朝江南の地域社會と地域性

（26）鎮江博物館「鎮江市東晉晉陵羅城的調査和試掘」（『考古』一九八六―五）によれば、一九八四年五月、鎮江で發見されたもので、東晉晉陵郡城の城壁かもしれないということである。この城壁は長江に面し、北固山につながり、自然地形を利用したその形狀からすると、城塞の性質をもっているとみなしうる。このことは京口の地域性を明示するものであろう。

（27）練湖は『元和郡縣圖志』卷二五、新豐湖は『晉書』卷七六張闓傳を參照。

（28）一例を擧げれば、『宋書』卷五文帝紀元嘉二十一年七月乙巳詔に、いう、
　　南徐兗豫及揚州浙江西屬郡、自今悉督種麥、以助闕乏、

（29）『宋書』卷二武帝紀義熙九年條にいう、
　　於是依界土斷、唯徐兗青三州居晉陵者、不在斷例、

（30）『宋書』卷八孝武帝紀參照。

（31）『梁書』卷二武帝紀參照。

（32）『宋書』卷七六王玄謨傳にいう、
　　雍土多僑寓、玄謨請土斷流民、當時百姓不願屬籍、罷之、

（33）『晉書』卷七五范寧傳の范寧の土斷の認識によれば、土斷の後は戸籍に登錄され、課役につくことが不可避であるが、土斷されない流民は、役を免じられる代償として從軍しなければならなかった。この推測は川勝義雄氏のかんがえに觸發されたものである。

（34）『宋書』卷五七蔡興宗傳には、
　　會稽多諸豪右、不遵王憲、
とあり、『梁書』卷五三良吏沈瑀傳に、
　　（餘姚）縣大姓虞氏千餘家、請謁如市、……縣南又有豪族數百家、子弟縱橫、遞相庇蔭、厚自封植、百姓甚患之、
とある。

（35）注（23）參照。宣城の屯邸については、『宋書』卷四七劉敬宣傳、『梁書』卷五二止足顧憲之傳、『陳書』卷一三荀朗傳參照。

第二編　江南の開發と地域性　220

(36) 唐長孺「南朝的屯、邸、別墅及山澤佔領」（初出一九五四、唐『山居存稿』北京、一九八九）參照。
(37) 『讀史方輿紀要』卷二四蘇州府參照。
(38) たとえば大明七、八年の三吳地域の旱害は、建康の米價を高騰させた。『宋書』卷六孝武帝紀、同書卷八四孔覬傳參照。
(39) 『隋書』卷二四食貨志。
(40) 『宋書』卷一武帝紀。
(41) 『南齊書』卷一高帝紀。
(42) 『梁書』卷一武帝紀、同書卷七皇后傳太祖獻皇后張氏、高祖德皇后郗氏傳。
(43) 注(16)參照。檀韶の弟が檀祗、檀道濟である。
(44) 『宋書』卷五七蔡興宗傳の他、同書卷八四孔覬傳には、
とあり、三吳地域出身者が王朝の上層部だけでなく、王朝全體でも多數を占めていたことがうかがえる。
蘭臺令史、並三吳富人。
(45) 朱偰『金陵古蹟圖考』（上海、一九三六）九八頁參照。
(46) 『太平寰宇記』卷九〇引『金陵記』。
(47) 山陰を例にとれば、『宋書』卷五四孔靈符傳に、
山陰縣土境編狹、民多田少、靈符表徙無貲之家於餘姚鄞鄮三縣界、墾起湖田、上使公卿博議、太宰江夏王義恭議曰、……
尋山陰豪族富室、頃畝不少、貧者肆力、非爲無處、
とあり、『南齊書』卷四六陸慧曉傳附顧憲之傳に、
山陰一縣、課戶二萬、其民貲不滿三千者、殆將居半、刻又刻之、猶且居三分餘一、凡有貲者、多是士人復除、其貧極者、悉皆露戶役民、三五屬官、
とある。この狀況は山陰地域の階層分化の進展と社會矛盾の尖銳化を明示している。こうした狀況は程度の差こそあれ、吳郡や吳興郡地域にも見られたのではなかろうか。

(48)『陳書』卷二一孔奐傳には、

晉陵、自宋齊以來、舊爲大郡、雖經寇擾、猶爲全實、前後二千石、多行侵暴、

とある。晉陵一帶が、戰亂を經た後もなお、豐饒な地域であるというのは、王朝がとった措置と關連があろう。

第六章　建康と三吳地方

はしがき

　六朝の都建康の主たる基盤は三吳地方であった。もちろん三吳地方は吳以下六代の王朝全體の基盤でもあったが、とくに建康との關係において、この地方は重要な役割をはたしたのである。政治・經濟・文化等々のあらゆる面で、三吳地方はまさしく建康の基盤であった。

　そのうち、經濟面での役割の重要性については、後世にこの地方が中國全體にもつことになる經濟的意味とも關連して、三吳地方の諸產業全般の發展水準の高さという前提のもとに、ほとんど常識化しているといってよい。それはまったくそのとおりなのであるが、その發展のありかたは、實はかならずしも一般原則的な農業生產力の上昇にともなう自然的なものとばかりはいえず、むしろ長江と海と山地でかこまれた比較的まとまりのあるこの小地域に、大人口の都市建康が人爲的にほとんど突然にして出現したことに起因する、やや特異なものであったといわざるをえないであろう。

　かつてやかましく議論された自然經濟か貨幣經濟かという、六朝の經濟狀況に關する問題についても、貨幣經濟と

か商業の盛況といわれるものはこの地域にかぎってはまったく安當たるものはまったく安當性ある。しかしこれもまた右にのべたような條件とふかくかかわるものであることは確實でも他の地域とは截然たる差が業だけで説明すべきでないようにおもわれる。

本稿は、このような觀點から、建康とその基盤である三吳地方の關係を具體的に描寫しようとするものである。建康はいかなる基盤を必要としたのか、その基盤はどのようなありかたをしたか、建康とその基盤はどのようにむすばれるのか。

三吳地方といっても、その内部にはさらに小さな、歴史的地理的條件の異なるさまざまな地域をふくんでいる。そのなかで、ここでは主として會稽郡山陰縣周邊、現今の浙江瀕海平原周邊に焦點をあてたい。この地は三吳地方にいくつかある地域の核の重要な一つであり、本稿の關心にかかわる現象が典型的にあらわれているからである。

第一節　建康の人口

建康の基盤の考察のまえに建康の人口構成の分析がまず必要であろう。建康の總人口についてもっともよく言及されるのは、『太平寰宇記』卷九〇江南東道昇州條引『金陵記』の、以下の記事である。

梁都之時、城中二十八萬餘戸、西至石頭城、南至石子岡、北過莊山、東西南北各四十里、

石頭、倪塘、石子岡、蔣山、東西南北各四〇里という四至は、ほぼ現在の明城内城部分から金川河以北をのぞき、城南雨花臺以北をくわえた地域に相當しよう。一九八五年現在、現南京市の人口が、城内および郊區四（雨花臺、棲霞、浦口、大廠の四區）をあわせて約六四・五萬戸、二二五萬人であることと比較すれば、二八萬戸（一戸五口として一

四〇萬人という數字はやや過大なものといわざるをえなくなる。『南史』卷八〇賊臣侯景傳に、

初、城圍之日、男女十餘萬、貫甲者三萬、至是疾疫且盡、守埤者止二三千人、

とある。この城は前後の事情からみて、宮城のことに相違ない。つまり侯景入寇に際して朝廷側では京邑の住民を宮城内に籠城させたのであるが、これは防禦戰力の確保と、侯景軍の住民利用を阻止するためのもので、かなり徹底的な動員がなされたにちがいない。その總數が一〇萬餘というのであるから、當時の京邑の人口がその一〇倍餘もあったとは考えにくい。郭黎安氏の研究の結果である三、四〇萬人というのがかなり實情にそっているようにおもわれる。『隋書』卷三一地理志下揚州條に、人口の構成内容とその來源、および建康居住に至った事情である。

丹陽、舊京所在、人物本盛、小人率多商販、君子資於官祿、市廛列肆、埒於二京、人雜五方、故俗頗相類、

というように、ここは官祿を生資とする君子と商販に從事する小人が二大人口であったようであり、またかれらはあらゆる地域から流入したものであったようにみえるが、まずこの點をより具體的にみてみたい。建康の人口構成の特徵は、いうまでもなくここに王朝政府がおかれていたという事情によってもたらされる。主たる人口構成者の第一に政府官僚とその關係者をあげねばならない。ただし、政府官僚といっても、高位大官のものから下僚卑位のものまで千差萬別であり、そのそれぞれで事情はやや異なる。

まず政府中樞の高位大官についていえば、孫吳時代の建康の民家密集地である長干巷について、『文選』卷五「吳都賦」には、

其居則高門鼎貴、魁岸豪傑、虞魏之昆、顧陸之裔、

といい、劉淵林は注して、

虞、虞文秀、魏、魏周、顧、顧榮、陸、陸遜、隆吳之舊貴也、という。かれらが孫吳の支柱であった吳郡四姓の顧陸朱張、會稽四族の虞魏孔賀（または謝）を代表するものであることはいうまでもない。江南土著の大族が王朝官人として建康に居住しているのである。

この状況は東晉以後になってもかわらず、江南豪族が故郷をはなれ、仕官して建康に宅四所をかまえる例は少なくない。そのなかで、注目に値する例を二、三あげると、吳興の大族沈慶之は清明門外に宅四所をかまえ、室宇がはなはだ壯麗であったが、ある時、宅を官にかえし、一族あげて城南の婁湖に移住した、會稽の豪族賀琛は家產豐富で、公主の邸宅を買ったために有司に彈劾され、おなじく會稽の大族孔休源は、はじめ都にでた時、同族で壯麗な邸宅をつらねていたこともよくしられている。これらのうち、官にかえしたという沈慶之の宅が一種の官舎であった可能性があるほかは、みな私宅である。

東晉以後、建康居住の官人にはあらたな一群がくわわった。北人貴族である。かれらははじめ、その多くが建康周邊に住んだ。琅邪王氏の居住地として有名な烏衣巷や、おなじく琅邪顏氏が住んだことにその名がちなむ顏家巷などが秦淮南の長干里にあったのはその代表例である。しかも、この兩氏については、確認できる範圍では東晉中葉までの王氏の一派の墓や、梁代までの顏氏七世の墓が建康北郊、現在の南京中央門外、幕府山西南附近におかれていて、かれらが完全な建康居住者であったことをしめしている。

北人の上層階層や高位官人層は建康にばかり居住したのではない。吳や會稽などの傳統ある地域に移住するもの、當時の「一都會」（『隋書』地理志下揚州條）といわれた京口に居をおくものも少なくなかった。前者では、たとえば始寧に廣大な莊園をひらき、そこに移籍した陳郡謝氏が著名で、祖父謝玄、父謝瑍の墓もここにあった謝靈運の一統は、始

ここに本據があったとみるべきである。しかし、かれらが一方で建康の住人であったこともたしかで、會稽上虞に四〇餘才まで優遊した後、中央政界にのりだしたその一族の謝安は、建康に「五畝之宅」をもっていた。同様に、京口南方の武進に移住して、僑郡南蘭陵郡によった齊・梁帝室の蕭氏も、梁武蕭衍の父順之の宅が秣陵縣同夏里三橋にあり、衍はそこで出生したのである。

以上のような高位大官のほかに、多數の下級吏が存在した。かれらの大部分もはじめからの建康在住者ではなく、周邊地區から建康政府に入仕したものであったといい、蘭臺（御史臺）令史を三吳の富人がしめていたというのであるが、三吳の富人がその富をもとに立身の途をもとめたことは、『南史』卷七七恩倖陸驗傳に、吳郡吳人陸驗について、

觀代之（御史中丞庾徹之）、衣冠器用、莫不粗率、蘭臺令史、並三吳富人、咸有輕之之意、

とあることでもうかがわれる。また、『宋書』卷五七蔡興宗傳には、

會稽多諸豪右、不遵王憲、又幸臣近習、參半宮省、

（邑人郁）吉卿貸以錢米、驗借以商販、遂致千金、因出都下、散貲以事權貴、

とあって、會稽豪族が幸臣近習として多數建康政府に入仕していたことがわかる。南朝の恩倖・倖臣には陸驗のような經歷をもつものが少なくなかったろう。

都へでて仕官しようとするのは富人にかぎらず、たとえば陳朝創業の主陳霸先のように、はじめ吳興郡長城縣の郷の里司となり、やがて建康にでて油庫吏となったり、山陰人戴法興のように、年少のころには山陰の市で葛を賣っていたのが、やがて尚書倉部の令史に就任し、恩倖として權力への途の緒につくというような例もある。また、このような積極的な都への志向と異なるが、『梁書』卷五三良吏沈瑀傳に、

（餘姚）縣南又有豪族數百家、子弟縱橫、遞相庇蔭、厚自封植、百姓甚患之、瑀召其老者爲石頭倉監、少者補縣僮、皆號泣道路、自是權右屛跡、

というような、懲罰の意味をこめた都への出仕の例もある。かれらも一時的な建康の住人である。

自らが官僚層に參入するのではなくとも、特權階層に寄生したり、癒着したりする存在は少なくなかった。その最たるものは、宮廷に出入し、天子の周邊に蠢動した男女が好例であるが、

門生千餘人、皆三吳富人之子、姿質端姸、衣服鮮麗、

とあり、同書卷五七蔡興宗傳に、

興宗曰……且公（沈慶之）門徒義附、並三吳勇士、宅內奴僮、人有數百、

とあるように、有力者に依附する門生、義附、奴僮といった類の數もけっして少數でなかった。

右の沈慶之の門徒義附はもちろん私屬であるが、吳興の大族沈慶之の私兵とみてまちがいない。このような軍人兵士もまた建康の人口構成の重要因素であった。『南齊書』卷二七李安民傳に、

宋泰始以來、內外頻有賊寇、將帥已下、各募部曲、屯聚京師、安民上表陳之、以爲自非淮北常備、其外餘軍、悉皆輸遣、若親近宜立隨身者、聽限人數、上納之、

とあり、建康駐留の將帥の多くが私屬の兵士を擁していたことがわかる。李安民はそれらのうち、秦淮北岸に駐屯する、おそらく臺城防衞軍以外は建康外へ移動させようとしたのである。このような軍人兵士の存在は六朝を通じて一般的であったとみられる。

右の例は私屬の兵士であるが、それ以外に王朝のもつ公的軍隊の兵士も少なくなかった。その一例として、劉宋元嘉末年の雍州蠻の建康移住と兵戸化をあげることができる。元嘉一九年の雍州刺史劉道產の死に端を發した漢水沿岸

の蠻の騒亂は、その鎭靜までに七年を要した大事件であった。この時、宋朝によって討伐され、捕獲された蠻は多くが建康に移動させられ、營戸とされた。事件が終息した元嘉二六年、この騒亂の鎭定に活躍した沈慶之は、『宋書』卷七七本傳に、

慶之前後所獲蠻並移京邑、以爲營戸、

とあるように、捕虜の蠻を營戸としたのであるが、この間に慶之が捕獲して建康に移している蠻は約一一萬人にのぼった。これとは別に、元嘉二二年には、當時の雍州刺史武陵王駿が一萬四千餘人の蠻を建康に移しているし、またこの討伐戰に從軍した王玄謨と王方回の軍は七萬餘口を捕獲している。かれらの處遇は不明であるが、ともかくも大量の蠻が營戸として建康に在住していたことは確實である。もっとも、翌元嘉二七年には宋文帝の北伐があり、これを機に逆に北魏太武帝の南侵がおこって、この戰役に動員されたはずの蠻も消耗がはなはだしかったと推測されるが、それにしても上記の數字は大きいといわざるをえない。

『南史』卷七〇循吏郭祖深傳に、

條以爲、都下佛寺五百餘所、窮極宏麗、僧尼十餘萬、資産豐沃、所在郡縣、不可勝言、道人又有白徒、尼則皆畜養女、皆不貫人籍、天下戸口、幾亡其半、而僧尼多非法、養女皆服羅紈、其蠹俗傷法、抑由於此、

とある。建康の佛寺は吳時創建にかかる建初寺を嚆矢としてしだいに增加し、梁武の時代にその頂點に達した。一寺約二〇〇人であるから、この記事はその梁の全盛のころのものであるが、佛寺五〇〇餘所に僧尼一〇餘萬がいたという。しかも、僧尼はそれぞれ白徒、養女と稱する私從をもっており、戸籍登錄されないかれらの數が天下の戸口の半をしめたという。天下戸口の半は誇張としても、白徒、養女をふくむ寺院關係者は一〇餘萬の僧尼の倍は少なくともあったとみられる。

以上のほかに、どのような住民を想定できるかといえば、う小人がまず想起されるであろう。かには、建康の御道の側にみすぼらしい家があった宋明帝陳貴妃の生家のような屠家などもふくまれよう。ちなみに、御道の側は富家の住むところであったが、陳貴妃の生家は二、三間の草屋であり、そのことがきっかけで彼女は帝の目にとまることになったのであった。御道左右の富室はおおむね商業従事者といってよい。また、東昏侯の暴逆のもと、業を廢さぬ者はなかった「郊郭四民」「工商」の工人なども住人にふくまれる。

以上のような存在以外に、種々雑多な住民がいたことは疑いない。しかしその實體は判然としないのであり、東昏侯が往來にくりだすたびに「百姓喧走、士庶莫辨」という狀態をまねいたという百姓や士庶がいったいいかなる生業の人なのか、いまは疑問のままにせざるをえない。

ただし、はっきりしていることは、郊外に住んでいたはずの農民をのぞけば、その人口の大半は非農業民であり、消費者であったことである。しかも、この消費者のかなりの部分は相當の奢侈的消費者であった。衣冠の粗末な御史中丞はその中程度のものを持歩き、それをまねた建康の士庶があらそって買い求め、値が數倍にはねあがったという。これは謝安が時人の敬慕の的であったことをいわんとする逸話であるが、しゅろの扇その敬慕の的であったことをいわんとする逸話であるが、しゅろの扇そのものは奢侈とはいえないが、その値が數倍となるのは奢侈が一般にひろまってゆくことをしめしている。奢侈

それだけでなく、奢侈はこのような特殊なものにかぎられず、嶺南の縣令からもどった郷人が、その歸資としてすぐには換金できそうにないしゅろの扇一〇〇〇餘本を持歩き、それを軽んじた蘭臺令史や、衣服鮮麗であった徐湛之の門生一〇〇〇餘人、あるいはみな羅紈をまとった尼僧の養女などの例はそのよい證據である。

にかたむきやすい上流階級の風俗がこのようなかたちで一般にまで擴大してゆくのをみると、建康の消費生活が相當な水準に達していたこと、しかもそれをささえる經濟的基盤が建康住民のある部分には確固としてあったことを指摘できる。

もちろん、食料や燃料のような生活必需品の需要は厖大であったろう。東昏侯の暴政によって樵蘇（たきぎ、草かり）の途が途絶えたという記事からわかるように、建康内部で自給が可能であった部分もあったろうが、建康の東西の出入口である石頭・方山兩津で「荻炭魚薪」に十分の一税が課税されたことはその需要の大きさを暗示しているし、それが建康周邊地區だけでは供給しきれなかったことをものがたっている。

ただし、建康の人口の相當な部分はみてきたように三吳出身であり、かれらは依然として經濟的には鄉里と密接な關係を維持していた。この點はそれ程疑問はない。蘭臺令史や門生となった三吳富人が奢侈でありうるのはその證據であるし、三吳出身で建康在住の高位官人のばあいも、完全に鄉里と關係をたち、都市住民化したのではなかった。かれらはその鄉里に宅をもち、そこに父母や家族、時には部曲すらおいていた。休暇で歸省すれば多くの人が集まり、募兵に歸鄉すれば絶大な影響力を發揮し、都會での生活が危うくなれば、侯景の亂時のごとく、鄉里がその避難所となり、致仕すれば鄉里に住んだ。

したがって、かれらの都會における消費生活は、鄉里の物資による自給でささえることができた部分もあったろう。しかし、奢侈品となると話は別で、建康における消費生活は奢侈という一面で、鄉里の經濟生活とまったく異質のものであったはずである。

もちろん、そのような基盤のない人びと、あるいは鄉里とまったく切り離された人びと、たとえば建康に永住する官人などその典型であろうが、かれらはより多數をしめていたろう。その消費は莫大であったはずである。このよう

な大消費地が、三吳地方の西北の一隅に存在するということは、三吳全體にさまざまな影響、たとえば人の動き、物の流れ、農村での生產等々に影響をおよぼすことになろう。

第二節 三吳地方の小商業

三吳には建康以外にも人口密集の小都市がいくつかあった。その典型が會稽郡治でもあった山陰である。當時の山陰は民戸三萬、あるいは課戸二萬といわれ、建康に次ぐ大都會であった。(24)

山陰の商業は活況を呈していた。『宋書』卷五四孔季恭傳附靈符傳に、宋大明年間に孔靈符が山陰縣民の餘姚・鄞・鄮への殖民を提案した時の博議の模樣がのせられているが、反對論者の一人江夏王義恭の議論中に、山陰の民の生業をのべて、

又緣湖居民、魚鴨爲業、及有居肆、理無樂徙、

という。山陰では、農業以外の食料供給のための職業が自立しており、しかもそれが店舗による賣買という形式すらとっていたというのである。この議論にかれら緣湖居民がとりあげられたのは、かれらが一種の末業從事者であり、農地擴大の殖民政策ではまっさきに開拓地に投入されねばならない存在であったからである。『南齊書』卷五五孝義傳によると、山陰の極貧の家陳氏では、飢饉の年に三女が西湖で菱蓴を採取し、市に賣りに出たという。貧家の、飢饉年という例外的な事例であるが、これも農產品以外の食料賣買である。

宋の恩倖として有名な戴法興は年少のころには山陰市で葛を賣っていた。齊の傳琰が山陰令であった時、賣針の老女と賣糖の老女が爭いをいうが、それもおそらく山陰市においてであろう。

おこして山陰令に訴えた話や、王羲之が蕺山（現紹興東北）で六角竹扇を賣る老女に遇い、その扇に揮毫して百錢で賣らせ、はじめは老女に恨まれた逸話などは、かならずしも市ではなく、一種の行商であったとおもわれるが、これらはみな必須の食料品ではない。零細な家庭内工業の製品を老女が行商してゆくのである。

山陰の市に賣買するのは山陰在住の民だけではなかった。孝行で有名であった永興の人郭世道は山陰の市へ物を賣りにでている。何を賣ったかはわからないが、その時まちがって千錢を多く入手したというから、かなりの量の賣買であったにちがいない。永興と山陰は隣どうしであるが、縣域をこえた商販であることにはちがいない。この例は山陰の市が浙東地區の地域的な商業の核となっていたことをしめしているであろう。

ところで、縣域をこえた商業の例は三吳では少なくない。山陰の人賀琛は家が貧しく、諸暨縣との間を往復し、粟を賣って生計をたてていた。王敬則は屠狗と商販を生業とし、その足跡は三吳全域におよんだというし、吳興郡武康縣の人沈瑀は無名時代に餘姚まで瓦器を賣りにでかけている。沈瑀の瓦器賣買の例は後にまた言及することになるが、これらの例は三吳にさまざまな行商者が行きかっていたことをしめすであろう。

先述の郭世道の子郭原平に、次のような逸話がのこっている。『宋書』卷九一孝義傳の記事であるが、

又以種瓜爲業、世祖大明七年、大旱、瓜漬不復通船、縣官劉僧秀愍其窮老、下漬水與之、原平曰、普天大旱、百姓俱困、豈可減漑田之水、以通運瓜之船、乃步從他道往錢唐貨賣、

という。これによると永興から錢塘まで瓜漬なる水路、その名の通りおそらく瓜運送用の水路が設置されていた。そのことの意味と、郭原平が瓜を、かれの父郭世道がしたように浙東地區商業の中心地である隣接の山陰市には賣らずに、なぜわざわざ他道によってまで錢塘に賣りにでたのか、このことは注意をはらうに値する。ちなみに『梁書』卷五一處士傳によれば、范元琰は家が貧しく、園蔬、つまり蔬菜栽培を生業としていたが、この人も錢塘の人であった。

銭塘は古來浙西浙東間交通の要衝である。現今の蕭山縣西北、銭塘江河口南岸にはかつて固陵なる地があって、ここは越の范蠡が築城し、渡江した孫策も王朗の拒戰をうけたという歷史がある。後に西興とよばれるようになるこの地には、六朝時代には西陵戍主がおかれていたが、ここには通行の際、牛埭稅を徵收された。それは、この年、豐作の會稽に對して、吳興が凶作となり、その間の食料輸送が例年に倍するものであったからだが、會稽・吳興間の商旅往來という興味ある事例はひとまずおいて、この西陵牛埭稅の存在は、浙西浙東間の商旅往來の盛況をしめしている。

しかもこの商旅の往來は、より大きくみれば、後述するような物產豐富な會稽郡と、大消費地建康をむすぶものであったはずであり、銭塘はその結節點、浙東物資の集積地であり、建康への運輸の起點であったといえる。郭原平がわざわざ銭塘に出たのは、銭塘において瓜がいっそうの商品價値を有するものであったからであり、それは大消費地建康の存在を前提としてはじめて可能なことであったからである。先述の銭塘の處士范元琰の傳に、かれの蔬菜と筍をねらう盜人のことが二度ものべられ、かれ自身常に城市にでることはなかったと特筆されるのも、このような銭塘の位置を前提にすることで、その意味がよく理解できるようにおもえる。

『隋書』卷二四食貨志に、南朝の倉庫についてのべ、京都以外の大貯備の場所としてわずかに三所をあげるが、豫章、釣磯とならんで銭塘倉をその一つにあげるのは、以上のような觀點から理解する必要がある。

こう考えることが可能であるとすれば、郭原平傳にみえる瓜漬と、銭塘への出賣は大消費地建康に收斂する商品流通網の末端がこのような一庶民にまでおよんでいることをしめすものとなる。そうなると、これはもはや地域間商業ではなく、相當な規模をもつ商業流通であるとせざるをえない。

『宋書』卷八四孔覬傳に、つぎのようにある。

第二編　江南の開發と地域性　234

觀弟道存從弟徽、頗營產業、二弟請假東還、觀出渚迎之、輜重十餘船、皆是綿絹紙席之屬、觀見之、僞喜、謂曰、我比困乏、得此甚要、因命上置岸側、既而正色謂道存等曰、汝輩悉預士流、何至還東作賈客邪、命左右取火燒之、燒盡乃去、

孔氏は會稽山陰の大族で、永興に周三三里、水陸二六五頃、二山、九果樹園という大土地經營でしられた孔靈符はその族人である。孔靈符と右の孔覬兄弟はかならずしも親近の族人ではないが、それはさておき、ここに會稽から建康にむけての、會稽の有力者によって媒介される綿・絹・紙・席等、手工業生產による奢侈品の流通のありかたをしめすだけではなく、手工業生產地としての會稽と、その奢侈品消費地としての建康のむすびつきをあらわしている。その關係は當然會稽の經濟・社會一般に一定の影響をあたえたものと考えざるをえない。このことは後にとりあげたい。

ここでしばらく會稽からの手工業製品の供給の實際をながめることにしたい。會稽郡、とくに浙北平原一帶に農業が發展し、劉宋代にはもはや當時の農地造成技術の段階では開發が限度に達したことをしめすとみられる農地不足が深刻となっていること、農業以外に鹽業、鑛冶業、造紙、製瓷等の手工業が非常に高度な水準に達していたらしいことがすでに指摘されている。それらのうち、流通とも關連し、比較的客觀性のある根據を提示しうる陶瓷について、以下若干の考察をしてみたい。

會稽の陶瓷生產が後漢末から六朝にかけて飛躍的な發展をとげたことはよく知られている。いわゆる越窯を中心とする六朝靑瓷が中國陶瓷史上の白眉に數えられる優品の數々をもつことはいうまでもない。その六朝靑瓷中に、穀倉、魂瓶、堆塑罐、神亭壺などさまざまな名稱でよばれる奇妙な器物があることも周知に屬するであろう。これは稀に器高六〇センチメートル近くに達するものもあるが、一般に四、五〇センチメートルの高

第六章　建康と三呉地方

さの器で、下半部は器腹に特異な装飾があるほかは、ごく普通の罐形器である。この器の特色はその上半部にあり、五本の管口を中心に、樓閣、人物、鳥獣の塑像がつみかさねられていて、一種異様な形貌を呈している。この器の用途等についてはなお定論がないようであるが、そのことは本稿の主たる論題ではないので省略する。

現在、なお報告類で確認される器の数が六〇にみたないこの器の特異さは、その形貌のみでなく、出土地と器自體の年代においてかなり明確な限定が可能である点にもある。まず出土地についていえば、現在確認できるかぎり、三例の例外をのぞいて、すべて江蘇・浙江・安徽三省の、しかも長江南岸、つまり江南地方に限定されている。例外の二は揚州出土であり、他の一は江西省瑞昌出土であるが、前者は江南の延長とみなせるであろうから、嚴密にいえば例外は一のみとなる。

もう一つの特徴は、器の年代である。現在もっとも早期のものは浙江省嵊縣の太平二年（二五七）磚誌出土墓から出土、最後期のものは永昌元年（三二二）墓出土である。したがってこの器の存在した時期はわずかに六〇餘年間にすぎないのである。

このような特徴は、この器に表現され、あるいは象徴される固有の文化や思考が特定の期間、すなわち三國西晋間に、特定地域、すなわち江南地方に限定されて流布していたことをしめすものであり、極言すればこの器の文化的特異性を暗示するものであるが、そのこともここでは議論の主たる関心ではないので、別の機會にゆずりたい。

本稿での関心においてこの器が意味をもつのは、この器が出土地のみではなく、生産地をも特定できるという一点においてである。この器の上半部には龜趺のある碑の模型がとりつけられていることがあり、その碑面に刻文には二通りの類型があり、その一は、

出始寧、用此、宜子孫、作吏高、其樂無極、

というようなもので、この刻文をもつ器は、呉縣何山、呉縣獅子山三號墓、同四號墓、紹興縣官山岙、嵊縣石璜鎭から出土している。(37)

別の類型の刻文は、

　元康二年閏月十九日造、會稽、
　　　　　(ママ)

というようなもので、

　元康元年八月二日造、會稽上虞、

というようなもので、前者は呉縣獅子山二號墓、後者は平陽縣敖江の出土である。(38)ここに地名のでる會稽上虞は山陰縣の東隣の縣であり、始寧はその上虞から曹娥江を南へ溯上した地で、もとの上虞縣南郷が縣となったのである。後代の越窯の中心地であるこの上虞・始寧のことは後にふたたびふれるが、以上の例は會稽郡產の青瓷が江南各地に流布したことを確實に證するものである。もちろん他の無銘のこの器のすべてが會稽郡產品であると斷定することはできないが、大多數は會稽郡產であることはまちがいがなく、會稽郡產穀倉が江南にひろがったとみてよい。

會稽郡產の青瓷普及の確實な例はほかにもある。六朝青瓷の優品として著名な、一九五五年江蘇省江寧縣趙史岡出土の虎子には、

　赤烏十四年、會稽上虞陈袁宜作、

の銘があり、一九七〇年江蘇省金壇縣出土扁壺にも、兩腹にそれぞれ、

　紫（此）是會稽上虞范休可作坤者也、
　紫是魚浦七也、

の銘があった。魚浦は上虞の湖の名であるという。(39)

以上の例からみれば、青瓷生産地の會稽郡上虞・始寧から吳郡や建康の人口密集地へと青瓷の流れが存在したことは確實である。

このような青瓷の流通が六朝全體にわたって存在したことについては、三國西晉の會稽郡産という限定のある穀倉以外にも、根據とすべきものがある。その一例が德清窯産品である。德清瓷は普通の青瓷釉中に精製した天然の酸化鐵を加えた釉を使用し、黑褐色に發色するもので、醬釉などと稱する。一般に青、綠、黃褐色の釉の六朝青瓷のなかで、一目でそれとわかる異彩をはなつ瓷である。この德清瓷は吳興郡德清縣でのみ產したものとされ、東晉期以降、江南六朝墓にしきりにみられるようになる。ただし、その出土のしかたは、杭州老和山興寧二年（三六四）墓が副葬品の大部分が德清瓷でしめられていたというような例外をのぞき、おおむね副葬品の陶瓷中のごく一部分をしめるようにして出土する。

出土地についていえば、六朝墓の發掘例の多い南京附近での出土が特に多いのは當然であるが、鎮江・揚州・無錫・常州・蘇州・杭州等はもちろん、衢縣・瑞安・金華、それに餘姚など浙東地區にもおよび、江南全域に廣汎に分布するのである。

先に吳興の人沈瑀が餘姚に瓦器を賣りにでかけたという例をひいたが、德清瓷のこのような分布のしかたは、沈瑀のような行商によるものとみることができる。そのことがいっそうの關心の對象になるのは、餘姚が越窯の地の中心地上虞のすぐ東隣に位置するからである。上虞瓷が需要の絶大部分を供給しても不思議でない餘姚に德清窯の行商にゆき、また餘姚から德清瓷が出土するというのは、一種の青瓷市場が形成されているからである。六朝墓の副葬青瓷中に德清瓷が一部ふくまれていること、それだけでなく複數の瓷窯の產品のふくまれているということは、豐富な瓷器の生産狀況とともに、買う側にも選擇を可能にするような瓷器市場が出現

第二編　江南の開發と地域性　238

していたことをしめすとみてよいであろう。

そして、もちろんこのような瓷器流通は、くりかえしいうと、當地の山陰や、吳郡、京口から、最終的には建康へむかうものであったのである。

本節冒頭に、會稽郡山陰縣の商販の盛況をのべた。そこには一定の經濟力ある購買層の廣汎なひろがりがあったのであり、またその前提となる經濟の水準の存在を想定する必要がある。それらは以上にみた厖大な流通のありかた、特に建康における巨大な需要と、建康に收斂する厖大な物流と無關係ではない。物資供給地としての三吳地域の當然たどる途が、山陰のすがたに凝縮されているというべきであろう。しかし、一方で、そのような水準に達するためには、供給を可能にする生産力をもつことが前提となる。ここで生産の現場としての三吳の實態をながめてみなければなるまい。

第三節　三吳地方の産業

三吳地方が六朝諸王朝と、首都建康の經濟的基盤たるの地位をえることになったのは、地理的條件ももちろんのことであるが、この地方にすでに一定の經濟的發展があったことが前提である。孫吳がその本據として、最終的に武昌ではなく、建康を選擇したのは、兩者の戰術・戰略上の位置の優劣や、龍蟠虎踞と稱される建康自體の地形などの立地條件も無視できない要素であるが、豐沃な後背地である三吳地方の存在によるところが大きいのである。

一方で、大人口の集中する大消費地が突然出現し、その經濟的基盤、とくに物資供給地としての役割をになわされたことによって、三吳の經濟狀態は激變したとみてよかろう。この地が六朝時代に積極的に開發され、農業はもちろ(45)

第六章　建康と三吳地方

んのこと、製紙、紡績、鑛冶、窯業などに飛躍的な發展をなしとげたことは、一般的な、自生的な發展の問題としてとらえられるべきではなく、建康の存在によってその性格を規定されていると理解すべきであろう。農業をとりあげてみても、主穀生產が產業の中心になるのはもちろんであるが、主穀賣買や、蔬菜・果瓜の生產や賣買が活況を呈するのは、食糧自給と無緣の離農者が多く析出されていることを意味するし、また食糧生產も建康と三吳の位置關係からして、必然的に沿路の地域の運送や倉庫業とむすびつかざるをえなかった。『隋書』地理志にいう小人商販の盛行にはこのような業種もふくまれるにちがいない。このような變化は、やはり建康と三吳地方の關係によって規定されているとみるべきであろう。

このような觀點にたって三吳地方の產業を分析しようとすれば、王志邦氏のような「商品生產」を積極的に評價した研究が參照されなければならない。この「商品生產」が最終的に建康の消費生活にむすびつくのはいうまでもないからである。以下に、王氏がとりあげなかった窯業などもくわえ、三吳地方の產業のありかたを考えてみたい。

一般的にはまず主穀生產がとりあげられるべきであろう。しかし主穀生產はいわば普遍的問題であり、また三吳の農業の隆盛もよく知られているから、次のような例をあげれば十分であろう。

宋の大明七、八年、三吳に大旱があったが、このため建康では米價が急騰した。

吳興は塉土といわれ、たとえば南齊永明六年には、會稽は豐稔であるのに、吳興は凶作というような土地柄であったが、それでもここが一歲豐作であれば、その恩惠は建康におよぶと稱された。

會稽郡山陰縣は、後漢永和五年（一四〇）、太守馬臻によって鑑湖が築造され、浙北平原の濕原が農地化されて一萬頃の地に灌漑がおよんだ。宋代には良疇數十萬頃といわれるほど開拓が盛んであったが、それでもしだいに農地不足

第二編　江南の開發と地域性　240

となり、宋大明初年には「民多田少」といわれる狀態に陷り、貧民を餘姚以東に殖民させざるをえないほどであり、またこの地の良田は畝一金の高額の地價であった。

最初の二例は建康の主穀供給地としての三吳地方の重要性を端的にしめすであろう。このような農地不足や地價の高騰は、人口の急增や過多によるところがもちろん大きいのであるが、大明の殖民時の議論によると、良田の地價高騰となると、それは主穀生產のもたらす利益の莫大さを想定しないわけにはゆかない。主穀生產がこのような莫大な利益に直結するのは、いうまでもなく、非農業人口の多さと大いに關係がある。

おなじ食料品であっても、蔬菜や果瓜のばあいは主穀と多少異なる性格があろう。特に果瓜の類は嗜好奢侈の品に近い。蔬菜栽培とその賣買がかなり普及していたことはすでにふれたが、ここでは果樹產品について少しくのべておこう。山陰の孔靈符が永興に經營した大莊園には果園九所があったというし、「山居賦」に描寫された謝靈運の始寧墅も北山二園、南山三園があって、そこには「百果」が備わっていたという。これら果樹園が重要な「商品生產」の場であった。『宋書』卷八明帝紀泰始三年八月丁酉詔に、

頃商販逐末、競早爭新、折未實之菓、收豪家之利、籠非膳之翼、爲戲童之資、豈所以還風尙本、捐華務實、宜修道布仁、以革斯蠹、自今鱗介羽毛、肴核衆品、非時月可採、器味所須、可一皆禁斷、嚴爲科制、

とあり、『梁書』卷三八賀琛傳に、

琛遂啓陳事條封奏曰、……其二事曰、淫奢之弊、其事多端、粗擧二條、言其尤者、夫食方丈於前、所甘一味、

今之燕喜、相競誇豪、積果如山岳、列肴同綺繡、露臺之產、不周一燕之資、而賓主之間、裁取滿腹、未及下堂、

第六章　建康と三吳地方

とあるのは、果樹産品が商品として非常な價値をもち、有利な利殖の手段であったことを明確にしている。しかもその果樹産品が贅澤・奢侈の象徴であるかの如くみなされているのである。果樹産品をそのような商品の爛熟した日常生活であった。極言すれば建康の上流階層の爛熟した日常生活であった。

ところで前掲『宋書』明帝紀泰始三年八月詔には、奢侈の象徴として、果樹産品とならんで鱗介羽毛、すなわち鳥獸魚介類がとりあげられている。これらも必須の食品であるにとどまらず、奢侈生活をささえる重要な要素だったのである。すると、前節であげた山陰の魚鴨を業とする緣湖の居民も、一半はかような奢侈的消費の流通網の末端にくみこまれていたことになる。もっとも生鮮食料品はその貯藏・運輸に一定の制限があるから、山陰の緣湖の民の魚鴨すべてが建康へのものであったとはいえないだろう。

主穀以外のかような食料の産地はもちろん農田ではない。いわゆる山川藪澤である。山川藪澤の封固・占有という南朝獨特の大土地所有の一形態はここにおいて「商品生産」の場としての意味を濃くもつことになる。

『宋書』卷五四羊玄保傳によれば大明初の揚州刺史西陽王子尚による山湖の禁の上言に對して、羊玄保の兄の子羊希が主張した山湖の條件附占有のその條件は、

凡是山澤、先常燴燼、種養竹木雜果爲林芿、及陂湖江海魚梁鰌紫場、常加功修作者、聽不追奪。

というものであった。燴燼の燴は、西陽王子尚の上言中に「燴山封水」といい、『梁書』卷二武帝紀天監七年九月詔に、「凡公家諸屯戌見封燴者」とあるが、『廣韻』『集韻』によれば野燒きのことであるらしく、燼は山燒きのことであるらしい。開發は最初に山林を燒きはらい、開墾や植林をおこなったものであろう。孔靈符や謝靈運の果園もこう

して造成されたものとみられる。ともかく山川叢澤はこれにみるように単に自然狀態のままで資源を利用するだけではなく、人工的に造成された竹木林、果樹園、養魚養殖施設等による物資採取がおこなわれていたのである。

その山川叢澤での「商品生產」の具體的な組織・機構はいかなるものであったか。それが屯・傳・邸・冶である。

屯・傳・邸・冶がいかなるものであるかは唐長孺氏の研究に詳しい(53)。それらは本來の語義から發展して、南朝ではいずれも山澤を占據し、その物資を利用するための施設に變化していた。屯は本來の屯聚、屯田から發展して、軍吏や逋亡者をその構成員とする、未開墾地の開發を推進する組織であり、邸は宿舍、市店、糧倉からでて、屯所產の物資を貯藏、出賣し、時には高利貸すらおこなう施設となっていた。傳もまた單なる傳舍でなく、營利機構であり、冶は語義通り冶鑄所である。こうして屯と冶は山林中に位置して直接にその開拓、物資の採取加工を擔當し、傳と邸はその貯藏、貿易を擔當する、いずれも山川叢澤の開發に關する組織機構であるという。

ところでかような屯・傳・邸・冶はいかなる地域に存在するのか。もちろん山川叢澤がありさえすればどこにでも設置しうるのであり、それゆえ「四方所立屯傳邸冶」(54)「應四方屯傳邸冶」というような表現がみられるのである。しかし、具體的にその所在地を確認できるものをみてみると、宣城と會稽にとくに多い。前者については、劉敬宣が太守として赴任したころにあった郡の屯、宣城・臨城・定陵三縣界にわたり、山澤數百里を封固した齊武帝の竟陵王の屯、荀朗が郡界にたてた屯などの例がある。(55)一方の會稽については、王公妃主の邸が連なり、餘姚には齊武帝の思倖呂文度の邸があったし、しばしばふれた孔靈符や謝靈運の大莊園など、みな會稽にあった。諸豪右や幸臣近習が多く山湖を封略していたのも會稽であるが、(56)屯・傳・邸・冶の本來の機能からいえば、このような地域こそそれが設置されてしかるべきところだったのである。

さて、唐氏が『宋書』卷四七劉敬宣傳に、

宣城多山縣、郡舊立屯、以供府郡費用、前人多發調工巧、造作器物、敬宣到郡、悉罷私屯、唯伐竹木、治府舍而已、

とあるのをひいて、屯が手工業を包括するとされたのははなはだ興味のある問題である。治も同様である。屯・治には山澤の物資を手工業的に加工する部門があったとみられるのである。

劉敬宣の例は宣城であるが、宣城とならんで屯・邱の多い會稽がすでにふれたように、製紙・紡績手工業のもっとも發達した地域であったことを想起すれば、おのずとその手工業と會稽の屯・邱に何らかの關連があるはずであるとも豫測される。殘念ながら、會稽の製紙・紡績・鑛業にこの地の屯・邱がかかわったことを實證する事例はなさそうであるが、窯業については、やはり確實な證明はないものの、その可能性はかなり濃い。以下にこの點をのべてみよう。

青瓷生産は原料の瓷土と大量の燃料を必要とし、窯は龍窯であるから傾斜地が好適で、同時に製品運搬には陸路よりも適した水運路の存在を必要とする。このような條件のととのう立地は河川沿岸の森林山麓しかない。會稽の上虞・始寧の曹娥江兩岸はまさしくその地であった。最古の青瓷窯址とされる小仙壇窯址が曹娥江下流に西から注ぐ支流小舜江の合流點近くにあることは象徵的である。(57)

上虞では過去大量の青瓷窯址が發見されており、その數は一九八二年まででも、三國のもの三〇餘、東晉のもの六〇餘である。もっとも、東晉以後になると、德清、甌、婺州等の窯の發展によりややふるわなくなった模樣であるが、それでも東晉のものが三〇近く發見されている。(58) 先述の穀倉罐生産地の始寧も上虞縣南であり、三國西晉のこれらの窯がその生産をになったのであることはほぼ確實である。

青瓷生産の規模はさまざまな基準によってはかることができるだろうが、窯についていうと、上虞聯江の鞍山で發

見された三國の龍窯は全長一三・二メートル、幅が最大二・四メートルもある。生産過程でも燒成までに多くの工程があり、かなりの資本と組織的な勞働が不可缺と想像される。課戸二萬のうち、その貲の三千にみたないものが半ば近くというような山陰縣の露戸役民の經濟力から類推して、その東隣の上虞の住民單獨のよく經營するところでなかったろうことは想像に難くない。かりに單獨の家族勞働による青瓷生産が中心であったとしても、その製造過程全體に何らかの形で山川藪澤を占據し、窯土や燃料獲得により有利な條件をもつ有力者の影響がおよんでいたことは否定できない。その影響は、より直接的には製造過程そのものへの介入、より間接的には製品に對する傳・邸の收買といった形式をとっておよんだであろう。

このような瓷器にしても、紡績や製紙にしても、消費者は壓倒的に建康在住の上流階層であり、このような産業の發達は建康の存在をぬきにしては考えられないものであった。この點に六朝時代三呉地方の諸産業や、ひいては經濟全般の特色があるのである。

　　むすび

六朝時代三呉地方の經濟的發展が、建康という大量の消費人口集中地の出現によって、そのありかたを規定された側面を以上にのべてみた。誤解をおそれずにあえていえば、それは自生的、あるいは一般原則的な發展ではなかった。もちろん三呉地方が自生的な經濟的發展の可能性をまったくもっていなかったわけではなく、高い經濟的水準に到達する潜在力はあった。しかし、この地方の地理的な條件が、自生的な經濟發展の前提である農業において、六朝段階で十分な發展を可能にすることを許さなかったこ

(59)
(60)
(61)

第六章　建康と三呉地方

とも事實である。吳興郡に典型的にみられたような排水の困難な低濕地の廣がり、內陸部への海潮の遡上は安定した水稻栽培の定著にとって大きな障害であった。今にいたる天下の穀倉地の廣大な水田地帶が形成されるのはずっと後のことであり、現在よりはるか內陸にあった海岸線に沿う吳郡東部地域は、なお沖積作用が進行中の濕原であった。

このことは當時の記錄に吳郡の經濟的盛況をあらわす事例が多くないことと關係しているであろう。本稿で焦點をあわせた會稽郡は、後漢の太守馬臻による鑑湖建設によって、山陰周邊の浙北平原を耕地化し、江南隨一の農業地帶となった。しかし、曹娥江流域に北人が多く入殖したことでもわかるように、山陰周邊以外の地の開發や經濟的發展はむしろ東晉以後のことであったし、その產業も建康の奢侈的消費生活に規定されたものといわざるをえない。そのことは三吳全域にみられた商業の活況にもおなじくいえることである。

もっとも、以上のような考えは、建康消滅以後、唐末にいたって全國の經濟的中心地としての地位をえるまでの三吳地方の經濟狀況や、唐初の舊會稽郡の地越州等の諸產業の實態等々の分析によって眞の說得力をもつであろう。これらを今後の課題としたい。

注

（1）三吳の定義・範圍には諸說があるが、本稿では、江蘇省の長江以南、浙江省の北部、當時の丹陽・晉陵・義興・吳・吳興・會稽諸郡の地の意味で三吳地方という。

（2）拙稿「六朝時代江南的地域社會と地域性」（谷川道雄編『地域社會在六朝政治文化上所起的作用』一九八九）參照。

（3）六朝時代三吳地方の社會經濟關係の研究の主なものを若干をあげておこう。
唐長孺『三至六世紀江南大土地所有制的發展』（上海、一九五七）
王志邦「東晉南朝浙江農業生產的發展」初出　一九八六

(4) 同「東晉南朝浙江農業生產發展的原因」
　　同「孫吳統治時期的浙江社會經濟」
　　許輝「論東晉、南朝徐、揚地區經濟的發展」(いずれも王『六朝江東史論』北京、一九八九)
　　同「六朝時期南方經濟的發展及其原因」(江蘇省社聯歷史學會・江蘇省社會科學院歷史研究所編『江蘇史論考』南京、一九八六)
　　何榮昌「六朝時期長江下游商業的發展」同右
　　簡修煒・葛壯「六朝工商業與長江下游的經濟開發」(前揭『古代長江下游的經濟開發』)
(5) 關尾史郎「六朝期江南の社會」(歷史學研究會編『東アジア世界の再編と民衆意識』一九八三)
(6) 南京市地方志編纂委員會辦公室編『南京簡志』(南京、一九八六) 九三頁。
　　郭黎安「南京歷史人口的變遷及其原因」(前揭『江蘇史論考』) 參照。
(7) ちなみに、『宋書』卷三五州郡志一揚州條によれば、建康をふくむ八縣を領する丹陽尹が戶四萬、口二三萬七〇〇〇である。
(8) 『宋書』卷七七沈慶之傳、『梁書』卷三八賀琛傳、同卷三六孔休源傳、同卷三八朱异傳參照。
　　建康周邊に住んだ北人は貴族とかぎらない。たとえば、元帝に隨從して渡江した琅邪國人一〇〇〇餘戶も建康に入り、かれらのために最初の僑縣懷德縣がたてられている。『宋書』卷三五州郡志一南徐州條參照。
(9) 以上拙稿「南朝貴族の地緣性に關する一考察——いわゆる僑郡縣の檢討を中心に——」(初出一九八三、『六朝貴族制研究』一九八七) 四二九頁以下。
(10) 注 (2) 拙稿、王仲犖『魏晉南北朝史』上冊 (上海、一九七九) 三七四頁注 [五]、王志邦「東晉朝流寓會稽的北方士人研究」(「地域社會在六朝政治文化上所起的作用」『六朝江東史論』四) 參照。
(11) 『晉書』卷七九謝安傳附孫混傳にいう、
　　　桓玄嘗欲以安宅爲營、混曰、召伯之仁、猶惠及甘棠、文靖之德、更不保五畝之宅邪、

247　第六章　建康と三呉地方

(12) 『梁書』巻一武帝紀上。

(13) 『南史』巻九陳本紀上、『宋書』巻九四恩倖戴法興傳。

(14) 『宋書』巻七七沈慶之傳によれば、この間の討伐で慶之の軍は、「禽生口七千人」「獲萬餘口」「降者二萬口」「禽三萬餘口」「虜生蠻二萬八千餘口・降蠻二萬五千口」という戰果をあげた。また同傳に、

王玄謨領荊州、王方回領臺軍並會、平定諸山、獲七萬餘口、

とあり、同卷五文帝紀元嘉二十二年秋七月條に、

雍州刺史武陵王駿討緣沔蠻、移一萬四千餘口於京師、

とある。

(15) 『宋書』巻四一后妃明帝陳貴妃傳にいう、

丹陽建康人、屠家女也、……太妃家在建康縣界、家貧、有草屋兩三間、上出行、問尉曰、御道邊那得此草屋、當由家貧、賜錢三萬、令起瓦屋、尉自送錢與之、家人並不在、唯太妃在家、時年十二三、尉見其容質甚美、

(16) 『梁書』巻九曹景宗傳。

(17) 『南史』巻五齊本紀下に、

工商莫不廢業、樵蘇由之路斷、

といい、『南齊書』巻七東昏侯紀に、

郊郭四民皆廢業、樵蘇路斷、

という。

(18) 同前注 (17)。

(19) 『晉書』巻七九謝安傳にいう、

安少有盛名、時多愛慕、鄉人有罷中宿縣者、還詣安、安問其歸資、答曰、有蒲葵扇五萬、安乃取其中者捉之、京師士庶競市、價增數倍、

第二編　江南の開發と地域性　248

注（17）。

(20)　『隋書』巻二四食貨志にいう、又都西有石頭津、東有方山津、各置津主一人賊曹一人直水五人、以檢察禁物及亡叛者、其荻炭魚薪之類過津者、並十分稅一、以入官、其東路無禁貨、故方山津檢察甚簡、典型的な例若干をあげる。

(21)　『隋書』

(22)　（劉）璡謂人曰、客聞張融與陸慧曉竝宅、行至吳、瓌宅中、常有父時舊部曲數百、頠從叔勃、貴顯齊世、每還吳興、賓客填咽、沖母孔氏在東、
『南齊書』巻四六陸慧曉傳
『南齊書』巻三四沈沖傳
『南齊書』巻二四張瓌傳
『宋書』巻五一處士沈顗之傳
『梁書』巻六三沈演之傳
『梁書』巻三八賀琛傳

(23)　『南齊書』巻三七虞悰傳に、悰治家富殖、奴婢無游手、雖在南土、而會稽海味、無不畢致焉、という。虞悰が豫章內史であった時の話だが、建康でも同樣なことがありえたろう。

臺城不守、琛逃歸鄉里、時欲北討、使勃還鄉里寡人、多受貨賄、

(24)　『宋書』巻九二良吏江秉之傳、『南齊書』巻四六陸慧曉傳附顧憲之傳。

(25)　『宋書』巻九四恩倖戴法興傳、『南齊書』巻五三良政傳琰傳、『晉書』巻八〇王羲之傳。

(26)　『宋書』巻九一孝義郭世道傳にいう、甞與人共於山陰市貨物、誤得一千錢、當時不覺、分背方悟、

(27)　『梁書』巻三八賀琛傳、『南史』巻四五王敬則傳、『梁書』巻五三良吏沈瑀傳。

(28)　『讀史方輿紀要』巻九二浙江四蕭山縣西陵城條參照。

(29)　『南齊書』巻四六陸慧曉傳附顧憲之傳。

(30) 『梁書』巻五一處士范元琰傳にいう、家貧、唯以園蔬爲業、嘗出行、見人盜其菜、……或有涉溝盜其筍者、……居常不出城市、獨坐如對嚴賓、

(31) 『宋書』巻五四孔季恭傳附子靈符傳。

(32) 所揭論文のうち、王、簡・葛氏のもの、および陳國燦「試論會稽郡在東晉政權中的地位與作用」(『浙江師範大學學報』社科版一九九〇—一) など参照。

(33) この器について、事例をもっともよく收集した研究は、謝明良「三國兩晉時期越窯青瓷所見的佛像裝飾」(『故宮學術季刊』三—一、一九八五) である。そこには江蘇省出土二〇件、浙江省出土二一件、其他省分出土地點不明國內外收藏的穀倉一〇件が收錄されている。氏の研究以後の報告例をふくめ、筆者は現在五五例の出土報告を確認しているが、浙江省社會科學院王志邦氏の私信によれば、報告のないものが浙江各地にかなり存在する模樣である。

(34) 揚州儀徵縣胥浦出土元康七年磚墓 (M93) (M89) の二例 (『考古學報』一九八八—二、二三三頁 (報告標題は省略)) および江西省瑞昌縣馬頭出土 (『考古』一九七四—一、二七頁)。なお謝論文五六頁に、繭山康彦「中國文物見聞」一九七三 を典據として、一九七二年江蘇省淮陽出土西晉穀倉を揭げるが、未確認 (淮陽は河南)。

(35) 『考古』一九九一—三、二〇六頁。これに次ぐのは、金壇縣永安三年 (二六〇) 銘のあるものが最古とされていた。なお、その起源について、鄧白「略談我國古代陶瓷的裝飾藝術」(『中國古陶瓷論文集』北京、一九八二) 二一六頁で、杭州發見永康二年 (一六八) のものをあげるが、これは謝氏のいう通り西晉永康二年 (三〇一) の誤りである。ただし、漢代の五聯罐から發展したのであり、たとえば中國硅酸鹽學會編『中國陶瓷史』(北京、一九八二、一六一頁) にいうように、上虞出土永初三年 (一〇九) 磚墓からでた五聯罐の例からみて、かなりさかのぼった起源をもつことは確實であろう。しかし、詳細は別の機會にゆずりたい。

(36) 最後期のものは、謝氏三九頁によれば杭州永昌元年墓と蕭山縣同年墓というが、發掘狀況の詳細は不明である。『文物參考資料』(一九五六—一二、四三頁) には蕪湖咸康二年 (三三六) 磚墓をふくむ四墓中から二組の殘片がでたとある。『考古學

第二編　江南の開發と地域性　250

(37)『東南文化』一九八九—二、一五九頁、『文物資料叢刊』三、一三〇頁、『考古』一九八三—八、七〇七頁(始寧字のある殘碑)『文物』一九九一—六、五五頁、『文物資料叢刊』三、一三〇頁、『考古』一九八八—九、八〇〇頁。

(38)『文物資料叢刊』三、一三〇頁、『考古』一九八八—一〇、九一八頁。なお最後の二例は、他の三例と銘文が少し違う。元康四年銘のものをひくが、これもこの類型の銘文である。そして、會稽の字がある。なお、前引『中國陶瓷史』一六一頁に、餘姚出土の札の墓とされている。これらのものが最後期に屬すであらう。二號墓は、王敦の配下沈充に永昌元年に殺された周報」(一九五七—四、八三頁)には宜興周墓墩二號墓出土の報告がある。

(39)『考古學報』一九五七—一、一八七頁、『文物』一九七六—九、九九頁。

(40)佐藤雅彥『中國陶磁史』一九七八、七三頁。

(41)『考古』一九六一—七、五三九頁。

(42)最近のもので例示すると、『考古學報』一九八八—二、一二三頁の吳縣何山の東晉墓では三三點の瓷中、鷄首壺二、碗四。

(43)『考古』一九八七—三、一二〇三頁の揚州胥浦東晉墓(M4)では一二點の瓷中鷄首壺一、後文に關係する餘姚の出土例は、『文物參考資料』一九五八—一二、三八頁。

(44)最近では出土明器の產出窯の推測がなされるまでになったが、例をあげると、『考古』一九八五—一一、一〇〇二頁では南京馬群劉宋墓出土品について、盤口壺だけは婺州窯のものであろうとのべ、『考古』一九八七—四、三八〇頁では南京草場門晉墓出土の雙繫瓷罐二、碗二について、違う窯、または產地のものである可能性が強いといっている。

(45)拙稿「六朝時代三吳地方における開發と水利についての若干の考察」(初出一九八一、本書第二編第四章)注(3)所揭諸論文、および注(3)所揭王志邦「東晉南朝浙江農業生產的發展」。

(46)注(32)所揭論文參照。

(47)注(3)所揭「東晉南朝浙江農業生產的發展」。

(48)『宋書』卷七前廢帝紀大明八年條、『南齊書』卷四六陸慧曉傳附顧憲之傳、『宋書』卷九九二凶傳。

(49)『水經注』卷四〇、『宋書』卷五四孔季恭傳附靈符傳、同史臣曰。

第六章　建康と三吳地方

(50) 反對論者江夏王義恭の論中に、「尋山陰豪族富室、頃獻不少、貧者肆力、非爲無處」という。

(51) 『宋書』卷五四孔季恭傳附靈符傳、同卷六七謝靈運傳。

(52) 山川藪澤については、唐長孺「南朝的屯邸別墅及山澤佔領」（初出一九五四、『山居存稿』一九八七、注（3）關尾論文、大川富士夫「東晉・南朝時代における山林藪澤の占有」（初出一九六一、『六朝江南の豪族社會』）、田澤濱・黃正藩「六朝時期江南的〝墅〟」（前揭『古代長江下游的經濟開發』）等が詳細である。以下にのべるような「商品生産」はみなそこで言及されていることである。

(53) 注（52）唐長孺「南朝的屯邸別墅及山澤佔領」。

(54) 『梁書』卷三武帝紀大同十一年三月條、同卷三八賀琛傳。

(55) 『宋書』卷四七劉敬宣傳、『梁書』卷五二止足顧憲之傳、『陳書』卷一三荀朗傳。なお、荀朗傳では頓と表現する。

(56) 『宋書』卷五七蔡興宗傳、『梁書』卷五二止足顧憲之傳。

(57) 『中國陶瓷史』一二七頁以下、浙江省測繪局編『浙江省地圖册』（上海、一九八九）上虞縣圖・説明。

(58) 『中國陶瓷史』一三九頁以下。

(59) 『中國陶瓷史』一五二頁、浙江省文物考古所・朱伯謙「試論我國古代的龍窯」（『文物』一九八四ー三）五八頁。

(60) 『南齊書』卷四六陸慧曉傳附顧憲之傳にいう、

　　憲之議曰、……山陰一縣、課戶二萬、其民貲不滿三千者、殆將居半、刻又刻之、猶且三分餘一、凡有貲者、多是士人復除、其貧極者、悉皆露戶役民、三五屬官、蓋惟分定、百端輸調、又則常然、……鬻事弛而農業廢、賤取庸而貴擧責、應公贍私、日不暇給

後半の庸勞働がここでとりあげる問題と關連するであろう。

(61) 『中國陶瓷史』一四一頁は上虞・紹興の瓷窯が豪強地主經濟の一部であった可能性が強いとのべている。ちなみに、先述の小仙壇窯址と、曹娥江東岸指石山にある傳謝安故居は指呼の間にある。『浙江省地圖册』參照。

第七章　六朝時期會稽郡の歷史的役割

はしがき

　東晉南朝の中心地は江南地域である。江南地域は、東晉南朝の經濟的基盤であり、政治文化上の重要人物の出身地でもあった。それ故、江南地域は東晉南朝史上、他のあらゆる地域に較べて最も重要な役割をはたした地域ということができる。

　しかし、詳細に檢討してみると、江南地域自體がその內部にさまざまな歷史的・地理的條件の異なるいくつかの地域を含みこんでいることがわかる。そしてその各地域の條件の違いは、各地域の歷史上にはたした役割を少しずつ違ったものにしている。

　たとえば、建康とその周邊は京師として、政治の中心地であったが、その東方で、江南北部にあたる晉陵周邊は、南渡の華北華中の民が集中し、かれらを主力とする軍團が編成され、軍事面での役割がとくに重かった。その南にあたる吳郡は三國以來の傳統ある地域で、重要な政治家が多く出た。もちろん吳郡は江南平野の中心部に位置し、農業の一大中心であり、經濟面での役割も大きかった。[1]

第七章　六朝時期會稽郡の歷史的役割

しかし、經濟面での役割の大きさを考えると、第一に擧げなければならないのは會稽郡であると考えられる。東晉南朝の會稽郡における顯著な現象である大土地所有と開發による經濟的發展については、すでに多數の研究者が論著を公表し、研究水準の高い分野であるが、小論ではこれらの研究に學びながら、少しく異なった視點から、會稽郡の六朝史上にはたした役割を論じてみたい。とりあげる問題は、會稽郡の產業の特色、產業と輸送・商業・消費の關係、およびそれらを原因とする會稽郡社會の變化の三點である。

第一節　會稽郡の產業とその特質

會稽郡の郡境はおおきく平野部分と山地丘陵部分に分けられる。管縣一〇はいずれも漢代に設置された舊縣であるが、そのうち、山陰・餘姚・上虞・永興四縣が今日の寧紹平原に、それ以外の六縣は會稽・四明兩山脈地域を貫流する浦陽江・曹娥江沿岸の盆地におかれており、郡內の歷史的地理的條件が均一ではないところに、大きな特色がある。平野部分、とくに郡治山陰周邊は有名な後漢の馬臻の鑑湖建設で知られるように、生產條件が整備され、後漢時代にはすでに江南有數の富有な地域であった。かかる條件を基礎として、社會に有力者が成長してくることは必然的であり、三國の吳の時期には吳郡の四姓とならんで會稽の四族の虞魏孔賀の名が知られていたし、その後も有力者が土地占有に務め、その結果、貧民の土地不足を招いて社會問題化するような狀況であった。

東晉初期以後の漢族農民の江南內部への流入は、いっそうの人口急增を招くとともに、かれらを勞働力とする開發活動の活發化をひきおこした。しかしやがて平野部分の開發は飽和狀態に陷ったと推測できる。宋代中期におこった山陰の民の東方丘陵地帶への植民政策（『宋書』卷五四孔靈符傳）はそのことをものがたっている。平野部分での開發

活動の力は周邊地域へ向かうことになるのである。

一方、南渡した華北の有力者のうちには、王朝の官人的形態をとって存在するものが大半であったが、なかには大土地經營に積極的なものたちもいた。しかし、江南舊來の在地有力者の開發と土地占有がすでに相當に進展しているなかで、南渡僑民が平野部分に土地所有を展開するのは、王朝からの土地賜與などを除けば、ほとんど不可能であったようにみえる。そのようなものたちにとって、舊來の有力者の勢力範圍と競合しない地域を見出すとすれば、それはまだ十分に開發が進展していない周邊の丘陵地帯しかなかったであろう。ここに、とくに曹娥江沿岸盆地にみられるような、特異な開發と土地用益の状態が現われるのである。

それはいかなるものであるのか。ここに最も典型的な例を示してくれるのが謝靈運の始寧墅である。いうまでもなく謝氏は陳郡の大族で、東晉初に南渡したものであるが、すでにその頃に謝氏の代表的人物謝安の祖父謝衡なるものが始寧に居を定めたという論者もいる。(3) このことはなお確證にかけるうらみがあるが、謝氏の一部が比較的早い時期に曹娥江流域にはいったのは、確かである。(4) 有名な逸話によれば、謝安が出仕したのは、その弟謝萬が升平三年 (三五九) 慕容儁に敗れて廢黜された後のことであり、時に年は四〇歳餘りであったが、謝安はそれまで東土に隱棲していたのであるという (『晉書』本傳)。東晉初年にはそのような生活を送れるだけの産業が謝氏にはすでにそなわっていたということであろう。

謝靈運は、謝安の兄奕の曾孫にあたり、奕の子孫で靈運の父祖の墓はみな始寧にあったという。かれは晩年、上疏してとくに願って會稽内史を授けられ、病の身で郡に赴任したというのは、すでに曹娥江沿岸一帯に謝氏の本據地が確定していたからであるといえるであろう。『宋書』謝靈運傳所載「山居賦」自注によれば、始寧での莊園整備は謝玄が東歸したその頃にはじまったという。その始寧にあった謝氏の莊園を題材

にした作品が、自然文學の最初といわれるこの「山居賦」である。この作品は謝靈運がかれの祖父以來の大莊園を誇らかに謳ったものである。

「山居賦」に謳われたこの始寧の墅にふくまれる自然とは、廣大な山野、川澤はもちろん、良田と縱横に走る道路、人工水路、竹園、果樹園などのこと、そこに棲息する各種の魚、鳥、獸があった。自然環境はもちろん、動植物までも謳い込むのは、漢魏の賦の常套手段であるが、「山居賦」の場合、必ずしも文學上の技法だけとはいえず、當時の始寧の實態を示すものといえる。つまり始寧墅は農業生産ばかりでなく、そのほかの産業の經營を可能にする條件を備えていたのである。『宋書』卷五四羊玄保傳には、山澤封固の禁止に關する規定があるが、そのなかに當時の山澤封固の實態をしめす記事がある。それによると、山澤を圍い込み、山林を燒き拂ったあとに、竹木やもろもろの果樹を植林し、また堤防などを設けて、養魚養殖施設を作るというものであり、「山居賦」は謳うが、それ類似の莊園であったのである。そこでは釣絲や網、わななど狩獵の道具は用いなかったと思わすものである。つまり、當時の莊園は莊園の産みだす物資のなかには食料としての小動物も含まれていたことを表わすものである。つまり、當時の莊園は、穀物生産だけでなく、ひろく食料品一般の産出の場であり、なかには奢侈品の類も含まれていて、それが當時の經濟に特殊な影響を及ぼすことになるのであるが、そのことは後述する。

始寧墅にみられた特異な莊園像は、ひろく江南一帶に一般的にみられたものであろうか。その自然的環境から考えて、農地開發の進んだ平野部分ではこのような莊園の設置は困難で、未開の土地の多い山地丘陵地域において一般的であったと推測できるが、その推測を傍證するものがある。

當時の山澤開發、物資利用の施設として屯・傳・邸・冶、あるいは別莊なるものが存在したことが知られている。屯は、軍吏や逋亡者を集め、未開地の開墾を進めるための施設であり、邸は、物資の貯藏、販賣、高利貸などの施設、
(5)

傳も營利機構、冶は治鑄所で、いずれも山澤の開發、產出物資の加工、貯藏、販賣を擔當する組織機構であったといっ。當然それらは開發するべき未開の地が廣がる地域に設置されたはずであるが、文獻上にみられるその分布地域としてはっきりするのは宣城と會稽である。宣城もまた、當時の江南の中心地から西南に離れた地域であり、東晉中期以後の政治史に重要な役割を演じた桓氏が本據地を築いていた。そのことは會稽と宣城が歷史的、地理的に比較のよく似た條件にあったことを示すものである。始寧墅にはたしてこの屯・傳・邸・冶が設置されていたかどうかは確認できない。しかし本傳によれば、謝靈運は「奴僮既衆、義故門生數百、鑿山浚湖、功役無已」という狀態であったから、かれらを收容するための屯などは必ず設置していたと思われる。始寧墅はいわば會稽の山間部のような江南中の特別の條件を備えた地域にだけみられる特異な莊園ということになる。

會稽の產業はほかにも特徵があり、例えば製鹽、冶鑄、造紙などの工業でも有名であったが(6)、それらにもまして青瓷生產において、重要な地位にあった。吳西晉時期にだけみられる奇怪な考古遺物の堆塑罐（穀倉）にその生產地として名が出る上虞と始寧がその中心地であり、技術的にも高い水準に達していた。今日、當時の上虞始寧にあたる地域から大量の青瓷窯址が發見されているのは(7)、その證明である。

問題はこのような青瓷生產を主導したのがいかなる人々であったかである。このことについて、かつて大量の瓷土と燃料が必要で、しかも製造工程が進化し、發見されたものからみても大規模な窯による生產であったらしいことから、この青瓷生產は單獨家族の勞働によるのではなく、資本と勞働力を保有し、山澤を占有した有力者がなんらかの形で生產に關係していたのではないかと推測したことがある(8)。殘念ながら、このことを證明する證據はないが、單に製造のみでなく、出賣、運搬などまで考えれば、一般民の單獨生產は想定し難いのである。邸や傳はそのためにも機能するように設置されたのではないだろうか。

257　第七章　六朝時期會稽郡の歷史的役割

以上に、とくに有力者とその莊園を中心に會稽の產業の特色の一端を述べたのであるが、一般民にも穀物生產とは異なる農業に從事したり、特異な生業をもったりするものがいた。その例をいくつかあげておこう。孝行で有名であった永興縣の郭原平は「以種瓜爲業」（『宋書』卷九一孝義傳）、山陰の鑑湖周邊では「緣湖居民、魚鴨爲業、及有居肆」（『宋書』卷五四孔靈符傳）というが、ここで本節のまとめとして强調しておきたいのは、民間におけるこのような狀態の意味については後に分析する豫定であるが、これらは小商業の商品である。
穀物生產以外に、穀物以外の食料品、山澤の物資を利用し、加工した製品、手工業製品など、この土地の自然條件に基づいた、特殊な形態をとっていることである。それがどのような歷史的な現象を招くかは、その物資の消費と流通の問題を通して考察する必要がある。

第二節　消費と流通

まず二つの記事に注目しよう。ひとつは『宋書』卷八明帝紀泰始三年の詔である。それは當時の贅澤の實態を詳しく傳えている。

頃商販逐末、競早爭新、折未實之菓、收豪家之利、籠非膳之翼、爲戲童之資、……自今鱗介羽毛、肴核衆品、非時月可採、器味所須、可一皆禁斷、嚴爲科制、

つぎは『梁書』卷三八賀琛傳である。そこにはかれの時政批判が述べられているが、その第二事として、天下の宰守の淫奢の弊があげられている。かれはいう、

今之燕喜、相競誇豪、積果如山岳、列肴同綺繡、露臺之產、不周一燕之資、而賓主之間、裁取滿腹、未及下堂、

第二編　江南の開發と地域性　258

已同臭腐、

と。

ここで注目されるのは、いずれの場合も、奢侈の象徴として、果物と酒肴がとりあげられていることである。ただし、前者は果物酒肴をすべて禁斷するというのではなく、季節外のものだけを禁止するということで、通常の果物や酒肴は容認されている。しかし、實際には禁止が命じられていることからして、通常でない果物酒肴が流行していたのであって、またそうであるからこそ贅澤を誇ることになったのである。後者でも果物酒肴の過度の使用が贅澤とされている。このことは、果物や酒肴が當時食生活において相當に普及し、贅澤を誇るには季節外れや過度な使用が必要であったということである。それらの物品は一般的にいって、輸送や保存に困難と經費がともなうものである。それゆえにまた、季節外れや過度の使用が贅澤にいっそう不可缺のものであったということであろう。

ところで、これらはみな上流階級のことであるが、一般民衆にとって、常識的に考えて、果物や鳥獸魚貝の類がまったく無緣の食料品であったとは思えない。先述した鑑湖の沿岸に店を構えて魚鳥を商う民の顧客はおそらく一般民であろう。

次に、食料品と異なる側面から消費生活の一斑をながめてみよう。六朝墓を特徵附ける遺物が青瓷の明器であることはよく知られていよう。東晉南朝墓では、それまでに見られた人物・動物俑や、家屋、諸施設、農器具などの模型は姿を消し、おもに罐・瓶・碗・盤などの日常生活に常用するような器具が副葬されるようになる。もちろんそれは埋葬に際しての祭祀に用いられるのであるが、生前の生活と同じ生活を死後にも送れるように配慮されたものである。したがって、このような青瓷の日用器具はもはや貴重品ではなく、一般にも相當に普及していたとみなしてよい。もちろん、埋葬のためにも需要は大きかったであろう。『梁書』卷五三良吏沈瑀傳に、

瑀微時、嘗自至此（餘姚）鬻瓦器、爲富人所辱、とある記事は、これとまた異なる側面もあることを示しており、民間にその需要が少なくなかったことをうかがわせる。

當時の消費生活には、陶磁器の行商が行なわれていたことを示しており、民間にその需要が少なくなかったことをうかがわせる。

安傳には、

郷人有罷中宿縣者、還詣安、安問其歸資、答曰、有蒲葵扇五萬、安乃取其中者、捉之、京師士庶競市、價增數倍、

とあり、同書卷八〇王羲之傳に、

嘗在蕺山、見一老姥、持六角竹扇賣之、羲之書其扇、各爲五字、姥初有慍色、因爲姥曰、但言是王右軍書、以求百錢邪、姥如其言、人競買之、

という。このような消費は生活上の必要によるものではないが、奢侈ともいえない。しかしある種の社會現象として、このような品物が消費を促進するところに、江南の經濟の特色の一つがあるといえる。それらが經濟一般に及ぼす影響はけっして小さくはない。

ところで、このような日常生活にとどまらないさまざまな形の消費生活は、どのような場で展開したのであろうか。王羲之の逸話は會稽でのことである。會稽郡は劉宋初に三五萬の人口をかかえる大郡であったし、その中には會稽の四族とよばれたような上流階級が少なくなかったに違いない。しかし、人口の大部分は農民を中心とする一般編戶であるはずだから、一般編戶の日常生活に關する食料などの物資はともかく、以上に述べたような消費物資の需要には一定の限度があるはずである。

江南における上記物資の消費の大部分は建康においてであったことは疑いないところであろう。建康の人口につい

ては、『金陵記』(『太平寰宇記』巻九〇)は「梁都之時、城中二十八萬餘戸」というが、それはやや過大な數字であり、數十萬をやや下回ると推測できる。しかし注目したいのはその人口構成の内容である。かつて推論したように、建康人口の大半は非生產的、消費的人口であった。建康における日常的消費がいかに巨大であったかについて、『隋書』巻二四食貨志は、

都西有石頭津、東有方山津、……其荻炭魚薪之類、過津者、並十分稅一以入官、

という。「荻炭魚薪之類」は日常の生活物資である。その通過への課稅が莫大な利益をうむがゆえに課稅がおこなわれるのであるから、このような物資の建康流入は大量に及んだといえる。一般の村落生活者であるなら容易に入手できるような物資まで購入する消費者が大量に存在するのである。その建康における奢侈的消費生活の需要物資に、上記のような會稽郡で多く生產される工藝品や果物などの物資が含まれることはもはや自明であろう。つまり、生產地會稽とその市場建康という關係が成立したと推測されるのである。

ここに次の問題である運輸と流通が檢討されねばならなくなる。會稽から建康へは、けっして近い道のりではない。しかも、運輸物資であるはずの果物や鳥獸魚貝類は、生鮮食料品であるから、輸送に特段の注意が必要であろうし、青瓷は重量があって壞れやすく、水上輸送が最適である。そのことは、生產者と輸送者の分離を必然的に招くはずであり、運輸業の成立が想定されるのである。會稽から建康への特產品の輸送が大きな利益を生むものであったことは、『宋書』巻八四孔覬傳の以下の記事が證明している。

覬弟道存・從弟徽、頗營產業、二弟請假東還、覬出渚迎之、輜重十餘船、皆是綿絹紙席之屬、覬……謂道存等曰、汝輩悉預士流、何至還東作賈客邪、

この買客は単なる商品販賣だけでなく、運輸業を營む商人ということになる。梁の徐勉が「誠子書」で述べるところでは、清貧生活の徐勉に對して門人故舊が勸めた利殖の手段は「創闢田園」「興立邸店」「舳艫運致」「貨殖聚斂」（『梁書』卷二九本傳）であった。第二のものが倉庫業、第三のものが運輸業である。倉庫と運輸が利殖のための有效な手段であるというのは、當時いかに遠距離の流通が盛んであったかを明示しているが、その大きな部分が會稽郡と建康を結ぶ流通であったと想像できる。

この會稽から建康への運輸流通の經路は、山陰から永興へ通じる水路を經、永興から錢唐へと錢唐江河口を横切り、先秦以來のいわゆる江南河によって吳郡を横斷し、破崗瀆（句容中道）に連結して建康へいたるものであったと推測できる。その破崗瀆に「通會市、作邸閣」という（『三國志』孫權傳赤烏八年）。會市とは定期市のこと、邸閣は邸店に同じく、倉庫のことである。破崗瀆はすでに三世紀牛ばの建設當初から、商業用の交通路としての機能を負わされていたのである。そしてその機能は、吳の時代にはなお三吳地方の農業生産品の建康への集中を主にするものであったが、東晉以後の會稽郡の丘陵地開發により、俄然穀物以外の商品流通へと變化したものと思われる。なお次節で言及するように、この流通路には餘杭・東陽の物資も流れ込んでいる。

以上に見たように、建康の膨大な消費人口と、會稽郡における特産的物産という現實が、その間を結ぶ商品流通路を形成したのであるが、この流通路を機能させるのが運輸業や倉庫業であり、建康の消費がますます進み、會稽の物産への需要が高まれば高まるほど、そのような業種は繁榮したであろう。こうしてこの流通路沿線には特異な經濟狀態が出現した。すなわち、流通路での物資の流れにともなう、「貨幣經濟」的狀態である。それは東晉南朝の版圖全體を覆う經濟狀態ではもちろんない。江南の物資流通路の沿線に局地的にみられる狀況であった。通說にいう南朝江南の貨幣經濟の實態は實はこのようなものであったと考えられる。

ところでこのような状況が進むと、會稽郡とこの流通路沿線の社會構成に大きな影響を及ぼしたと推測できる。商業從事者の激增と社會における貨幣使用という問題である。それを次節で檢討したい。

第三節　會稽郡の社會の變化

『隋書』卷三一地理志に舊建康の丹陽の風俗を逑べて、

舊京所在、人物本盛、小人率多商販、君子資於官祿、市廛列肆、埒於二京、

という。その商販に從事する多數の小人とは、市廛で商業行爲をおこなう商人のことと考えられるが、それだけではなく、建康に物資を運び込み、あるいは建康近郊に倉庫を構えて投機的商業をおこなう運輸業・倉庫業の從事者も含んでいるとみてよい。

地理志は次いで宣城・毗陵・吳郡・會稽・餘杭・東陽諸郡の名をあげ、

川澤沃衍、有海陸之饒、珍異所聚、故商賈並湊、

と逑べている。すでに川澤といい、珍異と逑べているところからみても、この商賈が扱う物資が、一般の農作物でないことは疑いをいれない。毗陵・吳郡二郡のような平野部分が比較的多い地域で農作物以外にどのような珍異な物產があったかは不明であるが、それ以外の宣城・餘杭・東陽諸郡がいずれも周邊の山地丘陵地帶であることは、この諸郡で商賈が商う物資が先にみたような山澤所產の食料と工藝品、奢侈的物資であることは確實である。この數郡にあつまる商賈は、特產物資の買い附けに來ているのであり、したがってかれらは同時に倉庫業や運輸業を兼ねているにちがいない。

消費都市建康がこのような大量の商業人口をかかえるのは不思議なことではない。ただ、當時の一般的狀況として、『宋書』卷五六史臣曰に、

昏作役苦、故稼人去而從商、商子事逸、末業流而浸廣、

という風潮の蔓延があったから、商業人口の增大は建康に止まらず、商賈が集まるこの數郡の出身者も多く含まれていたに違いない。かれら商賈のなかにはもちろん建康やその他の土地からきたものもあったろうが、この數郡の出身者も多く含まれていたに違いない。

それにとどまらず、このような特産物資の盛んな買い附けという特異な商業行爲は、二つの問題をはらんでいる。農業人口の減少と、村落における貨幣使用であり、この兩者は不可分に結合している。すでにみたように、かれらが買い附ける特産物資は、大部分が有力者によって占有された山澤に産出するものであるから、そのこと自體は直接的には、一般民に對して大きな影響はなかったようにみえるかもしれない。しかし、それでも次のような側面での影響は否定できないであろう。

まず前者であるが、それは各地での山澤占有の開發産業をいっそう盛んにさせ、多くの勞働力が山澤産業に從事する結果を招いたことであろう。場合によっては、有力者のみでなく零細農民の生産物もまた、かれらの買い附けの對象となったかもしれない。先に述べた王羲之の竹扇の例では、市に賣出すその竹扇は、多分あの老婆の家の自家製であった。もっとも、これらを直ちに農業人口や游食者の增加とみなすことはできまい。有力者の山澤へ勞働に入ってゆくものや、竹扇製作の家が、まったく農業と切り離されたものとは斷定できないのである。農家の副業としての工藝品製作はありうるし、有力者の土地へ農閑期に働きにでることがあっても不思議ではない。しかし、先に述べたような當時の風潮からみると、商人が集中する會稽郡などの地域で、離農者が續出することは、他地

域にもまして多かったと想像できる。

それに加えて、會稽・建康間の流通路沿線で、やや特殊な事情が生じたと想像できる。この流通路沿線では、運輸勞働の需要が他地域と較べて格段に大きかったと思えるのである。その需要にこたえることは、資本をもたない一般の民にとって、最も容易な貨幣獲得の手段であったろう。もちろんこの場合も、農民が副業として大規模運輸業の勞働者となることが想像されるのであるが、完全に離農してしまうものも存在したに違いない。

つぎに、會稽郡特產物資の商人による盛んな買い附けは、會稽郡に大量の貨幣を移入することになったであろう。貨幣の大部分は山澤を占有した有力者の手に渡ったに違いないが、その山澤開發に實際に從事する勞働者たちや一般農民の貨幣獲得の機會も、他地域のものに較べて多く、したがって貨幣使用も盛んであったと想像できる。當時の貨幣使用については、優れた研究があるが、その大部分の實例は社會の上層部に關するものでる、小論が意圖しているような一般民の貨幣との關係を分析するための材料はない。ただ傍證になるかもしれないのが、『南齊書』卷二六王敬則傳の南齊永明年間の塘丁に關する記事である。

會土邊帶湖海、民丁無士庶皆保塘役、(會稽太守王)敬則以功力有餘、悉評斂爲錢、送臺庫以爲便宜、上許之、

これには竟陵王子良の反對があり、實情を無視した暴政というべきかもしれないが、士庶に貨幣が流通している現狀に基づく發想ともいえよう。ちなみに、反對論のなかで、竟陵王子良は、その反對論のなかで、「東間錢多剪鑿」といっている。東間とは會稽郡一帶のことで、その土地に削られた惡錢がさまざまに推測できるが、貨幣への需要が高いための盜鑄の流行もそのひとつではなかろうか。

ところで非農業人口の增大と貨幣使用の流行については、非農業人口の食料問題と貨幣使用の關連をとりあげねばならないのであるが、殘念ながらこの問題を考察するためのてがかりはほとんどない。ただ想像すれば、會稽郡では

第七章　六朝時期會稽郡の歴史的役割　265

むすび

以上の議論の要點は次のようなものである。

一　會稽郡の産業の特色

會稽郡のうち、北部の瀕海地區、すなわち寧紹平原は、後漢時代以來、水利事業の成功によって豊かな農業地帶となっていた。しかし、南部には會稽山脈・四明山脈があり、山地丘陵がひろがり、その間を流れる河川の沿岸に盆地が點在する。そこには豊かな山林資源があり、東晉以後、その資源の開發が盛んにおこなわれた。その開發には、舊來の江南豪族だけではなく、例えば謝靈運のような南渡北人も參加した。

このような條件のもとで發展した産業は、穀物生産よりは、山林の地上地下資源、山澤を開拓して設置した果樹園や養魚地、山林資源を利用した青瓷などの工藝品が中心である。それらは贅澤品として、上流階級が求める物資であり、また上流階級の消費意欲をかきたてる物資でもあった。それゆえ、それら物資は當時の經濟に刺激を與えたといえる。

二　消費と流通

平野部分での主穀生産と丘陵地帶での特産品生産という地域的分業があらわれ、貨幣化されやすい特産品の生産地では主穀を平野部分から貨幣によって購入し、こうして貨幣が會稽郡全體に普及するというような狀況があったのではなかろうか。もしそうだとすると、會稽郡の經濟的地位は極めて重要なものとなるのであるが、それは今後の檢討課題である。

東晉南朝では、建康を中心に消費生活が發展していた。その消費生活には、贅澤さを誇る風潮があり、果樹や酒肴が贅澤の手段とされた。それは會稽郡の產業の產物に對する大きな需要となった。また、日常の生活器具や明器として、青瓷の需要も大きかったとみられるが、これもまた會稽郡の特產である。

建康での需要にこたえ會稽郡の物產を送るために、會稽郡より建康に向かう流通路が繁榮した。その結果、流通路沿線では、運輸業を含む商業活動が活發になり、一般民もその商業活動に關係するようになり、貨幣獲得の機會がふえて、社會全體の經濟が發展する契機となった。

三　會稽郡社會の變化

會稽郡には、商人が物資の買い入れのために集中したが、かれらの活動によって會稽郡の社會に變化が生じたと推測される。その第一は、會稽郡特產の物產の需要のたかまりによって、さらに生產が促進され、離農して特產品生產を專門とする農民が增え、第二に、特產品は商品化し、貨幣が大量に流入したのである。

第一の變化は、江南の開發をさらに進展させることになり、第二の變化によって、東晉南朝の境域のなかでも、會稽郡は突出した貨幣經濟的狀態におかれた。會稽郡の經濟的發展は、建康及び江南全體の經濟を刺激し、江南では華北と異なる社會が成立し、獨自の歷史が展開したのである。

注

（1）このような考えの槪略は、拙稿「六朝時代江南的地域社會與地域性」（谷川道雄編『地域社會在六朝政治文化上所起的作用』一九八九、本書第二編第五章）で述べたことがある。

（2）主な研究書には、唐長孺『三至六世紀江南大土地所有制的發展』（上海、一九五七）、江蘇省六朝史研究會・江蘇省社科院

第七章　六朝時期會稽郡の歴史的役割

歴史所編『古代長江下游的經濟開發』（西安、一九八九）、王志邦『六朝江東史論』（北京、一九八九）、許輝・蔣福亞主編『六朝經濟史』（南京、一九九三）等がある。また會稽郡にかぎっては、東晉時代に限定しているが、陳國燦「試論會稽郡在東晉政權中的地位與作用」（『浙江師範大學學報』一九九〇-一）が比較的詳細である。

(3) 王志邦注 (2) 著書五三頁參照。

(4) 最近南京南郊鐵心橋鄉大定坊司家山で出土した謝氏墓（『文物』一九九八-五）は、すべての謝氏が會稽郡に入ったのではないことを示している。

(5) 唐長孺「南朝的屯邸別墅及山澤占領」（初出一九五四、『山居存稿』北京、一九八九）參照。

(6) 『宋書』卷五七蔡興宗傳、卷五二止足顧憲之傳參照。

(7) 注 (2) 陳國燦論文參照。

(8) 浙江省博物館「三十年來浙江文物考古工作」（文物編輯委員會主編『中國陶瓷史』（北京、一九八二）、文物編輯委員會編『文物考古工作三十年』北京、一九七九）、中國硅酸鹽學會編『中國古代窯址調查發掘報告集』（北京、一九八四）等參照。

(9) 拙稿「建康と三吳地方」（初出一九九二、本書第二編六章）。

(10) 郭黎安「南京歷史人口的變遷及其原因」（江蘇省社聯歷史學會・江蘇省社會科學院歷史研究所編『江蘇史論考』南京、一九八九）參照。

(11) 注 (9) 拙稿參照。

(12) 何茲全「東晉南朝的錢幣使用與錢幣問題」（『中央研究院歷史語言研究所集刊』一四本、一九四九）、注 (2)『六朝經濟史』參照。

第三編　江南六朝墓と出土品

第八章　南京附近出土六朝墓に關する二三の問題

はしがき

近三〇年來、中國における考古學的發掘の成果には瞠目すべきものがあるが、六朝時代に關するものとしては、南京およびその周邊地域における六朝墓の發掘がとりわけ注目に値する。それら六朝墓は、その形式、規模、所在地、伴出墓誌、副葬品などあらゆる點において、文獻史料を補足する貴重な素材であるとともに、より具體的・實態的な歷史像再現のための重要なてがかりであるといえる。南京およびその周邊地域はいうまでもなく六朝時代、吳・東晉・南朝の中心地域であったから、そこで出土した六朝墓が吳・東晉・南朝史研究の重要史料となるであろうことはうたがいをいれないのである。[1]

ところで、六朝墓もふくめ、これまで出土した古代墓葬については、考古學的見地からの研究が當然のことながら主流をしめていたのであるが、近年、さらにすすんでそれを基礎にした政治史的・社會史的研究が提出されるようになってきた。六朝墓についても、そのような傾向は例外ではないのであるが、しかし六朝墓のばあい、その基礎となるべき考古學的研究すらまだ十分でなく、政治史的・社會史的研究の素材に出土墓をもちいるというこころみもなお

初歩的段階にとどまっているといわざるをえない(2)。ただ、そのようなこころみが六朝史研究のなかにやがて重要な位置をしめるようになるであろうことはたしかであるといえる。

しかし、そのような方法を発展させてゆくためには、まず綿密な考古學的な六朝墓の檢討が前提になるし、一方で、巨視的に六朝墓の輪郭を把握しておくことも必要になろう。ここで本稿がおこなおうとするのは後者である。すなわち、考古學的成果をとりいれた六朝の政治史的・社會史的研究という方法を深化させるための基礎的作業として、南京およびその周邊地域から出土した六朝墓について、そのあらましを總合整理し、政治史的・社會史的にみてとくに注目すべき現象のいくつかをとりあげ、おおまかな考察をおこなおうとするものである。そして、それをもとに、このような研究方法の可能性をさぐってみたいとおもう。

ところで、これまでに發掘された六朝墓は南京附近でも二百あまりをかぞえる(便宜上一九八〇年一二月までに報告のあったものに限定)が、大多數の無名墓のなかで、墓主が判明するもの、もしくは推定できるものが四〇例ちかくある。それらの墓主名、本貫、官位、墓の出土地、形式、規模、紀年等を一覧表にしたものが表Ⅰであり、これを中心にして考察をすすめることにする。

なお、ここで便宜上使用する南京附近という語のしめす範囲についてことわっておきたい。それは本稿では今日の江蘇省の長江以南、浙江省北部、安徽省の長江以東部北端の地域を總稱するものとする。この地域は、六朝時代のいわゆる三吳地方であり、吳・東晉・南朝における中心的地域であった。

第一節　形式と規模について

まずはじめに、ごくおおまかな六朝墓の特徴的形態についての素描をしておこう。墓はほとんどが磚築であり、墓室のみ、もしくは羨道と墓室によって構成される。墓室には單室のもの、二室以上の複室のあるもの、さらに、側室、耳室、足廂をともなう形式のものなどがあるが、單室墓が多數をしめる。羨道・墓室ともにその形態は長方形が普通であるが橢圓形墓室も多い。墓室の天井は券頂、すなわちアーチ式のものがあり、穹窿頂、すなわちドーム式のものがあり、まれに平頂のものがある。

ところで、一九八〇年末までに報告された南京附近六朝墓は、その總數二百基をこえるが、いうまでもなく、それらは多種多樣の形式と規模をもつ。それら六朝墓の形式と規模の一般的傾向をしるうるかぎりの南京附近出土墓を表にしたのが表ⅡⅢⅣである。このうち、

表Ⅱは、紀年墓を年代順に、南京、南京附近、浙江省黃巖縣での集中出土墓にわけてならべたもの、

表Ⅲは、南京出土墓を複室と單室にわけて、墓室長の大なるものからならべたものと、南京東北郊甘家巷での集中出土墓を同樣にならべたもの、

表Ⅳは、表ⅡⅢ以外の南京附近墓、および表Ⅱ以外の浙江省黃巖縣出土墓を、表Ⅲと同樣の方法でならべたものである。これら三表と表Ⅰをてがかりに若干の考察をしてみよう。

第一に、形式、とくに墓室數についてみてみよう。四表にあきらかなように、單室墓が壓倒的に多いが、二室（まれに三室）墓の出土例が若干ある。この二室墓、つまり前後兩室をもつ墓をみると、ひとつのはっきりした共通性に氣づく。それは、それらの大部分が時期的にみて吳・西晉期に屬するものであるという點である。紀年墓でいえば、東晉成立（三一七）直後のものである表Ⅰ28をのぞけば、表Ⅱ21を唯一の例外として、表Ⅰ Ⅱにみえるものはすべて吳・西晉期のものである。また紀年のあきらかでないものも、その多くは六朝早期、もしくは吳・西晉期、おそくとも東

晋期に編年されている。これは注目に値する傾向である。なぜなら、東晋・南朝の支配者層の中核である北人上層階層の南渡は東晋朝成立の三一七年の前後に集中しているから、この二室墓の墓主はかれらではありえず、東晋成立以前にすでにこの地に居住していたものたち、いわゆる南人にその墓主をもとめねばならないからである。とすれば、このような多室墓の墓主として、孫呉朝を構成していた有力者層、つまり南人豪族と同一系譜上にあるものたちを想定することができる。表Ⅰの例をみるかぎり、北人たちの墓がすべて単室である一方、江南土著豪族の雄、義興周氏の墓が六基のうち四基まで多室であるという事実は端的にそれをものがたっているといえよう。

しかし、南人墓のすべてが多室墓であるのではない。出土例の数からいえば、呉・西晋期に編年される墓、つまり南人墓とみなせるもののうちでも、単室墓の方が多数をしめているのである。しかも、この多室墓と単室墓は時期的にも地域的にも並存しているのであり、表Ⅰをみればあきらかなように、義興周氏墓には、四基の多室墓とならんで、二基の単室墓が存在する。この両形式の選択理由についての説得的な説明は今のところない。

また、この多室墓は、時期的には現在のところ三九八年の紀年をもつ鎮江出土墓（表Ⅱ21）が最後のものであり、それ以後のものは一基も確認されていない。それが単に出土の有無によるものか、あるいは歴史的にある一定の時期に消滅したのか、そしてもし後者であるとすれば、その原因は何かなどについてもはやきりしたことはわからない。それはまた北人墓がなにゆえに単室墓形式をとっているのかという問題ともかかわるが、今後の課題とせざるをえない。

第二に、墓室の規模についてみよう。単室墓のばあい、便宜上羨道を捨象すれば、その墓室長は大は一〇メートル（表Ⅲ6）から、小は一・二五メートル（表Ⅳ）までさまざまある。そのうち表Ⅲ6（陳宣帝顕寧陵）、9（東晋恭帝沖平陵）、15（東晋穆帝永平陵）、44（梁安成康王秀墓）、表Ⅳ4（南斉景帝修安陵）、5（南斉東昏侯陵）、6（南斉和帝恭安陵）が

275 第八章 南京附近出土六朝墓に關する二三の問題

それぞれ帝陵もしくは王墓に比定されている。[8]これら推定帝・王陵墓は、その墓室の規模をみると、表Ⅲ15をのぞき、すべて長さ六メートル、幅三メートル以上になる。この長さ六メートル、幅三メートルをかりに最大規模の指標にすると、これに相當するものがほかに表Ⅲ7・8・10・45と四基ある。このうち、45は梁安成康王秀の家族墓と推定されているが、[9]そのほかのものもその位置と規模からみて、帝・王陵墓ではないかと推測される。もっとも、帝・王陵墓とはいえ、現在までの出土例中最大のものは、全長で一五メートル（表Ⅳ4）、墓室長では一〇メートル（表Ⅲ6）にすぎず、それに近いものでも墓室長がせいぜい八メートル臺であり、つぎにのべる一般墓とくらべてみても、ようやく二倍程度の規模でしかない。

つぎに、墓室長六メートル未滿のものをみてみよう。五メートル臺のものがいくつかあるが、そのなかには全長が九メートル前後になるものもあり（表Ⅲ1・12）、ほぼ帝・王陵墓に匹敵するものといえる。しかし、もっとも多數をしめるのは、墓室長五メートル未滿三・五メートル以上のものである。それらの大半は羨道をもち、全長にして六乃至五メートル程度のものである。この規模のものがもっとも一般的であり、それをかりに中規模、これより小なるものを小規模墓としておこう。

このような六朝墓の規格は、表Ⅱ・Ⅲ・Ⅳをみるかぎり、時期的にも地域的にもとくに顯著な偏差はみられないようである。また、南京東北郊甘家巷における六朝墓群（表Ⅲ44以下）や浙江省黃巖縣における六朝墓群（表Ⅱ23以下、表Ⅳ25以下）のように、同一地區で集中的に出土した墓が、時期的にみて顯著な偏向がなく、平均した規格をもっていることも、[10]南京附近出土六朝墓の時期的・地域的偏差が比較的すくないことをしめすものであろう。

ところで、かような墓室の大小が墓主たちの現世における勢力の大小とある程度對應するとかりに考えたばあい、出土墓のありかたからどのような事實を想定できるであろうか。表Ⅰをみれば、王謝と並稱されて南朝屈指の貴族

であった琅邪臨沂の王氏、陳郡陽夏の謝氏の墓が、前者は九基（うち墓主の判明するもの四、そのうちの一は王彬夫人夏氏。そのほかは推定）、後者が二基、それぞれ出土している。その規模をみると、謝氏墓は二基とも全長八メートルに近く、やや大型に屬するものといえるが、王氏墓はいずれも、さきにのべたいわゆる中規模墓の範圍に屬する。もっとも、のちにふれるように（卷末系圖參照）この王氏諸人は王彬の子孫であり、南朝に君臨した王氏のなかでは傍流に屬しているし、また墓誌によれば、その官職も無官、もしくは縣令程度にすぎず、顯達をかさねた王氏本流とは異なるから、これをもって王氏全體の墓の規模を推測するわけにはいかない。王氏本流が帝・王陵墓に匹敵するような大規模墓を築造していた可能性がなかったとはいえないのである。しかし、王謝につぐ帝・王陵墓の一とみなしうる琅邪顔氏にしても、規模において王謝と懸隔はなく、平原明氏、平昌孟氏といった中級氏族のものもほとんど同様の規模であるところからみて、南朝の北人貴族の墓はほとんどが先述の中規模墓の範圍にふくまれるものとみてよいであろう。

このような北人貴族墓と對照的なのが、南人豪族の代表的存在であった義興周氏の墓である。その六基のうち二基は中規模墓であるが、のこりの四基は多室墓であり、全長をみれば周處（表Ⅰ24）周魴（表Ⅰ27）のものとされる墓は優に帝・王陵墓の規模に匹敵し、周玘とその二子のものとされる墓（同28）は、全長八・四メートルをこえ、四室をもつ壯大なものである。「江東之豪、莫彊周沈」（『晉書』卷五八周札傳）といわれた周氏にしてはじめて可能であったものであろうが、江南土著の大族の勢力の一端をうかがわしめるに十分であろう。また、呉縣獅子山出土墓（表Ⅱ13・15）、句容出土墓（同14）、杭州出土墓（同19）、安吉出土墓（表Ⅳ1）、儀徵出土墓（同2）等も、呉・西晉期のもの、つまり南人墓とみられるが、規模がやや大である。

もっとも、それが南人墓の一般的形態でないことはいうまでもない。呉・西晉期に編年される南京以外の周邊部出

277　第八章　南京附近出土六朝墓に關する二三の問題

土墓は、南人墓とみなしてよいが、そのなかには單室、中規模の墓が存在するのであり、東晉以後の墓で、現在確認できる唯一の南人墓(吳郡褚氏墓、表Ⅰ31)もまた中規模の單室墓である。

第三に、封土堆、もしくは墳丘について。陵墓にとって墳丘は重要な構成要素であるが、六朝墓の多くは、天然の丘陵を利用し、その山腹・山麓に埋設されている。そのばあい、地勢により墳丘を築造しないばあいも多い。たとえば、墳丘がつきもののようにおもわれる皇帝陵にしてからが、たとえば東晉帝陵について、『建康實錄』卷八注に、

案晉十一帝有十陵、元明成哀四陵在雞籠山之陽、陰葬不起墳、康簡文武安恭五陵、在鍾山之陽、亦不起墳、惟孝宗一陵、在幕府山、起墳也、

とあるように、大部分が墳丘を築造していない。唯一の例外である孝宗穆帝永平陵も、『建康實錄』卷八によれば、高さ一丈六尺、周圍四〇步、この陵に比定される幕府山一號墓(表Ⅲ15)の發掘報告では約三メートルの墳丘が殘存しているのみで、その規模はそれほど大きくはない。このほか、『建康實錄』では宋武帝初寧陵(高一丈四尺、周三五步)、宋文帝長寧陵(一丈八尺、三五步)、陳武帝萬安陵(二丈、六〇步)、陳文帝永寧陵(一丈九尺、四五步)の規模があげられているが、ほぼ同程度の規模である。ただ、陳宣帝顯寧陵に比定されている南京西南郊西善橋油坊村出土墓(表Ⅲ6)の墳丘が、高さ一〇メートル、周圍一四一メートルで、例外的に大きいだけである。

このように墓を丘陵地の山腹・山麓に埋設し、墳丘をおこさないという六朝陵墓の一般的特徵は、そのほかの墓についてもみられるものであるが、ときにはその丘陵全體がある氏族の共同墓地であることもある。その典型的な例は、南京北郊から出土した王氏墓群である。一九六五年一月から一九七〇年一月までの數次にわたる發掘と整理によって確認されたあわせて七基の墓(表Ⅰ1～7)は、すべて象山(俗稱人臺山)という、海拔四〇餘メートルの東西にのびる小丘陵の山腹に埋設されていた(圖Ⅰ參照)。この附近は小丘陵のつらなる地形をもつが、そのひとつであるこの象

山が王氏の一支族の共同墓地であったのであろう。長さ五〇メートル程の區域内に四基が埋設されていた。

これらの例はともに北人墓であるが、南人墓のばあいはいささか樣相が異なる。とりわけ注目されるのは、先述の江蘇省宜興縣縣城内にある義興周氏墓(表Ⅰ24〜29)である(圖Ⅱ參照)。報告書によれば、墓域は五萬七千餘平方メートルに達し、その中心は突出した狹長形の南北約一五〇メートル、東西七五メートルの岡であり、その上に四座の墳丘がある。墳丘の高さは六〜四メートルもある。もっとも、もとは墳丘は七座あり、清の康煕年間にはなお五座の墳丘があったとおもわれる。したがって、墓もはじめは七基あったはずであるが、一基は破壞されて、痕跡をとどめぬという。ともかくも、墓域の廣大なこと、ならび立つ墳丘の威容には人を瞠目せしめるものがあったであろう。

吳縣獅子山出土墓(表Ⅱ13 15)も、獅子山(別名窄嶁山)東麓に、西北から東南にほぼ一直線にならぶ三基の墓(最西北の一基は破壞されている)であり、同一氏族のものとみられるが、南北およそ二〇〇メートルの範圍(南方二基の間が八二メートル)をもち、各墓の規模はそれぞれ一〇〇平方メートル程度、二メートル前後の墳丘をもっている。この墓もまた周氏墓ににた外觀を呈していたということができる。

以上にのべてきたように、東晉成立以前の南人墓と東晉成立後の北人墓には、墓室の形式、規模、墳丘などに關して顯著な差異のあることがあきらかになった。とりわけ、東晉以前の南人墓は、その規模や墳丘において巨大なものが多く、東晉以後の帝・王陵墓がようやくそれに匹敵するほどのものであり、東晉以後における北人墓は、それにくらべて小型の規模であったことがたしかめられた。

ところで、南朝貴族制において、いわゆる南北人問題、たとえば北人と南人の存在形態の差は重要な問題であるが、右にあきらかになった事實は、この問題の檢討にとってひとつの興味ぶかい材料を提供することになろう。ただし殘

念なことは、東晉以後の南人墓の狀態がいまのところほとんどわからない點である。東晉以前の南人墓の特色ともいえる多室墓がある時期に消滅してしまうことは先述したが、東晉成立後の南人墓が東晉以前のそれと同じなのか變化したのか、變化したとすればどうなったのかについては何らしることができない。したがって、南北兩人が並存するようになった東晉以後の南北人墓比較のためには將來の成果をまたねばならない。かように、なお不足のところはあるにしても、南朝貴族社會研究にとって考古學的成果によってあきらかになった右のような南北人墓のありかたが貴重な素材であることはまちがいないといえるであろう。

第二節　所在地をめぐって

墓地の所在地もまた重要な問題である。とりわけ、この時代には墓地と本貫地の關係は不可分のものがあり、母の遺言のゆえに本郷に歸葬せず、もって長年の廢辱をうけた陳壽の例（『晉書』卷八二本傳）にもあきらかなように、歸正首丘は墓葬地選定の決定的論理となっている。しかし、南朝貴族においては、それがやや特異な樣相を呈している。いうまでもなく、江南諸政權の中核であったかれらの多くが、本郷をはなれ、また本郷への歸葬が事實上不可能である流寓者であったからである。このことに關して、『晉書』卷七五范甯傳のつぎの記事は示唆的である。

甯又陳時政曰、古者分土割境、以益百姓之心、聖王作制、籍無黃白之別、昔中原喪亂、流寓江左、庶有旋反之期、故許其挾注本郡、自爾漸久、人安其業、丘壟墳柏、皆已成行、雖無本邦之名、而有安土之實、今宜正其封疆、以土斷人戶、明考課之科、修閭伍之法、難者必曰、人各有桑梓、俗自有南北、一朝屬戶、長爲人隸、君子則有土風之概、小人則懷下役之慮、斯誠幷兼者之所執、而非通理者之篤論也、

この議論の主旨はいわゆる土斷の主張であるが、それと密接な連關をもつものとして墓地の所在が言及されている。范甯によると、北來の諸人が江南に設定したその墓地は本貫の名こそないものの、實質上の本郷地墓地として定着していること、それにもかかわらず、なおもとの本貫地の墓地に固執しているものがいるのである。後者は、それが土斷反對論者の有力な論據であったからともおもわれるが、やはり江南の墓地を假葬の地とみなし、北土の本郷のそれを眞の墓地とする心情が根強くのこっていたことは否定できぬであろう。かような狀況下での北人の墓地選定の實情を檢討し、江南における北人の動向をうかがおうとするのが本節の主題である。

六朝人の墓地の所在をしるす文獻上の記事はすくなくない。むろん、それらのなかにも、附會・假託に類するものがふくまれていることに注意をはらう必要があるし、後世の記錄には信憑性のうすいものもあるが、およその傾向をうかがうには十分とおもわれる。これらを整理し、南北人別、王朝別にならべたのが表Ⅴである。このうちの若干については異傳があるものの、大部分は諸書のしるす所在地の縣名が一致する。もっとも各縣内におけるその方角・距離については諸書の記載にかなりの出入があるが、本節の目的はそれらの墓の正確な所在地の比定にあるのではなく、所在地の分布の狀況を知ることにあるから、この表Ⅴでは一部例外をのぞいてそれは捨象する。これに表Ⅰの出土墓とその所在地の資料をくわえ、若干の檢討をしてみよう。

まずはじめに、南人の墓地の所在をみてみよう。表Ⅴ75～136の例、および表Ⅰ24～35の例であきらかなように、わずかの例外（表Ⅴ92,93、表Ⅰ30,31(22)）をのぞき、すべてがその本貫地もしくはその近邊に墓地をもつ。本貫と墓地所在地の地名の異なるものは、ほとんどが行政區畫名の變更によるものである。したがって、南人のばあい、本籍地への歸葬という原則は嚴密に遵守されていたということができるであろう。

さて問題の北人墓の所在地であるが、表Ⅴでは、いくつかのかぎられた地域にそれが集中している。そのうち、と

281　第八章　南京附近出土六朝墓に關する二三の問題

くに顯著であるのはつぎの諸區域である。

上元縣（一〇）2甘寧　14山簡　18王導　20卞壼　39郭璞　41溫嶠　52顏含　62謝惠連　63謝濤　68明僧紹

江寧縣（六）10魯肅　17王祥　50衞玠　51謝安　57吉翰　70王僧辯

丹徒縣（五）11劉繇　28郗鑒　30郗曇　45褚裒　66蕭思話

金壇縣（五）23左思　43袁宏　58徐湛之　72袁興祖　73潘闡之

當塗縣（四）21毛璩　36桓溫　42畢卓　44楊亮

無　錫（三）53王華　55王僧達　67王琨

これらはみな舊建康近郊およびその周邊の地域である。これに13諸葛恪（句容）、48蔡謨（丹陽）、71范雲（溧陽）をくわえると、實に表Ⅴ中の北人の半數が、この地域に墓があることになる。これ以外の地區では、吳郡郡治の吳縣に七（表Ⅴ56 22 24 27 34 47）、吳興郡治の烏程縣に四（同1 31 46 69）、長興縣に三（同32 33 39）、會稽郡蕭山縣に三（同15 37 56）、嵊縣に三（同26 38 64）というのが注目されるくらいであるが、吳縣・烏程縣以外は建康周邊地域の顯著さとは比較にならぬものであり、かような統計によれば建康周邊に北人墓の大半が集中している事實は否定できない。そして、表Ⅰの北人墓もまたその事實を立證している。
(23)

ここで、やや詳細に南京近郊の六朝墓について檢討しておこう。南京は西に長江、東に紫金山（鍾山）をひかえているが、この南京とその近郊の北・東北部が舊上元縣、南が舊江寧縣にあたる。そして、先述のように、表Ⅴでは上元縣に一〇、江寧縣に六を數える北人墓が存在し、表Ⅰでは1～13、18 20 21が南京北郊に、14 22が南郊にある。この南京南北兩郊では隨所に六朝墓が出土しており、六朝時代建康の重要な墓葬區域であったことがわかる。なかでも、注目されるのは北郊一帶の地である。そのやや東北寄りの甘家巷には、梁の宗室諸王の墳墓が集中して

おり、また多数の六朝墓群が集中的に出土している（表Ⅲ44〜）ところから、特別の墓葬區であったろうとされているが、表Ⅰ、Ⅴからみても、とくに墓が多い地域である。この北郊にある墓について、表ⅠとⅤを對照してみると、表Ⅴ18王導とⅠ1〜9王氏、Ⅴ52顏含とⅠ10〜13顏氏、Ⅴ68明僧紹とⅠ18明曇憘は、それぞれ文獻と出土地に關連がみられる。また、後述するように、王氏と顏氏のばあいは、一族の墓が一箇所に集中し、「宗族墓」的形態をとっている。この地が北人諸族の墓葬區であったことは確實である。なおまた、この地は、晉成帝咸康七年（三四一）に僑置された臨沂縣の境域にふくまれることになるが、琅邪郡臨沂縣はここに墓地のある王氏・顏氏の本貫であり、僑郡縣と本貫の關係についての注目すべき事例とみられる。この點についての詳細は別の機會に論じる。

南京近郊におけるかような北人墓地の集中は、京都に居住する王朝の官僚としての北人流寓貴族層の存在形態を象徴するかのようである。そして、それは南朝貴族制研究にとっても無視できぬ重大な問題であるとおもわれるが、その議論のまえに、建康以外にある墓地についてのべておかねばならない。

建康以外の地で墓地が集中しているのは、吳縣と烏程縣をのぞけば、丹徒・金壇・當塗・無錫・長興など、建康に比較的接近した地域である。そして、これらの地域における墓には、丹徒の郗氏、無錫の王氏、長興の殷氏、金壇の袁氏のように、一氏族で複數の族人の墓の存在することがある。それはおそらくそこにその氏族の「宗族墓」的墓地が存在していることをしめしているのであり、その地とかれらとの間に何らかの關係があることをうかがうことができる。

たとえば、無錫には王華・王僧達・王琨の墓があることになっている。かれらはいずれも琅邪王氏の中でももっとも繁榮した王導の系統にあり、その曾孫・玄孫にあたる。一方、すでにのべたように南京北郊にはやはり王氏の墓があったが、かれらは王彬の子孫であり、この系統は王導の子孫からは疎外され、輕んじられていた（第三節で詳述）

つまり、ここには氏族の門流の分化・獨立と、それにともなう墓地の擴散という現象をみることができる。しかし、ではなぜ王導の子孫が王導の墓地上元縣を去り、無錫に墓地を移したのであろうか。

いったい、本籍地に墓地を設定するのはいかなる理由によるのか。東晋南朝の北人の例を自らの墓地とすることは原則であるが、本籍地以外に墓地を設定するかれらの例をいくつかあげてみると、王羲之の墓は會稽郡諸暨縣にある（表V 19）が、かれはもともと京師にいることをたのしみ、右將軍會稽内史として浙江をわたるや、終焉の志をいだき、以後この地を生活の場としていたという（『晉書』卷八〇本傳）。王敬弘の墓は餘杭縣にある、かれは餘杭縣に舊居があり、餘杭縣で卒した（『宋書』卷六六本傳）。戴顒の墓は會稽郡剡縣にある（V 64）が、戴氏は剡縣に名山が多いので世々剡にいたという（『宋書』卷九三本傳）。謝琰の墓は溧陽縣から出土した（I 15）が、伴出した墓誌と墓磚によれば、かれは生前溧陽令であった。このような例からいえば、地方官としての任地、あるいは景勝の地がやがて生活の場となり、そこに墓地が設定されるというのが本籍地以外に墓地を設定する際の普通の方法であったようにおもわれる。

しかし、はたしてそれだけのことであろうか。『宋書』卷六七謝靈運傳に、

　靈運父祖並葬始寧縣、并有故宅及墅、遂移籍會稽、修營別業、傍山帶江、盡幽居之美、

とあるのは、この問題に關して注目に値する記事である。なぜなら、墓地所在地は單なる生活の場というより、かなりの土地所有をともなう大族の本據地のごときものが形成されているようにみうけられるからである。そのほか、會稽郡始寧縣に謝靈運の祖玄・父瑍の墓と故宅別墅のあったことがわかるのであるが、そのちかくの浦陽江畔にある太康湖にも謝玄の田居があったとされている（『嘉泰會稽志』卷一〇）、その近くの浦陽江畔にある太康湖にも謝玄の田居があったとされている（『水經注』卷四〇漸江水注[28]）。謝氏と會稽郡との關係はこの謝玄の門流だけにとどまらなかったようで、縣にも謝靈運の別莊があったらしく（『嘉泰會稽志』卷一〇）、

謝玄の叔父にあたる謝安は四〇才で出仕するまで會稽に寓居していた（『晉書』巻七九本傳）し、謝安の子琰は會稽郡・吳興郡・南琅邪郡などに田園を經營していた（『宋書』巻五三謝方明傳）。謝沖の子方明は孫恩の亂に會稽郡が陷落した際、かつて孫恩の黨を殺していたことから、母や妹をつれて會稽郡から脱出している（同上）が、これもまた會稽郡がその生活の場であったことをしめしている。このような陳郡謝氏と會稽郡の密接な關係がいついかなる契機からはじまったかははっきりしないが、會稽郡内に土地經營を中核とする本據地を再建したことは確かである。南渡後のある時期に謝氏が族的結合を維持しつつ、いわば新本據地のごときものの存在をもしらしめるものだといわねばならない。

この謝氏の例がどこまで一般化できるのかは論議の餘地があるが、すくなくとも建康以外の地における同一氏族の複數の墓の存在についていえば、そこにかれらによる土地所有を中心とした勢力圏の構築がなされていることが大いにありうることとして考えられるのである。しかも、「宗族墓」らしきものがあるとみられる丹徒・無錫・金壇・長興などの地は、長興をのぞき、舊晉陵郡域であるが、晉陵郡は東晉以前は人口密度の稀薄な地であって、もっとも南渡流民の集中した土地であり、したがってかれらによって急激な開發がこの時期にすすんだ地域でもある。それゆえ、謝氏と同樣にそこに大規模な土地所有を實現し、本據地に複數の墓のあった前述の郗氏・王氏・殷氏などが、この地域に複數の墓を設營したことは不可能なことではない。

それでは、建康郊外に墓地を設營した諸人のばあいはどのように理解すればよいのであろうか。これまでの考察からみて、かれらが建康近郊に墓地をおいたのは、まず何よりもかれらの生活の場が京師建康、もしくはその近郊にあったことによるものと考えざるをえない。むろん京師に居住したとしても、封地などによる土地を地方に所有している

第三編　江南六朝墓と出土品　284

ばあいもありうるし、建康近郊がその土地所有の所在地であることもありうるのであるが、多くのばあい、その機會にめぐまれないものたちが京師近傍に居住したのではないだろうか。南京北郊で出土した王氏墓の墓主たちが王氏全體のなかでは支流に屬すること、そして無官もしくは低い官職しかもっていないことは先述したが、晩渡、すなわち、渡江の時期が遅れ、それだけ門地が低く評價されるという條件をもっていた明氏(『南史』)巻五〇明山賓傳)の墓が二基、南京北郊に存在したこと(表Ⅰ18、表Ⅴ68)もその推測を傍證するであろう。

またかりに建康に埋葬された北人が生前に地方に在住して、建康を居住地としていなかったとしても、建康に墓地を設營すること自體、その建康との紐帶の特別さをしめしているのであり、地方に墓地を設營したものたちとはやはり區別さるべきであると思われる。

以上のように理解してよいとすれば、北人の墓が建康にあるか地方にあるかという問題は、かれらの居住地がどこにあったかということと關係するのみでなく、かれら自身の存在形態ともふかくかかわるものといえる。つまり、京師建康に居住し、もしくは建康と密接な關係をもつものと、たとえば謝氏に典型的にみられたような地方に獨自の本據地をもつものとの差がそれである。(31) このような存在形態の差は、従來から一律に流寓貴族とみなされてきた北人像の再檢討を必要とするであろう。

第三節　いわゆる宗族墓

漢から六朝にかけての墓葬のひとつの特徴的現象は、いわゆる宗族墓(「家族葬」)(32)である。宗族墓とは族員の墓が一定の地域に集中し、巨大な兆域を形成するというものである。そのような墓葬の形式は、族的結合のありかた、本

本節では、考古學的成果と文獻にみえる宗族墓の典型的な例を紹介し、簡單な檢討をおこなう。據地との關係をはじめ、當時の大族の存在形態についてのさまざまな檢討に興味ある素材を提供することになろう。

さて、考古學的發掘によってあきらかになった宗族墓の典型的なものは、現在三例ある。南京北郊の琅邪王氏墓群、琅邪顔氏墓群、江蘇省宜興縣城內の義興周氏墓群がそれである。その墓地の狀態についてはすでにふれたが、ここであらためてその詳細をみてみよう。

王氏墓群は南京北郊の新民門外約一キロ餘にある標高四〇メートルあまりの象山（俗稱人臺山）から出土した。この小丘陵から發掘された墓は計七基あり、そのうち墓主が伴出墓誌によって判明するもの四基、M1王興之夫妻、M3王丹虎、M5王閩之、M6夏金虎、そして、M7は棺具が三個あり、男戶一女戶二が出土したが、王廙のものではないかと推定されている（表II1〜7）。また、王興之墓誌には、興之（M1）が父彬の墓の左に、王丹虎墓誌には、かの女（M3）が父彬の墓の右に埋葬されたとそれぞれ記されているから、王彬の墓もまたM1とM3の間（その間約一四・五メートルという）にあるはずであるが、南京市博物館が實施した考古學的調査では、そこには墓の存在をしめす形跡がまったく發見されなかったという。なお、M7を王廙のものと推定した報告者（南京市文物保管委員會）は、王廙の子孫の墓がこの近邊に存在する可能性があるともいっている（以上、圖I參照）。

さて、王彬の女丹虎、息興之、孫閩之等は從來の文獻史料にはまったくみえなかった人名であり、王興之・閩之兩墓誌によって、王彬の世系表を補足することができる。世系Iは琅邪王氏の主要人物の系圖であるが、破線で圍んだ部分がそれである。

この世系によれば、王彬の門流は南朝の王氏の主流であった王導の子孫とは系統を別にしている。末流ではあるが、琅邪王氏の世系表を補足することができる（『宋書』卷六〇王淮之傳）より淮之にいたる四代は、あいついで御史中丞を歷職した稀な例である（興之の兄弟となる）。王彬の子彪之

『南齊書』卷三三王僧虔傳に、

遷御史中丞、領驍騎將軍、甲族向來多不居憲臺、王氏以分枝居烏衣者、位官微減、僧虔爲此官、乃曰、此是烏衣諸郎坐處、我亦可試爲耳、

とあるように、王導の玄孫僧虔にいわせれば、甲族から敬遠された御史中丞の職は、王氏の支族で烏衣巷に住んでいたものたちにこそふさわしいものであった。この烏衣巷に住んで、御史中丞が似合いとされる門流が王彪之以下を指していることは確實である。つまり、この門流は王氏本流からすればやや門地のおとる系統とみなされていたし、實際にそうであったのである。

すでにふれたように、南朝の王氏の基をひらいた王導の墓は建康北方の幕府山西にあったが、その子孫である王僧達・王華・王琨の墓は無錫近郊にあったといわれる。かれらに比してやや劣等の門地とされ、烏衣巷に居住しつづけて烏衣郎とよばれたものたちの墓地が建康北郊に設定されたのであり、王興之たちもその烏衣郎の一人であったにちがいない。

王氏のなかで、建康に居住地をもち、本流に比して劣等な門地をもつ一支族の墓が建康附近に存在したことについては、偶然のことなのか、それとも墓地の所在、居住地の所在と同族間の勢力の強弱、門流の高下が連關の關係にある(前節ではこの可能性もあることをのべた)のかは、なお今後の考察をまたねばならないが、いずれにしてもこの王氏墓群が南朝における北人貴族研究の貴重なてがかりであることにかわりはない。

顔氏墓群は、南京挹江門外東北、下關車站東約三キロ、新民門北方約二キロ(若干西北方へ傾斜)で、ほぼ東西に一列にならび、西より順に1號墓、二五メートルはなれて4號墓とならんでいる。四基の墓はすべて南北向のもので、計四基出土した。四基の墓はすべて南北向のもので、長江ちかくの老虎山麓で發見されたもので、計四基出土した。四基の墓はなれて3號墓、一一メートルはなれて2號墓、一五メートルはなれて4號墓とならんでいる。

1號墓からは磚刻墓誌、2、4號墓からは銅印、3號墓からは石印が出土し、それによって、1號墓は顏謙婦劉氏、2號墓は顏綝夫妻、3號墓は顏約夫妻、4號墓は顏鎭之の墓であることがわかる（表Ⅰ10～13）。

顏氏の來歷の大要は、『晉書』卷八八孝友顏含傳、『金石萃編』卷一〇一顏氏家廟碑、『元和姓纂』卷四、『北齊書』卷四五文苑顏之推傳などによってしることができる。顏氏は琅邪臨沂の人、顏含のとき、東晉元帝に從って渡江し、ながく江南にいたが、その八世の孫之儀・之推が北周に拉致されるにいたって、再び北土の人となった（世系Ⅱ參照）。

顏氏家廟碑によれば、

　（顏）含……隨元帝過江、已下七葉、葬在上元幕府山西、

とあって、顏含以下七世、顏協までの顏氏の墓が上元縣幕府山西にあるという。また、『景定建康志』卷四三では、上元縣靖安道の側に顏含の墓があったとされている。すなわち、この地が顏氏八代の宗族墓地であったことは疑う餘地がない。ただ、このたび出土したのは、顏約、顏綝、顏鎭之のみであり、そのほかに無名墓があるのかないのかといったことの詳細は一切不明なのであるが、夫人の墓が出土した顏謙自身の墓の存在は豫想されるところであるし、文獻によるかぎり、顏含以下八世の墓のうちかなりのものがここに集中している可能性は高い。そうすると、相當大規模な宗族墓であったといわねばならない。

周氏墓群は、すでにふれたように、江蘇省宜興縣城内にある。一九五三年、この地の晉征西將軍周處神廟とつたえる廟内で西晉墓二基が發見され、そのうち一基は周處のものであることが確認された。ついで、一九七六年、同地で四基の墓が發掘され、そのいずれもが同氏の墓であることが確かめられた。

墓地は同縣城内東南部の周墓墩なる地にある。約五萬七千餘平方メートルの墓域に、當時は四座の墳丘がほぼ南北

幕府山西、靖安道旁というのは、まさしく南京北郊の老虎山麓

になら んでいた（圖Ⅱ）。その状態は第一節でふれた通りであるが、發見された六基の墓の主は、墓1が周處、以下、2周札、3周靖、4周魴、5周玘・周勰・周彝、6周賓、と推定されている。また、墓はもと七基あったはずといわれるが、その殘りの一基はだれのものであったか、もはやわからなくなっている。おそらく、靖の四子、札の二子、碩のうちの一人であったろう（世系Ⅲ）。

周氏はもと吳郡陽羨縣を本貫とする。陽羨縣はのち吳興郡に屬し、周玘の「三定江南」の功によって義興郡がたてられると、その郡治となった。現宜興縣がほかならぬその地である。

周氏は、孫吳朝の部將であった魴によってあらわれ、西晉に著名であった悲運の將、處をへて、その子玘のときに石冰、陳敏、錢璯の亂を平定（いわゆる「三定江南」）して東晉の成立に寄與し、吳興の沈氏とならび稱される南土屈指の大族となった。しかし、北人優位の東晉王朝の構成に不滿をもち、北人の排除を企圖してはたせず、王敦の亂にあっては、「一門五侯」の勢威を忌まれ、ついに札・筵以下、一門族滅の悲運にあった（『晉書』卷五八）。周氏墓群の威容は、このような大勢力をもった一族の勢威を人にしらしめるに十分なものであったとおもわれる。

以上が考古學的發掘によってあきらかになった江南の宗族墓であるが、とりわけ、前述の吳縣獅子山の三基の墓もこの周氏墓群に準じる規模といえる。これに對して、王氏墓群と顏氏墓群はこれらと對照的であるが、それは、南北兩人著豪族の現實的存在形態をうかがわせるものとして、注目すべきものがあろう。

周氏墓群の存在形態の差異を象徵するものともいえるだろう。

ところで、これら考古學的成果の例とは別に、文獻上にもこのような宗族墓の存在をみることができるので、つぎにはその例をあげて、簡單な言及をしておこう。

まず、江南諸族でも最大のものといえる吳郡吳縣の陸氏について、『紹熙雲間志』卷中冢墓（『至元嘉禾志』卷一三冢

墓松江府條略同）の項によれば、一一人の陸氏の墓が華亭縣（今江蘇省松江縣）西北の崑山に集中している。また先述の義興周氏と並稱された大族吳興郡武康縣の沈氏の墓が、『嘉泰吳興志』卷二二によると、德淸縣・武康縣にあわせて一二あったという。宣城の史氏は六朝の正史にはほとんどあらわれない一族であるが、『輿地紀勝』卷一八江南東路太平州古迹項にあわせ、『景定建康志』卷四三風土志三諸墓項には、溧陽縣にある史氏墓一〇(44)を記録している。また、吳陶基及諸陶氏墓をあげ、

其墓在（當塗）橫山之麓、地名陶墓岡、墓碑見在、而陶基陶璜等墓皆在焉、又有晉陶回及陶如海墓、在澄心院、詳見碑陰所紀、

という(45)。これらは、すべて漢・六朝人のもの（宣城史氏のみ唐人あり）であり、當時かような宗族墓がすくなからず存在していたことをしることができる。文獻の記錄によれば、陸・沈・史氏の宗族墓は個々の墓の間の距離が相當あって、おのおの獨立しているようにみえるが、それら主要人物の墓ははなれていても、そのそれぞれの周邊に他の族人の墓を從えたようなものではなかったかと想像される。あるいは『太平御覽』卷五五九引（夏侯曾先）『會稽郡十城地志』に、

上虞縣東南有古冢二十餘墳、宋元嘉之初、潮水壞其大冢、初壞一冢、塼題文曰、居在本土、厥姓黃、卜葬於此、

とあるように、大墳を中心に諸墳が點在し、また墓碑がそびえたつというような景觀を呈していたのであろう。右の宗族墓はすべてその本籍地にあるが、おそらくその周邊は大土地所有を中心とするかれらの本據地であり、その壯大な墓地はかれら一族の結合の象徵であるとともに、周邊の村落社會の住民たちにかれらの勢力をしらしめることにもなったであろう。

以上にみたような宗族墓、とりわけ周・陸・沈・史諸氏のそれは、江南豪族と總稱されるものたちの現實的形態を

むすび

以上三節にわたって、近年南京附近で出土した六朝墓のおおまかな状況と、とくに政治史的社會史的觀點からした注目點をのべてきた。その要點をあらためて整理すれば、およそつぎのようなものになる。

一、規模について。墓室數については、東晉以後の北人墓が單室であるのに對し、吳・西晉のものに多室墓がしばしばみられること、墓室の大小では、上層階層のものとみられるのは墓室長五～三・五メートル程度のもので、帝王陵墓の半分程の規模であること、ただし江南豪族のばあいは帝王陵墓を凌駕するようなものもあること、墳丘については、大部分は墳丘を築造しないようだが、江南豪族のうちには大規模な墳丘をもつ墓が少なくないこと、など。

二、所在地について。南人墓はほとんどその本籍地にあること、北人墓は、建康近郊にあるばあいと、それ以外の周邊地に分散するばあいがあり、とくに後者のばあいは、その墓地周邊に土地所有を中心とする一種の勢力圏が存在することがあること、など。

三、一族の墓が集中して設營されるいわゆる宗族墓について。考古學的發掘および文獻上の記載から、いくつかの典型例をしることができるが、とくに東晉以前の江南豪族のものは、かれらの勢力範圍と族結合の象徵として、規模も大きく、壯大なものであったこと、など。

しる上での重要なてがかりとなろう。それらと建康附近の北人墓との對比、あるいは北人墓とはいえ、建康附近の墓とその形態の異なることが豫想される會稽郡にある謝氏墓との對照などは、今後の檢討をまたねばならぬが、南朝の貴族社會の具體的研究に資する所大であろう。

はじめにのべたように、本稿の目的は、とりあえず南京附近出土六朝墓について、その考古學的成果を總合整理して概況を把握すること、そしてそれにもとづいて政治史的社會史的觀點から若干の考察をすることにあった。しかしながら、本稿では考古學的見地からの觀察が缺落し、また政治史的社會史的觀點からの考察も初歩的、かつ皮相なものという譏りをまぬかれないものとなっている。ただ、不十分ながらも、北人と南人の差については、たしかに北人墓が東晉以後のものであるのに對し、南人墓の資料は東晉以前のものが大部分であるという問題はあるにせよ、意識的にその差異を對比させることによって、あきらかにすることができたとおもう。それは、この南北人問題が南朝貴族制の根本にかかわる問題であるという認識によるのであり、また、ともすれば豪族的存在形態をとる南人と貴族的存在形態をとる北人というしばしばいわれる兩者の差の内容をより具體的にとらえる必要があると考えたからである。

しかし、あくまでこれは基礎的作業であり、今後にのこされた課題はさらに多い。たとえば舊荊州地區に屬する長沙や武昌、さらに廣州・福州などでも相當數の六朝墓が出土しているが、おなじ南朝領域内にあったこれらの地域の墓と南京附近出土墓の對比、そしてそれらと中原地帶の漢六朝墓との對比などは、必要不可缺のものであるし、また本稿では一切ふれなかった副葬品についても、多樣な視點からの分析が望まれる。そのような作業を通じて、南朝社會のより具體的な歷史像が鮮明にうかびあがることであろう。この意味で本稿を第一歩としたいとおもう。

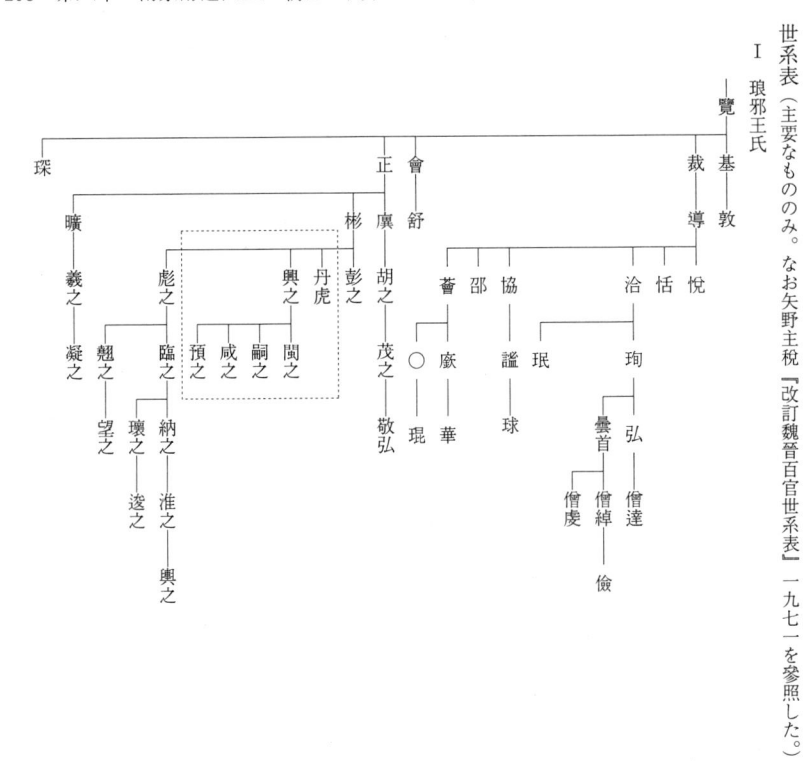

第八章　南京附近出土六朝墓に關する二三の問題

Ⅰ　琅邪王氏（世系表（主要なもののみ。なお矢野主税『改訂魏晋百官世系表』一九七一を參照した。）

```
覽─┬─裁─┬─導─┬─悅
   │     │     ├─恬
   │     │     └─洽─┬─珣─┬─弘─僧達
   │     │          │    ├─曇首─僧綽─儉
   │     │          │    └─    僧虔
   │     │          └─珉
   │     ├─協─謐─球
   │     └─邵─華
   ├─基─敦
   ├─會─舒
   └─正─┬─廣─胡之─茂之─敬弘
        │              └─○─廞
        ├─彬─┬─彭之
        │    ├─興之─丹虎
        │    └─彪之─┬─臨之─納之─淮之─興之
        │           │     └─瓌之─逸之
        │           ├─預之
        │           ├─咸之
        │           └─嗣之─閩之
   琛─┬─曠─義之─凝之
      └─    魁之
            └─望之
```

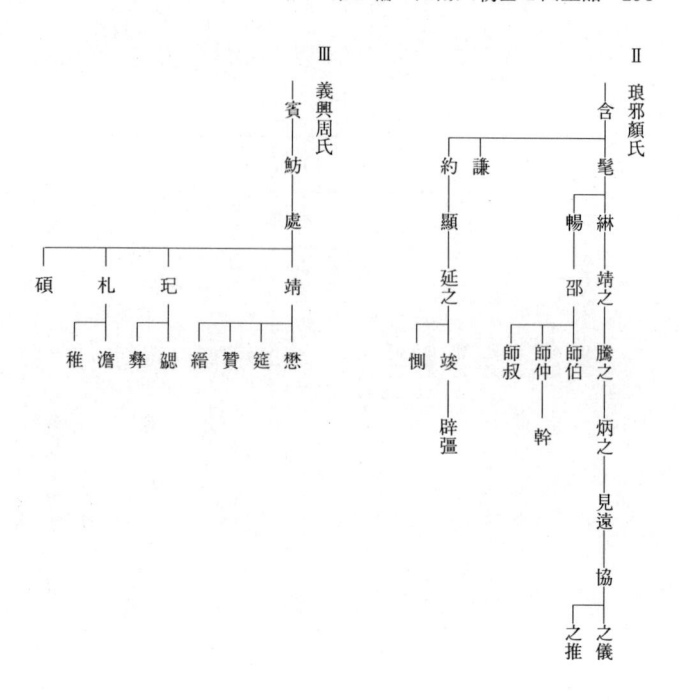

第三編　江南六朝墓と出土品　294

Ⅱ　琅邪顔氏
含─┬─髦─綝─靖之─騰之─炳之─見遠─協─┬─之儀
　　│　　　　　　　　　　　　　　　　　└─之推
　　├─謙─約─顯─延之─┬─竣─辟彊
　　│　　　　　　　　└─惻
　　└─暢─邵─┬─師伯─師仲─幹
　　　　　　└─師叔

Ⅲ　義興周氏
賓─魴─處─┬─靖─┬─懃
　　　　　│　　├─莚
　　　　　│　　├─贊
　　　　　│　　└─縉
　　　　　├─玘─鰓
　　　　　├─札─彝
　　　　　└─碩─滄─稚

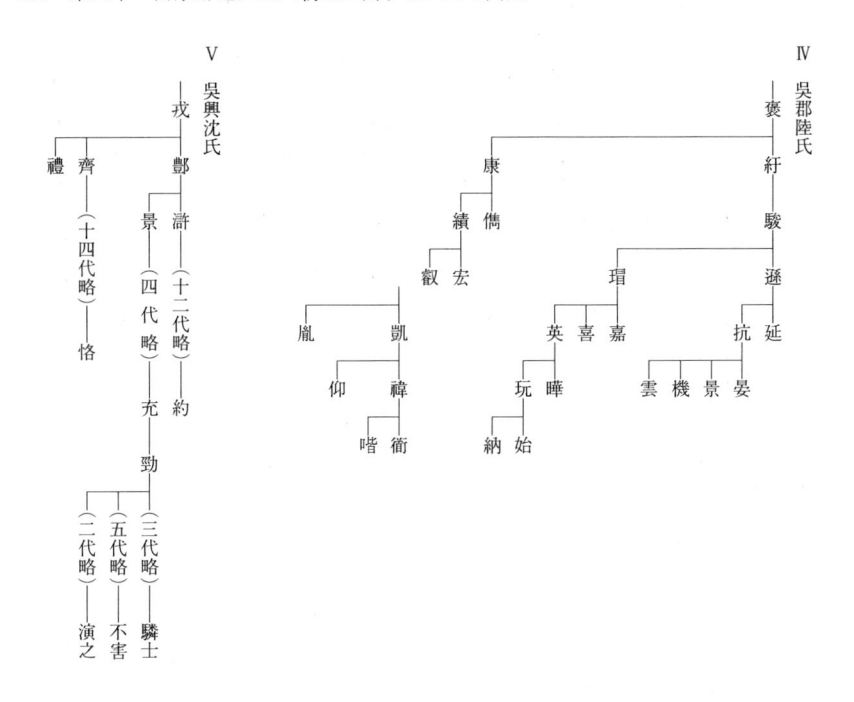

第八章　南京附近出土六朝墓に關する二三の問題

Ⅴ　吳興沈氏
```
戎 ─┬─ 諲 ─(十二代略)─ 約
    │
    └─ 景 ─(四代略)─ 充
              │
              └─ 勁 ─┬─(三代略)─ 驎士
                    │
                    ├─(五代略)─ 不害
                    │
                    └─(二代略)─ 演之

禮 ─ 齊 ─(十四代略)─ 恪
```

Ⅳ 吳郡陸氏
```
褒 ─ 紆 ┬─ 康 ─ 績 ─ 叡
        │        │
        │        └─ 宏
        │              │
        │              ├─ 胤
        │              └─ 凱 ┬─ 仰
        │                   └─ 禕 ─ 嗜
        │                          衛
        ├─ 儁 ─ 瑁 ┬─ 英 ─ 玩 ─ 納
        │         ├─ 喜 ─ 暐 ─ 始
        │         └─ 嘉
        ├─ 駿
        └─ 遜 ┬─ 抗 ┬─ 雲
              │     ├─ 機
              │     └─ 景
              └─ 延 ─ 晏
```

全長	羨道 長	寛	高	墓室 長	寛	高	紀年	備考	文献
5.33	0.87	0.94	1.40	3.70	1.75	1.96	咸康6 (340)	墓誌	文65-6、26
				4.49	1.06	1.31	升平2 (358)	〃	文72-11、23
				4.25	1.15	1.34	升平3 (359)		文65-10、29
5.30	内0.56 外0.76	1.27 1.35	1.41 1.75	3.90	3.22	3.42		推定	文72-11、23
5.18	0.68	0.91	1.18	4.44	1.25	1.88	太元17 (392)	墓誌 王彬継室	
5.93				4.54	2.09	2.17		墓主不明	文65-10、29
4.98				4.18	1.24	1.76			
7.38				5.03	3.56	4.3	永和3 (347)	墓塼 王氏と推定	文81-12、1
5.93	1.92		1.47	4.01	3.7	3.15		〃	
5.83	内0.83 外0.69	0.98 1.13	1.21 1.66	3.94	1.75	2.61	永和1 (345)	墓誌	考59-6、288
6.23	内0.62 外0.82	1.11 1.24	1.82 1.82	4.55	1.91	2.3		銅印	〃
6.03	1.06	0.96	1.49	4.66	1.98	2.3		石印	〃
6.28	内0.56 外0.81	0.93 1.09	1.87 1.87	4.63	1.66	2.32		銅印	〃
約8				約2			泰寧1 (323)	墓誌	文65-6、34
7.72	1.22	1.06	1.36	5.32	3.73	(2.61)	〃		考73-4、227
	0.6	0.72	1.12	3.66	1.03	1.55	升平1 (357)	〃	考64-5、257
				5.5	2.04	(1.47)	元徽2 (474)	〃	文77-6、55
6.25				4.62	1.96	3.36 ~2.86	泰元6 (381)		考76-1、49
7.40	2.40	1.45		5.00	2.35		普通2 (521)		考80-6、569
									文80-2、24
								〃 陳留周叔宣母	南京出土六朝墓誌
							永明11 (493)		漢魏南北朝墓誌集釈
13.12	前2.32 中1.25	2.3 1.09	1.1 1.05	前2.32 后4.5	2.34 2.2	5.18 5.05	元康7 (297)	墓塼	學57-4、83
8.95	前1.3 中1.00	1.02 1.02	1.17 1.18	前2.22 后3.9	2.22 1.94	3.00 3.97		推定	〃
6.1	1.15	1.7		4.52	2.52			〃	考77-2、115
11.3	前1.5 中1.58	1.8 1.8	1.4 1.4	前3.54 后5.5	3.54 3.58	3.38 (1.02)	永寧2 (302)		〃
8.4 (幅 11.26)	前0.96 中0.6	1 1	1.36 1.1	前3.06 后4.12 北3.91 南3.78	2.94 2.82 1.16 1.14	2.96 3.12 2.12 2.04	太寧1 (323)		〃
6.1	1	1.6	1.67	3.56	2.7			〃	
7.80	前1.1 后0.70	1.1 0.96	1.39 1.29	前2.25 后3.85	2.10 1.93	2.69 2.36	永寧2 (302)	鉛地券	文65-6、37
	1.5	1.28		4.9	2.22		興寧2 (364)	墓塼	考61-7、359
							太康6 (285)	鉛地券	學57-1、187
							太寧3 (325)	墓誌	南京博物院集刊2
							咸康3 (337)	石地券 朱曼・晋陵丹徒人	文65-6、48
							太元13 (388)	塼質地券	文59-2、74
				5.09	1.80		太和1 (366)	墓塼	參55-6、120
	1.2	0.8	1.25	5	2	1.9	太元15 (390)		通57-1、61
5.03	0.53	1.3		4.15	2.05	(0.47)	太興2 (319)	朱・駙馬都尉	考66-5、283
							永康1 (300)		參56-12、76

第八章　南京附近出土六朝墓に關する二三の問題

表Ⅰ　南京附近出土六朝墓（墓主判明・推定墓）

記號	氏　名	本　貫	官　職	出　土　地	形　式
1	王興之	琅邪・臨沂	大將軍行參軍・縣令	南京北郊新民門外1km餘・象山	凸字形
2	王閩之	〃		〃	長方形・券頂
3	王丹虎	〃		〃	長方形
4	王廣	〃	荊州刺史・右衞將軍	〃	凸字形・穹頂
5	夏金虎			〃	凸字形・穹頂
6	王氏	〃		〃	
7	〃	〃			
8	〃	〃		南京中央門外北象山東南郭家山	凸字形・穹頂
9	〃	〃		〃	凸字形・穹頂
10	顏謙婦劉			南京挹江門外東北・新民門外北約2km	凸字形・穹頂
11	顏綝	琅邪・臨沂		〃	凸字形・穹頂
12	顏約	〃	零陵太守	〃	券頂
13	顏鎮之	〃		〃	券頂
14	謝鯤	陳國・陽夏	豫章内史	南京中華門外雨花臺東北戚家山	
15	謝琰	〃	奉朝請・令・常侍・給事中	江蘇省溧陽縣西北果園	
16	劉剋	東海・郯		鎭江市東4.5km賈家灣村西南	凸字形・穹頂
17	劉岱	東莞・莒	縣令	江蘇省句容縣袁巷公社小龍口	
18	明曇憘	平原・高	寧朔將軍・員外郎・縣令	南京太平門外甘家巷北3.5km	凸字形・穹頂
19	孟	平昌・安丘	始興相・散騎常侍	安徽省馬鞍山市區南佳山	長櫝圓形
20	(闕名)	冀州？	平越中郎將・廣州刺史	南京中央門外東北約燕子磯南1km	凸字形・券頂
21	蔡冰	濟陽・圉		南京棲霞區擺山公社梅墓	
22	周氏黃夫人			南京中華門外油坊橋磨盤山	
23	周超	東平	隨郡王國中軍	浙江省紹興鯉陽謝塢	
24	周處	義興・陽羨	郡守・常侍・中丞・贈平西將軍	江蘇省宜興縣城内東南	呂字形・穹頂
25	周札	〃	尙書・右將軍・會稽内史	〃	呂字形・穹頂
26	周靖	〃		〃	長方形
27	周魴	〃	吳鄱陽太守	〃	呂字形長櫝圓形
28	周玘・顗・彝	〃		玘・建威將軍・郡守・公 顗・郡守・彝・丞相掾	〃	十字形
29	周賓	〃	吳步兵校尉・光祿大夫・郡守	〃	長櫝圓形・券頂
30	侯	廬江・樅陽	大中大夫・汝陰太守	南京中華門外板橋鎭石閘湖西北	
31	褚	吳郡・嘉興	丞相參軍・都鄕侯	杭州市老和山東麓	凸字形
32	曹翌	丹陽・江寧		南京近郊江寧縣丁甲山	
33	張鎭	吳國・吳	常侍・建威將軍・二郡守・奉車都尉	吳縣張陵山	
34	朱曼妻			浙江省宜和鄕鯨頭山	
35	陸陋	吳郡？		蘇州市木瀆五龍山	
36	卞氏王夫人			江蘇省江寧縣（南京光華門外約10里）	長方形
37	任琳母			浙江省金華縣西北竹馬館	凸字形・券頂
38	朱君妻吳			南京中央門外象山坊村	凸字形・券頂
39	錢			浙江省諸暨縣牌頭鎭東南陳鳥山	

注記：空欄は報告に記載がないもの。羨道・墓室欄の（　）は報告に殘高とあるもの。備考欄は、墓主決定・推定の根據となったものを記入してある。

文獻欄の略號は、文：文物、考：考古、參：文物參考資料、通：考古通訊、學：考古學報。
略號のつぎの數字は、卷・號、そのつぎの數字は、報告文獻の標題の頁數である。したがって、たとえば、文65-6、26は、「文物1965-6の26頁に、「南京人臺山東晉興之夫婦墓發掘報告」という報告文の題があることを示す（以下、表Ⅱ、Ⅲ、Ⅳおなじ）。

第三編　江南六朝墓と出土品　　298

表II　南京附近出土紀年墓（南京）

	出土地	形式	全長	長	寛	道高	長	寛	室高	紀年	備考	文献
1	南京	呂字・弯頂		(0.8)(0.8)	1.1 / 1.12	0.8 / 0.86	(1.88) / 3.46	1.9 / 1.9	(1.59) / 1.8	建衡3 (271)	鉛地券	考76-5, 316
2	〃	〃	8.0				5.33	2.42		元康3 (293)		考55-7, 157
3	〃	〃					3.3	1.75	1.8	永寧2 (308)		考66-4, 224
4	〃	凸字形	5.03	0.53	1.3		4.15	2.05	(0.47)	大興2 (319)		考66-5, 283
5	〃	〃					6	3.8	3.6	太和4 (369)		考76-8, 49
6	〃	〃	6.7	1.15	1.8		4.9	2	2.66	泰元9 (384)		通58-4, 41
7	〃	〃	7.5	0.94	0.92	1.74	4.48	1.67	2.26	泰元9 (384)		考76-8, 41

（南京周邊）

	出土地	形式	全長	長	寛	道高	長	寛	室高	紀年	備考	文献
8	江寧	長方形	8	(1.25)(1.2)	1.2		(2)(3.3)	2-2.3		赤烏14 (251)	虎子磚	考57-1, 187
9	溧陽	〃					2.91	0.73		鳳凰1 (272)		考62-8, 412
10	浙江淳安	凸字形	8	1.4	1.22	1.54	3.38	2.03	1.78	天紀1 (277)	〃	考59-9, 464
11	浙江慈渓	〃	9.01	(1.73)(1.03)	(0.88)(0.95)	1.65	(1.95)(1.84)	3.24 / 2.80	(1.3)	太康1 (280)	〃	文80-10, 92
12	江蘇呉県	〃		(1.03)	(0.95)	1.65	(4.30)(1.84)	2.80 / 2.95		太康4 (283)	〃	文73-5, 69
13	〃	〃					(3.62)(4.8)	2.7 / 3.15	(1.72)	元康3 (293)	〃	叢3, 130
14	句容	〃	9				(1.42)(3.90)	2.90 / 2.65	2.45 / 2.05	元康4 (294)	〃	叢3, 130
15	江蘇呉県	〃	7.90	(1.43)(1.25)	1.20 / 1.13		5.09	1.83	(0.9)	元康5 (295)	〃	叢2, 257
16	浙江上虞	凸字形		0.84	0.9	(0.9)	5.45	1.8	2.4	元康7 (297)	〃	考74-6, 379
17	浙江鄞縣	〃								元康8 (298)		

第八章 南京附近出土六朝墓に關する二三の問題

	出土地	形 式	全長	長	表 寬	道 高	長	壙 室 寬	高	紀 年	備 考	文 獻
18	六合	長方形	5.12	0.62	1.38		4.5	2	1.44	元康9 (299)	磚	考73-2, 88
19	杭州	凸字形	12.5	2.5-0.56	0.96-1	1.36-1.64	1.34 3.44 1.96 1.82	1.14 2.22		太安 (302-)	〃	考61-4, 228
20	蕪湖	楕圓形		1.10	0.84	1.04	3.72	1.48-2		咸康2 (336)	〃	參56-12, 43
21	鎭江	呂字形	8.95	(1.82	1.33	(1.5)	1.95 5.18	3.93 2.37	(2.42)	隆安2 (398)	〃	文73-4, 51
22	浙江瑞安	刀形		2.6	0.87	1.33	4.48	1.82	1.8	大同8 (542)	〃	考60-10, 30

(浙江黃巖)

	出土地	形 式	全長	長	表 寬	道 高	長	壙 室 寬	高	紀 年	備 考	文 獻
23	浙江黃巖	刀形		1.66	1.02		4.18-3.80	1.72	2	天璽1 (276)	磚	學58-1, 111
		凸字形		1.82	1.33		4.62	2.12		元康1 (291)	〃	
		〃		2.13	1.30		4.45	1.76		太興4 (321)	〃	
		長方形					2.5	0.90		咸和1 (326)	〃	
		〃		1.52	1.22		3.66	1.62	1.50	咸和2 (327)	〃	
		凸字形		(0.62)	1.15	0.90	4.64	1.98		咸和2 (327)	〃	
		〃					4.77	1.41	1.84	咸康9 (334)	〃	
		刀形					(3.03)	1.02	1.17	咸和9 (343)	〃	
		凸字形		1.41	1.15		3.84	1.03	1.27	建元2 (344)	〃	
		長方形		1.93	1.14		3.80	1.77		建元2 (344)	〃	
		〃			1.44		4.66	1.82	2.52	永和3 (347)	〃	
		刀形					3.52	1.02		永和11 (355)	〃	
		長方形		1.57	1.04		4.30	1.75		泰和5 (370)	〃	
		〃					3.46	0.90	1.26	太元3 (378)	〃	

第三編　江南六朝墓と出土品　300

表Ⅲ　南京出土墓（多室）

No.	出土地	形式	全長	羨道 長	羨道 寛	羨道 高	墓室 長	墓室 寛	墓室 高	時期	紀年	備考	文献
1	南京大學北園	長方形	8.04	3.04	1.5		4.4	4	2.13	東晋	太元18 (393)	弯頂三人葬	文73-4, 36
2	南郊鄧府山	刀形	7.35	0.6	1.3		2.25	2.3	1.46	東晋	太和9 ?	〃	通55-2, 52
3	南郊板橋公社	刀形	6.755	0.89	0.8	1.07	1.9	1.92	(2.19)	西晋	元嘉5 (428)	前・合葬	考63-6, 340
4	北郊甘家巷		3.9	0.53	0.7	0.89	1.07	1.64-1.52	1.83	吳	元嘉24 (447)	弯・合葬	考63-6, 303
5	挹江門内童家山	長方形	4.44				1.38	1.80	3.06	東晋	大明6 (462)	弯	考63-6, 303
6	西善橋油坊村		13.5	3.5	3		10	6.7	2.93	六朝		弯	考63-6, 291
7	石子岡沙石山			1.75	1.43	2.21	8.6	6.7	3.73	南朝			通56-4, 40
8	幕府山		7.8	3.39			7.8	2.86	2.8	南朝初			参56-6, 29

（單室）

第八章　南京附近出土六朝墓に關する二三の問題

	出土地	全長	羨道 長	羨道 寛	羨道 高	墓室 長	墓室 寛	墓室 高	時期	備考	文獻
9	富貴山	9.76	2.7	1.68	(0.77)	7.06	5.18	(2.4)	東晋晩期	磚壁墓	考66-4, 197
10	西善橋	8.95	1.49	1.3	2.7	6.58	3.1	3.45	晋・宋		文60-8,9, 37
11	棲霞區對門山	8.76	2.86	1.36		5.90	2.44	3.14	六朝晩期		文80-2, 24
12	甘家巷	9.16	3.33	1.4		5.83	3.05		六朝晩期	磚・楠・合	考63-6, 303
13	西善橋					5.82	2	2.22	六朝		通55-4, 63
14	北郊郊合班村	7.09	1.4			5.69	2.8		六朝初		考59-4, 208
15	幕府山	8.16	2.3	2.3		5.5	2.6	3.05	南齊		参56-6, 29
16	尚子村板倉村間		1.05	1.58	1.13	5.5	2.5		南齊?		参55-5, 112
17	南郊郎家山	6.7	1.14	0.8-0.96		4.81	1.82-1.84		東晋		参56-4, 9
18	郭府山		0.45			4.76					参55-11, 24
19	梅家山		1.38	1	1.4	4.55	1.8	2.6	南朝		参56-4, 14
20	四板村	6.12	1.22	0.98	1.87	4.5	1.8		南朝		参59-3, 157
21	高家山		0.96	1.19	1.24	4.38	1.92-1.89 (2.04)		吳・西晋		参61-6, 339
22	英府山					4.29	1.78	1.90	吳・西晋		考63-2, 108
23	郭家山	5.04	1.32	1.01	1.34	4.28	1.9-2		六朝		南京附近考古報告
24	郎家山					4.15	1.80-1.91 (0.80)		六朝	合	考59-5, 231
25	梅家山		1.09	0.99	1.38	4.07	1.79	2.44		女性墓	考56-4, 14
26	英臺					4	2.08	2.19	南朝初		考61-6, 339
27	北郊泳秦村	6.94	1.78	1.88		4	2.25	1.6	南朝初		考63-6, 301
28	中華門外					4	1.95	2.06	六朝早弩		参59-5, 231
29	甘家巷前頭山					3.96	0.98-1.03 1.45-1.95				参56-4, 14
30	梅家山		0.7	1							考56-4, 14
31	郭府山					3.95	1.80	1.90			参55-11, 24

	出土地	全長	表 長	表 寛	表 高	墓室 長	墓室 寛	墓室 高	時期	備考	文献
32	御道街標営					3.9	0.6-0.66	1.45	六朝初	女性?	参56-6, 47
33	鄴府山					3.80	1.80		"	"	参55-111, 24
34	西善橋	4.48	0.68-0.82	1.12-1.6		3.66-3.52	2-1.92	1.70	"	楕・弯・合	参54-12, 75
35	鄴府山					3.35	1		"	"	参55-111, 24
36	鄴府山					3.10	1.07	1.20	"	"	"
37	鄴府山					3.04	0.90	0.82	呉・西晋	刀形・合	"
38	英臺山					2.98	0.83-0.91	0.87	六朝早晋	平頂	南京附近考古報告
39	鳳凰山					2.9	0.69-0.87	1.02	"	三室?	考59-5, 231
40	西善橋					2.89	1.71		"	方錐頂	考61-6, 339
41	石門坎	5.46	2.01	0.93		2.86	1.39		六朝早	早	通58-9, 66
42	張家庫	4.1				2.6	1.55	(1.48)	晋	足甬	通58-4, 57
43	鄴府					2.6	1.2		東		考63-6, 342
44	甘家巷		3.1	1.6	2.75	6.4	3.7	3.5	南朝	椿・弯・合	参55-111, 24
			4	1.5	2.95	6.3	3.25	3.7	"	"	考76-5, 316
			2.39	1.21	(0.49)	5.34	3.24	1.72	"	"	
45			1.2	0.5	1.3	4.92	2.04	(0.57)	東晋	"	
			1.2	0.5		4.78	2.2	2	"	"	
			0.66	0.85		4.7	1.92	(1.2)	"	"	
			0.84	0.56		4.63	1.5	(1.2)	"	吴	
			0.45	0.37		4.63	1.82	(0.75)	"	"	
			2.1	1.2	(0.6)	4.6	1.8	(0.5)	南朝	吴 弯・合	

(甘家巷出土塞)

第八章　南京附近出土六朝墓に關する二三の問題

出土地	全長	羨道 長	羨道 寛	羨道 高	羨室 長	羨室 寛	室高	時期	備考	文献
		0.82	1.05		4.5	2.51	2	東晉	刀形・合	
		1.22	1.23		4.4	2.04	(0.65)	東晉	合	〃
		1.05	0.9		4.4	1.6	2.1	南晉	合	〃
		1.09	1.24	1.35	4.38	1.85	1.75	東吳	合	
		0.95	1.1	(0.98)	4.2	1.95	1.2	〃		
		0.52	0.88	(0.95)	4.16	1.54	(1.25)	東晉朝	刀形	
		0.64	1.06	1.24	4.14	1.28	2.75	南晉朝		
		1.05	0.8	(1.2)	4.06	2.1	(1.06)	西晉		
		0.38	0.75		4.04	1	(1.2)	南晉		
		1.05	0.44	0.95	4	0.9	(0.56)	東晉	弯	
					3.92	1.8	1.25	西晉	弯・刀形	
					3.87	1.75	1.54	南晉	合	
	0.32		0.88		3.74	1.38	(0.84)	東晉	〃	
	1				3.72	1.38	(0.64)	西晉	合	
			0.7		3.65	1.3		東晉		
					3.6	1.5	1.75	東吳		
					3.57	0.75	1.3	東晉		
					3.43	0.81	(0.12)	東晉		
					3.4	1.9	1.92	西晉	弯	
					3.12	1.9	(0.67)	西晉		
					3	0.91	(0.54)	〃	〃	
	0.38				2.99	0.85	1.34	東晉		
	0.56 (1.04)				2.98	0.90	1.36	東晉	〃	

第三編　江南六朝墓と出土品　304

表IV　南京周邊出土墓

（多室）

出土地	全長	羨長	羨寛	羨道高	墓長	墓寛	墓室高	時期	備考	文献
1						2.02	(0.96)	東晋	圓錐頂	
2 江蘇儀徴		0.55	1.1	(0.96)	2.5	0.9	0.7	〃		
3 江蘇黄家營	6.46	(0.6 1.1)	1.22	1.08	(2.06 3.8)	(2.08 2.1)		吳・晋	圓錐頂	學57-1, 187

（單室）

出土地	全長	羨長	羨寛	羨道高	墓長	墓寛	墓室高	時期	備考	文献
4 丹陽胡橋	15	2.9	1.72	2.92	9.4	4.9	4.35	南齊	壁畫, 藤道生?	文74-2, 44
5 丹陽建山	13.60	5.20	1.77	3.28	8.40	5.17	(5.30)	南齊	壁畫, 長八角, 廢帝?	文80-2, 1
6 丹陽胡橋	13.50	5.3	1.73	(1.9)	8.20	5.19	(5.10)	南齊	壁畫, 長八角, 和帝?	文80-2, 1
7 浙江富陽		0.55	1.08	1.35	4.9	2.15	2.83	南齊		通55-5, 57
8 江蘇南京		0.48	0.96	1.13	4.84	1.7	2.2	南朝晚期	耳室	學57-1, 187
9 江蘇越城	6.84	1.33	1.15 (1.28)		4.65	1.65 (1.28)	2.2	南朝中期		考78-2, 143
10 餘姚		0.90	0.90		4.6	1.5		南朝	楠圓頂	考58-12, 38
11 常州		2	1.22		4.50	3.06		南朝末		文79-3, 32
12 紹興		1.4	1.33 (1.45)		4.5	2.76 (1.55)	1.7	漢末六朝初		通58-12, 22
13 浙江淳安					4.43					考59-9, 464

305　第八章　南京附近出土六朝墓に關する二三の問題

出土地	全長	長	表寬	道高	長	壺寬	室高	時期	備考	文獻
14 浙江黃巖		0.84	0.44		4.32	0.98	0.90	劉宋		學58-1, 111
15 江蘇句容					4.06	2.3	(1.35)	西晉晚		考66-3, 152
16 浙江武義		1.1	0.8	(0.97)	4	1.6	(1.4)	東吳		考81-4, 376
17 江蘇句容			0.6		(3.9)	2.45	(1.3)	六朝早		考66-3, 152
18 無錫壁山莊					3.74	1.68	(1.24)	六朝合葬		通55-2, 40
19 鎭江陽彭山		0.7	0.84	1.14	3.7	1.6	2.04			考63-2, 109
20 餘姚		0.22	1.16		3.7	1.44				參58-12, 38
21 無錫					3.35	1.79	2.34	漢六朝		通55-5, 27
22 無錫					3.2	1.74	2.9	漢六朝		通55-5, 27
23 浙江淳安					3.1	0.93			木頂磚室	考59-5, 464
24 浙江淳安					2.41	1.06			土坑磚底木頂磚室	考59-5, 464

（浙江黃巖）

出土地	全長	長	表寬	道高	長	壺寬	室高	時期	備考	文獻
25 浙江溫州黃巖	4.9	1.30	1.22		4.83	1.90	2.32	晉		學58-1, 111
		1.50	1.00	0.90	4.64	1.59	1.90			
		1.76	1.31	1.60	4.60	2.10	2.63			
					4.59					
		1.46	1.26	0.96	4.50	1.89	1.28			
		1.55	1.25	2.29	4.47	1.92	1.97			
		1.46	1.16		4.36	1.86				
		1.50	1.22		4.25	1.76				
		0.98	1.10		4.16	1.20	1.30			
			1.01		4.14	1.77				

第三編　江南六朝墓と出土品　306

出土地	全長	羨道長	羨道寛	羨道高	墓室長	墓室寛	墓室高	時期	備考	文献
					4.04	1.12	1.20			
					4.04	1.12	1.20			
					3.79	2.00				
		1.24	0.96	1.78	3.65	1.59				
					3.57	0.95				
					(3.51)	1.06				
		0.98	0.69		3.48	1.42				
					3.47	1.01	1.04			
					3.40	1.28				
					3.34	0.89	0.88			
		0.90	0.90		3.21	0.90	0.85			
					3.16	0.80	0.82			
					3.15	0.80	1.15			
					(3.14)	1.37				
					3.11	1.10	0.98			
					3.10	1.05	1.13			
					2.90	0.98	0.88			
					2.80	1.02	1.06			
					2.35	0.67	0.51			
					2.15	0.46	0.56			
					1.38	0.56				
					1.25	0.54	0.84			

第八章　南京附近出土六朝墓に關する二三の問題　307

表V　墓地所在表　北人

王朝	記號	氏名	傳記	本貫	墓地所在	備考	出典
吳	1	太史慈	三49	東萊・黃	烏程縣		清289, 興4
	2	甘寧	三55	巴郡・臨江	上元縣		清75, 建43, 事下
	3	呂蒙	三54	汝南・富陂	江陵		興9
	4	呂岱	三60	廣陵・海陵	如皋縣		清106
	5	步騭	三52	臨淮・淮陰	吳縣	碑	清78, 吳39, 記
	6	周瑜	三54	廬江・舒	長州縣界		清78
	7	皇象	(三63)	廣陵・江都	吳縣東南30里		清278
	8	陳化	(三47)	汝南	平湖縣東北47里		禾13, 興3
	9	程普	三55	右北平・土垠	海鹽縣	碑	赤38
	10	魯肅	三54	臨淮・東城	歸安縣		清289, 興4, 興12
	11	劉繇	三49	東萊・牟平	江寧縣西南		清75
	12	葛瑾	三52	琅邪・陽都	丹徒縣城東		毗26
	13	諸葛恪	三64	琅邪・陽都	晉陵縣		清91, 興7
晉	14	山簡	晉43	河内・懷	奉賢縣		清83
	15	山遐	晉43	河内・懷	句容縣		建43
	16	干瑩	晉82	新蔡	上元縣		清278, 禾13
	17	王祥	晉33	琅邪・臨沂	蕭山縣		襄23
	18	王導	晉65	琅邪・臨沂	海鹽縣	碑	清75, 建31・43
					臨沂縣		清75, 興17, 元25
					江寧縣		
					上元縣		

王朝	記號	氏名	傳記	本貫	墓 所在地	備考	出典
晉	19	王羲之	晉80	琅邪・臨沂	諸曁縣	碑（失）	清294, 輿10, 會6
晉	20	卞壺	晉70	濟陰・冤句	上元縣		清75, 輿90, 輿17
晉	21	毛璩	晉81	滎陽・陽武	當塗縣		建43
晉	22	石崇	晉33	渤海・南皮	建康冶城		清121
晉	23	左思	晉92	齊國・臨淄	西安縣		清301
晉	24	江蘯	晉36	陳留・圉	吳郡		清78, 輿91, 興7
晉	25	阮孚	晉49	陳留・尉氏	武義縣		清299
晉	26	阮裕	晉49	陳留・尉氏	嵊縣		吳39
晉	27	何充	晉77	廬江・灊	蘇州府穹窿山		清91, 輿5, 吳39
晉	28	郗鑒	晉67	高平・金郷	丹徒縣	墓碑	刻錄4
晉	29	郗愔	晉67	高平・金郷	丹徒縣	碑	清78, 輿91, 至鎮12
晉	30	郗曇	晉67	高平・金郷	山陰縣		興7, 至鎮12
晉	31	徐廣	晉82	東莞・姑幕	丹徒縣		嘉鎮11
晉	32	殷仲堪	晉84	陳郡・長平	長興縣		興4
晉	33	殷仲文	晉99	陳郡・長平	丹徒縣		清289, 輿4, 襄94
晉	34	袁山松	晉83	陳郡・陽夏	上海縣		清83
晉	35	蔡謨	晉74	濟國・龍亢	吳縣橫山		清78, 興5, 吳39
晉	36	桓溫	晉98	譙國・龍亢	當塗縣		清121

第八章　南京附近出土六朝墓に關する二三の問題

王朝	記號	氏名	傳記	本貫	墓地所在	備考	出典
晉	37	許旻		高陽・新城	鐘山縣		會6
晉	38	許詢		高陽・新城	嵊縣		淸294
晉	39	郭漢	晉72	河東・聞喜	上元縣		淸75,建43,嵊87
晉	40	郭文	晉94	河內・軹	臨安縣		淸284,嵊93,嵊2,事下
晉	41	溫嶠	晉67	大原・祁	上元縣幕府山		淸75,建43,臨87
晉	42	畢卓	晉49	新蔡・鮦陽	當塗縣		興18
晉	43	袁宏	晉92	陳郡・陽夏	金福縣		淸91,嵊89,興7,嘉鍰11
晉	44	楊亮		弘農・華陰	當塗縣		淸121
晉	45	楮裒	晉93	河南・陽翟	丹徒縣	碑	淸91,興7,嘉鍰11
晉	46	褚尼	晉55	河南・陽翟	丹徒縣		淸289,嵊94
晉	47	潘岳	晉55	滎陽・中牟	烏程縣		吳39
晉	48	蔡謨	晉77	陳留・考城	吳縣		壬鍰12
晉	49	劉惔	晉49	沛國	丹陽縣		興3,禾13
晉	50	衛玠	晉36	河東・安邑	江寧縣	碑（台碑）	淸75,建43
晉	51	謝安	晉79	陳郡・陽夏	長興縣		淸75,建43,元25
	52	蘭舍	晉88	琅邪・臨沂	上元縣	碑	興289,嵊94,興4
宋	53	王華	宋63	琅邪・臨沂	上元縣		興17
宋	54	王敬弘	宋66	琅邪・臨沂	無錫縣西北25里		興10,會6
宋	55	王僧達	宋75	琅邪・臨沂	無錫縣（膠山）		淸75,建43,嵊92,興6,毗26

王朝	記號	氏名	傳記	本貫	墓地所在	備考	出典
宋	56	羊玄保	宋 54	太山・南城	蕭山縣		清294, 會6
	57	羊希	宋 54	太山・南城	蕭山縣		清294, 會6
	58	徐爰	宋 65	馮翊・池陽	江寧縣		襄90
	59	殷景仁	宋 63	東海・郯	金壇縣		清291, 興7, 奥4
	60	蔡興宗	宋 57	濟陽・考城	長興縣		清289, 奥4
	61	謝靈運	宋 67	陳郡・陽夏	金華縣		清289, 嘉鎭11
	62	謝惠連	宋 53	陳郡・陽夏	山陰縣		清294, 興10, 會6
	63	謝瞻	宋 93	陳郡・陽夏	上元縣		清299
	64	戴顒	宋 93	譙郡・銍	上元縣		建43
	65	檀珪	宋 15	高平・金鄕	貴池縣	志表	會6, 刻4
齊	66	蕭思話	南 78	南蘭陵	京口(鎭江縣)	臺石	至鎭118
	67	王現		琅邪・臨沂	無錫縣		清87, 襄92, 興6, 毗26
	68	明僧紹	齊 54	平原・鬲	攝山棲霞寺前(上元縣)		興12
	69	殷叡	齊 32	陳郡・長平?	烏程縣		事下
梁	70	王僧辯	梁 45	太原・祁	方山(江寧縣)		建43
	71	范雲	梁 13	南鄕・舞陰	溧陽縣		清91
	72	袁昻		陳郡・陽夏?	金壇縣		襄89, 嘉鎭11
	73	褚蘭之		陽翟・?	金壇縣		襄89, 嘉鎭11
陳	74	杜僧明	陳 8	廣陵・臨澤	臨澤縣		清97

第八章 南京附近出土六朝墓に關する二三の問題

南　人

王朝	記號	氏名	傳記	本貫	所在地	備考	出典
吳	75	丁固	（三57）	會稽・山陰	山陰縣		興10, 會6
吳	76	朱桓	三56	吳郡・吳	武康縣		清289, 襄94, 興4
吳	77	朱紀	三56	吳郡・吳	吳康縣		清78, 吳39
吳	78	朱治	三56	丹陽・故鄣	安吉縣		興12
吳	79	朱績	三56	丹陽・故鄣	歸安縣		清289, 襄289, 興12
吳	80	韋昭	三65	吳郡・雲陽	金壇縣西北60里	石柱記	清91, 興12
吳	81	凌統	三55	吳興・餘杭	延陵縣東南7里		清7
吳	82	陸凱	三61	吳郡・吳	餘杭縣		清284
吳	83	陸瑁	三57	吳郡・吳	吳縣	石碑	襄91
吳	84	陸績	三57	吳郡・吳	華亭		興3
吳	85	陸宏	三57	吳郡・吳	襄縣西北		清83
吳	86	陸抗	三58	吳郡・吳	襄縣西北	記	清78, 興5, 吳39
吳	87	陸遜	三58	吳郡・吳	吳縣閶門外		興3
					吳縣平門東北		興3
					襄縣西北		清83
					華亭		清83
					崑山		襄95
					華亭		興3
陸	88	陸凱	三61	吳郡・吳	長洲縣鳳凰山		襄91, 興5

王朝	記號	氏名	傳記	本貫	墓地所在	備考	出典
吳	89	陶基	晉57	丹陽・秣陵	當塗縣		輿18
	90	陶璜	晉57	丹陽・秣陵	當塗縣		輿18
	91	聶友	(三)48	宣城・安吳	涇縣		清116
	92	岑昏	(三)46	丹陽	華亭縣		雲中、禾13
	93	賀邵	(三)55	零陵	繁昌縣		清121
	94	斯敦	(三)57	東陽・吳寧	東陽縣		清299
	95	虞翻	(三)57	會稽・餘姚	餘姚縣		清294, 會6, 輿10
	96	潘濬	(三)62	武陵・漢壽	華亭縣西北20里		輿3, 臺中
	97	闞澤	(三)47	會稽	嘉禾府(嘉興)西北20里	碑	清284, 臺中
	98	顧容	晉83	吳郡・吳	餘杭縣		寰92, 輿6, 毗26
	99	孔愉	晉78	會稽・山陰	無錫縣		清289, 輿78, 寰91
晉	100	羅憲	晉68	吳郡	山陰縣		清294, 輿10, 會6
	101	沈勁	晉89	吳興・武康	德清縣		清289, 輿78, 寰91
	102	處虞	晉58	義興・陽羨	蘇州府		清87, 毗26
	103	周瞻	晉71	丹陽・秣陵	武康縣		清87, 建43
	104	紀瞻	晉68	會稽	荊谿縣		清75, 會6
	105	夏靜	晉54	吳郡・吳	句容縣		清6
	106	陸曄	晉54	吳郡・吳	華亭縣		輿5, 記
	107	陸玩	晉77	吳郡・吳	吳縣西南横山		輿78, 記
	108	陸納	晉77	吳郡・吳	長洲縣西南雞籠山		清78, 記

第三編　江南六朝墓と出土品

313　第八章　南京附近出土六朝墓に關する二三の問題

王朝	記號	氏名	傳記	本貫	葬地所在	備考	出典
晉	109	陶璜	晉57	丹陽・秣陵	當塗縣		清121
晉	110	陶回	晉78	丹陽・秣陵	當塗縣		清121
晉	111	張翰	晉92	吳郡・吳	吳縣西南橫山		清78, 吳39, 續下, 記
晉	112	許汜	晉88	東陽・吳寧	東陽縣		清299
晉	113	陳晝	晉91	會稽・餘姚	慈谿縣		清292, 興11, 四5
晉	114	葛洪	晉72	丹陽・句容	句容縣		清75, 襄90
晉	115	謝輶	晉(74)		山陰縣	石柱記	會6
晉	116	羅含	晉92	桂陽・耒陽	烏程		興4
晉	117	顧榮	晉68	吳國・吳	吳縣		清78, 襄96, 吳39
晉	118	顧和	晉83	吳郡・吳	吳郡		吳39
宋	119	沈演之	宋63	吳興・武康	武康縣北		清289
宋	120	吳喜	宋83	吳興・臨安	餘杭縣		禾13
宋	121	張茂度	宋53	吳郡・吳	吳縣		臨87
宋	122	郭世道	宋91	會稽・永興	蕭山縣		襄91
宋	123	華寶	南73	晉陵・無錫	無錫縣		清294
齊	124	丘靈鞠	齊52	吳興・烏程	烏程縣		清87
齊	125	沈麟士	齊54	吳興・武康	德清縣		清289
齊	126	褚伯玉	齊54	吳郡・錢塘	餘縣西		清294
齊	127	戴僧靜	齊30	會稽・永興	蕭山縣		會6, 清294

第三編　江南六朝墓と出土品　314

王朝	記號	氏名	傳記	本貫	墓地所在	備考	出典
梁	128	丘遲	梁 49	吳興・烏程	烏程縣		清289, 嘉94, 興12
	129	沈約	梁 13	吳興・武康	德清縣		清289, 嘉94, 興4
	130	陸倕	梁 50	吳郡	慶澤縣西北		清78
	131	陶弘景	梁 51	丹陽・秣陵	句容縣		吳75
	132	虞荔	陳 19	會稽・餘姚	慈谿縣		清292, 興11, 四5
陳	133	沈恪	陳 12	吳興・武康	德清縣		清289
	134	蔡景	陳 27	吳興・武康	武康縣		清289, 興12
	135	程靈洗	陳 10	新安・海寧	歙縣		清113
	136	顧野王	陳 30	吳郡	吳縣	碑	清78, 吳39

〔補注〕

(1) 備考欄の碑・墓志等はそれぞれがあったという記錄のあることをしめす。石柱記は顔真卿「石柱記」（湖州）に所在が記錄されているものである。

(2) 墓の所在地の方角、距離は省略したが、出典によって出入りがある。ただし、異說あって、兩地が近接する場合のみ、數字、おおよび上中下「はいずれも巻數

(3) 本文第三節で言及する「紹熙雲間志」中、「至元嘉禾志」13の陸氏、「景定建康志」43の史氏、「嘉泰吳興志」12の沈氏、注45「乾道四明圖經」5の虞氏諸人はこの表から除外してある。

三　三國志；晉書　宋；宋書　齊；南齊書　梁；梁書　陳；陳書　南；南史　※（　）；本傳ないもの
清；嘉慶重修一統志　元；元和郡縣圖志　吳；吳郡志　寰；太平寰宇記
興；興地紀勝　記；陸廣微吳地記　毗；六朝事跡編類　建；景定建康志
禾；至元嘉禾志　赤；元和郡縣赤城志　江；咸淳毗陵志　秀；嘉泰會稽志
臨；咸淳臨安志　嘉鏡；嘉定鎮江志　王鏡；至順鎮江志　剡；剡錄
横；吳郡圖經續記　四；乾道四明圖經　雲；紹熙雲間志　會；嘉泰會稽志

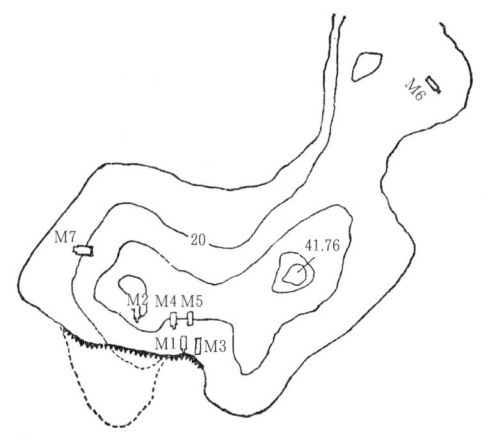

315　第八章　南京附近出土六朝墓に關する二三の問題

圖Ⅰ　（「南京象山5號、6號、7號墓清理簡報」文物1972－11）

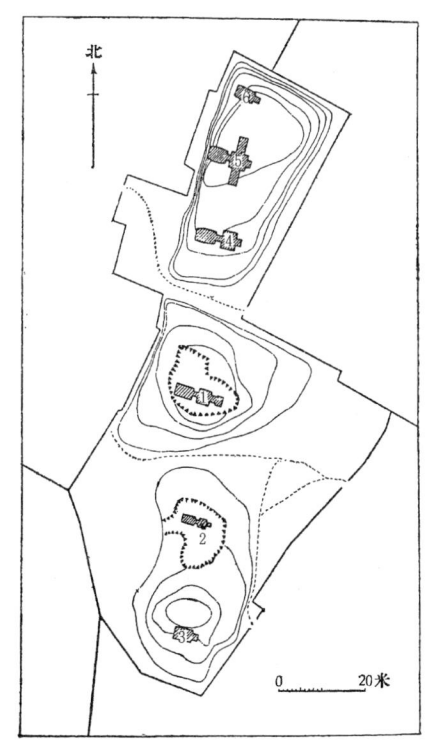

圖Ⅱ　（「江蘇宜興晉墓的第二次發掘」考古1977－2）

第三編　江南六朝墓と出土品　316

注

（1）魏晉南北朝時代に關する三〇年來の考古學的成果を總合したものとして、文物編輯委員會編『文物考古工作三十年』（一九七九、北京）の當該時代が詳細をきわめる。また、礪波護「出土文物による最近の魏晉南北朝史研究」（『中國歷史學界の新動向』一九八二）は、その考古學的成果を紹介しつつ、それらと歷史研究との接點について論及したもので、今後のかかる研究方向にひとつの示唆をあたえるものといえる。
　南京附近出土六朝墓に關しては、羅宗眞氏の一連の業績、「六朝陵墓埋葬制度綜述」（『中國考古學會第一次年會論文集』北京、一九七九）、「六朝墓及其石刻」（『南京博物院集刊』一、一九七九）、「略論江蘇地區出土六朝墓誌」（同二、一九八〇）が注目すべきものである。前二者は主として帝王陵墓について論述したものであるが、戰前の六朝陵墓に關する調査報告である中央古物保管委員會編輯委員會『六朝陵墓調査報告』（南京、一九三五）、朱偰『建康蘭陵六朝陵墓圖考』（上海、一九三六）、同『金陵古蹟圖考』（上海、一九三六）などに戰後の考古學的成果をくわえ、六朝陵墓研究に必須の文獻である。また、町田章「南北朝時代墳墓圖集（南京之部稿本）」（私家版、一九八〇）は南京出土墓八〇基ばかりについて、從來の發掘報告を整理したものであるが、とくに考古學的見地からの論述が多く、基礎的資料の總合整理という面でも價値が高い。
　なお、南朝のみでなく、秦より南北朝期までの墓葬一般については、徐苹芳「中國秦漢魏晉南北朝時代的陵園和塋域」（『考古』一九八一ー六）が總合的な論述をおこなっている。

（2）各墓の發掘報告のなかには、卷末にこのような觀點からの若干の考察を附したものがすくなくないし、また、前掲羅「略論江蘇地區出土六朝墓誌」のように、出土墓誌から門閥からの婚姻や僑郡縣の問題を論述したもの、あるいは白英「從出土文物看魏晉南北朝士族門閥制度」（『南京博物院集刊』二）のようにいわゆる貴族制に論及するものもある。拙稿『劉岱墓志銘』考ーー南朝における婚姻と社會的階層ーー」（初出一九八三、いずれも『六朝貴族制研究』一九八七）、「南朝貴族の地緣性に關する一考察ーーいわゆる僑郡縣の檢討を中心にーー」（初出一九八〇）は、ともに出土墓誌を中心に標題の問題を論じたものである。しかし、以上のような研究狀況では、なお初步的な段階をぬけだしたと稱することはできないであろう。

（3）前掲羅「六朝陵墓埋葬制度綜述」および町田著參照。

（4）なお、墓室の構成については、このほかに封門墻、墓門、壁龕、排水溝なども重要な構成要素であるが、一切捨象する。それは表Ⅰ〜Ⅳでも同様である。

（5）なお、表Ⅱ13、15の吳縣獅子山墓の墓主について附言しておこう。この墓は、吳縣文物管理委員會・張志新「江蘇吳縣獅子山西晉墓清理簡報」（『文物資料叢刊』三、一九八〇）で報告されたものであるが、その被葬者について、同報告は綿密な考證を展開し、M2（表Ⅱ13）の磚銘に「元康三年四月六日盧江太守東明亭侯主簿高敕作」とあるのをてがかりにして、西晉代に東明亭侯に封じられたと『晉書』にみえるただ二人の人物である李矩と傅愨のうち、後者、すなわち北地傅氏の墓主とし、この三基（一基は詳細不明）を北地傅氏の宗族墓と斷定している。その墓主が元康年間であることは、この推斷に疑問を生ぜしめる。なぜなら、まだこのころは、大量の中原人士の南渡がひきおこした永嘉の喪亂と稱される中原の大混亂はおろか、それに先行する八王の亂もはじまっていない。したがって、同報告がいかに傅氏と蘇吳地域との關係の密接さを強調しようとも、西晉の天下一統後わずか十數年を經たにすぎない元康年間に、北地傅氏が南遷し、吳縣に墓を設置したとはどうしても考えることができないのである。たしかに、この墓磚銘の東明亭侯が傅愨に あたるというのは説得的であるが、右のような疑問があるので、やはり東晉成立以前にすでに江南に定着していた南人を墓主とみたい。

（6）いわゆる宗族墓を構成する各墓の形式や規模が周氏のばあいは一基ごとに異なる。これは王氏墓群などとは對照的である。しかし、このような例は、これより百年程さかのぼるが、陝西省文物管理委員會「潼關吊橋漢代楊氏墓群發掘簡記」（『文物』一九六一—一）で報告された弘農楊氏の宗族墓などにも共通する。築墓の際におけるこのような異なる形式・規模の選擇理由については今後研究の必要があるが、南京博物院「江蘇宜興晉墓的第二次發掘」（『考古』一九七七—二）にみられる墓主推定の方法をみると、墓室の規模の大小と墓主の官職・身分・年令の高下が緊密に對應するという前提にたっている。

（7）前掲町田著では、前室の消滅を、棺前での供獻祭臺という前室の機能が、長方形墓室の前部に移行したためと説明する。

(8) 各報告、前掲羅「六朝陵墓及其石刻」および徐論文参照。

(9) 南京博物院・南京市文物保管委員會「南京棲霞山甘家巷六朝墓群」(『考古』一九七六―五)参照。ただし、同報告では、本文では表Ⅲ44(M4)を蕭秀の家族の墓とし、45(M6)を蕭秀本人の墓としているが、附録として整理された同地出土の三八基の墓の一覧では、その逆の比定をしている。ただ、M6からは、石灰岩の墓誌二個が出土しており、ほかの例からすると梁の王墓は墓誌を伴出することがしばしばあるので、ここではかりに附録の一覧の説をとってM6を蕭秀墓としておく。

(10) 注(9)甘家巷墓群報告巻末附録の出土墓一覧、浙江省文管會「黄巖秀嶺水庫古墓發掘報告」(『考古學報』一九五八―一)附載出土墓一覧表をみよ。

(11) 浙江省文物管理委員會「杭州晉興寧二年墓發掘簡報」(『考古』一九六一―七)で報告された墓磚には、

晉興寧二年吳郡嘉興縣故丞相參軍都郷侯褚府君墓

とあり、この褚氏の本貫は吳郡嘉興縣であるが、この吳郡嘉興縣を本貫とする褚陶なる人物がある。嘉興と錢唐は隣接しており、また墓の出土地杭州はもとの錢塘の地であるから、この両人は何らかの族的関係にあるとみてよいであろう。

なお、町田氏は、中型墓は南朝の有力貴族層の墓、小型墓は中級官僚層の墓、下級官僚や庶民の一般的な墓は遺體を入れる程度の竪穴式磚室墓であったろうといわれる(前掲著)。

(12) 六朝墓の發掘報告には、墳丘に関する記述に不十分なものがすくなくないが、それは以下にのべるような六朝墓の獨特の形態によるものであるとともに、墳丘そのものの意義についての報告書の関心の低さにもよるものとみられる(杉本憲司氏の教示による)。

(13) 「因山爲墳」(『三國志』巻三五蜀書諸葛亮傳)といわれる方式であって、山陵そのものが墳丘の意味をもつことになる。

(14) 丹陽にある齊・梁帝陵については割愛する。前掲『建康蘭陵六朝墓圖考』参照。

(15) 墓域は約五萬平方メートルという(羅「六朝陵墓及其石刻」)。

(17) この南北・東西長の數値は、華東文物工作隊清理小組「江蘇宜興周墓墩古墓清理簡報」(『文物參考資料』一九五三―八)による。羅宗眞「江蘇宜興晉墓發掘報告」(『考古學報』一九五七―四)では、南北約一四〇メートル、東西約五〇メートルとする。なお、兩者とも土墩(墳丘)は四座としているが、華東文物工作隊・南京博物院「華東區兩年來生產建設中出土文物簡介」(『文物參考資料』一九五四―四)では、五座あるといっている。

(18) 同右「江蘇宜興晉墓發掘報告」、前揭「江蘇宜興墓的第二次發掘」參照。

(19) ちなみに、墳丘をともなう六朝墓の記事が地方志に若干みえるので、參考のためにあげておく。

　顧容　　　冢高一丈八尺　周百二十歩　在無錫(以上『咸淳毗陵志』卷二六)

　王琨　　　冢高一丈八尺　周百十二歩
　王僧達　　冢高一丈六尺　周二百歩
　王華　　　冢高一丈八尺　周百二十歩

　顧安饒　　高一丈三尺　　周廻七十歩
　皇象　　　高一丈　　　　周廻四十歩
　干瑩　　　高一丈二尺　　周廻四十歩　在海鹽(以上『至元嘉禾志』卷一三)

(20) 以上、墓の大小を、主として墓室數、墓室の大小、墳丘の狀態を規準としてのべてきた。しかしながら、墓の大小に關しては、塋域も考慮に入れておく必要がある。たとえば、前揭「南京棲霞山甘家巷六朝墓群」によれば、梁安成康王秀の墓は、忠烈王恢、安成康王秀の四人の梁王家の墓前の石刻をみることができる。安成康王秀の石刻は甘家巷小學校の敷地内にあって、殘念ながらそこから墓室のある丘陵を眺望することはできなかったが、そこから墓前の石刻(辟邪、石柱、石碑)までは千メートルばかりあり、この間をふくむ周圍には他の墓は存在しないという。

筆者は一九八二年八、九月に訪中した際、短時間ながら甘家巷を訪問する機會があり、吳平忠侯景、始興忠武王憺、鄱陽忠烈王恢、安成康王秀の四人の梁王家の墓前の石刻をみることができた。安成康王秀の石刻は甘家巷小學校の敷地内にあって、殘念ながらそこから墓室のある丘陵を眺望することはできなかったが、そこから墓前の石刻附近から、始興忠武王憺の石刻の附近から、その墓室のあるはずの小高く、なだらかな丘陵をのぞむことができた。それは、高さこそさしたるものとはみえないが、石刻からそこまでのびていたはずの神道とその周邊が神聖な塋域として他人の墓の建設をゆるさないというのであれば、その廣大さと、とりわけ視覺にうったえる效果はかなりのものといわざるをえない。たしかに、五

萬平方メートルをこえる王氏や周氏の宗族墓の塋域の廣大さは驚くべきであるが、個人でかような塋域をもつという王墓の規模は、單に墓室の大小、墳丘の有無・大小でははかりきれないとおもわれる。本稿では、とりあえず本文のように理解しておくが、かかる南朝の帝・王陵墓の問題に關しては、あらためて考察する機會をもちたい。

(21) この問題については、矢野主税「東晉における南北人對立問題——その社會的考察——」(『史學雜誌』七七—一〇、一九六八)が、本貫と墓地、北人の江南居住地と墓地の所在の關係などについて、詳細な檢討をおこなっている。本節でのべることも、同論文ですでに論及されているばあいがすくなくないので參照されたい。

(22) 表Ⅰ31については、注 (11) 參照。

(23) もっとも、出土墓の分布狀況については、發掘狀況の地域的な精粗に影響されることもある點を考慮しておく必要があろう。

(24) 前揭『建康蘭陵六朝陵墓圖考』、羅「六朝陵墓埋葬制度綜述」など參照。

(25) それはまた、六朝墓の所在についての後代の文獻記載が相當に信頼のおけるものであることを意味する。

(26) 前揭拙稿「南朝貴族の地緣性に關する一考察」は、この問題をとりあげて考察したものであるので參照されたい。

(27) これらはいずれも墳丘墓であったという (注 (19) 參照)。

(28) 拙稿「六朝時代三吳地方における開發と水利についての若干の考察」(初出一九八一、本書第四章) 參照。

(29) 同右拙稿參照。

(30) たとえば、琅邪王氏の一員で、王導の六世孫王騫は鍾山 (紫金山) 大愛敬寺の側に、王導の賜田八〇餘頃をもっていたという (『梁書』卷七太宗王皇后傳)。

(31) もし『咸淳毗陵志』卷二六の記事に全幅の信頼をおけば、無錫の王氏の墓三基は墳丘墓である (注 (19) (27))。個々の墓が墳丘をもつこと、その墳丘の高さ一丈八尺 (約四メートル) などは、南人の代表である周氏墓を連想させる。それは、南京北郊象山の王氏墓群とは對照的である。

(32) ここでは宗族墓ということばをもちいるが、徐苹芳氏などは、氏族社會の族葬墓と區別するために家族葬 (家族を單位と

第八章　南京附近出土六朝墓に關する二三の問題

(33) 丹陽にある齊・梁の帝陵群も巨大な宗族墓といえるが、本節では省略する（『建康蘭陵六朝陵墓圖考』、羅「六朝陵墓埋葬制度綜述」參照）。

(34) 北中國の宗族墓については、徐前揭論文參照。

(35) いずれも南京市博物館「南京象山5號、6號、7號墓清理簡報」（『文物』一九七二—一一）。ただ、王彬墓の位置について、同報告では、M1とM3の前方の、すでに土砂が掘りとられてある部分にあったのではないかといっている（圖I參照）が、前揭徐論文のいうように、この王氏墓群の排列が同一世代を横一列にして、世代がかさなるにつれて後方へ移動してゆくという方式であったとすれば、その推定は妥當であろう。なおまた、その方式でいけば、墓主不明のM2・4は、王興之の次の世代で、王閩之と同世代、もしかしたらその兄弟の墓ということになろう。

(36) なお、周芺生「南京老虎山晉墓的地理佐證」（『考古』一九六〇—七）、および注（26）拙稿參照。

(37) 顏鎭之のみ、世系不明である。

(38) 周氏墓群についての報告は、注（17）所揭のもの以外に、蘇南文物管理委員會「江蘇宜興縣發現古墓」（『文物參考資料』一九五三—一）、南京博物院「江蘇宜興晉墓的第二次發掘」（『考古』一九七七—二）がある。はじめ、墓1、2が出土したとき、「江蘇宜興晉墓發掘報告」でこれより周氏は衰微するが、王敦の死後、故吏の上訴があり、八座尙書の議をへて、札は衛尉を追贈され、使者が派遣されて、少牢の祠がおこなわれている（『晉書』卷五八）。

(39) この墓主比定は、右「江蘇宜興晉墓的第二次發掘」による。はじめ、墓1、2が出土したとき、は、墓2を周靖のものとしていた。

(40) これより周氏は衰微するが、王敦の死後、故吏の上訴があり、八座尙書の議をへて、札は衛尉を追贈され、使者が派遣されて、少牢の祠がおこなわれている（『晉書』卷五八）。

(41) なお、徐論文では、この周氏墓群の排列を、注（35）でもふれた王氏墓群の方式とは別の、父子兄弟一列に排列するという方式の典型例の一つとしてとりあげている。

(42) 康・遜・抗・瑶・宏・曄・監・景文・叡・禕の諸人。世系表Ⅳ參照。

(43) 戎・禮・彥・景・麟士・約・恪・珠・子春・不害・覬・紹の諸人。『淸一統志』卷二八九によると、勁・演之兩墓も武康縣

(44) 崇・萬壽・爽・光・憲・雅・輝・某（名不明）・仲謨・務滋の諸人。

(45) このほか、『乾道四明圖經』卷五慈溪縣條にも、會稽郡の大姓虞氏の墓が七（瑤・胄・喜・荔・孜・鷟・野人の諸人）みえている。

(46) 墓碑について。陸氏墓では、前揭『紹熙雲間志』によれば陸褘の墓碑が崑山にあったといい、その碑文を不完全ながら引用するし、『寶刻叢編』卷一四によれば陸褘の子陸喈の墓碑もそこにあったとみられる。沈氏墓には、沈麟士の述祖德碑（『全梁文』卷四〇所收）がたてられていたことが前揭『嘉泰吳興志』でわかる。史氏については、『寶刻叢編』卷一五、『輿地紀勝』卷一七に、ともに六基の史氏關係の神道碑・石柱刻を記錄している。兩者の記錄はともに六基ながら、一二對應しないものもあるが、おなじものをいっていることはまちがいない。そのうち、「唐立晉建安太守史憲神道碑」「唐再立後漢史公神道碑」は、『景定建康志』卷四三、『續古文苑』卷一四、卷一三に收錄されている。また、當塗の陶氏墓に墓碑があったことは前揭『輿地紀勝』參照。

〔補注〕

本稿は前揭拙稿「南朝貴族の地緣性に關する一考察」と關連する部分が多いので、あわせて參照されたい。

〔附記〕

本稿は昭和五六年度文部省科學研究費補助金による獎勵研究（Ａ）「考古學的成果に依據した南朝貴族社會の研究」の研究成果の一部である。

第九章　江南六朝墓出土陶瓷の一考察

はしがき

今世紀中葉以後の中國における活潑な考古學的活動が歷史研究に提供した從來未知の貴重な資料のかずかずについてはもはや贅言は要しないが、六朝史においては、墓の發掘と、それより出土するもろもろの遺物がいまや研究に重要な役割をはたしつつある。なかでも墓誌・墓磚・地券の類の文字資料ははやくから注目をあつめ、そのものについて、あるいはそれらを史料にしての研究はしだいに成果をあげつつある。

六朝墓出土遺物として措くことのできないものに瓷器がある。その優美な造形や釉色はそれ自體美的、藝術的價値にとみ、また當時の手工業水準をうかがわせるのみならず、六朝時代の生活感覺すら感じさせる遺品としてひとを魅了してやまない。六朝靑瓷と喧傳され、賞玩の對象としてのみでなく、陶瓷史・美術史・文化史、さらには工藝史上の重要な資料としてしばしば研究の對象とされてきたのもゆえなしとしない。

瓷器はあらゆる地域の六朝墓から出土するが、とくにその完成度の高さと出土例の多さから、江南地域出土のものを第一とする。ここでいう江南地域とは、現今の江蘇省および安徽省の長江以南、浙江省北部の一帶、すなわち六朝

第三編　江南六朝墓と出土品　324

時代に三呉とよばれた地域とおおむね一致する地區のことである。
いうまでもなく江南地域は六朝史の主要舞臺のひとつであり、この時代の政治・經濟・社會・文化等ありとあらゆる歷史的現象において、つねにもっとも大きな役割をはたした。そのような役割はこの地域が一個の完結せる世界としてもつ地域性によってつよく規定されている。その地域性を形成するにいたる江南の歷史的地理的環境や文化傳統をただしく認識することなくして、六朝史は正當に認識できないといっても過言ではない。
事實、これまで六朝江南地域史研究はすくなからぬすぐれた成果を獲得してきた。しかしそれらはおおむね文獻史料の分析によって達成されたものであり、地域史研究としては史料にめぐまれたといえぬ狀況のなかで、一定の限界があったことも否定できない。その一例を產業にとってみよう。この地域が六朝諸朝をその最大の經濟的基盤としてささえたのは農・工・商業の隆盛によるところが大きく、それらの分析が六朝社會經濟史や江南地域の社會發展のありかたを認識するてがかりとなることは疑いをいれない。しかしそのような諸產業についての文獻史料のかたられかたはきわめてとぼしい。ここに考古學的成果のはたす役割はけっして小さくない。あるいはまた貴族社會と稱され、爛熟ぶりをうたわれた六朝の社會生活を考察するとき、文獻記事をより視覺的に補强するにおいて考古學的遺物のたすけは不可缺であろう。このように、六朝史研究上にもつ出土遺品の意義ははなはだ大きい。
本稿は遺品の最たる陶瓷の初步的な分析をとおして六朝江南地域史研究のあたらしい可能性をさぐろうとするこころみである。ただし、陶瓷の分析とはいえ、造型や樣式、裝飾等の藝術的・考古學的硏究、あるいは胎質・釉藥・成型・燒成等の化學的・工藝的硏究の分野にはたちいらない。そのような硏究にもすでにすくなからぬ蓄積があるが、(1)ここでは最小限の言及にとどめたい。

第一節　江南六朝墓の概觀

最近までに發見、發掘された江南地方の六朝墓の總數がどれほどであるのか、それらすべてが公表されるわけではないから、まったく不明とせざるをえないが、何らかの形で報告されたものでもすくなくとも數百墓以上にのぼることは確實である。地域的には江蘇省長江以南出土がこれにつぎ、安徽省長江以南部分は以上二地域にくらべてはなはだ少數である。さらに地域を細分していえば、南京市及び江寧縣にもっとも多く、鎭江、揚州、蘇州、宜興、嵊、新昌、瑞安、黃巖等の地に比較的まとまった出土例がある。しかし、ほぼありとあらゆる江南各地に分布しているといってよい。

時期的にいえば、ほぼ今日の六朝墓の編年分期にしたがっていうと、表Ｉにみられるように、いずれの時期のものも出土するくない。しかし、年代のはっきりする紀年墓だけでみると、吳・西晉墓、東晉墓が多く、南朝墓はやや南京市・江寧縣に對して、たとえば鎭江、浙江北部地域の新昌、東海岸の瑞安、黃巖などには東晉墓が多く、太湖周邊の蘇・湖、金壇等では吳・西晉墓が多いなど、地域的な差もみられる。このことは、もちろん六朝の首都建康の所在や、江南地方への東晉以後の華北人口の南遷とその分布のありかたと密接な關係がある。

江南六朝墓は、若干の例外をのぞいて、磚築墓である。墓室は、複數のものと單室のものがあり、前者はおおむね前後に二室をならべ、その間を甬道でつなぐドーム型（穹窿頂）、またはアーチ型（券頂）につくるのが普通である。墓門、甬道、內部に壁龕や排水溝、棺臺などをもうける。底邊に磚をしきつめ、前後左右に墓壁をつみあげ、上部はのが一般であるが、まれに三室以上、あるいは耳室をともなうものがある。後者は、長方形の單一墓室であるが、甬

道のあるもの（凸型）とないもの、甬道を中心線上につくるものと、側方によせるもの（刀型）などの区別がある。これらにも地域的な差があるが、本稿では省略した。

ただ、これらの様式の變遷についてやや詳細にのべておきたい。さきにもふれたように、六朝墓の編年は、吳・西晉、東晉、南朝（宋と東晉を一期にする説もある）の三期に分期するのが一般である。それぞれの時期における様式の特色については、ほぼ以下のようなものである。

吳・西晉墓では、穹窿頂（前後室とも、もしくは前室のみ）の雙室墓がもっとも特徴的であり、單室墓はおおむね券頂で、小耳室のあるもの、短甬道のあるものが比較的よくみられるが、耳室・甬道のない長方形のものもある。規模は雙室墓が長六～九メートル・幅二メートル前後、小耳室や甬道のあるものが長三～五メートル・幅二メートル、耳室・甬道のない小型墓が長三メートル以下・幅一メートル前後であって、前二者の出土が最多である。

東晉墓では、平面凸字形の短甬道をもつ券頂單室墓が主流になり、甬道をもたない長方形單室墓もふえるが、雙室墓は急激に消失してしまう。

南朝墓中、宋墓は東晉に近似するが、齊梁陳墓にはあたらしい傾向があらわれる。長一〇メートル前後・幅三～六メートルの大型墓が出現するが、これらはみな長い甬道をもつ穹窿頂もしくは券頂の單室墓である。甬道をもつ凸字形券頂單室墓も多見する。一方、長三～六メートル・幅一～二メートルで、甬道のない穹窿頂單室墓が流行しはじめており、この現象が華北と江南ではほぼ数十年の時間差をもってあらわれている。この點では、江南の西晉墓は漢唐間の墓葬變遷史上、特異な位置にあるといえよう。

この様式變遷中、もっとも注目される現象は、吳・西晉墓によくみられた雙室墓が東晉で一擧に衰退してしまうことであろう。この現象は、華北においては、東漢墓と十六國北魏北朝墓の間でみることができる。その中間にあたる西晉ではすでに穹窿頂單室墓が流行しはじめており、この現象が華北と江南ではほぼ数十年の時間差をもってあらわ(4)

第九章　江南六朝墓出土陶瓷の一考察

江南六朝墓の副葬品は、もちろん陶瓷器が中心であるが、それ以外に、金銀製飾件・玉製装飾・銅鐵製品、とくに鏡と錢、滑石猪などがあり、例外的なものに朱然墓から大量に出土した漆器もある。陶瓷については、後に詳述することになるが、あらましをのべると、罐や壺、盌や缽、盤のような一般的な容器と、唾壺・虎子・硯・燈・香薰・譙斗のような限定された用途をもつものに大別され、以上の二類とはまったく異質にみえるものに、家屋（倉、厠）家畜舎、生産施設・備品の類、および人・動物の模型がある。便宜上、前二者を生活用具、後者を模型器と稱することにする。

そもそも古代墓の副葬品は、前漢中期に轉換期をむかえるようである。それまでの銅製・儀禮器から、しだいに陶製模倣禮器、さらに陶製の日常用器へと變化し、同時に陶・釉陶の模型器が出現する。東漢には模型副葬が一頂點をむかえ、巨大な家屋、望樓、田地陂渠、車、船、井、碓、磨、臼、家畜舎、人物・禽畜など、當時の生活空間にそんざいしたあらゆる施設・備品を模型化して副葬することが盛行した。このような傾向は、次節でのべる東晉南朝をむかえ、華北では北朝隋唐へと繼承され、副葬の歷史の一期を畫した。

なお、漢代に盛行した釉陶器にかわって、副葬品の材質は次第に瓷器にうつり、模型器の類にはなお陶質製もみられるものの、生活用具はほとんど瓷質になる。これは青瓷生產の發展した江南墓でとくに顯著であるが、また江南では、陶瓷器が頂點に達したあと、陶製器が南朝にかけて瓷器に優越するようになり、一方、華北では三彩器の出現をみることになる。

第二節　副葬陶瓷の組合せ

(一) 考察の視點

すでにあらましをのべた多種多様の六朝墓出土陶瓷器は、おおまかにこれを二種類に分類することができる。その一種は、もっぱら墓に副葬することを目的に製作されたとおもわれるもの、すなわち明器であって、その大部分は現實の生活空間に存在する施設・設備の模型である。屋舎、倉、厠のような建築物から、家畜舎、竈、井、碓・磨、ときには、篩・箕のような設備・備品にいたる模型、俑・動物模型など、みなそれである。

別の一種といえるものは、現實に使用可能な器具そのものと作られ、そのために葬家に購入されたものということもできるが、器物それ自體はあきらかに模型と異なり、すくなくとも現實の使用にたえうるような製品である。その大部分は、罐・壺・瓶・盌・杯・盤のごとき一般的容器類から、唾壺・虎子・硯・燈・香薫・鐎斗・勺・憑几・帷帳座など、特定の用途をもつ器具にいたる日用品である。

本節でいう組合せとは、これら陶瓷器がいかに組合されて副葬されているかということである。その組合せの問題のなかには、生活用具中の組合せのありかたや、模型中の組合せの形態もふくまれるが、ここで特に注意したいのは、模型と生活用具の組合せである。なぜなら、ごく一般的に考えて、生活空間に實在する事物を模型化したものと、生活空間中の器物そのものとでは、當時の觀念のなかでの死者における副葬品のもつ意味がかならずしも同一ではないであろうし、そのことは埋葬する側の意識ないし社會一般の死後世界觀にもかかわるものとおもわれるから

第九章　江南六朝墓出土陶瓷の一考察

ある。つまり、墓中に模型化した屋舎・倉・厠をおき、井や竈をそなえ、そのまわりに生息した動物をおいて、生前の生活空間をそのまま模型化して地中に再現するような副葬と、死者が生前の生活そのままに使用しうるような容器や備品を副葬することとは、死者の死後の生活への認識において、微妙な差があるとみるべきであり、その意味でこれはある種の文化の問題でもあるといえる。

さて、この生活用具と模型の副葬における組合せが江南六朝墓においては獨特のありかたを呈することが、最近、考古學的資料が増加蓄積されるにつれてあきらかとなってきた。すでにふれたように、漢六朝から隋唐初期にかけての副葬の大勢は、陶瓷（のちに三彩が加わる）器についていえば、生活用具と模型の両者併存である。ただし、それは死者の屬する階層や生前の實力等によって差異が生ずることは當然で、模型のないばあいもすくなくないし、あるいは生活用具の種類や数量も多種多様であることはいうまでもない。しかし模型と生活用具の併存が、それが可能な條件下にある死者においては通例であった。

江南においても、このことは呉・西晉墓においてまったく同軌であるが、東晉南朝墓は完全に事情を異にする。つまり、生活模型が一部の例外をのぞいてまったく出土しないのである。正確にいえば、東晉初のある時期からというべきであるが、模型が副葬品からほとんど突然に消滅してしまう。

もっとも、このような現象が確認されるようになったのはそれほどはやくからではなく、本格的な考古學的活動が開始された直後の一九五〇年代前半には、一般に江南六朝墓からは豊富な陶瓷の器具や模型が出土するという程度の認識であったようにみえる。そのことは一九五〇年代の發掘報告の類に、六朝墓の編年を六朝、南朝などで區分することがすくなくなかったこととも無關係ではない。今日、江南六朝墓の編年は、呉・西晉墓、東晉墓、南朝墓に大別するのが一般であるが、それは呉・西晉墓と東晉・南朝墓の副葬品に截然たる差があること、すなわち後者に模型が

ないという認識が一般化したこととも關係するのであり、逆にこの事實をもとに六朝墓の時代比定をすることもある。

現在もっとも資料を博捜した江南六朝墓出土陶瓷の研究は、江蘇省部分にのみ限定されるが、謝明良氏のものであ[9]り、そこでは、呉・西晋・東晋・南朝の四期區分がもちいられ、東晋での模型の消滅のみならず、器種の消長、各期における器物の陶瓷質や器形、裝飾の變化などについて詳細な論及がなされている。ちなみに、謝氏にはこのほかに福建・江西兩省の出土陶瓷についての研究もあり、[10]早晚他地域の六朝陶瓷に關する同樣の研究が公表されるものと期待される。

ところで、東晋のある時期に江南六朝墓にあらわれた副葬品の變化は、右の模型と生活用具の組合せだけでなく、いわゆる穀倉のばあいにもみられることである。この奇妙な器型の穀倉についての諸種の議論についてはさておき、この器が三世紀中葉に浙江・江蘇江南・安徽江南のかぎられた地域にのみ出現・盛行し、それゆえそれが江南の特異な文化相貌の一斑を表現していることは疑いのない事實であるが、この器もまた東晋初頭を最後に忽然と姿をけしてしまうのである。

このような急激な變化がなぜ東晋で發生したのかを分析することは、六朝時代江南地域の地域的特性を認識するうえで、重要なてがかりになるはずであるが、東晋王朝と東晋江南社會の性格に徵すれば、その原因の推測はそれほど困難でもない。なぜなら、東晋王朝とその社會においては、舊來の江南土著文化と、新渡來の華北文化の急激な接觸が發生しているのであり、このような文化範疇に屬するような變化は江南に南渡した華北人士のもたらした華北文化の影響下に發生したと推測するのが自然であろう。はたして、この副葬品の組合せ上の變化を、北方人士がもたらした華北魏晋文化の一主張たる薄葬の習によるものであるとする魏鳴氏の所說があり、[11]先述の謝氏もこれに贊意をしめしておられる。この推測はおそらくそれほど眞相からかけはなれたものでもないであろう。

しかしながら、檢討に値する問題はそれだけではないようにおもわれる。なによりも、右のような推測をうらづけるための資料がなお不十分であることはいなめない。魏鳴氏の研究は魏晉南北朝墓の副葬品の全體の趨勢を視野にいれたものとはいいがたいし、謝氏の研究は、おそらく近い將來公表されるであろう浙江省部分が現在まだ空白のままである。そして、浙江省出土六朝墓については、王志邦氏の總合的研究があるが、なおこれらを總合した江南地域全體の六朝墓をおおう、副葬品關係の集成的研究はない。しかも、謝・王兩氏においては、いまのところ華北墓との對比がなされていないが、これは江南六朝墓副葬品の特色を認識するためには、どうしても補足されねばならない要件である。

つぎに、この變化が一種の文化接觸によるものとみても、その具體的經緯に如上の研究が十分に留意しているとはいいがたい。たとえば、そのような變化の時期をより精密に限定する努力は必要であろうし、變化の地域性、すなわちかような變化が江南六朝墓に一齊におこったのか、あるいは地域による偏差があるのか等の問題も檢討される必要があろう。とくに、この最後の問題は、はしがきにものべた本稿の基本的問題關心である江南地域の地域性と密接にからむものである。

以上にのべた諸點を基點として、次に具體的事例の表示にはいりたい。

(二) 紀年六朝墓出土陶瓷一覽

表Ⅰは江南地域出土紀年六朝墓の副葬陶瓷の一覽表である。内容の分析のまえに、この表について若干の説明をしておこう。

まず紀年墓に限定した點についてである。これはいうまでもなく、變化の時期をより正確に把握するためであり、

第三編　江南六朝墓と出土品　332

模　型										動物模型	鎮墓獣	銅鏡	銅銭	その他の主たる出土品	備　考	報告所在
房屋	倉	車	竈	井	磨	碓	臼	猪圏	狗圏	鶏圏	その他	俑					
															銅弩機		文59-4、封
																	學57-1、187
ー			ー			二	ー			ー		五九		○		銀釵、地券		叢8、1
ー										ー	篩箕			○	○	金・銀飾件、地券		〃
ー			ー												○	金飾件、銅鉢		鑑85、138
				ー		二						三		○	○	銀飾、地券		考76-5、316
			ー			二	ー				篩箕	四		○	○	漆盤、銀飾、地券		學57-1、187
1		1	1			ー	1							○		鉄刀、漆片		叢8、1
ー				ー			ー	ー	ー	ー	篩箕			○		金・銀飾		考87-7、611
														○	○			文73-5、69
											篩箕	二六		○		銀五銖、地券	曹翌墓	學57-1、187
											杵	ー			○	銅鐎斗、地券		鑑87、144
																	參55-7、157
			ー						1	1	1			○	○	銅鐎斗、鉄炉		考76-6、396
																銅洗		考84-6、528
	1		1					1	1	1		2						考85-10、908
													1					文75-2、92
			1					1		1	羊圏	2	1			玉飾、鉛地券	汝陰太守侯氏	文65-6、37
			1					1		1	羊圏	2		○	○	銅鐎斗、金飾		考66-4、224
																	朱君妻呉氏	考66-5、283
																		參56-11、8
																	謝鯤	文65-6、34
																金飾		文81-12、1
															○	銅弩機	顔謙婦劉氏	考59-6、288
																金・玉飾		文81-12、1
																金・銀飾、銅弩機	王興之	文65-6、26
															○	銅鐎斗・弩機	王閩之	文72-11、23
																金・銀・珠飾	王丹虎	文65-10、29
																水晶珠	卞氏王夫人	參55-6、120
															○		張	訊58-4、49
												二						參56-11、8
ー			ー									ー						訊58-4、41
												二						〃
															○	漆耳杯		
																	夏金虎	文72-11、23
																	謝球	鑑87、146
																	謝琰	鑑88、158
												三					明曇憘	考76-1、49
												ー				石案	蕭秀	考76-5、316
												四	ー				輔國將軍	考80-2、24
												三		○	○	石座6、石誌	蕭偉？	〃
ー		ー										二			○		蕭象	文90-8、33

												三		○	○	銅洗、鉄戟		考84-11、974
ー	5		ー	ー							船	ー		○	○	漆木器、銅炉	朱然	文86-3、1
											欄圏				○		祁封	文89-8、69
	1		1	1				1	1	1								考62-8、412
		1	1	1				1	1	1	篩箕			○		銀圏		文77-6、60
				1														東89-2、135
														○	○			文80-10、92

333　第九章　江南六朝墓出土陶瓷の一考察

表Ⅰ　紀年墓出土陶瓷表（第一地域）

	紀年	出土地	墓室数	生活用器																		その他
				穀倉	罐	壺	瓶	鉢	盌	盞碟	杯觴	盤	洗	盆	注	硯	薰爐	鐎斗	勺	盒	唾壺	虎子	憑几	座	燈	
1	241弩機	石門坎郷				1		4								1				一		1				
2	251虎子	趙史岡M4			2	1															1					
3	254券	幕府山M1		一	1		1三																	一	五聯罐
4	254券	〃 M2	雙	一	1		二2二		一							一								一	〃
5	259券	郭家山	雙	1—	1		1—					1									1				
6	270券	甘家巷M29	雙		1	2		3	2						1										
7	273券	趙史岡M7		1	4二	3		3		二		一		1											
8	275磚	上坊公社M1		1	2	1		2			1			2											
9	280磚	江寧索墅	雙	一		1		1	4				一												
10	283磚	江寧秣陵		1				1	2																	
11	285券	江寧丁甲山														1										
12	285券	柳塘山	雙	一																						
13	293磚	郎家山M1	雙		1	1		1	一					一	1											五聯罐
14	294磚	句容石獅公社	雙	1	6	2	1	1	3		1	1			1	1					1	1				
15	295磚	句容郭莊			2			1																			
16	297磚	江寧張家山		1	1	1					1	1				1										
17	299磚	江寧六郎公社						1								1										獅形器
18	302券	板橋嶺石閘湖	雙	1	5	3		10		1						1					1	1	四			
19	308磚	邁皐橋	雙		2			1							1	1					1	1				
20	319磚	象坊村M1			2	1		1								1										
21	320磚	鎖金村																								1	
22	323誌	戚家山M3						1																			
23	326磚	郭家山M3						(2)				1			1											
24	345誌	老虎山1			2			5		一	6四					一	二				1	2	一				
25	347磚	郭家山M1				1		(1)									1		2							
26	348誌	人臺山				2		7								1										
27	358誌	象山(人臺山)5				2		2														1					
28	359誌	象山3				1		2																			
29	366磚	江寧夾崗門		1				2	2																	1	卓・机
30	369磚	西善橋M101		一			一	二	五							一						一				
31	383磚	郎家山M6			2			1		一	二		1													
32	384磚	苜宿園M1						2			一		1			一										
33	384磚	〃 M2						2二			一	三														
34	392誌	象山6						1		二	三											一				
35	416誌	司家山			2			1			1—		1—									1				
36	421誌	〃			2				1		1			1											1	桶・鍋
37	474誌	甘家巷			一			2								一										
38	518誌	甘家巷M6						2			1									2			一	八		
39	521誌	燕子磯																						一			
40	532誌	堯化門			1			1—	一		三		一													
41	536誌	甘家巷						1			2		一	四		二					1		二			

（第二地域）

42	245券	(安)南陵M1																									
43	249刺	(安)馬鞍山	雙		4四	4			5	2		4			2四		2	三	1						1		墨籃
44	260磚	金壇薛埠郷	雙	一	1—		1		2	1							1		二			1	1				
45	272磚	溧陽東王				1		1								1											
46	276磚	金壇儲王庄				1											1						1				
47	277磚	(浙)上虞江山郷		1	2	2				2																	籃
48	280磚	(浙)慈溪		1	2	1							1	1													

第三編　江南六朝墓と出土品　334

				1	1	羊圏			銀飾件		東89-2、143
				1	1						4・5次年會、64
	1	1		1	1			○	銀飾、鐵劍		研3、34
八	1			1	1		七一	○	銀飾、銅爐		東89-2、111
			一	一	一						東91-5、288
	1			1	1				金釵、銅熨斗	元康2年罐	考84-9、826
	1			1 2	1 2	箕			金飾、銅器		叢3、130
				1							〃
		1		1							〃
	1			1 1	1		1		金・銅・鐵器	周處	東91-5、288
											叢2、257
	一 一	一		一		杵箕	二八	○			學57-4、83
											學88-2、233
											鑑90、225
				一			一 一	○	銀飾		〃
1								○			學88-2、233
	一	一		一					金飾	周魴？	考73-2、88
											參56-12、76
一	一		一								考77-2、115
											考61-4、228
											江蘇六朝青瓷
											4・5次年會、64
	1	1		1 1	1	篩		○ ○			文91-6、59
											鑑87、163
								○	銅盒・弩機	周玘等？	考84-6、528
								○			考77-2、115
									銅鐎斗・弩機		叢8、16
									銅鐎斗・勺		〃
											參56-12、43
										劉尅	4・5次年會、64
									鐵剪	褚府君	叢8、16
								○	磚地券		考61-7、359
								○			東89-2、153
											考85-11、1、1005
									鐵鏡		學88-2、233
									磚誌	太元20年磚	考80-6、569
											訊55-5、57
									金飾	謝琰	考73-4、227
									金飾石座	畫像磚	文73-4、51

				1				○ ○	鐵刀		文84-8、40
	1	1						○	鐵鐎斗、磚誌		考91-3、206
								○ ○	銀飾		考88-9、800
	1			1				○	黛硯		考91-3、206
											考84-9、816
											學58-1、111
									鐵刀		考59-9、464
								○			考88-9、800
	1			1 1	1 2		1 2		金飾		考84-9、816
	1			1	1						考84-2、192
	1			1 1	1						考88-9、800
	1			1 1	1			○	銅洗・爐・鐎斗		考88-10、918

335　第九章　江南六朝墓出土陶瓷の一考察

No.	頁	種	出土地	雙	C1	C2	C3	C4	C5	C6	C7	C8	C9	C10	C11	C12	C13	C14	C15	C16	C17	C18	備考
49	280	磚	(安)郎溪1			一																	
50	282	磚	常熟石梅		1	2	1一		3		2	1	1		1	1				1			盅
51	286	磚	(安)當塗太白鄉		1	2			2						1								
52	287	磚	(浙)杭州M33			1	1			1	2		1		1	1	1						
53	288	磚	(浙)湖州							1					1	1							
54	288	磚	(安)和縣戚家	雙		2	1		4									1					
55	293	磚	吳縣獅子山2	雙	1	2		1		4	1	1		1			1		1				
56	295	磚	〃 1	雙	2	5	1	4		1		1		1	1		1	1					
57	291〜罐		〃 3		1	1									1								
58	296	磚	(浙)湖州埭溪			1		1			1	1	1										
59	297	磚	(浙)上虞道虛			2						1								1			
60	297	磚	宜興1	雙		2	1一		5三		四	六		1		1		一			八		
61	297	磚	揚州胥浦93	四	一	1一	1	4		3		一		一									
62	298	磚	(安)南陵長山1			1	1																
63	298	磚	〃 2			1				1				3									
64	298	磚	〃 3							1			1										五聯罐
65	299	磚	揚州胥浦94			1	1			1				1				1					
66	299	磚	六合瓜埠						4					1					1				甌
67	300	磚	(浙)諸暨		1							2		1					1				尊
68	302	磚	宜興4	雙																			俎
69	302〜磚		(浙)杭州金門檻	三		8			4一		2一	2											
70	305		無錫東峯			1								1									
71	312	磚	常熟黃土山			1			1	2			1	2					1				
72	313	磚	(浙)紹興上蔣鄉		1	5			1		2			1	1		1	1					
73	314	磚	(安)馬鞍山2			1																	
74	315	鏡	丹徒		1	1		3	1					1				1					
75	323	磚	宜興5	四		.			4	1							1						
76	333	磚	鎮江M5	雙	五	3			4														
77	335	磚	〃 M6			1	4		3					1									
78	336	磚	(安)蕪湖赭山																				
79	344	磚	常熟練塘													1	1						
80	357	磚	鎮江M14						7		7		1一										
81	364	磚	(浙)杭州老和山		1	5			2	2			2		3	2				1			
82	366	券	鎮江七田甸			3		2	7			1	一					1		一			
83	370	磚	無錫赤墩里			3																	
84	371	磚	揚州胥浦1		2	1		1		1						1							
85	376	磚	(安)馬鞍山		一	1			5	1	二	十		2一		1				二			
86	395?磚		(浙)富陽			4			2		1		1										
87	396	誌	溧陽						3一		一									一			
88	398	磚	鎮江	雙		1			2	1	1			1	1	1							皿

(第三地域)

No.	頁	種	出土地	雙	C1	C2	C3	C4	C5	C6	C7	C8	C9	C10	C11	C12	備考
89	199	鏡	衢州城關鎮		1	1			2		1						罍
90	257	磚	嵊縣大塘嶺村	雙	1	5			5	5	5		1		1	5	
91	259	磚	嵊縣石璜嶺M74			2	1		1								
92	263	磚	嵊縣大塘嶺村	雙	1	1			9	10	2		1		1	1	
93	266	磚	金華古方M27						1								
94	276	磚	黃巖秀嶺5			一			2		1						
95	277	磚	淳安官山											1			
96	278	磚	嵊縣中愛鄉			1		1	1								
97	281	磚	金華古方M30		1	1	2		3	2	一		1				盅
98	287	磚	常山何家						3				1			1	罍
99	288	磚	嵊縣石璜嶺M75		1				1		1			1		1	
100	291	穀倉	平陽敖江		1	1	1			1			1				

第三編　江南六朝墓と出土品　336

1									品名	被葬者	出典
1								○	鐵鐎斗	公孫氏	學58-1、111 文87-4、49 考74-6、379 叢8、54
								○			考60-10、30 叢8、54
									銀飾		考59-9、464
						○	○		鐵刀		學58-1、111
						○	○		銀飾		〃
									銅飾		〃
						○	○		鐵刀		〃
							○		鐵刀		考59-9、464
							○		鐵刀		考58-1、111
									鐵刀		〃
							○		鐵刀		〃
								○	鐵刀		〃
							○	○			考88-9、800
								○	鐵鉤		學58-1、111
									鐵刀銅鐲	一部	叢8、50 考60-10、30
								○			〃
											學58-1、111 叢8、54
								○		一部	叢8、50
								○	鐵刀	太和9年磚	學58-1、111 〃 叢8、50 〃
									鐵刀	任淋	訊57-1、61
							○				學58-1、111 叢8、54
							○	○	古墨	梁孜	〃 〃
								○	玻璃珠		考91-8、759 考60-10、30 考86-7、665 〃
								○		朱公	文83-10、93 文83-10、92 考60-10、30 考84-9、855 考60-10、30
								○			考88-9、800
									鐵剪・刀		考集3、162 〃 文87-11、61 〃

337　第九章　江南六朝墓出土陶瓷の一考察

101	291	磚	黃巖秀嶺41	1—	1		1	1							筒形器
102	298	磚	嵊縣金波山	4			1	6		1			1	1		罍楊
103	298	磚	衢縣街路村	4	2		1	5	5		1			1	1	
104	300	磚	新昌西嶺7				1				1			1		
105	318	磚	瑞　安　157								1	1		1		
106	320	磚	新　昌　17				4	1			1	1				
107	321	磚	淳　安　5								1					
108	321	磚	黃巖秀嶺8				1									
109	326	磚	〃　23	1			1				1					
110	327	磚	〃　2	1		1										
111	327	磚	〃　20	2				3	5		1	1			1	
112	334	磚	〃　6						1							
113	335	磚	淳　安　6													
114	343	磚	黃巖秀嶺15					1	—							
115	344	磚	〃　1					1	1		1					
116	344	磚	〃　31		1			2								
117	347	鏡	〃　10	1	1	1			1						1	
118	351	磚	嵊城關鎮M66	1	1			1	1	1						1
119	355	磚	黃巖秀嶺44				1	2						1		
120	360	磚	瑞安隆山M8					2								
121	367	磚	瑞　安　114	3												
122	368	磚	〃　160	2	4	1		2			1	1	1		1	
123	370	磚	黃巖秀嶺18			1		2								
124	370	磚	新　昌　11	1												
125	371	磚	瑞安M1													水丞
126	374?	磚	黃巖秀嶺45	1	1			4	2		1			1		紡輪
127	378	磚	〃　16						1							
128	385	磚	瑞安M2													
129	389	磚	〃M4													
130	390	磚	金華竹馬館			2				2						
131	393	磚	黃巖秀嶺24													
132	393	磚	新　昌　20	1	2		2			1	1					
133	393	磚	〃　21	1	2		2									
134	397	磚	〃　14	—	1	1	1	1								
135	397	磚	〃　15				1	1								
136	427	磚	東陽李宅鎮		1		3	1		1						
137	440	磚	瑞　安　115	1	1		1									
138	446	磚	蒼南藥溪M6		2									2		
139	451	磚	〃M1			1		1								
140	472	磚	新　　昌		1		1	3								
141	483	磚	新　昌　19	1	1		2	2								
142	502	磚	瑞　安　159	1	1			1								
143	502〜	磚	奉化白杜		1	2		10		3						盎
144	542	磚	瑞　安　124					1	1							硯臺
145	588	磚	嵊縣城郊鄉					1								
146	598	磚	江　　山	1	1			5								
147	607	磚	〃		2			5	2							
148	612	磚	嵊縣M9		2			2								
149	612	磚	〃M10		1											
150	612	磚	〃M11		1			3								

凡　例（以下の表も同じ）
　一部を除き、1990年末までに報告されたものに限定する。
　紀年欄の西暦數字の後は、紀年のある遺物名。出土地欄の（浙）（安）は浙江・安徽省の略で、それ以外は江蘇省。表中のアラビア數字は瓷、漢數字は陶の數量である。○（瓷）●（陶）は數量不明の意味である。報告所在（出典）欄は、報刊名、年度、號、報告題目所在頁數である。
　略號は以下の通り。
　　　考：考古　文：文物　訊：考古通訊　參：文物參考資料　學：考古學報　東：東南文化
　　　叢：文物資料叢刊　考文：考古與文物　研：文物研究　博：文博　考集：考古學集刊
　　　中原：中原文物　遼：遼寧文物　鑑：中國考古學年鑑　4・5次年會論文：江蘇省考古學會第四・五
　　　次年會論文選1985-1986

無紀年墓の編年が上述のような三期區分か、精密にしても各期の初・中・後三段階分期である現狀ではやむをえないものである。

つぎに地域區分について、本表では、江南地域を南京周邊と、安徽江南・江蘇江南（一部江北）・浙北平原、および浙東西低山丘陵地域・金衢盆地・瀕海地帶の三地域にわけている。かりにそれを第一・第二・第三地域と呼稱する。

第一地域の南京周邊については、現在の南京市區および江寧縣・句容縣一帶を包含することにし、それ以遠を第二地域とする。第二・第三地域はほぼ南京を中心にした半徑三〇〇キロの圓周の内と外にあたる。東晉當時の行政區畫名でいえば、南京が建康（丹陽郡）であるのはいうまでもないが、第二地域には、宣城・南徐州南東海郡・晉陵・吳・吳興・義興・會稽諸郡がふくまれ、第三地域には、東陽・新安・臨海・永嘉諸郡がはいる。

このような地域區分の意圖は、主としてつぎのようなものである。まず第一地域の南京周邊は首都建康とその近郊であり、および東晉南朝のいずれをとっても、居住者は朝廷と關係のふかいものがすくなくなく、とくに東晉成立以後には、南渡北人が集中しており、獨自の文化圈を形成していたとみられる。

第二地域は大部分がいわゆる三吳地方で、六朝諸朝の腹地にあたる平原地帶である。ここには京口におかれた南徐州や、姑孰におかれた南豫州などのように、建康に近接し、南渡流民の集住した區域もあるが、孫吳時代にはすでに土着豪族が盤踞し、人口南遷後も、依然として傳統色のこい地域であったとみられる。

第三地域は、山嶽丘陵と、その間の盆地、および瀕海部からなり、地理的條件が第二地域と對照的であるのみならず、歷史的にみても、漢以來越族の影響下にあり、孫吳の開發前線の所在でもあった。しかし、東晉以後になると、會稽南部から東陽・新安一帶、あるいは瀕海地帶には、浙江や曹娥江、またはおそらく海路による漢族の入殖が活潑化し、しだいに漢族文化圈に包攝されてゆくようになる。その一斑は黃巖・瑞

339　第九章　江南六朝墓出土陶瓷の一考察

安・嵊・新昌・淳安等の地から出土する大量の東晉墓の存在からうかがうことができるであろう[13]。このような地理的・歴史的條件からみて、この三地域は孫吳時代にはおなじ江南とはいっても、文化的にみてかなりの地域性をそれぞれ有していたとみなすのが妥當であろう。したがって、そこに東晉代北來文化が傳播したときにこの地域區分は主としてこのような問題關心からでている。

つぎに出土陶瓷の器種・器型とその分類についてのべよう。生活用具と模型の區分についてはすでにのべたように、本稿の重要な論點であるが、その基準ないしは區別についてはそれほど困難ではない。なによりも模型は一見してあきらかなように、まさしく模型であって、實物でない。その種類もすでにふれたように、家屋や廁、方形圓形の倉などの建築物、鷄・狗・猪・羊を飼育するかこい（圈）やかご（圈に一括）、小屋など（圈）、地上構造物のある井戸、からうす（碓）・ひきうす（磨）・つきうす（臼。杵をともなうこともある）、ふるい（篩）やみ（箕）など、農業生産・加工用の設備備品など多種多様である。家畜圍いや小屋には、鷄・鴨・鵞・狗・猪・羊等の家畜家禽がそえられているし、廁に猪圍いが附屬するものもある。これらはその種類や名稱の辨別が容易點についてのべておく。各種報告書にでてくるこの類の器種の名稱が統一した基準や認識に基づいているとは考えがたい。同一名稱が別の器物をさしていたり、同一とみられる器物を別の名稱でよんでいることが時にある。謝明良氏のように、逐一圖版を參照して分類し、圖版のないものだけ報告書の命名にしたがうというのがもっとも良心的な方法であろう。謝氏はこの方法にしたがって、この類の器具を、壺・罐・罎・尊・盌・盞・鉢・洗・杯・盤・盂・注・硯、薰爐・燈・鐎斗・簋・盒、動物形器の五種に分類しておられる[14]。しかしこの方法も圖版がかぎられているうえ、

一方の生活用具のばあいは、器種やその名稱、用途にすくなからぬ混亂が報告書類にみられる。以下やや詳細にこの點についてのべておく。各種報告書にでてくるこの類の器種の名稱が統一した基準や認識に基づいているとは考えがたい。

第三編　江南六朝墓と出土品　340

附圖　生活用器及屋

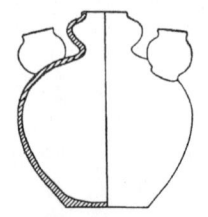

五聯罐(考84-6, 528) 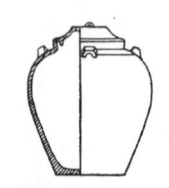　罐(叢8, 16) 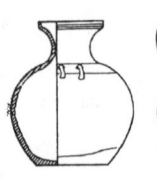　盤口壺(同左)　鷄首壺(同左)

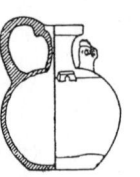

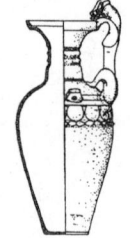

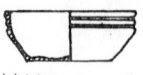

缽(東89-2, 153) 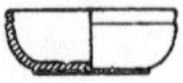　碗(叢8, 1) 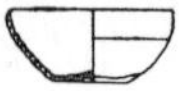　盞(考76-5, 316)

瓶(文79-3, 17)　楪(文90-8, 33) 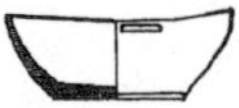　杯(學88-2, 233)　座(考85-10, 908)

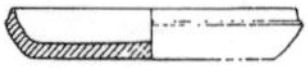

盤(文90-8, 33)　洗(考84-6, 528)

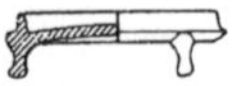

硯(叢8, 16) 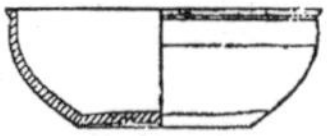　盆(叢8, 16) 　盂(考76-5, 316) 　燈(考84-6, 528)

薰爐(叢8, 16) 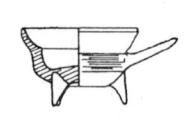　鐎斗(考87-7, 611)　匕(叢8, 16) 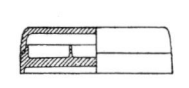　盒(叢8, 16)

唾壺(考84-6, 528) 　虎子(叢8, 16) 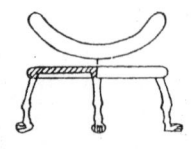　憑几(東89-2, 153) 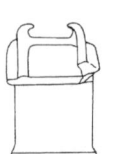　屋(文90-8, 33)

341　第九章　江南六朝墓出土陶瓷の一考察

後述するような各種器型間に截然とした區別のつけがたいものもあるなどの問題があり、本稿ではとりあえず報告書類所載の器名をそのまま採用することにする。表Ⅰ・Ⅱの生活用器欄の器名がそれである。これらについては、すでにのべたように、一般的な容器類と、個有の用途をもつものとにわけることができる。それぞれの典型的な器形は附圖を參照されたい(15)。

最後に、陶瓷の別にふれておきたい。陶瓷の別の基準は、胎土の成分や燒成溫度などの化學的要素は別にして、出土品そのものを陶瓷いずれかに區分するのはかならずしも容易なことではなさそうである。むろん、釉がかかり、燒成溫度の高い、良質の瓷と、素燒きの陶の區別は容易であろうが、實際にはその中間段階のものもすくなくない。釉がかかっていても、燒成溫度が低く、胎質がしまっていないなどのものがしばしばみられ、それらを一時期には釉陶と稱したようである。しかし、これらを報告書の記事や圖版から判斷するのは現狀ではほとんど不可能であるので、報告書の記載をそのままとり、釉陶器はとりあえず陶の部にふくめておく。

なお、以上の諸點以外の表上の項目については、表の凡例を參照されたい。

　(三)　若干の分析

　　イ　穀倉

はじめに、穀倉(16)の出土狀況とその變化についてみておこう。すでにすくなからぬ言及がなされているように、穀倉出土最古の例は表Ⅰ―89の一九九九年墓、および東晉極初にしかみられない。これをいますこし詳細にみてみると、穀倉出土最古の例は表Ⅰ―90の二五七年墓のものとなる。この例は最近出土で、從來は永安三年(二六〇)銘の紹興出土のものが最古の例とされは吳・西晉墓となるが、これは紀年が鏡銘によっており、根據とするのにやや難があるゆえ、それをのぞくと表Ⅰ―

れていた。それ以後、表でみるかぎり、二八〇、九〇年代のものが比較的多く、また穀倉上部に附属する碑型装飾の記年銘は元康（二九一〜九）のものがもっとも多い。また出土地は、第一・第二・第三地域にわたって平均に分布しており、とくに地域的な偏差をみとめられない。

問題はこの穀倉がいつ消えたかであるが、表Ⅰによれば三〇〇年代のものが三例あり、表所揭のもの以外にも、三〇〇年代のもの若干がある。まずこれらをやや詳細にみてみよう。

一九五四年、安徽省蕪湖赭山で、咸康二年（三三六）磚を出土したＭ一一一をふくむ、計二三座の墓が発掘された。この一群の墓には、Ｍ一一一をふくむ東晉穀倉墓若干がふくまれていた。そのうち紀年不明のＭ一〇八からは釉陶穀倉の上部残片が出土した。これとは別に、瓷穀倉断片出土の記事があるが、出土墓は明記されていない。ただし、同報告書中のＭ一一一の平面図中の遺物にはこの瓷穀倉がないから、Ｍ一一一出土でないことはたしかである。したがって、この二組の残片穀倉の年代は確定できないのであるが、東晉墓出土の可能性がまったくないわけではないので、参考のためにしるしておく。

一九五三、七六両年、江蘇省宜興にある周墓墩の発掘がおこなわれ、第一次で一・二号墓、第二次で三〜六号墓が発掘調査され、一号墓は周処のものと確認された。その二号墓から穀倉が出土している。

この二号墓は、第一次発掘の際に、出土人骨が小児のものであると鑑定され、周処四子中の夭折した周靖の墓に比定されたが、第二次発掘で周墓墩の全容があきらかになると、周靖墓は規模最小の三号墓とされ、この二号墓は周札墓とされるようになった。周札は周処の子で、東晉初年の王敦の挙兵、建康への進攻にあたって、石頭を開門して王敦を迎えたが、やがて一門五侯の強盛ぶりを王敦に忌まれ、任地会稽を急襲されて殺された。『通鑑』はこれを太寧元年（三二三）正月のこととしている。二号墓が周札のものであるとすると、この穀倉が確実な最下限例ということ

つぎに、謝明良氏がのべられたように、浙江省杭州三臺山永昌元年（三二二）墓、および同省蕭山縣紹興鳳凰山永昌元年墓の二點が明確な紀年墓出土例としては最下限となろう。ただし、この兩者は、出土墓についての詳細は一切不明である。以上の東晉初頭墓出土例に對して、西晉末年のものでもっとも時期がくだるのは、一九八七年發見の紹興鳳凰山永嘉七年（三一三）二月磚墓所出例であり、これにつぐのが、一九六四年發見の南京板橋鎭石閘湖西晉墓所出例である。この墓からは太（？）康九年（二八八）・永寧元年（三〇一）磚、永寧二年（三〇二）鉛地券が出土している。

以上の西晉末東晉初墓のうち、宜興二號墓墓主が周札と推測されるのをのぞけば、板橋鎭石閘湖墓が鉛地券によって墓主の詳細がわかる唯一の例である。鉛地券の四行の刻文のうち、一、二行目に、

　永寧二年二月辛亥朔廿日庚子揚州廬江郡樅陽縣大中大夫汝陰□□□□丹楊郡□
　寧縣頼郷潒湖里地方員五頃八十畝直錢二百萬云々

とあるのによれば、墓主はあきらかに舊吳の地の出身であり、孫吳西晉の官人であった可能性が強い。

以上のような現在までの出土例からみれば、穀倉の副葬は元康年間、二九〇年代が最盛期であり、孫吳西晉を通じて、いわゆる江南地域にのみみられた習俗であり、三〇〇年代にはいって激増するといってしだいに衰退し、東晉初年にまったくおこなわれなくなったとみることができよう。このような出土地や時期からみて、それは孫吳西晉を通じて、いわゆる江南地域にのみみられたものであったことに疑いはない。その消失がかれらの南遷とあい前後していることが、消失原因究明のてがかりであることはいうまでもないであろう。

華北僑民には無緣のものであったことに疑いはない。

　　ロ　模型器とその消滅

模型器そのものの構成について表Ⅰを一瞥すれば、およそつぎのような特徴がみてとれる。器種を地域的にみると、

第一地域は種類が豊富であるが、第二、第三地域ではしだいにすくなくなって、第一地域にみえる家屋・倉は消失し、磨・碓・臼の数も減少し、基本的な模型器は竈・井と家畜舎のみとなっている。また時代別にみれば、第一地域で器種がしだいに減少し、ほぼ呉・西晋の交を境に、基本的には竈・井と家畜舎のみの構成となってゆく。全般的にみて、呉の時代に、建康周邊では模型の器種が豊富であるのに對して、それ以外の地では基本的には竈・井と家畜舎の副葬が中心であり、建康周邊でも西晋のころから器種が減少し、周邊地域とおなじような構成になってゆく趨勢がみてとれる。

なお、動物模型は、第一地域で出土頻度が高いのに對し、第二、第三地域となるにつれてそれが低くなること、第一地域でもしだいに減少する傾向にあること、俑の出土が全體にそれほど多くないことも注目されるであろう。また、模型出土墓と穀倉出土墓は密接な關係にあり、模型出土墓で穀倉の出土しない墓はあっても、穀倉出土墓で模型の出ない墓はない。

以上のような模型出土墓の出土頻度は、紀年墓だけでみれば、第一、第二地域では非常に高く、紀年墓以外の墓においても相當に高率であるといえるが、第三地域においては、模型出土墓の比率がかなり低くなっていることも注目される。全般的にいって、地域的には第一地域から第二・第三地域へ、時代的には呉から西晋へ、模型器の數量と出土頻度が遞減するといえそうである。このような傾向は、地域的には、首都建康の所在、時期的には、呉の滅亡によってその建康が首都としての地位を喪失するという二つの要因に起因するであろうことは疑いをいれない。

つぎに模型器の消滅についてであるが、まず模型器出土墓の最下限をみてみると、第一地域では、邁皋橋三〇八年墓、第二地域では、上述の紹興鳳凰山三一三年墓、第三地域では平陽敖江の二九一年墓となる。逆に模型器が出土し

第九章　江南六朝墓出土陶瓷の一考察

ない呉・西晉墓をみると、第一地域では、石門坎郷二四一年墓、趙史岡M四・二五一年墓、句容二九五年墓、江寧六郎二九九年墓、第二地域では、南陵二四五年墓、郎溪二八〇年墓、宜興二九七年（周處）墓、諸暨三〇〇年墓、宜興M六・三〇二年（周魴）墓、無錫三〇五年墓、常熟三一二年墓、馬鞍山三一四年墓、丹徒三一五年墓、第三地域では、嵊縣二五九・二七八・二九八年墓、金華二六六年墓、淳安二七七年墓、黃巖二七六・二九一年墓、新昌三〇〇年墓などがある。

これだけの材料で判断してみるならば、模型器の消失は西晉末年ということになるが、表以外の墓で東晉初年にはいる可能性のあるものが唯一ある。それが前述の宜興周墓墩二號墓、つまり推定周札墓である。この墓からは、前述の穀倉のほか、青瓷模型として臼杵・篩・畚箕・掃帚・鴨圈・鵝圈・猪圈・鷄籠が出た。この墓は前述のように周札の墓とすれば三三四年のものであり、このような模型器の東晉墓出土唯一の例となるのみならず、その模型の構成も先述のような趨勢下にある西晉のものよりは、呉墓の、しかも第一地域のそれにちかいものである。したがって、この周札墓という推定が正確であれば、模型器の副葬は東晉初頭まで維持されたということになるが、それにしてもその副葬品の豊富さは西晉末年のものに比しても異例とせざるをえない。そのことは周札の葬儀、あるいは宜興周氏の地位との關係をも考慮して考察する必要がある。これは一號（周處）墓にもいえることで、後に再論したい。

つぎに、前述のように高率で模型器を出土する西晉墓のなかで、模型器を出土しない諸墓に共通點のごときものが見出せるかどうか、いますこし詳細をみておこう。

第一地域の四墓のうち、石門坎郷二四一年墓は、その紀年が銅弩機銘文、趙史岡二五一年墓は青瓷虎子銘文であって、いずれも墓のつくられた時代とその紀年が隔たる可能性があって、年代確定に疑問があり、江寧六郎二九九年墓は、實は一組の青瓷器と紀年磚が出土したというだけで、墓の詳細や副葬品の全體像があきらかでない。のこるは句

容郭莊二九五年墓であるが、この墓は比較的規模が大といわれるものの、その詳細は不明で、しかもその規模に比し て副葬品が貧弱におもわれる。

第二地域のものでは、郎溪二八〇年墓も墓室中に陶瓷片が散乱し、盗掘にあっていた様子であるが、ただ釉陶罐にみが完型であったという。諸暨三〇〇年墓も盗掘されていたうえ、穀倉が出土しているから、模型器出土の報告はされていないが、當然模型器はあったとみるべきであろう。無錫三〇五年墓は詳細不明である。丹徒三一五年墓は、鏡の紀年で、不確定の要素がある。のこるは常熟三一二年墓・馬鞍山三一四年墓と宜興周墓墩の三墓であるが、周墓墩からは計六座の墓が發掘され、前述のように一號墓が周處であるほか、二號墓周札、三號墓周靖、四號墓周魴、五號墓周玘・その子驥・彝、六號墓周賓、とそれぞれ墓主が推定されている。周賓・周魴・周處三代、および夭折した處の子靖、三一三年沒の周玘が吳・西晉、玘の二子驥・彝、周玘が東晉初ということになるが、この周氏一族六墓は、前述の周札墓に大量の模型が出土した以外は、いずれにも模型がみられないうえ、一號周處墓・二號周札墓をのぞいて、生活用器の數量・器種もそれほど多いといえない。どの墓も盜掘にあっているが、それでも周札墓からは模型器が出土しているのであるから、他の墓にはもともと模型器は埋葬されていなかったと考えるのが妥當であろう。これは吳・西晉墓としてはむしろ異例のことである。さらに注目されるのは一號周處墓で、大量の陶瓷・銅鐵器のほか、豊富な金製品が出土し、同時期の墓の中では格別の副葬品の質量であるが、模型器は一切出土の痕跡がみられない。これは二號周札墓と比較した際の顯著な相違である。また、周札・驥・彝墓とみられる五號墓は四室で構成された周墓墩中最大の規模で、周玘の死は周札より早い三一三年、彝は早亡、驥のみ失意の晚年を東晉初に送ったことからみて、二號墓と相前後する時期のものとみられるが、これほどの規模にかかわらず、出土陶瓷はきわめて少量で、もちろん模型器はない。ちなみにこの周玘こそは「三定江南」の功をあげた西晉末の江東の雄であり、晚年北人を排除せ

第九章　江南六朝墓出土陶瓷の一考察

んとしてはたせず、憂憤のうちに死んだものの、宜興周氏中もっとも勢威ある人物であった。

周墓墩の六墓は、それぞれ埋葬について特別な事情のあるものがあり、墓主比定も絶対に疑問がないとはいえない(30)ゆえ、断定的な論断はさけたいが、まさしく模型器消失のちょうどその時期にあたるものということができる。

第三地域のものは、その若干が同時に近接地域での複数の出土墓をともなっている。嵊縣の前二者は呉二・西晉二墓中の二墓で、そのうち無紀年のM七五から穀倉・模型器が出ている(31)。金華のものは呉五・西晉四墓中の一墓で、そのうち無紀年の呉墓M一二墓・西晉M二五墓、二八一年墓M三〇から穀倉・模型器が出ている(32)。これらは第一・第二地域に比して模型埋葬率がやや低いことをおもわせよう。黃巖のは西・東晉墓四六（うち紀年墓一五）中のものであるが、この時発掘された黃巖六朝墓からは二七六年墓もふくめ、模型の出土は一切ない(33)。新昌のものは、全体の数量は不明であるが、そのうち紀年墓が七あり、この三〇〇年墓以外はみな東晉墓である(34)。淳安のは全一一墓中の一で、餘はみな東晉墓のようである（紀年墓は、三三一、三三五年墓）(35)。もちろんこれらに模型器は一切ない。

以上のような事実からみて、模型器副葬とその消滅は、第一・第二地域と第三地域ではやや事情が異なるといわねばならないであろう。第三地域のばあいは、もともと模型器埋葬が第一・第二地域ほどには盛行しておらず、しかも

第一・第二地域のばあいは、表でみるかぎり消失は急激におこったようにみえる。その原因の推測のためのてがかりのひとつは、おそらく先述の周氏墓群であり、いまひとつは南京周邊の北人墓であろう。

南京北郊の象山（人臺山）で発見された七座の王氏墓中、七號墓は王廙の墓と推定されている(36)。王廙は東晉初の永昌元年（三二二）に都督荊梁二州諸軍事平南將軍荊州刺史武陵侯として沒し、建康に歸葬されている(37)。この墓の出土品は青瓷三六點、陶器三六點、銅器一〇點、玻璃杯二點、金銀裝飾品一六點、金鋼石指環、瑪瑙、琥珀、水晶、珠、

象山王氏墓群の七號墓以外の六墓は、表Ⅰ－26・27・28・34のほか、二、四號墓であるが、その出土陶瓷も、二號墓は瓷罐・瓷盆・陶硯のみ、四號墓にいたっては瓷盤口壺のみで、きわめて貧弱である。

この象山王氏墓群とならんで、琅邪王氏墓と推定されるのが郭家山の五墓である(うちM一、M二は表Ⅰ－23・25)が、五號墓に四五件の青瓷が出ているものの、他の四墓の陶瓷はそれ程多くなく、あたかも象山王氏墓群の王廣墓とそれ以外の六墓のようである。もちろんここに模型器の出土はない。

このほかの北人墓としては、老虎山顔氏墓群、南郊の謝氏墓群があるが、その陶瓷もやや數量が多いものの、組合せ自體は基本的に王氏墓と同樣である。

南京近郊の東晉墓がすべて北人墓であるというのではないが、三〇七年の琅邪王睿の建康入城後、建康の北人墓が急增したことは否定のできない事實であろう。右の象山王氏墓群、郭家山推定王氏墓群、老虎山顔氏墓群、さらには一九七四、五年に甘家巷で集中的に發掘された四〇墓中の東晉墓一七などはその一部をなすものである。それらに模型器が一切ないというのは、模型器の有無と西晉末より急增する南渡北人墓の密接な關係をおもわせる。

しかしながら、これを厚葬薄葬の問題、すなわち魏・西晉における薄葬の風が江南にもちこまれて、吳・西晉墓の

玉器など多数にのぼる。このような豐富かつ豪華にして、しかも玻璃・金鋼石などの珍貴な品をふくむ副葬品は他にあまり類例をみない。それがこの墓を前述のような高い官爵をもつ王廣のものと推定する根據の一つともなっている。

ところで、この七〇餘件の陶瓷の內容は、青瓷が盤口壺一〇、雞首壺、罐、燈四、唾壺四、洗三、盆二、盤、香薰、羊形器、虎子、盌七、陶が壺、燈二、盤三、托盤、耳杯三、案机、憑几、硯、拍、困五、牛車と牛、馬、俑一四となっていて、牛馬、牛車、俑をのぞくと、模型器は困しかない。このような陶瓷のありかたは宜興一號周處墓ときわめて類似している。

第三編　江南六朝墓と出土品　348

厚葬の風が衰退し、それによって模型器も消滅したと直線的に考えるわけにはゆくまい。そう考えるためには、模型器の副葬が厚葬の重要な因子であったという前提が必要である。しかし、薄葬の風の下にあったはずの華北魏晉墓にも模型器の出土はめずらしくないのである。そのうえ、たとえば右にあげた周處・王廣の兩墓は、あれだけの副葬品を薄葬と表現することはできまい。この二墓は模型器と厚葬が不可分に結合するわけでもないことをしめすであろう。

この問題はしばらく結論を留保し、つぎの問題にうつりたい。

　　八　東晉南朝墓の副葬陶瓷

前項でふれたように、東晉墓の副葬陶瓷は一部の例外をのぞいて模型器が消失し、生活用器のみとなる。その生活用器の器種は、一般的な容器類では、およそ罐・壺・盌・杯・盤の類が壓倒的に多く、盞・碟は墓室内の燈火用の受け皿に使用されている例が多いので、一般的な容器と區別しておく必要があるかもしれない。特定の用途をもつ器としては、憑几・唾壺・薰爐が多く、虎子がこれに次ぐ。このような生活用器の器種の組合せは吳・西晉墓とあまり變化はないようであるが、ただ吳・西晉墓には虎子が多出するのに、憑几はあまりみえず、東晉墓では逆に憑几はあまり出するが、虎子が減少するという差が顯著にある。

地域的にみれば、數量器種とも第一・第二地域と比較して、第三地域で急減する傾向がみられるが、時期的にはあまり大きな變化はみとめられない。

このような生活用器の器種の組合せは、慣行なのか、あるいは特定の規定のようなものがあるのであろうか。『通典』卷八六禮四六喪制之四の「薦車馬明器及飾棺」の項に、晉の賀循のつぎのようなことばがひかれている。

飾棺衣以布、玄纁下、畫帷荒雲氣、不爲龍、笭帷易布以紺繒、池以象承霤、以竹爲籠、如今車等、帷以靑絹代布、紐、玄纁二、其明器、憑几一、酒壺二、漆屛風一、三穀三器、瓦唾壺一、脯一篋、履一、瓦罇一、屐一、瓦

ここには明器として、憑几一、酒壺二、三穀三器（穀物容器）のほかに、さらに瓦器として、睡壺、罇、杯盤杓杖、燭盤、奩、香爐、甑、爐、盥盤それぞれ一があげられている。この器種の組合せで、とくに留意したいのは、竈以外に、模型器、とくに家畜舎や生産設備、井が一切ふくまれていないことである。

これが注目されるのは、賀循がまさしく本稿が問題にしている西晉末東晉初の、しかも東晉王朝草創期の儀禮の確立に重要な役割をはたした人物であるからである。『晉書』卷六八本傳から、そのことをうかがわせる事例若干をひろってみよう。そもそも賀循の家は漢代には世に慶氏學とよばれた禮學を家學としており、賀循自身も東晉成立にあたって、禮官たる太常に拜されている。その任にあって、賀循は宗廟の制における父琅邪恭王の稱號等について議論し、朝廷より禮制上の疑義について諮問をうけるごとに「經禮に依」って對應し、當世の儒宗であったといわれる。太興二年（三一九）、六〇歲で沒した。

上引の賀循のいう明器の制がいかなる文脈上にあるのかは不詳であるが、問題はその一定身分がどの程度のものなのかであるが、それを斷定するにたるてがかりはない。惟に雲氣を畫くも、龍を爲らずというのからすれば、天子の墓ではないようにもおもえるが、決定的なことはいえない。

ちなみに、『續漢志』卷六禮儀下に記載された天子の明器は以下のようなものである。

東園武士執事、下明器、筲八盛、容三升、黍一、稷一、麥一、梁一、稻一、麻一、菽一、小豆一、甕三、容三升、醢一、醯一、屑一、黍飴、載以木桁、覆以疏布、甀二、容三升、醴一、酒一、載以木桁、覆以功布、瓦鐙一、形

第九章　江南六朝墓出土陶瓷の一考察

矢四、軒輅中、亦短衞、彤矢一、骨、短衞、彤弓一、卮八、牟八、豆八、籩八、形方酒壺八、槃匜一具、杖几各一、蓋一、鍾十六、無廩、鐏四、無廩、磬十六、無廩、壎一、簫四、笙一、柷一、敔一、瑟六、琴一、竽一、筑一、坎侯一、干戈各一、竿一、甲一、冑一、軺車九乘、翜靈三十六匹、瓦竈二、瓦釜二、瓦甑一、瓦鼎十二、容五升、匏勺一、容一升、瓦案九、瓦大杯十六、容三升、瓦小杯二十、容二升、瓦飯槃十、瓦酒樽二、容五斗、匏勺二、容一升

賀循のいうものと単純な比較はできないが、筥・甕等の容器、樂器、武具とあげられた後につづく瓦器の類には、竈・甑・勺・杯・槃（盤）等、たがいに共通するものがすくなからずある。しかも、これら諸器に附記されている容量は、諸器が模型でなく、實物であることをしめすであろう。このばあいも、賀循とまったくおなじく、竈以外に模型器とおもわれるものは一切ない。

この竈を、他の諸明器に實物に實物であったとみなすこともももちろん可能ではあるが、その規格からいって、竈の實物を副葬したとは考えられず、また實際の出土例からみても、模型としか考えられない。それが賀循の制、『續漢志』いずれにおいても、他の實物の生活用品とみてよい諸器中にふくまれているのは、竈がその他もろもろの模型器、たとえば井・磨・臼・家畜舎などとは異なり、何らかの特別な、もしくは象徴的な意味をもつ明器であったことをしめしている。

いったい陶製明器が盛行するのは西漢中期以後といわれるが、その最初は陶倉と陶竈であって、すでに秦及び西漢前期にその存在は確認されており、それ以後になって樓閣・房屋・田地・井・磨・猪圈等が出現し、流行するという(46)。最初に倉と竈が出現するその事情はいま詳らかではないが、それは単に封建領主が生前のかれの資財を死後の世界にもちこもうとしたというような理由だけではなく、死後の世界においても、生前同様に倉と竈が特別な役割をは(47)

たすものと観念されていたと考えるべきであろう。そして、倉や竈の模型の副葬が、それらとともに生活空間を構成するその他の諸施設・備品類へ波及し、その模型の副葬を出現させることになったと推測することができる。倉はともかくとして、竈のみが『續漢志』の記事中にあらわれるのはこのような事情を反映しているのではなかろうか。

『續漢志』よりややおくれる東晉初の賀循の制になお模型明器としては竈のみがあげられているのは、竈がそのような意味を變化させていないことをしめすとともに、倉や竈の副葬におそらく觸發されてあらわれ、民間で盛行したその他の模型諸器が、竈と同列に明器として認知されたのではなかったことを意味しているようにおもわれる。しかしそうではあっても、『續漢志』や賀循の制が魏・西晉期にあって、かならずしも遵守されたのでなかったことも、後に言及する華北魏晉墓や、既述の江南吳・西晉墓からの多種多量の模型明器出土によってあきらかであろう。

ところで、この賀循ののべた明器の構成を實際の出土陶瓷器と對照してみるとどうなろうか。すでに一九七二年發掘の南京大學北園墓出土品について試みられていて(48)、この墓の陶瓷が賀循のいう明器構成、すなわち、憑几(同)、酒壺(青瓷鷄頭壺)、唾盂(同)、罇(瓢罇)、杯(耳杯)、盤(同)、杓(勺)、杖(鳥頭杖)、燭盤(同)、盥盤(盆)等々にほぼ一致するとされている。このほか、香爐にも該當するものがあり、また三穀三器はおそらく罐・壺・瓶の類がそれにあたるであろう。ただ、竈には該當する器が出土していない。その一方で、盌・果盤など、賀循のいう制に該當しがたいものも出土している。このような明器の構成は先述の象山七號墓(王廣墓)の出土陶瓷にもほぼ該當するといえる。

賀循のいう制と對比させた敍上の南京大學北園墓や象山七號墓は、規模および出土品において六朝墓中最大級のものといえるが、それ以外の諸墓においても、罐・壺・盤・杯・盌、および憑几・香爐・唾壺という組合せは既述のようにものであり、したがってこのような組合せは賀循のいう制と何らかの對應關係を江南東晉墓のもっとも普遍的なそれであり、したがってこのような組合せは賀循のいう制と何らかの對應關係

あるとみることができる。ただし、その諸器の器種、数量の多寡はそれぞれに差があり、その差は後の唐代の制などから類推すれば、墓主の身分差を表現しており、前掲『通典』の明器の構成をおそらく上級のものとし、生前の地位、身分や喪制の程度を基準に、器種において逓減するようなものであったのではなかろうか。

以上のようにみてくると、東晉南朝の明器の構成は賀循の制にしたがったものといえそうであるが、しかし疑問がないわけでない。まず賀循の制が、『續漢志』以來の、すなわち西晉、あるいはそれ以前からのものであるのかがなお説明しがたいし、かりにこれが東晉になってはじめて遵守されるようになったのかがなお説明しがたいし、かりにこれが東晉になってはじめて遵守されるようになったと考えると、東晉南朝の明器のありかたの説明はつきやすいが、一方で東晉獨自の制とする根據がなく、『續漢志』との關係如何が問題としてのこることになる。

つぎに、すでに指摘したことだが、賀循の制中唯一の模型である竈の出土は、東晉墓中、南京大學北園墓や象山七號墓など最大級の墓にもなかったし、それ以外でもほとんどない。確實な東晉墓からの出土は現在のところ二例しかない。このことは賀循の制の存在にもかかわらず、東晉では竈が他の模型器と同列にあつかわれていたのではないだろうか。つまり、一般の模型器の副葬が衰退したとき、原來模型器のなかでは特別な位置づけをうけていた竈もおなじく副葬されなくなったのではなかろうか。そうであれば、これはかならずしも賀循の制にのみ基づいた明器構成とはいえなくなる。

結局のところ、西晉末年から東晉初年の間に何か特殊な事情があって、模型明器の副葬が衰退し、それが急激に江南全域におよんだとしかいえないようである。

東晉の明器構成がそのまま南朝にうけつがれてゆくのは表Ⅰによって確認できるであろう。ただし、表Ⅰでは劉宋以後の例は東晉にくらべてはるかに少數である。それは紀年墓が減少したことをも意味しているが、そもそも南朝墓

の發掘例は全體でも東晉に比して多くない。その南朝墓中、第一地域でひとつの現象が顯著である。それは表Ⅲにみられるように、模型明器の復活である。とくに顯著なのは、屋または倉といわれる模型で（附圖參照）、その他に竈・牛車などがふたたびあらわれるようになる。ただし、模型中の家畜舍・井・磨などはほとんどない。そのはやいものは東晉の例があるが、盛行する時期は齊・梁であり、しかも表Ⅲの備考欄であきらかなように、帝王陵墓からのものが大多數をしめる。このことは、倉と竈が模型中特別な意味をもっていたのではないかという先述の推測をうらづけることになろう。

　　二　魏晉北朝墓との比較

右にみたような東晉南朝の明器の組合せの特色は、同時期の華北墓と對比するとき、いっそうきわだつものとなる。表Ⅱは華北魏晉墓、および北朝・隋の紀年墓出土陶瓷一覽である。兩者を比較してみよう。

發掘例は、華北魏晉墓に對して、江南吳・西晉墓がはるかに多い。東晉時期に該當するのは華北では十六國期だが、十六國墓の例はきわめてすくない。北朝墓と南朝墓では、南朝の紀年墓がしだいに減少してゆくのに對し、北朝では特に六世紀以後、紀年墓が激增する。これは洛陽遷都後、墓誌が爆發的盛行をみるのと關係がある。

つぎに陶瓷をみよう。まず魏晉墓では、表Ⅱ—1からだけみれば、西晉では模型器が消滅したようにみえる。しかし、實際は、西晉墓は無紀年のものが多く、それらにおいて模型は一般的であった。詳細は略するが、三世紀までは華北・江南ともほとんど同様の明器がおこなわれていたとみてよい。これが決定的に異なるのは東晉南朝墓においてであり、以下のような差がある。

第一に、北朝墓からは模型が大量に出土する。紀年墓中、ほぼ半數からである。しかし、その器種は魏晉墓、江南吳・西晉墓とくらべると、まず吳・西晉墓に一般的であった家畜舍が一例外をのぞいて、一切ない。おなじく、しば

第九章　江南六朝墓出土陶瓷の一考察

しば江南にみられた箕・篩のような備品類もない。かわって、呉・西晉墓ではかならずしも多くなかった磨・碓・臼の類がひとそろいで出土することが多く、井・竈はほとんど一對として出土する。つぎに、北朝墓では俑が大量であり、動物模型も多數ある。これは、出土してもせいぜい數體しかなかった東晉南朝墓の俑ときわだった對比をなしている。また、鎭墓獸と命名された奇怪な器が出現する。多く二體一對となり、頭部が一體は人面、一體は獸面であり、胴體はほぼ同形である。

第二に、生活用器についてみると、一瞥して氣づくのは、北朝の陶瓷器種がすくない點である。特に、江南墓によくみられた憑几・虎子の類はほとんどみられず、唾壺もすくない。香爐・鐎斗・硯の類もない。よくみられるのは罐・盌・盤であり、なかでも盌と盤は墓によっては江南墓をはるかに凌駕する量を出土している。

總じてみれば、華北では魏晉から北朝・隋にかけて、十六國期をのぞいて、しだいに紀年墓が増加し、奢侈の度をますのに對し、江南では、呉・西晉から東晉南朝にかけて、明器も生活用器をのぞけば、江南に比して増加し、生活用器も東晉を頂點としてやや退化してゆくという趨勢であるといえよう。ただし、齊・梁帝陵王墓は例外であり、そこでは、かならずしも大量ではないが、倉・竈のような模型が復活していることは既述のとおりである。

このような趨勢を象徴するのが、現在のところ江南唯一の紀年隋墓である、嵊縣出土大業二年（六〇六）墓M9・10・11（表I-一四八・一四九・一五〇）であろう。そのうちM9は二墓室が並列した雙室墓であるが、M9が盤口壺二・盌二、M10が盤口壺一・盌三のみである。報告者は、墓主はその形制や明器からみて一般平民であろうとのべている。しかし、このような墓室規模と明器のみをもって一般平民墓とするのは早計で、まして紀年磚をもつ

房屋	倉	車	竈	井	磨	碓	臼	猪圈	狗圈	鶏圈	その他	俑	鎭墓獸・動物模型	銅鏡	銅錢	その他の主たる出土品	備考	報告所在
	●		●●	●	●	●		●	●	●		●●				鐵帳構銘		學87-1、21
														○				文83-10、61
																		學57-1、169
															○	銅洗	徐美人	〃
														○	○			考80-6、568
															○	銅環・鐵剪	士孫松	學57-1、169
																漆盤、銅爐・弩機	華芳	文65-12、21
																金銀環・飾		鑑84、73
																		文81-3、77
															○	銅弩機・刀、銀環	崔遹	考82-3、270
														○	○			考75-2、124

なれば、一定の地位・身分をもつ墓主とみるのが自然であり、この三墓については、むしろ敍上のような趨勢の江南墓の到達點であるとみるべきであろう。そこでの華北隋墓との極端な對比は瞭然たるものである。

第九章　江南六朝墓出土陶瓷の一考察

表Ⅱ-1　華北紀年魏晋墓出土陶瓷

	紀年	出土地	墓室數	穀倉	罐	壺	瓶	缽	盌	釜甑	杯觴	盤	洗	盆	注	硯	薰爐	鐎斗	勺	盒	唾壺	虎子	憑几	座	燈	その他
								生	活	用	器															
1	247帳構銘	河南洛陽	雙		●				●	●	●								●						●	案·奩
2	271 磚	北京	雙		●				●																		
3	287 磚	河南洛陽							一		一										一	一					
4	299 誌	〃			六				一三																		
5	300 磚	安徽合肥	雙			1			2																		盂
6	302 誌	河南洛陽			一	一			1	三	一																燈臺四
7	307 誌	北京			二																						
8	307 誌	北京			一			一																			
9	355 磚	河北正定			二				二																		
10	395墓表	遼寧朝陽			二			一																			
11	424題記	山東蒼山							2一	1	四																椹

房屋	倉	車	竃	井	磨	碓	臼	猪圈	狗圈	鷄圈	その他	俑	動物模型	鎭墓獸	銅鏡	銅錢	その他の主たる出土品	備考	報告所在
																		張略	鑑88、141
												368	33	1			鐵・木・石器	司馬金龍	考72-1、20
																		姚齊姬	考88-9、856
																	銀器、石燈臺	封和突	文83-8、1
																	骨器	寇猛	參57-2、86
																			鑑86、153
																		司馬悅	文81-12、44
																	銅印・鐎斗	崔猷	考85-3、216
																	金飾	邢偉	考59-4、209
							二			一		車支座	五				鐵鏡、石枕	楊舒	博85-2、4
					一								8	1	2		銀器、漆器	邵眞	參55-12、59
																	銅器大量	封魔奴	訊57-3、28
															○	○	銀鑷子、石燈	辛祥	集1、197
													6	9	2		銅器多數	韓妻高	考72-5、33
		●											●					甄凱	文59-1、44
												陶器大量	●	●				元乂	文74-12、53
												陶器	●				石柩	元暐	文82-1、70
															○		銀盌、銅壺	王眞保	文75-6、85
		一			一		一						61	5	2	○	珠、銅環	高雅	文79-3、17
		一											15	8	1			崔鴻	學84-2、221
																		崔鷫	〃
		一	一		一								40	9	1		鐵器	崔混	〃
																	滑石俑・臼	崔令姿	文66-4、56
一													●	●			封延之	訊57-3、28
			一	一									多	1	2			房悅	叢2、105
一		一		一								餠	85	8	2	○	漆盆、銅鍫	侯義	文87-12、57
			一										40	2			銅唾壺、角梳	封思溫	訊56-6、42
一		一											136	11	2		石燈	趙胡仁	考7-6、391
二	一	二	一	二	三		二					編鍾・磬	1064	31	4		金器多量	茹茹公主	文84-4、1
															○			崔芬	鑑87、174
			一														玉器	□子輝	文63-6、48
一													●	●	●			張肅	考59-1、59
																		司馬氏夫人	考59-1、24
			一										120餘	2		○	金・鎏金器、鐵器多量	庫狄廻洛	學79-3、377
																		刁翔	考87-10、954
															○			崔德	學84-2、221
			一										121	7	1	○	貼金錢	韓裔	文75-4、64
三			一	二	二	二					一		255	15	2		金銀器多量	李賢	文85-11、1
三	二		三	四	二	二							608	42	2		金銀器、石刻	婁叡	文83-10、1
													●				鐵器	傅隆顯	文64-12、68

359　第九章　江南六朝墓出土陶瓷の一考察

表Ⅱ-2　紀年北朝墓出土陶瓷

	紀年	出土地	墓室數	穀倉	罐	壺	瓶	鉢	盌	釜甑	杯碟	盤	洗	盆	注	硯	薫爐	鐎斗	勺	盒	唾壺	虎子	憑几	座	燈	その他
1	468誌	遼寧朝陽			一																					
2	484誌	山西大同	3			一															2				一	
3	499誌	内蒙古包頭			一																					
4	504誌	山西大同																								陶片多量
5	506誌	河南洛陽																								陶片
6	508誌	河南偃師			一	一																				
7	511誌	河南孟縣							10二												1					甌
8	512誌	山東臨淄M15			1				4		7	1				1										
9	515誌	河北河間			二				十三			七									1					
10	517誌	陝西華陰			一	一	1一		九			七	二		二					一	1					燈座
11	520誌	陝西西安							七			二	一												一	
12	521誌	河北景縣							〇																	
13	522誌	山西太原				1																					茶具4
14	524誌	河北曲陽							十																		盒
15	525誌	河北無極	雙						●																		
16	525誌	河南洛陽																									
17	528誌	〃																									
18	529誌	甘肅張家川			二	二			一																		
19	537誌	河北景縣	三		2一		1		7七三	一																	
20	537誌	山東淄博1																									窯
21	537誌	〃 14																									
22	538誌	〃 3			1一				1																		蒸籠
23	538誌	山東濟南	雙			一			二	二																	尊二
24	541誌	河北景縣			二	一																					
25	541誌	山東高唐			二	1二			6二											1		1	2	1		2	盒2架
26	544誌	陝西咸陽				一			八	三																	
27	546誌	河北呉橋			2				4																		
28	547誌	河北磁縣			2一	2	4		一																		
29	550誌	〃			1一	二			三		一	五	一					一						七			
30	550誌	山東臨朐			1	1			1																		豆
31	558誌	山西太原			三								二														罍二
32	559誌	〃			●				●																		
33	562誌	河北磁縣			一				1																		
34	562誌	山西壽陽			二			二	八	八七										四							尊七,釜
35	565誌	山東樂陵			一																						
36	565誌	山東淄博5							4二	一	4二																豆
37	567誌	山西祁縣			一	3			三			4								3							
38	569誌	寧夏固原			一八				一						二												
39	570誌	山西太原			2一	5六	2一		39五		2	10		1						11					4		
40	571誌	北京																									

第三編　江南六朝墓と出土品　360

		一					33	5	3			鎏金器	堯峻	文84-4、16
							45	12	1			銅環	常文貴	文84-9、39
										○		銅戒指	張道貴	文85-10、42
				一		蒸籠	33	8						文84-2、221
二	二	二	三	二			193	26	4				和紹隆	中原87-1、8
一	一						28	5		○			范粹	考72-1、45
							1						李雲	考64-9、482
										○		玉握	高洋妃顏氏	考73-2、90
	一	一					103	6	1			金銀器	李希宗	文77-6、382
							381	13	2			鎏金器、石刻	高潤	文79-3、235
							78	26	1			石刻	李和	文66-1、27
	二	一					101	10	3	○	○	金環	高潭	文79-3、17
							●						封子繪	訊57-3、28
							4		2	○	○	銀錢、銅攝	劉偉	訊57-4、9
一	一	一	一	一			●	●	●	○	○	金銀飾	張靜	文88-1、85
							●	1	2	○		銅盒、玉戒指	徐敏行	文81-4、28
												石刻	徐之範	文87-11、57
										○		鐵鐮	劉穆	訊57-4、9
							●	●					李敬族	考64-10、47
一	一	一	二	一			16	13	2	○		人面鳥	伏波將軍	考76-2、134
													韓邕	中原86-3、42
							10	●		○	○	銅器23	崔昂	文73-11、27
													封延之	訊57-3、28
							24	5					宋循	考73-4、232
										○		寶石飾多量	德□□	考88-1、61
										○				學81-3、369
												鐵劵		〃
1		1	1	1			84	9	2			瓷器物多量	張盛	考59-10、541
	一						20	2					鄭平	通56-6、71
			一				53	7	2	○		帶鉤	羅達	考文84-5、28
	一			二		箕	43	2		○	○	石座	王幹	考77-1、65
							42	8	2	○		鐵劵、剪	劉□	學81-3、369
										○	○	鐵劵、剪	姜□	〃
							●			○		鐵鏡	卜仁	參58-8、47
							17	2					□爽	考77-1、65
二							66	16	2			金銀器多量	李靜訓	考59-9、472
							86	10	1			石獅門墩	李椿	考文86-3、22
	二			二			130餘	15	3	○		鎏金・玉料器	姬威	文59-8、4
	一						18	5	2				閻靜	文86-5、42
							49	9	2	○	○	玉飾	田德元	參57-8、65
													韓暨	遼80-1、48
													尉仁弘	文84-2、16
							2	1		○		金塊	劉世恭	學56-3、33

第九章　江南六朝墓出土陶瓷の一考察

No.	年	種別	出土地																備考
41	571	誌	河北磁縣	3	1			1											
42	571	誌	河北黃驊				5一												
43	571	誌	山東濟南		2		6	一											
44	573	誌	山東淄博	12	二			二	二				二						
45	573	誌	河南安陽	二	16		八												
46	575	誌	〃	4	3	6							三						
47	576	誌	河南濮陽	4															
48	576	誌	河南安陽			一													
49	576	誌	河北贊皇	雙	2	一		16九						六					
50	576	誌	河北磁縣		8	2二		4		・八				3					
51	582	誌	陝西三原		二			一											
52	582	誌	河北景縣		2			7											
53	583	誌	〃				二	一						一1			尊二		
54	583	誌	河南陝縣		一														
55	583	誌	安徽合肥			2		7											
56	584	誌	山東嘉祥			1													
57	584	誌	〃																
58	586	誌	河南陝縣																
59	586	誌	河北饒陽				一	一											
60	586	誌	安徽合肥			1		1	4										
61	587	誌	河南安陽	4				6		1		1							
62	588	誌	河北平山	3	1			9		1		1							
63	589	誌	河北景縣																
64	589	誌	河南安陽	3一		1												盉	
65	589	誌	陝西西安	1二		2													
66	590	誌	河南安陽	2			5	6											
67	591	誌	〃				四												
68	595	誌	〃	4	6	1	4		2		1		4		25	1	4	1	
69	596	誌	〃	4															
70	596	誌	陝西西安															鼓四盉5	
71	600	誌	安徽亳縣	1一		1		1		一		1		一				一	
72	603	誌	河南安陽	4一				6		1									
73	603	誌	〃	3															
74	603	誌	〃	4				5		2							1		
75	607	誌	安徽亳縣	1	1					2									
76	608	誌	陝西西安	7二	3	3二		二						4					
77	610	誌	〃	2						1	一								
78	610	誌	〃	三		一												尊3	
79	610	誌	河北獲慶																
80	611	誌	陝西西安	3一		1				1	1								
81	612	誌	遼寧朝陽	1五							一								
82	612	誌	河北曲陽	1		1													
83	615	誌	陝西西安	五		二		一	二	一								罇二蓋四	

表Ⅲ　模型出土表

	出　土　地	時　代	出　土　模　型	備考	出　典
1	南京象山	東晋初	車・牛・馬	王廙	文72-4、23
2	〃 英臺山	東晋	車・馬		考61-6、339
3	〃 郎家山	〃	屋・竈・牛・馬		學57-1、187
4	〃 童家山	〃	屋		考63-6、303
5	〃 甘家巷24	〃	屋		考76-5、316
6	〃 東前村	〃	竈・牛・馬		鑑87、147
7	〃 幕府山	東晋中晩	倉		文90-8、41
8	〃 四板村	東晋以後	竈・犀牛		考59-3、157
9	〃 西善橋	晋・宋	竈・犀牛・馬		文60-8・9、37
10	〃 板橋	南朝中晩	屋・鶏・羊・馬・窮奇・牛馬	王親?	考83-4、328
11	〃 仙鶴門	〃	竈・馬	〃	〃
12	〃 童家山	〃	屋・竈・井・牛・馬		考85-1、23
13	丹陽胡橋	齊・梁	屋	齊・梁陵	文74-2、44
14	〃　〃	〃	屋・犀牛	〃	文80-2、1
15	〃 建山	〃	〃	〃	〃
16	南京堯化門	梁	屋・牛車	蕭融	文81-12、14
17	〃 甘家巷	〃	屋・馬	蕭象	文90-8、33
18	〃 東善橋	南朝晩	倉・車		東87-3、60
19	〃 甘家巷	〃	牛車		考63-6、303

第三節　生產と流通

(一) 考察の視點

江南が建康王朝の腹地として人的物的にきわめて重要な役割を歷史的ににになったことは周知の事實である。それを江南に可能にさせた諸條件、たとえば開發の進展と農業および諸產業の發展、さらに建康を中心とした流通網の存在と、流通の盛行などについても、近年しだいにその實態があきらかにされつつある[53]。しかし、文獻史料の性格上、その史料はかならずしも十分とはいえず、特に產業關係において史料の限界は著しいものがある。

ただ、諸產業中、特に世に喧傳される六朝青瓷を主とする窯業は、その產品が現實に大量に出土するだけでなく、その生產の場である窯が遺址として現に遺存するため、生產や流通の問題の考察に十分な素材となりうる。つまり、生產に關していえば、製品とその生產の場の實態から、具體的な生產工程や、技術的水準が推測できるのであり、流通に關していえば、產地と消費地を明示するものであって、その兩者を結ぶことで流通網をうかびあがらせることができるはずである。このうち、前者については、技術的・化學的な問題を中心に、從來すくなからぬ言及がなされているが[54]、後者についてはかならずしも總合的な分析があるとはいえない。ここでは、この後者、流通の問題をとりあげてみたい。

そもそもこの半世紀の江南六朝墓關係の考古學的活動の初期のころには、出土陶瓷についての認識も當然未熟で、たとえば青瓷に關しても、その器型や胎質、釉色についてはあまりふかく留意されておらず、せいぜい六朝墓からは

つねに青瓷が出土するといった一般的な認識が通行していたようにみえる。しかし、考古學的な成果と經驗が蓄積されるようになると、しだいに青瓷についての認識が深化し、器型に基づく編年的研究がおこったり、胎質、釉色にも十分な注意がはらわれるようになった。その結果、青瓷がさまざまな胎質、釉色をもち、したがって產地も各地にわたることが推測されるようになってきた。

その一方で、江南各地で古窯址の發見發掘があいつぎ、その結果、おなじく六朝青瓷といっても、各地域の窯によって、釉色はもちろん、胎質にもあきらかな差のあることが確認されるようになった。今日では、いわゆる越窯の地である會稽上虞附近に大量の窯址が發見されているだけでなく、宜興附近の均山窯、吳興德清窯、金華婺州窯、東海岸の溫州の甌窯などが六朝青瓷の中心的生產地であることがあきらかにされている。同時に、それら各地の窯所產の青瓷が胎質・釉色等においてそれぞれの特質をもつことがあきらかにされ、したがって逆に青瓷產地の推定におこなわれるようになってきた。しかし、それらはおおむね各墓所出青瓷の產地を推定することにとどまっていて、いまだそれらを總合的に分析して、六朝江南地域全體の產業と流通のありかたをあきらかにしようとするところまですすんではいない。本章でおこなおうとするのはまさにそのようなこころみである。

しかしながら、このような作業は、まず第一に、現在のわが國では、現物を目にしたり手にとることができず、せいぜい圖版でしか器物を知覺することができないという制約があり、第二に、筆者にはその器物を正確に認識するために必要な考古學的・化學的のほか、もろもろの素養・能力がないという限界がある。それゆえ、胎質・釉色等の青瓷產地の推定・特定については、報告書におけるそれに完全に依據することになる。ばあいによっては、存疑のまま素材としてもちいることもさけられない。ただ、後述するような穀倉および德清窯瓷のみは、前者は銘文により、後者は一見してそれとわかる特異な釉色により、產地特定の精度はかなり高いので、まずこの二器についての分析を

おこなうことにしたい。

(二) 出土地と産地

イ　穀倉

すでにふれたように、穀倉はその出土地、存在期間ともにきわめて限定された器物である。現在もっとも周到に調査をおこなった研究とみられる謝明良氏の論文によれば、公私收藏のもの一三〇件に垂とする。(59)それらのなかに、わずかながら銘文をもつものがある。穀倉の上部、すなわちこの器の特徴をなす堆塑による樓閣・人物・鳥獸の堆積部分に、龜趺をもつ小型の碑型の装飾をもつものがあり、その碑陽に銘文のあるばあいがあるのである。それらをまとめたものが表Ⅳであるが、銘文には二類型がある。それは、

元康元年八月二日起（造）會稽上虞

または、

出始寧用此靁宜子孫作吏高其樂無極

というものである。

注目されるのは、いずれにも、會稽上虞、または始寧という地名があることである。會稽は當時の郡名で、中心地は現在の紹興周邊、上虞はその管縣名で、紹興の東鄰、曹娥江の下流に位置し、始寧はもと上虞縣南郷であったのが、永建四年（一二九）に縣となったものであり（『宋書』卷三五）、やはり曹娥江沿岸にあった（現在の三界鎭）。この上虞・始寧近邊が當時の青瓷生産の中心地であったことは、窯址がもっとも多く遺存しているという事實にうらづけられているし、窯業立地として好條件をそなえており、それに對應するような生産・販賣の諸施設がこの地に集中していた

らしいことも推測できる。この上虞・始寧銘入りの穀倉がすくなからず存在するのは、この地がそのような六朝青瓷生産の一大中心地であったことのさらにたしかな證左となる。なおこの穀倉以外にも上虞銘をもつ虎子と扁壺がそれぞれ江寧縣趙史崗、金壇縣から出土している。

表Ⅳをみれば、この地で生産された穀倉が放射状に南は平陽・嵊から、北は吳縣に流通していることがうかがえよう。その他の穀倉にも、無銘ではあるが上部の堆塑部分によってこれら上虞・始寧産とみられるものがすくなからずあり、したがって表Ⅰや前掲謝明良氏の研究であきらかなように、それは北は吳にとどまらず、最大消費地である建康周邊にまでひろく流通したのである。しかし、一方でこの器の出土が江西瑞昌、福建霞浦出土の二例の例外をのぞいては、いわゆる江南地域内にとどまり、江外へは、せいぜい揚州近邊にまでしか擴延していないことは、穀倉に象徵される特定の文化圏のありかたをしめすとともに、吳・西晉時代の江南地域の流通網の具體的範圍の一斑をしめすものとみることができるであろう。

穀倉の分析はまだ緒についたばかりであって、器形・釉色などで産地を特定したり、あるいは上虞・始寧産かいなかを辨別したりするのはなお困難といわざるをえないが、報告書のなかには、器型・釉色をもって上虞・始寧産穀倉と産地を異にする穀倉を指摘するものがある。衢州市吳墓、金華市吳墓・西晉墓出土のものを婺州窯産とし、繁昌吳家巷高場出土のものを繁昌産とし、溫州出土のものを甌窯産の「縹瓷」であろうとするごときがそれである。また、南京甘家巷高場出土のものは、その釉色が「微帶褐色的黑釉」と表現されているが、これは一般にみられる上虞・始寧産のものとは釉色がはなはだしく異なり、德清窯の釉色と近似するようにおもわれる。ただし、後述のように、德清窯の黑釉は東晉に盛行するとされており、西晉末東晉初に消失する穀倉とは時期があわず、同色の穀倉は現在のところ他の例を確認できないので、産窯の推定はひかえておきたい。

367　第九章　江南六朝墓出土陶瓷の一考察

表Ⅳ　穀倉銘文

出土地	銘文	出典
吳縣獅子山四號墓	出始寧用此　宜子	考八三—八、七〇七
〃　三號墓	出始寧用此□宜子孫作吏高其樂無極　元康	叢三、一三〇
吳縣何山	出始寧用此□宜子孫作吏高其樂無極	東八九—二、一五九
紹興官山塢	出始寧用此喪葬宜子孫作吏高遷衆無極	文九一—六、五五
紹興南地鄉	出始寧用此霸宜子孫作吏高遷衆無極　會稽	東九一—三・四、二一一
嵊縣M七五	出始寧用此□女□宜子孫作吏高遷衆無極	考八八—九、八〇〇
平陽	元康元年八月二日（造）會稽上虞	考八八—一〇、九一八
吳縣獅子山二號墓	元康二年潤（ママ）月十九日起會稽	叢三、一三〇
餘姚	元康四年九月九造□州會稽	中國陶瓷史、一六一

ともあれ、衢州・繁昌・溫州產品という三例がもし報告書のいうとおりであるとすれば、上虞・始寧を中心點にして江南全域に擴延する流通圈のなかに、それと重複するようにして、たとえば溫州、金華、繁昌など、いくつかの地點を中心とする小さな流通圈が點在するというような穀倉の流通のありかたを想像することができるであろう。

ロ　德清窯瓷

青灰、黃綠兩色を主たる釉色とする六朝瓷器中に、一見それとわかる特異な釉色をもつ一群の瓷器がある。それは黑に近い褐色釉瓷で、一般に醬釉瓷・黑瓷などとよばれる。これは釉藥中にFe_2O_3が八パーセント以上含有されることによってかく發色するといわれ、その產地として、浙江省湖州南方の德清窯がしられている。その地にちなんで、德清瓷とよぶこともある。もっとも、このような釉色が德清窯にのみ限定されるかといえばかならずしもそうではなく、餘杭の大陸窯が德清に匹敵するほど有名であったといわれるし、上虞で發見された東漢窯址中にも同樣の釉色の瓷が燒成された痕跡があったといわれるが、一般には醬釉瓷は大部分が德清產品と認識されている。

後述のように、發掘報告中の釉色の表現から、瓷器の區別をおこなうことは不可能ではない。おおむね青色系と黃色系の二大系統にわけることはできるし、胎質についても、報告書によっては胎土の質や色、燒成の程度などについて詳細な記事があり、ある程度の區別は可能である。しかし、釉色が獨特のために一見して他の瓷器と辨別でき、しかも產地がほぼ確實に特定できるものとしては、德清瓷が現在のところ第一である。前項の穀倉とはまたちがった意味で產地と消費地の對比をおこなうための貴重な資料といえよう。

德清窯瓷とみられるものの出土地を一覽表にしたものが表Vであり、それを地圖上にしめしたのが地圖である。これをもとに德清窯瓷について、二、三の注目される點をのべてみよう。

まず第一に、その出土地域であるが、南京周邊、および鎭江に特に多く、蘇州近邊ほか、浙西地區全般にひろく分

第九章　江南六朝墓出土陶瓷の一考察

表V　醬釉瓷出土表

		出土地	時代	器　種	出　典
（第一地域）	1	南京甘家巷	吳	罐（褐）魂瓶（微帶褐色）	考63-6、303
	2	〃 29	〃	雙繫罐（褐）	考76-5、316
	3	江寧官家山	吳末晉初	四繫罐（褐）六繫罐（褐）	文86-12、17
	4	南京呂家山	東晉	盤口壺、唾壺	考83-4、323
	5	〃 娘娘山	〃	香薰2、燈	〃
	6	〃 五塘山	〃	鷄首執壺	
	7	〃 邁皋橋	〃	盤口壺	考91-6、566
	8	〃 虎踞關	〃	盤口壺	文88-1、77
	9	〃 老虎山3	〃	鷄壺	考59-6、288
	10	〃 4	〃	唾壺	〃
	11	〃 郎家山4	〃	小盌（窯變？）	參56-4、9
	12	〃 童家山	〃	唾壺	考63-6、303
	13	〃 東前村	〃	盤口壺	鑑87、147
	14	〃 趙史崗	〃	鷄頭執壺	江蘇六朝青瓷
	15	江寧夾崗門	〃	盞（窯變？）	考55-6、120
	16	南京幕府山1	南朝初	鷄壺、壺	參56-6、29
	17	〃 堯化鄉	南　朝	盞4	文89-4、79
	18	〃 甘家巷2	〃	盌	考76-5、316
	19	〃 33	〃	盞2	〃
	20	江寧東善橋	南朝晚	盞	東87-3、60
	21	南京新寧廠	六　朝	鷄觜壺	訊59-5、231
（第二地域）	22	鎭江	吳	唾壺（褐）	考84-6、528
	23	南陵麻橋	〃	碟（醬黃）	考84-11、974
	24	郎溪1	西晉	罐（黃褐）	東89-2、143
	25	句容	〃	盌（釉變醬色）	考66-3、152
	26	無錫	東晉	鷄首壺2	考85-11、1005
	27	鎭江	〃	小罐	考88-7、621
	28	〃	〃	鷄首壺（褐）	文73-4、51
	29	〃 諫壁	〃	鷄首壺2、小盌2、水盂	東89-2、153
	30	〃 七田甸	〃	唾盂	〃
	31	〃	〃	大鷄壺、唾壺	考63-2、109
	32	〃	〃	鷄首壺2（褐）、盌（褐）、缽（褐）	叢8、16
	33	〃 M25	〃	唾壺	〃
	34	丹徒高資	〃	四耳盤口壺	江蘇六朝青瓷
	35	吳縣何山	〃	鷄首壺2（褐）、盌4（褐）	考87-3、203
	36	蘇州盤門外	〃	罐2、盌2、盂2	文博通訊82-6、12 4・5次年會
	37	常熟福山	〃	水盂	
	38	杭州M37	〃	盌	東89-2、111
	39	〃	〃	盤口壺2、鷄首壺2、薰爐2 唾壺2、盞2、小罐、耳杯2	考61-7、359
	40	郎溪5	〃	釜（褐黃）	東89-2、143
	41	揚州胥浦4	〃	鷄首壺	學88-2、233
	42	〃 6	〃	盞2	〃
	43	邗江甘泉鄉	東　晉	小罐	東3、22
	44	常州	南朝末	盌	文79-3、32
	45	吳縣澄湖	六　朝	盤口壺	叢9、1
	46	餘姚上林湖	〃	兩耳細口罐	參58-12、38
（第三地域）	47	金華古方	東　晉	（黑瓷）	考84-9、816
	48	武義	〃	盞2、唾壺	文81-2、51
	49	瑞安	〃	天鷄壺2	考60-10、30
	50	〃	劉　宋	罐	〃

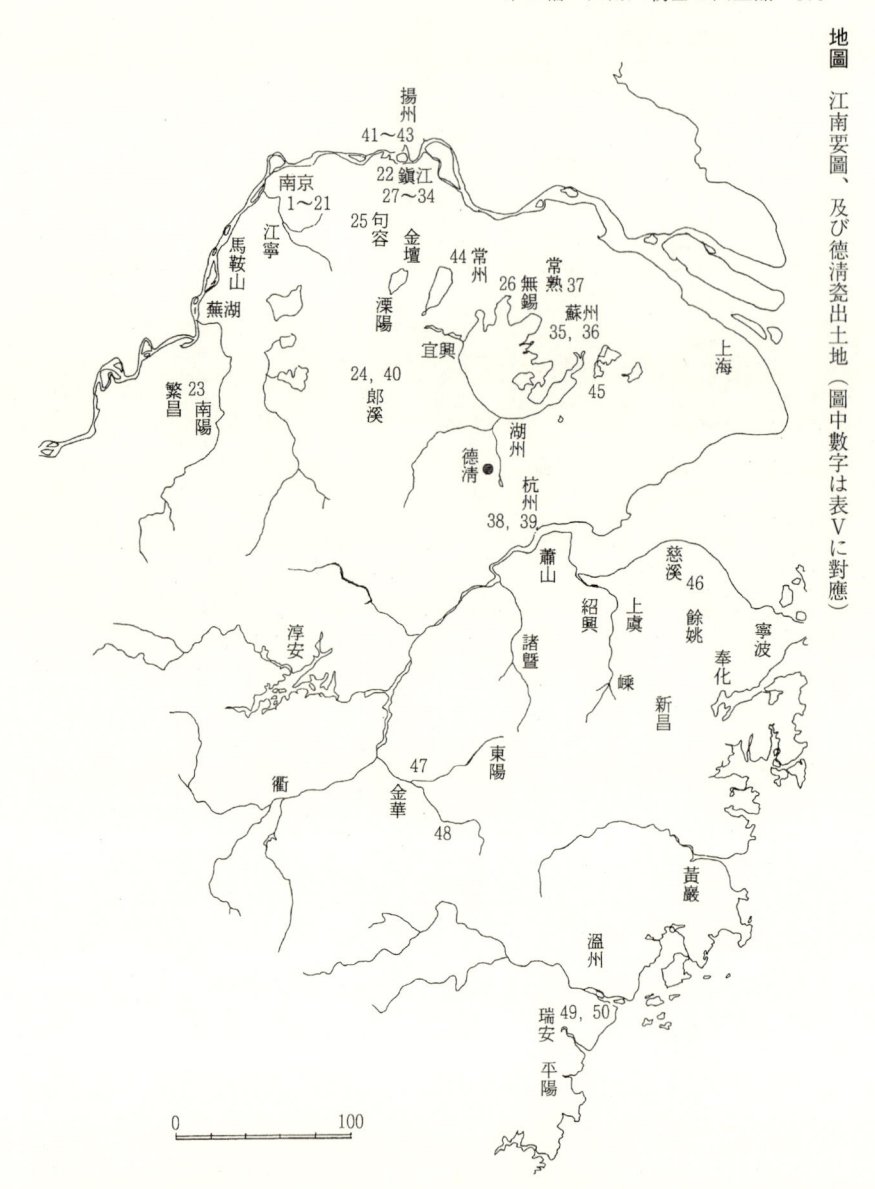

地圖　江南要圖、及び德清窯出土地（圖中數字は表Ⅴに對應）

揚州 41〜43
南京 1〜21
鎮江 22
27〜34
江寧
句容 25
馬鞍山
金壇
蕪湖
溧陽
繁昌 23
南陽
宜興 24, 40
郎溪
常州 44
常熟 37
無錫 26
蘇州 35, 36
45
上海
湖州
德清
杭州 38, 39
蕭山
慈溪 46
紹興
餘姚
寧波
諸暨
上虞
奉化
淳安
嵊
新昌
衢
東陽
金華 47
48
黃巖
溫州
瑞安 49, 50
平陽

0　　　100

第九章　江南六朝墓出土陶瓷の一考察

布し、南陵など、産地からみれば相当に遠方の地域からも出土する。

注目したいのは、その地は越窯瓷・婺州窯瓷の出土例で、瑞安・餘姚・金華・紹興・武義などからも出土していることである。

第二に、德清窯瓷はそれだけでの副葬の例はなく、おおむね出土瓷器中の一部を構成するのであるが、その各墓所出明器全體にしめる比率についてである。表Ⅰ—81の杭州老和山三六四年墓で出土全瓷器一七點中、一三をしめ、鎮江謙壁東晉墓で全瓷器九點中、五、蘇州盤門外墓で全瓷器一四點中、六、呉縣何山東晉墓で全瓷器三三點中、六のような例(69)、つまり全瓷器中に德清窯瓷が多數をしめるような例は、これらのほかになく、大部分は青瓷明器中の少數の一部として出土する。右の四例のみの判斷は、産地德清に近い土地ほど德清瓷のしめる比率が高いという至極當然の結論がえられそうであるが、德清窯瓷を副葬品にもちいるばあい、入手の難易ばかりでなく、漆器に類似するといわれるその釉色に對する好尚の度がその要因にあるかもしれず、やはり斷定的な結論はひかえたい。ただ、德清窯瓷が他の窯瓷と混用される點は後に再論する。

第三に、德清窯瓷の器種の特色についてふれよう。表Ⅴでみるかぎり、德清窯瓷の器種はけっしてすくないとはいえないが、主要な產品は數種にかぎられるようである。もっとも多く出土し、また德清窯瓷を代表するのが鷄首壺(天鷄壺、鷄頭壺等ともいう)である。これにつぐのが、盞・盌・唾壺・盤口壺などであり、それ以外の器種は寥寥たるものである。先述のような東晉南朝墓副葬品の生活用器中常見の器であった杯・盤の類はほとんどみえない。以上のような點が德清窯瓷の器種の特色といえよう。

第三編　江南六朝墓と出土品　372

(三) 流通のありかた

　穀倉と德清窯の出土地をみることによって當時の陶瓷の流通範圍や、流通網のありかたのおおまかなところは認識することができたとおもう。つぎにはさらに具體的な流通のありかたに接近してみたい。
　先にふれたように、發掘報告書によっては瓷器の器型・釉色・胎質等によって、所產の窯の推定をおこなうことがままある。いまそれらを一覽表にしたものが表Ⅵである。これらの產地推定をすべて容認するとすれば、穀倉や德清窯瓷のばあいとおなじく、產地と消費地を結ぶ流通網の具體的な姿をおもいえがくことは不可能ではない。そして、その流通が廣範圍にわたることもおのずと了解できるであろう。また、越窯瓷の流通範圍が江南一圓に擴延するなかで、江蘇省江南部には宜興均山窯瓷が分布し、さらには婺州窯瓷や甌窯瓷[70]といった、建康からは遠隔の地の地方的な窯がその附近に獨自の流通網を形成しているらしいことも、いくつかの例であきらかとなろう。
　ところで、ここで注目したいのは、ひとつの墓の明器が複數の窯、ないし複數の產地の瓷器によって構成されるばあいがときにあるという事實である。表Ⅵ－1・11・15などがそれにあたる。これらほど明確な表現ではないが、釉色・胎質に差があることによって、同一墓所出瓷器の產地や窯が異なると推測されるばあいもある。たとえば、一九八四年南京草場門發見墓所出瓷器の釉色は「青潤」「泛黃」の兩樣あり、報告者は「很可能來自不同的窯口或產地。」[71]とのべている。もちろん、窯はともかく、產地は、たとえば上虞・始寧など多數の窯を擁する產地で、それぞれの窯が異なった釉藥を使用する可能性もあり、釉色が異なるだけで不同の產地とまでいえるかどうかは疑問もあるが、この報告者の指摘は考慮するにたる。このような釉色で判斷する、複數の窯、複數の產地の瓷器の同一墓副葬品中での併存は、ほかにもすくなからぬ例をあげることができる。たとえば表Ⅵ－4の石閘湖墓には、青灰釉で「釉質均匀而

373　第九章　江南六朝墓出土陶瓷の一考察

表Ⅵ　所産窯表

		出　土　地	時期	釉　　色　　（窯地）	出　　典
（第一地域）	1	江寧張家山	西晉	泛青（越）　泛黃（均山）	考87-10、908
	2	南京衛崗	〃	（浙江上虞）	文83-10、70
	3	〃〃	〃	（越）	東91-5、199
	4	江寧石閘湖		青灰・釉質均匀而較厚　淡黃・釉質薄	文65-6、37
	5	南京		茶綠　淡黃	文59-4、21
	6	〃鄧府山9		茶綠・灰綠・淡青　深綠	參55-11、24
	7	〃草場門		青潤　泛黃「很可能來自不同的窯口或產地」	考87-4、380
	8	〃馬群	劉宋	盤口壺（婺州）	考85-11、1002
（第二地域）	9	上虞	吳	（上虞）	東89-2、135
	10	馬鞍山朱然墓	〃	青（越）　豆青（長江中游）	文86-3、1
	11	金壇	〃	豆綠・青灰（均山）　淡青・豆青（越）	文89-8、69
	12	寧波慈溪	西晉	（上虞）	文80-10、92
	13	宜興	西・東晉	（浙江）	學57-4、83
	14	吳縣何山	東晉	青（越）　黑瓷（德清）	考87-3、203
	15	邗江甘泉	〃	泛青綠（上虞・會稽）　泛茶黃（均山）	東3、22
	16	上虞		（上虞）	叢2、257
	17	紹興漓渚		（越）	參55-7、158
	18	富陽		（蕭山）	訊55-5、57
（第三地域）	19	嵊	吳	（越）	考91-3、206
	20	衢州	〃	（婺州）	文84-8、70
	21	嵊	吳晉	（上虞）	考88-9、800
	22	平陽	西晉	青黃（越）　淡青（甌）	考88-10、918
	23	嵊	〃	（上虞）	文87-4、
	24	瑞安	東晉	（甌）	叢8、50
	25	黃巖	〃	（上虞・紹興）	學58-1、111
	26	金華	〃	（越）	訊57-1、61
	27	新昌	南齊	（會稽）	文83-10、92
	28	奉化	梁	（寧波附近）	考84-9、855
	29	金華		（婺州）	考84-9、816
	30	溫州		褐彩（甌）	文88-6、76
	31	武義		（婺州）	文81-2、51

較厚」のものと、淡黃色で「釉質薄」のものがあり、表Ⅵ－5の南京六朝墓には、茶綠釉で「釉色匀稱」のものと、淡黃色で「破碎し」、釉の剥落したものの二種があった。[73]

胎質でみれば、南京鄧府山の九墓の瓷器は、白色で質が細かくしまっていない胎をもつ黃綠・灰綠・淡青釉のものと、質があらいが比較的かたくしまった紅色胎をもつ深綠釉の二種が存在した。[74]

これらに、先にみた德清窯瓷出土墓をくわえれば、複数の窯や産地の瓷器併存墓の例はさらにふえる。つまり、德清瓷は出土するとしても副葬

品の少数部分にすぎず、それ以外の瓷器は徳清以外の窯、産地の品物なのである。

そうすると、有名な馬鞍山出土呉朱然墓の瓷器が青釉と豆青釉の二種類あったことについて、前者を越窯瓷、後者を長江中游地區窯の產とした報告者が「但產地不一、窯系不同的狀況、以往考古發掘中很少見。」とするのは、かならずしも正確でないということになろう。

以上のような狀況は、もちろん需要を一產地、一窯の產品で供給しきれないことによるものとみることもできるが、後にふれる沈瑀の行商の例などと考えあわせれば、むしろ供給する側の生產水準の高さによると考えるほうが自然であろう。つまり瓷器が商品として相當に發達した流通狀態にあったことを示唆しているとみられるのである。各地の窯の產品をたずさえた行販者たちが買手をもとめ、賣りこもうと競争しているさまを想像することもあながち見當はずれではないであろう。『梁書』卷五三良吏沈瑀傳によれば、吳興武康の人沈瑀は、餘姚縣令になったとき、豪右富人を彈壓して名をあげたが、それはもとはといえば、沈瑀がまだいやしい時期、この地に瓦器を鬻ぎにきて、富人はずかしめられたそのうらみをはらさんがためであったという。瓦器とはいえ、副葬陶瓷と日用生活用品の陶瓷とが同一かどうか、また沈瑀の鬻いだのがどの瓦器か不明で、早計な判斷はつつしみたいが、ともかくも陶瓷が行販の重要な商品であったことはまちがいない。

沈瑀のこの事件がさらに注目に値するのは、かれが呉興武康の人であり、瓦器の行商先が餘姚であった點である。吳興武康はこれまでしばしばとりあげた醬釉瓷の產地德淸の鄰縣である。沈瑀の行商した瓦器は德淸窯瓷である可能性が高かろう。一方、餘姚は越窯の中心地上虞の東鄰である。常識的に考えて、餘姚は越窯瓷の流通圏であり、越窯瓷が市場に充滿していたであろう。その地への行商であるから競爭は熾烈であったはずだし、いろいろな摩擦や障害があったかもしれない。富人にはずかしめられたその原因の一端がこのようなところにあったと推測することもできる。

すでに言及したように、德清窯醬釉瓷は浙東地區にも進出していたことが、武義・金華・瑞安・紹興、そして沈瓆の事例に對應するかのような餘姚からの出土例によって確認できる。これは沈瓆の例がけっして例外的なものでなかったことに近く、紹興・餘姚はいうまでもなく越窯近鄰の地である。しかも、武義・金華は婺州窯、瑞安は甌窯の地をおもわせる。つまり窯業の盛んな地の近邊、したがって瓷器流通が高水準のはずの地にまで、他地域窯產瓷をたさえた行商の足跡がおよんでいるのであり、各窯の周邊地域のみでなく、越窯の市場占有率の高かった全國的な瓷器市場へ各窯產瓷が積極的に進出し、江南全域にその販途を擴大していっているのである。

瓷器を副葬しうる階層はいかなる範圍か、もしくは瓷器が日常生活でどの程度の階層にどの程度普及していたのかがなお十分にあきらかでない以上、右にみたような瓷器流通が六朝江南全體の經濟にいかなる意味をもつのかは、まだ輕輕に結論すべき問題ではないが、すくなくとも副葬瓷器が江南全域に錯綜する瓷器流通の活況を如實に明示していることはうたがいない。

　　　むすび

以上に、江南六朝墓出土陶瓷について、その副葬のありかたと、生產・流通に關する若干の考察をこころみてみた。その要點はほぼ敍上の記述につきており、あらためてここで要約する必要はなかろう。

遺憾ながら、特に組合せとその變化を通じて、江南地域の吳・西晉と東晉間における文化上の變化や、江南內諸地域間の地域差について分析するという當初の目的は、決定的な根據とすべきものがなく、十分に達成されないままに終ったが、諸地域間にすくなからぬ副葬陶瓷の差が存在したことは確認できたし、時期的に變遷のあることもほぼ理

第三編　江南六朝墓と出土品　376

解できたとおもう。

　生産と流通の問題については、産地における胎質・釉色の差が重要な根拠となりうるが、この点はなお發掘報告に精粗があり、考察を深化させるための條件が整備されたとはいいがたい。それでも、産地と消費地をむすぶ流通網がおぼろげながら把握できたようにおもう。とくに大消費地たる南京周邊や鎮江と最大の供給地である浙東地區との關係は、江南流通網の中軸であり、江南地域史の理解の重要な鍵となるであろう。

　六朝墓出土陶瓷の歷史學的研究はまだ初步的段階であるといわざるをえない。本稿がその進展の一步となればさいわいである。

注

（1）たとえば中國硅酸鹽學會主編『中國陶瓷史』（北京、一九八二）第四章、李剛・王惠娟編『越瓷論集』（杭州、一九八八）、あるいは羅宗眞「江蘇東吳青瓷工藝的成就」・王業友「略談安徽出土的六朝青瓷」（『中國考古學會第三次年會論文集』北京、一九八一）、劉建國「東晉青瓷的分期與特色」（『文物』一九八九―一）等々枚擧に遑ない。

（2）蔣贊初「關于長江下游六朝墓葬的分期和斷代問題」（初出一九八〇、『長江中下游歷史考古論文集』北京、二〇〇一）七四頁では、長江下游（本稿のいう江南地域）で一千座以上といい、羅宗眞前揭「江蘇東吳青瓷工藝的成就」一二八頁では、瓷器を出した江蘇地區二一〇座、謝明良「江蘇六朝墓出土陶瓷組合特徵及其有關問題」（『故宮學術季刊』八―一・二、一九九〇・九一）九五頁では瓷器出土江蘇地區六朝墓三三〇座、李蔚然「試述南京地區六朝墓葬」（『中國考古學會第三次年會論文集』南京、一九八五・八六）八八頁では、蘇州で百座近くという數字がみられる。

（3）以下の六朝墓全體の特徵、規模、樣式とその變遷についての記述は、蔣贊初前揭「關于長江下游六朝墓葬的分期和斷代問

第九章　江南六朝墓出土陶瓷の一考察

題」、姚仲源「浙江漢、六朝古墓概述」(『中國考古學會第三次年會論文集』一九八一)、馮普仁「南朝墓葬的類型與分期」(『考古』一九八五─三)、拙稿「南京附近出土六朝墓に關する二三の問題」(初出一九八一、本書第八章)等に基づく。

(4) 張小舟「北方地區魏晉十六國墓葬的分區與分期」(『考古學報』一九八七─一)參照。

(5) 安徽省文物考古研究所・馬鞍山市文化局「安徽馬鞍山東吳朱然墓發掘簡報」(『文物』一九八六─三)。引言で「出土了一批珍貴的漆木器云々」とのべ、結語で「朱然墓出土漆器、是一次重大的考古發現、塡補了我國漢末至六朝時期漆器工藝史的空白云々」と特記するように、六朝墓所出遺物としてはきわめて珍しい。

(6) 王仲殊『漢代考古學概說』(北京、一九八四) 九八頁以下。

(7) たとえば、河南省文化局文物工作隊第二隊「洛陽晉墓的發掘」(『考古學報』一九五七─一) 一六九頁では、生活用器・模型をともに有する大型墓を上層階級の墓、生活用器しか出土しないものを中型墓、陶罐しか出土しない洞室・豎穴墓を貧苦人民の墓と區分している。

(8) わが國でも、そのような認識がしめされている。たとえば長谷川道隆「魏・晉墓出土の陶俑について(下)」(『古代文化』三六─五、一九八四) 二〇五頁など では、

(9) 謝明良前揭「江蘇六朝墓出土陶瓷組合特徵及其有關問題」。

(10) 謝明良「福建六朝墓出土陶瓷初步探討」(『故宮學術季刊』六─三、一九八九)、「江西六朝墓出土陶瓷綜合探討」(『故宮學述季刊』七─三、一九九〇)。

(11) 魏鳴「魏晉薄葬考論」(『南京大學學報(哲學社會科學)』一九八六─四)。

(12) 王志邦「六朝浙江東、西地區的墓葬」(『六朝江東史論』北京、一九八九)。

(13) 浙江省文物管理委員會「黃巖秀嶺水庫古墓清理報告」(『考古學報』一九五八─一)、吳墓一・晉墓四六・東晉墓四・劉宋墓八・齊梁墓二三。瑞安縣文物館「浙江瑞安桐溪與蘆蒲古墓清理」(『文物資料叢刊』八、一九八三)、兩晉墓八。文物管理委員會「浙江瑞安隆山晉墓清理簡報」(『文物資料叢刊』)、晉墓一。嵊縣文管會「浙江嵊縣六朝墓」(『考古』一九八八─九)、吳墓二・西晉墓二・東晉墓四・南朝墓二。新昌縣文管會「浙江新昌縣七座兩晉墓清理概況」(『文物

第三編　江南六朝墓と出土品　378

(14) 謝明良前揭「江蘇六朝墓出土陶瓷組合特徵及其有關問題」。

(15) これらの器形には地域的時期的な變化があり、またその大小も器種の判別に關係するが、一切捨象する。盤口壺と鷄首壺は壺に統一し、五聯罐は罐と區別した。盞と碟も本來別種で、報告者によってその區別が異なるが（たとえば『文物』一九九〇－八、三三頁と『考古』一九七六－五、三一六頁）、器形が類似するので同一にくくった。

これら以外に、奩・罍・盂・篦・尊・甑・盅・槅等、さまざまな器物があるが、出土例が比較的少ないので省略する。なお、俑・動物模型とは別に、鎭墓獸の項をもうけた。これは華北北朝隋唐墓にみられるもので、蹲踞の姿勢をとる人面・獸面一對のものである。

(16) 器名もふくめた諸種の議論については、謝明良「六朝穀倉罐綜述」（『故宮文物月刊』一〇－一、一九九二）、同「三國兩晉時期越窯青瓷所見的佛像裝飾」（『故宮學術季刊』三－一、一九八五）、および兩論文に引用する諸研究、許憶先「魂瓶瑣談」（『南京博物院集刊』八、一九八五）などを參照されたい。なお器名については、とりあえず謝氏に從い、穀倉と稱しておく。

(17) 謝明良前揭「三國兩晉時期越窯青瓷所見的佛像裝飾」三七～八頁。

(18) 穀倉の出土一覽および圖は、謝明良前揭「三國兩晉時期越窯青瓷所見的佛像裝飾」、「六朝穀倉罐綜述」、および阮榮春・木田知生「早期佛敎造像南傳系統」調查資料（『東南文化』一九九一－五）。

(19) 王步藝「蕪湖赭山古墓淸理簡報」（『文物參考資料』一九五六－一二）。

(20) 羅宗眞「江蘇宜興晉墓發掘報告――兼論出土的靑瓷器――」（『考古學報』一九五七－四）、南京博物院「江蘇宜興晉墓的第二次發掘」（『考古』一九七七－二）。

(21) 『晉書』卷五八周處傳。

(22) 謝明良前揭「三國兩晉時期越窯靑瓷所見的佛像裝飾」四〇頁。

(23) 同墓墓磚には、

第九章　江南六朝墓出土陶瓷の一考察

大中大夫高平太守侯府君年七十三薨

侯

居丹楊江寧瀨郷齊平里

などの銘文があり、前二者は墓主の官爵と姓を意味するとみられるが、官名が地劵と少し異なる。後者は僑居地を指すとみられる。

（24）筆者の初歩的統計では、一九九〇年（一部一九九一年）までの、報告された呉・西晉墓は、第一地域で紀年墓一九、無紀年墓五二、無紀年墓中、模型出土一九、無紀年墓三三、第二地域で紀年墓三〇、無紀年墓四一、無紀年墓中、模型出土二一、無出土二〇である。

（25）表Ｉでは、第一地區の南京郎家山三八三年墓、第三地域の新昌三二〇年墓に模型がある。前者は謝明良前掲「江蘇六朝墓出土陶瓷組合特徴及其有關問題」七一頁の記事に基づいたが、實は謝氏が根據とされる王志敏「從七個紀年墓葬漫談一九五五年南京出土的孫吳兩晉青瓷器」（『文物參考資料』一九五六―一一）、『南京出土六朝青瓷』（北京、一九五七）、『南京六朝陶俑』（北京、一九五八）では、模型よりは一般の容器に近く、屋・井の出土が確認できないので、存疑のままで除外する。後者は、報告では圓倉となっているが、圖版によれば、これも除外する。

（26）鎭江博物館「鎭江東吳西晉墓」（『考古』一九八四―六）は吳西晉墓一一の報告である。その序文に比較的規模のとしてこの元康五年（二九五）紀年磚墓をあげるが、本文および墓葬狀況表に、この墓の詳細は記されていない。

（27）黃步青・錢浚・吳慧虞「常熟兩晉墓出土青瓷」（『江蘇省考古學會第四・五次年會論文選』一九八五・八六）によれば、この常熟三一二年墓はすでに破壞されていて、出土遺物は收集によるものである。馬鞍山三一四年墓は『中國考古學年鑑』一九八七（北京、一九八七）一六三頁によれば、規模構造のほとんど同じ二墓の一であるが、盜掘されていた。ただし、比較的完全とされる別の一墓にも模型はなかった。

（28）四號墓は永寧二年（三〇二）磚を出土している。周魴の卒年は『三國志集解』が赤烏（二三八～）初年とし、南京博物院前掲「江蘇宜興晉墓的第二次發掘」注④では二七〇年以後とし、兩説懸隔するが、いずれにしても、三〇二年とかなりはな

れている。後者は、この差を鮎が追封後に建墓したことにして説明しようとするが、疑問がないわけではない。

(29)『晉書』卷五八周處傳。

(30) 本文でものべたように、二號墓ははじめ周靖墓であったのが、周札墓とされているし、また四號墓については注 (28) 參照。

(31) 嵊縣文管會「浙江嵊縣六朝墓」(『考古』一九八八—九)。

(32) 金華地區文管會「浙江金華古方六朝墓」(『考古』一九八四—九)。

(33) 浙江省文物管理委員會「黃巖秀嶺水庫古墓清理報告」(『考古學報』一九五八—一)。

(34) 新昌縣文管會「浙江新昌縣七座晉墓清理概況」(『文物資料叢刊』八、一九八三)。

(35) 新安江水庫考古工作隊「浙江淳安古墓發掘」(『考古』一九五九—九)。

(36) 南京博物院「南京象山五號六號七號墓清理簡報」(『文物』一九七二—一一)。

(37)『晉書』卷七六王廙傳。

(38) 南京市文物保管委員會「南京象山東晉王丹虎墓和二、四號墓發掘簡報」(『文物』一九六五—一〇)。

(39) 南京市博物館「南京北郊郭家山東晉墓葬發掘簡報」(『文物』一九八一—一二)、南京市博物館「江蘇南京北郊郭家山五號墓清理簡報」(『考古』一九八九—七)。なお、五號墓出土青瓷は、盤口壺七、盌二三、盞三、鉢一、器蓋二、盤三、唾壺二、扁方壺、小盌、硯である。

(40) 南京市文物保管委員會「南京老虎山晉墓」(『考古』一九五九—六)。

(41) 阮國林「南京司家山東晉墓」(『中國考古學年鑑』一九八七、一四六頁)、華國榮「南京司家山南朝墓」(『中國考古學年鑑』一九八八、一五八頁)。なお、南京市文物保管委員會「南京戚家山東晉謝鯤墓簡報」(『文物』一九六五—六)があるが、出土品の記載はない。

(42) 南京市博物院・南京市文物保管委員會「南京棲霞山甘家巷六朝墓群」(『考古』一九七六—五)。

(43) たとえば前揭注 (7)「洛陽晉墓的發掘」および「一九八四至一九八六年洛陽市區漢晉墓發掘簡報」(『考古學集刊』七、一

(44) 『通典』巻八六には、『葬禮』をはじめ、賀循の喪制に關する言が五節引用されているが、それがどの身分階層についてのものかを明確にする手がかりはみえない。

(45) 『唐會要』巻三八葬に引く開元二十九年正月十五日敕、元和六年十二月條流文武官及庶人喪葬などには、龍や雲氣に關する規定が出てくるが、天子以外に龍を描くことが禁じられてはいない。

(46) 前掲王仲殊『漢代考古學概説』九八頁。

(47) 右掲王著九八頁。

(48) 南京大學歷史系考古組「南京大學北園東晉墓」（『文物』一九七三―四）四〇頁。なお、この墓は東晉王陵（西陵）の一とみなされている。

(49) 『唐會要』巻三八葬、開元二十九年正月十五日敕、元和六年十二月條流文武官及庶人喪葬には、三品・五品・九品の基準によって明器の數を遞減させる制がみられる。

(50) 江蘇省文物管理委員會「南京南郊郎家山第四號六朝墓清理簡報」（『文物參考資料』一九五六―四）、「南京市東前村東晉墓」（『中國考古學年鑑』一九八七、一四七頁）。なお、前者は他に俑三、馬俑、陶車、陶屋を出土しており、東晉墓としては異例に屬する。表Ⅲ參照。

(51) 注（43）參照。

(52) 嵊縣文物管理委員會「浙江嵊縣發現隋代紀年墓」（『文物』一九八七―一一）。

(53) 拙稿「建康と三吳地方」（初出一九九二、本書第六章）はそのひとつの試みである。またそこに引用した參考文獻には、このような問題をとりあつかったものが多い。

(54) 注（1）參照。

(55) たとえば前掲『中國陶瓷史』一四九頁以下や、魏正瑾・易家勝「南京出土六朝青瓷分期探討」（『考古』一九八三―四）、劉建國「東晉青瓷的分期與特色」（『文物』一九八九―一一）など。

(56)『中國古代窯址發掘報告集』(北京、一九八四)、『朱伯謙論文集』(北京、一九九〇)、浙江省博物館「三十年來浙江文物考古工作」・南京博物院「江蘇文物考古工作三十年」(『文物考古工作三十年』北京、一九七九)、前揭『中國陶瓷史』一三七頁以下參照。

(57) 前揭『中國陶瓷史』一三七頁以下、劉建國前揭「東晉青瓷的分期與特色」。

(58) 李蔚然前揭「試述南京地區六朝墓葬青瓷來源及其有關問題」、王業友「略談安徽出土的六朝青瓷」。

(59) 謝明良前揭「六朝穀倉罐綜述」四四頁。

(60) 注 (57)。なお前揭拙稿參照。

(61) 南京博物院「江蘇宜興晉墓的第二次發掘」(『考古』一九七七―二)によれば、宜興周氏四號墓出土の青瓷神獸尊の底に「東州」銘があったが、この東州も東山などとおなじく、會稽一體を意味するとみられる。

(62) 衢州市文管會「浙江衢州市三國墓」(『文物』一九八四―八)、金華地區文管會「浙江金華古方六朝墓」(『考古』一九八四―九。

(63) 陳衍麟「安徽繁昌出土六朝魂瓶」(『東南文化』一九九一―二)。

(64) 『浙江文物』(杭州、一九八七)圖九〇說明。

(65) 金琦「南京甘家巷和童家山六朝墓」(『考古』一九六三―六)。

(66) 前揭『中國陶瓷史』一四五頁。

(67) 『浙江文物』圖七一說明。

(68) 「我國黑瓷的起源及其影響」「浙江上虞縣發現的東漢瓷窯址」(前揭『朱伯謙論文集』)。

(69) 林留根「江蘇鎮江東晉紀年墓清理簡報」(『東南文化』一九八九―二)、蘇州博物館考古組「『孫策孫堅』墓的清理和看法」(『文博通訊』一九八二―六)、南京博物館「江蘇吳縣何山東晉墓」(『考古』一九八七―三)。

(70) なお『浙江文物』には甌窯產品として、瑞安東晉墓の鷄首壺・盞、溫州東晉墓の插座、永嘉三五四年墓の盆、瑞安五〇二年墓の碟・南朝墓の罐があげられている。

383　第九章　江南六朝墓出土陶瓷の一考察

(71) 賀雲翱「南京草場門發現晉墓」(『考古』一九八四─四)。

(72) 南京市文物保管委員會「南京板橋鎮石閘湖晉墓清理簡報」(『文物』一九六五─六)。

(73) 李蔚然「南京六朝墓葬」(『文物』一九五九─四)。

(74) 南京博物院「南京鄧府山古殘墓二次至四次清理簡介」(『文物參考資料』一九五五─一一)。

(75) 安徽省文物考古研究所・馬鞍山市文化局「安徽馬鞍山東吳朱然墓發掘簡報」(『文物』一九八六─三)一五頁。

第十章　東晉南朝の碑・墓誌について

はしがき

　ほとんど編纂史料に依據せざるをえない六朝史研究において、唯一の例外といえる石刻史料は重要な價値を有する。なかでも墓碑・墓誌の類は編纂史料の限界を克服するうえで不可缺の存在であり、たとえば墓碑・墓誌の記載内容の重要な要素である世系譜が六朝史研究に大きな役割をはたしていることはよく知られていよう。
　六朝關係の墓碑・墓誌といえば、すぐにおもいだされるのが、膨大な量の北朝關係の墓誌と、對照的に僅少な東晉南朝關係のそれという對比であろう。その對比は著錄墓誌のみならず、中華人民共和國成立以後の考古活動等によってあらたに出土する墓誌にもあてはまるもので、しばしば報告される新出の北朝關係の墓誌にまじって、これまで出土した東晉南朝關係のそれはようやく二〇例に達するのみである。
　それでも、そのなかには編纂史料にはない貴重な内容がふくまれており、すでにそれらを利用した研究が出現しているし、今後もこのような方面での研究には豐かな可能性がひめられているようにおもう。また、實物の筆蹟の出現は、法帖にたよるほかなかった東晉南朝の書法史上に畫期的な意味をもつという點でも、注目をあびるようになって

ただ、こうした研究にあってとりわけ重要なことは、これら墓碑・墓誌の史料的価値の正確な把握という問題であろう。史料が貴重であればあるほど、その史料の性格を總合的に理解しておく必要がある。

ところで、新出土のものまでふくんだ東晉南朝關係墓碑・墓誌の著錄・研究には以下のようなものがある。

一　羅宗眞「略論江蘇地區出土六朝墓誌」『南京博物院集刊』二集　一九八〇

二　同　「南京新出土梁代墓志評述」『文物』一九八一―一二

三　汪慶正「南朝石刻文字概述」『文物』一九八五―三

四　王壯弘・馬成名『六朝墓誌檢要』一九八五　上海書畫出版社

これらのうち、羅宗眞氏のものが標題の通り、江蘇地區であらたに出土した東晉以後の墓誌ばかりをとりあげるのに對し、汪慶正氏のは碑、造像銘、買地券などをふくみ、さらに舊來著錄されていたものもふくんでいるが、宋以後に限られている。また、王・馬兩氏の著書は、僞刻や、著錄のみあって、拓本のないものまでふくんだ六朝全體にわたる墓誌だけの目録である。このように、これらの著錄はおのおのその對象が異なることもあって、東晉南朝墓碑・墓誌の全容をうかがうには長短がある。史料としての東晉南朝墓碑・墓誌の性格の把握のためには、舊錄・新出をふくめ、總合的にそれをみる必要がある。

また、東晉南朝墓碑・墓誌の史料としての性格の把握という觀點からすると、上記の三および四は目録の色彩が強く、それぞれの墓碑・墓誌についての要點は記されているが、全體的な把握に缺けるうらみがある（三に、全體を通しての書法上の變遷に關する言及がある）。その點では、一・二は東晉南朝を通じての全體的變遷や、史料的價値についてゆきとどいた言及があり、すくなくとも新出の墓誌の全體像についてある程度の理解をえることができる。しかし、

第一節　文献にみえる碑・墓誌

よくいわれるように、漢代に墓碑ははなはだ盛行したものであったが、魏晋代になると薄葬の奨励と禁碑によって、立碑の風習は衰退し、かわって墓誌が普及する。この間の詳細をみてみると、およそつぎのようになる。『宋書』巻一五禮志に、建安一〇年（二〇五）の魏武帝の厚葬と立碑の禁が魏末になって緩んだことを記したのち、

晋武帝咸寧四年、又詔曰、此石獸碑表、既私褒美、興長虛偽、傷財害人、莫大於此、一禁斷之、其犯者雖會赦令、皆當毀壞、至元帝太興元年、有司奏、故驃騎府主簿故恩營葬舊君顧榮、求立碑、詔特聽立、自是後、禁又漸頽、大臣長吏、人皆私立、義熙中、尚書祠部郎中裴松之又議禁斷、於是至今、

という。咸寧四年（二七八）に再度碑禁があったあと、太興元年（三一八）の顧榮の例によって立碑の風がまた盛んになり、東晋末の義熙中（四〇五―四一八）にまた禁碑されて梁初に至ったというのである。つまり、魏末から天下統一以前の西晋までと東晋王朝の大半で碑禁が緩んでおり、一方、統一王朝の西晋代と東晋末義熙以後は禁碑であったということになる。

また、『南齊書』巻一〇禮志には、

有司奏、大明故事、太子妃玄宮中有石誌、參議墓銘不出禮典、近宋元嘉中、顔延作王球石誌、素族無碑策、故以

紀德、自爾以來、王公以下、咸共遵用、儲妃之重、禮殊恆列、既有哀策、謂不須石誌、從之、とあり、宋初元嘉中（四二四—四五三、王球の死は同一八年）に顏延之が王球のために石製の墓誌を作ったが、これが碑策のない貴族たちにとってそのかわりとなり、以後遵用されるようになった。上述の義熙中の禁碑の結果、そのしばらく後の元嘉時代に墓誌がもちいられるようになったということになる。

このようなおおまかな動向を知ったうえで、つぎに文獻によって、實際の墓碑・墓誌の狀況をさぐってみよう。ま ず墓碑からみると、東晉南朝關係墓碑として著錄され、その內容までわかるものはきわめてすくない。たとえば『金石萃編』には、「梁始興忠武王（蕭憺）碑」と「梁吳平忠侯（蕭景）神道碑額」を載せるのみであるし、『八瓊室金石補正』も雲南にある爨寶子・爨龍顏兩碑のほかは、一連の南京近郊の梁王の碑（安成康王秀碑陰、始興忠武王憺碑）と神道柱題額を收めるだけである。

もっとも、文獻史料によれば、梁以前の碑が皆無だったわけではけっしてない。たとえば『水經注』には、沔水條に襄陽の峴山上の桓宣碑、周訪碑の記事があり、肥水條に劉勳碑、漸江水條に餘杭縣南の顧颺・范甯ら三碑の記事がある。ただし、これらはいずれも墓碑とはかぎらない。桓宣碑が襄陽の峴山上にあるというのは、かつて建威將軍に襄陽の峴山に戍を移した（『晉書』卷八一本傳）のと關係があるはずであるし、周訪碑についていえば、かれの死後、その本郡たる廬江尋陽に碑が立てられており（『晉書』卷五八本傳）、その本郡の碑は墓碑の可能性があるが、峴山にある碑のほうは、おそらく西中郎將督梁州諸軍梁州刺史として周訪が襄陽に駐屯したことと無關係ではなかろう。襄陽にはこの類の碑がいくつか建てられていたようで、いったい襄陽にはこの類の碑がいくつか建てられていたようで、いったい襄陽の羊祜碑、すなわち「墮淚碑」として有名な碑があった（『晉書』卷三四本傳にも記事がある）ほか、襄陽城南門道東に羊祜、杜預、劉儀の碑があり、方山と峴山水中に杜預碑、峴山に胡羆碑があったが、それらはみな地方官長の遺德顯

彰のために建てられたものであろう。安陸城中にあったという西晋の征南將軍荊州刺史胡奮の碑(『水經注』卷三五江水條)も同樣のものであろう。それらの碑主はいずれも西晋時代人である。また東晋の人である范甯の餘杭にある碑も、范甯が餘杭令に解褐し、善政を布いたこと(『晉書』卷七五本傳)にちなむものとみられる。宋の人劉勔の碑も、その地に恩惠を施したために建てられた生碑である。

『世說新語』には、西晉時の江南出身者の碑が二例記錄されている。排調篇注にひく「張蒼梧碑」と規箴篇注引「陸碑」とである。ただ、後者はわずかに、

邁字功高、吳郡人、器識清敏、風檢澄峻、累遷振威太守尙書吏部郎、

という内容が傳わるだけで、これがいかなる性格の碑か斷定することは難しい。前者は、後述する新出「張鎭墓誌」との關係が問題となるが、この碑の内容も以下のようにわずかしか殘っていないので、その性格ははっきりしない。

君諱鎭、字義遠、吳國吳人、忠恕寬明、簡正貞粹、泰安中、除蒼梧太守、討王含有功、封興道縣侯、

張蒼梧という碑がこの碑の主張鎭の歷任官の一、蒼梧太守にもとづくものであることはあきらかであり、したがって本碑が蒼梧郡の地に郡守を記念すべく建てられたものである可能性もちいさくはなかろう。

以上のような文獻史料のほか、宋代の金石著錄の類、『寶刻叢編』『寶刻類編』『集古錄跋尾』『集古錄目』『金石略』『輿地碑記目』などにはかなりの碑が收錄されている。そのうち、闕、神道柱などを除く東晋南朝關係の江南所在碑を一覽表にしたのが表Ⅰである。漢・唐のそれとくらべてみると、やはり僅少であることは瞭然としているが、さらにこのなかで錄文のあるものとなれば、わずかに數點を數えるのみである。しかも、その錄文にも問題のあるものがすくなくない。つぎにそれらについてみよう。なお、これらはみな本籍地、ないし墓地に建てられており、墓碑としての性格をもっている。

その第一は「陸褘碑」である。『紹熙雲間志』巻中によれば、華亭縣には陸康よりこの陸褘に至る二一人の呉郡陸氏の墓があり、そこにこの「陸褘碑」と、同碑文によって陸康の碑が建てられていたという。華亭は陸機の「華亭鶴唳」の故事でよく知られるように、呉郡の大族陸氏の本據である。その地の墓地に立つこの両碑は墓碑としての性格をもっていたことが推測できる。ただし、『紹熙雲間志』巻下に収録された「陸褘碑」文文末では、本碑が東晉太寧三年（三二五）に建てられたという。それは孫呉の人陸褘の死後かなりのことになる。

第二は「周處碑」である。本碑は『金石萃編』巻一〇六等に錄文がある。もと宜興にあったものであるが、宜興は晉の大族周氏の本貫義興にあたる。この宜興には周氏一族の墓が現存しており、一九五三年に發見されたそのうちの一墓は周處の墓であることが確認されている。この碑はその墓が發見された周處の廟にあったという。したがって、この碑もまた墓碑の性格が強い。しかし、本碑は實は『金石萃編』錄文等によれば、唐元和六年（八一一）の重建であり、また「陸機撰・王羲之書」という題が信頼できるとすれば、はじめて刻石されたのは東晉代のこととなり、周處の死にかなりおくれる。さらに「陸機撰」という題についても、碑文中に建武・太興など陸機より後の年號がふくまれていること、また周處が齊萬年と戰って元康七年に戰死したことはまぎれもない事實であるのに、碑文は元康九年に館舍で死去したと記すことなど、不審な部分があり、後世の假託ではないかと疑われている。かりに陸機の文が原型であったとしても、後代の文章が附加されていることは疑いない。

第三は「顏含碑」である。『景定建康志』巻四三によると、李闡傳・顏延之銘の顏含の石碑が上元縣靖安道旁（南京北郊）で發見された。この附近は古くは白石、白下とよばれ、『北齊書』巻四五文苑顏之推傳にあるかれの「觀我生賦」の自注によれば、顏含以下、渡江した顏氏一族の墓地であり、かれらの墓も現に發掘されている。したがってこの碑も墓碑の性格をもつが、實は本碑は大歷七年（七七二）に顏含一四代の孫顏眞卿が自ら筆をとり、舊跋上に重

第三編　江南六朝墓と出土品　390

建したものなのである。ただ、碑文のうち、傳を撰した李闡は東晉の人、銘の作者顏延之は顏含の曾孫で、宋の人であるから、顏眞卿重建の碑の本のものは、すくなくとも宋代にはできあがっていたことになる。とはいえ、それでも顏含の死後かなりの年月を經たものであることにかわりはない。もっとも先にふれたように宋代には禁碑がおこなわれていて、それにかわるものとして墓誌があらわれ、しかもその先驅となったのが顏延之の王球墓誌であるというこ とからすると、李闡の傳はともかくとして、顏延之が銘を作った時點では本碑は墓誌とされていた可能性もある。

なお、上元縣からはいま一例の古碑が出土したという記録が『景定建康志』卷四三にある。それが「謝濤墓誌」であるが、この碑については墓誌のところで言及したい。

つぎに墓誌についてみよう。白日のもとにその存在を顯示する墓碑とはまったく逆に、墓誌は地下の墓内に藏せられ、盜掘等の異常事態をのぞいて、本來はあらわれるはずのないものであるから、偶然の出土によってその存在を知るほかはない。しかし、その存在が皆無というわけではけっしてなく、魏晉以後の出土したり、著錄のある墓誌は若干存在している。一九五〇年以前に著錄されたり、出土したりした墓誌を一覽表にしたのが表Ⅱである。なおこの表には、清以後出土のものについてはその概要を參考として附してある。

さて、墓誌が存在するとはいっても、表Ⅱのうち大半は『寶刻叢編』以下の宋代の著錄にのみみえるものであり、內容はほとんどあきらかではない。それらをのぞくと、錄文があり、その內容をうかがうことのできるものは、明の陶宗儀『古刻叢鈔』收錄のものと、清以後出土の四例、および傳世の拓本のみ殘る「永陽昭王敷墓誌」「永陽敬太妃墓誌」等數點以外は、「保母磚志」だけに限られる。これらのうち清以後出土のもの、および宋代の著錄のみのものをのぞいた墓誌について、その出土狀況を簡單にみておこう。

「中大夫劉造墓誌」は湖州西餘山寺の僧が壽穴を作った時に出土したものであるらしく、また「周闡墓碑」はおな

391　第十章　東晉南朝の碑・墓誌について

じく湖州法華山から發掘された新出東晉墓誌と類似しており、その内容が後述する「保母磚志」は南宋嘉泰二年（一二〇二）に山陰（紹興）で出土したものである（『金石萃編』卷二五）。「宗慤母劉夫人墓誌」は宋皇祐中（一〇四九〜一〇五四）に南京で出土したらしく、「謝濤墓誌」はおなじく南京の上元縣土山淨名寺で出土したものという（『景定建康志』卷四三）。なお、「謝濤墓誌」以外の『古刻叢鈔』所收墓誌の由來はよくわからない。「海陵王墓誌」の由來ははなはだ奇異で、『寶刻叢編』卷一五にひく沈括の語によれば、宋慶曆中（一〇四一〜一〇四八）、南京に居た沈括が料理人の使用していた鎭肉用の方石が當墓誌であることに氣づいたのであったという。最後に「永陽昭王墓誌」「永陽敬太妃墓誌」であるが、『六朝事跡編類』卷下によれば、すでに南宋代に王墓誌が上元縣淸風鄕の居民の井の側に、太妃墓誌が同鄕路傍におかれていたというものの、これ以上の詳細は不明である。なお、この墓誌が出たはずの永陽王夫妻の墓はかつては笆斗山東麓の失名墓に比定されていたが、最近羅宗眞氏は始興王墓と吳平忠侯墓の中間にその地を推定している。この永陽王夫妻の墓誌は拓本が傳世し、上海博物館藏のものが、一九七五年に『梁蕭敷及王氏墓誌銘』（文物出版社）、一九八二年『書法叢刊』第五集で公表されている。

ところで、以上にみたような碑・墓誌とは別に、いまひとつ注目すべき一群の碑・墓誌がある。それは『藝文類聚』所收の碑・墓誌である。『藝文類聚』にはさまざまな文章が詩、賦、贊、箴、表、書、論、詔などの文體、内容に分類されて收錄されているが、それらの分類の一項として碑と墓誌がある。この『藝文類聚』所收の碑・墓誌を一覽表にしたものが表Ⅲである。

このように類書に收錄される文章の分類に碑・墓誌が獨立した形でふくまれるのは、碑・墓誌が文學上の一ジャン

ルとして確立しているだけではなく、はなはだ盛行していたことをしめすものであろう。問題はしかし、それが単なる文學作品にとどまるのか、實際に碑・墓誌に刻され、立碑、埋藏されたのか、また實際に碑・墓誌が存在したとすれば、その現物とかかる類書所收の碑・墓誌との關係はどうであるかといった點である。これについては後に檢討したい。

以上通覽してきたところからみれば、東晉南朝碑・墓誌は、先述のような東晉期の禁碑の緩み、義熙以後の禁碑、宋元嘉以後の墓誌の盛行という經過をたどったことが確認されよう。ただ、ここで留意しておきたいのは、東晉期の墓誌の存在と、梁代の碑・墓誌盛行の二點である。前者については、次項で檢討する新出墓誌がさらに有力な證據となるが、これは墓碑が禁じられたので、そのかわりに墓誌が作られたという通説に牴觸する。東晉期は碑禁が緩んでいたのであるから、通説からいえば墓誌は必要ないのである。この點については後に檢討をおこなう。後者についていえば、とくに『藝文類聚』はそれを明示している。ただ碑は僧と隱者をのぞけば大部分が帝室諸王のものであるのに對して、墓誌は諸王、諸公主、三公が數おおくあるなかに、それ以下の官人層のものも散見されることが注目される。『梁書』卷四一褚翔傳に、

(褚向) 卒官、外兄謝舉爲製墓銘、其略曰、弘治推華、子嵩慚量、酒歸月下、風淸琴上、といい、同書卷五三良吏伏暅傳に、伏暅の死後、尙書右僕射徐勉がその墓誌を製作したというのなどからみれば、墓誌が中下級官人層にまで普遍化していたことがうかがわれる。

第二節　現存・新出の碑・墓誌

第十章　東晉南朝の碑・墓誌について

では次に、現實に存在し、あるいはあらたに出土した碑・墓誌の狀況をみてみよう。まず碑についてであるが、雲南の爨氏兩碑については割愛し、南京東北郊の甘家巷に現存する梁の安成康王秀・始興忠武王憺兩碑について簡單にふれておきたい。この二王は梁文帝蕭順之の吳太妃を生母とし、梁武帝の異母弟にあたる。文帝は一〇人の男子があり、自身と、三男にあたる武帝の陵が丹陽にあるのに對し、文帝の他の諸子の墓はほとんど甘家巷にある。安成王・始興王のほか、臨川靖惠王宏、鄱陽忠烈王恢の墓はほぼ確定しており、桂陽簡王融と南平元襄王偉（推定）の墓は最近發掘され、後述するように墓誌が出土している。永陽昭王敷の墓も先にふれたように、この附近にあるはずである。所在が不明なのは、梁武帝の長兄で、長沙宣武王と諡された蕭懿と、衡陽宣王暢の二者である。なお、このあたりはこのほかにも梁の帝室の墓がすくなからず存在し、現在でも墓前の辟邪、神道柱の類の石刻を目睹することができる。當初はかような石刻の類が林立していたはずであるが、墓碑となると、現存するのはもちろん安成・始興二王碑といった南宋代の記録をみても、安成王・始興王のほか、二例があるだけであり、文字の磨滅してしまった臨川王碑だけである。

安成王墓にはもと四碑あったという。『南史』卷五二梁宗室安成康王秀傳に、

　佐史夏侯亶等表立墓碑誌、詔許焉、當世高才游王門者、東海王僧孺吳郡陸倕彭城劉孝綽河東裴子野、各製其文、欲擇用之、而咸稱實錄、遂四碑並建、

とあって、王の死後、王僧孺等四人の文のある四碑が建てられた。しかし、『六朝事跡編類』卷下によると、南宋代にはすでに存するのは二碑のみであって、しかもそのうち一碑は文字が磨滅してしまっており、判讀できるのは一碑のみであったという。近年の調査では、四碑のうち、西碑がなく、東碑は倒れており、辟邪に近い方の二碑は、辟邪に遠い方の石碑二が存在している。『六朝事跡編類』の石碑二がこれにあたるはずである。ただし、碑文はすでに二

碑とも磨滅し、西碑の碑陰が部分的に残るだけである。この碑陰が『金石萃編』巻二六に誤って始興王碑碑陰として録するものにあたる。

なお、『六朝事跡編類』によれば、當時なお碑文が殘存していた一碑は劉孝綽の文であったという。次節での檢討であきらかになるように、表Ⅲにあるように、『藝文類聚』巻四七には劉孝綽の「司空安成康王碑銘」がある。次節での檢討であきらかになるように、『藝文類聚』所收の碑文にはおおむねその本づくところの墓碑原文があったとみられ、この『藝文類聚』所收の劉孝綽の碑銘が、殘存文字のあった一碑の碑文であった可能性が強い。もっとも、『藝文類聚』所收碑銘は約六〇〇字、一方、安成王碑と似た規模の始興王碑はもと三〇〇〇字ほどあったという（後述）から、『藝文類聚』所收の碑銘は五分の一程度の節略文である。表Ⅲにみられるように、『藝文類聚』にただ一つしか碑銘の收錄されない劉孝綽のものであって、他成康王のものであり、王僧孺等四人の手による安成康王墓碑のうち、文字が殘存したのが劉孝綽のものであって、他の三人の碑銘は『藝文類聚』に形跡もないという奇妙な現象がまったくの偶然なのか、何か理由があるのかはよくわからない。

始興王の墓碑は一碑のみ現存する。別に一座の龜趺が存在するから、本碑はもと二碑であったはずであるが、東碑のみが殘っているのである。本碑の表面に今なお殘る文字は現存する貴重な南朝の碑文である。『金石萃編』巻二六にその錄文があるが、剝落がはなはだしく、もと三〇〇〇餘字あったはずのものが、五分の一程度しか殘っていないという。[19]

安成王碑と異なり、本碑碑文の作者のことは『藝文類聚』等にはみえないが、碑文末尾の記載によれば徐勉撰、貝義淵書である。なお徐勉は『藝文類聚』にはその作った碑・誌が收錄されていないが、前述の永陽昭王夫妻の墓誌のほか、いくつかの墓誌の作者として名が傳わる。[20]

次に墓誌についてみよう。一九四九年以後の新出墓誌については羅宗眞氏に前掲のような一連の研究がある。それ

第十章　東晉南朝の碑・墓誌について

を參考にし、若干の追補をした一覽表が表Ⅳである。これら墓誌の出土の經緯その他については、その報告ゆずりたい。ただ一、二注目される點をのべておこう。第一に、出土地についていえば、考古學的活動の地域的偏りの問題もあるのであろうが、南京附近出土が多く、南京以外でも、溧陽、句容、馬鞍山、鎭江、吳にかぎられ、六朝時代のいわゆる三吳地域を出るものではない。第二に、東晉のものが過半を占めていることである。このことは先にもふれた。この問題については、墓誌の形式、內容にまでたちいった檢討が必要となるので、後に節をあらためてのべることにしたい。

第三節　著錄・新出の碑・墓誌の關係

ここでは著錄・新出の碑・墓誌に關連する二、三の問題について檢討をおこなう。

第一は、著錄・新出の碑・墓誌と文獻上のそれとの關係である。とくに『藝文類聚』に多量に引用されるものと、著錄・新出のそれとの比較は兩者の史料としての性格をみるうえでも不可缺のものといえよう。

最初にとりあげたい例は、齊の海陵王墓誌である。『藝文類聚』卷四五には、謝朓撰の「海陵王墓誌銘」が收錄されている。その全文は以下のようなもので、わずか四八字しかない。

　景祚云及、多難攸啓、載驅軨轄、高闈代邸、西光已謝、東龜又兆、龍纛夕儼、葆挽晨鏘、風搖草色、月照松光、春秋非我、曉夜何長。

一方、先にふれたように、宋代に沈括が發見した「海陵王墓誌」が存在する。『夢溪筆談』卷一五に收錄されるその文章は以下の通りである。

傍線の部分が『藝文類聚』との重複部分であるが、これをみれば出土墓誌と『藝文類聚』所引墓誌が、多少の字句の相違はあるにしても、共通するものであることが確認できる。ただし、『藝文類聚』所収文は出土墓誌のごく一部分にしかすぎないことも判明しよう。この出土墓誌は原型ではなく、残存部分である可能性が強いので、いよいよ『藝文類聚』所収文は、原型の極少部分でしかないことが推測される。

次の例は、やはり『藝文類聚』巻四五所収の任昉撰の梁の桂陽王の墓誌である。その全文もわずか四〇字の、以下のようなものである。

一方、表Ⅳにあるように、一九八〇年に甘家巷で桂陽王融と同太妃の墓誌が出土している。太妃の墓誌はしばらくおき、桂陽王の墓誌についていえば、全文四八五字からなり、前半にはその人となりや経歴を記し、中ごろには桂陽王に追封する詔（後述）をおき、その後の全文の三分の一程度にあたる部分が銘である。その銘の全文は以下の通りである。

中樞誕聖、膺歴受命、於穆二祖、天臨海鏡、顯允世宗、溫文著性、三善有聲、四國无競、嗣德方裒、時唯介弟、景祚云及、多難攸啓、載驟載獵、高闕代邸、庶辟欣欣、威儀濟濟、亦既負扆、言觀帝則、正位恭己、臨朝淵嘿、慶思寶締、負荷非克、敬順天人、高遜明德、西光已謝、東旭又良、龍纛夕儼、寶挽晨鏘、風搖草色、日照松光、春秋非我、晩夜何長、

於昭帝緒、擅美前王、綠圖丹記、金簡玉笥、世載台鼎、地居魯衞、楚詩將說、桐圭誰戲、甘棠何憩、

於昭帝緒、擅美前王、綠圖丹紀、金簡玉笥、亀黎在運、業茂姬昌、蟬聯寫丹、清越而長、顯允初筮、邁道宣哲、

藝單漆書、學窮繡稅、友于惟孝、聞言無際、鄒釋異家、龍趙分藝、有一於此、無競惟烈、信闕辟金、清由源□、

齊嗣狙狼、惟昏作孽、望□高翔、臨河永逝、如何不弔、報施冥滅、聖武定鼎、地居魯衞、沛易且傳、楚詩將說、

第十章　東晉南朝の碑・墓誌について

する。
　なお、『藝文類聚』卷五一には任昉撰の「追封衡陽王桂陽王詔」がある。その全文は以下の通りである。
　亡弟暢、風標秀物、器體淹弘、朱方之役、盡勤王事、策出無方、物惟不賞、亡弟融、業行清簡、風度閑緄、蚤優名輩、夙廣令聞、朕應天紹命、君臨萬㝢、祚啓郇滕、感興魯衛、事往運來、永懷傷切、暢可追封衡陽郡王、融可贈散騎常侍撫軍將軍桂陽郡王、

傍線を施した部分が先揭『藝文類聚』所收文との重複部分である。やはり二、三の文字の異同はあっても、兩者はほぼ共通するものである。しかも、『藝文類聚』が原誌からすれば十分の一に滿たないものであることもこれで判明

　一方、新出「桂陽王墓誌」の中ごろに載せる追封詔は以下のようになっている。
　亡弟齊故給事黄門侍郎融、風標秀特、器體淹和、朕繼天紹命、君臨萬㝢、祚啓郇滕、感興魯衛、事往運來、永懷傷切、可贈散騎常侍撫軍將軍桂陽郡王、

　これを比較してみると、新出墓誌と『藝文類聚』はほぼ共通しているが、ただ『藝文類聚』では、衡陽王暢と桂陽王融のそれぞれの人格の表現が「風標秀物、器體淹弘」と「業行清簡、風度閑緄、蚤優名輩、夙廣令聞」となっているのが新出墓誌とは逆であり、何らかの事情で入れかわったものであることが推測できる。もちろん『藝文類聚』の南陽郡王は桂陽郡王のあやまりである。
　ちなみにいえば、「桂陽王墓誌」中に載せられる追封詔は任昉のものであり、『藝文類聚』卷五一に收錄されている。
　一方、徐勉撰「永陽王墓誌」の例であるが、實例の見出せない碑のばあいもほとんど同樣の事情があったとみてよかろう。

そうすると、著錄の碑・墓誌とも『藝文類聚』所收のそれとほぼ共通することになる。ただし『藝文類聚』は碑・墓誌の本來の形の一部分しか收めない。またその收錄部分は、たとえば先にふれた「安成康王碑銘」のごとく、かなりの長文にわたり、內容も銘のみか、その經歷等におよぶものもないわけではないが、ほとんど銘辭に限られ、墓主の經歷その他は省略されていることが多い。

この事實から推測すれば、およそ『藝文類聚』所收の碑・墓誌には、みなその基づくところの現實の墓碑・墓誌があったことになろう。ただその所收碑・誌は、現物の墓碑・墓誌から直接拔粹されたのではなく、まず碑・誌の文章が製作され、それによって墓碑・墓誌が刻される一方、銘の部分は作者の文集等に收められ、そこから『藝文類聚』のごとき拔粹がおこなわれたと考えられる。『江文通集』所載の墓銘五點のごときがその例である。なお、この江淹製作の墓銘はいずれも『藝文類聚』には收錄されないし、徐勉のごとく、「始興忠武王碑」「永陽太妃墓誌」と現存の墓碑・墓誌が三點もあり、ほかにも墓誌を作ったことが知られる人物の墓碑・墓誌が『藝文類聚』に一點も收錄されていない。『藝文類聚』所收碑・墓誌が當時存在した墓碑・墓誌からみれば九牛の一毛にすぎないことがうかがわれるであろう。

第二は、墓誌の形式・內容とその變遷についてである。この點については、すでに羅宗眞氏が簡潔な整理をおこなっておられる（前掲論文二）。それによると、東晉南朝墓誌は、東晉時期にはなお定型がなく、字數、規格、材質、內容いずれも一定でないばかりか、埋藏の場所も甬道、墓室などさまざまであったが、宋代になると定型化しはじめ、墓主の經歷が詳細になるのに加えて銘辭、題額が入るようになり、梁代に至ってほぼ完成形態に到達するという。氏の見解は淸以後出土の墓誌からみちびかれているのであるが、著錄にのみある墓誌をみても、おおむね妥當なものといえる。たとえば表Ⅱにみえる墓誌のなかには表Ⅳの新出墓誌と類似の東晉墓誌がある。詳細は略するが、たとえば

「謝重墓誌」や「周闡墓碑」は「謝鯤墓誌」「謝琰墓誌」とよく似ているのである。

問題になるのは、宋代の墓誌であろう。羅氏が根據とされた「劉懷民墓誌」「明曇憘墓誌」にあきらかなように、この二者には銘がついている。それは「劉襲墓誌」でも同樣であり、比較的短文の「張氏墓誌」のごときにも、過半をしめる銘がある。しかし、宋代の墓誌がすべて銘をもつかといえばかならずしもそうではなく、「謝濤墓誌」には銘がないし、「宗慤母劉夫人墓誌」も『集古錄跋尾』卷四によれば「有誌無銘」である。

また銘と、それに先行する經歷の墓誌中の位置は、「明曇憘墓誌」「劉襲墓誌」「張氏墓誌」では後半であるのに對し、「劉岱墓誌」は前半にある。銘とならんで宋代墓誌の特色となるのは先祖兄弟の詳細な世系、および墓主夫人とその世系および子孫の記事であるが、その位置も墓誌により異なる。前者についていえば、「謝濤墓誌」「劉襲墓誌」「明曇憘墓誌」、および齊の「劉岱墓志」はいずれも冒頭にそれがあるのに對し、「劉懷民墓誌」にはそれがない。後者については、銘の後、つまり最末尾にあるのが「謝濤墓誌」「明曇憘墓誌」「劉岱墓誌」「劉懷民墓誌」、そして前掲『集古錄跋尾』に、「有誌無銘、其後云、謹牒子孫男女次第名位婚嫁如左、蓋一時之制也」という「宗慤母劉夫人墓誌」もそうであるが、「劉襲墓誌」のみは冒頭の先祖兄弟の世系の次におかれる。

このようにみれば、宋代がなお墓誌の完成の過渡期にあること、あるいは羅氏の言によればようやく誌銘のそなわった墓誌がはじまった時期であることが理解できよう。

ところで、宋代にはじめて墓誌に銘がくわえられるようになったというのは、表Ⅲの『藝文類聚』所收墓誌の王朝別の狀況でも傍證できるのであるが、それは實は東晉期に墓誌が存在するという再度ふれた問題ともかかわるのである。

そこで、第三として、墓碑と墓誌の關係についてみることにしたい。一說に墓誌は墓碑が禁止されたので、そのかわりにもちいられるようになったのであ

るとされる[21]。しかし、再度ふれたように、碑禁のゆるんでいた東晉代の墓誌が出土しているのは、墓誌がかならずしも禁止された墓碑にかわるものではなかったことを推測させる。ここで想起せねばならないのは、すでにみたように東晉と宋の墓誌には、銘の有無という重要な差がある點である。この點に關して、先掲の『南齊書』禮志の記事をあらためてみると、有司が上奏した太子妃玄宮中に石誌があるという大明故事についての議論は以下のように解釋できる。墓銘は禮典にはないものであるが、宋の元嘉中に顏延之が王球の石誌を作り、貴族には禁碑によってこれにならうがないので、そのかわりにその石誌に碑に載せるはずの德を紀す銘を加えたのである。しかし、太子妃は別格であって、哀策があるのであるから、銘を載せた墓誌は必要がない、と[22]。そうであれば、東晉代には、紀德の銘のある墓碑と、それとは別の性格の墓誌が兩存しており、東晉末義熙中の禁碑によって、碑銘が誌銘に移行したとみるのがもっとも自然である。先述した『世說新語』排調篇注引「張蒼梧（鎭）碑」と新出の「張鎭墓誌」の關係は碑の方が任地ではなく、墓地にあったものとすれば、このような事情を反映していることになる。

しかし、梁代のように碑銘・誌銘が兩存し、『藝文類聚』には任昉と簡文帝の「丞相長沙宣武王（蕭懿）碑」と沈約の「丞相長沙宣武王墓誌銘」が著錄され、墓碑のある安成康王墓から墓誌（おそらく銘があったはずである）が出ていること[23]をどう理解するか、あるいは、銘が加わる以前の墓誌はいかなる性格のものか、等々の問題がなお殘されているので、この墓碑と墓誌の關係については、今後に期したいとおもう。

注

（1） たとえば守屋美都雄『六朝門閥の一研究――太原王氏系譜考――』（一九五一）。

401　第十章　東晋南朝の碑・墓誌について

(2) 氣賀澤保規「中國新出石刻關係資料目錄」(1)(2)(3)『書論』一八、一九八一、同二〇、一九八二、同二二、一九八六）參照。

(3) 東晉南朝にかぎっていえば、後述の羅宗眞氏論文や白英「従出土文物看魏晉南北朝士族門閥制度」（『南京博物院集刊』二、一九八〇）、中村『六朝貴族制研究』（一九八七）第三篇第三章、補章、第四篇第一章など。

(4) 後揭汪慶正論文、羅宗眞論文二など。

(5) 『湖北金石志』卷三には、『水經注』卷二八沔水注をひいて、魯宗の建てるところの郗恢碑を錄するが、『水經注』王國維校本は鄒恢碑と作る。

(6) 羅宗眞「江蘇宜興晉墓發掘報告」（『考古學報』一九五七―四）。

(7) 『金石錄補』ほか參照。なお、注（6）の報告は、周處墓の發掘された場所にあるこの廟について言及し、廟碑があったという（一〇三頁）が、この碑についてはふれていない。

(8) 『金石萃編』卷一〇六、嚴可均『全晉文』卷一四六案語等。

(9) 南京市文物保管委員會「南京老虎山晉墓」（『考古』一九五九―六）。なお中村前揭著第四篇第一章參照。

(10) 『景定建康志』卷四三では、劉夫人ではなく鄭夫人となっている。

(11) 羅「梁蕭敷墓志的有關問題」（『考古』一九八六―一）。

(12) 注（21）參照。

(13) 阮國林「南京梁桂陽王蕭融夫婦合葬墓」（『文物』一九八一―一二）。

(14) 中央古物保管委員會編輯委員會『六朝陵墓調查報告』（南京、一九三五）、南京市文物保管委員會・南京博物院「南京市及其附近的古蹟調查報告」（『文物參考資料』一九五一―七）、姚遷・古兵『南朝陵墓石刻』（北京、一九八一）、同『六朝藝術』（北京、一九八一）等參照。

(15) 『景定建康志』卷四三によれば、齊巴東獻武公穎胄墓の碑、臨川靖惠王宏墓の石柱碑がある。また同卷三三三では、永陽昭王碑、吳平忠侯碑、建安敏侯碑も加えている。しかしこのうち永陽昭王碑とは、おそらく『六朝事跡編類』にもある墓誌のことであろうし、後二者は石柱である（『南朝陵墓石刻』）。

さて、臨川王墓は實は石柱のほかに一對の碑があり、一碑は倒壞しているが、一碑は殘存している。ただし、文字は磨滅してしまっている（注（14）文獻參照）。また、注（14）「南京市及其附近的古蹟調查報告」によれば、棲霞山西の張家庫の失名墓に龜趺二、甘家巷近くの花林村の失名墓に龜趺殘缺一があったという。このいずれかが上記齊巴東獻武公碑のものである可能性が強い。朱希祖（『六朝陵墓調查報告』）、羅宗眞（「六朝陵墓埋葬制度綜述」『中國考古學會第一次年會論文集』北京、一九七九）兩氏とも、張家庫失名墓をそれに比定している。

（16）注（14）文獻參照。

（17）注（14）前二者は辟邪に近い方の二碑は龜趺のみとするが、後二者は、東碑が倒れて存在するという。筆者の一九八二年の實見でも、東碑は龜趺の傍に横たえられていた。

（18）注（16）に同じ。

（19）『八瓊室金石補正』卷一一が據った拓本は『金石萃編』より一〇〇餘字多いという。

（20）前述の伏曼墓誌、および『文選』卷三〇李注引「伏曼容墓誌」がある。瞱は曼容の子である。

（21）水野清一「墓誌について」（『書道全集』六、一九五八）を見よ。

（22）羅宗眞氏はこの『南齊書』の記事を、「可知劉宋元嘉年間、朝廷提倡墓志用以"紀德"、且王公貴族不僅有銘志、還可以有專門書寫銘文的石碑和哀策。」（前揭論文二、二五頁）と解釋されたが、これは誤解である。

（23）南京博物院・南京市文物保管委員會「南京棲霞山甘家巷六朝墓群」（『考古』一九七六―五）三一六頁。文字は磨滅していた。また羅前揭論文二、二五頁。

第十章　東晉南朝の碑・墓誌について

表I　著錄墓碑

王朝	碑主	紀年	所在地	備考	出典
晉	周處	元康9(299)	江蘇宜興	陸機撰・王羲之書 唐元和6(811)重立	金石萃編106
	陸禕		浙江嘉興	太寧3(325)立	寶，目，元，略，輿
	陸喈	建武元(317)	″	咸和7(332)立	寶，目，跋，略
	蟄孫		浙江餘杭	咸和中立	寶，略
	郭文		″	″	寶，略，輿
	嚴氏		″	咸康6(340)立	寶，略
	竺使君		江蘇江寧		寶
	紀穆侯		江蘇句容		寶，目，略
	葛府君		″		寶，略
	王祥		江蘇江寧		輿
	謝安		江蘇（建康）	白碑	輿
	楊亮		安徽當塗		輿
	曹橫		江蘇晉陵		輿
	顏含		南京	李闡傳・顏延之銘 唐大曆7(772)立	景定建康志43
宋	慧遠		江西九江	謝靈運撰	寶，目，略，類
齊	海陵王		江西南昌	謝朓撰	輿
梁	張先師		江蘇蘇州	昭明太子撰，天監5(506)立	寶
	盛紹遠		浙江餘杭	天監中立	寶，略
	知藏法師		南京	蕭幾等撰，普通3(522)立	目，跋　他
	茅君		江蘇句容		寶，目，元，略，輿
	智者法師		浙江金華	簡文帝撰	寶，輿
	江淹		浙江紹興		略，輿
	邱遲		浙江湖州		吳興金石志2
	太元眞人		南京		輿
	蘭欽德		廣東英德	元帝撰，天監7(508)立	輿
	蕭秀	天監17(518)	南京	劉孝綽等撰，4碑 (2碑存,1碑倒,1碑失)	八瓊室金石補正11他
	蕭憺	普通3(522)	″	徐勉撰，東碑存	金石萃編26　他
	蕭宏		″	東碑存	江蘇金石志3
	蕭顥青		″	普通5(524)立	寶
陳	善慧大士		浙江金華	徐陵撰	寶
	善知闇黎		″	王某撰	寶，輿
	惠集法師		″	周弘正撰	寶，輿

注記　1．出典略號　寶・陳思『寶刻叢編』，目・歐陽棐『集古錄目』，跋・歐陽修『集古錄跋尾』，元・曾鞏『元豐題跋』，略・鄭樵『金石略』，輿・王象之『輿地碑記目』，類・闕名『寶刻類編』。
　　　　なお、出典に他とあるものについては『石刻題跋索引』『六朝墓誌檢要』を參照。
　　　2．『六朝墓誌檢要』に「僞刻」とあるものは除外した。

表Ⅱ　著錄墓誌

王朝	墓　　誌	紀　年	出土・所在地	備　考	出　典
東晉	中大夫劉造墓誌	咸康(335～)	湖州		吳興金石記2
	周閭墓誌	升平4(360)	〃	吳興金石記は墓碑とする	〃
	保母磚誌	興寧3(365)	山陰(紹興)		金石萃編25　他
	謝重墓誌	隆安3(399)	建康府(南京)		寶刻叢編15
	史府君墓誌		〃		〃　15
	卞公墓誌		〃		〃　15
	呂府君墓誌		溧陽	恐是唐人所立	〃　15
宋	宗慤母劉夫人墓誌	大明6(462)	建康府(南京)		〃　15　他
	謝濤墓誌	〃7(463)			〃　15他・古刻叢鈔
	劉懷民墓誌	大明8(464)	山東益都	清代出土	漢魏南北朝墓誌集釋1　他
	劉襲墓誌	泰始5(469)			古刻叢鈔
	張氏墓誌	元徽元(473)	臨安府		寶刻叢編14・古刻叢鈔
齊	呂超墓誌	永明11(493)	紹興螭陽	1916年出土	漢魏南北朝墓誌集釋1　他
	海陵王墓誌		建康府(南京)	謝朓撰 宋慶曆中發見	寶刻叢編15　他
梁	永陽昭王墓誌	普通1(520)	南京	徐勉撰	寶刻叢編15、六朝事跡編類、傳世拓本
	永陽敬太妃墓誌	〃	〃	徐勉撰	寶刻叢編15、六朝事跡編類、傳世拓本、古刻叢鈔
	陸倕墓誌	普通7(526)	臨安府	湘東王銘	寶刻叢編14
	鄱陽忠烈王墓誌	〃	建康府(南京)	張纘造	〃　15
	許府君墓誌	大同3(537)	江蘇宜興	褚翔造	〃　14
	程虔墓誌	太清3(549)	襄陽	1911年出土	漢魏南北朝墓誌集釋11
陳	陶隱居墓誌		建康府(南京)	昭明太子撰	寶刻叢編15　他
	尼慧仙銘		〃	天嘉元(560)立	〃　15　他
	衛和墓誌	太建2(570)	常熟	民國出土	增補校碑隨筆

參考

墓　誌	材質	長	寬	厚	書體	字數
劉懷民墓誌	石	52.5	49		近楷	224
呂超墓誌	石	49	37.5		近楷	285
永陽昭王墓誌	石	66	58		楷	994
永陽敬太妃墓誌	石	50	50		楷	765
程虔墓誌	石	56.8	31.2		楷	162

注記　1.　出典に他とあるものについては『石刻題跋索引』『六朝墓誌檢要』を參照。
　　　2.　『六朝墓誌檢要』に「僞刻」とあるものは除外した。

第十章　東晉南朝の碑・墓誌について

表Ⅲ　『藝文類聚』所載碑・墓誌

碑

王朝	作者	題名	卷
晉	裴希聲	侍中秬侯碑	48
	孫楚	故太傅羊祜碑	46
		鴈門太守牽府君碑	50
	潘岳	荊州刺史東武戴侯楊使君碑	50
		司空鄭袤碑	47
	潘尼	益州刺史楊恭侯碑	50
	張林	陳夫人碑	18
	孫綽	丞相王導碑文	45
		太宰郗鑒碑文	45
		太尉庾亮碑	46
		太傅褚裒碑	46
		庾司空冰碑	47
		潁州府君碑	50
	袁宏	丞相桓溫碑銘	45
宋	傅亮	司徒劉穆之碑	47
		侍中王公碑	48
齊	王儉	太宰褚彥回碑文	45
梁	簡文帝	丞相長沙宣武王碑	45
	元帝	隱居先生陶弘景碑	37
		莊嚴寺僧旻法師碑	76
		光宅寺大僧正法師碑	76
	沈約	齊太尉王儉碑銘	46
		齊司徒安陸昭王碑	45
		齊丞相豫章文憲王碑	45
		比丘尼僧敬法師碑	76
	任昉	丞相長沙宣武王碑	45
		桓宣城碑	50
	王筠	國師草堂寺智者約法師碑	76
	王僧孺	栖玄寺雲法師碑銘	76
	劉孝綽	司空安成康王碑銘	47
陳	徐陵	東陽雙林寺傅大士碑	76
		天臺山館徐則法師碑	78
	沈炯	太尉始興昭烈王碑銘	46
	江總	明慶寺尙禪師碑銘	76
		建初寺瓊法師碑	76

墓誌

王朝	作者	題名	卷
宋	孝武帝	故侍中司徒建平王宏墓志	48
	謝莊	豫章長公主墓誌銘	16
		司空何尙之墓誌	47
齊	王融	永嘉長公主墓誌銘	16
		豫章文獻王墓誌銘	45
	謝朓	臨海公主墓誌銘	16
		新安公主墓誌銘	16
		鬱林王墓銘	45
		齊海陵王墓誌銘	45
梁	簡文帝	安成蕃王墓銘	45
		徵君何先生墓誌	37
		華陽陶先生墓誌	37
		儀同徐勉墓誌銘	47
		中書令臨汝靈侯墓誌銘	48
		庶子王規墓誌銘	49
		太子舍人蕭特墓誌銘	49
		同泰寺故功德正智寂師墓誌銘	77
		宋姬寺慧念法師墓誌銘	77
		甘露鼓寺敬脫法師墓誌銘	77
		湘宮寺智蒨法師墓誌銘	77
		淨居寺法昂墓誌銘	77
	元帝	庾先生承先墓誌	37
		特進蕭琛墓誌銘	47
		侍中新渝侯墓誌銘	48
		侍中吳平光侯墓誌	48
		黃門侍郎劉孝綽墓誌銘	48
		散騎常侍裴子野墓誌銘	48
		中書令庾肩吾墓誌	48
		太常卿陸倕墓誌銘	49
	邵陵王	揚州僧正智寂法師墓志銘	77
	沈約	丞相長沙宣武王墓誌銘	45
		齊太尉文憲王公墓誌銘	46
		齊太尉徐公墓誌	46
		司徒謝朏墓誌銘	47
		尙書右僕射范雲墓誌銘	48
		太常卿任昉墓誌	49
		撫軍桂陽王墓誌銘	45
	任昉	豫州墓誌	50
	王僧孺		
	陸倕	誌法師墓誌銘	77
	張纘	故左民尙書忠子沈僧旻墓誌銘	48
		中書令蕭子顯墓誌	48
陳	徐陵	司空河東康簡王墓誌	45
		司空章昭達墓誌銘	47
		裴使君墓誌銘	50
	江總	廣州刺史歐陽頠墓誌	50
		故侍中沈欽墓誌	48
		特進光祿大夫徐陵墓誌銘	47
		司農陳喧墓誌銘	49

表Ⅳ 新出東晉南朝墓誌

墓 主	紀 年	出土地・出土年		材質	長	寬	厚	書體	字數	出 典	
謝 鯤	東晉太寧元(323)	南京戚家山	1964	石	60	16.5	11	隸	67	文	1965- 6
張 鎭	〃 3(325)	吳縣張陵山	1979	石	56.5	35	15	隸楷	98	文博通訊	1979-10
王興之	咸康6(340)	南京象山	1965	石	37.2	28.5	11	隸楷	203	文	1965- 6
顏謙婦劉	永和元(345)	南京老虎山	1958	磚	32	14.5	4.5	楷	24	考	1959- 6
劉 剋	升平元(357)	鎭江	1963	磚	28	15.5	4.5	隸楷	12	考	1964- 5
王閩之	〃 2(358)	南京象山	1965	磚	42.3	19.8	6.5	隸	84	文	1972-11
王丹虎	〃 3(359)	南京象山	1965	磚	48	24.8	6.2	隸楷	65	文	1965-10
孟府君	太元元(376)	馬鞍山	1976	磚	35	17	5	楷	29	考	1980- 6
夏金虎	〃 17(392)	南京象山	1968	磚	50.8	32.7	5.8	隸	86	文	1972-11
謝 琰	〃 21(396)	溧陽果園	1972	磚	31	24.5	6	隸	79	考	1973- 4
黃 天		南京油坊橋	1966	磚	34	20	5	楷	9	南京出土六朝墓誌	
司馬德文	宋 永初3(422)	南京富貴山	1960	石	125	30	30	楷	26	考	1961- 5
明曇憘	元徽2(474)	南京太平門外	1972	石	68	48		楷	660	考	1976- 1
劉 岱	齊 永明5(487)	句容袁巷	1969	石	65	55	7	楷	361	文	1977- 6
蕭 融	永元3(501)	南京甘家巷	1980	石	60	60	9	楷	485	文	1981-12
王慕韶	梁 天監13(514)	南京甘家巷	1980	石	49	64.4	7.5	楷	654	文	1981-12
輔國將軍	普通2(521)	南京燕子磯	1978	石	100	80	8	楷	3705 (376)	文	1980- 2
蕭 偉		南京甘家巷	1979	石	106	83	13	楷	2250 (115)	文	1981-12
蕭 秀		南京甘家巷	1974	石(2)				磨滅		考	1976- 5
蔡 冰		南京棲霞山	1966	磚	49.5 48.3	25.3 24.4	6.4 6.4	楷行	8	南京出土六朝墓誌	

注記:文は『文物』,考は『考古』の略。
　　　『南京出土六朝墓誌』北京,1980。
　　　輔國將軍・蕭偉の字數は,上が推定全字數,(　　)は判讀できる字數。

補章　江南新出六朝墓と墓誌

はしがき

本編の三章は、いずれも一九九〇年代初頭までに書かれたもので、その考古學的資料は、もっともあたらしいものでも一九九一年末の報告書、第八、十章にいたっては一九八一年の報告が最新である。その後の二十數年間で、六朝墓に關する考古學的資料は着實に増加している。出土墓の發見發掘があいつぎ、とくに出土墓誌の増加は、その當時の議論をさらに深化させうるところがある。本補章は、この間の新出資料をくわえ、とくに第八、十章の議論について若干部分を補おうとするものである。

第八章は、六朝墓の形式と規模を統計的手法によって分類し、ついで文獻と對照させつつ、六朝人墓の所在地を分析し、最後に一族の集中墓葬をとりあげたが、このうちの第一と第三の點について、かなりの資料の補足が可能になったので、それらをもちいて前稿の議論を確認した。

第十章は、墓誌をあつかったが、新出墓誌のなかには、前稿における東晉南朝墓誌の發展過程についての議論に多少の修正をせまるものもあったので、第三節で再論したものである。

第三編　江南六朝墓と出土品　408

第一節　墓の形式と規模

一　一般的狀況

形式の變遷については、前稿の印刷後に接した蔣贊初氏の長江下游六朝墓の分期についての研究を參照すると、前稿の論旨に大きな問題はなさそうであるし、それ以後の資料も前稿に決定的な修正をせまるものではないようにおもえるので、ここでは省略する。

規模については、前稿第八章では、一九八一年までに報告のあった六朝墓の形式と規模を一覽表とし、規模については墓室の長さを基準に、六メートル以上を大規模、五メートル未滿三・五メートルを中規模、それ以下を小規模の墓とかりに考えて、時期と地域による偏差をみようとした。

その後接した蔣贊初氏前揭論文は、吳西晉期については、九メートル以上を大型墓、三乃至九メートルを中型墓、三メートル以下を小型墓と區分し、最小型墓は二メートル以下とする。さらに中型墓を、六乃至九メートルの穹窿頂墓を大、耳室のある四乃至五メートルの券頂單室墓を中、短甬道の三乃至四メートルの券頂單室墓を小の三種にわけている。東晉宋墓については數値がしめされず、齊梁陳墓については、大墓は一〇メートル前後、中小型墓は三乃至六メートルとする。

一九八一年以後、今日までの二五年間で、南京近郊で發掘された六朝墓は百をこえ、南京近郊以外の江蘇、安徽兩省の江南部分、浙江省の北部、會稽・四明山以北の地域で發見、發掘された六朝墓は、主要な報刊類でみても、南京

409　補章　江南新出六朝墓と墓誌

近郊墓の數をうわまわる。それらを、紀年のあるものは年代順に、無紀年のものは報告の推定する時代の順にならべたのが表I①・②である。この表によって、蔣氏が數値をしめしていない東晉南朝墓の規模について、二、三の點について補足しておきたい。

表によるかぎり、單室墓の墓室の長さは、やはり四メートル臺が多數をしめる。たとえば表I①43以下の四九墓でいえば、五メートル以上が一三、四メートル臺が二六、三メートル臺が九、二メートル臺が一である。表I②22～45、70以下の七〇墓中、複室墓と尺度不明墓をのぞく五六墓で、五メートル以上が一〇、四メートル臺が二六、三メートル臺が一七、二メートル臺が三である。これを前稿のように、五メートル未滿三・五メートル以上とそれ以下にわけてみると、表I①・②でそれぞれ三〇と六、四〇と六の割合となり、前者が壓倒的に多數である。南京近郊より、その周邊地域の方において、三メートル臺の墓がやや増加するという差があるが、全體としては五メートル未滿三・五メートル以上という規模が、江南地區東晉南朝墓の主流であることは確認できよう。

これに對して、五メートルをこえるものも、表I①で一六、②で一〇ある。ただし、前稿で大型とした六メートル以上の墓室の墓は、表I①ではわずかに四例、②では二例のみである。これらについては、のちほどふれることにしたい。

二　王氏墓と謝氏墓

以上のような墓の規模の一般的な狀況は、當時の社會のいかなる問題と關連するのか、それを東晉南朝の著名貴族王謝兩氏の墓をてがかりにさぐってみたい。

表I③は、南京北郊象山の王氏墓の規模である。象山の王氏墓地は一九六五年の象山（人臺山）一號墓王興之墓の

發見を端緒に、これまでに一一の墓が發掘されている。そのすべてが、墓室の長さ五メートル未滿三・五メートル以上の範圍内にある。ただし、墓室の幅は、單葬と合葬でおおきく異なる。なかでもとくに注目されるのは、「故男子」とあるだけの無官の二人、二二歲卒の2王康之、二八歲卒の3王閩之と、二人の女性、王彬の長女4王丹虎と繼室7夏金虎の墓の規模である。このうち王康之墓は、後にのべるように、かれの死によってつくられたのか、かれの死から三〇餘年後の妻何氏の死によって、合葬墓としてつくられたのかがはっきりしないので、他の三者と同列に論じるのは問題かもしれないが、この四墓はそれ以外の王氏墓と比較しても、規模がほぼ同等である。

一方、七號墓はその豪華な副葬品や東晉早期という編年から、王彬の兄にあたる右衛將軍荊州刺史王廙の墓と推定されている。この墓の規模は、長さは象山王氏墓では小型の部類に屬していて、生前の地位などからして前述の四墓と矛盾するようであるが、幅は他の墓にくらべて特段に大きい。それはまた、墓室の長さだけでの議論があまり意味がないことをしめすものでもあるが、そのことはしばらくおいて、象山王氏墓は墓主生前の地位や享年、男女にかかわらず、墓室の長さはほぼ一定であるということになろう。ただ、このことが東晉期に大量の高位高官を輩出した王氏全體に該當するものか否かについては、現段階では論議の材料がない。

表Ⅰ④は、南京南郊司家山の謝氏墓七と、參考のため、他所で發見された謝氏墓二の規模である。ほとんどが長さで五メートル以上、幅で二メートル以上あり、王氏と比較すると、長さ、幅ともに象山王氏墓をかなりうわまわる。墓によっては象山王氏墓の方が半世紀以上はやいという事情もあるかもしれないが、それぞれの氏族によって墓の規模に一定の共通基準があったことを推測させる事實であろう。

表Ⅰ⑤の廣平李氏は、當時の文獻にはみえない氏族であり、參考のために揭げたが、その墓の規模は象山王氏墓と

補章　江南新出六朝墓と墓誌

同等であり、同様に南京東郊から出土した廣陵高崧夫妻墓（表Ⅰ①12）の規模もまた、類似する。

三　帝王陵墓

蔣贊初氏は、南京出土の東晉大規模墓の甬道、墓室の規模、頂部、門槽、排水溝などの構造、副葬品を比較檢討して、東晉帝陵を推測している。その結論は、南京大學北園墓（前稿表Ⅲ1）が「鷄籠山之陽」の元明成三帝のいずれか、富貴山大墓（前稿表Ⅲ9）が「鍾山之陽」の安帝または孝武帝陵、幕府山M二號墓（本章表Ⅰ①58）が穆帝陵の可能性があるというものである。

それ以外に、幕府山M一號墓（前稿表Ⅲ15）、M三號墓（本章表Ⅰ①68）、M四號墓（本章表Ⅰ①69）を皇族墓とし、象山王氏七號墓や老虎山顏氏一號墓の規模と比較している。

同様のこころみは羅宗眞氏にもある。氏は、東晉以後もふくめて、西善橋七賢壁畫墓、甘家巷大墓（前稿表Ⅲ10）、西善橋油坊村大墓（前稿表Ⅲ6）、富貴山大墓（前稿表Ⅲ9）、丹陽胡橋大墓（前稿表Ⅳ4）、顏鎭之墓（老虎山四號墓（前稿表Ⅲ15））を陵墓とし、その規模を王興之墓、顏鎭之墓（老虎山四號墓（前稿表Ⅰ13））、石閘湖汝陰太守墓（前稿表Ⅰ30）と比較し、陵墓があきらかに大型であるとしている。

それら推定陵墓の墓室の長さと幅のみを比較すると、以下のようになる。

南京大學北園墓　　　　四・四×四メートル（主室のみ）（元明成帝陵のいずれか）
幕府山M一號墓　　　　五・五×二・六メートル
幕府山M二號墓　　　　四・九八×四・二四メートル（穆帝陵の可能性）
幕府山M三號墓　　　　四・六×一・九メートル

このうち、前六者が東晋陵墓である。特別大規模な富貴山墓とやや大きい幕府山一號墓をのぞけば、東晋墓の主流である五メートル未満三・五メートル以上の範囲におさまる。そしてそれらはおおむね五メートルをこえる後述の謝氏墓よりは小さいことになる。

もちろん、墓室の大小のみでなく、蔣氏のように、さまざまの要件を考慮して考察する必要があるが、かりに墓室にかぎってみたばあい、東晋の陵墓と推測される墓の墓室の長さが、本編で中型墓とよんでいる東晋墓の主流の長さと大差ないことは、注目されてよい。一方で、墓室が六メートルをこえるものが右掲の西善橋以下の四墓以外にも存在する。

南京　石子崗沙石山墓（前稿表Ⅲ7）　八・六（幅不明）メートル

幕府山墓（前稿表Ⅲ8）　七・八×二・八メートル

甘家巷墓（前稿表Ⅲ45）　六・四×三・七メートル（梁安成王蕭秀家族）

邁皋橋墓（本章表Ⅰ①61）　六・〇五×二・八五メートル

油坊橋M一號墓（本章表Ⅰ①71）　六・四五×一・七二メートル

幕府山M四號墓　四・九三×一・八五メートル

富貴山大墓　七・〇六×五・一八メートル（安帝または孝武帝陵）

西善橋七賢壁畫墓　六・五八×三・一メートル

西善橋油坊村大墓　一〇×六・七メートル（陳宣帝陵と推定）

丹陽胡橋大墓　九・四×四・九メートル（南齊蕭道生墓と推定）

甘家巷大墓　六・三×三・二五メートル（梁安成康王蕭秀墓または家族墓）

補章　江南新出六朝墓と墓誌

この他、全長からして墓室が六メートルをこえると予測されるものに、南京甘家巷梁桂陽王蕭融墓（表Ⅰ①13）と南京堯化門の推定梁南平王蕭偉墓（表Ⅰ①14）がある。

なかには油坊橋の二墓のように、六メートルをこえながら、副葬品も勘案して、「中級官員」墓と推定されているものもあるが、おおむね墓室長が六メートルをこえれば、帝王陵墓の可能性があるといえよう。その多くは齊梁の帝陵王墓である。東晉と異なり、齊梁の帝陵王墓は墓室の長さにおいて、一般墓とあきらかに差があるのである。

東晉以後、齊梁以前、すなわち劉宋の陵墓については、まだ明確な資料はないが、隱龍山で發見された、東西十數メートルの範圍内に並列していた三墓（本章表Ⅰ①74・75・76）は、ともに墓室長が五メートルをこえ、全長も八メートルをこえていて、劉宋の皇族墓の可能性がつよいとされる。もしそうであるとすれば、東晉・宋・齊としだいに江南帝王陵墓は巨大化したということになるが、その結論は現段階では尚早であろう。

油坊橋M二號墓（本章表Ⅰ①72）六・四〇×一・八〇メートル

馬群鎭白龍山墓（本章表Ⅰ①89）七・七×三・七メートル（梁臨川王蕭宏墓と推定）

丹陽

建山墓（前稿表Ⅳ5）八・四〇×五・一七メートル（南齊廢帝陵と推定）

胡橋墓（前稿表Ⅳ6）八・二〇×五・一九メートル（南齊和帝陵と推定）

鎭江

汝山賈家灣墓（表Ⅰ②76）六・〇七×一・八七メートル

餘姚

湖山郷墓（本章表Ⅰ②33）七×二・二〇メートル

第二節　一族墓

一　王氏墓地

　象山王氏墓地からは、墓誌が一〇枚出土している。墓誌が出土しているのは七墓である。ただし、夫婦各一の二枚（一一號墓）、夫一婦二の三枚（九號墓）の出土墓があり、墓誌は表Ⅱの3王興之、12王閩之、13王丹虎、22夏金虎の四枚、それ以後、九八年から二〇〇〇年にかけて、八號墓から一一號墓の四墓が發掘され、うち三墓から墓誌が計六枚出土している（表Ⅰ③、圖Ⅰ①參照）。

ところで、六〇年代に出土した墓誌四枚は王彬の子孫のもの三と王彬の繼室夫人夏氏のものであったが、その後出土した六枚もまた王彬の子孫とその夫人のものであった。象山からは今後なお墓誌出土の可能性があるのであるが、現時點でもこれらの墓誌によって、王彬の家族墓について、いくつかの問題をかんがえることができるとおもう。

　まずはじめに、文獻および墓誌による王彬の系統の系譜の大要をしめしてみよう。

　六〇年代出土の墓誌の內容で、この系譜に關連する記事は、王丹虎が王彬長女、王閩之が王興之の長子（元子）、夏氏が王彬の繼室夫人とあるものであった。ただ、王興之が王彬の諸子中、どのような位置づけなのかは明文がなかった。

　九八年以後出土のものでは、王建之が王彭之（王彬長子）の長子となっているほかは、王興之の所生母夏氏とは、六號墓の王彬繼室夫人夏氏とあることから、王興之も祖父についての記事がなかった。しかし、王仚之の所生母夏氏とは、六號墓の王彬繼室

室夫人夏金虎墓誌に男份之とあるゆえ、夏金虎のことであり、したがって王份之は王彬の子になる。また、報告者は王康之は王彬の孫であろうと推測しているが、この推測は、のちにのべるような別の事情からいって、問題がないとはいえないようである。

文獻では、王彬の子については、「長子彭之嗣、位至黃門郎、次彪之、最知名」（『晉書』卷七六）とあるだけである。

以上をもとに、關係系譜を作成すると、次頁のようになる。

はじめに檢討したいのは、この象山王氏一族墓の構成と王氏の族的構成の關係についてである。

すでにのべたように、この王氏墓地が發掘當初から注目されていたのは、墓門の方向からみて、墓がすくなくとも三つのグループに分けられるということであった。その一つは一～五號墓で、一號墓王興之墓誌に王彬墓の左、三號墓王丹虎墓誌に王彬墓の右とあるのにより、兩墓南部のすでに削除されてしまった山腹に王彬墓があったはずであり、墓誌に王彬の孫とある五號墓王閩之墓、および墓主不明の二、四號墓がその北部にあって、王彬墓を最南において、規則正しく配列された王彬子孫の集團墓であること、これと別方向の王彬の「繼室夫人」夏金虎の六號墓、そしてまた別方向の七號墓で、この七號墓は王彬の兄王廙と推定されていた。

その後發見された八～一一號墓は、あきらかに一～五號墓と墓門の方向がちがう。この墓門の方向の異なる二つのグループは、王彬家中でどのような關係にあるのであろうか。

ところで、この一～五號墓の排列と右の系譜からいえば、王彬の子のうち、王興之の兄にあたる長子王彭之と王彪之もその近邊に墓があるはずであるが、現在はその所在が不明である。そのうち、王彭之は、かれの長子である王建之の墓が發見されている。ところが、王建之墓は、父王彭之の弟王興之の子、すなわち王建之とは從兄弟で同輩行の王閩之墓の近邊にはなく、これと別方向の九號墓である。そして王建之墓誌にはその王建之の墓は「丹陽令君墓之東」

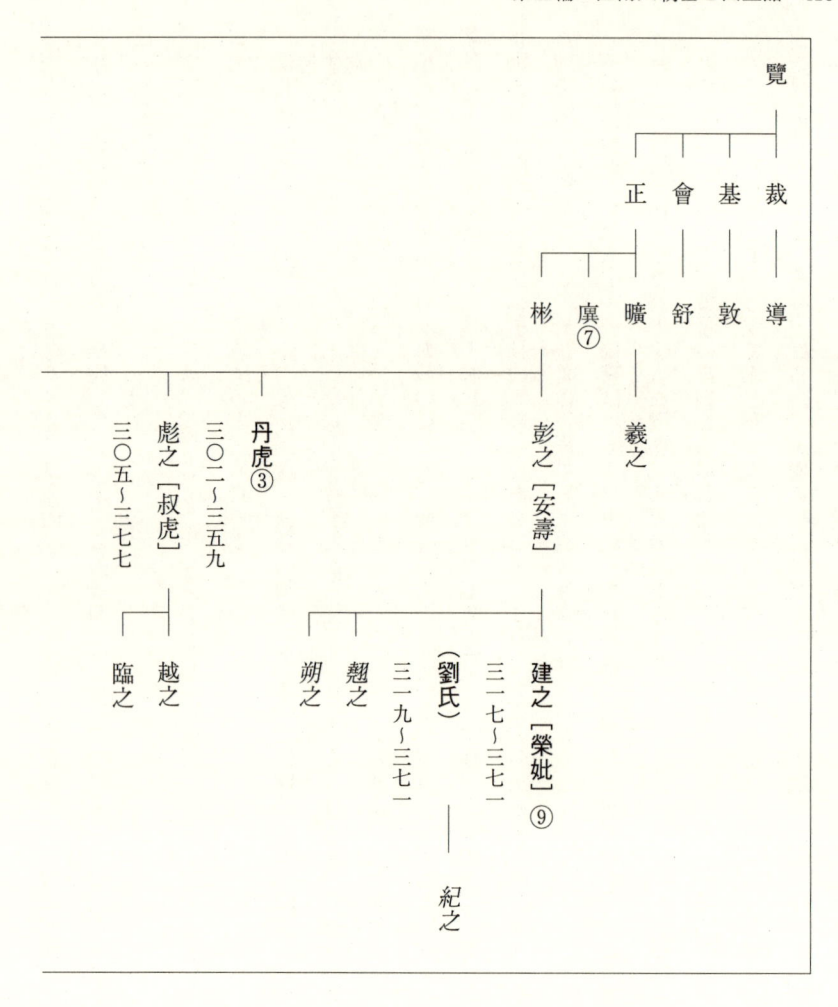

```
                                          覽
                              ┌────┬────┬────┐
                              裁   基   會   正
                              │    │    │    ┌──┴──┐
                              導   敦   舒   曠   彬
                                        │    │⑦
                                        義   廣
                                        之
┌────┬──────────┬────────────────────┐  彭之[安壽]
丹   彪之[叔虎]  三〇二~三五九        │
虎   三〇五~三七七                    ┌──────┬─────┐
③   ┌──┴──┐                        建之[榮姚]⑨  翹之   朔之
    越之  臨之                       三一七~三七一
                                     │
                                     (劉氏)
                                     三一九~三七一
                                     │
                                     紀之
```

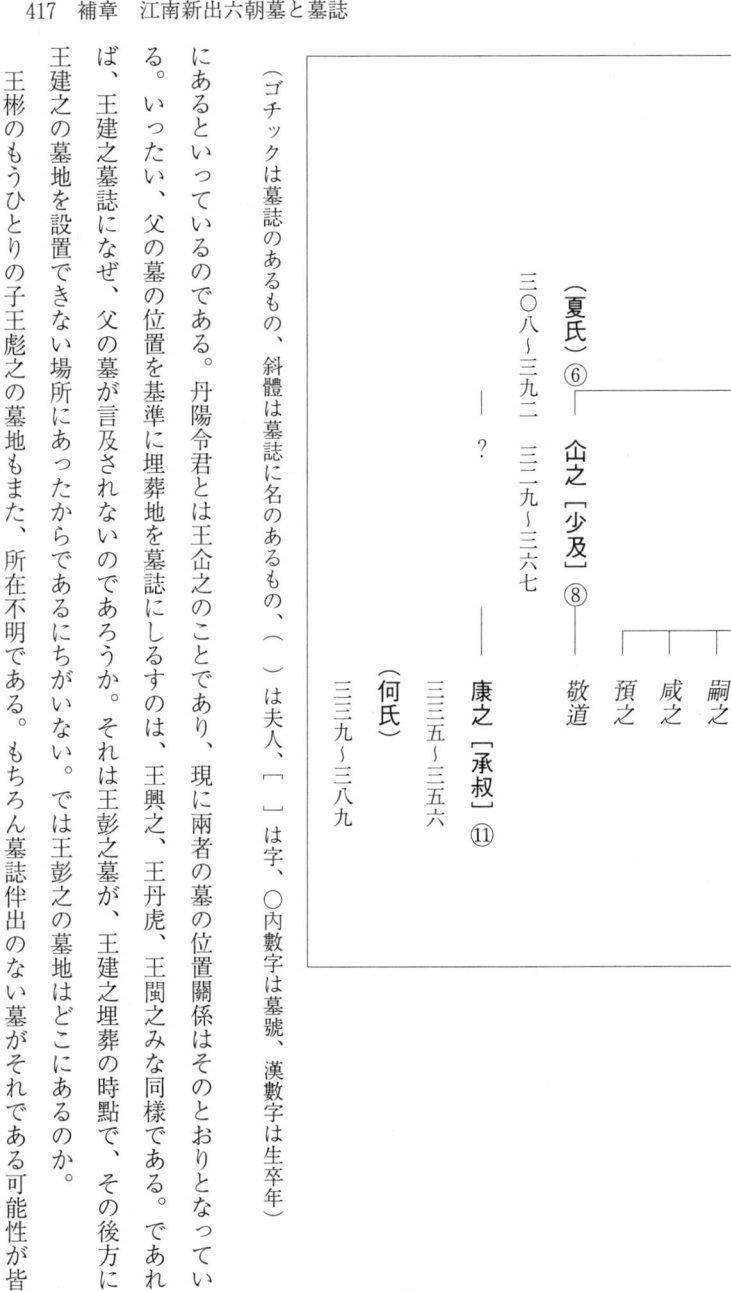

補章　江南新出六朝墓と墓誌

（ゴチックは墓誌のあるもの、斜體は墓誌に名のあるもの、（　）は夫人、［　］は字、○内數字は墓號、漢數字は生卒年）

```
興之［稚陋］①
310～340
├ 閩之［冶民］⑤
│  321～358
│    ├ 嗣之
│    ├ 咸之
│    ├ 預之
│    └ 敬道
├（夏氏）
│  308～392
└ 仚之［少及］⑧
   329～367
     │
     ? ── 康之［承叔］⑪
          335～356
          （何氏）
          339～389
```

にあるといっているのである。丹陽令君とは王仚之のことであり、現に兩者の墓の位置關係はそのとおりとなっている。いったい、父の墓の位置を基準に埋葬地を墓誌にしるすのは、王興之、王丹虎、王閩之みな同樣である。であれば、王建之墓誌になぜ、父の墓が言及されないのであろうか。それは王彭之墓が、王建之埋葬の時點で、その後方に王建之の墓地を設置できない場所にあったからであるにちがいない。では王彭之の墓地はどこにあるのか。王彬のもうひとりの子王彪之の墓地もまた、所在不明である。もちろん墓誌伴出のない墓がそれである可能性が皆

無ではないが、輩行と墓地の關係からみて、それはありえない。王廣墓と推定されている七號墓がかれらの墓の候補でありうるが、その豪華な副葬品の内容と、東晉早期という時期區分からして、後述のように若干沒のかれらの墓の候補でありうるが、その豪華な副葬品の内容と、東晉中期沒の王彪之にはあてはめにくいようである。

つぎに、このことを象山墓地形成の經過から檢討してみたい。

この墓地全體の最初の埋葬者は、一～五號墓グループの咸康六年（三四〇）沒、七年埋葬の王興之であろう。『晉書』卷七六王彬傳に墓誌には王彬墓の左に埋葬とあるから、王彬はすでにそれ以前に沒していたことになろう。『晉書』卷七六王彬傳によると、王彬は蘇峻の亂で炎上した建康の新宮再建の大匠となり、その功績で關内侯をたまわり、尚書僕射をへて、五九歲で在職のまま死去したことになっているから、沒年は三三〇年代中葉とみられる。

つぎの埋葬者は、永和一二年（三五六）一〇月卒、一一月埋葬の一一號墓王康之であるが、この時までに、すでに王彬長子、王興之の兄王彭之は沒していたとみられる。というのは、かれの官職は王彬傳に黃門郎、王建之墓誌に給事黃門侍郎とのみあり、また王建之墓誌によれば王建之は州主簿起家以前に父の都亭侯爵をついでいるのである。王彭之の死は相當に若年時であり、おそらく父の王彬の死に先立つものであったろう。そうすると、王彬からはじまるとみられるこの象山墓地以外の場所に、王彭之の墓は存在することになる。

王康之が一一號墓の位置に埋葬されたのは、どのような事情によるのであろうか。そもそも王康之は、前述のように墓誌からは卒年月日と埋葬年月日、二二歲の行年、そして「男子」（妻の墓誌では處士）とあるその身分しかわからない。かれの生年は、ほぼ王彬の卒年月日とかさなる。繼室夫人夏金虎の子王仚之より六歲年少であるが、夏金虎墓誌には名がないので、その弟ではない。また王彬の孫の世代の王建之・王興之・王仚之それぞれの墓誌にはその名がない。かれら以外では、王彬第二子の王彪之に越之・臨之の二子がいるだけである。王彪之の本傳にはないかれの子か、あ

るいは王彬最晩年の正室繼室夫人以外の子の可能性があるが、詳細不明である(13)。

王康之につづいて、升平二年（三五八）に王興之の子王閩之が五號墓に、翌三年に姉の丹虎が三號墓に埋葬された。その墓地がそれぞれの父王興之と王彬の墓を起點にしたものであったことは兩人の墓誌に明記されている。

そのあと泰和二年（三六七）、王廙之が沒した。かれの墓、八號墓は、すでにのべたように一～五號墓とは墓門の方向が異なり、別グループともいえる。そうでないのは、かれが繼室夫人の子であるからか、または一、三號墓の列に墓地建設の餘地がなかったかのいずれかとおもわれるが、つぎにのべる事情から、おそらく後者であろうとかんがえられる。

王廙之の沒後四年で、次世代の王建之夫妻があいついで沒した。すでにのべたようにかれは父王彭之の墓の近邊には埋葬されることができず、王廙之墓の後方に埋葬された。これは正室・繼室兩夫人の子に、墓地設定上の區別がなかったことをしめしているとおもわれる。

王建之夫妻の沒後六年で、王彪之が沒する。その墓地を設ける餘地は父の王彬墓の後方にまだあったであろうか。王廙之墓や王建之墓の位置からかんがえると、王彪之墓は一～五號墓グループや八～一一號墓グループとは別の位置にある可能性がたかい。

このようにみてくると、王彬家の家族墓地は、正室繼室兩夫人の子孫を、輩行を原則としながらも、死沒の順にしたがって、順次埋葬していったようにおもわれる。その墓の位置は、まず象山南麓に南から北へと數墓が建設され、そこで適當な餘地がなくなって、東南角にうつって、東南から西北へと建設されていったのである。當然といえば當然であるが、世代と輩行を嚴密に勘案し、世代順、兄弟順に家族員の墓を最初から整然と計畫的に排列したものではない。また、墓地の構成からみるかぎり、孫の世代までは家族としてのひとつのまとまりをもっていることも確認で

第三編　江南六朝墓と出土品　420

きるであろう。

二　謝氏墓地

第八章でのべたように、陳郡謝氏の一部は會稽郡と密接な關係をもっていたが、一方で、南京南郊にもかれらのゆかりの地があった(14)。やや詳細をいえば、會稽郡始寧縣には、謝靈運とその祖父傳來の莊園始寧墅があり、謝靈運はここに移籍したと文獻に明言されている(『宋書』卷六七)。しかし、東晉中期の政治家謝安は南京南郊の土山(現今の南京南部の東山附近)に別墅をいとなみ、その墓は南京南郊の石子崗(いまの雨花臺)にあったとされる(『元和郡縣圖志』卷二五)。この石子崗では、謝安の叔父謝鯤の墓誌が發見されている。さらに謝安の曾孫の謝濤なるものの墓誌が、土山里にあった。

一九八四年から八七年にかけて、南京南郊の鐵心橋郷大定坊司家山で、東晉南朝墓七が發掘された(圖Ⅰ②參照)。そのうち南部に並列する四墓のうちの三墓から墓誌が出土し、これまで文獻史料ではその存在がしられなかった謝氏の一支の實在が判明した。

謝氏の新出墓誌をくわえた系譜の主要部分をつぎに揭げよう(15)。

```
衡─┬─鯤
　　├─裒─┬─奕─┬─奇奴
　　　　　　　　　└─探遠
```

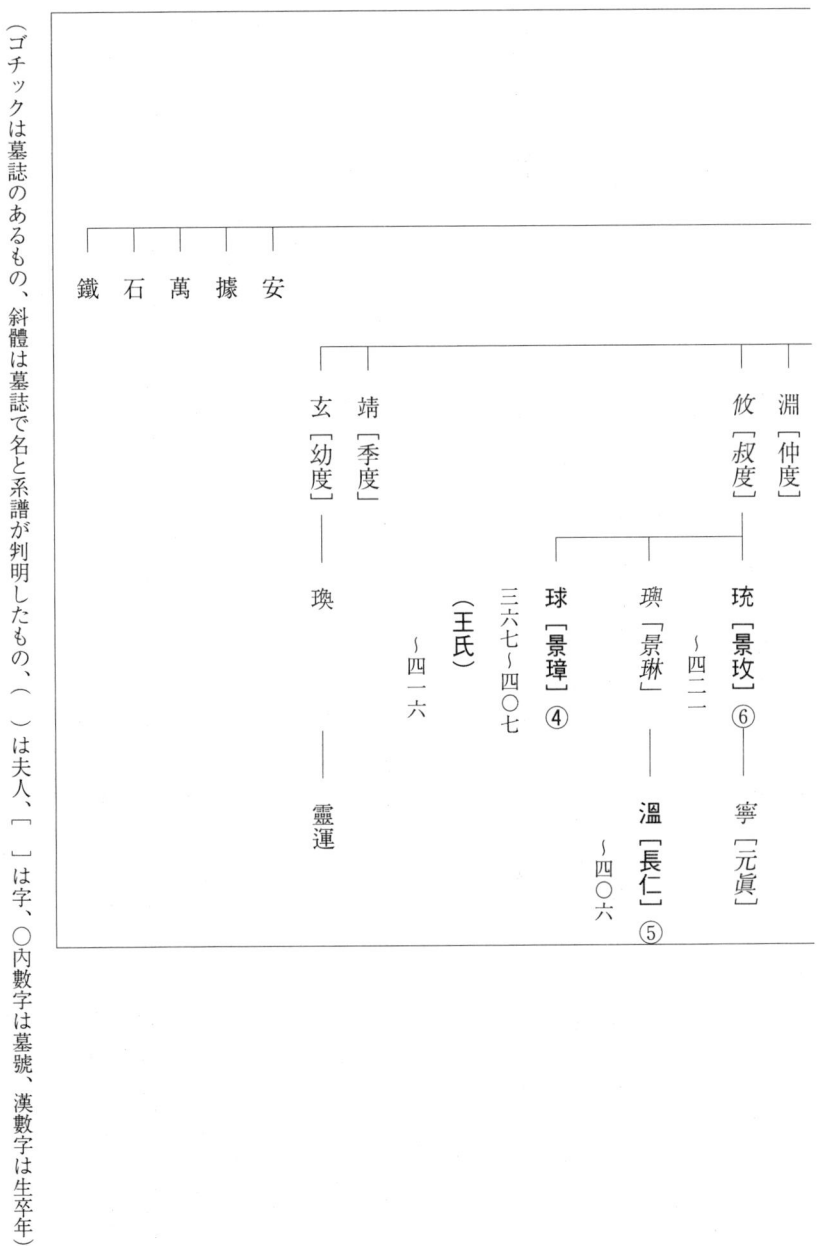

421 補章　江南新出六朝墓と墓誌

```
                                                        ┌─ 淵 [仲度]
                                        ┌─── 攸 [叔度] ──┤
                                        │               │                            ┌─ 寧 [元眞]
              ┌─ 鐵                     │               └─ 琰 [景玫] ⑥ ──────────────┤
              │                         │                                            │
       ┌──────┼─ 石                     │                                            │           ┌─ 溫 [長仁] ⑤
       │      ├─ 萬                     │               ┌─ 璵 [景琳] ───────────────────────────┤
       │      ├─ 據                     │               │                                        └─ 〜四〇六
       │      └─ 安 ───┬─── 攸 [叔度] ──┤               │
       │               │                └─ 球 [景璋] ④ ─┤
       │               │                   三六七〜四〇七│
       │               │                                └─ (王氏)
       │               │                                   〜四一六
       │               │
       │               ├─ 靖 [季度]
       │               │
       │               └─ 玄 [幼度] ─── 瑍 ─── 靈運
```

（ゴチックは墓誌のあるもの、斜體は墓誌で名と系譜が判明したもの、（　）は夫人、[　]は字、○内數字は墓號、漢數字は生卒年）

この一支は、謝安の兄謝奕の系統であり、會稽に移籍した謝靈運などもその系統に屬し、謝靈運は謝瑍とは同輩行である。

謝氏墓地は、その全體像が不明の段階であるが、現段階では南北二列の配置で、南の列に謝琰・謝球兄弟と、かれらの甥にあたる謝溫が埋葬されている。埋葬の順は、謝溫、謝球、謝琰であり、五號墓、四號墓、六號墓となる。しかし、殘念ながら、これ以上のことはあきらかにしがたく、司家山の謝氏墓地については、今後にまつところが大きいのが現状である。

三　南京東郊墓地

王謝墓地のほかに、南京東郊で一族墓の發見が二例ある。いずれも仙鶴門外にあり、その一つは仙鶴山の廣陵高氏墓、一つは呂家山の廣平李氏墓である。

仙鶴山は海拔一〇〇メートル、その東南麓で一九九八年、六墓が發見された。三墓が廣陵高氏墓であった。三墓は、北側に六號墓（表I①47）、その數メートル東南に、二・六メートルの間隔で二號墓（表I①12）と三號墓（表I①65）がならんでいた。その二號墓から墓誌が出土し、『晉書』卷七一に傳のある高崧と夫人謝氏の墓であることが確認され、北側の六號墓は高崧の父高悝夫婦墓、三號墓は高崧の子高耆夫婦墓と推定されている。[16]

仙鶴山の東約五〇〇メートルにある呂家山の廣平李氏墓（表I⑤）は、一九九九年の發見で、三墓が東西に八・五メートル、七・七メートルの間隔でならんでいた。墓誌が五枚出土し、一號墓から順に李緝、李纂と妻武氏・夫人何氏、李墓のものであった。廣平李氏は文獻にはみえず、墓誌にはこの三人の李氏の關係についての記事はない。しか

し、墓の位置關係と、李緝が鄕侯であること、二人の名が岬にしたがうところから、李緝の輩分が上で、李纂・李暮は同輩兄弟であろうとされる。(17)

このような家族墓は、王氏ほどではなくとも、當時の家族形態をうかがう材料として、重要な意味がある。しかし本格的な議論にたえうるほど資料が十分でない現狀では、これ以上の論及はさけ、今後に期待したい。

第三節 墓誌

一 新出墓誌一覽

第十章執筆以後、今日までに出土した東晉南朝墓誌を一覽表にしたものが、表Ⅱである。番號欄に○印をつけたものが、第十章につけた表Ⅳ「新出東晉南朝墓誌」に記載のあるもの、●は新出土ではないとして、表にのせなかったもの、印のないものがその後の出土である。

この表によると、その後の新出墓誌は二五人、あわせて三四枚にのぼる。この數は北朝にくらべてけっして多くはないが、從來のものをあわせれば、もはや東晉南朝墓誌が一つの資料群として存在することは否定できない。また、注目されるのは、前節でのべたように、當時の王謝など著名姓族の一族單位の墓地が發見され、その墓地の複數の墓が大半である。このことは、今後も王謝やそれ以外の著名姓族の墓誌が出土する可能性があることを意味している。しかもその墓誌の主は、これまでの文獻史料に名がのこっていないものたちが大半である。このことは、今後も王謝やそれ以外の著名姓族の墓誌が出土する可能性があることを意味している。

補章 江南新出六朝墓と墓誌

第十章の段階で發見されていた墓誌のなかにも、五枚同文の孟府君墓誌や、刻文は不明ながら、四枚の墓誌が出土した南平王蕭偉墓など、特殊な例があったが、新出墓誌のなかにも、六枚で一つの墓誌銘をなす謝琨墓誌、三枚ほぼ同文の宋乞墓誌、やや内容の異なる石と磚の兩種ある王建之夫人劉媚子墓誌など、特異なものもある。しかし、基本的には一人一墓誌である。

墓誌の素材は、1謝鯤、2張鎭と、後述する琅邪王氏の一部をのぞいて、五世紀の四半期までは、すべて磚であるが、それ以後は石である。この素材の變化に對應するように、書體もまた、隸書、ないし楷書風の隸書から、楷書へと變化している。

墓誌内容は、五世紀四半期までは、二百字に達するものはきわめて少數であるが、そのなかでは、七百字に近い字數をもつ謝琨墓誌が突出している。しかも、この墓誌はその多數の文字を一連の文章として六枚の墓誌におさめている。また、その文字は詳細な家系および姻戚とその家系の記述についやされていて、それより五十年ほど後の劉襲墓誌（『古刻叢鈔』所收）の内容に類似している。このことについては、後に言及したい。

五世紀中葉以後は、墓誌の文字數は增加の一途をたどっている。これはその時期の出土例として梁王夫妻のものが多いこととも無關係ではないが、それ以外のものも字數は多い。

二 墓誌の外形

墓誌の外形については、西晉墓誌に圭首のものがあることはしられているし、北魏墓誌以後は、ほぼ正方形かそれにちかい方形であることも周知の事實である。それに對して、東晉南朝の墓誌にはさまざまな形狀があって、それが一五〇年ほどの經過のなかで、一定の方向にと收斂していくようにみえる。

東晋南朝墓誌は、ひとつの特異な例外をのぞいては、その出發點で二種類、もしくは三種類の形狀をもっていた。一つは、謝鯤墓誌で、これは縱長の長方形である。それより二〇年ほど後の顏謙婦劉氏墓誌は、縱の長さがその半分ほどしかない。もう一つは、王興之墓誌で、これは横長の形狀である。

この三者を、横長、縱長で縱が三五センチ以上（縱長大形と簡稱）あるものと、三五センチ以下（縱長小形）のものにわけ、時代をおって一覽表にしたものが、表Ⅲである。なお、三五センチで區分した理由は、とくにあるわけではないが、當時の磚築墓の墓磚の長さが通常二八～三三センチ程度であることから、ほぼ墓磚と同程度の大きさのものと、より大型のものとに區別してみたものである。

この表によって、東晋南朝墓誌の形狀についての、現狀での知見をのべてみたい。

まず横長形であるが、現在東晋期では、いずれも王氏關係の四枚のみである。そのうちの二例は王建之婦劉氏（象山九號墓）の磚製、石製の墓誌である。同一人に素材が異なり、内容もやや異なる兩種の墓誌が出土したのはこれが最初であるが、内容の差は、磚墓誌に對して石墓誌が若干の補足部分を加えているだけで、基本的には大きな差はない。この兩者の關係について、報告者はこの磚墓誌が墓坑の土中から出土したことによって、後日の合葬のためであろうと假定しているが、なお、檢討の餘地があろう。

ところで、この王建之婦劉氏の二種の墓誌は磚製のものに特色がある。これは横長とはいえ、横幅がとくに大きいのであるが、その規格が、埋葬時期と位置が隣接する象山八號墓出土王凼之墓誌とまったく同一なのである。王凼之墓で縱にして墓誌としたものとおなじ規格の磚を、その四年後に横にしてもちいたのが王建之婦劉氏磚製墓誌であるといってもよい。近親の一族で、年月もあまりはなれていないのにこのようなことがおこる

理由はよくわからないが、墓誌の外形についての共通認識ができていないことははっきりしている。

象山王氏墓出土墓誌はあわせて一〇枚あるが、以上四枚以外の六例は縦長大形墓誌である。それら六枚は規格も近似していて、琅邪王氏には墓誌に關する共通の規格があったようにもおもえるが、字體からみると、7王康之・15王㢜之墓誌のようなやや粗雜で楷書風のものもあれば、12王閩之・13王丹虎墓誌のように、界線があり、整然とした字體のものもあり、22夏金虎のように、界線はあるが字體が雜然としたものもあり、一定しない。

この形式の墓誌は、東晉中末期にかけて、琅邪王氏以外にも、廣陵高氏、陳郡謝氏にみられる。しかも、たとえば一年ちがいの6廣陵高崧婦謝氏墓誌と7王康之墓誌とは、縦・横・厚の差が一センチ以下であり、前者は四行で各行一〇字、後者は四行各行一一字と、規格がほとんどおなじである。このようなことは高氏と王氏、謝氏の社會的地位の共有となんらかの關係があるとおもわれる。

縦長小形は、南京附近では廣平李氏一族に特徴的にみられる。これも8・9・10の三例と18・19の二例では、前者に界線があって隸書風の謹嚴な字體、後者はそうではないという差はあるが、一族で墓誌の規格を共有しているとみなせよう。この形式はまた、南京以外でみられるところが注目される。鎭江では東海および彭城の劉氏墓誌がそれであり、馬鞍山の平昌孟府君墓誌もこれに類似する。

このようにみてくると、東晉墓誌の形狀は一定ではないが、一族、あるいは社會的地位を共有する氏族、もしくは地域によって共通の形狀をもつことがかんがえることができそうである。素材に關しても、現在のところ石製は王氏の三例のみであり、同様のことがいえるかもしれない。

ただ、その場合、謝氏の墓誌が小型化することだけは説明できない。27謝球婦王德光は王羲之の孫であるが、謝氏にとついだこの王德光は實家の王氏の墓誌とも、そして彼女の一は王丹虎・王興之・王㢜之の從兄弟であるが、謝氏

○年ほど前に死去した夫謝球や夫の甥謝溫の墓誌とはまるで規格の異なる墓誌をもったのである。このことは後にかんがえてみたい。しかしまた、王德光墓誌の規格は、つぎに出現したこれまでにない長文の謝琰墓誌と一致している。

なお、東晉墓誌のもうひとつの例外的存在は溫嶠墓誌である。報告書によれば、磚が方形で、東晉磚製墓誌中最厚、色は暗紅色、墓磚表面が平板でなく、刻字が淺く、祖父・父・本人の記載が別行になっている點で、長方形靑磚で、刻字が鮮明、記事が追い込みの樣式である東晉墓誌とかなり異なる。溫嶠墓は遷葬であり、その時期も東晉中期としか推測できないが、これらのことは、本墓誌を東晉中期墓誌としてあつかうことをやや躊躇させるものである。

以上が東晉墓誌の形狀に關する狀況であるが、それは五世紀中葉、宋末年に一變する。形狀のみでなく、誌文內容も從來のものよりはるかに長文にちかく、また大型の墓誌があいついで出現するのである。とくに梁代の墓誌は後世の墓誌に遜色なく、完成の域にはいったとみてよい。

このような形狀の墓誌の最初は、現在のところ、淸代に山東益都で出土した平原劉懷民墓誌である。劉懷民は「續命田」の故事で有名な劉善明の父である。その沒後二年にして、かれらの鄕里は劉宋明帝に對する徐州刺史薛安都・靑州刺史沈文秀の反抗を發端に、北魏支配下にはいり、劉善明らは南朝につかえることになる(『南史』巻四九)。劉懷民墓誌につぐのが、明曇憘墓誌である。明氏もまた平原の人で、北魏の淮北占領によって南遷した(『南史』巻五〇)。明曇憘の夫人劉氏の父は劉乘民で、この人は劉懷民の族兄弟である(『南史』巻四九)。

このように、出身地と姻戚關係に近緣性のある劉懷民・明曇憘兩者の墓誌の形狀が、ほぼ同時期に共通することは注目されてよい。しかし、次項でのべるように、兩者の墓誌內容は明確に異なる。一方は山東、一方は南京出土の兩墓誌の形狀の共通性と、內容の差異がなにを意味するのか、なお檢討の必要がある。

この形式の墓誌は、その後しだいに大型化し、45南平王蕭偉のものと推測される墓誌は、長邊が一メートルをこえ

第三編　江南六朝墓と出土品　428

ている。報告書はそれが縦長か横長かを明記せず、長寛をしるすのみであるが、横長であることは、形状の趨勢と他の梁王墓誌からみて確実であろう。なお、この墓は人骨が一體分であったようであるが、大型墓誌が四枚出土している。甘家巷の安成康王蕭秀墓でもすでに複数の墓誌が出土しているが、このように多數の墓誌が埋葬される現象についても、やはり今後検討の餘地があろう。

三　誌文内容

　東晉墓誌が、形状のみならず、その内容においても定型化以前の状態であることは、すでに川合安氏が詳細に論じるところである。同時にまた川合氏は、それにもかかわらず、内容に共通の特徴があって、墓主の名前、本籍地、官職、享年、死亡・埋葬の期日、埋葬地、親族などを事務的に記述するものが大部分であるとのべている。
　その書式も一定の定型があるようで、男子のばあい、「晉故」とはじまり、官職・本貫・姓名・卒年とつづくのが一般で、その例外は「君諱興之」とはじまる王興之墓誌、年月日からはじまる王康之墓誌、孟府君墓誌がある程度である。女子のばあい、夫の官職・姓名に本人の姓名・卒年がつづく。
　そのようななかで、注目すべき要素が四〇〇年代初頭にあらわれる。それは、「晉故」からはじまる墓主の記事につづいて、祖父とその妻が記載されることである。そのはじめは「祖何某、夫人何某」という簡単な記事であったが、しだいに祖父母以下、父とその兄弟および自己の兄弟はもちろん、かれらの妻と、妻の祖父に至る家系、それぞれの子女が詳細に記載されることになる。その最初は溫嶠墓誌であるが、本墓誌は溫嶠墓が遷葬であるので、時期が確定しがたく、しばらく除外する。
　そのつぎが謝鯤墓誌である。以後26・28・30と謝氏墓誌に同種の記載が出現することになるが、とくに28謝琰墓誌

の姻戚をもふくめた詳細極まる家系記載は特異である。「宋故海陵太守散騎常侍謝府君之墓誌」という題からはじまるその内容は、姓名・卒年の後に、祖父の名字と歴官、祖母の名字、父および伯叔と兄弟の名字と歴官、夫人の姓氏、姑と姉妹の名字と出嫁者の姓名と歴官、子の名字と歴官、夫人、さらに謝琰夫人の祖父以下の家系と歴官、というように煩雑なほどの世系と姻戚の記事にみちている。

この謝琰墓誌の世系記事はそれよりほぼ五〇年後の32劉襲墓誌の記事を想起させる。劉襲墓誌は「曾祖宋孝皇帝」からはじまり、祖父の歴官、祖父妃の貫籍姓名、その父、祖父の歴官、劉襲の姉妹名字、その夫および再婚先の貫籍姓名、その父、祖父の歴官、劉襲の子女にいたる詳細な記事があり、その後に「宋故散騎常侍護軍將軍臨澧侯劉使君墓誌」の題があり、本人の事蹟、銘辭へとつづく。

ただし、書式からいえば、25謝溫、26謝球、28謝琰は「晉故」「宋故」につづいて本人の姓名・卒年・葬地があり、そのあとに祖父母の記事がつづくが、おなじ謝氏でも著錄墓誌である30謝濤墓誌は、冒頭に祖名があり、本人の官名・貫籍・姓名・卒年・葬地はその後におかれる。そして、このような書式は29宋乞墓誌にもみられ、劉襲墓誌も同様である。

しかし、劉襲墓誌がそれまでの墓誌と決定的に異なるのは、世系記事にくわえて、墓誌後半に詳細な本人の事績がしるされ、最後に銘辭がおかれることである。ただし、銘辭は劉襲墓誌が初見ではなく、じつはその六年前の劉懷民墓誌にすでにある。もっとも、その銘辭の位置は冒頭の「宋故建威將軍齊北海二郡太守笠郷侯東陽城主劉府君墓誌銘」の題の直後にあって、後世の墓誌の書式とは異なっている。

この劉襲墓誌と類似するのが、そのすぐ後にくる明曇憘墓誌と劉岱墓誌で、繁簡の差はあっても、基本的には記事

むすび

 以上、前稿以後二五年間の新出江南六朝墓を整理し、形式と規模、一族墓、墓誌について、若干の補充をしてみた。本編のような方法は、資料のあらわれかたにおおきく制約されるから、現状ではなお十分な考察ができない部分がすくなくないことははっきりしている。そのなかで、かなりの推測もまじえて、いくつかの可能性をしめしてみたが、その當否は今後の發掘の結果をまつのみである。

 後世のような墓誌への途がひらかれたと推測できよう。

 姻戚を包括する詳細な世系記事があらわれ、以上のような状況からすると、東晉南朝墓誌内容は、劉宋初期に陳郡謝氏墓誌でかなり煩瑣な檢討をしてみたが、以上のような状況からすると、東晉南朝墓誌内容は、劉宋初期に陳郡謝氏墓誌で姻戚を包括する詳細な世系記事があらわれ、つづいて中期に銘辭が出現することで、しだいに書式が統一されはじめ、

の中間にあった墓誌題名が、後二者では冒頭にあることも異なる。

 これはこの二者と形状の類似する劉懷民墓誌の特徴でもある。また、劉襲墓誌では家系の記事と本人の事績の記事と記事の最末尾にあるのに對し、後二者は銘辭の後、つまり墓誌全體の最末尾におかれているという差がある。そして、

 内容も書式もほとんどおなじであるが、本人の夫人とその家系に關する記事が、劉襲墓誌では祖父からはじまる家系

注

(1) 蔣贊初「關于長江下游六朝墓葬的分期和斷代問題」(初出一九八二、『長江中下游歴史考古論文集』北京、二〇〇一)。

(2) 羅宗眞『六朝考古』(南京、一九九四) 一二三頁は、こうした長さ約二メートルの墓は、棺を收めた後で墓室を磚築したの

431　補章　江南新出六朝墓と墓誌

であろうと推測し、このような墓は、貧民のそれよりはやや大きく、一般平民の墓であろうとのべている。

(3) 蒋贊初「南京東晉帝陵考」(初出一九九二、前掲著) 參照。

(4) 羅宗眞前掲著八七頁。

(5) 鎮江博物館・劉建國「鎮江東晉墓」(『文物資料叢刊』八、北京、一九八三) が紹介されている。その三一頁には、それらの墓の規模について、「墓室全長 (均指内長) 達八・五米以上者二座」といい、それは南京西善橋、富貴山大墓と差がなく、高官大族の墓であろうという。その二墓はM26 (畜牧場二七大隊M2、表I②42) とM27 (陽彭山M2、表I②88) であるが、前者は隆安二年 (三九八) 紀年磚があり、全長が八・九五メートル、後者は東晉晩期に編年され、全長八・四四メートル、どちらも東晉晩期にはめずらしい呂字形雙室墓である。本章は雙室墓を考察かれ除外しているので、この二墓については、附記するにとどめる。

(6) なお、以上の陵墓の墓主推定については、各報告書のほか、中國社會科學院考古研究所『新中國的考古發現與研究』(北京、一九八四) 第五章二 (五) を參照した。

(7) 顧蘇寧「南京雨花臺區三座六朝墓葬」(『東南文化』一九九一ー六) 一九七頁參照。

(8) 南京市博物館・江寧區博物館「南京隱龍山南朝墓」(『文物』二〇〇二ー七) 五六頁。

(9) 王仚之の官職は、自身の墓誌には前丹陽令とあるが、その死の二五年後に沒した實母夏金虎墓誌には衛軍參軍とある。なぜこのような齟齬があるのかはわからない。

(10) 南京市博物館「南京象山一一號墓淸理簡報」(『文物』一九七二) 參照。墓誌、および『晉書』卷七六所載の卒年、行年から生卒年を算定すると以下のようになる。

(11) 矢野主税編『改訂魏晉百官世系表』(一九七一)

王丹虎　三〇二～三五九 (五八歲)

王彪之　三〇五～三七七 (七三歲)

夏金虎　三〇八～三九二 (八五歲)

(12) 南京市博物館「南京象山5、6、7號墓清理簡報」(『文物』一九七二―一一)。

(13) ただ、ではなぜ王康之の墓が象山の頂上附近の、一一號墓の位置にあるのか、よくわからない。最初から、王興之とは家族内の別グループとして、あらかじめ計畫されていた一一號墓の位置に埋葬されたということもももちろんかんがえられるが、のちにのべるようなところからすると、その可能性はあまりなかろう。また、はじめ一一號墓とは別の、しかも王興之グループ墓地とは別の場所に埋葬され、かれの死後三十數年して夫人何法登が沒したとき(太元一四年の埋葬は、象山墓地では判明している最後の埋葬者六號墓夏金虎の三年前ということになる)、その家族内の位置にしたがってつくられた一一號墓に夫人と合葬されたという可能性もないわけではない。ただ、夫人何法登墓誌に、「附塋」とあるところからみて、その可能性もひくいとおもわれる。

(14) 中村圭爾『六朝貴族制研究』(一九八七)第四篇第一章。

(15) 矢野前揭『改訂魏晉百官世系表』參照。

(16) 南京市博物館「江蘇南京仙鶴觀東晉墓」(『文物』二〇〇一―三)三九頁。

(17) 南京市博物館「南京呂家山東晉李氏家族墓」(『文物』二〇〇〇―七)三三頁。

(18) これは張鎭墓誌のことである。張鎭墓誌は、第十章でも言及したが、穿のある圓首の碑形をして、方形の臺座をもつ。このような形狀に類似したものは、從來五胡北朝墓誌の一部にみられた。例えば、咸陽出土、秦弘始四年(四〇三)紀年の呂

王興之　三一〇～三四〇(三一歲)
王建之　三一七～三七一(五五歲)
劉媚子　三一九～三七一(五三歲)
王企之　三二九～三六七(三九歲)
王閩之　三三一～三五八(二八歲)
王康之　三三五～三五六(二二歲)
何法登　三三九～三八九(五一歲)

第三編　江南六朝墓と出土品　432

433　補章　江南新出六朝墓と墓誌

他墓表（『文物』一九九七―一〇）、大同出土、太和八年（四九三）紀年の司馬金龍墓表（『文物』一九七二―三）、大同出土、景明二年（五〇二）、正始元年（五〇四）紀年の封和突墓誌（『文物』一九八三―八）などがそうであるが、穿のないことや、臺座など細部は張鎭墓誌とかなり異なる。

ところが、最近南京司家山の謝氏墓地で、似たような形狀の墓誌が出土した。司家山一號墓出土の石灰石製墓誌がそれである。これは高さが張鎭墓誌とほぼおなじ五八センチメートル、臺座は龜趺である。殘念ながら誌文は風化して、判讀不可能である（『文物』二〇〇〇―七）。ただ、一號墓は報告書によれば、南朝墓であるので、張鎭墓誌との年代上の差は大きい。參考のためにかかげるだけにしたい。

なお、張鎭は墓誌によれば、東晉太寧三年（三二五）に八〇歲でなくなっているのであるが、その墓誌に「仕晉元明」という文言がある。これはいうまでもなく、東晉の元帝明帝に仕えたことをのべているのであるが、太寧三年は、八月閏月に明帝が死去、翌日長子の成帝が卽位し、九月に皇太后庾氏の稱制がはじまっている。張鎭の死亡月が不明であるが、明帝の死去の前後いずれにしても、この表現は不自然といわねばなるまい。これは、その形狀とあわせて、張鎭墓誌の作成年代に關する愼重な議論を要請するものであろう。

(19) 前揭蔣贊初「關于長江下游六朝墓葬的分期和斷代問題」參照。

(20) 字數は磚墓誌が一四四字で、石墓誌が一七一字で、その差は二七字であるが、前者に夫人の祖父の名がなく、前者で二女が二歲で死去したとするのを、後者では二人の名をのせていることのほかは、後者に月日の干支が追加されているだけの差で、これ以外はまったく同文である。

(21) 南京市博物館「南京象山8號、9號、10號墓發掘簡報」（『文物』二〇〇〇―七）一九頁。

夫婦の墓誌から、死沒と埋葬の經過をたどると、次のようになる。

泰和六年（三七一）六月一四日、劉夫人が王建之の赴任地である鄱陽郡の官舍で死去し、一〇月三日、喪は建康に歸った。それから三九日目の閏月一二日、王建之がやはり郡官舍で死去した。

ここまでは問題がないが、これ以後、夫婦の墓誌で異なる記述がある。夫人の墓誌では、その年一一月八日（それは王建

之死後二五日目となる）、建康の舊墓に「合葬」したとするのである。なお、夫人墓誌にいう「倍葬」から七日後の一一月一五日に改元して咸安となっている（『二十史朔閏表』）。

推測でしかないが、早ければ夫人の死去、または喪が建康に歸った時點で兩人の墓の建設がはじまっていて、夫人埋葬以前に偶然王建之が死去したので、夫人をさきに「倍葬」したということもありえようし、王建之の死後に墓の建設がはじまり、それが完成していたから、さきに夫人を「倍葬」したこともありうる。あるいは、墓が未完成ではあっても、王建之が死去したのであるから、埋葬にさきんじて「倍葬」の語をもちいたこともありうる。

いずれにしても、夫婦の墓はその位置がはっきりしていたはずであり、磚石兩墓誌がいずれも「倍葬」したというのであるから、將來の合葬にそなえて、その位置の確認のためにさきに磚墓誌を埋めておいたというのは、不自然というしかない。

(22) 49・50 彭城劉氏墓誌は、年次記載がないが、その出土墓は東晉と編年されている（鎭江博物館「江蘇鎭江諫壁磚瓦廠東晉墓」『考古』一九八八―七）。
(23) 南京市博物館「南京北郊東晉溫嶠墓誌」『文物』二〇〇二―七）三三頁。
(24) 溫嶠の遷葬の議は、一度陶侃の上表によって中止され、その後子の溫放之によって實現されたが、その時期は明らかでない（『晉書』卷六七本傳）。
(25) 川合安「東晉の墓誌」（『「歴史資源」として捉える歴史資料の多角的研究』東北大學大學院文學研究科、二〇〇三）六五頁。

表I 江南六朝墓一覧表
表I①　南京附近出土墓

番號	出土地・編號	形式	全長	墓室 長	寛	高	甬道 長	寛	高	紀年	備考	出典
1	中央門外幕府山張王山M1	凸字形前室穹頂	8.65	1.75 1.38	0.96 0.98	1.28 1.28	3.75	前1.96 後3.12	1.72 1.72	2.02 2.27	五鳳1(254)	磚地券	叢8.1
2	〃 M2	〃		1.51	0.98	1.3					〃	磚地券	〃
3	郭家山M7	雙室穹頂		0.5 0.6	1.2 1.9	0.6 0.6		前2.2 後3.6	2.45*1.25 1.9	1.4	永安2(259)	磚地券,郭郃卿陳重	考98-8,693
4	郭家山M6	〃		0.65	1.05	1.1		主2.55 側3.3	3.1 1	*2.1 1.4	永安4(261)	磚地券	考98-8,693
5	東善橋	凸字形前室穹頂 後室券頂	6.65	0.42 0.67	0.87 1	1.05 1.18		前2.76 後3.5	2.06 1.95	2 2.1	鳳凰3(274)	墓磚	文99-4,32
6	江寧縣上坊公社上坊79M1	〃	9.5	1.35 0.7	1.12 1.29	1.15 1.29		前3.05 後4.4	2.98 1.95	3.45 1.95	天冊1(275)	墓磚、耳室三	叢8.1
7	江寧縣淳化郷	凸字形前室穹頂 後室不明		0.94	0.82	1.13		前1.92	1.98	1.9	庚子(280)	墓磚、姓朱江乘人	考87-7,611
8	燕子磯鎮柳塘山	凸字形前室穹頂 後室券頂		0.60 0.90		1.25		前2.00 後3.53	2.10 2.10	2.28	太康6(285)	墓磚、鉛地券	考92-8,733
9	江寧縣谷里郷梁樁村張家山	〃	6.22	0.9 0.96	1 1.28*1.4	1.3		前1.76 後2.6	2.56*1.3 1.9	*1.5	元康7(297)	墓磚	考85-10,908
10	江寧殷巷M1	〃	7.96	0.76 0.8	0.96 0.8	1.2 1.2		前2.76 後3.64	2.8 2.16	2.44 2.08	永興2(305)	墓磚、張君	文02-7,11
11	郭家山M1	凸字形弯頂	7.38					5.03	3.56	4.3	永和3(347)	墓磚、推定琅邪王氏	文81-12,1
12	仙鶴門外仙鶴山M2	凸字形券頂	7.44	1.75	1.16	1.8		4.72	2.36	2.9	泰和11(366)	墓磚、高崧夫婦	文01-3,4
13	甘家巷	凸字形	9.8					3.15*1.78			天監13(524)	墓磚、梁桂陽王夫婦	文81-12,8
14	堯化門	凸字形券頂	10.25			*2.04					卒年 中大通4(532)	墓誌、南平王偉と推定	文81-12,14
15	江寧縣殷巷公社殷巷79M1	凸字形前室穹頂 後室券頂	6.3	0.3 0.7	0.76 0.9	1.13 1.16	4.05	前1.75 後3.45	1.64 1.3	2.20 2.08		墓誌(誌文不明)	叢8.1

第三編　江南六朝墓と出土品　436

	墓名	形状				時期	出典
16	安徳門鄧府山	長方形券頂		*0.85	前2.15 2.14 後3.40 1.92	呉	考92-8,733
17	安徳門鄧府山M6	呂字形穹頂		0.65 1.16 1.14	前2.40 2.20 1.8 後3.50 1.80 1.5	呉	東92-2,158
18	太平門外童家山	呂字形穹頂	6.88	0.84 0.78 1.05	前2.16 2.20 後3.30 2.12	呉、耳室	東01-11,37
19	長崗村M5	長方形券頂	5.08	0.56 1.18 1.3	4.64 1.78 1.56	呉晩期	文02-7,4
20	五椿村1號墓	呂字形前室穹頂 後室穹頂	7.62	1 1.16 3.5	前1.96 2.16 後3.5 1.8	呉西晉	叢8,65
21	五椿村2號墓	呂字形前室穹頂 後室穹頂	6.39			呉西晉、甘露元年鏡	叢8,65
22	卞子門丁詳村	長方形壘甃頂			2.85 0.68 0.80	六朝早期	考90-11
23	堯化鎮堯化門街	凸字形		1 1.1	4.4 2.1 *0.77	六朝早期	考98-8,699
24	郭家山M4	凸字形穹頂	5.93	1.92 1.43	4.01 3.7 3.15	西晉	文81-12,1
25	中山門外衛崗	長方形土坑			3 0.94 *0.28	西晉	文83-10,70
26	草場門				0.70	西晉	考87-4,380
27	板橋鎮楊家山	凸字形甃甃頂	5.7	0.62 1.08	4 1.93 2.88	西晉	考98-8,703
28	山陰路口	長方形券頂			2.90 1.00 1.34	西晉	東一,37
29	雨花輝逐回紅村	凸字形			4.78 1.30 *0.82	西晉	東89-2,138
30	雨花區長崗村	長方形			3.30 1 *0.47	西晉	東89-2,138
31	雨花郷雨花村	凸字形穹頂		1.03 0.97 1.05	4.84 2.29*1.42	西晉	東89-2,138
32	雨花臺區安徳門	凸字形券頂		0.85 0.85 1.25	4.50 2.05 *1.40	西晉、耳室	東91-5,199
33	衛崗	長方形			3.30 1.05 *0.6	西晉	東92-2,158
34	安徳區長崗村	長條形			2.80 0.62 *0.20	西晉	東92-2,158
35	安徳門丁墻M12	長方形			3.15 0.90 1.35	西晉	東92-2,158
36	安徳門丁墻M18	凸字形穹頂		0.96 0.90 *0.20	5.72 2.00 *0.88	西晉	東92-2,158
37	安徳門鄧府山M21	長方形			2.98 0.73 *0.50	西晉	東92-2,158
38	安徳門鄧府山M22	凸字形		0.45 1.95 *0.65	5.05 1.80 *0.65	東晉	東92-2,158

437　補章　江南新出六朝墓と墓誌

39	安德門郞府山M30	凸字形		0.60 0.90*1.00	前2.20 2.10*1.00 後3.95 2.10*0.85	西晉	東92-2,158
40	安德門郞府山M31	凸字形		1.12 0.88*0.60	4 1.68*0.60	西晉中期	考92-2,158
41	下關區獅子山雛墓	凸字形		0.46 0.72	4 1.6 *0.78	西晉中期	考87-7,611
42	江寧區殷巷其林郷	凸字形前室穹頂 後室穹頂	7.67	0.84 1.03 0.48 0.9 *0.5	前2.68 2.53 2 後3.67 1.88 1.65	兩晉之交	文88-9,81
43	江寧縣江寧郷上湖村	呂字形		1 1	4.25 1.7 2.35	東晉初	文90-8,49
44	郭家山5號墓	凸字形穹頂	6.40	1.02 1.17 1.95 0.84 1 1.48	4.53 2.10 2.43	東晉初期	考89-7,603
45	富貴山M2	凸字形穹頂	4.81	0.9 1.1 *0.16	4.22 1.2 1.49	東晉早期	考98-8,707
46	富貴山M4	凸字形穹頂	6.76	1.89 1.15*1.25	4.87 1.89*1.87	東晉早期	考98-8,707
47	仙鶴門外仙鶴山M6	凸字形穹頂	7.44	1.72 1.12 1.5	4.9 2.95 3.44	東晉早期、高崧父母	文97-1,68
48	衞崗農業大學	凸字形穹頂	7.18	1.56 1.10 1.99	4.60 1.44 2.18	東晉前期	東97-1,68
49	虎踞關	凸字形穹頂		0.95 1.05 1.24	4.05 1.33 1.54	東晉	文88-1,77
50	曹后村	凸字形穹頂		1.13 0.96 1.83	4.25 2.1 2.6	東晉	文88-1,77
51	江寧上坊塼下坊村	凸字形穹頂	6.27	1.17 1.28	4.50 1.50 1.60	東晉	考98-8,720
52	甘家巷	*3.54			3.34 1.13 1.60	東晉	考89-2,148
53	張蔡村	凸字形穹頂	6.30	1 1.08 1.74	5.30 1.90 2.44	東晉	考89-2,148
54	安德門郞府山M3	凸字形穹頂		1.28 0.80*1.00	3.40 1.70*1.00	東晉	考92-2,158
55	安德門郞府山M5	長方形			4.00 2.00*1.30	東晉中期	考92-2,158
56	安德門郞府山M26	凸字形穹頂			3.40 0.96*0.55	東晉	東92-2,158
57	郭家山	凸字形穹頂	3.15		3.96 3.75 3.38	東晉中晚期皇族蔡墓、墓誌	文02-7,19
58	北郊汽輪電機廠	凸字形穹頂	7.49	2.9 1.56 2.7	4.98 4.24 4.03	東晉中晚期皇族蔡墓	考83-4,315
59	東郊仙鶴門外呂家山	凸字形穹頂	9.05	0.96 0.82 1.08	4.07 1.73 1.88	東晉中期	考83-4,323
60	江寧縣娘娘山	凸字形穹頂		1.20 1.50 2.32	4.80 2.00 2.98	東晉中期	考83-4,323
61	溧陽南小營村	凸字形穹頂		1.70 1.28 2.28 1.23 1.10 1.78	6.05 2.85 3.47	東晉	考91-6,566
62	通濟橋吉祥庵	凸字形	6.36	1.95 1.13	4.41 1.94*0.45	東晉晚期	東89-2,148

第三編　江南六朝墓と出土品　438

番号	墓名	形制	寸法1	寸法2	時期	出典
63	中央門外蒙府山西南五塘村	凸字形	1.28 1.04 1.46	4.70 1.84 2.30	東晉晚期	考83-4,323
64	雨花臺區紅花郷	凸字形券頂	0.75 0.8 1.20	4 1.60 1.80	東晉晚期	東91-6,193
65	仙鶴門外仙鶴山M3	凸字形券頂	6.96 1.36 1 1.66	4.94 2.14 2.62	東晉晚期、高崧子	文X01-3,4
66	富貴山M5	（墓磚のみ）		4.6 2.15 1.9	東晉晚期南朝早期	考98-8,707
67	富貴山M6	凸字形券頂	6.16 1.4 1.25*0.88	4.76 2.74*1.54	東晉晚期南朝早期	考98-8,707
68	蒙府山3號墓	凸字形券頂	1.9 1.15 2.12	4.6 1.9 2.54	東晉皇室?	文X90-8,41
69	蒙府山4號墓	凸字形券頂	外0.35 1.2*1.85 内0.79 1*1.65	4.93 1.85 1.95	東晉皇室?	文X90-8,41
70	棲霞區堯化郷堯辰村	凸字形	9+ 2.48 1.31*2.35	5.75 2.42 3.4	南朝早期	文89-4,79
71	油坊橋M1	長方形		6.45 1.72*0.23	南朝早期	東91-6,193
72	油坊橋M2	長方形		6.40 1.80 2.30	南朝	東91-6,193
73	東郊馬群	凸字形券頂	1.5 0.6 1.35	4.2 1.1 1.9	南朝	考85-11,
74	江寧水閣村隱龍山M1	凸字形券頂	9.14 2.8 1.3 2.19	5.64 2.46 3.66	劉宋中晚期、石墓誌	文02-7,41
75	江寧水閣村隱龍山M2	凸字形券頂	*8.16 2.44 1.26 2.24	5.38 2.08 3.22	劉宋中晚期、石墓誌	文02-7,41
76	江寧水閣村隱龍山M3	凸字形券頂	*8.16 2.42 1.28 1.95	*5.38 2.26 2.94	南朝中晚、石墓誌	文02-7,41
77	安德門郭府山M15	凸字形券頂	0.68 1.00*0.95	4.02 1.10*0.95	南朝	東92-2,158
78	安德門郭府山M16	長方形		3.73 0.92*0.85	南朝	東92-2,158
79	安德門郭府山M20	長方形		2.70 0.50*0.46	南朝	東92-2,158
80	安德門郭府山M28	長方形		3.68 0.96*0.84	南朝中晚	考83-4,328
81	板橋	凸字形券頂	2.86 1.28*1.60	5.16 2.42*1.50	南朝中晚、王親大族	考83-4,328
82	仙鶴門	凸字形券頂	9.19 3.35 1.36 2.26	5.84 2.90 3.65	南朝中晚、王親大族	考85-1,23
83	草場門東北童家山	凸字形券頂	5.6 1.23 1	4.40 1.70 2.30	南朝中晚	考98-8,707
84	富貴山M1	凸字形券頂	5.19 0.98 1.05*0.94	4.12 1.2 *0.95	南朝中晚	考98-8,707
85	富貴山M3	雙室券頂		3.15 0.66 1.51	南朝中晚	考98-8,707
86	雨花臺區花神廟村M1	凸字形券頂	7.8 2.32 1.28*1.2	5.48 2.48*0.98	南朝中晚、M2あり、同規模	考98-8,725

補章　江南新出六朝墓と墓誌

番號	出土地	形式	全長	甬道 長	甬道 寬	甬道 高	墓室 長	墓室 寬	墓室 高	紀年	備考	出典
87	江寧陝巷1號墓	凸字形	7.7	2.40	0.90	2.10	4.70	2.10	2.05		南朝花紋磚墓	文93-2,72
88	西善橋油坊橋	凸字形			3.40	2.70*0.78					南朝建像磚墓	文90-10,898
89	馬群鎮白龍山	凸字形券頂	13.4	5	1.5	3.4	7.7	3.7	5.25		梁陳安墓の可能性大	文98-12,46
90	西善橋	凸字形券頂									關黃法軫夫婦墓誌、耳室	文97-1,61
91	西善橋	凸字形券頂	*1.51	3.25	1.35	2.14	3.62 2.2	5.5	3.15			文93-11,19

表I②　江蘇・浙江・安徽江南地區出土形墓

番號	出土地	形式	全長	甬道 長	甬道 寬	甬道 高	墓室 長	墓室 寬	墓室 高	紀年	備考	出典
1	安徽馬鞍山	呂字形前室穹頂後室券頂	8.70	0.82 / 0.64	1.26 / 1.20	1.54 / 1.64	2.76	2.78 / 2.30	2.94 / 2.25	赤烏12(249)	朱然墓	文86-3.1
2	浙江嵊縣浦口鎮大堆嶺村M101	呂字形前室穹頂後室券頂	7.72	0.84 / 0.94	1.4 / 1.14	0.9 / 1.04	1.9	4.4 / 3.28	*1.5 / 1.64*1.28	太平2(257)	磚墓誌	文91-3,206
3	江蘇金壇薛埠鄉	呂字形前室穹頂後室穹頂	6.5	0.71 / 0.89	0.7 / 0.71	0.84 / 0.89	前1.55 / 後1.54	1.6 / 1.62	*1.7	永安3(260)	墓磚、腰鼓形	文89-8.69
4	浙江嵊縣浦口鎮大堆嶺村M95	呂字形前室穹頂後室券頂	9.56	1.3 / 1.18	1.82 / 1.59	1.22 / 0.96	前1.75 / 後1.94	4.02 / 4.4	*2.73 / 1.92	永安6(263)	墓磚	文91-3,206
5	浙江上虞江山鄉	長方形券頂					3.72	1.26*0.92		天和1(277)	墓磚	文89-2,135
6	浙江嵊縣中愛鄉M74	凸字形	4.9	1.1	0.69*0.16		3.8	1.36*0.6		天和2(278)	墓磚	文88-9,800
7	安徽邡涂1號墓	長方形					4.2	1.92	1.4	太康1(280)	墓磚	文89-2,143
8	浙江安吉高禹鄉天子崗M2	呂字形前室穹頂後室		0.92 / 1.03	0.75 / 0.78	1.02 / 0.88	前1.26 / 後3.27	2.52*2.25 / 1.79*1.15		太康6(285)	墓磚	文95-6,28
9	浙江餘姚湖山鄉M13	凸字形		1.50	1.20	1.10	4.40	2.20	1.90	太康6(285)	朱氏	文00-7,41
10	浙江紹興皇坡鄉后家嶺	凸字形	6.2	1.8	1.04		4.2	2.2		太康7(286)	墓磚、鐘氏	文92-5,476
11	浙江常山縣	凸字形		1.65	0.88*0.21		4.40	1.65*0.90		太康8(287)	墓磚	文84-2,192
12	浙江嵊縣石港鎮M75	凸字形	6.8	2.2	0.74		前1.38 / 後3.27	1.76		太康8(288)	墓磚	文88-9,800
13	安徽南陵長山M2	長條形					4.5	1.5		太康9(288)	墓磚、金氏	文02-5,40
14	浙江嵊縣金波山	券頂					1.64*1.4			元康8(298)	墓磚	文87-4,49

第三編　江南六朝墓と出土品　440

No.	墓名	形制					年号	出土	文献
15	安徽南陵長山M3	刀形	6.05	1.7	1.40	4.35 2.6	元康8(298)	塞磚、金氏	東02-5,40
16	浙江奉化白杜郷M3						元康9(299)		考03-2,88
17	浙江新昌7號墓（小墓山）	呂字形券頂	5.2		0.8 1.01	前1.3	元康1(300)	塞磚	兼8,54
18	安徽馬鞍山桃冲村M3	呂字形	6.85			1.35 1.7 *1.35 3.65 1.7 1.41	永嘉2(308)	塞磚	文93-11,13
19	浙江紹興上蒋郷鳳凰山	凸字形	5.35	1.4	0.83 1.2	3.95 1.73 2	永嘉7(313)	塞磚、上虞兪氏	文00-7,41
20	浙江鄞県桃湖山桃M24	凸字形			0.76 0.80	4.25 1.50 2.30	建興2(314)	塞磚	文91-6,59
21	安徽馬鞍山桃冲村M2	呂字形	*6.5			1.7 1	建興4(316)	塞磚	文93-11,13
22	浙江新昌17號墓（蜃居寺山）	長方形券頂				5.3 1.7	大興3(320)	塞磚	兼8,54
23	浙江奉化白杜郷M1	凸字形券頂	7.55	2.55 1.25 1.35		4.7 2.35*3.05	大興4(321)	塞磚、歴陽、張氏	考03-2,88
24	鄞江龍山1901工地M1	呂字形前室穹頂 後室券頂			0.74 0.86 1.16 0.56 0.86 0.98	前1.22 1.5 1.78 後2.76 0.98 1.16	咸和8(333)	塞磚	兼8,16
25	浙江丹徒辛豊小庄	呂字形券頂		1.2 1 1.19		5 2 1.96	咸康4(338)	塞磚、嘉禾六年刻模	兼8,16
26	馬鞍山慈湖郷		10.30	2.20 1.18 1.26		前3.65 1.93 2.35	建元2(344)	塞磚	東04-5,8
27	浙江嵊県城関鎮M66	刀形	4.33		0.53 0.82	前0.73 1.22*0.54 後3.07 1.22*0.54	永和7(351)	塞磚	考88-9,800
28	鎮江汝山賈家灣M2	凸字形券頂		0.5 0.6 1		3.16 1.03 1.55	升平1(357)	鉛刻塞磚	考88,16
29	鎮江七田旬金家灣M3	凸字形券頂		0.75 0.80		4 1.4 1.65	泰和1(366)	渾魔魔地券	考03-89-2,153
30	浙江奉化白杜郷M2	凸字形券頂	6.85	2.15 1.25 1.58		4.35 1.95*3.8	太和1(366)	塞磚	考03-2,88
31	無錫赤墩里	凸字形券頂		1.4 1.01 1.6		3.62 2.16*1.95	太和5(370)	塞磚	考85-11
32	浙江新昌11號墓（下里山）					*2.3 *0.38	太和5(370)	残塞	兼8,54
33	浙江余姚湖山郷M1	凸字形		1.25 0.90 1.00 0.95 1.20 1.40		7.00 2.20*1.90	太元3(378)	塞磚、萬石公	東00-7,41
34	浙江余姚稻頭山M222	刀形	6.04			*2.85	太元8(383)	塞磚、萬君	東92-3-4,119
35	浙江余姚稻頭山M4			0.46 0.85*0.44		3.80 1.67 1.15	太元8(383)	塞磚	東00-7,41
36	浙江慈渓裾頭山M23	凸字形	6.24			*1.97	太元16(391)	闞氏造塞磚	東92-3-4,119

補章　江南新出六朝墓と墓誌

番号	名称	形制				年代	分類	出典
37	浙江新昌20號墓（象鼻山）	長方形券頂		3.8	0.86	太元18(393)	塞磚	考93-5,478
38	浙江新昌21號墓（象鼻山）	刀字形券頂	1.12	0.9 *1.28	4.82 1.34	太元18(393)	塞磚	襄8,54
39	浙江新昌孟家嶺鄉	長方形		3.3	1.2 *1.5	太元10+	塞磚（中斷）	考93-5,478
40	浙江新昌14號墓（渣場山）	券頂		3.46	0.77 1.1	太元1(397)	塞磚	襄8,54
41	浙江新昌15號墓（渣場山）	刀字形券頂		3.75	0.74 0.77	隆安1(397)	塞磚	襄8,54
42	浙江嵊牧場二七大隊M2	呂字形前室至後至穹頂	1.82	1.33 1.5	前1.95 3.93 後5.18 2.37 2.45	隆安2(398)	塞磚	襄8,16
43	浙江新昌花庵嶺	長方形券頂		4.56	1.33	泰豫1(472)	塞磚、孝建四銖	文82-10,93
44	浙江新昌19號墓（象鼻山）	凸字形券頂	0.83	5.01 1.61*0.82		永明1(483)	塞磚	文82-10,92
45	浙江嵊城厨鄉M76	長方形		*5.2	1.4 0.7		塞磚	考88-9,800
46	浙江湖州谷壞頭	呂字形券頂	1.13 1.15	0.97 1.40 0.97 0.97	前2.01 1.96 2.06 後3.24 1.74 1.80	蕭明2(588)	後漢末三國	考93-1,156
47	鎮江高淳化肥敵M1	穹頂	1.16	0.9	1.35		吳、甫道後至各二	考84-6,528
48	句谷寳華陸家院M1	凸字形券頂	0.84	1.28 1.3	4.16 2.06 2.10 前4.08 1.24 2.25 後4.38 2 2.3 3.4 3.4 *1.5		耳室二	考84-6,528
49	安徽南陵縣鞍縣M3	凸字形券頂	6.65	1.85 0.80 1.65	4.80 1.60 2.42		M1赤烏八年地券	考84-11,974
50	安徽馬鞍山佳山鄉	凸字形	4.30	0.90 0.85	3.40 1.45		吳	考86-5,404
51	浙江嵊縣浦口鎮大塔嶺村M104	刀字形券頂	5.4	0.98 1.24 0.68	3.9 1.63*1.50		吳	考91-3,206
52	浙江嵊縣湖山鄉M53	凸字形		13.5 1.82*1.40	4.57 2.52 1.60		吳	考00-7,41
53	浙江嵊縣湖山鄉M54	凸字形		1.26 1.07*1.04	5.70 2.16 2.52		吳	東00-7,41
54	浙江安吉高禺鄉天子崗M3	凸字形	1.2 1.04	1.04*1.2 1.06*0.8	前2.48 2.42*2.12 後4.38 2.46		吳西晉、耳室	文95-6,28
55	安徽青陽縣嶺前鄉	雙室墓	*1.2	1.8	前1.2 5 後3.72 1.26 3.72 1.64		西晉早期	考92-11
56	浙江鄞姚湖山鄉M8	刀字形		1.20	1.10 1.40	4.35 1.85 1.50	西晉早期	東00-7,41
57	浙江鄞姚湖山鄉M19	刀字形		1.15	1.00 0.85	5.00 1.60 1.35	西晉早期	東00-7,41

58	浙江鄞姚湖山糎M19	凸字形		1.20 1.00 0.90		5.50 1.70*1.40		西晉早期		東00-7,41
59	浙江慈溪龍潭山	凸字形		0.97 0.9		3.85 1.68 1.95		西晉		文85-10,81
60	浙江紹興秋家澤	凸字形		1 0.85 1.3		4 1.65 2.45		西晉		文87-4,44
61	江蘇吳縣獅子山M4	凸字形券頂	9.18	1.26 9.9 1.07 1.45 0.90 1.05		1.72 2.84 2.28 4.12 2.16 2.13	前 後	西晉		考83-8,707
62	浙江紹興官山麓	呂字形前室券頂 後室券頂	8.55	1.4 1.1 1.5 1.4 1.1 1.5		1.8 3.5 2.25 3.95 2.02 2.52		西晉, 耳室一		文91-6,55
63	浙江嵊子山M2	長方形券頂		1.5 0.99*0.49		3.55 1.67 1.28		西晉		考84-6,528
64	浙江嵊縣春聯糎M5	凸字形券頂	6.44	1.5 0.99*0.49		前1.48 1.96*0.8 後3.46 1.96*0.8		西晉		考88-9,800
65	浙江鄞縣M7	刀字形		0.5 0.35		2.66 0.74 0.94		西晉		東93-2,85
66	安徽邸溪2號墓	凸字形券頂	6.73	3.1 1.6 *0.46		3.8 4 *0.6		西晉		東89-2,143
67	浙江鄞姚湖山糎M46	刀字形券頂		1.30 1.20		4.00 1.74 1.44		西晉		東00-7,41
68	浙江南陵長山M1	長方形	7	1.7 1.3		5.5 2.4 1.4		西晉早期		東02-5,40
69	浙江鄞姚湖山糎M37	長方形券頂				3.30 1.30 1.70		西晉晚期		東00-7,41
70	安徽繁機學院M1	長方形券頂				5.2 1.8 1.7		金橋軍佐墓磚		東8,16
71	鎮江謙壁王家山M1	長方形券頂				3.6 1 1.15		東晉早期		東8,16
72	鎮江燕子山M3	長方形券頂		1.24 0.94 1.36		4.66 1.84 1.96		東晉早期腰鼓形, 欄陵太守章		東8,16
73	鎮江醋芽山M1	凸字形彎頂		1 0.9 1.25		3.85 1.75 1.75		東晉早期平面腰鼓形		東8,16
74	鎮江鮑根山M8	凸字形券頂		0.82 0.92 1.4		5.5 1.86 2.1		東晉早期		東8,16
75	浙江謙壁楓山M5	凸字形券頂		1.2 1.1 1.5		4.85 2 3.6		東晉早期		東8,16
76	鎮江汝山賈家澤M5	長方形券頂				6.07 1.87 2.80		東晉中期		東8,16
77	鎮江陽彭山M1	凸字形券頂		0.68 0.80 1.1		3.7 1.6 2.04		東晉中期		東8,16
78	鎮江四灌渡所M3	凸字形券頂		0.84 0.80 1.24		4.56 1.84 2		東晉中期		東8,16
79	鎮江鮑渡馬山M5	凸字形券頂				4.2 1.56 1.86		東晉中期		東8,16
80	鎮江墓研所M4	凸字形券頂		1 0.8 1.5		4.3 1.84 1.86		東晉中期		東8,16
81	鎮江鮑馬山M2	刀形券頂		0.74 1.18 1.1		3.6 1.4 1.4		東晉中期臨淮謝氏磚		東8,16

補章　江南新出六朝墓と墓誌

No.	墓名	形制				時代	備考	出典
82	鎭江跑馬山M4	刀形券頂		0.72 0.9 1.28	4.06 1.8 1.82	東晉中期		叢8,16
83	鎭江烏龜山M2	呂字形券頂		0.32 0.6 0.95	前1.6 0.82 1.2 後2.18 0.82 1.2	東晉中期		叢8,16
84	鎭江象山M3	凸字形券頂		1 1.2 1.25	4.4 1.8 2.7	東晉晚期		叢8,16
85	鎭江蟹耶所M1	凸字形券頂		1.52 1 1.3	4.64 2 1.9	東晉晚期		叢8,16
86	鎭江跑馬山M1	凸字形券頂		1.4 1.3	5 2	東晉晚期		叢8,16
87	鎭江農機學院M4	刀形		0.34 0.87	4.06 0.92	東晉晚期殘墓		叢8,16
88	鎭江陽彭山M2	呂字形前室穹頂後室券頂		1.68 1.1 1.58 0.62 1.04 1.5	前2 2.76 2.65 後4.14 2.08 2.65	東晉晚期		叢8,16
89	鎭江汝山買素灣M6	土坑墓			2.9 0.80	東晉		叢8,16
90	鎭江跑馬山M3	土坑墓			3.6 0.8	東晉		叢8,16
91	鎭江桃花塢M1	土坑墓			2.5 0.8	東晉		叢8,16
92	鎭江跑馬山M9	土坑墓			2.1 0.8	東晉		叢8,16
93	安徽馬鞍山桃冲村M1	凸字形	5.6	1 *1.45	1.71 *1.8	東晉	文93-11,13
94	江蘇吳縣楓橋何山	凸字形券頂	6.3	1.88 1.2 1.48	3.9 4 *2.54	東晉	考87-3,203
95	浙江紹興里木柵M18	凸字形穹頂	4.9	1 0.94*0.69	前1.52*0.5 後2.9 1.52*0.5	東晉	考94-6,538
96	鎭江諫壁油庫	凸字形券頂		0.8 0.82 1.3	3.95 1.55 1.96	東晉		叢8,16
97	鎭江七田旬M2	凸字形券頂		0.44 0.94	3.74 1.38 1.58	東晉中晚		考89-2,153
98	鎭江M29	凸字形券頂		1 1	4.4 1.6 *1.5	東晉中晚		叢8,16
99	鎭江M26	凸字形券頂	6.38	1.15 0.9 1.66	4.4 1.6 2.46	東晉中晚、徐氏墓誌		叢8,16
100	鎭江M25	單室券頂			4.2 1.8 *0.9	東晉中晚、平面腰鼓形		叢8,16
101	鎭江M22	單室券頂			4 0.9 1.5	東晉中晚、腰鼓形		叢8,16
102	鎭江M23	單室券頂			3.7 0.87 1.6	東晉中晚		叢8,16
103	鎭江M24	單室券頂			4.7 1.4	東晉中晚		叢8,16
104	浙江嵊縣城郊鄉M6	凸字形	5.81	1.33 1.08 1.15	4.48 1.65 2.02	東晉		考88-9,800
105	浙江嵊縣城郊鄉M14	刀形	5.35	1.18 0.94 1.13	4.17 1.17 1.51	東晉		考88-9,800

第三編　江南六朝墓と出土品　444

表13　琅邪王氏墓（象山）

番號	氏名	官職	形式	全長	墓道長	墓道寛	墓道高	墓室長	墓室寛	墓室高	紀年	備考	出典
1	王興之（王興之婦）	大將軍行參軍・録令	凸字形	5.33	0.87	0.94	1.40	3.70	1.75	1.96	咸康6(340)永和4(348)	墓誌・象山1號墓	文65-6,26
2	何法登（王廙之婦）		凸字形券頂		1.06	1.07	1.36	4.13	1.8	2	永和12(356)太元14(389)	墓誌・象山11號墓	文02-7,34
3	王閩之		長方形					4.49	1.06	1.31	升平2(358)	墓誌・象山5號墓	文72-11,23
4	王丹虎		長方形					4.25	1.15	1.34	升平3(359)	墓誌・象山3號墓	文65-10,29
5	王企之	丹楊令・騎都尉	凸字形券頂		1.03	1.05	1.47	4.5	1.95	2.1	泰和6(371)	墓誌・象山8號墓	文00-7,4
6	劉媚子（王建之婦）		凸字形券頂		0.98	1	1.40	4.42	2	2.20	泰和6(371)咸安2(372)	墓誌・象山19號墓	文00-7,4
7	王建之	振威將軍鄱陽太守（王彬繼室）	凸字形券頂	5.18	0.68	0.91	1.18	4.44	1.25	1.88	太元17(392)	墓誌・象山6號墓	文72-11,23
8	夏金虎		凸字形券頂		0.80			4.18	1.24	1.76		墓誌・象山12號墓	文65-10,29
9			凸字形券頂	5.93	1.12	1.16	1.30	4.54	2.09	2.17		象山4號墓	文65-10,29

番號			形式	全長	墓道長	墓道寛	墓道高	墓室長	墓室寛	墓室高	紀年	備考	出典
106	浙江嵊縣城郊鎮M53		凸字形券頂	6.6	1.12	0.94*0.38		4.47	1.29	1.64		東晉	考88-9,800
107	安徽郎溪3號墓		凸字形穹頂	5.18	0.32	1.8	1.15	4.7	3.2	1.9		東晉	東89-2,143
108	浙江嵊縣城郊鎮M7		長方形		4.41	0.89*0.34						南朝	考88-9,800
109	浙江紹興里木柵M4			3.26				前0.59 0.94*0.54 後2.67 0.94				南朝	考94-6,538
110	張家港鳳河陽山		凸字形穹頂	4.96	1.14	1.05	1.5					南朝平面橢圓形	考93-5,87
111	浙江餘姚湖山M17		凸字形券頂		*0.90	0.95*0.20		4.10	1.54*1.10			南朝	東00-7,41
112	浙江餘姚湖山鄉M21		船形		0.85	0.79*0.77		3.82	1.20*0.77				考88-9,800
113	浙江杭州隅林木塔壚		凸字形券頂	7.6	1.37	1.10	1.67	5.55	2.18	2.57		東晉	東92-3・4,123
114	常州朱山桶挌多塔陳家墩		凸字形券頂	6.75	1.70	1.63*0.60		4.20	2.20*0.80				考94-12,
115	常州田舍村野茅草墩		穹頂	6.6	1.52	1.26*0.81		4.43	2.96*0.80			梁陝畫像碑墓	梁陝畫像碑墓有圖形

表I(4) 陳郡謝氏墓（司家山その他）

番号	氏名	官職	形式	全長	蓋寛	道高	室長	室寛	室高	紀年	備考	出典
1	謝温	輔国参軍	凸字形券頂		1.94 1.10 1.74		5.70 2.18 2.38			義熙2(406)	墓誌・司家山M5	文98-5.15
2	謝球（謝球婦・琅邪王徳光）		凸字形券頂		1.80 1.40 1.90		6.00 2.18 2.60			義熙2(406)	墓誌・司家山M4 同上側面	文00-7.36
3	謝珫	海陵太守・散騎常侍	凸字形券頂		1.83 1.25 1.93		4.45 2.25 3.00			永初2(421)	墓誌・司家山M6	文98-5.4
4			凸字形券頂		2.38 1.23 2.25		5.12 2.23 3.15				司家山M1	文00-7.36
5			凸字形券頂		1.80 1.20 1.74		5.50 2.10 2.44				司家山M2	文00-7.36
6			凸字形券頂		1.70 1.30 1.70		5.65 2.30 2.34				司家山M3	文00-7.36
7			不明（破壊）		*3.84 2.15 2.30		2+				司家山M7	文00-7.36
8	謝鯤	豫章内史		8+						太元21(396)	墓誌・溧陽	文65-6.34
9	謝琰	奉朝請・令・常侍・給事中	券頂	7.72	1.22 1.06 1.36		5.32 3.73 *2.61				象山	考73-4.227
10	王廙	右衛将軍・荊州刺史	凸字形穹頂	5.30	内0.56 1.27 1.47 外0.76 1.35 1.75		3.90 3.22 3.42				推定・象山7号墓	文72-11.23
11			凸字形穹頂		1.22 1.05 1.47		4.45 2 2.3				象山・10号墓	文00-7.4

表I(5) 廣平李氏墓（呂家山）

番号	氏名	官職	形式	全長	蓋寛	道高	室長	室寛	室高	紀年	備考	出典
1	李輯	平南参軍湘郷侯	凸字形穹頂	6.32	1.2 1.17 1.87		4.43 1.86 2.26			升平1(357)	墓誌・呂家山M1	文00-7.21
2	李纂（李纂妻・額川何氏）（李纂夫人・東海）	宜郡太守	凸字形穹頂	6.82	1.75 1.15 *1.8		4.34 2.15 2.72			寧康3(375) 升平1(357)	墓誌・呂家山M2	文00-7.21
3	李纂	中軍参軍	券頂		*3.86 1.35 1.74					升平1(357)	墓誌・呂家山M3	文00-7.21

略号：十は残約，＊は残存部の数字
文：「文物」　考：「考古」　東：「東南文化」　表：「文物資料叢刊」

表II 東晉南朝墓誌一覧表

番號		墓 主	出 土 地	紀 年	材質	寸法(縦・横・厚)	書體	字數	出土年	備 考	出 典
1	○	陳郡謝鯤	南京戚家山	太寧元年(323)	石	60×16.5−11	隷	67	1964		文1965-6
2	○	吳縣張鎮	吳縣張陵山	太寧3年(325)	石	56.5×35−15	隷楷	98	1979		文通1979-10
3	○	琅邪張興之	南京象家山	咸康6年(340)	石	28.5×37.2−11	隷楷	203	1965	表裏で一文	文1965-6
4	○	琅邪顏謙婦劉氏	南京老虎山	咸康元年(345)	磚	32×14.5−4.5	楷	24	1958		考1959-6
5		太原溫嶠	南京郭家山	咸和4年(*329)	磚	44×45−6	楷	104	2001	塚碑に埋葬,後遷葬	文2002-7
6		廣陵高崧婦謝氏	南京仙鶴觀	永和11年(355)	磚	50.5×25.2−6		40	1998		文2001-3
7		琅邪王康之	南京象家山	永和12年(356)	磚	50×25−7	隷	44	2000		文2002-7
8		廣平李緝	南京象家山	升平元年(357)	磚	31.4×14.5−5	隷楷	43	1998		文2000-7
9		廣平李纂	南京象家山	升平元年(357)	磚	31.1×14.8−5.3	隷楷	28	1998		文2000-7
10		廣平李纂婦武氏	南京象家山	升平元年(357)	磚	30.7×15.1−5.1	隷楷	23	1998	墓誌蓋あり	文2000-7
11	○	東海劉剋	鎮江	升平元年(357)	磚	27×15.5−3.5 28×15.5−4.5	隷楷	18 12	1963	1方に貫籍姓名 1方に卒年	考1964-5
12	○	琅邪王閩之	南京象家山	升平2年(358)	磚	42.3×19.8−6.5	隷	84	1965	表裏で一文	文1972-11
13	○	琅邪王丹虎	南京象家山	升平3年(359)	磚	48×24.8−6.2	隷楷	65	1965		文1965-10
14		廣陵高崧	南京仙鶴觀	升平3年(366)	磚	48.1×24.8−5.7	隷楷	31	1998		文2001-3
15		琅邪王仚之	南京象家山	泰和2年(367)	石 磚	51×26−7 35×45−2.5 26×51−7		88	1998	表裏で一文	文2000-7
16		琅邪王建之婦劉氏	南京象家山	泰和6年(371)	石 磚		隷	171 144	1998		文2000-7
17		琅邪王建之	南京象家山	咸安2年(372)	石	28×47−5		275	1998	夫人墓誌に廣平李纂とあり	文2000-7
18		魏郡(廣平)李纂	南京象家山	寧康3年(375)	磚	29.7×14.5−4.8	楷隷	21	1998		文2000-7
19		李纂夫人何氏	南京象家山		磚	29.4×14.5−4.7	楷	8	1998		文2000-7
20	○	平昌孟府君	南京象家山	太元元年(376)	磚	35×17−5		29	1976	5方同文	考1980-6
21	○	琅邪王康之婦何氏	南京象家山	太元14年(389)	磚	49×23.5−7		80	2000		文2002-7
22	○	王彬孫婺夏金虎	南京象家山	太元17年(392)	磚	50.8×32.7−5.8		86	1968		文1972-11
23	○	陳郡謝球	溧陽	太元21年(396)	磚	31×24.5−6	隷草	79	1972		考1793-4

447　補章　江南新出六朝墓と墓誌

No	印	墓主	出土地	年号	材質	寸法	書体	字数	年	備考	出典
24	●	陳郡謝璿	南京	隆安3年(399)	磚	46.4×23-6.5	隷	55+			叢編15
25		陳郡謝溫	南京司家山	義熙2年(406)	磚	45×23-6	楷	98	1986	一部缺損, 8行, 判讀字數	文1998-5
26		陳郡謝球	南京司家山	義熙3年(407)	磚	30×15-4		203	1986		文2000-7
27		陳郡謝球婦王氏	南京司家山	義熙12年(416)	磚	33×17-4.5	楷	29	1986		文2000-7
28		陳郡謝珫	南京司家山	永初2年(421)	磚			681	1987	6方一式	文1998-5
29		陳郡宋乞	南京鐵心橋	元嘉2年(425)	磚 磚 磚	34×16.6-4 33.7×16.4-4 33×16.4-4	隷楷 隷楷 隷楷	112 109 127	1996	3方はほぼ同文	考1998-8
30	●	陳郡謝溫	南京上山	大明7年(463)	磚			68+			叢編15・叢鈔
31	●	平原劉懷民	山東益都	大明8年(464)	石	49×52.5	楷	224	清		墓誌集録
32	●	彭城劉巖		泰始6年(470)				1150+			叢鈔
33		張稚兒	元徽元年(473)					136			叢鈔
34	○	平原明曇憘	元徽2年(474)		石	48×65	楷	660	1972		考1976-1・墓誌
35	○	東莞劉岱	句容袁巷	永明5年(487)	石	55×65-7	楷	361	1969		文1977-6
36		呉郡王寶玠	南京張家巷	永明6年(488)	石	46×46—		230	1988		銘刻書法
37	●	呂超	紹興	永明11年(493)	石	49×37.5	楷	285	1916		塞誌集釋
38	○	桂陽王蕭融	南京甘家巷	永元3年(501)	石	60×60-9	楷	485	1980		文1981-12
39	○	桂陽王妃王慕韶	南京甘家巷	天監13年(514)	石	49×64.4-7.5	楷	654	1980		文1981-12
40	○	安成王蕭秀	南京甘家巷	天監17年(*518)	石			1974			考1976-5
41	●	永陽王蕭敷	南京	普通元年(520)	石	66×58	楷	994		傳世拓本	叢編15・拓本
42	●	永陽王妃王氏	南京	普通元年(520)	石	50×50	楷	765		傳世拓本 *497/	叢編15・拓本
43	○	輔國將軍	南京燕子磯	普通2年(521)	石	80×100-8	楷	3705+	1978		文1980-2
44		臨川王蕭宏	南京白龍山	普通7年(*526)	石	60×68-9			1997	文字未存	文1998-12
45	○	南平王蕭偉	南京甘家巷	中大通5年(*533)	石 石 石	106×83-13 107×84-12.5 108×75-12 116×86-9		112+	1979	/2250	文1981-12

第三編　江南六朝墓と出土品　448

№		墓主	出土地	書体	材質	サイズ	字数	年代	備考	出典
46		桂陽嗣王蕭象	南京甘家巷		石	63×75—9		1988		文1990-8
47	●	南陽程虔	襄陽	楷	石	56.8×31.2	162	民國		墓誌集釋
48		巴山黄法㪅	南京西善橋		石	65×75—10	750+	1989		文1993-11
49		輔國將軍	南京西善橋		石	64.5×49—8	1991		23行約400字 買池券説（東南1997-1,66）	東1996-2 東1997-1
50	○	濟陽蔡氷	南京櫻霞山		磚	48.5×24.8—6.9	8	1966		藝術・墓誌
51	○	彭城劉庚之	鎮江		磚	32.5×15.5—4.5	11	1984	3方同文	考1988-1
52		彭城劉頎之妻徐氏	鎮江		磚	32.5×15.5—4.5	11	1984	2方同文	考1988-7
53	○	黄天（黄夫人）	南京油坊橋		磚	34.4×20—5	9	1966	2方同文、1方殘損	藝術・墓誌

略號一覧

＋：この字數以上の文字の存在が推測されるもの

文：「文物」　　考：「考古」　　東：「東南文化」

襄稿：宋隋思「寶刻叢稿」　　叢鈔：「古刻叢鈔」　　文通：「文物通訊」

墓誌：「南京出土六朝墓誌」（北京, 1980）　　拓本：「梁鄱陽敷及王氏墓誌銘」（北京, 1975）　　銘刻書法：「古代銘刻書法」（天津, 2003）

墓誌集釋：趙萬里「漢魏南北朝墓誌集釋」　　藝術：「六朝藝術」（北京, 1980）

449　補章　江南新出六朝墓と墓誌

表Ⅲ　東晋南朝墓誌の形状比較表

年代	横　長	縦長（縦35cm以上）	縦長（縦35cm以下）
318		1 陳郡謝鯤　　　南京323 2 吳郡張鎭　　　吳縣325	
330	3 琅邪王興之　　南京340		4 琅邪顔謙婦劉氏　南京345
350		6 廣陵高崧婦謝氏　南京355 7 琅邪王康之　　南京356 12 琅邪王閩之　　南京358 13 琅邪王丹虎　　南京359 14 廣陵高崧　　　南京366 15 琅邪王企之　　南京367	8 廣平李緝　　　南京357 9 廣平李摹　　　南京357 10 廣平李纂婦武氏　南京357 11 東海劉剋　　　鎮江357
370	16 琅邪王建之婦劉氏　南京371 17 琅邪王建之　　南京372	21 琅邪王康之婦何氏　南京389	18 魏郡（廣平）李纂　南京375 19 李纂夫人何氏　南京 20 平昌孟府君　馬鞍山376
390		22 王彬繼室夏金虎　南京392 25 陳郡謝溫　　　南京406 26 陳郡謝球　　　南京407	23 陳郡謝琰　　　溧陽396
410			27 陳郡謝球婦王氏　南京416 28 陳郡謝琉　　　南京421 29 陳郡宋乞　　　南京425
430			
450	31 平原劉懷民　　山東464		
470	32 平原明曇憘　　南京473 33 東莞劉岱　　　句容487 34 吳郡王寶玉　　南京488		
490	35 呂超　　　　　紹興493 36 桂陽王蕭融　　南京501		
510	37 桂陽王妃王慕韶　南京514 41 輔國將軍　　　南京521 43 臨川王蕭宏　　南京*526		
530	44 桂陽嗣王蕭象　南京	45 南陽程虔　　　襄陽549	
550			
570	46 巴山黃法㲿　　南京*576		
年代不詳	5 太原溫嶠　　　南京*329	48 濟陽蔡氷　　　南京	49 彭城劉庚之　　鎮江 50 彭城劉之碩妻徐氏　鎮江 51 黃天（黃夫人）　南京

貫籍姓名の前の數字は表Ⅱに對應し、後の地名と數字は出土地と墓誌上の卒年、＊印は文獻上の卒年

＊以下は形狀未確認

39	永陽王蕭敷	南京	普通元年(520)
40	永陽王妃王氏	南京	普通元年(520)
42	南平王蕭偉	南京甘家巷	中大通5年(*533)
47	輔國將軍	南京西善橋	

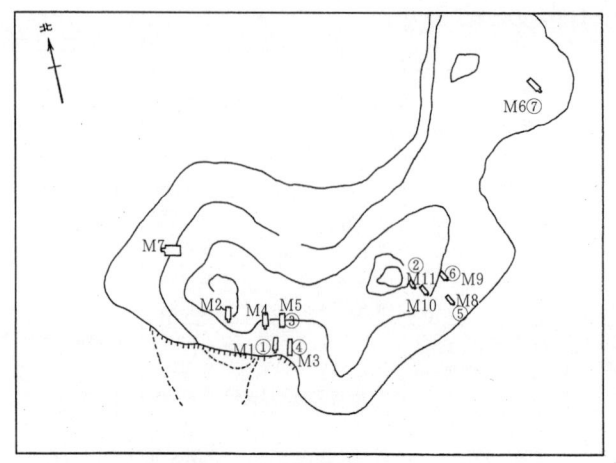

第三編　江南六朝墓と出土品　450

圖Ⅰ　象山王氏墓（『文物』2002－7、34頁）
○數字は墓建設の順序（墓誌の卒年順）（中村による追加）

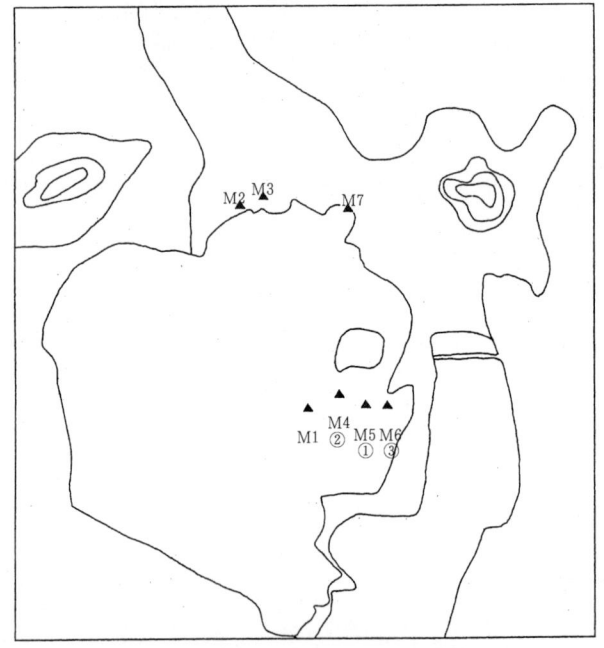

圖Ⅱ　司家山謝氏墓（『文物』2002－7、37頁）
○數字は墓建設の順序（墓誌の卒年順）（中村による追加）

第四編　建康研究

第十一章　建康の「都城」について

はしがき

　六朝時代江南の都建康が、漢唐間の代表的都市である長安・洛陽とその相貌を少しく異にするらしいことが研究の進展につれてしだいに明らかになりつつある。それは中國都市史上の長安・洛陽のみならず、華北と江南の差、あるいは江南の獨自性などにもかかわる興味ある問題とおもわれ、現に中國都市史上からみて建康のもっとも特異な姿態とみられる堅固な城壁の缺如をもってその性格を論じるこころみもなされている。その一方で、建康の形態を日本古代宮城の祖型のひとつにおこうとするような獨特の議論もあらわれており、建康によせられる關心がとみにたかまりつつあることが感じられる。

　しかし、あらためて考えてみると、そのような論議の前提たるべき建康の實態は實はさほど明確にはなっていない。しばしば比較の對象とされる長安や洛陽が、文獻的にも、考古學的にも史料にめぐまれ、たかい研究水準をえてその形態をはっきりさせつつあるのに反して、建康の研究がたちおくれていることはいなめない事實である。

　このような事情にかんがみ、本稿は建康の實態復原をこころみようとするものであるが、その主題として「都城」

第四編　建康研究　454

第一節　文献における「都城」

をえらびたい。都城の語がさまざまな問題をはらむことについては、すでに礪波護氏に周到な議論があるが、ここでいう建康の「都城」とは、後述するように、おそらく建康のもっとも外側の城壁である。そして、城壁の問題は中國都市史上の、また建康にとってももっともその特異性を象徴する最重要の問題であるとおもわれるからである。

まずはじめに、建康の「都城」について、文献からみてうごかしがたい事實、あるいは從來の研究によってほぼ確定されたとみられる事實を確認しておこう。

建康における城壁の重要なものには、「都城」のほか、宮城、および石頭城、西州城、東府城がある。そのうち、石頭以下の三者は建康の形態の特異性を構成する一大因素とみなすことができるが、位置などの詳細についてはここで確認しておきたいのはそれらがいずれも「都城」の外部に配置された一種の要塞であったという點だけである。宮城と一般によばれるのは、建康の宮殿をとりかこむ城壁である。これはまた臺城とよばれることもあった。その規模は、全周八里、それ以外についてはっきりした記録はない。ただ防禦施設としての機能を十分にはたす程度の大きさは備えていたようで、史上有名な建康の攻防戰、たとえば南齊末の蕭衍の東昏侯討伐、侯景の亂などで戰鬪の據點になるのはこの宮城の城壁である。

それでは「都城」とは何か。それは宮城城壁のさらに外側にめぐらされた城壁である。この城壁がいつ創設されたのかを明記する記録はないが、つたえられるところではそれは吳以來のものであるという。つねに注目される最大の特徴は、それが城壁とは名ばかりの竹籬（竹がき）であったことである。この竹籬の「都城」はつ

第十一章　建康の「都城」について

ようやく南齊高帝建元二年（四八〇）五月に磚築となったものの、依然として城壁の重要な屬性であるはずの防禦施設の機能をはたさなかったようにみえる。それは先にふれた蕭衍の建康攻撃や侯景の亂における攻防戰の記錄が明示する。

その規模は『建康實録』卷七成帝咸和五年（三三〇）九月條注引『地輿志』によれば、周二〇里一九步。『太平御覽』卷一九三引『郡國志』に、

陳官城、周二十里、東晉所築、

という記事を信賴すれば、この規模、とくに全周は陳末まで變化しなかったことになる。この點ははなはだ重要である。

この「都城」のさらに外側に、それをとりかこむ城壁はなかった。『建康實錄』卷一七中興元年（五〇一）九月條によれば、南齊末の蕭衍の建康攻撃のとき、東昏侯の武將李居士は秦淮南岸を燒きはらって戰場をひらいたというが、それは建康南面では秦淮以外に防禦施設の役割をはたすべきものが何ひとつなかったことをしめそう。『宋書』卷六八武二王南郡王義宣傳によると、宋元嘉末の元凶劭の事件の際、その討伐にむかった臧質は白下から廣莫門に進撃した。後述するように、この時の廣莫門は「都城」北牆にあったが、その際に何ら抵抗はうけていない。「都城」外周で城壁にかわって防禦施設の役割をはたしたのは秦淮、青溪などの水路であった。

「都城」には城門がある。その門ははじめ南面正中の宣陽門だけであったが、東晉成帝咸和五年（三三〇）、蘇峻の亂で灰燼に歸した建康の再建がなった時、あらたに南面正中の宣陽門（のち建陽門）、東面正中に建春門（のち建陽門）、西面に西明門の五門が設けられ、宣陽門とあわせて六門といった。「都城」の別名の六門城はこれに由來する。また、『建康實錄』卷七成帝咸和五年（三三〇）九月條原注に、以上東面南部に清明門、東面正中に建春門（のち建陽門）、西面に西明門の五門が設けられ、宣陽門とあわせて六門といった。

の諸門をあげたのち、

正北面用宮城、無別門、

というのによれば、「都城」北面城牆は宮城北面城壁と一致しており、「都城」の門が北面唯一の門であった。宮城北面城壁には平昌門（のち宋初に廣莫門、元嘉二五年、承明門）があったから、この門が北面唯一の門であった。

しかし、のちに六門以外に門が開設されたらしく、『景定建康志』巻二〇引『宮苑記』によれば、あわせて一二の門があった。南面西から陵陽（廣陽）、宣陽、開陽（元嘉二五年、津陽）、清明、東面南から、東陽、建春（陳、建陽）、北面東から、延熹、廣莫（もと平昌、元嘉二五年、承明）、玄武、大夏、西面北から、西明、閶闔の計一二門である。『景定建康志』巻二〇古都城門項は『宋書』巻五文帝紀元嘉二十五年（四四八）夏四月條の、

新作閶闔廣莫二門、

『建康實錄』巻一二太祖文皇帝元嘉二十五年夏四月の、

新作閶闔廣莫等門、改先廣莫曰承明、（開陽曰津陽、）

という記事をひいて、他の門も同時にこの時開設されたとする。ここで改名された廣莫・開陽二門が「都城」の門であることはたしかで、その可能性は大いにあろう。

ただ、この新設の二門については多少の注記が必要であろう。まず、西面南にあるという閶闔門についていえば、閶闔なる門名は咸和五年の建康の再建時には、宮城南面東部にある門のものであったが、この門はのちに南掖門（あるいは天門、陳で端門）と改名されていて、この元嘉二五年に「都城」の門名となったらしい。廣莫門のほうは、もと

もと宮城北面、すなわち「都城」北面でもある城壁にあった平昌門が宋永初中に廣莫と改名されていたものであって、元嘉二五年に別に廣莫門が新設され、この宮城・「都城」北面の廣莫門が承明と改名されたものである。その理由は二つある。

第一に、六門の東門建春門と西門西明門は臺城前横街とか大司馬門前横街とかよばれる大路に平行するいまひとつの大路が新設され、その東西の門として閶闔・廣莫兩門が同時に開設されたと考えると比較的無理がない。第二に、『宋書』巻七八劉延孫傳には、かれが宋末に船にのって青溪から平昌門に到り、尚書下舎に入ったという記事がある。この平昌門が宮城・「都城」北面にあった平昌門とは別のものであることは、すでにのべたように宮城・「都城」北面の平昌門が宋永初中に廣莫、さらに劉延孫より以前の元嘉二五年に承明と改名されていることからして明白である。それゆえ劉延孫が到った平昌門は別にあった門であったにちがいない。ちなみに清明門を出れば青溪がある。そしてこの附近の門で六門以外の門は東陽門だけであるのである。劉延孫の記事が、では何を東陽門ともいわず、平昌門としたかという點はなお明らかでないが、承明門とよばれるようになった宮城・「都城」北面の門がかつて平昌から廣莫へ改名された故事と何か關係があるのかもしれない。ともかく、この元嘉二五年、西面南部の閶闔門に對應するべく東面南部に廣莫門が新設され、それが時に平昌門ともよばれ、のち東陽門と改名されて『宮苑記』に記錄されたとみるのがもっとも自然ではなかろうか。

なお『景定建康志』巻二〇引『宮苑記』などの記事によれば、先述の西明・建春兩門をむすぶ臺城前横街のほか、宣陽門と宮城大司馬門の間には二里の御道、開陽門と宮城南掖門間に蘭臺宮西大路、清明・延熹兩門間には二宮中大路がはしっていた。それらは蘭臺、すなわち御史臺や、二宮、つまり宮城と東宮の所在地を明示する。また、清明・

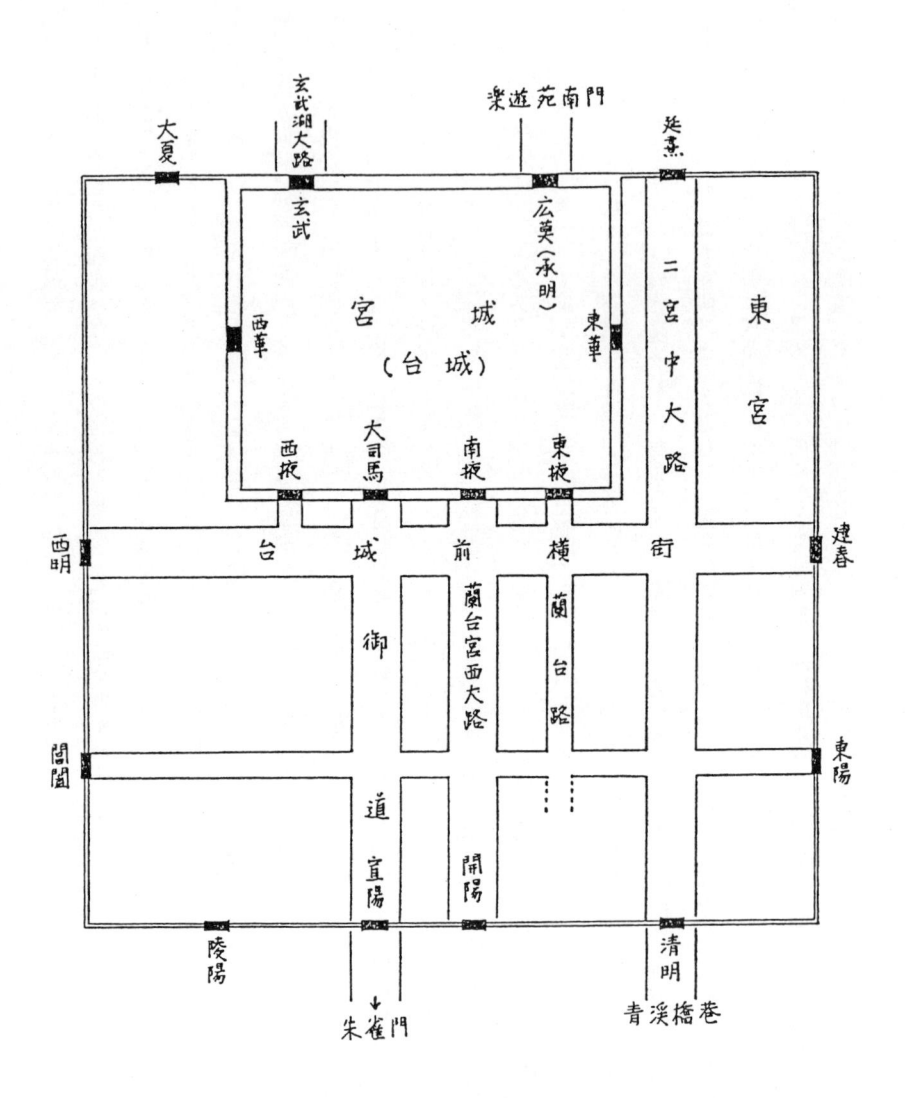

圖A　健康宮城・「都城」概念圖

東陽門外に青溪がながれ、承明門は樂遊苑南門にむかい、玄武門は玄武湖大路につづき、大夏門は歸善寺西門に對し ていた。これらを圖示したのが圖Aである。

「都城」内には、主として官府がおかれていた。それらは多く御道の兩側に配置されていたが、具體的に所在のわ かる官府の例をあげれば、宮城東掖門外に御史臺、宮城神虎門附近に中書省と侍中下省・尚書省、東陽門内に尚書下 舎、宮城南掖門外に領軍府、建陽門内に護軍府があった。『宋書』卷一五禮志に、

宋文帝元嘉十三年七月、有司奏、……其六門内、既非州郡縣部界、則不合依門外、

とあるように、「都城」内は民庶居住の地ではなく、漢魏洛陽城の内城、唐長安・洛陽城の皇城に相當する空間であった。

第二節　建康の水系

では、「都城」はいかなる形態をもち、どこに位置していただろうか。建康の最初の總合的研究である朱偰氏の 『金陵古蹟圖考』は、北界が現在臺城なる地名ののこる鷄鳴寺附近とし、あとは確定できないとしながらも、かりに 長方形として、周圍二〇里、宣陽門より朱雀航まで五里という數値を根據に、推定圖を作っている。その主要部を轉 寫したのが圖Bであるが、この圖は以後大部分の建康圖の踏襲するところとなった。しかし、朱氏のこの圖がすくな からぬ疑問をふくむことは、たとえば郭黎安氏の研究などで言及されるとおりである。

それゆえここでその復原の一案をしめしてみたいのであるが、そのためのてがかりとなるのは建康一帶にある水系 である。もちろん河流の變遷はしばしばあることで、しかも建康のごとく、のちの楊吳金陵城、明南京城建設にあたっ て相當の人工がほどこされたところでは、以前の河道がもとのままであったと考えること自體危險なのかもしれない

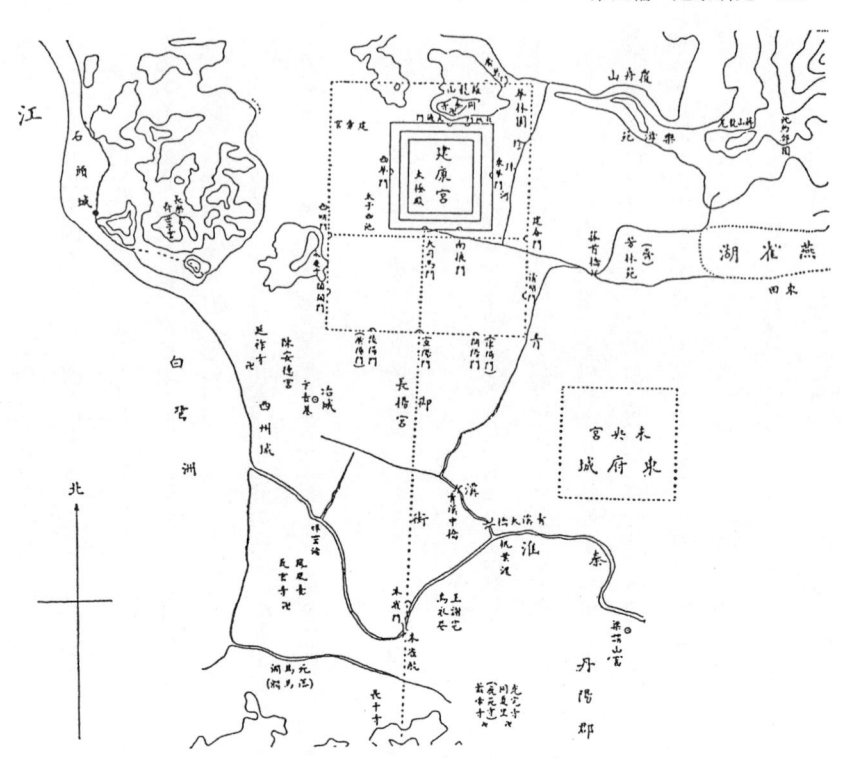

圖B　朱偰「南朝都健康總圖」
（朱偰104－105頁圖の中央部分を轉寫。破線が「四至不明之城牆」）

が、それ以上のものがない現在ではやむをえない方法であり、すでに羅宗眞氏や郭黎安氏、あるいは多少異質であるが秋山日出雄氏などもこうした方法を採用している。[27]

建康の水系については、朱偰氏、岡崎文夫氏以來、これまでにかなりの研究があるので、それらを基にしてその大要をのべてみよう。建康の水系の主たるものには、秦淮、青溪、運瀆、潮溝がある。[28]秦淮は、その名の由來にまつわる秦始皇開鑿説もあるが、おそらくは自然の河流であり、その河道も現今の通濟門附近より明城内に入り、おおきく南方に屈曲して、水西門附近で城外に出る經路が舊態をほとんどそのまま傳えているとみてよかろう。[29]

青溪は『建康實錄』卷二赤烏四年

(二四一)冬十一月條に、

詔鑿東渠、名青溪、通城北塹潮溝、

とあるように、呉の初年に開鑿されたものというが、これもまったくの人工河ではなく、鍾山から出る自然の河流を整備したものであることは疑いない。

運瀆はおなじく『建康實錄』卷二赤烏三年(二四〇)十二月條に、

使左臺侍御史郗儉監鑿城西南、自秦淮北抵倉城、名運瀆、

というように、呉の初期に運河として開鑿されたものである。ちなみに、朱偰氏は前掲書中に諸水系の河道を圖示されるが、運瀆にかぎって、「呉都建業圖」には記載するものの、「南朝都建康總圖」(前掲圖B)および東晉より陳にいたる建康圖には記入していない。本文はこの點について何ら言及しないので、これがいかなる意圖に出るものか不明である。しかし運瀆が呉のみでなく、東晉以後も存在し、機能していたことは、後にもふれるが、明らかな事實である。

潮溝は前引『建康實錄』にすでに言及されているゆえ、これもやはり呉初に開設されたとみられるが、『建康實錄』卷二赤烏四年(二四一)冬十一月條原注に、

潮溝亦(大)帝所開、以引江潮、……東發青溪、西行……接運瀆、

というように、青溪と運瀆をむすぶ水路である。

さて、これら水系の河道を圖示されたのは朱、郭兩氏であるが、そのうち秦淮、青溪、運瀆については兩者一致しており、まず妥當な見解とみられる。しかし、潮溝の河道において重大な差異がみられる。兩氏の說は、玄武湖から現在の鷄鳴寺・北極閣の東を南にむけて、珠江路と太平北路の交差點附近まで流下する珍珠河が、途中、現今の北京東路附近で西折し、鷄鳴寺・北極閣のある高地(鷄籠山)の南麓を西流し、運瀆に接合する西半部分は一致している。

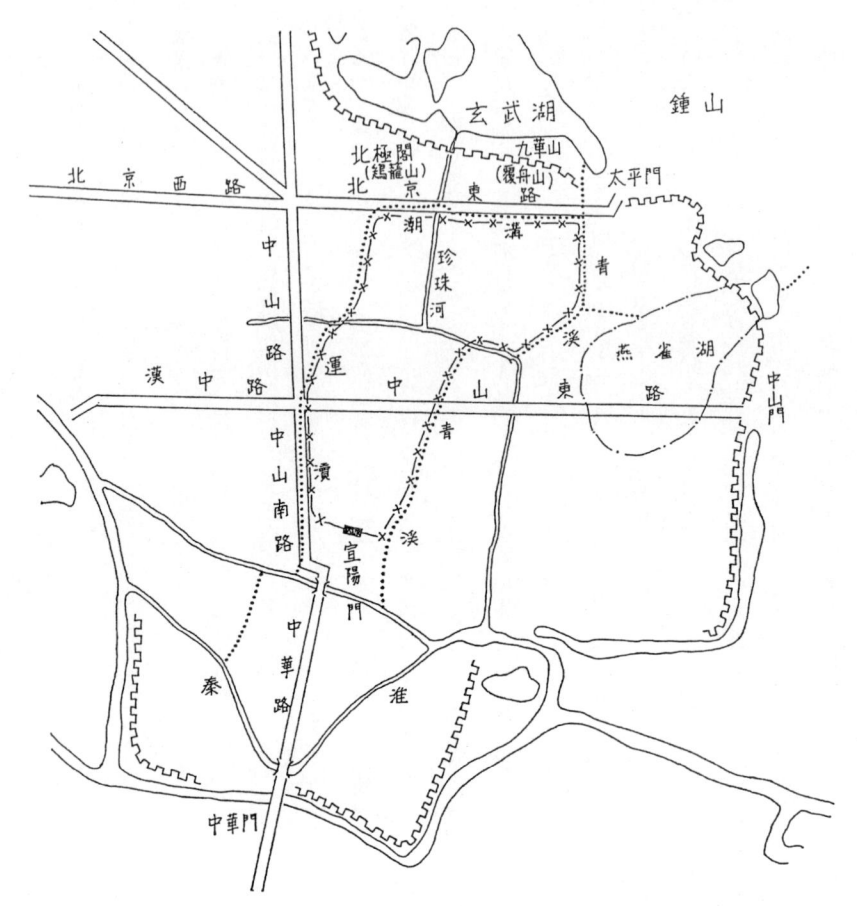

圖C　健康水道・推定「都城」圖（郭1985「建業水道圖」を基に作製）
　　……　郭説に基づく水道　　―×―　本稿の推定「都城」牆

しかし、朱氏が上記の部分のみを潮溝とするのに對し、郭氏は上記珍珠河から西折する附近で、東折して北京東路沿いに東流し、覆舟山南、太平門附近で青溪と合流する東半部分の水路をも想定している。郭氏はその説の傍證として、『太平御覽』卷一七五引『建康宮殿簿』に、覆舟山前に潮溝村なる地名のあることをあげているが(32)、郭氏の説はこの他にも根據をもとめることができる。『建康實錄』卷七咸和八年（三三三）條に、

是歲、作北郊于覆舟山之陽、制度一如南郊、

とあり、その原注に、

案地志、今縣八里潮溝後、東近青溪、其西卽藥圃地、

とある。これは覆舟山南麓附近を潮溝がはしっていたことの明證となる。青溪と運瀆を直接連結するのが潮溝であるごとくに記す。また、前揭『建康實錄』注は、潮溝が青溪より發し、西行して運瀆に注ぐといい、青溪と潮溝・運瀆の間に珍珠河が存在したことになる。この珍珠河が寶鼎二年（二六七）に開設された城北渠であり、宮內を流れていたとする郭氏說は說得的で、この點でも潮溝河道については郭氏說の是なることが傍證できるであろう。なお、上の城北渠は潮溝と玄武湖をむすぶ水路である。

このようにして、秦淮、青溪、運瀆、潮溝、北渠がたがいに連結しつつ、建康の水路網を構成していたことは、『景定建康志』卷一九溝瀆に、

潮溝、吳大帝所開、以引江潮、接青溪、抵秦淮、西通運瀆、北連後湖、

というとおりであった。これらを圖示したのが圖Cである。

第三節　都城位置の推測

以上の水路を位置比定のてがかりにして建康の宮城と「都城」の位置を推測すればどのようになるだろうか。まず宮城についていえば、孫吳のそれはしばらくおくとして、東晉咸和五年、吳の苑城に新築された宮城の位置は、珍珠河がそのてがかりとなる。つまり、珍珠河の命名の由來からみて、それが宮中を流れる水路であることを主張した

郭黎安氏の説にもとづけば、宮城は珍珠河を内包する位置にあったとみてよかろう。『南齊書』巻六明帝本紀の末尾に、

巫覡云、後湖水頭、經過宮内、致帝有疾、

というが、この後湖水頭がたぶん城北渠より宮内に流入する水路、つまり陳代に珍珠河と命名された水路であろう。この宮城の東に、延熹門と清明門をむすぶ二宮中大路をへだてて、東宮があった。『梁書』巻五六侯景傳のいうところでは、侯景の建康包圍戰の際、侯景軍は東宮の牆に登って宮城内を射撃するので、後の簡文帝となった皇太子は東宮を燒かせたのである。とすれば宮城と東宮は隣接していたことになる。

さて、問題の「都城」であるが、これについては『建康實録』巻二赤烏四年（二四一）冬十一月條の原注が重要である。

潮溝、亦（大）帝所開、以引江潮、……東發青溪、西行經都古承明廣莫大夏等三門外、西極都城牆、對今歸善寺西南角、南出經閶闔西明等二門、接運瀆、在西州之東南、流入秦淮、

つまり潮溝の流路が「都城」の承明、廣莫、大夏三門の外を東から西へ流れ、「都城」牆の西端で南へ曲り、閶闔、西明二門の、おそらく外側を南流して、運瀆に注ぐというのである。

廣莫門はひとまずおくとして、承明、大夏二門は「都城」の北城牆にあり、西明牆は北城牆西端から南流する潮溝（實は運瀆）に沿っていたと考えざるをえなくなる。

西城牆の附近に、南流して秦淮に通じる水路があったらしいことは、『晉書』巻六四簡文三子會稽文孝王傳附世子元顯傳に、

（安）帝戎服、錢元顯于西池、始登舟、而玄至新亭、元顯棄船、退屯國子學堂、

とある記事によって推測できる。長江を建康に向かって攻め下る桓玄を征討する司馬元顯の出陣の場が西池であることは、西池より秦淮を通じて直接長江に出る水路があることをものがたる。この西池の位置は、岡崎文夫氏が『輿地紀勝』所引『宮苑記』の、太初宮西門外にありという記事に基づき、倉城附近であろうとされた。これは『建康實錄』卷二黃龍元年（二二九）冬十月條に、

（太初宮）今在縣東北三里、晉建康宮城西南、今運瀆東曲折內池、卽太初宮西門外池、吳宣明太子所創、爲西苑、

とある記事によって確認されるとともに、この記事によって、さらに詳細が明らかになる。つまり、この西池は晉建康宮城西南にあって、しかも運瀆とつながっているのである。「東曲折內池」という表現からみれば、西池は運瀆から東にむけて引きこんだ水路につながっていたのであろう。したがって、上記の西池より秦淮への水路は運瀆にほかならないのである。

東城牆の位置は青溪の西岸附近にあった。『建康實錄』卷七咸和五年（三三〇）九月條原注に、東面最南の清明門を東出すれば青溪橋巷に出るといい、『景定建康志』卷二〇引『宮苑記』には、東面最南の東陽門は青溪橋巷に直對するという。『建康實錄』と『宮苑記』で清明門と東陽門の位置が異なることは前述したが、青溪の西岸に沿って東城牆がのびていたことはまずまちがいのないところに対しているという點は共通しているから、青溪の西岸に沿って東城牆がのびていたことはまずまちがいのないところであろう。

南城牆の位置については、宣陽門がてがかりである。たとえば『建康實錄』卷七咸和五年九月條原注によれば、宣陽門は南は朱雀門と相い對し、その間五里餘という。宮城の大司馬門より朱雀門までは「吳都賦」によれば、七里あった。朱雀門の位置は不明であるが、秦淮と玄武湖の間は、現今の位置を地圖上で測定してみても、秦淮が明城內で南に屈曲するその最南部から玄武湖南岸の水閘まで六キロメートル弱、朱雀門は秦淮にかけられた朱雀橋と接している。

つまり魏尺一四里弱であるから、その中間附近に宮城南城牆があり、それより南二里ばかりのところに宣陽門と「都城」南城牆があったことになる。

もし以上のような位置比定が大過ないとすれば「都城」はやや斜めに歪んだ長方形を呈していたことになる。また、東西両城牆には少なからぬ屈曲部もあったことになる。とくに東城牆の北部は、東宮の存在によって、大きく東へ張り出していたはずである。東宮と二宮中大路を隔てて隣接していた宮城東城壁に近い宮城・「都城」北城壁の承明門は、覆舟山にあった樂遊苑南門と直對していた(39)から、宮城は覆舟山南麓寄りにあったにちがいなく、東宮は更にその東にあるからである。

東城牆の屈曲は、あるいは清明門の位置が前述したように『建康實錄』原注と『宮苑記』でくいちがうことと關連するかもしれない。つまり東城牆は南半部分で大きく屈曲して南城牆と連結し、東面・南面の區分が曖昧となり、ために東面最南、南面東端の紆曲があらわれたのではないだろうか。

こうした不整形な「都城」牆は『世說新語』卷上言語篇にみえるつぎのような逸話によって傍證できよう。

宣武移鎭南州、制街衢平直、人謂王東亭曰、丞相初營建康、無所因承、而制置紆曲、方此爲劣、東亭曰、此丞相乃所以爲巧、江左地促、不如中國、若使阡陌條暢、則一覽而盡、故紆餘委曲、若不可測、

このような城内の紆曲のさまは城牆の屈曲と少なからず關係していたとみてよいのではなかろうか。以上を圖示したのがさきにあげた圖Cである。

ところで、もしかような形態と位置を「都城」がもっていたとすると、ただちに連想されるのは漢魏洛陽内城との類似である。周知のように、漢魏洛陽内城は九六城とよばれ、南北約九里、東西約六里の南北に長い長方形であった。その全周はしたがって三〇里餘、周二〇里餘の「都城」はその三分の二しかないが、南北に細長い形態には類似

第十一章 建康の「都城」について

が感じられる。もちろん、九六城というのは、南北と東西の比が九：六、つまり三：二という點に意味があるのではなく、九里と六里という實數が重要なのであるが、南北に細長い景觀そのものにも多少の意味があるのではなかろうか。また、配置からいえば、洛陽内城の中心街である銅駝街が内城南門の宣陽門をぬけて南へのびたところで洛水をわたり、そこに永橋がかけられているのは、建康の御街と朱雀橋の配置によく似ているし、それぞれの背後に邙山と幕府山があるところも、特別な意味を感じさせる。

建康が魏晉洛陽城の影響をうけ、また北魏洛陽城の模範となったことについては、とくにその内部配置をもとに郭黎安氏が言及されるところであり、(41) わが國では秋山日出雄氏にも同様な主張がある。(42) 東晉以後の建康と、呉以後東晉以前の建康の關係があまりはっきりしないので、この問題はなお檢討が必要であるが、以上にのべた「都城」の位置と形態はこの問題について何がしかの檢討素材を提供するであろう。

第四節 秋山説への疑問

ただ前引秋山日出雄氏の主張については、その根據について疑問が少なくないので、ここで若干の疑義を提出してみたい。

ここでとりあげるのは、氏の建康復原の試論のうちの内城（本稿でいう「都城」にあたる）に關してである。氏の假説の大要は以下のようなものである。東晉の建康は呉のそれを擴張し、秦淮の南北兩岸を包含して、洛陽の九六城を再現したこと、劉宋代には更に北へ擴張されて玄武湖畔に及んだこと、である。氏が圖示されたその復原圖を轉載したのが圖Dである。(43) これは通説と極端に異なる。

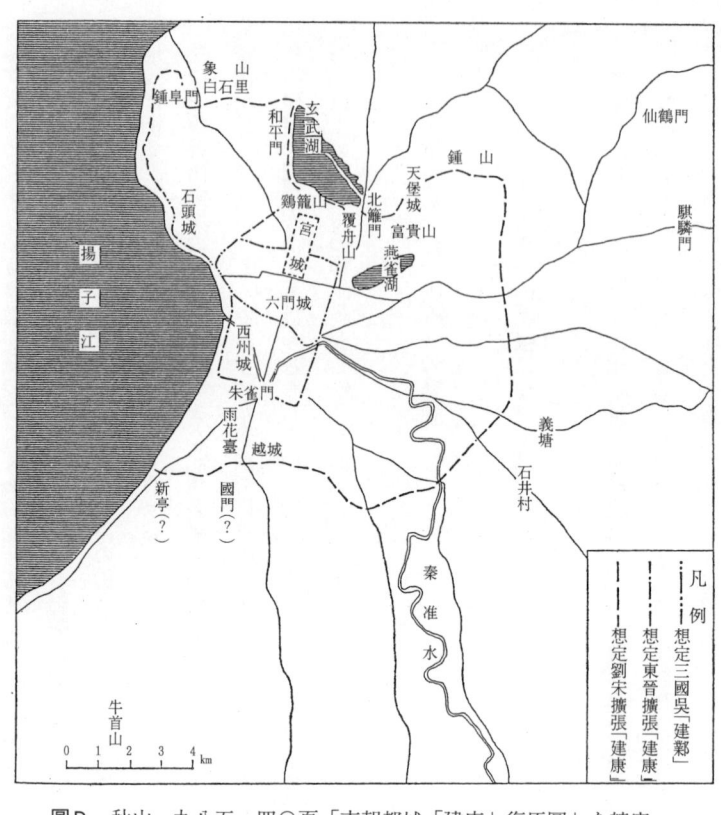

第四編　建康研究　468

圖D　秋山一九八五、四〇頁「南朝都城「建康」復原圖」を轉寫。

氏の説は建康宮と宮城（臺城）、「都城」の區別がやや分明でなかったり、朱雀門と大航門を別の位置にあるとする誤解があったりするが、それはさておき、東晉の建康が秦淮兩岸を包含した形で洛陽の九六城を再現したという説に重大な矛盾があるように感じられる。洛陽の九六城とは内城のことであるが、それは後世のいわゆる皇城にあたる。「都城」がまさしくそのようなものであることはすでに述べたとおりであるが、東晉の建康がもし氏の説のごとくであるなら、それは東晉南朝の建康の最大の居住地區であり、かつ商業地域であった秦淮兩岸を含むことになり、洛陽の九六城たる内城とは性格をまったく異にするものとなる。洛

陽の九六城の再現であるとするなら、単なる外形だけではなく、その城の性格も比較しなければなるまい。

つぎに、氏が上記のような東晋建康城を想定された根拠は、南唐の金陵城（宋の江寧府）が地圖でみて魏晋洛陽城と同規模に見えるからというのであって、「そのことは南朝時代の建康城を江南のこの地に再現した都城であり、この南朝の古都建康を修築して再び利用したのが南唐の江寧府であったと考える」[45]のであるという。建康は洛陽の再現という假説を前提に、洛陽内城の外形と類似した區畫である南唐金陵城を見出し、それによって秦淮兩岸を含む建康を復原し、その建康の形から建康は洛陽の再現とするその論法はいまは問うまい。南唐金陵城が建康を踏襲した可能性があるというのであるが、陳亡後三〇〇年餘の輔公祏と、輔公祏より三〇〇年後の楊呉の金陵城建築の時間の差をみくらべれば、その推測は單なる立論の根據のひとつにすぎなくなろう。

また、氏は朱偰氏の南唐金陵城が周圍三五里であるという説により、氏の復原圖は西北に張り出した石頭城の部分を除き、洛陽の南北九里東西六里の姿を連想させるという。はじめ洛陽内城に類似した區畫をもとめて南唐金陵城の外周を見出し、そこから洛陽城がまた連想されるというのは理解に苦しむが、それはともかく金陵城の周三五里というのは朱偰氏の誤り（誤植であろう）で、實は二五里が正しい。[47]そうすると、金陵城は石頭の部分を除けば周二〇里餘、洛陽内城の三分の二程になり、洛陽城をそのまま再現したとはとてもいえなくなるのである。

楊呉の金陵城建設より三四〇年ほど後の『景定建康志』の記事（卷二〇今城郭建康府城）に、

六朝舊城、在北去秦淮五里、……至楊溥時、徐溫改築、稍遷近南、夾淮帶江、以盡地利、

というのが信頼できるとすれば、秦淮が城内に包含されたのは楊呉の時が最初であり、かつ南唐金陵城と建康の位置

とには何ら關係がない。

つぎに、氏は北城牆の位置が劉宋代に擴張されて玄武湖畔まで及んだとされ、さらに圖では、その北城牆を現在の明内城の中央門、鍾阜門、挹江門を通る經路で描いておられる。玄武湖畔に及んだという推測の根據は、先にもふれた元嘉二五年の閶闔、鍾阜門、廣莫二門の新設であるが、これは記事に卽していえば舊來の城牆に門を設けたということにすぎず、新たに城壁が北へ擴張されたという根據としては薄弱にすぎる。

また、季士家「明都南京城垣總論」（『故宮博物院院刊』一九八四—二）七六頁に、一九五八年、鍾阜門西で、城壁上部より四・一メートル下で、漢・六朝より隋唐にいたる磚を用いた高さ六メートルの牆身が發見され、一九七五年には、この城牆内でやはり六朝の磚による牆身が發見されたという記事があるのを引いて、上記の明の北邊内城が建康の北城壁位置を踏襲するという氏の推測の具體的例證であるとされている。これが六朝時代建設にかかる城壁なのか、後世六朝隋唐磚を利用して建設したものかの判斷は、詳細な報告がないので保留せざるをえないが、もしこの附近に六朝時代の城壁があったとすれば、諸般の事情から考えて、それは白下壘（白石壘）にちがいない。そして、それが白下壘であるとすれば、すでに述べたように白下壘と建康宮城・「都城」北城壁の間に大規模な城壁が存在したことはまったく考えられないことである。

以上に述べた諸點からして、秋山氏の建康の形態と位置についての假説のうち、内城部分については成立しないといわざるをえない。

むすび

第十一章　建康の「都城」について

以上、文獻を中心に若干の檢討をおこない、建康「都城」の實態、その形態や位置の復原をこころみてみたが、その結果、朱偰氏以來の通說とはやや異なる推測が可能になったようにおもう。かかる建康「都城」のありかたは東アジア都市史上における建康の位置づけにあたって、一定の意味をもつことになろう。しかし、「都城」は重要ではあっても、建康の性格の唯一の構成因素ではない。建康の實態と性格の究明のために今後檢討さるべき課題はなお多い。前稿末尾で言及したような問題もふくめて、今後も考察をつづけたいとおもう。

注

（1）建康についての主な研究は以下のごとくである。

秋山日出雄「南朝都城『建康』の復原序說」『橿原考古學研究所論集』第七　一九八四
秋山日出雄「南朝の古都『建康』」『中國江南の都城遺跡』一九八五
上田早苗「中國の歷史的都市」『歷史的都市』講座考古地理學第三卷　一九八五
岡崎文夫「六代帝邑攷略」『南北朝に於ける社會經濟制度』一九三五
郭黎安「試論六朝時期的建業」『中國古都研究』浙江人民出版社　一九八五
郭黎安「魏晉南北朝都城形制試探」『中國古都研究』第二輯　浙江人民出版社　一九八六
朱偰『金陵古蹟圖考』上海　一九三六
蔣贊初『南京史話』北京　一九六三　增補版
中村圭爾「建康と水運」『佐藤博士退官記念中國水利史論叢』一九八四（本書第十二章）
宮川尙志「六朝時代の都市」『六朝史研究』政治社會編　一九五六
羅宗眞「對南京六朝都城的一些看法」『中國古都研究』第二輯
劉淑芬「六朝建康的園宅」『大陸雜誌』六六－三　一九八三

(2) 劉淑芬「建康與六朝歷史的發展」『大陸雜誌』六六―四　一九八三
劉淑芬「六朝建康城的興盛與衰落」『大陸雜誌』六七―四　一九八三
劉淑芬「六朝時代的建康―市廛民居與治安」『大陸雜誌』六八―四　一九八四
同濟大學城市規劃教研室編『中國城市建設史』北京　中國建築工作出版社　一九八二
南京師範學院地理系江蘇地理研究室編『江蘇城市歷史地理』江蘇科學技術出版社　一九八二
(3) 大室幹雄『園林都市』(一九八五) 一二五頁以下を見よ。
秋山一九八四、二五頁、一九八五、四二頁。
(4) 礪波護「中國都城の思想」『日本の古代』第九卷都城の生態 (一九八七)。
(5) 『六朝事跡編類』卷上に「宮室記」を引き、臺城、東府、西州、倉城は「皆不出都城之內」というが、この都城はおそらく首都建康全域をいうのであって、本稿でいう「都城」ではない。
(6) この當時、臺は朝廷、中央政府を意味する。なお、東宮は臺にふくまれない。たとえば『宋書』卷四〇百官志における東宮官屬と臺の官との對比を參照。
(7) 『建康實錄』卷七咸和七年原注引『圖經』。
(8) 前者については『建康實錄』卷一七中興元年九月條など、後者については『梁書』卷三九羊侃傳、卷五六侯景傳などを見よ。
(9) 『建康實錄』卷七咸和五年原注引「地輿志(ママ)」。
(10) 『南齊書』卷二高帝紀下、卷二三王儉傳。
(11) 『建康實錄』卷二黃龍元年條も同じ。
(12) 注(1)拙稿、一〇三頁(本書四九一頁)。
(13) 『建康實錄』卷七咸和五年原注、『景定建康志』
(14) 『景定建康志』卷二〇古建康宮門項。

473　第十一章　建康の「都城」について

(15) 『宋史』卷二〇三藝文志三地理類に、許嵩『六朝宮苑記』と初出する書であろう。

(16) 清明門はこの『宮苑記』では南面最東となっているが、『建康實錄』卷七咸和五年原注では東面最南となっていて、兩者相異なる。『景定建康志』卷二〇古都城門項は、清明門は北は延熹門に對すると『宮苑記』にいうのによれば、南面東部にあるはずとして、『建康實錄』の東面最南説を誤りとするが、この點については後述する。

(17) 秋山一九八四、一五頁はこの記事を都城の北方への擴張ととるが、首肯できない。後述。

(18) 『建康實錄』卷七咸和七年條原注、『景定建康志』卷二〇南掖門項。

(19) 注(14)參照。

(20) 『景定建康志』卷二〇古都城門項。

(21) 前注(20)所引書には、ここで二門を増立して、「都城」を南北にわけたといっているが、示唆的見解である。

(22) 注(17)參照。

(23) 注(1)拙稿一〇五―六頁(本書四九二―三頁)參照。具體的な官府の位置については、『宋書』卷四三傅亮傳(中書省)、同卷六一武三王江夏王義恭傳(侍中下省)、同卷六四鄭鮮之傳(尚書省)、『梁書』卷一〇楊公則傳(領軍府)、『太平廣記』卷四六八引『異苑』(護軍府)など參照。

(24) 朱一〇四―五頁。

(25) 上田一七六頁、蔣一九八〇、三七頁、中村一二四頁(本書五一二頁)、劉淑芬『大陸雜誌』六七―四、一七七・一八五・一八七頁、同六八―四、一七四頁、『中國城市建設史』二五頁、『江蘇城市歷史地理』七頁所揭諸圖を見よ。

(26) 郭一九八六、四八頁は、朱氏の宮城比定に疑問を呈している。

(27) 注(1)所揭論文。

(28) ほかに直瀆、班瀆などもあるが、本稿に直接關係しないので省略したい。

(29) 岡崎八〇―八二頁では、秦淮は現今の河道より南、石子岡(今の雨花臺)の近くを流れていたと推測している。しかし、現今の城内の秦淮河道の屈曲ぶりは、本來の秦淮河道が手を加えられずそのまま南唐金陵城、明南京城内にとりこまれた可

（30）また岡崎一〇三頁。

能性が高いことをしめすものといえる。

（31）朱九八ー九九頁「金陵古水道圖」、郭一九八五、二九二一ー二九三頁「建業水道圖」。

（32）郭一九八五、二六九頁。

（33）『建康實錄』卷四寶鼎二年夏六月條、郭一九八五、二六九頁、一九八六、四八頁。

（34）郭一九八六、四八頁。

（35）既述のように、廣莫門は少なくとも二つある。ひとつは、もと晉の平昌門で、宋永初中に廣莫と改名、さらに宋元嘉二五年に承明と改名された門で、これは宮城・「都城」北城壁にある。ひとつは元嘉二五年に新設された門で、先にそれは東面東陽門のことではないかと考えた。ここにいう廣莫門がどちらのかは、『建康實錄』原注がいつの城門名をいっているのかともかかわって判断すべきであるが、ただ并稱される承明・大夏が北城壁の門であるから、この廣莫も宋永初中より元嘉二五年までの北城壁の門名とみるのが自然かもしれない。もっとも、そうすると廣莫門から改名された承明と、廣莫門が同時に出てくることが不可解になるので、後考にゆずりたい。

（36）岡崎一〇一頁にすでにこの指摘がある。ただし、氏はこれを『宋書』元凶傳所出の白水とみておられる。ちなみに、氏がこの水路として運瀆を想起されなかったのは、運瀆を記した『太平御覽』卷一九〇引『吳書』が、「故開此瀆」とつくり、したがって運瀆は北へ通ずる運河と誤解されたことによる。岡崎一〇〇ー一〇一頁。

（37）岡崎一〇一頁。

（38）注（16）參照。

（39）『景定建康志』卷二〇古都城門に、北面の廣莫門が樂遊苑南門に直對するというが、この廣莫は後の承明門のことであろう。

（40）前揭礪波一〇六ー一一〇頁。

（41）郭一九八五、二七六頁、一九八六、五一頁。

（42）注（3）參照。

第十一章　建康の「都城」について

(43) 秋山一九八五、四〇頁。なお、秋山一九八四にはより詳細な圖が附載されているが、城壁の位置などが朱色で印刷されているので、轉載できなかった。

(44) 秋山一九八四、注（24）は大航門と朱雀門をまったく別のものとし、その大航門の存在を「都城」を秦淮が貫流するという氏の說の根據とする（一四頁）。大航門と朱雀門が別であるという根據は、『宋書』卷六孝武帝紀の大明五年閏月に「初立馳道、自閶闔門至于朱雀門」といい、同六年四月に「新作大航門」とあることだという。大航門の名は、『宋書』卷三四五行志に、すでに晉安帝元興二年二月の大風雨に關して出てくるが、それ以外には見えない。しかし、大航門と大桁門が別のものであったとしても、兩者が朱雀航にあることは否定できない。ちなみに、『建康實錄』卷一三では、前揭『宋書』の記事にあたるところは「初築馳道、自閶闔抵大航」、「新作朱雀門」となっている。『宋書』の大明六年の記事を、五年の馳道の建設のあと、朱雀門（別名大航門）を改築したと解して別に問題はない。そして大航（大桁）とは朱雀航のことにほかならないのであるから、かりに朱雀門と大航門が關係していることは確實である。

(45) 秋山一九八五、三八頁。

(46) 朱一七七頁。

(47) 『景定建康志』卷二〇建康府城項、『至正金陵新志』卷一舊建康府城形勢圖攷、蔣一九八〇、九二頁。

(48) 秋山一九八四、三一一三三頁。

附章　建康都城の位置に關する一試論

はしがき

本章は、前章の補足として、前章で提示した建康都城の位置に關する推測を、別の側面から補强しようとしたものである。とくに都城位置とその推測の根據である水道の位置については、南京の現在地名をもちい、具體的に位置比定をこころみた。

第一節　都城位置の舊説

建康は周圍八里の宮城と周圍二〇里一九歩の都城を中心とする。その宮城と都城の位置は古來重要な研究課題である。『景定建康志』『至正金陵新志』『洪武京城圖志』『金陵古今圖考』『金陵瑣志』などの書は、はやくからその位置を圖示しているが、五〇年前の朱偰著『金陵古蹟圖考』（上海、一九三六）に示されたものが、もっとも影響がおおきい。氏は鷄鳴寺の背後の古城壁（俗に臺城とよぶ）を都城北界とし、都城南門、すなわち宣陽門が秦淮河の朱雀航と五

建康都城の四至は確定するのが相当に困難としながら、南北に長く、東西が狭い長方形の都城平面圖を提示した。氏はまた、の圖によれば、北城牆は解放門附近から西へ鷄鳴寺および北極閣の北を經て、鼓樓の西にいたり、西城牆は鼓樓西から南に向けて雲南路、上海路附近を經て、五臺山南麓にいたり、南城牆は五臺山南麓から東へ中山東路沿いに、土街口附近を通って大行宮附近にいたり、東城牆は大行宮附近からおおむね太平路沿いに解放門附近にいたっている。

この朱偰氏の說はおおくの研究者の賛同するところとなった。蔣贊初著『南京史話』（南京、一九八〇）、劉敦楨主編『中國古代建築史』（北京、一九八〇）、『中國城市建設史』（北京、一九八二）、陳橋驛主編『中國歷史名城』（北京、一九八八）、閻崇年主編『中國歷代都城宮苑』（北京、一九八七）、葉驍軍主編『中國都城發展史』（西安、一九八八）など、その建康都城位置圖はいずれも大同小異、基本的には朱偰氏說を踏襲しており、異論はほとんどない。

しかしながら、じつはこの朱偰氏說に矛盾する記事が『建康實錄』にあり、そのことは從來まったく顧慮されていないのである。このため、本稿は『建康實錄』のその記事について檢討し、建康都城の位置について一說を提示してみたい。

第二節 『建康實錄』注の記事

『建康實錄』卷二赤烏四年（二四一）冬十一月條に、

詔鑿東渠、名靑溪、通城北塹潮溝、

とあり、その注に、

潮溝亦帝所開、以引江潮、其舊跡在天寶寺後、長壽寺前、東發青溪、西行經都古承明廣莫大夏等三門外、西極都城牆、對今歸善寺西南角、南出經閶闔西明等二門、接運瀆、在西州之東南、流入秦淮、という。ここにでてくる承明、廣莫、大夏、閶闔、西明の五門は、『景定建康志』卷二〇引『宮苑記』によれば、みな都城の門である。この記事によると、建康都城の位置は潮溝、青溪、運瀆の三本の古水路と密接に關連しており、この三水路が都城位置の推定に重要な手がかりを提供することになる。

ここで先に『建康實錄』記事の史料的信賴性について確認しておく必要があろう。『四庫全書總目提要』卷五〇別史類は、『建康實錄』を評して、「尤加意於古蹟」、「引據廣博、多出正史之外、唐以來考六朝遺事者、多援以爲徵」といい、『四庫全書簡明目錄』卷五もまた、「尤加意于古蹟、頗爲詳洽、且書作於唐至德中、去梁陳未遠、多見舊文、故所綜述、往往爲唐以後書所不載」という。すなわち『建康實錄』の記事は信賴するにたるものであり、かつ貴重なものであり、とくに古跡の部分において、それがいちじるしいと評價されているのである。

では『建康實錄』の成書の時代、すなわち唐肅宗至德年間（七五六〜七五八）に、建康の遺跡の狀況はいかようであったろうか。『資治通鑑』卷一七七隋紀開皇九年條に、「詔建康城邑宮室、並平蕩耕墾」とあり、隋の平陳後、完全に破壞されたようにみえる。しかし、おなじく『資治通鑑』卷一九〇唐紀武德六年條には、輔公祐の叛亂をしるして、輔公祐は「修陳故宮室而居之」とのべており、唐武德六年（六二三）、六朝建康の遺跡はなお殘存していたことをうかがわせる。してみれば、これより一三〇餘年後に成った『建康實錄』の建康都城の遺構に關する記事は、なお信賴性のあるものとみなすことができるであろう。

第三節　古水道の位置と都城位置の推測

建康都城の位置は、『建康實錄』注によれば、潮溝、青溪、運瀆三水路と密接な關係にある。つぎに必要となるのは、その三水路の位置の探索である。

孫吳時代に開鑿されたこの三水路の位置は、朱偰著『金陵古蹟圖考』と、郭黎安氏の論文「試論六朝時期的建康」（『中國古都研究』第一輯、杭州、一九八五）ですでにあきらかにされている。それによれば、運瀆は、いまの東南大學西北附近から、進香河路、洪武北路の西、新街口の東を經て、中山南路附近に達し、羊市橋、笪橋、草橋、紅土橋、斗門橋を過ぎて、內秦淮と合流する。潮溝は、東南大學西北附近で運瀆と連接し、北京東路に沿って東流して、九華山南に向かい、太平門西南で青溪と接する。青溪は、鍾山に源を發し、南流して小營路東にいたり、西明二門を過ぎて、さらに南流して長白街附近にいたり、淮青橋附近で秦淮に合流する。なお、附言すれば、『建康實錄』赤烏四年條原注がいうところの歸善寺西南角より南出し、閶闔、西明二門を過ぎる水路は、潮溝ではなくて、運瀆の上流である。

つぎに歸善寺の位置であるが、『景定建康志』卷二二引『宮苑記』には、

　（古上林苑）鷄籠山東、歸善寺後、

とあるから、かんがえて、歸善寺は鷄籠山東にあったと推測できる。

上述のことからかんがえて、都城北牆の承明、廣莫、大夏三門の外には、潮溝が流れており、それ故都城北牆は潮溝南岸、すなわち潮溝があったとみられる北京東路沿いに存在したと推測できる。北牆東端は九華山南麓附近にあり、

西端は歸善寺西南角に對していたので、歸善寺のあった鷄籠山東の西南、すなわち鷄籠山南麓附近にあったことになる。

西牆の位置に關しては、歸善寺西南角から閭闔、西明二門附近まで潮溝（實際は運瀆の上流）が流れていたというから、鷄籠山南麓から進香河、洪武路附近一帶にあったことになる。

東牆の位置は、『建康實錄』卷七咸和五年九月條原注の記事では、東牆の淸明門を東へ出れば靑溪橋巷であり、『景定建康志』卷二〇引『宮苑記』では東牆東陽門が靑溪橋巷と正面で向かいあうというのであるから、東牆は靑溪に沿って築かれたことになる。それ故東牆は小營路から太平橋附近を通り、利濟橋附近へと屈曲していたことになる。

南牆は、鎭淮橋の北五里、すなわち火瓦巷、戶部街と三十四標附近にあったであろう。正門の宣陽門は火瓦巷と戶部街の交差點附近ではなかろうか。

第四節　本說の別側面からの補强

以上の推測は傳統的な說とはなはだ齟齬している。しかし、その推測を前提とすると、從前說明しがたかった疑問點が容易に說明できるのである。

第一に、南京大學北園で大型の東晉墓が發見されたことがあり（「南京大學北園東晉墓」『文物』一九七三―四）、研究者はこれを東晉帝陵のひとつと推定し、また南京大學北園附近を東晉西陵の區域と推測している。ところが、『建康實錄』によれば、東晉の元、明、成、哀四帝陵は鷄籠山陽にあるから、この推測は正鵠を射ている。しかし、實際には帝陵が都城內に存在することの說では、南京大學北園附近の西陵は、都城內部に含まれてしまう。しかし、

481　附章　建康都城の位置に關する一試論

はありえない。もし本論のように都城位置を推測すると、南京大學北園はまさしく都城西牆の西側に位置するのであり、西陵の名にふさわしい。

第二に、『景定建康志』卷二〇引『宮苑記』は、都城北牆の廣莫門は覆舟山南と正對するという。樂游苑は覆舟山（九華山）南にあった（『太平寰宇記』卷九〇上元縣）から、廣莫門は覆舟山南になければならないが、これもまた本論の都城位置と一致する。傳統的な說では、廣莫門は鷄籠山東麓の解放門附近となるが、これは樂游苑南門に正對するという上述『宮苑記』と矛盾する。

第三に、都城北牆の大夏門は、おなじく『景定建康志』卷二〇引『宮苑記』によれば、門北が歸善寺であるが、歸善寺は鷄籠山東にあった（前引『宮苑記』）。そのことは鷄籠山が都城北牆の外側にあることを意味し、大夏門は鷄籠山南麓にあったことになる。

第四に、宮城の位置に關して、郭黎安氏は「魏晉南北朝都城形制試探」（『中國古都研究』第二輯、一九八六）において、從來說に疑問をなげかけている。氏は、珍珠河は名の由來からみて、宮城內部にあるはずと考え、したがって宮城の位置は從來說よりもやや東よりとするのである。この觀點は首肯しうる。從來說では宮城は鷄籠山の眞南になるのであるが、實際はさらに東よりとなり、本論とはからずも一致することになる。

第五に、都城は從來說のように整形ではなく、不規則な四周をしていたのではないかとおもわれる。とくに青溪に沿って設置された東牆は、「九曲」の青溪に從って、屈曲していた可能性がある。これについて、『世說新語』言語篇につぎのような記事がある。

宣武移鎭南州、制街衢平直、人謂王東亭曰、丞相初營建康、無所因承、而制置紆曲、方此爲劣、東亭曰、此丞相乃所以爲巧、江左地促、不如中國、若使阡陌條暢、則一覽而盡、故紆餘委曲、若不可測、

これよりすれば、丞相王導が蘇峻の亂で灰燼に歸した建康を再建したとき、街路は直線ではなく屈曲していたのである。そして街路の屈曲は城牆の屈曲と密接な關係があるはずである。

第五節　本說への疑問とその解說

本論の推測に對して、當然いくつかの反論や異論がありうる。まず今日の鷄籠山鷄鳴寺は梁の同泰寺の舊基であって、『六朝事迹類編』によれば、同泰寺は臺城內にあり、從って同泰寺が建てられていた鷄籠山も臺城內であり、それ故都城北牆は鷄籠山の北、すなわち今臺城とよばれている城壁の位置と一致するのではないか、という疑問があろう。

この問題に關しては、次のように理解したい。すなわち、梁大通元年（五二七）創建の同泰寺は、『建康實錄』卷一七原注の記事がいうところでは、

案興地志、在北掖門外路西、寺南與臺隔、抵廣莫門內路西、梁武普通中起、是吳之後苑、晉廷尉之地、遷於六門外、以其地爲寺、

という。これによれば同泰寺は都城廣莫門內、宮城北掖門外にあることになるが、その具體的な位置はこれではなお不明である。

では同泰寺はどこに位置しているのか。『景定建康志』卷四六に法寶寺のことをのべて、

法寶寺、亦曰臺城院、乃梁同泰寺基之半也、今在行宮北、精銳軍寨內、

という。すなわち同泰寺の故基の一部には趙宋の法寶寺が建てられていたのであり、その法寶寺は南宋の行宮の北、

附章　建康都城の位置に關する一試論　483

精鋭軍寨内にあったというのである。『景定建康志』卷五「府城圖」をみると、南宋精鋭軍寨は府城内の北に位置している。南宋の建康府は楊呉順義中に建設されたもので、その北牆の護城河は珠江路南の水路に該當する。そうすると、梁同泰寺故基に建立された法寶寺の位置は、今の鷄鳴寺の位置と同一でないことは明白である。したがって、同泰寺が今の鷄鳴寺の場所、すなわち鷄籠山にあったというのは、疑わしいのである。あるいはまた、鷄籠山は建康の要地であり、戰時には重要な保壘の機能を有するのであるから、鷄籠山を城内にとりこみ、鷄籠山南麓に都城北牆を置くことは、戰略的にも戰術的にも不合理ではないかという疑問もあろう。

しかし、この點で想起すべきは、建康都城の實態である。それは南齊建元二年（四八〇）までは、『南齊書』王儉傳にいうように、「外六門、設竹籬」という状態であり、都城牆は高大堅固な城壁をもつ防禦施設ではなく、ただ宮城地區の内外を區畫する象徴的な施設であった。したがって、鷄籠山や石頭城は、劉裕が覆舟山に築いた藥苑壘と同様、城外にあっても不合理とはいえないのであり、かならず都城内に包含しなければならないというものではない。

以上の觀點には多くの誤解があるかもしれない。謹んで專家の賜教を請うゆえんである。

第十二章　建康と水運

はしがき

　建康の歴史はきわめてふるい。つたえられるところによれば、周の元王四年（前四七二）、越王勾踐が吳をほろぼして秦淮南岸に築城したという周圍二里八〇歩の越城が都市建康のはじまりであったという。しかし、建康が歴史上とりわけ重要な位置をしめるようになるのはいうまでもなく孫權が帝號を稱し、都をここにさだめた黄龍元年（二二九）からのことである。以來、建康は西晉王朝下の三〇數年間をのぞいて、陳滅亡にいたる三六〇年間、六代にわたって、分裂時代の中國の一方の首都でありつづけただけでなく、中國全土を通じても屈指の大都市として、その繁榮をほこった。

　そのような建康の歴史と、その歴史をうみだした諸種の條件、たとえば「龍蟠虎踞」と表現され、また周圍を山地にとりかこまれ、一方を長江にへだてられるという建康の地理的環境、長江下流にあって水運交通の要衝であるという位置、さらには周邊諸地域の經濟的條件などという問題はこれまでしきりに議論され、一定の成果をうんでいる。

　建康の繁榮の物質的基礎である長江上流や、あるいは三吳地方における三國以來の開發や生産、その集積のための水

第十二章　建康と水運

運の整備などについてはとくに注意がはらわれてきた。そればかりでなく、當時の中國を代表するたとえば長安、洛陽など華北の大都市と比較してもかなり異色にみえる都市建康の形態や機能についての研究もおこなわれている。このように建康についての研究はけっしてすくなくないのであるが、なかでは都市建康の内部構造の研究が比較的おくれているようにおもえる。地理的環境や水上交通網のありかたなどからみて、それは建康の水路と不可分な關係をもっているようにみえるのであるが、このような點についての考察にはなお十分でないものがあるようにおもわれるのである。

したがって、本稿ではそこに焦點をあて、建康における水路、およびそれと都市建康の形態や機能との關連について、若干の考察をこころみてみようとおもう。

第一節　建康の水路とその整備

建康におけるもっとも重要な水路が秦淮河であることは異論のないところであろう。秦淮河は全長一一〇キロ、流域面積二六〇〇平方キロの、長江下流の一支流である。その上流には兩水源があり、東源は句容城北六〇里の大華山に出、句容縣城、湖熟鎭を經て、方山附近で南源からの水流と合流する。南源は溧水東南二〇里東廬山に出、溧水縣城を通過して方山に至る。兩者が合流したのちは北流し、建康南部を屈曲して流れ、往時は清涼山の南、水西門附近で長江に注ぐ。

秦淮が秦始皇によって開鑿され、それがその名の由來となったという傳説をもつのは周知のことであるが、水路として本格的な整備がはじまったのは孫權が最終的にこの地に都をさだめた黃龍元年以後のことである。その十數年後

には、のちにふれるように方山附近で有名な方山埭の建設と破崗瀆の開鑿がおこなわれるが、それ以外に建康地域内の、したがって長江への河口附近の秦淮に護岸工事がほどこされている。『建康實錄』巻四寶鼎二年夏六月注には、

横塘、今在淮水南、近陶家渚、俗謂囘軍母沇、古來緣江築長堤、謂之横塘、淮在北、接柵塘、在今秦淮逕口、吳時夾淮立柵、

とあり、吳時、秦淮の兩岸に柵が建設され、おそらく同時に堤防も設置され、柵塘とよばれる秦淮の堤防が出現したことがわかる。同時に、秦淮河口より南の方へ、長江沿いに横塘とよばれる堤防も建設されている。『景定建康志』巻一九山川志三横塘條注引『宮苑記』には、

吳大帝時、自江口沿淮築堤、謂之横塘、北接柵堤、

とあり、前引『實錄』注とやや異なる。これによれば横塘もまた秦淮河岸の堤防であり、それが長江との合流點まで達していたことになる。いずれが是か判定しがたいが、後引の『吳都賦』の敍述などから判斷すると、柵塘が内陸部、横塘が合流點から長江沿岸にかけて設置されたものであるとしてまちがいはなさそうである。これらはいずれも長江の江潮をさけることをひとつの目的としているとおもわれるが、それが十分なものでなかったことは、後世、ときに京師が大水にあっていることからもうかがわれる。おそらくそのためであろうが、『實錄』巻一七天監九年條に、

新作緣淮塘、北岸起石頭、迄東冶、南岸起後渚籬門、連於三橋、

とあり、梁天監九年（五一〇）にいたって、秦淮兩岸の堤防の新築工事がおこなわれている。

吳代におこなわれた水路整備については、つぎに運瀆をあげねばならない。びその原注（『太平御覽』巻一九〇引『吳書』と同文）に、『實錄』巻二赤烏三年十二月條、およ

使左臺侍御史郄儉監鑿城西南、自秦淮北抵倉城、名運瀆、

案建康宮城、卽呉苑城、城内有倉、名曰苑倉、故開此瀆、通轉運於倉所、時人亦呼爲倉城、とあるものがそれである。はじめ孫權が建鄴に遷都したとき、もとの孫策の府舎を宮殿とし、太初宮といったが、その太初宮とさらに北の後湖（玄武湖）とのあいだに後苑をつくり、苑城と名づけた。やがて東晉成立後、呉の苑城が建康宮となるにおよんで、その苑城と秦淮との通運のために開鑿されたのが運瀆である。運瀆の名はしだいに史上からきえてゆくが、その遺跡とおぼしきものは後代になっても殘存している。

翌赤烏四年（二四一）冬一一月、『實錄』卷二に、

詔鑿東渠、名青溪、通城北塹潮溝、

とあるように、有名な青溪がひらかれ、北塹および潮溝と通じた。そのうち、潮溝については、同右條注に、

潮溝亦帝所開、以引江潮、其舊跡在天寶寺後長壽寺前、東發青溪、西行經都古承明廣莫大夏等三門外、西極都城牆、對今歸善寺西南角、南出經閶闔西明等二門、接運瀆、在西州之東南、流入秦淮、其北又開一瀆、自歸善寺門前東出至青溪者、名經樓玄寺門、北至後湖、以引湖水、至今俗爲運瀆、其實古城西南行者、是運瀆、齊武帝早遊鍾山、亦通後湖、出鍾山西、今曰潮溝、其溝東頭、今已湮塞、西頭則見通運瀆、北轉至後湖、其青溪北源、亦通後湖、今建元寺東南角、度溪有橋、名募士橋、吳大帝募勇士處、其橋西南角、名雞鳴埭、東自平昌門、西出經闉闍門、注運瀆、今東頭見在建元寺門、西頭出今夏公亭前蕪路、西至孝義橋、入運瀆、雉、至此雞始鳴、因名焉、其溝是吳郗儉所開、在苑城後、晉修苑城爲建康宮、卽城北塹也、

とあるように、後湖の水をひき、青溪と連絡させたものでも、運瀆の上源もまたこの潮溝と連結していた。同右注によれば、この運瀆と潮溝をむすぶのが北塹であって、それは運瀆の開鑿者郗儉によってひらかれたものである。なお、

さて、青溪は、前掲赤烏四年條注によれば、潮溝は運瀆に連結する一方、東流して青溪と合流するものであって、それは陳代にいう珍珠河にあたるという。

『建康志』卷一八山川志三青溪條に、

發源鍾山而南流、

というように、本來は鍾山南斜面の溪流が水源であり、青溪九曲といわれるような屈折にとむその水流からして、完全な人工渠水ではなく、むしろ天然の水流、とくに前湖以後のそれに手をくわえ、また後湖との連絡水路をこのときひらいたものとみるのが安當であろう。

ところで、運瀆開鑿の目的は秦淮から苑倉への漕運という比較的はっきりしたものであったが、潮溝・北塹・青溪の開鑿・整備の目的はどこにあったのであろうか。青溪については、後世、建康における攻防戰にあって、潮溝・北塹・青溪がならずその最前線であったことからみて、東方の防禦線としての目的をもっていたとみるのが安當であろう（後述）

吳大帝赤烏四年、鑿東渠、名青溪、通城北塹潮溝、闊五丈、深八尺、以洩元武湖水、

というのは、そのあきらかな傍證のようにおもえるが、そのあとに、

前引赤烏四年條注によれば、潮溝は運瀆に連結する部分の潮溝とこの渠を同一のものとする說もあるが、おそらく前述の北塹を改修してつくられたものであろう。

後湖の水をひく渠水としては、『實錄』卷四寶鼎二年條に、

又開城北渠、引後湖水、激流入宮內、巡遶堂殿、窮極伎巧、功費萬倍、

とある城北渠なるものがあり、運瀆と連結する部分の潮溝とこの渠を同一のものとする說もあるが、おそらく前述の

あたかも建康東郊の渠水として人工的に開鑿されたもののようにみえる。

し、北塹もまた同様であったとみられるが、潮溝は後湖の水勢調整、青溪・運瀆への水量補給という目的があったとみられる。後湖の水勢調整はかなり重要な問題であった。いま玄武湖はおだやかに南京城北に横たわっているが、六朝時代には長江と直接つながり、けっして波静かな日ばかりであったのではなかったろう。

このような秦淮、青溪、運瀆、潮溝、北塹など、建康地域にはりめぐらされた諸水路は、一方は秦淮河口から長江を通じて、その中上游につながり、一方は有名な方山埭と破崗瀆によって丹陽地域へとつながっていた。

方山埭と破崗瀆はあまりに著名で、その研究もすくなくないので概要だけをのべておこう。呉の赤烏八年（二四五）、校尉陳勳をして屯兵三萬を徵發せしめ、句容を通り雲陽西城までの水道を開鑿して破崗瀆と號した。方山南で秦淮を遮斷するようにして埭をたて、水流を調節するとともに、水道中にも一四の埭をおき、水位と水量を調節した。それらはいうまでもなく舟船通過用の斜路をそなえたいわゆる洗い堰式水門である。

以後、この破崗瀆は建康とその後背地三吳をむすぶ重要な水路でありつづけ、改良工事もいくたびかほどこされた。たとえば、南齊明帝時代、方山埭は冬期の減水期には水位がさがって、舟船の堰埭通過が困難なため、沈瑀に命じてこれを改修させた。おなじく沈瑀は赤山塘も築いたというが、この赤山塘は後世は灌漑にもちいられているものの、當初はおそらくこの破崗瀆への水量補給という目的をもっていたとみられるから、これも破崗瀆改良工事の一といえる。

なお、破崗瀆は梁代になると皇太子の名が綱であるので廢棄され、かわって上容瀆なるものがひらかれた。それは頂上で水流をわけ、一方は東南流三〇里、一六埭を經て延陵に至り、一方は西南流二六里、五埭を經て句容に至り、秦淮に連絡するものであったという。陳はこの上容瀆を廢し、ふたたび破崗瀆をひらいたが、隋の平陳後は兩者とも廢された。

第四編　建康研究　490

丹陽地域から呉・會稽地方へはまた水道がある。このようにして、建康の水道は四通していたのであり、これら諸水道が、呉および東晉南朝の通運にはたした役割の大いさは想像するにかたくない。そればかりか、それが都市建康の形態や機能に一定の影響をあたえたであろうこともまた當然豫測されるところである。それゆえ、ここで節をあらためて、それらの問題を考えてみたい。

第二節　宮城・都城と居住區

まず、以下に建康宮城の概觀をしておこう。黃龍元年、孫權が武昌より建鄴に遷都した際、孫策の故府を太初宮と名づけ、そこに居住したが、赤烏一〇年（二四七）、その太初宮を改築し、周圍五〇〇丈（一説に方三〇〇丈）の新太初宮を建設し、孫晧寶鼎二年（二六七）には、さらに華美をきわめた方五〇〇丈の昭明宮をその東に建設した。この宮殿は西晉末年の石冰の亂に燒失したが、その亂を平定した陳敏が太初宮の故址に府舍を再建し、のち渡江した東晉元帝もはじめここにいた。やがて成帝咸和二年（三二七）にはじまった蘇峻の亂によって、この殿舍も灰燼に歸し、同五年に新宮が呉の苑城跡に建設された。この新宮は周圍八里の二重の城牆（梁は三重）と、幅五丈、深さ七丈の城壕にかこまれ、建康宮と命名され、東晉以後五代の王朝の宮殿となった。臺城とはこの宮城のことである。

この臺城をとりかこむようにして建設されたのがいわゆる都城であって、呉の大帝時の創設、六代ともにこれを踏襲した。その周圍二〇里一九歩。ただし、都城とはいえ、實は竹がき（竹籬）であり、南齊建元二年（四八〇）にいたって、ようやく磚築の都牆とよばれるものが建設されるありさまで、通常都城の機能として考えられる戰術上の防禦施設という性格はほとんどもっていなかった。

都城にかわって宮城の防禦線となったのは秦淮と青溪である。王敦の亂に、溫嶠が秦淮にかかる朱雀航を燒いてその銳鋒をふせぎ、梁武帝が建康を攻擊したとき、南齊側が秦淮以南の家屋を燒きはらって戰場としたことなどとは、秦淮が建康宮城防衞の南の據點であったことをしめすし、青溪についても攻防の焦點となった例がいくつもある。水路の防衞線がやぶられれば、あとは臺城や石頭城による籠城戰がのこされているだけであった。

ちなみに、これらの水路にかけられた橋についてふれておこう。『實錄』卷九寧康元年三月條注引『地輿志』に、

六代、自石頭東至運署、總二十四所渡、皆浮船往來、以稅行直、

とあり、あわせて二四基の浮き橋が諸水路に設けられていた。『建康志』卷一六によれば、また青溪には七、運瀆には六、それぞれ架橋されていたという。その橋が二四の浮橋にふくまれるのか、それとも浮橋は秦淮だけのものかははっきりしない。それはともかく、それらのうち、もっとも著名にしてかつ重要なものは秦淮にかけられていた朱雀橋であろう。これはもと吳の南津大航橋であるが、さきにふれたように王敦の亂に溫嶠が燒き落として以來、船による往來がおこなわれていた。しかるに、東晉咸康二年（三三六）、朱雀門をたてたのにともない、あらたに橋がかけられたが、それは杜預の河橋法をもちいた浮き橋であり、長さ九〇步、幅が六丈あった。この朱雀橋は戰術上の要衝であるばかりでなく、のちにふれるような建康市街のなかでももっとも往來の激しい場所であったとおもわれる。

さて、建康には、右にあげた宮城（臺城）および都城のほかに、重要な城郭がいくつかあった。まずもっとも有名なものが石頭城であって、長江岸、楚の金陵邑のあとに孫權が築いたものであり、南は秦淮河口に接し、建康隨一の要衝である（今の淸涼山がその地である）。ついで、王敦によって揚州治として築城された西州城が治城（今の朝天宮）と運瀆のあいだにあった。また、東晉義熙一〇年（四一四）には靑溪橋東南、淮水北岸に東府城が築城された。

この三城に建康北の白下城をくわえたものと諸水路とが臺城防衞のための施設であった。このような都城形態はた

とえば華北の首都長安・洛陽などにくらべて、きわめて異色ということができるであろう。都市建康の中心は御道（御街、苑路などともいう）である。宮城南面正門を大司馬門とよび、そこからさらに五里南して秦淮にゆきあたる。その秦淮北岸には、呉時、大航門がおかれていたが、東晉ではそれが朱雀門となる。朱雀門外秦淮にあるのが前述の朱雀橋である。この宣陽門（あるいは大司馬門という）（主として東晉以後）。その両側には御溝とよぶ水路が設けられ、槐（柳ともいう）がうえられて、美しい街並を形成していた。左思『呉都賦』（『文選』巻五）には、その御道のありさまがつぎのようにうたわれている。

　高闈有閌、洞門方軌、朱闕雙立、馳道如砥、樹以青槐、亘以綠水、玄蔭眈眈、清流亹亹、列寺七里、俠棟陽路、屯營櫛比、解署棊布、

また、劉淵林注には、つぎのようにいう。

　呉自宮門南出苑路、府寺相屬、俠道七里也、解猶署也、呉有司徒大監諸署、非一也、

壯麗な御道の景觀を彷彿させるだけでなく、その大司馬門より大航門までの七里の間、御道をはさんで中央政府の官衙がたちならぶさまもしることができる。『初學記』巻二四引環濟『呉紀』に、

　天紀二年、衞尉岑昬表脩百府、自宮門至朱雀橋、夾路作府舍、

とあるように、それら官衙は天紀二年（二七八）には一層手をくわえられ、整備されたようであるが、二年後には呉は滅亡している。

呉ののちでは、政府官廳が軒をならべていたのは御道七里のうち、おもに宣陽門内、すなわち都城内であったとみられる。『南齊書』巻七東昏侯紀に、

乃燒城傍諸府署、六門之内、皆蕩盡、

とあるが、ここにいう六門とは、さきにふれた南齊建元二年創立の六門都牆のことであるから、建康宮城周邊、都城内の幅二里の地域に府署が集中していることを確認できる。また、『實錄』巻一九天嘉六年七月條注には、

案儀賢堂、吳時造、號爲中堂、在宣陽門内路西、七間、亦名聽訟堂、每年策孝廉秀才、考學士學業、歲暮習元會儀于此、前在鴻臚寺、西南衛尉府、南宗正寺・太僕寺・大弩署・脂澤庫、更南卽太史署、東南角逼路宣陽門内、過東、卽客省・右尙方、

とある。これはいつの頃のことをいっているのかはっきりしないのであるが、鴻臚寺・衛尉以下、かなりの官廳が宣陽門内にあったことをしることができる。(31)

このような官廳街に對して、住居區は主として都城外の秦淮・青溪兩水路周邊にあった。『吳都賦』は、前引條に

つづいて、

横塘査下、邑屋隆夸、長干延屬、飛甍舛互、

とのべ、吳時、横塘、査下、長干に人家が密集していたことをつたえている。横塘はさきにふれたように秦淮河口から長江岸にかけて設置された堤防である。査下は、同條劉注に、

査下、査浦、在横塘西、隔内江、自石頭南上十里、至査浦、

とあるように、石頭城南十里ばかりにあって、横塘の西方にあたる。この査浦は長江舟運の建康におけるもっとも重要な埠頭でもあった。また、長干は『實錄』巻二二嘉禾五年注引『丹陽記』に、

大長干寺、道西有張子布宅、在淮水南、對瓦官寺門、張侯橋所也、橋近宅、因以爲名、其長干是里巷名、江東謂山壟之間曰干、建康南五里有山岡、其間平地、民庶雜居、有大長干小長干東長干、並是地里名、小長干在瓦官南、

巷西頭出江也、とあるように、秦淮南岸にあった。ここにいう建康南五里の山麓とは、石子崗（今の雨花臺）のことであろうから、秦淮と石子崗の間の平地一帶、西は長江岸にかけての地を長干といったのであろう。『丹陽記』は劉宋の山謙之の撰であるから、この民庶雜居し、大・小・東の三區にわかれた長干なる里巷のありさまは、左思がえがいた吳代のそれとはかならずしも同一ではなかろうが、長干が吳代にすでに人家密集の地となっていたことにちがいはない。西晉の崩壞と華北人口の南遷、東晉王朝の成立は建康にとって一大畫期であった。ここで、建康に流入した華北難民の居住地をみておこう。『晉書』卷六元帝紀太興三年秋七月丁亥詔に、

琅邪國人在此者近有千戶、今立爲懷德縣、統丹楊郡、

とあり、元帝の舊封地琅邪國の國人千戶ばかりが元帝にしたがって建康に入っており、かれらを統轄するために懷德縣がおかれた。これがいわゆる僑郡縣の嚆矢となったのである。その懷德縣のおかれた場所であるが、『實錄』卷五太興三年秋七月條注に、

案中宗初、琅邪國人置懷德縣、在宮城南七里、今建初寺前路東、後移於宮城西北三里耆闍寺西、帝又創已北爲琅邪郡、而懷德屬之、後改名費縣、

とあるように、はじめ宮城南七里、建初寺附近におかれていた。建初寺は吳代、最初に建設された寺であり、朱雀橋下流の秦淮にかかる飲虹橋（新橋）の南にあったという（『建康志』卷四〇）から、懷德縣もその附近、つまり宣陽門からみれば西南よりの秦淮南岸におかれたのである。この地がさきにのべた長干にあたることはもはやいうまでもまい。したがって、琅邪國人千戶が移住したのは、從前からの居住區長干地區であったといってよい。もっとも、前引注によれば、まもなく懷德縣は宮城西北へうつされ、費縣と改名されており、やがて統廢合をへて、僑置琅邪郡臨

沂縣へと發展し、建康北・東北郊一帶をその疆域とするようになってゆく。それにともなって、この琅邪國人千戶が何らかの移動をした可能性も考えられなくはないが、その詳細をうかがうことはできない。

ここで、琅邪國人のなかで、あきらかにこの長干におかれた懷德縣のなかにいたとみられる一族のことにふれておこう。琅邪郡臨沂縣を本貫とする顏氏は、西晉の崩壞に際し、顏含なるものが元帝にしたがって渡江し、建康に入った(『晉書』卷八八)。その顏含の九世の孫が顏之推である。かれの『觀我生賦』(『北齊書』卷四五文苑顏之推傳)は自傳的要素の濃厚な作品であるが、そのなかに、

經長干以掩抑、展白下以流連、

というくだりがあり、その自注に、

長干、舊顏家巷、

という。顏氏一族が居住していたためおそらく顏家巷とよばれた區域が長干のなかにあったのである。顏氏は渡江とともにこの地に居をさだめた琅邪國人千戶の一であり、しかも數世にわたって、あるいは顏之推の時代まで、ここに居宅をおいていたのであろう。

おなじく秦淮南岸の朱雀橋ちかくに、有名な烏衣巷があった。ここには、『六朝事迹編類』卷七引『〔江寧〕圖經』に、

(烏衣巷) 在縣東南四里、晉書王導紀瞻宅、皆在此巷、

というように、東晉開國の功臣王導や南人の重臣紀瞻の宅があった。もっとも、『南齊書』卷三三王僧虔傳に、

王氏以分枝居烏衣者、位官微減、

というように、やがて王氏の本流はこの地をさり、衰落した支族がとりのこされた。

このほかには、この秦淮南岸には、呉代、張昭、陸機、孫綝など上層階層の邸宅がおかれ、ここが居住區の中心であったとおもわれる。

しかし、東晉南朝になると、上層階層の居住區はしだいに青溪兩岸に移動し、高級住宅街を形成する。『實錄』卷二赤烏四年注引陶季直『京都記』に、

典午（司馬氏）時、京師鼎族、多在青溪左及潮溝北、

というのがそれである。いまいくつかの例を引用して、そのありさまをうかがってみよう。『實錄』卷一〇義熙八年條に、

（郗）僧施、高平人、太尉鑒曾孫、少好文辭、宅於青溪、每清風美景、泛舟溪中、歌一曲作詩一首、謝益壽聞之曰、青溪中曲、復何窮盡、

とあり、六朝貴族の清遊のさまをうかがうことができる。また、『宋書』卷七七沈慶之傳に、

居清明門外、有宅四所、室宇甚麗、

とあるが、清明門は都城東面最南の門であり、門を出れば青溪である。『梁書』卷三八朱异傳に、梁武晚年期の權力者であった朱异について、

异及諸子自潮溝列宅至青溪、其中有臺池翫好、每暇日、與賓客遊焉、四方所饋、財貨充積、

とあり、また、『實錄』卷二〇禎明元年條に、

（孫）瑒兄弟篤睦、性通泰、有財、皆散之親友、居處奢豪、宅在青溪東大路北、西臨青溪、溪西卽江總宅、

とあって、いずれも青溪河畔に豪奢な邸宅がならんでいたことをしめしている。かれら高級官人だけでなく、『南齊書』卷三永明元年正月條に、

甲子、爲築青溪舊宮、詔槩仗瞻履、

とあるように、南齊の武帝もまた青溪に邸宅を築いたひとりであった（この邸宅はのち芳林苑となった）。もっとも、『實錄』卷一六劉瓛條に、

居住檀橋、有屋數間、上皆穿漏、學徒不敢指斥、呼爲清溪焉、竟陵王子良親往謁之、表世祖爲立館、以揚烈橋故主第給之、

とあるように、青溪にあっても、陋屋とよぶべきものがまったくないわけでもなかったが、それはむしろ例外的なものであったろう。さきにふれたような烏衣巷をさった王氏の本流もあるいはこの青溪に徙居したのではないかと想像される。
(39)

ところで、以上にみてきた居住區について、とくに注目しておきたいのは、さきにのべたように、それが秦淮と青溪という水路の近邊に集中していることである。そのことは建康の都市形成過程で、とりわけ居住區の形成が水路の存在にきわめて大きく影響されていることをしめしている。ほかにも、たとえば『實錄』卷一五和帝條に、

梁武帝舊居在三橋、

という記事がある。三橋は秦淮のやや上流にかかっていたものとみられるが、ともかくも梁武の舊居は水路ちかくにあったことになろう。また、『實錄』卷八升平元年條注に、
(40)

案塔寺記、今興嚴寺、卽謝尙宅也、南直竹格巷、臨秦淮、

といい、同五年條に、

鎭西將軍謝尙造謝寺、今改名興嚴寺、卽延興寺東、隔運瀆溝東岸也、

とあって、興嚴寺のもとになった謝尙の宅は秦淮の北岸、運瀆の東岸にあった。いずれも水路の側に邸宅があった例

である。このような居住區形成のありかたは都市建康の一大特徴であろう。

なお、建康におけるこれら以外の居住區をみてみると、南齊末のことであるが、『梁書』卷九曹景宗傳に、

景宗軍士皆桀黠無頼、御道左右、莫非富室、抄掠財物、略奪子女、景宗不能禁、

とあって、御道の左右に富裕な階層の邸宅があつまっていたことがわかるし、『實錄』卷二黄龍三年條に、

是儀……宅在西明門外、甚卑陋、

とあるのは、吳代、都城西墻中央の西明門外に宅があったことをしめし、同卷二〇禎明二年條に、

又於郭内大皇寺造七層塔、未畢功、而火從中起、飛向石頭城、燒人家無數、

とあるのは、大皇寺の位置が不明であるが、郭内というのはおそらく都城内ということであろうから、すくなくとも都城西墻から石頭・西州兩城にかけての地域にも人家がかなり存在していたことになろう。以上が建康の居住區の大概であるが、いずれも都城外にある。それに對して、都城内にあった住宅の例は、『實錄』卷七咸康七年夏四月條に、

(成帝杜皇后)、母裴氏、名穆、太傅主簿遐女、孝武帝立、封裴氏爲廣德君、初穆渡江、立第於南掖門外、時以裴氏壽考、故呼爲杜姥宅、

とある例、および、領軍府東南にあったという晉南郡公主壻羊貢の第(『宋書』卷五六謝瞻傳)、西掖門外にあったという晉都陽公主の第(同卷六三殷景仁傳)などの例がある。これらはいずれも東晉の皇室、姻戚の例である。それは、かれらが都城内に居住していたことをしめしている。

長安や洛陽に代表される古代中國の大都市が内部に整然と區畫された里や坊とよぶ街區をもつことは有名であるが、建康のばあいはどうであったろうか。區畫については、それを考察するてがかりがほとんどない。里については、

『宋書』巻二八、二九符瑞志中、下に建康縣の里として、禁中里、化義里、蔣陵里、都亭里、定陰里、崇孝里などの里名がみえ、『古刻叢鈔』（『全宋文』巻六〇）の「宋故散騎常侍揚州丹楊郡秣陵縣謝公墓誌」に、この謝公（名は濤）の葬地が、揚州丹楊郡建康縣（東郷）土山里としるされているのが注目される。つまり、宋代の建康でも郷・里制がしかれていたことになるのであるが、ただ、これらの里の具體的な位置はほとんど不明であり、また、その里がどのような形態のものであったかも不明である。
（補注1）

都市建康は梁代に最盛期をむかえる。よくひかれる史料であるが、『太平寰宇記』巻九〇江南東道昇州條引『金陵記』に、

梁都之時、城中二十八萬餘戸、西至石頭城、東至倪塘、南至石子岡、北過蔣山、東西南北、各四十里、

とあるように、廣大な四至と、百萬をこえる人口を擁したのである。

第三節　水運と商業

建康と各地をむすぶ通運は秦淮を起點とする水運によった。秦淮は水運のかなめであった。その秦淮には、『隋書』巻二四食貨志に、

又都西有石頭津、東有方山津、各置津主一人賊曹一人直水五人、以檢察禁物及亡叛者、其荻炭魚薪之類過津者、並十分税一、以入官、其東路無禁貨、故方山津檢察甚簡、

とあるように、秦淮と長江の合流地點である石頭城と、東方への水路である破崗瀆と秦淮の連結點である方山埭とに津がおかれ、通運の監督にあたった。東方への連絡路の關門となる方山津での檢察が簡単であるのに對し、長江への

出入口となる石頭での檢察がおそらく嚴格であったとおもわれるのは、建康政府がつねに上流の勢力に對する警戒をゆるめなかったことをしめしているであろう。

このように秦淮が起點となる輸送體系であるから、建康での倉庫もまた秦淮に接近して設置されていたであろう。

『隋書』卷二四食貨志に、梁陳の倉庫制度をのべ、

其倉、京都有龍首倉、卽石頭津倉也、臺城內倉・南塘倉・常平倉・東西太倉・東宮倉、所貯總不過五十餘萬、在外、有豫章倉・釣磯倉・錢塘倉、並是大貯備之處、

という。これらの倉庫の正確な所在地は石頭津倉をのぞけばほとんどわからないが、南塘倉はその名からして臺城南の淮水岸側にあったとみられ、石頭津倉とともに水運の便をもっていたとおもわれる。なお、豫章倉・釣磯倉が長江漕運の、錢唐倉が三吳漕運の中繼據點であることはいうまでもなかろう。

秦淮へは、上流からは長江の流れにのって、三吳地方からの物資が流入した。とりわけ、ようやく開發がすすみはじめた三吳地方からの物資が建康政府の重要な經濟的基盤となったのは周知のことである。それゆえ破崗瀆に課せられた任務は大きかったし、またその機能を十分にはたすべく、たとえば前引史料（注（16）にいう）ように、邸閣を設けるなどの配慮がなされていた。もっとも、破崗瀆の水運はつねに順調であったわけではない。さきにもふれたように堰埭によって水位と水量を調節し、もって舟船通過を可能にするという構造のこの水路では、堰埭通過に困難があり、舟船牽引のための人力や畜力が必要であった。また、方山埭を決壞して破崗瀆の舟運を絶ったこともあり、方山埭自體も水量減少期に水位差が大きく、通過が困難になることがあったこともさきにのべた。

このような水運は、それを利用しての商業の隆盛をまねいたところに大なる意義がある。『梁書』卷二五徐勉傳に、

嘗爲書誡其子崧曰、……所以顯貴以來、將三十載、門人故舊、亟薦便宜、或使創闢田園、或勸興立邸店、又欲舳

あることは、『宋書』巻八三呉喜傳に、

上興劉勔張興世齊王詔曰、……西難既殄、便應還朝、而解故槃停、託云貨易交關、事未回展、又遣人入蠻、矯詔慰勞、睒伐所得、一以入私、又遣部下將吏、兼因土地富人、往襄陽、或蜀漢、屬託郡縣、侵官害民、興生求利、千端萬緒、從西還、大艑小䑠、爰及草舫、錢米布絹、無船不滿、自喜以下、迨至小將、人人重載、莫不兼資、

とあるとおりである。(46)

かように物資が建康へ集中するのであるから、建康における商業の隆盛は自然のなりゆきであった。『隋書』巻三一地理志下の有名な一條、

丹陽、舊京所在、人物本盛、小人率多商販、君子資於官祿、市廛列肆、埒於二京、人雜五方、故俗頗相類、

はそれをのべている。ところで、この長安や洛陽にもひとしいにぎわいをみせた市店列肆は建康のいずこにあったのであろうか。『太平御覽』巻八二七引山謙之『丹陽記』に、

京師四市、建康大市、孫權所立、建康東市、同時立、建康北市、永安中立、秣陵鬪場市、隆安中、發樂營人交易、因成市也、

とあり、建康には代表的な市が四箇所あったことがわかる。問題はその位置であるが、『建康志』巻一六引『宮苑記』には、

吳大帝立大市、在建初寺前、其寺亦名大市寺、

とあり、呉初に大市が建初寺の前に設置されたという。建初寺はすでにふれたように秦淮下流南岸の人家密集地にあったとおもわれるから、この大市もまた秦淮南岸にあったとみられる。このあとつづいて、

宋武帝永初中、立北市、在大夏門外、歸善寺前、宋又立南市、在三橋籬門外鬪場村內、亦名東市、又有小市牛馬市、穀市蜆市紗市等一十所、皆邊淮列肆稗販焉、內紗市在城西北耆闍寺前、又有苑市、在廣莫門內路東、鹽市在朱雀門西、

という記述がある。ここにみえる南市（東市）、北市と前引『丹陽記』にみえる秣陵鬪場市、北市は、成立年次にすこし差があるが、おなじものとみてよいであろう。大夏門は都城北面最西の門、廣莫門はおなじく北面の東から二番目の門であるから、これによれば北市、紗市、苑市などは都城北墻附近にあったことになる。するとそれらは、呉の大市とは逆に、南市をのぞき、すべて秦淮北岸にあったということになる。『宋書』巻九後廢帝紀元徽二年五月條に、

丙申、張敬兒等破賊於宣陽門莊嚴寺小市、進平東府城、

とあるのによれば、小市のひとつが秦淮北にあるのはたしかであるし、『通典』巻一一食貨典雜稅に、梁陳時代のこととして、

淮水北有大市、自餘小市十餘所、備置官司、稅斂卽重、時甚苦之、（補注2）（47）

とあるのも、大市小市が秦淮北にあったことをしめすであろう。都城北墻附近の市をのぞくと、建康の市は秦淮北岸、都城南の地、つまり宮城・官廳街と居住區との中間に設けられたものが多かったのではなかろうか。もっとも、東晉のことであるが、『晉書』巻六八賀循傳に、

延尉張闓住在小市、將奪左右近宅、以廣其居、乃私作都門、早閉晏開、人多患之、

503　第十二章　建康と水運

とあって、市區と居住區とのはっきりした區畫が設けられず、混然としたものであったようにおもわれ、そうであるとすると、官廳街、居住區、市區などという區域設定は建康においては明確なものではなかったのかもしれない。

ところで、前引の『建康志』引『宮苑記』には、小市の立地について、「皆邊淮列肆裨販焉」というきわめて興味ぶかい記事がある。小市が秦淮河岸に軒をつらね、商販をおこなっているというのである。それは建康における秦淮の重要な役割を端的にしめしている。また、『宋書』卷三〇五行志一に、

晉司馬道子於府北園内爲酒鑪列肆、使姬人酤䵼酒肴、如神販者、數遊其中、身自買易、因醉寓寢、動連日夜、

とあって、東晉末期の宗室會稽王道子の亂行をつたえるが、そのことを、『晉書』卷六四簡文三子會稽文孝王傳には、

道子使宮人爲酒肆、沽賣於水側、與親昵乘船、就之飮宴、以爲笑樂、

という。このように戯譃の模倣であってこそ意味をもつのであるから、これはいわゆる市ではなく、一種の歡樂街をまねたものである可能性を否定できないが、宋の少帝の例(注(44))を參考にすれば、市のまねごととしてもけっしておかしくはない。

するさまは當時の實際と寸分ちがわないであろう。もっとも、これはいわゆる市ではなく、一種の歡樂街をまねたものである可能性を否定できないが、宋の少帝の例(注(44))を參考にすれば、市のまねごととしてもけっしておかしくはない。

そうすると、秦淮北にある市のうちのあるものは秦淮河畔に店肆をひらき、そこで商業をいとなんでいたということになるが、そのほか前述の宋の南市は秦淮河畔にあったようであるし、北市のある大夏門外には潮溝がはしっていた。このように市の所在地には水路と接近しているものがすくなくないのである。これもまた水運に影響をうけた建康商業のひとつの特徴とみなすことができる。

主として水運による商業の隆盛は王朝にとっては格好の徴稅對象となったであろう。商行爲そのものに對する課稅は東晉南朝にもしばみえ、前引『通典』食貨典雜稅にみたように市における徴稅は苛酷であったが、それ以上に

顯著なのは漕運過程での課税であった。それらは津通過の際や、堰の舟船通過における牽引などに課せられ、さらに建康内での浮橋通過にあたっても課せられた。それは、この時代の水運の盛んなさまをしめすものであろう。

　以上、きわめて粗雜ながら、六朝時代の建康の水運と都市形態にかかわる諸問題、すなわち建康の水路と水運網、宮城・居住區と水路の關係、水運と商業との關係などを概觀してきた。ここであらためてそれらを要約することははぶき、かわりに若干の點に言及しておこう。

　本稿でとくに重點をおいたのは、建康の都市としての形態や構造に關する考察であった。それは、これまで主として研究の對象とされ、かつかなりの程度にまでその詳細があきらかにされてきている華北の都市との比較を十分に意識したためである。そして、かなり強引にではあったが、とくに水運との關係から、それらとはやや異なる江南の都市のすがたをすこしはうきぼりにすることができたのではないかとおもう。

　しかし、それはひとつの出發點でしかない。眞の意味での比較は、單なる形態ではなく、その內部構造にまでおよぼす必要があるし、また自然地理、人文地理的視點はもとより、多角な觀點からのそれが必須であるからである。また、都市を考えるには、その周邊地域との關係や、都市住民に關するもろもろの問題の追求が必要となろう。

　今後、このような課題を念頭におき、より具體的な都市像をえることをめざして考察をつづけたいとおもう。

注

第十二章　建康と水運

(1)『景定建康志』巻二〇引「宮苑記」、「(江寧)圖經」。

(2) 建康に關する研究で主要なものを以下にあげる((補注3)參照)。

イ　朱偰『金陵古蹟圖考』(上海、一九三六)、のち改版して『南京的名勝古迹』(南京、一九五五)

ロ　岡崎文夫「六代帝邑攷略」『南北朝に於ける社會經濟制度』一九三五

ハ　宮川尚志「六朝時代の都市」『六朝史研究』政治・社會篇、一九五六

ニ　蔣贊初『南京史話』(北京、一九六三)、のち增補して一九八〇年に同名で出版(南京

ホ　南京師範學院地理系江蘇地理研究室編『江蘇城市歷史地理』(南京、一九八二)

ヘ　同濟大學城市規劃教研室編『中國城市建設史』(北京、一九八二)

なお、六朝時代の建康をめぐる水運については、つぎのような研究がある。

ト　武漢水利電力學院・水利水電科學研究院《長江水利史略》編寫組『中國水利史稿』上(北京、一九七九)

チ　長江流域規劃辦公室《長江水利史略》編寫組『長江水利史略』(北京、一九七九)

リ　佐久間吉也「孫吳朝の漕運路形成」(『魏晉南北朝水利史研究』一九八〇)

(3) 注(2)ニ參照。

(4) 同右、および『建康實錄』巻一注。なお『辭海』地理分册(上海、一九八一)は、東源を大茅山という。大茅山からの水流を赤山でせきとめたのが赤山湖である。

(5) 以下、『實錄』と略稱。なお、本章では、張忱石點校本(北京、一九八六)をもちいる。

(6)『文選』巻五左太沖「吳都賦」李注にもほぼ同文がある。

(7) 以下、『建康志』と略稱。なお、本章では宋元地方志叢書本をもちいる。

(8) なお、このほか『太平寰宇記』巻九〇引「輿地志」に、

梁天監十三年、以朱雀門東北淮水紆曲、數有患、又舟行旋衝太廟灣、乃直通之、

とあるように、秦淮の京邑內の水路の改修もおこなわれている。

(9) 注（2）イに詳しい。
(10) 同右引く陳文述『秣陵集圖考』の說。
(11) 注（2）イ、ニによる。
(12) 『六朝事迹編類』（張忱石點校本、上海、一九九五）卷五引『寰宇記』に、
青溪在縣東六里、闊五丈、深八尺、以洩玄武湖水、
とある。
(13) 同右引『輿地志』に、
青溪發源鍾山、入於淮、連綿十餘里、
という。
(14) 注（2）イ參照。
(15) 玄武湖の築堤工事も、晉太興二年（三一九）、宋元嘉二二年（四四五）の二度、記錄されている（注（2）イ）。
(16) 注（2）所揭の研究のほとんどが言及している。その史料をかかげておく。『三國志』卷四七吳書孫權傳赤烏八年八月に、
遣校尉陳勳、將屯田及作士三萬人、鑿句容中道、自小其至雲陽西城、通會市作邸閣、
とあり、『太平御覽』卷七三引『吳錄』に、
句容縣、大皇時、使陳勳鑿開水道、立十二埭、以通吳會諸郡、故紅行不復由京口、
とあり、『實錄』卷二赤烏八年八月條に、
使校尉陳勳、作屯田、發屯兵三萬、鑿句容中道、至雲陽西城、以通吳會船艦、號破岡瀆、上下十四埭、通會市作邸閣、
仍於方山南、截淮立埭、號曰方山埭、今在縣東南七十里、
という。
(17) ともに『梁書』卷五三良吏沈瑀傳。
(18) 同右沈瑀傳によれば、沈瑀が赤山塘を築いたというが、『讀史方輿紀要』卷二〇には、志に云わくとして、

吳赤烏中、築赤山塘、引水爲湖、とあり、赤烏中にそれが建設されたとする。もしこの記事が信頼できるのであれば、破岡瀆とその附近にある赤山塘がおなじく赤烏中に建設されたのは、單なる偶然ではなく、兩者に密接な關係があり、それは赤山湖が破岡瀆への水量補給の役割をになうという關係であったと推測できる。なお、『建康志』卷一六によれば、赤山湖が破岡瀆とよぶものがあり、『宋書』卷九九二凶元劭傳によると、劭はかれに對する東方からの討伐軍の進攻を防ぐために柏岡・方山兩埭を決壊させたという。したがって、赤山湖に埭が設けられ、水量調節機能をもったのはすくなくとも宋以前のことになる。沈璞が赤山塘を創設したのではないのである。

(19) 『建康志』卷一六。なお、梁の太子綱とは、のちの梁第二代皇帝太宗簡文帝のこと。かれは梁武帝の第三子で、大通三年(五二九)の昭明太子の死の直後、皇太子となった。『建康志』の記載どおりとすると、上容瀆の開鑿はそれ以後のことになる。

(20) 以上の水路以外の太湖周邊の水路網については注(2)リに言及がある。

(21) なお以上の水路について岡崎文夫氏はその史料の信頼性も、佐久間吉也氏が史料(とくに『實錄』)の信頼性もふくめ、懷疑的な意見をだしているとんど佐久間氏や注(2)イニトチ諸書にしたがって、その存在を肯定する立場にたつ。

(22) 『建康志』、および注(2)イによる。

(23) 『晉書』卷六七溫嶠傳に、嶠燒朱雀桁、以挫其鋒、帝怒之、及王含錢鳳奄至都下、とある。

(24) 『實錄』卷一七中興元年九月條に、李居士收散軍、猶據新亭壘、請東昏燒南岸邑屋、以開戰場、自大航以西新亭以北、蕩然矣、とある。

第四編　建康研究　508

(25) 注（2）イにその例があげられているので参照されたい。

(26) たとえば侯景の亂のときの建康攻防戰は臺城城牆でおこなわれたのである。『梁書』卷三九羊侃傳など參照。

(27) 『實錄』卷七咸康二年注に、
案地志、(朱雀橋) 本吳南津大吳橋也、王敦作亂、溫嶠燒絕之、遂權以浮航往來、至是始議用杜預河橋法、作之、長九十步、廣六丈、冬夏隨水高下也、
とある。

(28) 『梁書』卷二六傅昭傳に、
父淡……事宋竟陵王劉誕、誕反、淡坐誅、昭六歲而孤、哀毀如成人者、宗黨咸異之、十一、隨外祖於朱雀航賣曆日、
とあるのは、そのことを示唆する。

(29) 以上『建康志』卷二〇。なお、(補注4) 參照。

(30) 『建康志』卷一六引『宮城記』にいう、
自宮門南出夾苑路、至朱雀門七八里、府寺相屬、

(31) なお、『實錄』卷九太元三年條引『苑城記』には、
城外邐迆內並種橘樹、其宮牆內則種石榴、其殿庭及三臺三省悉列種槐樹、其宮南夾路出朱雀門、悉垂楊與槐也、
とあり、三臺三省など重要な官廳は宮城ちかくにあったようにみえる。

(32) 『吳都賦』李注もほぼ同文である。

(33) 拙稿「南朝貴族の地緣性に關する一考察——いわゆる僑郡縣の檢討を中心に——」（初出一九八三、『六朝貴族制研究』一九八七）參照。

(34) 長干についても、同右拙稿參照。

(35) 『實錄』卷六にいう、
(紀瞻) 立宅於烏衣巷、屋宇崇麗、園池竹木、自足賞翫焉、

第十二章　建康と水運

(36) 張昭は『實錄』卷二嘉禾五年注に、陸機は『建康志』卷四二引『金陵故事』に、孫綝は『實錄』卷三にみえる。

(37)『六朝事迹編類』卷五引『京都記』にいう、京師鼎族、多在青溪埭、

(38)『實錄』卷一四は西明門とつくるが、いま『宋書』にしたがう。

(39)『建康志』卷四二によれば、これ以外につぎのような人びとが青溪に居をかまえていた。東晉の郗鑒、宋の檀道濟、吳の諸葛恪。なお、『南史』卷三九劉繪傳に、
(張融・周顒・繪) 三人共宅夾清漳、
とある清漳も青溪のことであろう。

(40) 三橋については第一節で引用した『實錄』卷一七天監九年條を參照。

(41) 前揭拙稿參照。

(42) なお『宋書』卷三三五行志四に、
晉安帝元興二年十二月、桓玄篡位、其明年二月庚寅夜、濤水入石頭、是時、貢使商旅、方舟萬計、漂敗流斷、骸骼相望、
とあるのは、石頭にいかに多數の舟船が輻輳するかをしめしている。

(43) 竹格渚は『晉書』卷一〇〇蘇峻傳に、
峻……遂率衆赴京師、頓於司徒故府、道遠行速、軍人疲困、沈充錢鳳謀曰、北軍新到、未堪攻戰、擊之必剋、若復猶豫、後難犯也、賊於其夜度竹格渚、拔柵將戰、峻率其將韓晃、於南塘橫截、大破之、
というように出てくる。『建康志』卷一六によれば朱雀航の下流にある。これよりすれば、南塘倉は秦淮北岸、都城西南附近にあったということになろう。

(44)『建康志』卷二三によると、常平倉も石頭倉のことであるという。
なお『南齊書』卷四〇武十七王竟陵文宣王子良傳に、子良が宋の孝武帝以來の臺使の横暴をのべたくだりに、

とあり、破崗瀆における埭通過での割込みに言及しているが、それは埭通過自體に困難をともなうことをしめしている。

『宋書』巻四三徐羨之傳に、

先是、(少)帝於華林園爲列肆、親自酤賣、又開瀆聚土、以像破崗、率左右唱呼、引船爲樂、

というのは、破崗瀆における舟船通過のさまをまねたものであろう。これは人力牽引であるが、『南齊書』巻四六顧憲之傳に、

憲之議曰、尋始立牛埭之意、非苟逼僦以納税也、當以風濤迅險、人力不捷、屢致膠溺、濟急利物耳、

というように、他の埭では牛力を必要とするばあいもあった。

(46) 『宋書』巻八四孔覬傳に、つぎのようにあるものは、建康産の商品を會稽にもち歸ったという可能性もないではないが、本據での生産品を建康にもちこもうとしたとみなすべきであろう。

覬弟道存、從弟徽、頗營産業、二弟請假東還、覬出渚迎之、輜重十餘船、皆是綿絹紙席之屬、覬見之、僞喜、謂曰、我比困乏、得此甚要、因命上置岸側、既而正色謂道存等曰、汝輩忝預士流、何至還東作賈客邪、命左右取火燒之、燒盡乃去、

(45) 『宋書』巻九九元凶劭傳。

(47) 『建康志』巻一六考證では、『南史』徐度傳を根據に、「以此知六朝市廛多在淮水之北冶城之東也」という。

(48) 注(44)の宋の少帝を想起せよ。

(49) 吉田虎雄『魏晉南北朝租税の研究』(一九四三)參照。

(50) なお、建康における商業について言及した研究書はすくなくないが、ここで逐一名をあげることは略する。

(補注1) 『宋書』巻一〇〇自序に、「建康都亭里之運巷」、『梁書』巻二一王志傳に、「建康禁中里馬蕃巷」という地名がみえる。里の下に巷という區畫名があったことになる。前述の顔家巷、烏衣巷などもそれであり、これらの巷がいくつかあつまって里を構成していたものであろう。

（補注2）點校本『通典』（北京、一九八八）、および評點本『隋書』卷二四食貨志は、「淮水北有大市百餘、小市十餘所」とするが、陶希聖・武仙卿『南北朝經濟史』（上海、一九三七）のいうように、この「百」字は「自」字の誤りであろう。なお、李劍農『魏晉南北朝隋唐經濟史稿』（北京、一九六三）は、『隋書』をとり、秦淮北に大市が百餘もあるはずがないから、この淮水は秦淮ではなく、淮河のことであるとする。なお、以上の點については、礪波護先生より御敎示をいただいた。ここに御禮申し上げます。

（補注3）このほか、蔣贊初氏には、「南京城的歷史變遷」（『江海學刊』一九六二―一二）、「南京地名考略」（『文博通訊』一九八一―一二）などの論文があり、前者は六朝時代の建康についても要をえた敍述をしている。後者は未見。

（補注4）『建康志』卷二〇引『宮室記』には、東府・西州・倉城がいずれも都城内にあるという記事があるが、この都城はいわゆる都城のことではなく、建康全體を指すことばであろう。周圍二〇里餘の都城内にこれら諸城が存在したとするのは無理である。

なお、附圖の臺城・都城の四周と諸水路の經路にも問題がある。とくに、『實錄』卷二注によれば、運瀆は都城牆の北面と西面にほぼ並行していることになるのであるが、附圖では從來の說にしたがった。今後の檢討課題である（附記參照）。

（附記）附圖は、本章執筆時に作成したものであるが、その後、本書第十一章執筆の過程で大幅な變更を必要とするという認識にいたった。とくに、朱偰說によった臺城・都城の位置、潮溝の流路はあやまりであり、訂正が必要であるが、いまは原論文のままにしておきたい。訂正すべきところは、第十一章圖Cを參照されたい。

第四編　建康研究　512

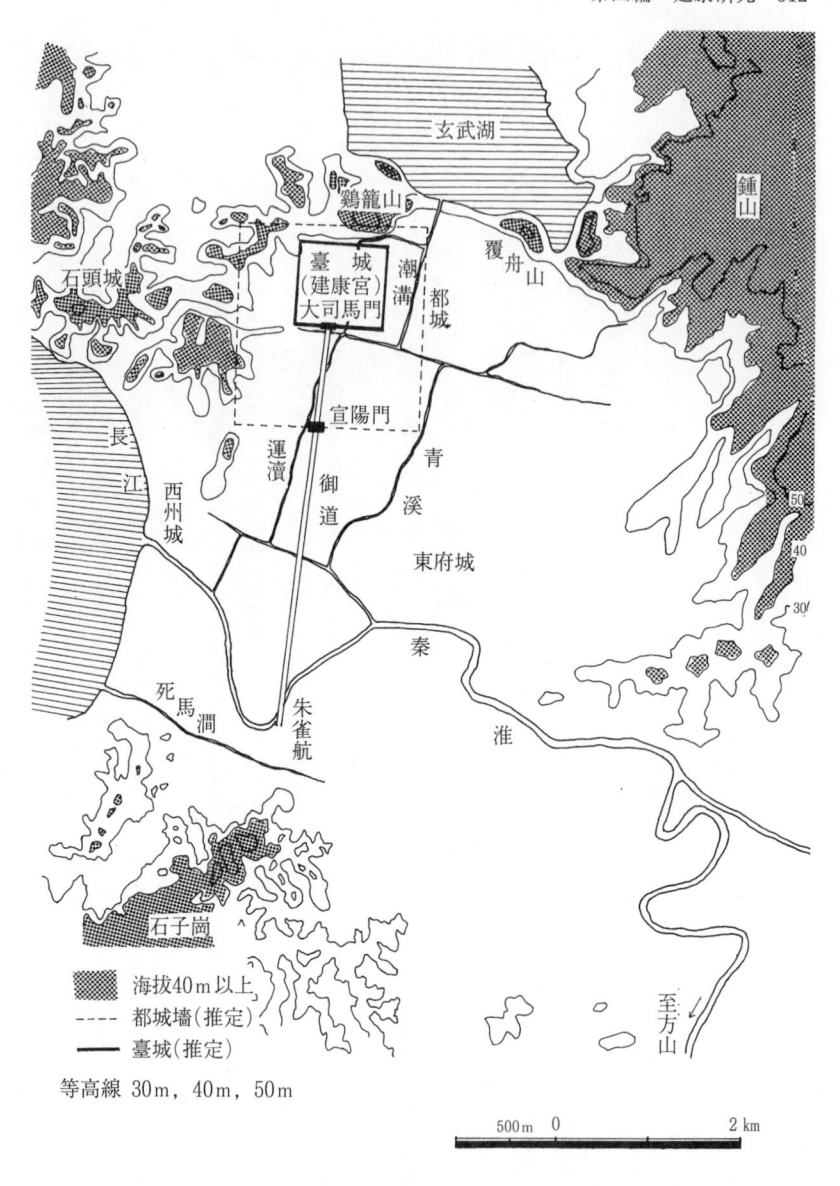

■ 海拔40m以上
---- 都城牆（推定）
── 臺城（推定）

等高線 30m, 40m, 50m

500m 0　　　2km

陸地測量部二萬五千分の一南京北部（1915）、南京南部、上方門（1916）をもとに注（2）（イ）、（ホ）、（ヘ）所揭の地圖を參照して作成（補注4參照）。

建康槪略圖

第十三章　建康における傳統と革新

はしがき

　魏晉南北朝時代は、政治的分裂にともない、各地に國都が出現した、都城史からみれば特異な時代である。しかもそのそれぞれの國都は、長安、洛陽のようなながい傳統をになうものもあれば、姑臧や敦煌、あるいは平城や建康のように、これまでの歷史においては國都が存在しえないような地域に出現したものもあり、それぞれ多樣な形態をとることがおおかった。それらの總合のうえに、隋唐の帝都長安が成立したのであることは、都城史において十分に認識されるべきことがらである。
　この過程のなかで、分裂各國はその正統性の主張のために、國都の建設において、傳統を意識し、あるいはそれを繼承しつつ、同時に地域性に規制されざるをえない狀況であったにちがいない。そして、それらの最終的な集約の結果として、これまでにない整然とした帝都長安が出現したのであるとすると、ここで中國古代都城發展史は、單なる都城設計やその理念だけではなく、王朝の正統性の主張と、その一環としての都城建設の傳統や革新という觀點からも考察されなければならなくなろう。

本稿は、分裂時代の各國國都の都城設計と空間配置における傳統的および革新的要素を、王朝の正統性との關連で考察し、長安成立に關する一側面を提示しようとする試みである。なぜなら、建康は、はじめて華北平原部以外で建設された首都の一つであり、かつ南北分裂時代を通じてながく中華の傳統の所在地と認識されていたからである。

このような視點での考察の具體的對象とされなければならないのは、國都としての外面的要素、すなわち都城外郭、宮城、宮殿名、門名、禮制施設、官府、苑囿、里坊、市場、行政制度等々であるが、本稿では紙幅の都合上、これら要素の一部について、吳の建業、東晉の建康を、後漢及び北魏の洛陽と比較檢討することで、問題分析の一步としたい。[1]

第一節　王朝の正統性と都城建設

『史通』書志篇第八に、以下のような見解がある。

京邑翼翼、四方是則、千門萬戶、兆庶仰其威神、虎踞龍蟠、帝王表其尊極、兼復土階卑室、茅房未央、窮奢者由其敗國、此則其惡可以誡世、其善可以勸後者也、且宮闕制度、朝廷軌儀、前王所爲、後王取則、故齊府肇建、誦魏都以立宮、代國初遷、寫吳京而樹闕、至如兩漢之都咸洛、晉宋之宅金陵、魏徙伊瀍、齊居漳滏、隋氏二世、分置兩都、此並規模宏遠、名號不一、經百王而不易、無一日而可廢也、

この一文は、王朝の正統性と國都の傳統が密接に關連することを明確に主張している。いますこし、くわしくこれを檢討してみよう。

まず「京邑翼翼、四方是則」というのは、『文選』卷三張衡「東京賦」に「京邑翼翼、四方所視」というのに基づ

第十三章　建康における傳統と革新

く表現のようである。李善によればこれもすでに『毛詩』に「商邑翼翼、四方之極」とあるに基づき、薛綜注では翼翼とは禮儀盛んなる貌にして、帝都が四方のみるところとなるというのであるが、後文からすれば、帝都が諸般の規範となり、教訓となることをいうであろう。

「千門萬戶」とは長安のこと、「虎踞龍蟠」とは建康のことで、それら帝都が民庶に對して帝王の權威を知らしめるものであり、上古の質素な宮室や秦漢の豪奢な宮殿が、後世の教訓や勸戒となることが強調される。それゆえ、帝都の「宮闕制度、朝廷軌儀」は先王によってつくられ、後王が則るべき模範なのである。

したがって、北齊の鄴都が建設されるにあたってつくられ、曹魏の鄴都を基礎とし、北魏が洛陽を再建するにさいしては、南朝の建康をその參考にしたのである。このように都の卜居と設計は百王不易の事業であった。『史通』書志篇は、兩漢の都長安洛陽、南朝の都建康、北魏東魏の洛陽、南齊の鄴、隋の文帝煬帝の長安洛陽兩都はいずれも規模宏遠の象徴としての意味と、それゆえの、その建設にさいする傳統の繼承の必然性を認識しておくことにしたい。

なかでも、南北朝における華北の代表的帝都であった鄴と洛陽について、一方が漢魏禪讓を斷行した魏にはじまる鄴を基礎とし、一方が中華の傳統の所在であると認識されていた建康に範をとったとくに留意すべきことがらであろう。

王朝の正統性は分裂時代の魏晉南北朝においては、きわめて重要な政治的問題であった。通常、この時代の正統性の議論といえば、魏蜀正閏論を想起するが、またべつに吳建國の根據は吳蜀間の深刻な政治問題であったし、南北朝間の正統性の葛藤も、正史における索虜島夷の蔑稱とともに周知の現象である。そして、じつはここに本稿がとりあ

げようとする建康の傳統と革新に關する議論が成立する基礎がある。それはすなわち建康は漢魏、北魏の洛陽とどのような關係にあるのか、という問題である。

まず、漢魏禪讓の問題からみると、魏が漢の火德にかわって、土德黃色を尊んだことから推測すれば、そこには漢の傳統の無條件の承繼という意識が存在したとは考えがたいところがある。魏西晉の禪讓は、咸熙元年の司馬昭による禮儀、法律、官制の改革上奏（『晉書』文帝紀）を起點とするから、そこにも魏制の改變という意識は存在したと推量される。漢魏禪讓は東晉中期に習鑿齒『漢晉春秋』によって明確に否定されたが、東晉そのものは西晉の繼承者にほかならない。このような王朝の交代や繼承が、魏晉の鄴や洛陽、建康の建設になんらかの影響をおよぼしているこ
とは容易に豫測できる。

一方、最初に建業を建設した吳の正統性はいかなるものかといえば、孫權卽位のさいの「告天文」（『三國志』卷四
七吳書黃龍元年注『吳錄』）には、

　蕣臣曹丕逐奪神器、……咸以爲天意巳去於漢、漢氏巳絕祀於天、皇帝位虛、郊祀無主、

という文言があって、吳は、漢そのものがすでに天命をうしなっているという認識にたち、しかし漢魏禪讓は認めない立場であることが明白である。すなわち吳の正統性は漢を繼承することによって成立することになる。そのことは本稿の關心の所在からいえば、漢の洛陽、および魏の鄴と建業の關係の問題ということになろう。

つぎに東晉と北魏についていえば、後世皇甫湜「東晉元魏正閏論」（『文苑英華』卷七五六）があらわれ、「晉之南渡、人物攸歸、禮樂咸在」「孝文始用夏變夷而易姓更法、將無及矣」というような議論を展開するが、實際は東晉滅亡の二〇年後に華北を統一した北魏にとって、その正統性はいずれに基づくのかと、『史通』がのべるように北魏洛陽が東晉の建康を模倣したのかどうかが問題となろう。

第十三章　建康における傳統と革新

このようなことを基礎に、以下具體的に建康と洛陽および鄴の比較をおこない、建康に傳統と革新的要素がどのように存在し、またそれが後世にいかに繼承されたかについて考察してみたい。

第二節　建康の傳統的要素

本節では、洛陽・鄴と建康の城門名および宮殿名の比較から、兩者の繼承關係を檢討してみたい。この議論をすすめるにあたって、最初に確認しておかねばならないのは、城門名に關しては、いずれも城門にすくなくとも二種あることである。すなわち洛陽には、よくしられた南北九里、東西六里の外城城壁があり、建康でこれに對應するものが周圍二〇里の「都城」である。その内部には、兩者ともに宮室をかこむ城壁、すなわち宮城、建康では「臺城」とよぶものがある。このうち、まず前者について、その城門名をとりあげよう。

一　外城・都城門名の比較

まず後漢の洛陽の城門名については、『續漢書』百官志四の記事がある。なお、必要な注のみ、（　）内に引用する。

城門校尉一人、比二千石、本注曰、掌雒陽城門十二所、司馬一人、千石、本注曰、主兵、城門毎門候一人、六百石、本注曰、雒陽城十二門、其正南一門曰平城門（漢官秩曰、平城門爲宮門、屬衞尉、其餘上西門（應劭漢官曰、上西所以不純白者、漢家初成、故丹漆鏤之、李尤銘曰、上西在季、位月惟戌）、雍門（銘曰、雍門處中、位月在酉）、廣陽門（銘曰、廣陽位孟、厥月在申）、津門（銘曰、津名自定、位季月未）、小苑門、開陽門（應劭漢官曰、開陽門始成未有名、宿昔有一柱來在）、平城司午、厥位處中、古今注曰、建武十四年九月開平城門）、北宮門、屬衞尉、其餘上西門

また、漢魏晉の洛陽について、『洛陽伽藍記』自敍に、まとまった記事がある（周祖謨校釋本、北京、一九八七による）。

大和十七年、高祖遷都洛陽、詔司空公穆亮營造宮室、洛陽城門依魏晉舊名、東面有三門、北頭第一門曰建春門、漢曰上東門、阮籍詩曰、步出上東門、是也、魏晉曰建春門、高祖因而不改、次南曰東陽門、漢曰中東門、魏晉曰東陽門、高祖因而不改、次南曰靑陽門、漢曰望京門、魏晉曰淸明門、高祖改爲靑陽門、南面有四門、東頭第一門曰開陽門、初漢光武遷都洛陽、作此門、始成而未有名、忽夜中有柱自來在樓上、後琅邪郡開陽縣上言、南門一柱飛去、使來視之、則是也、遂以開陽爲名、自魏及晉、因而不改、高祖亦然、次西曰平昌門、漢曰平門、魏晉曰平昌門、高祖因而不改、次西曰宣陽門、漢曰小苑門、魏晉曰宣陽門、高祖因而不改、次西曰津陽門、漢曰津門、魏晉曰津陽門、高祖因而不改、西面有四門、南頭第一門曰西明門、漢曰廣陽門、魏晉因而不改、高祖改爲西明門、次北曰西陽門、漢曰上西門、上有銅璇璣玉衡、以齊七政、魏晉曰閶闔門、高祖因魏晉曰西明門、高祖改爲西陽門、次北曰閶闔門、漢曰上西門、上有銅璇璣玉衡、以齊七政、魏晉曰閶闔門、高祖因而不改、次北曰承明門、承明者、高祖所立、當金墉城前東西大道、遷京之始、宮闕未就、高祖住在金墉城、城西有王南寺、高祖數詣寺與沙門論義、故通此門、而未有名、世人謂之新門、時王公卿士、常迎駕於新門、高祖謂御史中尉李彪曰、曹植詩云、謁帝承明廬、此門宜以承明爲稱、遂名之、北面有二門、西頭曰大夏門、漢曰夏門、魏晉曰大夏門、高祖因而不改、宣武帝造三層樓、去地二十丈、洛陽城門

樓上、琅邪開陽縣上言、縣南城門一柱飛去、光武皇帝使來識視、悵然、遂堅縛之、刻記其年月、因以名焉、銘曰、開陽在孟、位月惟巳）、耗門（銘曰、耗門値季、月位在巳）、穀門（銘曰、穀門北中、位當于子）、夏門（銘曰、夏門値孟、位月在亥）、凡十二門、中東門（銘曰、中東處仲、月位當卯）、上東門（銘曰、上東少陽、厥位在寅、

第十三章　建康における傳統と革新

　ただし、これらは東晉以後のもので、吳については、一切不明である。

　建康については、以下のように二種の記事がある。その一は『建康實錄』卷七注引『地輿志』にいう六門である。

鳳陽門三臺洞開、高三十五丈、

城有七門、南曰鳳陽門、中曰中陽門、東曰建春門、北曰廣德門、西曰金明門、曰白門、

つぎに、鄴の南北五里、東西七里の外城城門名をみておく。それは『水經注』卷一〇に記載されるものである。

西、至於大夏門、宮觀相連、被諸城上也、

樓皆兩重、去地百尺、惟大夏門甍棟干雲、東頭曰廣莫門、漢曰穀門、魏晉曰廣莫門、高祖因而不改、自廣莫門以

都城周二十里一十九步、本吳舊址、晉江左所築、但有宣陽門、至成帝作新宮、始修城開陵陽等五門、次正中宣陽門、本吳所

今謂六門也、南面三門、最西曰陵陽門、後改名爲廣陽門、門內有右尙方、世謂之尙方門、次東爲宣陽門、門內有右尙方、

開、對苑城門、世謂之白門、晉爲宣陽門、門三道、上起重樓懸楣、上刻木爲龍虎相對、皆繡栭藻井、南對朱雀門、

相去五里餘、名爲御道、開御溝、植槐柳、次最東開陽門、東面最南淸明門、門三道、對今湘宮巷、門東出靑溪港

橋、正東面建春門、後改爲建陽門、門三道、尙書下舍在此門內、直東今興業寺後、東度靑溪菰首橋、橋渡靑溪、通潤州

江寧縣令陸彥恭于縣東門金華坊東通靑溪、乃廢菰首橋路、而于興業寺門前開大道、造金華橋、唐景雲中、

驛、正西南西明門、門三道、東對建春門、卽宮城大司馬門前橫街也、正北面用宮城、無別門、

　別の一種は『景定建康志』卷二〇引『宮苑記』にいう一二門である。

凡十有二門、南面最西曰陵陽門、後改爲廣陽門、正門曰宣陽門、次東曰開陽門、後改爲津陽門、門三道、直北對

端門、最東曰淸明門、直北對延熹門、當二宮中大路、東面最南曰東陽門、直靑溪橋巷、卽今湘宮寺門路、最北曰

建春門、陳改爲建陽門、西對西明門、卽臺城前橫街、北面最東曰延熹門、南直對淸明門、當二宮中大路、次西曰

廣莫門、門三道、陳改名北捷門、北直對樂遊苑南門、次西曰元武門、門三道、齊改名宣平門、北直趨元武湖大路、最西曰大夏門、南直對廣陽門、北對歸善寺門、西面最北曰西明門、直對建陽門、即大司馬門前橫街是、最南曰閶闔門、西直對東陽門、

以上の東西南北四面の城門名を各時代ごとに對照させたのが、表Ⅰであり、それを圖に表現したのが圖Ⅰ・Ⅱである。なお、圖のうち、建康のものは、現在も都城の位置が不明であるので、概念的に圖示してある。

この表によると、まず漢の洛陽と魏の鄴の城門名が、ほとんど繼承關係をもたないことがあきらかとなる。ただ唯一の例外が、漢洛陽西城門最南の廣陽門と魏の鄴南城門最東の廣陽門で、兩者の門名は共通する。しかし、門の位置からいって後者が前者を繼承したとかんがえることはできないであろう。このことは、漢の傳統や正統性に關する魏國の立場を象徴するものごとであると判斷できよう。

ついで、魏の鄴と洛陽の門名であるが、洛陽が鄴から引き繼いだのは東門の建春門のみである。ただ鄴西門の金明門と洛陽西門の西明門も、五行の金が西方にあたることから、なんらかの繼承關係はあるとみられる。この兩者以外に、魏の鄴と洛陽の間の門名の繼承はみとめられない。

つぎに、漢の洛陽と魏の洛陽の門名の繼承關係をみると、事情は複雜である。ただ、おおまかにいえば、南面では、西面は廣陽門が繼承され、北面の大夏門と洛陽中の宣陽門があらたな呼稱をえた以外は、魏の洛陽の門名を繼承し、北面、西面で城門名は改稱されている。また、その魏での改稱のうち、東面と西面では鄴を繼承していることをすでにのべた。

さらに南面西方の建陽一門をのぞき、すべて西晉は魏を繼承している。

つまり、漢魏晉の洛陽および鄴の城門名の繼承關係は、漢の洛陽城門名を鄴がすべて改稱し、ついで魏の洛陽再建

にさいして、南面と西面・北面の一部は漢をうけ、また東面・西面一部は鄴をうけるということになっているのである。そしてそれら魏の城門名のほとんどを西晉は繼承している。

この魏晉洛陽の城門名は、そのまま建康に繼承されているが、同樣に北魏洛陽にも繼承されており、結果的には北魏洛陽と建康とは、一部をのぞき、魏晉洛陽に基づくほとんどおなじ城門名をもつことになっているのである。この北魏洛陽と建康の城門名の類似が、北魏が洛陽建設において建康を視察し、それを範としたことの結果なのか、それとも北魏が西晉の洛陽を踏襲し、その正統性を繼承するという意識によるのか、この點についての判斷はむつかしいが、兩者あいまっての結果とするのが妥當であろう。

二　宮城門名の比較

魏晉洛陽宮城の宮城門名については、一括した記載はないが、『洛陽宮殿簿』や『洛陽故宮名』の佚文からある程度の推測は可能である。たとえば『初學記』卷二四は『洛陽故宮記』にみえるとして、次のような門名をあげる。

洛陽有［上西門］・［廣陽門］・［津門］・［小苑門］・［開陽門］・［中東門］・［上東門］・司馬門・北闕門・玄武門・南掖門・北掖門・東掖門・西掖門・止車門・南端門・金門・九龍門・白虎門・春興門・青瑣門・金商門・雲龍門・神武門、宜秋門、

また『太平御覽』卷一八三『洛陽故宮名』にも、以下のような門名一覽がある。

洛陽有飛兎門・含章門、又有建禮門・廣懷門・有明禮門・泰夏門・司馬門・閶闔門・南止車門・東西止車門・西華門・神虎門・雲龍門・東掖門・西掖門・千秋門・南端門・笙鏞門・神仙門・敬法門・却非門・含德門・［上東門］・［廣陽門］・［津門］・［小苑門］・［開陽中東門］・司馬門・北闕門・玄武門・南掖門・北掖門・南端門・金門・

九龍門・白虎門・春興門・青璅門・金商門・宜秋門、

これらのうち、前述の外城門名（［］を附す）を除外したものが、魏晉洛陽城内にある宮城門などの門名であろうと推測できる。その位置などは、文献からいえばほとんど不明であるが、『永樂大典』卷九五六一引『元河南志』古代洛陽圖を參考に、かりに宮城門を推測してみたのが、表Ⅱである。同圖では、西晉洛陽は二重の城牆をめぐらしたことになっている。

なお、漢魏晉の洛陽城内には南宮と北宮が存在していたが、『文選』卷三引『洛陽宮殿簿』によれば、北宮に雲龍門、神虎門があった。

北魏洛陽の宮城門名は『洛陽伽藍記』『水經注』『魏書』『元河南志』などに散見するが、東西南北各面の門名をまとめて記載したものはない。それゆえ周祖謨『洛陽伽藍記校釋』(9)に附された圖を參照して、その大概をいえば、南面中央には閶闔門、東面は北に東華門、中央に雲龍門、南隅に掖門、北面中央に乾明門、西面は北に千秋門、中央に神虎門、南に通門、南隅に掖門があった。表Ⅱには、これらも加えてある。

建康の臺城門名は、以下の記事にくわしい。まず吳については、

（赤烏一一年）三月、太初宮成、周迴五百丈、正殿曰神龍、南面開五門、正中曰公車門、東門曰昇賢門、左掖門、西日明揚門、右掖門、正東曰蒼龍門、正西曰白虎門、正北曰玄武門。

（『建康實錄』卷二）

つぎに東晉以後については、

建康宮五門、南面正中、大司馬門、世所謂章門、拜章者、伏于此門待報、南對宣陽門、相去二里、夾道開御溝、植槐柳、世或名爲闕門、南面近東、閶闔門、門三道、後改爲南掖門、世謂之天門、南直蘭宮西大路、出都城開陽門、正東面東掖門、正南（北？）平昌門、門上有爵絡、世謂之冠爵門、南對南掖門、第三重宮牆、南面端門、夾

第十三章　建康における傳統と革新　523

門兩大鼓、在兩墊之南、並三丈八尺圍、用開開閉城門、日中晡時及曉、並擊以爲節、夜又擊之持更、其一者、本在會稽雷門、相傳云、洛陽舊物、打之、聲應洛陽城、孫恩之亂、軍人斬破、有雙鶴飛去、爾後不復鳴、義熙中、始取還置于此門、其東西門、不見名、其宮城西南角外、本有池、名清遊池、通城中、有樂賢堂、並蕭宗爲太子時所作、蘇峻之亂、宮室皆焚毀、惟此堂獨存、其西掖門外南偏、突出一丈許・長數十丈地、時百度多闕、但用茆苫、議以除官身各出錢二千、充修宮城用、自晉至陳、遂廢（『建康實錄』卷七注引『修宮苑記』）

晉成帝修新宮、南面開四門、最西曰西掖門、門三道、上重、西面正中曰西華門、晉本名西掖門、宋改千秋門、梁改西華門、凡八門、（『景定建康志』卷二〇引『宮苑記』）

建康宮城內有兩重宮牆、南面開二門、西曰衞門、隱不見、南西掖門、東曰應門、南直對端門、卽晉南掖門也、東面正中曰雲龍門、北面正中曰鳳粙門、近西曰鸞掖門、西面正中曰神武門、凡六門、第三重宮牆、東直對牆、南面正門曰太陽、晉本名端門、宋改爲南中華門、東面正中萬春門、直東對雲龍門、西對千秋門、西南正中曰千秋門、西對神武門、東對萬春門（『景定建康志』卷二〇引『宮苑記』）

雲龍是第二重宮牆東面門、晉本名東華門、東出東掖門、梁改之、西對第三重牆萬春門、神虎門是第二重宮牆西面門、晉本名中華門、西出西華門、晉本西掖門、宋改名西華門、東入對第三重宮牆千秋門、（『建康實錄』卷二〇『宮殿簿』）

以上も表Ⅱに記載してある。またその配置の概念圖が圖Ⅱである。

鄴の宮城門名については、『歴代宅京記』巻二二に、おそらく『彰徳府志』巻四に基づき、その位置についての考證を注にした記事がある。しかしながら、これだけでは具体的な方位が確定しがたいので、表には記載せず、記事のみ参考に掲げるにとどめたい。

端門（文昌殿前正門）、長春門（端門之外東建此門）、延秋門（端門外西建此門）、止車門（在端門文昌殿前）、東上東門、西上東門（二門亦在文昌殿前）、司馬門（在端門東、北直徳政殿）、東掖門（在司馬門東）、顕陽門（南直司馬門）、宣明門（南直顕陽門）、崇禮門（在升賢門前左）、順徳門（在升賢門前右、並南向）、升賢門（在聽政門前）、聽政門（南直升賢門、北直聽政殿）

さて、以上の漢魏晉北魏の洛陽、鄴、建康の宮殿名を比較してみると、おおよそつぎのようなことがわかる。その一は、漢の洛陽宮城門名は、東西南北四神名であるが、鄴では龍をのぞいて四神名はあらわれず、また四方色も用いられない。しかし、呉では南門以外は漢の四神名を門名にもちいている。

その二、西晉では、位置の明確な門名では、魏の東門の雲龍のみ継承しているが、名称からいえば、長春門、崇禮門を継承している。

その三、東晉は、西晉の北門承明門、東門雲龍門を継承するほか、東門の西晉長春門と東晉萬春門、西門の西晉鳳虎門と東晉神武（虎）門にも、一定の継承関係が認められよう。

その四、東晉と北魏とでは、東門雲龍・東華、西門神虎・千秋が共通である。さらに注目すべきは、東晉南面の南掖門で宋で改称された閶闔門、東晉の東掖門を、梁で改名されたとされる東華門を、北魏が採用していることである。

それは、北魏が西晉洛陽ではなく、宋齊の建康の城門名を範とした可能性をしめすであろう。

以上のことからいえば、都城城門名とおなじく、漢魏間に断絶が認められる一方、魏西晉間には一部ではあるが、

第十三章　建康における傳統と革新

明確な繼承關係が認められる。また吳はあきらかに漢を繼承している。西晉東晉間の繼承關係もあきらかである。そして、南朝宋齊の建康と北魏洛陽の間にあきらかな繼承關係がみとめられるのである。

第三節　建康における新機軸と革新的要素

建康は華北の傳統的都城とははなはだ異なる相貌と、新機軸をそなえている。それらはおもに江南の人文的および地理的條件によって生じたものとかんがえられる。それゆえにそのあるものは後世に多大の影響をあたえたとおもわれるが、そのすべてがかならずしも後世に承繼されたとはいえない。ここではまず建康の主として地理的地形的條件に規定されて生じたとみられる、華北の都城とは異色の特徵數點について確認し、ついで地理的地形的條件によっての み生じたとはおもえない新機軸を檢討してみることにしたい。

一　華北都市との比較における建康の特色

（一）吳の建業建設と基盤整備

建業建設にあたっては、孫權の即位後一〇年前後での、一連の都城基盤整備が注目される。それは表Ⅲにみられるように、潮溝、北漬（北塹）、運漬、靑溪という四本の水路の整備である（圖Ⅲ參照）。これらは當時長江と水路が通じていた建業北面の湖沼、後世の玄武湖と、南部を屈曲して西流し、長江に注いでいた秦淮の間のせまい空間に存在した自然の小河川を整備し、かつ人工の水路を開鑿して、漕運路確保と水災防止とともに、都城建設に必要な地盤の整備をおこなったものと推測される。しかし、自然條件によって屈曲した水路と玄武湖、さらに「龍蟠虎踞」と表現さ

れた石頭と鍾山の存在によって、建業はその外形を規定されることになった。同時に、この自然條件は、都市防衞に關する發想の轉換をもたらしたとみられるのである。

　　（二）　都城の位置と形狀

　建康の位置については、かつては朱偰氏による推測がながく通説の地位をしめてきた（圖Ⅳ）。その説は、宮城を鷄籠山（北極閣）の南に置き、都城北牆は、玄武湖南岸の臺城とよばれる古跡を基準とし、東牆は青溪の西にあり、運瀆が城内をはしり、都城南門正門の宣陽門から秦淮の屈曲部へ五里の御街を想定するものであった。しかし、その後、その推定都城の內部にあたる南京大學北園で東晉の帝陵と推測される大墓が發見されたり、以上の水路が建康の交通や防衞に重要な役割をになったことが重視されるようになったことなどから、水路を基準に都城位置を推測する試みがなされるなどして、宮城と都城の位置は、朱説より東方へ移動している（圖Ⅴ・Ⅵ・Ⅶ・Ⅷ・Ⅸ・Ⅹ）。また、南北軸もかなり東にふれたものになりつつある。その諸説の紹介と批判の詳細は、最新の建康研究である盧海鳴氏の著にくわしいので、ここではふれたものになりつつある。(10)

　問題はその都城の外形である。これについて各説はいずれも方形の都城を推測するが、これはもちろん傳統的な都市觀念であり、洛陽、鄴などもおおむね長方形である。これに對して、中村説のみはとくに東面城牆を青溪に沿わせ、東宮を東に張り出した不整形の都城を想定している。これについては、盧氏も、江南の丘陵河道に規定され、「都城四周不大可能筆直如砥、而很可能是因形隨勢、迂迴灣曲」（盧著三六頁）とのべている。諸説の當否は、なお今後の檢討課題であろう。

　　（三）　都城の竹籬

　洛陽も鄴も周圍を高大、かつ堅固な城壁でかこまれていたとみられる。これに對して、建康はよくしられているよ

第十三章 建康における傳統と革新

うに、南齊初年までは竹籬であったとする記事がある。『資治通鑑』卷一三五齊紀一高帝建元二年（四八〇）に、

> 自晉以來、建康宮之外城、唯設竹籬、而有六門、

というもので、『南齊書』卷二高帝紀下建元二年五月條に、

> 立六門都牆、

とあるのは、その竹籬の都城城牆の改築であって、盧氏はこれを都城城牆を全面的に版築と磚築により改築したものと理解している（盧氏著五四頁）。

しかし、そのような都城が實際は防衛上の機能を喪失していたようである。試みに梁末の侯景の亂の建康攻城戰の模樣を『資治通鑑』卷一六一の記事からみてみると、

> 命正德屯朱雀門、寧國公大臨屯新亭、大府卿韋黯屯六門、繕脩宮城、爲受敵之備、韋黯與右衞將軍柳津等分守宮城諸門及朝堂、

壬子、景列兵繞臺城、

> 景繞城旣帀、百道俱攻、……縱火燒大司馬・東西華諸門、

などとあって、どうやら宮城が防禦線であったようにみえる。攻城戰の當初、周八里の臺城のほうが、城壁にいた（『南史』卷八〇賊臣侯景傳）ことからいえば、むしろ都城が攻城戰の據點たりえなかったとみるのが安當であろう。

また、建康防衞が、建康周邊に配置された石頭、白石壘、東府城などの城塞と、秦淮、青溪を據點としたというよく知られた事實からみても、建康都城がかならず高大堅固なものであったとかんがえる必要はない。

（四）籬門

華北都市を特徴づける城壁が、建康では如上のようなものである以外に、さらに建康においては城内外を區畫する獨自な施設として籬門なるものがあった。『太平御覽』卷一九七『南朝宮苑記』には、以下のような記事がある。

建康籬門、舊南北兩岸、籬門五十六所、蓋京邑之郊也、如長安東都門、亦周之郊門、江左初立、並用籬爲之、故曰籬門、南籬門、在國門西、三橋籬門、在今光宅寺側、東籬門、本名肇建籬門、在古肇建市之東、北籬門、今覆舟東頭玄武湖東南角、今見有亭、名籬門亭、西籬門、在石頭城東護軍府、在西籬門外路北、白楊籬門、外有石井籬門、

南北兩岸とは、秦淮をはさんで北に都城と御街、南に長干巷などの民居がひろがる兩岸をいう。郊門とは、古來四郊におかれた門であるが、京邑の郊門とは、ほぼ建康の内外を區畫する機能を有するであろう。ところでその籬門は、五六所もあったというが、東西南北四面それぞれにおもなものがひとつずつ置かれていたようである。それぞれの位置は、東籬門が東府城東、西籬門は石頭城東、南籬門が秦淮南岸の越城南、北籬門は玄武湖東南覆舟山東である。この東西南北四圍は、都城の範圍をおおきくこえているし、ましてその配置は建康の地理的條件に配慮したもので、形狀は方形とはいいがたい。

いずれにしても、このような籬門が點々と都城の外側をとりまく景觀は、華北には見出しがたいものであり、地理的條件に規定された建康の重要な特徴とみることができる。

なお、建康の四圍については、別に『太平寰宇記』卷九〇『金陵記』の、

梁都之時、城中二十八萬餘戸、西至石頭城、東至倪塘、南至石子岡、北過莊山、東西南北、各四十里、

という記事がよく知られている。この四圍と東西南北四籬門の位置を比較した盧氏は、西の石頭城と南の石子岡は西

第十三章　建康における傳統と革新

籬門、南籬門とほぼ同箇所であるが、東の倪塘は方山附近で、東籬門よりはるかに擴大し、北も莊山（鍾山）をすぎるというのは玄武湖東南角の北籬門のはるかに北方に擴大していると指摘している（盧氏著八七頁）。すなわち梁代には建康は東部と北部に擴大しているのであるが、それは西は石頭をすぎれば長江であり、南部も石子岡以南は丘陵地帶で、民居地擴大に制限があったからであろう。

（五）　都城内道路の屈曲

建康の街路については、注目すべき逸話が殘されている。『世說新語』言語篇に、

宣武移鎭南州、制街衢平直、人謂王東亭曰、丞相初營建康、無所因承、而制置紆曲、方此爲劣、東亭曰、此丞相乃所以爲巧、江左地促、不如中國、若使阡陌條暢、則一覽而盡、故紆餘委曲、若不可測。

とあるものである。宣武とは東晉中期の軍閥桓溫、丞相とは王導のことで、王導の孫の王珣である。王導は蘇峻の亂で建康宮城が炎上した後、豫章や三吳への遷都の議を拒絶して、建康を再建した。この逸話によれば、その建康再建時、建康街路は屈曲して建設されたことになる。

これをうけて、『景定建康志』卷一六考證は前掲『世說新語』言語篇を引き、

今臺城在府城東北、而御街迤邐向南、屬之朱雀門、則其勢誠紆迴、深遠不可測矣、

とのべ、宣陽門から朱雀航まで五里の御街が直線ではなかったことを、建康の狹隘さを隱蔽するための合理的な方策と認識しているようである。

このような街路設計の事情が、『世說新語』にいうように、ほんとうに意圖的になされたものか、あるいはその他のやむをえない地形條件、たとえば屈曲した水路との關係などに規定されたものなのか、その實際は不明であるが、街路が屈曲していたことが事實であるとすると、それは華北都市とのおおきな差異といえる。

二 建康の新機軸

(一) 宮城南面の御道と横街

前掲『建康實錄』卷七注引『地輿志』には、六門の記事に關して、

次正中宣陽門、本吳所開、對苑城門、世謂之白門、晉爲宣陽門、門三道、上起重樓懸楣、上刻木爲龍虎相對、皆繡栭藻井、南對朱雀門、相去五里餘、名爲御道、開御溝、植槐柳、

とのべ、おなじく前掲『景定建康志』卷二〇引『宮苑記』に二門に關して、

西面最北曰西(明)門、門直對建陽門、即大司馬門前橫街是、

とのべている。

前者は、臺城の大司馬門から二里で都城の宣陽門、宣陽門から五里で朱雀航へとはしる御道のことであり、後者は、臺城前を東西にはしる街路のことである(圖I)。

この兩者は、臺城大司馬門の前、すなわち宮城前でT字形に交差しているのであり、次項でのべるように、その周邊に官府が配置される形態である。すでにのべたように御道が屈曲していた可能性はあるけれども、この形態は後世にすくなからぬ影響をおよぼした點で、建康の重要な特色といえる。

もっともその嚆矢は、魏の鄴にある可能性があり、とくに文獻による復原圖ではなく、考古學的調查によって、鄴北城の中央やや南部に東西の大道跡が確認され、この大道にすくなくとも三道がT字形に接續していることがわかったことは、この可能性を強めるものである。

（二）官府の配列

『文選』巻五左思「呉都賦」には、以下のような一節がある。

　列寺七里、俠棟陽路、屯營櫛比、解署棊布、

左思はいうまでもなく西晉の人で、その「三都賦」の述作について、『文選』巻四「三都賦」序李善注引臧榮緒『晉書』には、

　思作賦時、呉蜀已平、見前賢文之是非、故作斯賦、以辨衆惑、

とあるから、この四句は亡呉の建業に關するできるだけ正確な情報に基づいたものと判斷してよい。この一節には劉逵の注がある。劉逵、字淵林は濟南人で、西晉八王の亂の際に趙王倫の黃門侍郎や侍中に任じられている（『晉書』巻四七傅玄傳、巻九二文苑左思傳など）。もしその注が劉逵自身の見聞によるものであるとすると、それは呉滅亡後二〇年前後のことであるから、その注も、左思の本文とおなじく亡呉の建業の實態を反映したものであるはずである。その注は、

　呉自宮門南出苑路、府寺相屬、俠道七里也、

というもので、呉の建業では、宮門正門から南へ七里にわたって、官府が集中していたことになる。この七里は、朱雀航までのいわゆる御街のことである。

このような都市計畫がいつ出現したのか、『初學記』巻二四引環濟『呉紀』には、

　天紀二年、衛尉岑昏表脩百府、自宮門至朱雀橋、夾路作府舍、又開大道、使男女異行、夾道皆築高牆瓦覆、或作竹藩、

とある。呉滅亡の二年前の天紀二年（二七八）、後主の寵臣岑昏が、百官の府署を宮門から朱雀橋までの御道の左右に

これ以前の呉の官府の所在地については、ほとんどてがかりがない。しかし、最近しだいに認められつつある都城位置を前提にすれば、北面に東西に連なる鶏籠山や覆舟山とその南麓の潮溝があり、東西両面を運瀆と青溪にはさまれた宮城と都城の位置からみて、孫權卽位後の呉の建業の官府の所在地は、宮城南面以外にはありえなかったとおもわれる。したがって前掲の岑昏の事業は、それらの再整備であったとみるべきであろう。

ではこのような官府の配置は、これまでの國都になかったのであろうか。まず漢の洛陽についていては、城内に南北宮が位置し、南宮の東面に司徒・司空・太尉三府がおかれている。これは『永樂大典』本『元河南志』の「後漢京城圖」に基づくものであろう。しかし、それ以外の官府の所在は不明である。魏晉の洛陽については、同上『元河南志』によれば、
（圖Ⅺ）

一方、魏の鄴のばあいに、重要な記事が存在する。「三都賦」の一である「魏都賦」は曹魏の鄴をうたったものである。その一節「其府寺則位副三事、官踰六卿、云々」の張載注に、

當司馬門南出、道西最北東向相國府、第二南行御史大夫府、第三少府卿寺、道東最北奉常寺、次南大農寺、

とある。これは鄴の宮城南門の司馬門から南方に街路がはしり、その両側に相國府などの官府が配置されていたことを明示するものである。張載は安平の人で、西晉太康期から八王の亂直前にかけて、著作郎、弘農太守、中書侍郎などを歷任しており（『晉書』卷五五）、その注は鄴の實態を傳えるものにちがいない。

ただし、張載注は、上記注文の後に、

出東掖門正東、道南西頭太僕卿寺、次中尉寺、出東掖門、宮東北行北城下、東入大理寺、宮内大社西郎中令府、城南有五營、

第十三章 建康における傳統と革新

と續けるが、これは鄴の官府が、宮城南面のみならず、東面から北方へと配置されていたことを示しており、鄴においては、すべての官府が宮城南面に集中したのではないであろう。したがってまた、北魏の洛陽において南北にはしる中軸線銅駝街の兩側に官府を配置したことが、鄴の影響か、あるいは建業をうけた建康の影響かも、にわかには判斷しがたいが、宮城前面の南北の街路とその兩側への官府の配置という、長安に典型的にみられる古代帝都の都市設計に、建業がなにがしかの役割をはたしたことは、否定できないであろう。

（三）都城北壁と宮城北壁

『建康實錄』卷七咸和五年九月條引『地輿志』には、以下のような記事がある。

至成帝、作新宮、始修城、開陵陽等五門、……次最東開陽門、東面最南清明門、……正東面建春門、……その末尾にその再建において、都城北壁と宮城北壁の一體化が實現したことを示す文言がある。拙稿はかつてこの文言にしたがい、後に同泰寺の位置を根據とした外村中氏の批判をうけた。(15)

外村氏の批判は的確で、『建康實錄』卷一七および注引『輿地志』にある同泰寺の位置に關するいくつかの記事、すなわち、寺は宮後にある、寺の南門と大通門が對している、寺はもとの晉の廷尉の場所であって、六門内にある、寺は廣莫門内にある、などからみて、あきらかに臺城北壁の北、都城北壁の南にあることになり、したがって兩者は一體化していないのである。

このことは本来、都城と臺城の城門名の檢討で氣づくべきことであった。都城北壁の城門名は、前掲『建康實録』巻七『地輿志』の六門にはないが、『景定建康志』巻二〇『宮苑記』では、延熹、廣莫、玄武、大夏四門である。おなじく前掲『景定建康志』巻二〇『宮苑記』によれば、東晉成帝の建康再建時、宮城北壁には承明・大通の二門があった。つまり、都城北壁と臺城北壁は、そこにある門名からみて、あきらかに別なのである。

ではそうであるにもかかわらず、なぜ『建康實録』巻七『地輿志』は、「正北面用宮城、無別門」とのべたのであろうか。とくに根據があるわけではないが、あえて推測すれば、以下のようなものではなかろうか。蘇峻の亂後の成帝による建康再建では、臺城とその東西南三方の都城が設置されたが、都城は東西南三方の六門のみで、北壁は臺城の承明・大通二門がそのまま都城北壁門でもあった。その後、臺城北壁外にあらたに都城がめぐらされ、延熹など四門が新設されたのである、と。

ただ、その場合、臺城とそのすぐ北面にせまる覆舟山の位置などからみて、都城と臺城の間隔はあまり大きなものでなかったのではなかろうか。

そのことは、都城の中で、宮城が極端に北よりになっていることを意味する。そしてまた宮城南面に諸官府が配置されていることとも密接な關係にある。これは、漢魏晉の洛陽から南宮がなくなった北魏の洛陽の城内配置と、やはり比較さるべきものごとである。

むすび

以上、建康が漢魏晉北魏の洛陽、曹魏の鄴とどのような關係にあるかを、いくつかの帝都を構成する要素の對比か

第十三章　建康における傳統と革新

ら概觀してみた。その結果、傳統面での漢魏の間の斷絶と、魏晉間の一定程度の繼承性があきらかになってきたようにおもう。

一方、建康における華北都市の傳統的形態からの逸脱も、從來いわれてきたものごとが確認できた。それらはおもに建康の地理的地形的條件によるものであるとみてよい。したがって、それらが以後の華北都市に影響をおよぼしたり、繼承されることはなかったようであるが、それとは別に、第三節二項で檢討した部分は、北魏洛陽や長安との間になんらかの共通性がみとめられ、そこに建康の革新的意味をもとめることができるかもしれないとおもう。

以下、それらについて、あらためてとりまとめてみたい。なお、北魏洛陽の平面配置に關しては、しばらく前揭周祖謨氏圖および賀業鉅氏の「北魏洛陽規畫概貌圖」（圖Ⅻ17）によることにしたい。

まず、建康の南北の御街と東西の横街によるT字形の街路設計については、それが魏の鄴にすでにあるらしいことをさきにのべた。鄴は周知のように東西に廣い長方形で、その北半の西部に銅雀園、東部に戚里があり、その中央が宮殿區であると推測されている。その宮殿區の南面に南北に二本の大路がはしり、宮殿區南面を東西にはしる大路と交差する形である。

このような配置は後漢洛陽にはみられないから、魏で出現したとせざるをえない。しかし、なお南北宮があったとみられる魏晉の洛陽には、それは繼承されていないとみなければなるまい。問題はそれが吳の建業の七里の御街とのように關連するかであるが、これは不明である。

しかし、そののち整備された建康のT字形の街路配置と、北魏洛陽の城内配置とが宮城南面においてかなり類似することは疑えない事實である。しかも魏晉の南宮が北魏には存在しないのであるから、蔣少游の建康視察ともあわせかんがえて、兩者の影響關係は否定できないであろう。

つぎに官府の配置であるが、これもすでにのべたように、建業南面の御街両側への集中は、鄴と通じるところがあるが、建業には鄴のような東面への官府配置はみられないようで、この點が建業と鄴では異なる。一方、この東面への官府の展開は、北魏洛陽にみられるのである。これには建業と洛陽の地形上の制約も考慮しなければならないが、北魏洛陽における鄴の影響という點も檢討の餘地があろう。

最後に、宮城の北よりの位置についてであるが、周知のように唐の長安は皇城北の太極宮が外城に接していた。この配置も鄴の復原圖でそれに近い状態がみられるが、建康においてもかなりそれに近い配置が實現していたとみられる。南宮が存在しなくなった北魏の洛陽ももちろんそうである。

このように檢討してくると、建康の新機軸が後世におよぼした影響はちいさくないことが判然とするが、結論をみちびくには、はじめに列擧したようなさまざまな都市の要素の分析がなお不可缺である。それらを以後の課題としたい。

注

（１）これまでの建康研究は、南京史の基本的資料集である『首都志』、古典と稱すべき朱偰『金陵古蹟圖考』以降、それほどおくはないが、八〇年代後半からしだいに獨自のものがあらわれはじめている。以下、その主なものを年次をおってあげる。

王煥鑣『首都志』（南京、一九三五）

朱偰『金陵古蹟圖考』（上海、一九三六）

劉淑芬「建康與六朝歷史的發展」（初出一九八三）

「六朝建康城的興盛與衰落」（一九八三）

「六朝建康的經濟基礎」（一九八三）

第十三章 建康における傳統と革新

中村圭爾「建康の「都城」について」(初出一九八八、本書第十一章)

郭湖生「魏晉南北朝至隋宮室制度沿革」(『中國古代科學史論』一九九一)

「六朝古都建康的都城位置新探」(『南京市志』一九九一年六期、本書第十一章附章)

「六朝建康」(『建築師』五四期、一九九三)

外村中「六朝建康都城宮城攷」(『中國技術史の研究』一九九八)

盧海鳴『六朝都城』(南京、二〇〇二)

郭黎安『六朝建康』(香港、二〇〇二)

賀雲翺『六朝瓦當與六朝都城』(北京、二〇〇五)

なお、以上のうち、劉氏一九八三と郭氏一九八六が、建康と漢魏洛陽の比較を主題としており、本稿の問題に關して、とくに參考にされたい。

（2）拙稿「「都邑」の叙述」(『中國都市研究の史料と方法』二〇〇五)參照。

羅宗眞「江蘇六朝城市的考古探索」(『中國考古學會第五次年會論文集』(一九八八、同『六朝考古』南京、一九九四、および同『探索歷史的眞相』南京、二〇〇二)

郭黎安「試論六朝時期的建業」(『中國古都研究』二輯、杭州、一九八五)

「魏晉南北朝都城形制試探」(『中國古都研究』杭州、一九八五)

「六朝建康與北魏洛陽之比較」(一九八三)(いずれも『六朝的城市與社會』臺北、一九九二)

「六朝時代的建康──市廛、民居與治安」(一九八四)

「六朝建康的園宅」(一九八三)

（3）なお、七門について、『歷代宅京記』卷一二には、『彰德府志』卷四に基づき、以下の記事がある。參考のためにかかげておく（（ ）内は原注、ただし一部分省略）。

鄴都北城（在鎭東南一里半、東西七里、南北五里、齊桓所築、漢置魏郡、作都始于曹操）、凡七門、南面三門、正南曰永

第四編　建康研究　538

陽門（北直端門文昌殿）、東曰廣陽門（在永陽門之東、北直司馬門）、西曰鳳陽門（在永陽門西、北直九華宮、三門皆曹魏所建、石虎建九華宮、乃特崇飾此門）、東面一門、曰建春門、西面一門、曰金明門（水經云、一曰白門）、北面二門、東曰廣德門、西曰廎門（四門亦皆曹魏所建）、

（4）『宮苑記』については、注（2）拙稿參照。

（5）建康については、清明門が『地輿志』では東面最南、『宮苑記』では南面最東となっている。この差は、建康都城が不整形で、清明門が東面最南か南面最東か畫定しがたい位置にあったためではないかと推測したことがある（本書第十一章）が、表では二說併記のかたちにしている。

（6）なお、圖Ⅰの都城・臺城北壁については、初出時のままにしたが、後述するように、訂正の必要がある。

（7）徐松輯・高敏點校本『元河南志』（北京、一九九四）は、魏城闕古蹟に、「魏城門十二」をあげ、その注に「皆循漢名」という（五九頁）が、仔細に檢討すれば、かならずしもそうではないこと、本文のとおりである。

（8）本圖については、考古研究所洛陽發掘隊「洛陽澗濱東周城址發掘報告」に附された「永樂大典卷九五六一引元河南志的古代洛陽圖十四幅」（『考古學報』一九五九―一）に詳しい。

なお、その「魏城闕古蹟」の西門は、黑く塗りつぶされていて、門名が讀みとれない。

（9）周祖謨『洛陽伽藍記校釋』（北京、一九六三）の敍例によれば、この圖は『洛陽伽藍記』『水經注』『魏書』を根據に、『元河南志』の漢魏晉洛陽城圖、汪士鐸『水經注圖』洛陽城圖を參照して、作製したものであるという。

（10）注（1）盧氏著八〇頁以下參照。

（11）東籬門と南籬門の位置は注（1）盧氏著八七頁による。

（12）注（1）郭黎安「魏晉南北朝都城形制試探」にすでにこの點の指摘がある。

（13）「河北臨漳鄴北城遺址勘探發掘簡報」（『考古』一九九〇―七）參照。

（14）鄴については、村田治郎「鄴都考略」（初出一九三八、村田『中國の帝都』一九八一）にくわしい。

（15）注（1）拙稿および、外村氏論文。

第十三章　建康における傳統と革新

（16）もっとも大通門は、『景定建康志』卷二〇引『宮苑記』では、東晉成帝の建康再建時に設置されたことになっているが、『建康實錄』卷一七では、同泰寺建立とともにひらかれたようであり、またその開設は同泰寺完成時の年號大通にちなむものとかんがえられ、したがって東晉臺城北壁の大通門と梁同泰寺南門に對する大通門との關係は、なお檢討の餘地があろう。

（17）賀業鉅『中國古代城市規劃史論叢』（北京、一九八六）。

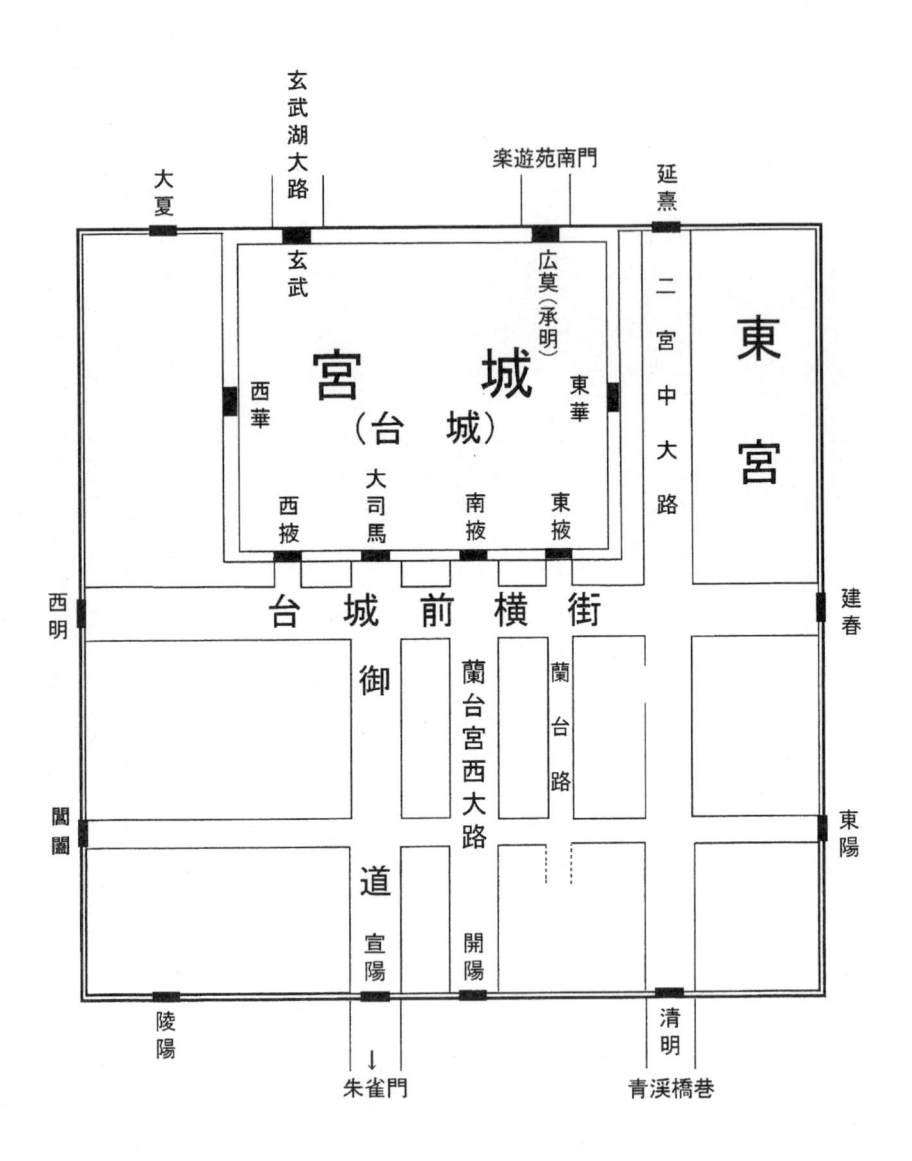

圖 I　六朝建康都城宮城概念圖（中村圭爾1998を改正）
（原圖より陵陽門をやや西寄りに修正）

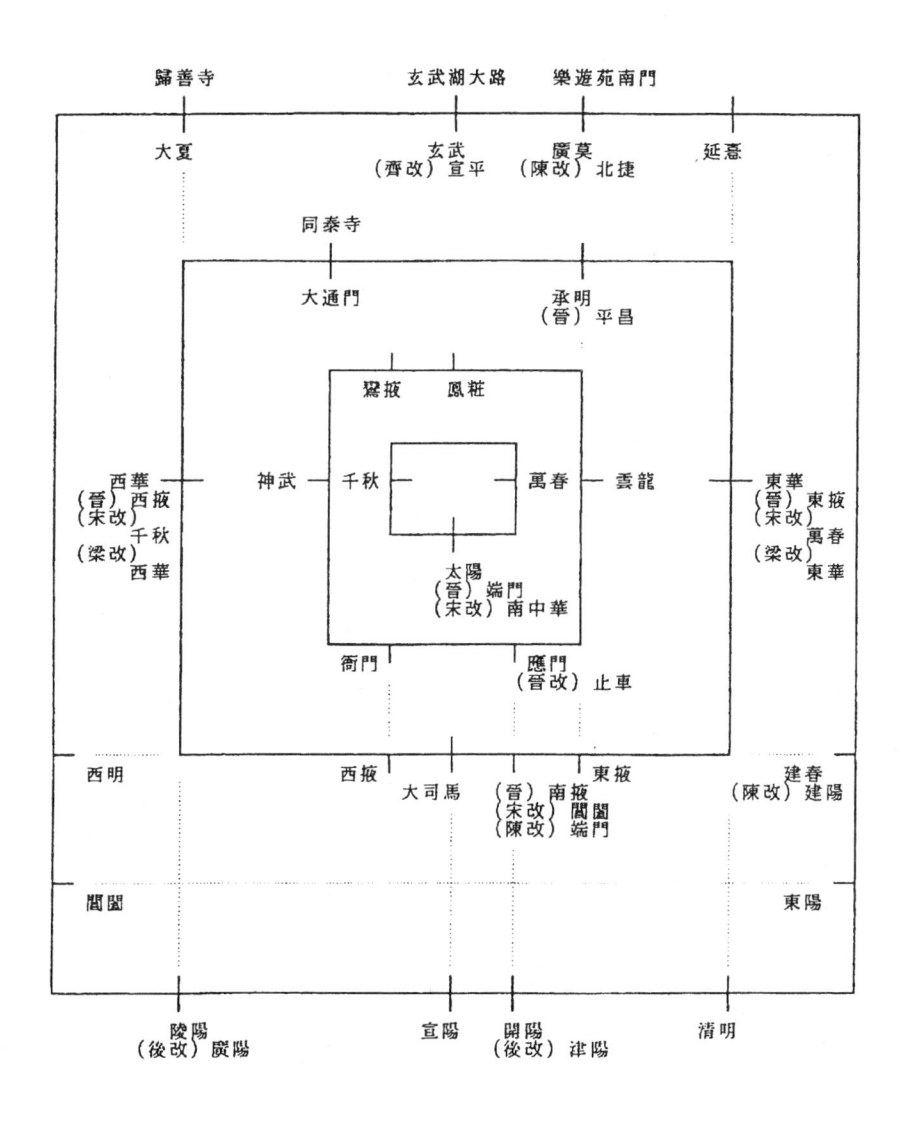

第十三章　建康における傳統と革新

```
        歸善寺              玄武湖大路    樂遊苑南門
                             玄武              廣莫
         大夏                （齊改）宣平   （陳改）北捷        延憙

                    同泰寺
                                           承明
                         大通門            （晉）平昌

                              鴛披   鳳粧
                  西華
                 （晉）西披                              東披
                 （宋改）千秋   神武 千秋   萬春 雲龍    東華 （晉）東披
                 （梁改）西華                          （宋改）萬春
                                                    （梁改）東華
                                  太陽
                                （晉）端門
                                （宋改）南中華
                          衙門         應門
                                     （晉改）止車

                                              東披
                           西披         （晉）南披       建春
         西明                 大司馬   （宋改）閶闔      （陳改）建陽
                                     （陳改）端門

         閶闔                                             東陽

         陵陽                        開陽
        （後改）廣陽       宣陽     （後改）津陽      清明
```

圖Ⅱ　『宮苑記』都城門宮城門圖（外村中1998）

第四編　建康研究　542

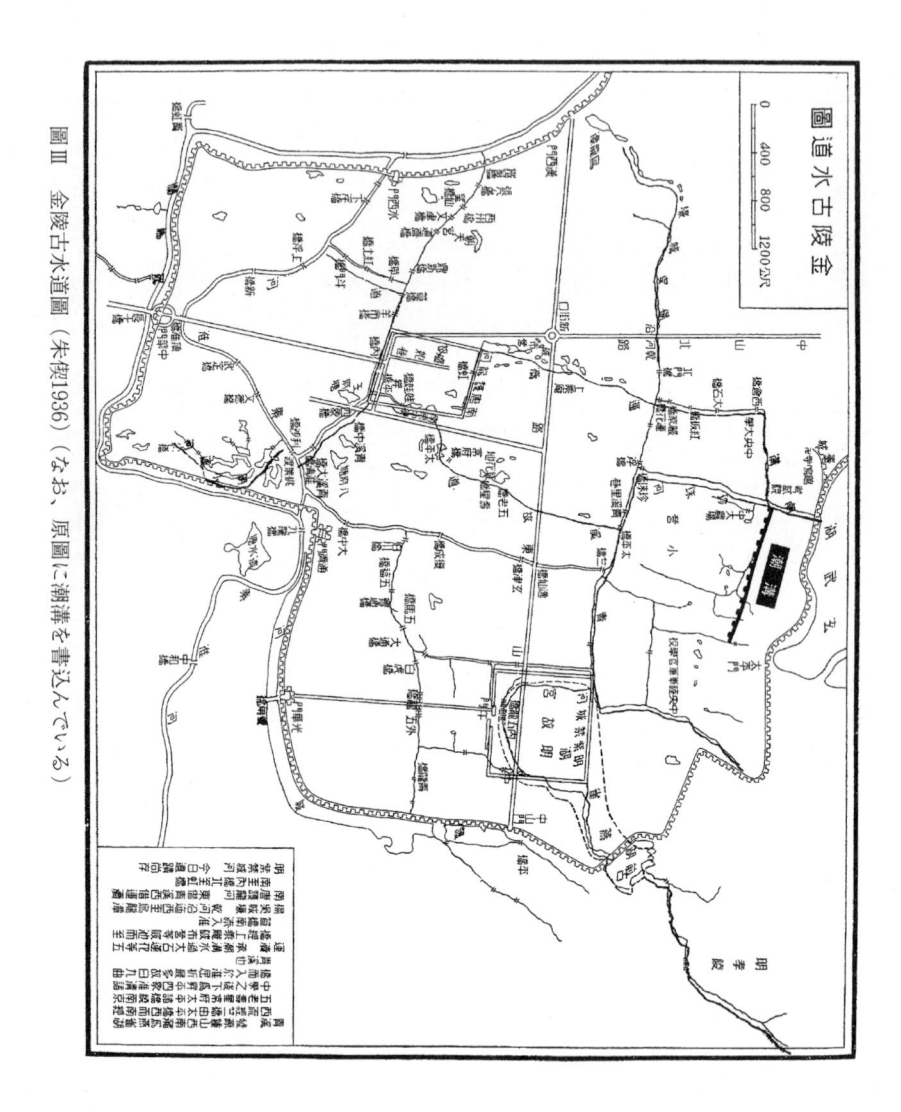

圖Ⅲ　金陵古水道圖（朱偰1936）（なお、原図に溝名を書込んでいる）

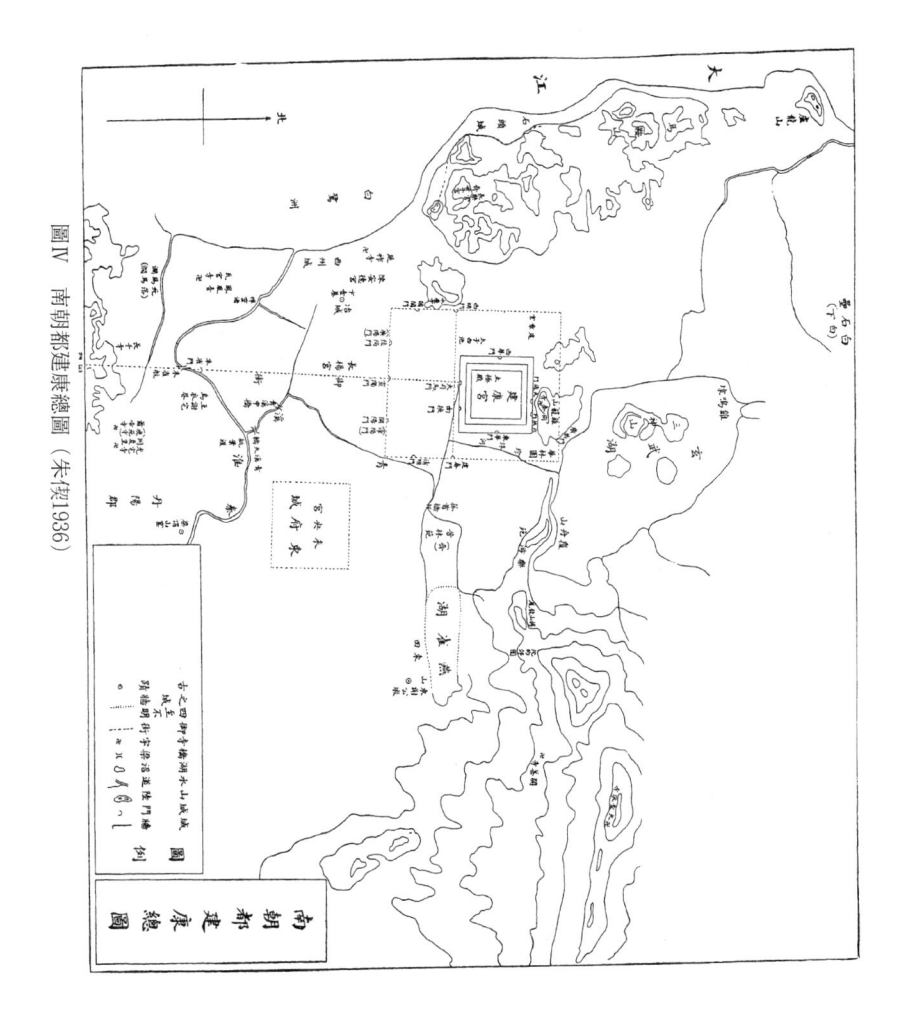

543　第十三章　建康における傳統と革新

圖Ⅳ　南朝都建康總圖（朱偰1936）

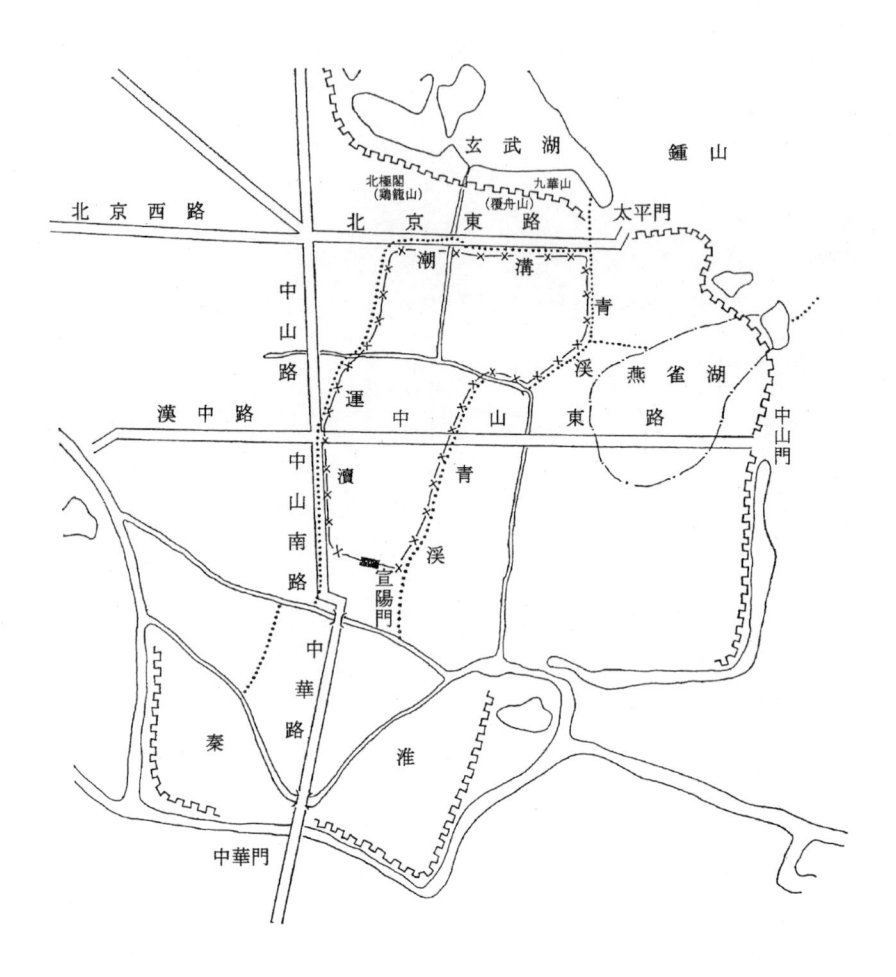

圖V　六朝建康都城位置推測圖（中村圭爾1988）
　　－×－　推定「都城」牆

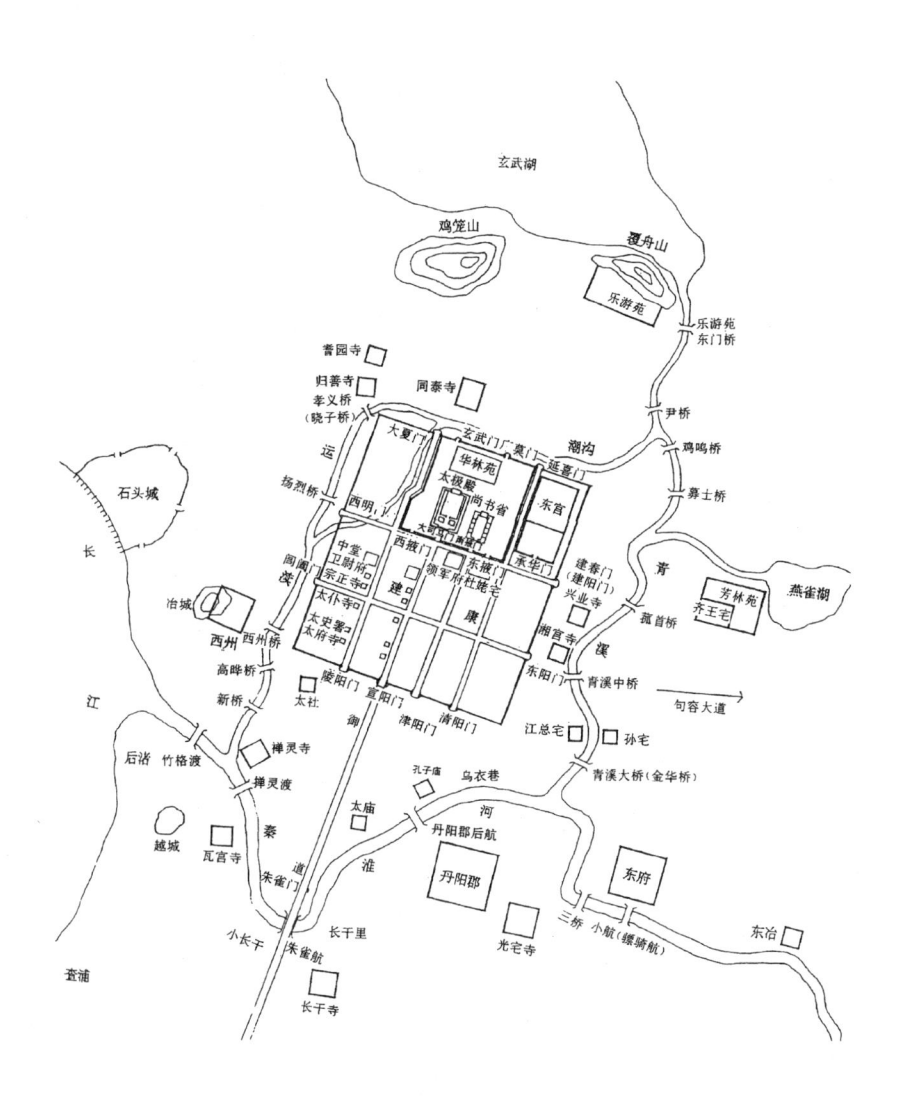

圖Ⅵ　六朝建康城示意圖（郭湖生1993）

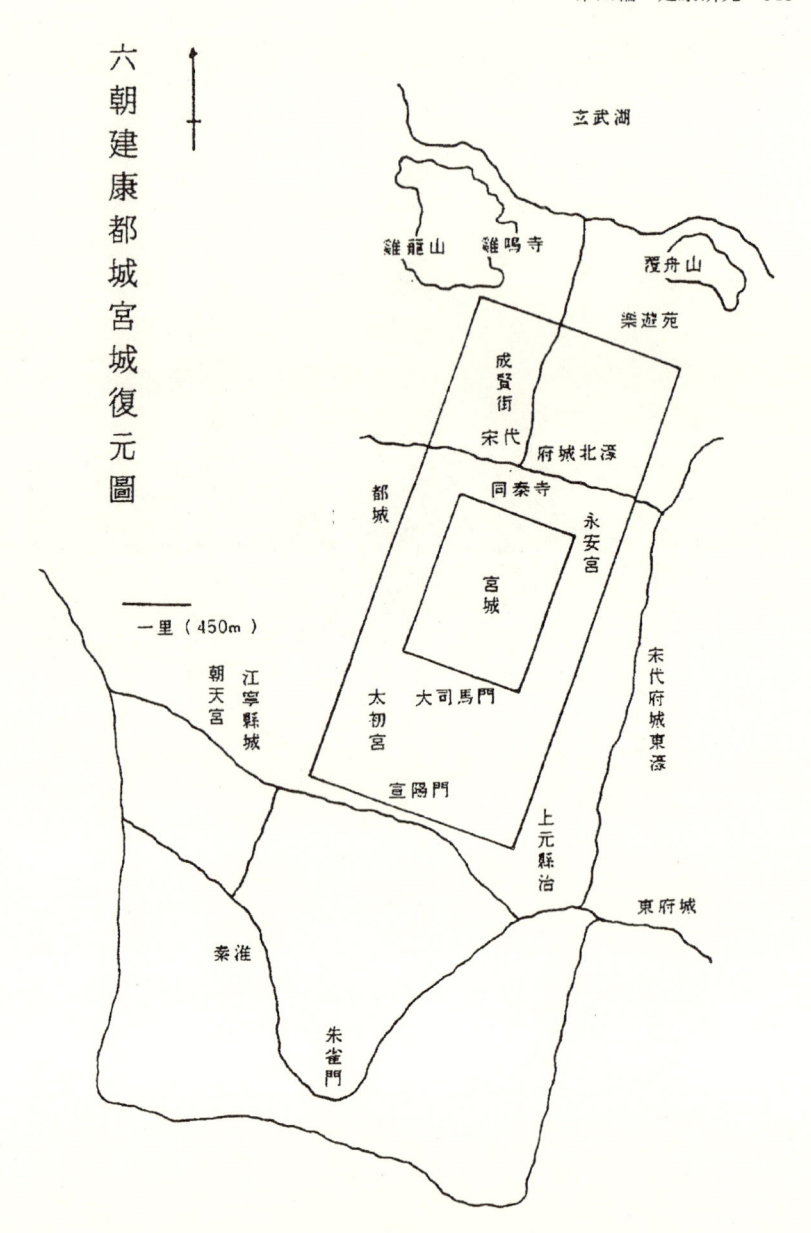

圖Ⅶ　六朝建康都城宮城復元圖（外村中1998）

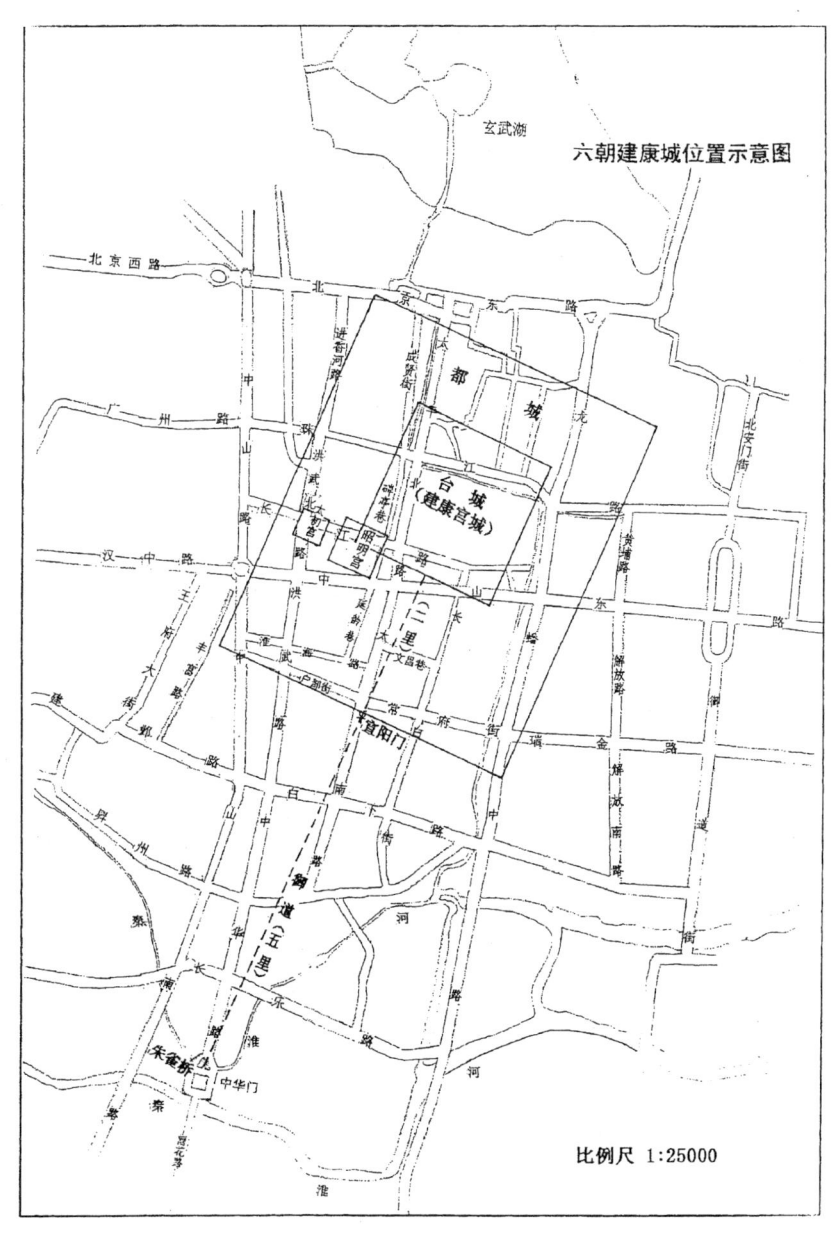

547　第十三章　建康における傳統と革新

圖Ⅷ　六朝建康城位置圖（盧海鳴2002、85頁）

第四編　建康研究　548

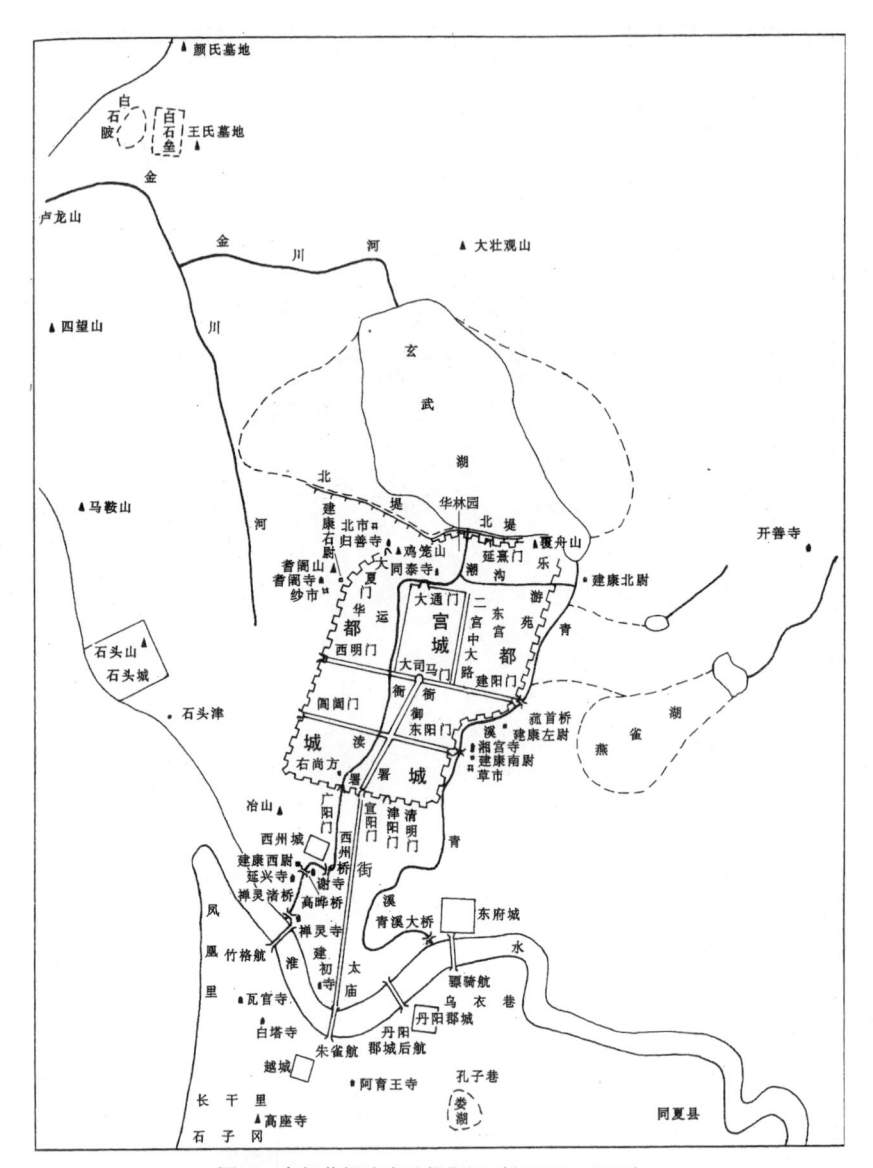

圖IX　南朝蕭梁建康城推擬圖（郭2002、附圖）
（郭原著所揭圖は圖中の文字が小さいため、賀2005、95頁に文字を大きくして
　轉載した圖を揭げた）

549　第十三章　建康における傳統と革新

都城六門：1 陵陽門（後改稱廣陽門）
　　　　　2 宣陽門（白門）
　　　　　3 開陽門
　　　　　4 清明門
　　　　　5 建春門
　　　　　6 西明門
臺城五門　7 大司馬門
　　　　　8 閶闔門（後改稱南掖門）
　　　　　9 東掖門
　　　　　10 平昌門
　　　　　11 西掖門

圖X　東晉成帝時都城六門及東晉改東吳苑城爲臺城後的臺城城門名稱及位置圖（賀2005、103頁）

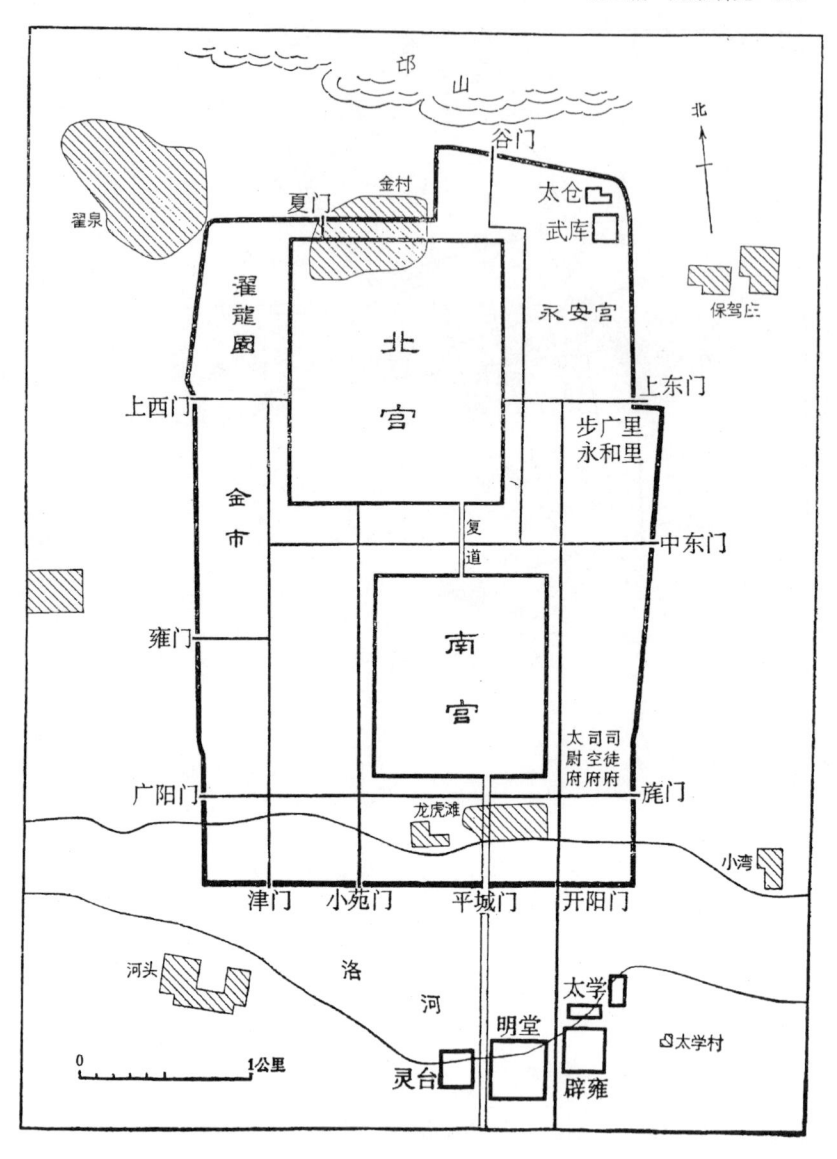

圖XI　後漢雒陽平面圖（王仲殊『漢代考古學概說』1984、18頁）

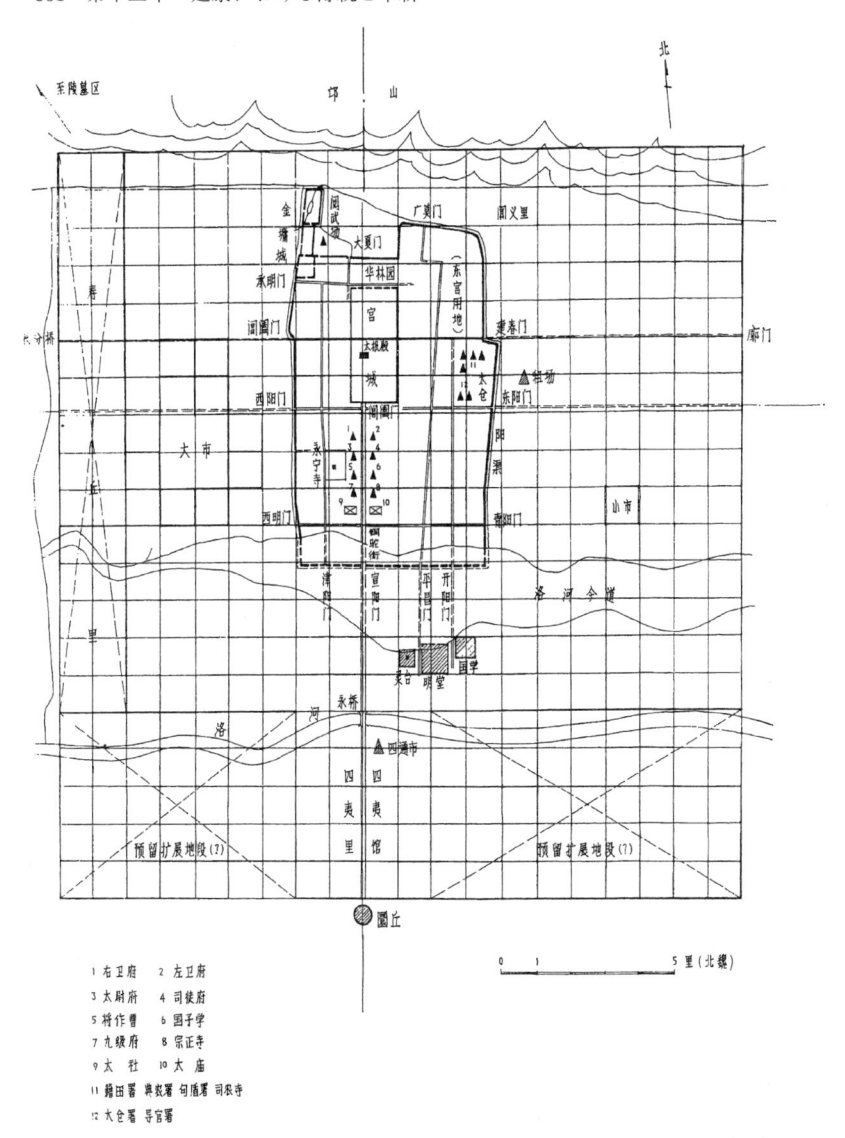

551　第十三章　建康における傳統と革新

圖XII　北魏洛陽規畫槪貌圖（賀業鉅『中國古代城市規劃史論叢』1986、186-7頁附圖）

第四編　建康研究　552

表 I　漢魏晉北魏洛陽・曹魏鄴・東晉南朝建康都城門名

① 『續漢書』志二七百官志四
② 『洛陽伽藍記』自敍
③ 『六門』(『建康實錄』七「地興志」)
④ 『景定建康志』二〇引『宮苑記』

方位／朝名	南（西・中・東）	北（西・中・東）	東（南・中・北）	西（南・中・北）	最南
漢①	津／小苑／平城・開陽	夏／／穀	耗／中東／上東	廣陽／雍／上西	
漢②	津／小苑／平・開陽	夏／／穀	望京／中東／上東	廣陽／雍／上西	
魏（洛陽）	津・宣陽／平昌／開陽	大夏／／廣莫	建春／東陽／清明	閶闔／西明／廣陽	
西晉	建陽・宣陽／平昌／開陽	大夏／／廣莫	建春／東陽／清明	閶闔／西明／廣陽	
北魏	津陽・宣陽／平昌／開陽	大夏／／廣莫	建春／東陽／青陽	承明／閶闔／西陽・西明	
魏（鄴）	鳳陽／永陽／廣陽	厭／／廣德	建春	金明	
東晉③	陵陽／宣陽／開陽		建春／清明	西明	
東晉④	清明（後・津陽）／開陽（後・廣陽）／宣陽／陵陽（陳・建陽）／延熹／廣莫（齊・北捷）／元武（齊・宣平）	大夏	建春／東陽	西明／閶闔	

553　第十三章　建康における傳統と革新

表Ⅱ　漢魏晉北魏洛陽・曹魏鄴・東晉南朝建康宮城門名

朝名 \ 方位	南（東）	南（中）	南（西）	北（東）	北（中）	北（西）	東（南）	東（中）	東（北）	西（南）	西（中）	西（北）
漢北宮		朱雀			玄武			蒼龍			白虎	
洛陽 南宮		朱雀			玄武			蒼龍			白虎	
魏		皋			永明			雲龍			？	
西晉 外城		朱明			承明			長春			青陽	
内城		神獸			崇禮			雲龍			風虎	
北魏		閶闔			乾明		掖	雲龍	東華	通	神虎	千秋 掖
吳	右掖 明揚	公車	昇賢 左掖		玄武			蒼龍			白虎	
建康（東晉）一重	東掖 南掖（止車）	應	大司馬 西掖	平昌（承明）	大通	鷲掖	東掖（宋萬春）	雲龍	（梁東華）	西掖（宋千秋）	神武	（梁西華）
二重	應	衞			鳳粧			雲龍				
三重	（南中華）	端	（太陽）					萬春			千秋	

表Ⅲ　魏晋南北朝都城略年表

	建康	洛陽	長安	鄴	平城	関連事項
200	211 孫権秣陵に治を移す 212 建業と改め石頭に城く	190 董卓、洛陽を焼く				196 許に遷都 220 漢魏禪譲、武昌に遷都 221 4月孫権、武昌に即位
	229 9月建業に遷都す [因故府不改營] 240 潮溝を開く 241 再溝を開く	220 魏明帝、大いに宮を治め、太極殿等を築く 225 金墉城を築く	204「曹操入鄴城」 [鑄銅雀臺等四十間] 210 銅雀臺を作る			229 4月孫権稱帝、武昌に即位 265 9月洛陽に還都 280 西晋天下統一
	247 南宮を改作し太初宮を作り 266 12月、建業に還る 267 昭明宮着工 (太初宮東、方500丈)	284 明堂辟雍霊臺を作る				
300	303 石氷の乱、建康炎上	307 懐帝再建 311 劉曜ら洛陽官廟を焼く 313 洛陽焚上 327 蘇峻の乱、建康と改む 329 蘇峻の乱、臺城焼く 330 新宮を作り(332成る) 336 新亭築く	311 劉曜諸宮殿建設 ? 石虎未央宮に城を起こす	306 汲桑、鄴を燒く 331 石勒、鄴都 335 石虎、遷都 盛んに宮室を建設	398 北魏、平城に遷都	304 五胡十六国(〜439) 316 西晋滅亡 318 東晋成立
	378 謝安新宮を作る		? 桃興浮園を起こす ? 苻堅明堂南北郊を起こす ? 寺	352 慕容儁入城、宮室修復	386 北魏建国(郡監朝) 406 外郭を築く、方20里	
400	414 東府に城く				422 外郭を築く、周32里	420 劉宋建国 439 北魏、北涼を滅す
	480 六門都牆を立つ			490? 蒋少游、建康観察 493 鄴少游、洛陽、建康観察 501 鄴に三百二十三坊を建	490? 蒋少游、洛陽観察 491? 大廟太極殿建設	479 南齊建国
500	508 作らに稱進城を作る 510 新たに稱進城を作る 511 初めて宮城門三重を作る	508 新たに宮城門三重を作る	514 梁少游、建康観察 534 明堂三十三坊を築く	534 西魏鄴都(宇文氏實権) 538 東光殿等成る 539 南城二十三坊建 558 北斉建国	502 梁建国 534 北魏、東西分裂 550 北斉建国、南城・北闕	
	589 陳滅亡 [留建康邑並塲等平耕壑]	579 北周宣帝、洛陽宮再建		580 楊堅楊氏敗れ、破壊さる	557 周建国 581 隋建国 589 隋天下統一	

附編

第十四章　臺傳──南朝における財政機構──

はしがき

臺傳とは南朝における財政機構である。それは獨特な性格と重要な機能をもつものであった。しかしながら、わずか數箇所にしか史料にあらわれないため、從來ほとんど注目されず、その存在すらしられていなかったようにみえる。本稿はこの臺傳の實態を解明することを第一の目的とし、あわせてその南朝の政治體制における意義について若干の言及をおこなうものである。

第一節　臺傳に關する史料

臺傳に關する史料はわずかしかない。とくに臺傳なる用語は數箇所にしかみえない。それをつぎに列擧する。

A　『隋書』卷二四食貨志

其倉、京都有龍首倉、卽石頭津倉也、臺城内倉・南塘倉・常平倉・東西太倉・東宮倉、所貯總不過五十餘萬、在

外、有豫章倉・鈞磯倉・錢塘倉、並是大貯備之處、自餘諸州郡臺傳、亦各有倉、大抵自侯景之亂、國用常褊、京官文武、月別唯得廩食、多遙帶一郡縣官、而取其祿秩焉、

B 同右

州郡縣祿米絹布絲綿、當處輸臺傳倉庫、若給刺史守令等、先准其所部文武人物多少、由敕而裁、

C 『宋書』卷七前廢帝紀永光元年春正月……（四六五）

乙巳、省諸州臺傳、

D 『通典』卷一二食貨典輕重（『冊府元龜』卷五〇二常平略同）……齊永明六年（四八八）

齊武帝永明中、天下米穀布帛賤、上欲立常平倉、市積爲儲、六年、詔出上庫錢五千萬、於京師市米、買絲綿紋絹布、揚州出錢千九百一十萬、南徐州二百萬、各於郡所市糴、南荆河州二百萬、市絲綿紋絹布米大麥、江州五百萬、市米胡麻、荆州五百萬、郢州三百萬、皆市絹綿布米大小豆大麥胡麻、湘州二百萬、市米布蠟、司州二百五十萬、西荆河州二百五十萬、南兗州二百五十萬、雍州五百萬、市絹綿布米、使臺傳並於所在市易。

E 『南齊書』卷二六王敬則傳……齊永泰元年（四九八）

隆昌元年、出敬則爲使持節都督會稽東陽臨海永嘉新安五郡軍事會稽太守、本官（司空）如故、……永泰元年、明旦、召山陰令王詢・臺傳御史鍾離祖願、敬則橫刀跂坐、問詢等、發丁可得幾人、傳庫見有幾錢物、詢答縣丁卒不可上、祖願稱傳物多未輸入、敬則怒、將出斬之、王公林又諫敬則曰、官是事皆可悔、惟此事不可悔、官詎不更思、敬則唾其面曰、小子、我作事、何關汝小子、乃起兵、

（校）この臺傳御史はもと臺侍御史につくる。中華書局刊評點本『南齊書』の校記は「臺侍御史、通鑑齊明帝永泰元年作臺傳御史、胡注云、臺傳御史、臺所遣督諸郡錢穀者、今據改。」といい、また、『南史』卷四五王敬

第十四章 臺傳——南朝における財政機構——　559

則傳も臺傳御史につくり、さらに右揭王敬則傳中に傳庫・傳物などのことばがあることなどからして、ここは臺傳御史をとるべきであろう。もっとも、本文後揭『資治通鑑今註』は齊紀明帝永泰元年條について、「南齊書王敬則傳作臺侍御史、中臺所遣侍御史也、督諸郡錢穀」とし、臺侍御史ととる。たしかに後揭のごとく御史臺屬官が臺傳管理にあたっているのは誤りではないから、臺侍御史が臺傳管理に出向したものと理解することも不可能ではない。しかし、たとえここを臺侍御史としても、それは臺傳御史なる官職の有無にかかわるだけで、御史臺屬官による臺傳管理という事實を中心とする本論の論旨にさほどの影響はない。

F 『梁書』卷一七張齊傳……梁天監一〇年 (五一一)

其年 (天監七年)、遷武旅將軍巴西太守、尋加征遠將軍、十年、……初、南鄭沒於魏、乃於益州西置南梁州、州鎭草創、皆仰益州取足、齊上夷獠義租、得米二十萬斛、又立臺傳、興治鑄、以應贍南梁。

臺傳なる語のでてくる史料は管見のかぎり以上にとどまる。そのうちA・Bは梁陳時代一般のもの、C～Fはそれに附記した年代のもので、年代順にならべてある。

　　第二節　臺傳の意味

右に列舉した史料を一瞥するだけで、臺傳が實に興味をひく機構であることがうかがえよう。これまでこの臺傳の存在と重要性に注目し、その解明につとめているのは、後述の唐長孺氏ひとりなのである。にもかかわらず、この最初にこの臺傳の意味にふれたのは胡三省である。かれは『資治通鑑』卷一四一齊紀明帝永泰元年條に引用された史料Eの臺傳御史に、

臺傳御史、臺所遣督諸郡錢穀者、傳、株戀翻、という注をつけた。それは臺傳のひとつの機能ではあるが、これだけで臺傳をどれだけ理解していたかは疑問とせざるをえない。なにより傳を「株戀翻」というとき、その傳は驛傳の意味となるのであり、臺傳に對する理解が十分でないことをしめしている。

なお、前述李宗侗・夏德儀等校註『資治通鑑今註』（臺北、一九六六）の同右條註は、南齊書王敬則傳作臺侍御史、中臺所遣侍御史也、督諸郡錢穀とのべるが、胡注の臺傳御史にも注意をはらわず、臺傳なるものの存在に氣づいていない。

エチアヌ・バラシュ氏は『隋書』食貨志の佛譯をおこなったことでしられるが、史料Aの臺傳については、「中央政府へ輸送するための中繼地」と譯し、「輸送隊が穀物を首都に運ぶために通過したところ」と注する。ほぼ驛傳と理解してよいであろう。ところが、史料Bについては、「それぞれの地方は役所に（その地方の産物を）納めて、役所はそれを倉庫や穀物庫へ移した。」と譯している。これはつぎにふれる全漢昇氏とおなじ誤ちをおかしたものであり、やはり臺傳をまったく理解していないのである。

全漢昇氏は「中古自然經濟」のなかで史料Bを引用し、つぎのように句讀する。

當處輸臺、傳倉庫、

『通典』卷三五職官典祿秩に、史料Bにもとづいて、

其州郡縣祿米絹布絲綿、當處輸臺附倉庫、

と記述しているのにひきずられたものかとも推察されるが、いずれにしても『隋書』食貨志では史料Bの直前にAが

あって、それにはっきりと州郡に臺傳があるとしるされているのであるから、あきらかな臺傳の誤解である。やや長文になるが、氏の臺傳に關する見解を引用しよう。氏は、『梁書』卷三武帝紀大同七年十二月詔に、

又復公私傳・屯・邸・冶、爰至僧尼、當其地界、止應依限守視、及至廣加封固、越界分斷水陸採捕及以樵蘇、遂致細民措手無所、

とあるのをひいたあと、

按傳是傳舍、與邸有時爲互稱、文選卷二八陸機飲馬長城窟行「受爵藁街傳」句、李善注引漢書陳湯傳晉灼注云、「邸、謂傳舍也。」南朝在各州郡有「臺傳」的設置。隋書卷二四食貨志云、「自餘諸州郡臺傳、亦各有倉……州郡縣祿米絹布絲綿、當處輸臺傳倉庫。」所謂臺即尚書臺之臺、臺傳即是中央政府在各地設立的傳舍、其中也有倉庫、一部份賦稅直接繳入臺傳。但事實上並非如食貨志所云各地均有此設置。梁書卷一七張齊傳、「又立臺傳、興冶鑄以應贍南梁。」張齊此時爲巴西太守、大概其地本無此項設置。設傳可以「應贍南梁」、說明這不是單純的傳舍、而是貿利的機構、和邸的性質相同。冶爲冶鑄之所、不須解釋。而就上引大同七年詔書看來、「傳・屯・邸・冶」四項都是「廣加封固」、佔領山澤的機構。屯與冶應在山中、傳與邸可能不是直接佔領山澤、而是壟斷山澤物資、與

とのべている。要するに、傳は單なる傳舍ではなくて營利目的の機構であり、氏が封建的土地所有の一形態である山澤を占據し、勞働者を組織してその物資採取に從事する機構と考える屯や別墅と連携して、山澤物資交易をおこなうものであった。そして臺傳とは尚書臺の傳、すなわち中央政府の各地に設立した傳である、とその管轄系統についても注目すべき發言をおこなっている。

このように唐氏が臺傳の傳を單なる驛傳・傳舍の意味でなく、獨自の機能をもつ機構ととらえたのはD・Eに、殘念なことに唐氏は言及しておらず、したがって氏の見解にはなお補訂さるべきところが存するのである。そこで、唐氏の見解を參考にしつつ、以下に臺傳についての私見をのべてみたい。

しかしながら、臺傳に關していえば、その組織・機能を明示する重要な史料である

傳が唐氏のいうように、單なる驛傳・傳舍ではなく、「屯・傳・邸・治」と併稱されるごとく、獨特の機能をもつ機構であることに疑問の餘地はない。問題となるのは臺傳の臺の意味である。唐氏は臺を「尙書臺之臺」と解釋された。その根據はあきらかでないが、あるいは傳の機能と關連させ、財政關係官職の右丞・倉部郞などを擁する尙書臺を想起されたものかとおもわれる。しかしながら、後述するように、史料Eによれば臺傳の統轄官廳は御史臺であるとみられるから、その見解は失當である。ただし、では臺傳の臺は御史臺の臺かといえばかならずしもそうでなく、そもそも六朝では臺城・臺軍・臺使などひろく朝廷・禁省をさす用語として臺がもちいられているのであるから、この臺も同様の意味とみられるのであり、臺傳とは朝廷の傳、さらに限定すれば皇帝の傳の意味であるとおもわれる。

前揭『梁書』武帝紀大同七年十二月壬寅の詔に「公私傳・屯・邸・治」とあるように、屯・傳・邸・治には公私雙方の領有にかかるものがあるのであり、公有のそれのうち、とくに朝廷直屬のものを臺傳といったのであろう。なお、屯や治にも臺に屬するものがあったかどうかは不明であるが、邸には臺邸(6)、すなわち朝廷直屬のものがあったとみられる。

そもそも臺傳とは獨特の機能をもつ傳のうち、朝廷直屬のものをいうのである。もっとも、唐氏も臺傳とは中央政府が各地に設立した傳舍であると結論づけているから、大差はないようでもあるが、しかし次節でふれるように、それが尙書臺、御史臺いずれの管轄下にあるかという點は臺傳の性格を檢討するうえでないがしろにはできないもの

要するに、臺傳とは獨特の機能をもつ傳のうち、朝廷直屬のものをいうのである。

第三節　臺傳の組織

臺傳の管轄について特に注目すべきは史料Eである。なぜなら、そこには臺傳の管轄官職としてとして臺傳御史なる官名があらわれるからである。その官名からして、臺傳御史が御史臺の屬官であることは確實である。

晉南朝の御史臺は御史中丞を臺主とし、その下に治書侍御史がおかれる。治書侍御史は諸曹の御史を統轄する。西晉では十三曹九御史があったが、東晉になって、「廐牧牛馬市租」を管掌する庫曹がおかれており、財政に關連する[7]職務をもっていることが注目される。

もっとも、應劭『漢官儀』（『通典』巻二四職官典侍御史注）に、

　侍御史出督州郡盜賊、運漕軍糧、言督軍糧侍御史、

とあり、侍御史には治安のほかに軍糧についての職務があったが、これは後述の臺傳との機能の共通點として注目されてよい。ところで、右の督軍糧侍御史なる官名がみえ、そのほか晉代には禁防御史、檢校御史、黃沙獄持書侍御史など、御史のうえにその職務を表現[8]しき語を冠した官名がみえる。してみると、臺傳御史はそれらと同樣、臺傳管理をその職務とする御史臺屬官であることはまず疑いなかろう。[9]

史料A・B・Cには諸州、もしくは諸州郡の臺傳という表現がある。唐氏は事實上各地にこの記載どおりに臺傳が設置されていたのではないかとされたが、史料Dによれば、すくなくとも南荊河（南豫）・江・荊・郢・湘・司・西荊

河（西豫）・南兗・雍の九州に臺傳の存在が確認できる。南齊疆域すべて二三州、うち蜀・嶺南諸州、および北朝との境界にあって名號のみのぞけば、この九州と揚・南徐二州がすべてである。史料Aの臺傳は揚州内であるから、南齊では主要各州ごとに臺傳が設置されていたとみなければならない。もっとも、史料Eによれば、郡にも臺傳がおかれた。史料Eは會稽郡の臺傳である可能性もある。しかし、郡におかれた臺傳についての詳細はほとんど不明である。

すでに臺傳の管轄權が御史臺にあるとすると、このように各州（郡）におかれた臺傳は一般行政機構たる州郡官廳とは無關係の存在となろう。史料Fの南梁州の臺傳のばあいをみると、天監三年（五〇四）二月のこと、同八年四月に益州北巴西郡に南梁州がおかれ、同一〇年に巴西太守張齊の建議によって南梁州に臺傳が設置されたことになる。臺傳は州鎭設置二年後に設立されているのであるが、これは臺傳が行政機構たる州郡官廳組織とは分離した機構であることをしめすであろう。もっとも、史料Eをみれば、揚州、もしくは會稽郡の臺傳が使持節都督の郡守の統轄下にあるごとくにみえるが、それは反亂擧兵前夜の緊急事態とみるべきであろう。

ところで、臺傳が各州（郡）に分布しながら通常の地方行政機構に屬さず、また後述のようなその機能からみて關係がふかいとみられる中央政府の財政關係官廳、たとえば司農、太府、少府、あるいは尚書臺の右丞・倉部・度支などとは關係なく、とくに御史臺所屬であるのは、いかなる意味をもつのか。それが先述の御史臺の本來的職務のひとつによるものであることに問題はない。ここで留意したいのは、監察・彈奏をその主要任務とし、天子の耳目的存在である御史臺の性格である。その御史臺の所屬であるということは、尚書など中央政府における他の官廳の所屬であることよりもはるかに天子直屬機構としての性格をつよく臺傳にあたえることになろう。さきに唐氏の所見にふれ、

第十四章　臺傳——南朝における財政機構——

おなじく中央政府設立の機構ではありながら、尚書臺所管でないことを強調したのは、かかる意味においてであった。つぎに、各州（郡）におかれた臺傳の相互の連絡についてふれておく。それには、臺傳が本來の驛傳・傳舍の機能をはるかにこえる諸機能をもちながら、なお傳という舊稱を維持している點が重要な示唆になる。それは臺傳がなお本來の驛傳・傳舍のごとき組織形態をとっていることを意味するとみられる。『南齊書』卷四〇武十七王竟陵文宣王子良傳に、

宋世元嘉中、皆責成郡縣、孝武徵求急速、以郡縣遲緩、始遣臺使、自此公役勞擾、太祖踐阼、子良陳之曰、前臺使督通切調、恆聞相望於道、及臣至郡、亦殊不疎、凡此輩使人、既非詳愼勲順、或貪險崎嶇、要求此役、……脅遏津埭、恐喝傳郵、

とあるのは、南齊代、なお傳とは驛傳でもあったことをしめすのである。すでに臺傳が驛傳的組織形態をうしなっていないとすれば、當然のことながら各地の臺傳は相互に連結された一種の連絡網を形成していたと推察される。そしてまた、そうであればこそその管理は各州郡單位では不適當であり、中央政府にあって、しかも各地に出使する機運の中繼據點にある倉庫とならんで、各州郡に設置された臺傳倉庫が重要な地位をしめていたようにみえる。つまり、臺傳の機構についていまひとつ注目すべきはそれに附設された倉庫、すなわち臺傳倉庫の存在である。史料Aは梁代の倉庫全般についてのべているが、それによると、石頭城と建康城にある倉庫、および豫章、釣磯、錢塘という通運の中繼據點にある倉庫とならんで、各州郡に設置された臺傳倉庫が重要な地位をしめていたようにみえる。つまり、中央政府の倉庫としては、右のような首都建康および交通上の要地におかれた倉庫以外では、臺傳倉庫がほとんど唯一のものであったとおもわれるのである。

この臺傳倉庫は略されて傳庫とよばれることがあった（史料E）。『宋書』卷七四臧質傳や後揭の『南齊書』卷二六(12)

王敬則傳、『梁書』卷一九樂藹傳にはまた臺庫という語がみえるが、これも臺傳倉庫の略稱ではないかとおもわれる。というのは、臺庫とは臺の庫、つまり朝廷の倉庫の謂であろうが、それが建康にある（前掲『梁書』樂藹傳）のは問題ないとして、會稽（同右『南齊書』王敬則傳）や襄陽（『宋書』臧質傳）にも設置されているらしくみえるのは、かならずしも朝廷のある臺城にのみおかれた倉庫ではないことをしめしている。各地におかれながら、しかも臺の庫という限定された稱呼をもち、一般的な倉庫と區別されたこの倉庫は、史料Aの倉庫制度と照合してみても、臺傳倉庫以外にはありえないであろう。

　　　第四節　臺傳の機能

　唐氏のあげた臺傳の機能はふたつである。その一は、傳の機能と『梁書』張齊傳（史料F）にもとづくもので、山澤物資を利用した營利活動であり、いま一つは、『隋書』食貨志（史料A）にもとづくもので、祿米絹布絲綿なる租調の一部分の收納である。しかし、臺傳がこれだけにとどまらず、さらに重要な機能をもっていることは、さきに列擧した史料を一目して瞭然たるものである。以下それらについてのべよう。

　まず史料Eをとりあげる。それは使持節都督會稽東陽臨海永嘉新安五郡軍事會稽太守であった王敬則が、南齊明帝永泰元年四月、擧兵を決意したときのことをしるしたものである。王敬則は會稽郡治山陰縣の令王詢と臺傳御史鍾離祖願なるものを召し出し、前者にはどれだけの人數を徵發できるか、後者にはどれだけの資金と物資が臺傳倉庫にあるかと問うている。これは會稽郡においては、擧兵のための資金と物資の大部分が臺傳倉庫にあったことを明示している。つまりそれは臺傳が州郡にとってほとんど權は會稽太守や山陰縣令にはなく、臺傳御史にあったことを明示している。つまりそれは臺傳が州郡にとってほとん

ど唯一といってよい、重要な財政機關であること、しかるに州郡の管轄下にはないことをしめすのである。
州郡にとってほとんど唯一の財政機關であったというのは、史料Dでも明瞭である。南齊永明中、米穀布帛の物價
が下落したので、常平倉をおき、穀帛以下諸物を買上げようとした。その際、實際にはすくなくとも會稽郡に臺傳にあた
たのは、揚・南徐二州の諸州では、臺傳であった。南徐州はともかく、揚州にはすくなくとも會稽郡に臺傳にあっ
たのだから、この揚・南徐二州での買上げが、なぜ臺傳によらなかったのかはわからない。それはともかくとして、こ
の常平倉政策は臺傳が各州における中心的財政機構であることを明確にしめしているし、また皇帝の命令一下、網
の目のようにはりめぐらされた連絡網が全國的規模での財政政策を一齊に實施している狀態をあきらかにしているとい
えるであろう。
(13)

この常平倉政策の各地における實施擔當というのは、臺傳の重要な機能であると同時に、臺傳なる機構そのものの
特異さをもっとも端的にあらわすものであるとおもう。南齊における永明の常平倉政策とほとんど時をおなじくして、
北魏でも李彪の上書による常平倉的政策が施行されているが、このばあいは、「各立官司」のうえ實施となっている。
つまり北魏では、各地で物資の買上げ、賣出しをおこなうにあたっては、それを實際に擔當することのできる組織を
もたなかったのであり、適當な官司をあらたにおかねばならなかったのである。しかし、南齊では臺傳がこの役割を
みごとにはたしている。
(14)

ところで、右にとりあげた二例によって、臺傳、そしてその倉庫にはきわめて豐富な物資・錢穀の蓄積のあること
があきらかになった。その蓄積はそもそもいかなる來源をもつのであろうか。
(15)

『南齊書』卷二六王敬則傳には、

太祖遺詔敬則以本官領丹陽尹、尋遷爲使持節散騎常侍都督會稽東陽新安臨海永嘉五郡軍事鎭東將軍會稽太守、……

とあり、『梁書』巻一九樂藹傳附子法才傳には、

會士邊帶湖海、民丁無士庶、皆保塘役、敬則以功力有餘、悉評斂爲錢、送臺庫、以爲便宜、上許之、出爲招遠將軍建康令、不受俸秩、比去任、將至百金、縣曹啓輸臺庫。高祖嘉其清節曰、居職若斯、可以爲百城表矣、即日遷太舟卿、

とある。前者は、瀕海地帶である會稽郡で、士庶をとわず郡民すべての義務であった護岸作業の力役を錢貨換算して代納せしめ、その錢を臺庫へ納入しようというものである。後者は、縣令が返上した俸祿の錢を臺庫へおさめようというものである。これらはいずれも恆常的なものでなく、臨時の雜收入ともいうべきものであるが、その積の場が臺庫であった。この臺庫がさきにふれたように臺傳倉庫の略稱であるとすると、臺傳倉庫の蓄積物資の來源はかかる雜收入的な錢貨であるということになる。

しかし、さらに重要な臺傳倉庫の物資の來源が史料Bにしめされている。唐氏が一部分の賦税といった祿米絹布絲綿がそれである。『隋書』巻二四食貨志によれば、梁陳代の租調は、

其課、丁男調、布絹各二丈、絲三兩、綿八兩、祿絹八尺、祿綿三兩二分、租米五石、祿米二石、丁女並半之、

というものであり、正規の布絹・絲・綿・米のほか、祿絹・祿綿・祿米が徴收されることになっていた。この祿絹・綿・米の額は全體の七分の二にあたるが、それが當地の臺傳倉庫に收藏されることになっていたのである。⑯

かような租調の一部および臨時的な雜收入の收納と收藏保管もまた臺傳のもつ機能の重要な一部であった。さらに推測すれば、右のような正規の租調全體が中央政府へ輸送される際、その本來の機能からして、バラシュ氏のいうごとく臺傳がその實際上の任務にたずさわったであろうことも十分に考えられるのである。

ところで、史料Bにはさらに臺傳の別の機能に關する注目すべき記事がある。臺傳倉庫に收納された祿絹・綿・米

は、刺史・太守・縣令に支給するばあいは、それぞれの管轄下の文武兩官員數に準じ、敕による裁斷をへて支給するとなっている。すると臺傳は州郡縣の長官以下、地方官人への物資支給をも擔當していたことになる。支給される物資はかれらの俸祿のもととなった物資のもとととなった物資のもととなったことになる。しかも、この支給される物資はかれらの俸祿のもととなったことになる。しかも、この前代の地方官俸祿制度の中心であった公田にかわるものとして創設されたものであり、地方官俸祿の財源であるとみられるからである。つまり、臺傳は地方官俸祿の支給を機能のひとつとしていたのである。

なお、祿絹・綿・米の制が出現する以前にも、租調は全額が中央政府へ輸送されるのではなく、各地方官廳の所要分は當該地方で出納されるようになっていたらしくおもわれるが、それが臺傳によって擔當された可能性は大いにある。

これを要するに、臺傳の機能は、山澤の物資を利用した營利活動、民間との物資の交易、租調の一部および雜收入の收納、諸物資の蓄積、擔當區域内の地方官俸祿の出納などであり、このほか傳本來の機能である物資輸送、とくに租調など公有物資の通運にもたずさわったものとみられる。つまり臺傳は南朝において王朝の財政業務を擔當する主要な機構であったのである。

　　　むすび

以上にのべたような獨特の組織と機能をもつ臺傳がついかなる事情で設置されるにいたったかについては、なにひとつといって知るところがない。臺傳の史料上の初出は史料Cである。これによると、劉宋前廢帝永光元年（四六五）正月に諸州臺傳をはぶくというから、それ以前に臺傳が設置されていたことは疑いない事實であるが、これ以前

のことはまったく不明なのである。なお、この臺傳をはぶくという永光元年の措置が臨時のものであったことは、その二〇餘年後の南齊永明六年の常平倉政策に臺傳が機能していることから明白である（史料D參照）。ともかくも、現在たしかにいえるのは、臺傳が南朝の宋・齊・梁・陳諸朝にわたって設置されていたということだけである。

ここで問題にしたいのは、臺傳の存在、とりわけその組織と機能の特異性が南朝においていかなる意義をもっていたのか、もしくは南朝史研究にいかに位置づけうるかという點である。より限定していえば、朝廷直轄の財政機關が地方行政組織から獨立して各地に存在し、重要な機能をはたしているという事實が南朝諸朝の支配體制、とりわけ地方支配體制の性格といかにかかわるかが重大な論點となるであろう。

南朝における支配體制の特質は、ひとことでいえば、政治的權力としての皇帝權力の相對的伸張、地方勢力の分權的・自立的傾向の增大ということになろう。つまり、皇帝の側では、寒門と結託し、貴族勢力と拮抗しつつ、權力的支配を強化するという志向をしだいにつよめる一方、本來分權的・自立的性格をもつ地方支配體制である都督制が地方支配を掌握し、そこに在地勢力がむすびついていよいよ分權的・自立的傾向をつよめてゆくというのが大勢であったといってよいであろう。

從來の研究はかような狀態を政治的・軍事的な體制の觀點、たとえば中央・地方の政治制度や人事の實態、軍制度などの分析を通じてあきらかにしてきたのであるが、それらとならんで重要な視點となるはずの經濟的・財政的な問題の分析は、たとえば越智重明氏の州鎭財政の考察などをのぞけば、皆無といわざるをえない狀態である。その意味で、この臺傳なる財政機構の存在は大いに注目されてよいであろう。

さて、すでにあきらかにしたような組織と機能をもつ臺傳は地方行政における財政面に重大な影響力をもっていたとみられる。臺傳が地方行政における財政面を掌握していたといってもいいすぎではなかろう。臺傳が本來の機能を

第十四章　臺傳——南朝における財政機構——　571

十全に發揮すれば、それは朝廷が地方財政を把握し、統制することを可能とするはずである。そして、臺傳は朝廷が地方支配體制の分權的・自立的傾向を財政面から抑止するためのきわめて有效な橋頭堡たりえたであろう。

このように考えると、南朝の地方支配體制は全體として分權的・自立的であるとはいえ、財政面にかぎっては朝廷の統制が可能な、求心的な制度を內包していたということになる。このような制度としてあてある臺傳は、たとえばつねに遠心的・自立的存在としてあった劉宋以後の出鎭した宗室諸王の規制のために皇帝より派遣された典籤などときわめて類似した性格をもつものであった。そして、それらがとりわけ劉宋以後にみられるとされる皇帝權力の漸進的強化と表裏一體のものであろうことはただちに推察されよう。

かくて、臺傳の存在は分權的・自立的といわれる南朝の地方支配體制に、かならずしもそうではない要素があることを明示している點で、大いに注目さるべきであろう。

注

（1）胡三省は『資治通鑑』卷一五九梁紀大同十一年十二月條にみえる「屯傳邸冶」（『梁書』卷三八賀琛傳の引用）の傳に、「傳、驛傳也」と注しているが、この傳も單なる驛傳ではなく、後述のごとく、唐長孺氏が解明された特別の傳のことである。

（2）Étienne Balazs, 'Le Traité économique du "Souei-Chou",' T'oung pao, Vol.XLII, 1953.

（3）全「中古自然經濟」（『中央研究院歷史語言研究所集刊』十本、一九四八）。

（4）唐「南朝的屯、邸、別墅及山澤佔領」（初出一九五四、『山居存稿』北京、一九八九）八頁。

（5）『容齋續筆』卷五臺城少城。なお、たとえば『宋書』卷四〇百官志下では、

太子詹事、一人、丞、一人、職比臺尙書令領軍將軍、

などというごとく、東宮諸官との對比において臺字をもちいることがある。それは臺が朝廷や禁省よりもさらに限定された

(6) 『宋書』卷九二良吏徐豁傳に、

元嘉初、爲始興太守、三年、遣大使巡行四方、并使郡縣各言損益、豁因此表陳三事、……其二日、郡領銀民三百餘戶、鑿坑採砂、皆三二丈、功役既苦、不顧崩壓、一歲之中、毎有死者、官司檢切、猶致逋違、老少相隨、永絶農業、千有餘口、皆資他食、豈唯一夫不耕、或受其饑而已、所以歲有不稔、便致甚困、尋臺邸用米、不異於銀、謂宜准銀課米、卽事爲便、

とある。

(7) 『宋書』卷四〇百官志下など。

(8) 禁防御史・檢校御史は『晉書』卷二四職官志、黃沙獄持書侍御史は『通典』卷二四職官典にみえる。

(9) なお、西・東晉の御史については、『晉書』卷四惠帝紀永平五年條に、

是歲、荊揚兗豫青徐等六州大水、詔遣御史巡行振貸、

とあり、同卷八海西公紀咸安二年條に、

正月、降封帝爲海西縣公、四月、徙居吳縣、勑吳國內史刁彝防衞、又遣御史顧允監察之、

とあるように、出使、および前者にみられるような振貸という機能をもっていることも注目されよう。とりわけ振貸は具體的には倉庫集積物資の配給をともなう行爲であるから、臺傳倉庫管理という臺傳御史の職務との關連も興味あるところであろう。

(10) 『梁書』卷二武帝紀中參照。

(11) 櫻井芳朗「御史制度の形成(下)」(『東洋學報』二三-二、一九三五)參照。

(12) 『宋書』卷七四臧質傳に、

質又顧戀嬖妾、棄營單馬還城、散用臺庫見錢六七百萬、爲有司所糾、上不問也、

とある。臧質はこのとき使持節監雍梁南北秦四州諸軍事冠軍將軍寧蠻校尉雍州刺史であった。

573　第十四章　臺傳——南朝における財政機構——

(13) ちなみに、この南齊武帝の常平倉政策が實施された永明六年の九年前、南齊高帝建元元年に、荊州の年間の物資費のうち、錢は三千萬、湘州のそれは七百萬であった(『南齊書』卷二二豫章文獻王傳)。永明六年の物資買上げにやいされた錢は荊州が五百萬、湘州が二百萬であったから、このときの買上げは相當に大規模なものであったといえよう。

(14) 『魏書』卷六二李彪傳に、李彪が孝文帝に上呈した封事七條をのせるが、その第三事のなかで、頃年山東饑、去歲京師儉、內外人庶、出入就豐、既廢營產、疲而乃達、又於國體實有虛損、若先多積穀、安而給之、豈有驅督老弱餬口千里之外、以今況古、誠可懼也、臣以爲宜析州郡常調九分之二、京都度支歲用之餘、各立官司、年豐糴積於倉、時儉則加私之二、糶之於人、如此民必力田、以買官絹、又務貯財、以取官粟、年登則常積、歲凶則直給、積於倉、時儉則加私之二、とのべている。同傳によれば、孝文帝はこの封事七條をよしとして、みな施行させたという。この記事を『資治通鑑』卷一三六齊紀は永明六年(北魏孝文帝太和十二年)にかけている。

(15) なお、注(12)にみたごとく、雍州の臺傳倉庫にも、すくなくとも六七百萬錢の蓄積があった。

(16) 祿絹綿米については、古賀登「南朝租調攷」(『史學雜誌』六八—九、一九五九)、拙稿「晉南朝における官人の俸祿について」(上)(下)(初出一九七八・一九七九、『六朝貴族制研究』一九八七)參照。

(17) 注(16)參照。

(18) 『梁書』卷五一處士何胤傳に、(領軍司馬王)果還、以胤意奏聞、有敕給白衣尚書祿、胤固辭、又敕山陰庫錢月給五萬、胤又不受。とあるが、この山陰庫もまた山陰縣(會稽郡)にあった臺傳倉庫である可能性がある。ここでもまた俸祿に準じた錢貨支給がそこからなされている。

(19) 注(16) 拙稿參照。

(20) 越智「南朝州鎮考」(『史學雜誌』六二—一二、一九五三)、「南朝州鎮の財政について」(『東洋史學』二四、一九六一)など。

(21) 越智重明「典籤考」(『東洋史研究』一三—六、一九五五)參照。

（補注）すでにふれたように、傳が山澤物資交易と營利のための機構であるという唐氏の見解は鐵案であるが、ここでそれ以外の傳の機能をしめすものとして注目すべき史料にふれておこう。『冊府元龜』（宋本）卷四九三邦計部山澤條（同書卷五〇四榷酤も同文）に、

陳文帝天嘉二年十二月甲申、太子中庶子虞荔・御史中丞孔奐以國用不足、奏立煮海鹽傳及榷酤之科、詔並施行、

とある。

この煮海鹽傳の傳について、『陳書』卷三文帝紀は賦につくるが、『南史』卷九陳本紀上は傳につくるが、『南史』中華書局刊評點本では、この傳を賦にあらため、その校記に「鹽賦各本作鹽傳、據陳書及冊府元龜四九三改。」という。しかし、右にあげたように、『冊府元龜』は卷四九三邦計部山澤の項でなく、卷五〇四榷酤の項でも傳とするのであり、賦となっているのは『陳書』だけなのであるから、むしろ校記は傳をとるべきなのである。

ちなみに、なぜ賦をとったかを臆測すれば、煮海鹽賦であれば製鹽業への課税という意味にとれるが、傳の字義不明のうえ、製鹽への課税であれば税字が當然で、賦字は適當でないという判斷によるのであろう。

さて、これを傳ととると、傳には製鹽のためのものもあったことになる。とすると、さらに推測すれば、單なる山澤物資でなく、各地域の特産品の利用が傳の重要な機能であったとも考えられよう。

さらに留意すべきは、右の記事に煮海鹽傳と榷酤の科が併列してでてくることである。この煮海鹽傳と榷酤とのあいだの密接な關係が推察される。先述したような連絡網をもつ臺傳の組織のことを想起すれば、鹽專賣に臺傳が關與した可能性は大いにあろう。しかし、この點についてはこれ以上たちいった考察をする材料はない。

第十四章　臺傳——南朝における財政機構——

補

本稿の脱稿直前に、彭神保「南朝的臺傳」(『復旦學報』一九八〇—三)なる論文のあることをしった(關尾史郎氏の教示による)。本稿とまったく同一の主題をもつ彭論文の所説にここで言及しておく必要があろう。

彭論文のとくところの大要は以下のとおりである。臺傳の臺は尚書臺の臺、傳は傳舍の傳であり、中央政府が州に設立した傳舍である。それらは著名な州郡・重鎭におかれた。臺傳の職務は商業活動、貿利活動であり、中央政府が山澤を占領し、その物資を獨占するための機構である。臺傳の職務は傳舍の傳に管理されており、中央政府が地方財政を制御する機能をもっていた。齊・梁時の臺傳の職務の擴大はそれゆえ唐氏の見解でいう史料D・Eをしめすものである。

彭論文は、以上のように唐氏の見解に本稿でいう史料D・Eをくわえ、臺傳の實態を解明したものであり、その所説と本稿とのべたところは重複するところがすくなくない。したがって、あらたに本稿を草することにあまり意味がないともいえるのであるが、あえていえば、彭論文はわずか三頁の簡略なものであって、臺傳に關する檢討が十分なまでにつくされているとはいいがたく、結論をみちびく論旨もやや性急であり、また私見と異なるところがあるものとおもう。

なお、以下、彭論文について若干の疑義を呈しておこう。彭論文には唐長孺氏の見解と一致するところが多くあり、唐氏から多くを得ていると判斷できるのであるが、唐氏の研究にまったく言及しないのはいささか不用意であるとせざるをえない。それはともかく、彭氏は臺傳の管理官職として臺傳御史の存在に氣づいているにもかかわらず、尚書配下にある機關を御史屬官が管轄することになるそのような理解には疑問がある。また、彭氏は『梁書』武帝紀大同七年十二月條などにみえる「傳・屯・邸・冶」と併稱される傳をすべて臺傳とみなしているようであるが、同右條に「公私傳・屯・邸・冶」ということであるが、史料Eの「臺傳御史鍾離祖願」から北徐州鍾離郡にも臺傳が設置されていたとのべるのは信じがたい誤解である。このような誤解にもとづけば、臺傳についての重要史料である史料Eの正當な理解はほとんど不可能となろう。

第十五章　南朝戶籍に關する二問題

はしがき

　南朝、とくに宋齊時代、士庶の區別は「天隔」(『宋書』卷四二王弘傳)、「國之章」(『南史』卷二三王球傳)のごとく峻烈であったが、一方で、沈約の認識によれば、「士庶不分」(『通典』卷三)、「士庶無辨」(『文選』卷四〇)、すなわち士庶混淆の狀況が生じていた。この狀況が發生した原因は、沈約および虞玩之の認識では、宋元嘉二七年(四五〇)の軍役徵發時に、免除規定をもうけたことと、その直後の孝建元年(四五四)の戶籍作製時からはじまった戶籍の假僞である。この戶籍の假僞は軍役免除規定にあうように、籍注についてなされたものであり、それによってかつて卑微の身分で人に役されていたものが、士流(または仕流)となって人を役するようになり、そこに士庶の混淆が發生したという。

　士庶の區別と戶籍は南朝の政治社會上の重要問題であり、戶籍の假僞はこの士庶と戶籍の關係について檢討する重要なてがかりである。とくに戶籍假僞が最初に發生した事情とその具體的內容については、士庶の身分規定と籍注の關係、および士庶混淆の事態を考察するうえできわめて重要である。したがって、中國ではこの問題に言及する學者

はすくなくなく、わが國でも越智重明、池田溫兩氏にすぐれた研究がある。池田氏の研究は主として戸籍制度そのものに關してのものであるが、虞玩之・沈約兩人の上言の的確な分析によって制度内容を明確に說明したものであり、この問題を研究する際に第一に參照さるべきものである。

中國學者の研究は徭役および士庶の問題と關連させることが多いが、なかでも唐長孺氏の研究がもっとも詳細で、かつ參考とすべき見解が多い。唐氏は戸籍假僞發生の事情についてつぎのようにいう。士族であるか否かは起家官によって決定され、戸籍籍注によって證明される。元嘉二七年の徵發における免除條件は士族として最低限の官職であり、寒門地主や商人は孝建元年の戸籍作製時に、その免除規定を利用し、祖先の爵位の籍注を改竄して、士族の條件に合致するようにしたのである。士庶不分とはこうして士族を冒稱したものと寒微の士族との境界が不明になったことをいう。

越智重明氏の見解は以下のようなものである。晉代、士人の戸籍と庶人（氏はかれらを三五門とよぶ）の戸籍は區別されており、士族の戸籍の籍注には免役條件となる親族の官名が記載されていて、それで免役權をえていたが、庶人三五門の戸籍にはそのような籍注はなかった。元嘉二七年に、父・祖・伯叔・兄弟が特定の品官についている三五門の免役權が承認された。孝建元年には三五門の戸籍にもその免役條件が籍注として記入されることになり、士族の戸籍と庶人の戸籍の別は形骸化した。以後、三五門は免役權をえるために籍注を假僞するようになった。

兩氏の說は以下の點で決定的にちがう。第一に、元嘉二七年に庶人がえた免役條件の諸官についてである。唐氏は、この諸官に就任することが士族の地位をえることであるとする。そして、この諸官は大半が寒微士族の就任する流外官と流内卑官であるとみる。つまり、唐氏は士族であれば免役權があると考える。越智氏は免役規定の諸官は特定の九品官であると考える。したがって、免役はその九品官の蔭の結果であることになる。この見解の差はそのま

附編 578

ま戸籍假僞の内容にも關係し、唐氏によれば、士族であると、越智氏によれば、品官であるといつわるのが假僞内容となる。

第二は、戸籍制度である。唐氏はじめ多數の學者は、當時の戸籍は士庶ともに黃籍單一であったと考えるが、越智氏は宋孝建以前は士籍と庶籍が別箇であったと考える。なお、朱紹侯氏も士戶と庶戶の區別があったと考えるが、その區別は籍注でしめされるというから、戸籍全體としては單一說である。

以上のような對立點のほか、元嘉二七年の徵發やその後の假僞の具體的狀況について、兩氏はじめ、從前の學者のまだ言及していない問題や深化すべき論點がなおある。本稿はそれらを檢討し、士庶と戸籍の問題の解明に若干の寄與をしようとするものである。

第一節　籍注と士庶

最初に考察したいのは、この戸籍假僞の發端がなぜ元嘉二七年の徵發と、その直後の孝建元年の書籍にあるのかという問題である。元嘉二七年の徵發は『通典』卷三では「八條取人」(虞玩之上表)、「七條徵發」(沈約上言)と表現される。その內容は不明とする學者もあるが、一般には『宋書』卷九五索虜傳の記事に該當すると考えられている。

是歲（元嘉二七年）軍旅大起、王公妃主及朝士牧守、各獻金帛等物、以助國用、下及富室小民、亦有獻私財至數十萬者、又以兵力不足、尙書左僕射何尙之參議發南兗州三五民丁、父祖伯叔兄弟仕州居職從事、及仕北徐兗爲皇弟皇子從事、諸皇弟皇子府參軍督護、國三令以上、相府舍(7)(8)(人)者、不在發例、其餘悉倩暫行征、符到十日裝束、緣江五郡集廣陵、緣淮三郡集盱眙、……有司又奏軍用不充、揚南徐兗(9)(豫?)江四州富有之民、家

資滿五十萬、僧尼滿二十萬者、並四分換一、過此率計、事息卽還、この措置は南兗州に關するものと明記されている。これより二〇年前の元嘉八年（四三一）、江南を南徐州に統合している（『宋書』卷三五）から、この南兗州は江北全體を意味している。ちなみに『通鑑』卷一二五では、この南兗州を青冀徐豫二兗六州とつくっている。

この時、江北の南兗州では兵力不足のために民丁が徵發されたのだが、江南の揚・南徐・兗（豫？）・江四州では資金不足をおぎなうために、富有の民から錢をかりあげている。そうすると、民丁の徵發は直接の戰場に接する江北においてのみとされそうであるが、『宋書』卷七四沈攸之傳には、

元嘉二十七年、索虜南寇、發三吳民丁、攸之亦被發、

とあり、沈攸之の鄉里吳興郡武康縣でも徵發がおこなわれている。ただし、沈攸之の徵發は、南兗州の徵發とは別に、この南侵に對處するためのものであったろう。

ここで徵發された三五民丁とはいかなる階層にあたるのであろうか。越智氏はかれらを三五門、すなわち庶民のこととみなし、かれらのうちで規定に該當するもの、すなわち父祖伯叔兄弟がみとめられたと理解している。つまり、庶民・三五門はもともと九品官につくことができなかったが、そのうちの富裕なものがしだいに九品官につくようになり、その蔭がみとめられたと考えるのである。

唐氏の見解はこれと異なる。唐氏は、先述したように、免役條件の諸官は士人最低限の標識と考えている。この時徵發された三五民丁のなかには、そのような規定に該當し、免役權をえることのできるものがもともとふくまれているのである。かれら士人最低限の標識の諸官にあるものを免除するというのが、索虜傳の記事の意味であるということ

とになる。そうすると、徴發の對象とされた三五民丁には、庶人だけでなく、そのような士人もふくまれていたと考えなければならない。

兩說の當否をみるためには、いますこし檢討が必要であろう。まず、民丁ということばはかならずしも庶民の意味ではない。『南齊書』卷二六王敬則傳につぎのようにいう。

會土邊帶湖海、民丁無士庶、皆保塘役、

すなわち、會稽郡では、民丁は士庶をとわず塘役に從事するというのであり、民丁のなかには士人も庶人もふくまれているのである。もっとも、ここの民丁を異なって、くりかえしいうと、南兗州の徴發は三五民丁で、それは三五門の民丁の意味であると解釋することもできそうであるが、免役規定に該當するような階層をふくむ民丁が三五門の民丁のみであるとするのはやや無理があり、南兗州の三五民丁の三五は三丁に一丁、五丁に二丁の徴發率とみなすべきであろう。

しかし、士庶ともに民丁にふくまれるとすると、つぎには右の會稽郡の例だけでなく、一般に士人は徴發の對象となったのかどうかが問題となろう。『宋書』卷五三謝方明傳につぎのようにいう。

前後征伐、每兵運不充、悉發倩士庶、事旣寧息、皆使還本、

これは元嘉初年のことである。戰爭に際して、兵運不足のためにことごとく士庶を發倩するというのは、元嘉二七年とまったくおなじである。ちなみに、倩は雇う意であるが、元嘉初も元嘉二七年も實態は發、つまり徴發であったろう。つまり、元嘉初には戰時の兵運不足解消のため、士庶をとわず徴發した事實があるのである。

ここで考慮しておかねばならないのは、元嘉初の士庶の發倩も、南兗州の元嘉二七年の民丁徴發も、軍役であって、正役のことではないという點である。(11) つまり日常的な力役と異なって、軍役の徴發は戰時の非常措置としておこなわ

れる。それは王朝の命運にかかわることであり、士族とて徴發の例外ではありえない。民丁が士庶をとわず從事した會稽郡の塘役も、堤塘保全が社會の命運にかかわるという會稽郡の特殊事情によるものであって、軍役ににた性格がある。

要するに、元嘉二七年に軍役徴發の對象となった南兗州の民丁には士族も庶人もふくまれていた。しかし、以前から軍役の徴發對象であり、この時にも徴發の對象となった士族の一部を徴發對象から除外したというのが免除條件設定の眞相であり、この免除規定は本來庶人の一部に免役權をあたえる目的のものではなかった。そもそも、よりによって對魏戰爭という非常時の軍役徴發の時をえらんで、士人よりもより強く就役義務を負っている庶人に對してわざわざ免除規定をもうけるという考え方は無理がある。しかし、かの免除條件の諸官には、唐氏がいうように「士庶雜選」の官がすくなからずふくまれていた。それが庶人にとっては、沈約のいう「苟有廻避」、すなわち士族を冒稱して、軍役のみならず、正役すらまぬかれるための豫期せぬ途をひらくことになったのである。

この問題は、戶籍假僞がなぜこの元嘉二七年の徴發と、その直後の孝建元年の書籍からはじまるのかということとふかく關連する。その理由は一般にはこの元嘉二七年の徴發で庶人が免役權をえることがはじめて可能になったからだと考えられているが、もうすこし詳細にのべると、唐氏は、孝建元年書籍時に、寒門地主、商人が免除規定を利用して士族の條件に合致するように籍注を假僞したと考え、越智氏は、元嘉二七年に庶人で品官についたものの近親者の免役權がはじめてみとめられるので、孝建元年書籍時に、品官についたとする籍注の假僞がはじまったと考えだと考えられている。

しかし、この兩氏說には難點がある。唐氏說のばあい、士族の條件さえあれば免役權をえられるのであるから、かならずしも元嘉二七年の免除規定がなくとも、それ以前から士族條件に合致させようとする籍注の假僞があってもおかしくないし、後述するように、そのような假僞は十分に可能であった。一方、越智氏說のばあい、品官が蔭の權利

をもつことは以前から承認されていることであるから、ここではじめて品官についた庶人が免役權をえたと理解することはできない。したがって、氏は、これまでは庶籍の庶人は品官についても免役權がなかったとか、そのような状態であるからそれまで庶人には就任官についての籍注もなかったというような説明をせざるをえなくなっている。しかし、士人であろうと庶人であろうと、品官につけば蔭が可能という規定がある以上、やはり元嘉二七年以前に庶人が籍注で品官としての特權に士人と庶人の差別があったとは考えがたい。そうであれば、品官につけば蔭が可能という規定がある以上、やはり元嘉二七年以前に庶人が籍注で品官としての特權に士人と庶人の差別があったとは考えがたい。そうすると、兩説ともに先の疑問に十分に解答しているとはいえなくなる。

この問題を解決するためには、虞玩之・沈約ともに、戸籍の假僞が籍注についてのものであること、籍注の假僞の結果、「卑微」「爲人役者」が士流・仕流となったとのべていることにまず注目しなければなるまい。つまり籍注を假僞し、士族を冒稱することによって役から免れていると認識されているのであり、唐氏の説がこれにちかい。ではなぜ籍注を假僞し、士族を冒稱して役から逃れることが、元嘉二七年以前になく、それ以後にはじまったのであろうか。先にのべたことをくりかえすと、この時の徵發は士人庶人をともに對象とするものであったが、その際に主として士族をこの徵發から除外するために、免除條件をはじめてもうけた。換言すれば、士族の最低線を明示したのである。唐氏がいうように、この免除條件は士族として最低限のものであった。(17)

そもそも、士庶間の境界がどこにあるかはきわめて重要であるが、同時にきわめて不分明な部分があったとおもわれる。もちろん、四世紀の華北において存在した「士籍」「士族舊籍」や、また後趙の石勒が士族としての特權をみとめた雍州・秦州の望族一七姓のような、歷然たる士族を證する制度的保證はあったし、東晉でも、太元中に賈弼によって撰定された士族譜・百家譜のようなものはあった。(18) つまり、士族はきわめてはっきりした制度上の範圍を一方

でもっていた。しかし、士族であることがうべくもない上層士族とは異なり、下級・寒微の士族にいたっては、かれらが何ゆゑに士族なのか、表現をかえれば、いかなる條件によってそのような士族となりうるかが不明確になっていたとみられる。そうすると、元嘉二七年以前に士族を冒稱する戸籍の假僞がないというのは、庶民にとっては上層士族を冒稱するのはもとより不可能であるし、寒微士人をいかにすれば冒稱できるかは、その基準がはっきりしていなかったからではなかろうか。要するにこれ以前は庶人が士人を冒稱するのが困難であったのである。

こう考えることが可能であるとすれば、元嘉二七年の徵發における免除規定は、庶人の一部に免除權をあたえるのが本來の意圖であったのではなくて、士族の最低線を明確にし、士族、とくに下層・寒微士族の免役範圍を限定するのが目的であったと推測できる。それが庶人にとっては士族冒稱の方法の明示となったのである。

なぜそのような士族の範圍の確定がほかでもないこの軍役徵發においておこなわれたのか、その理由はおそらくつぎのようなものであろう。この士族の範圍の確定は、士族の免役權にからむ重要事であり、それがひとたびなされると、ただちに士族中にもその範圍からもれて、正役對象となるものが出現し、政治問題化する可能性がつよい。しかし、これを戰時非常事態下の、しかも從來士庶ともに徵發の前例のある軍役徵發時におこなえば、比較的抵抗がすくないとみられたのではなかろうか。

ところで、この免除規定は軍役についてであるが、やがて正役の免除權へと發展することは當然考慮されたであろう。あるいはそれが當初から最終の目標とされていたかもしれない。そうするとこの軍役の免役範圍の大小は、正役負擔者の增減と連動することになり、王朝の要請はこの免役範圍をできるだけ縮少し、就役者を增加させることであったはずである。それなのに、なぜ士族の最低限としてもっと上層の官をえらんで、免役範圍を縮少させることをせず、「士庶雜選」の官をえらんだのであろうか。「士庶雜選」の官を士族の最低限にすれば庶人の一部が士族に參入するこ

とは豫測できたであろうし、事實、結果的にそうなった。これは難しい問題であるが、あえて推測してみると、「士庶雜選」の官につく士族層は甲族などよりもはるかに廣汎かつ多數であって、かれらを兇役範圍外へ切りすてることは事實上不可能と考えられたためではなかろうか。

以上の問題はこれより一一年後の大明五年(四六一)におこなわれた士族の整頓と關連する。この士族の整頓のことは『宋書』卷八二沈懷文傳、『魏書』卷九七劉裕傳、『建康實錄』卷一三大明五年條末尾にみえる。『魏書』の記事をひく。

是歲、凡諸郡士族婚官點雜者、悉黜爲將吏、而人情驚怨、並不服役、逃竄山湖、聚爲寇盜、侍中沈懷文苦諫不納、

このことを『宋書』では「壞士族」と表現している。つまり士族の一部が「壞」されたのであるが、この「壞」は、唐長孺氏がつとに指摘されたように、かれら士族の特權を廢止したのではなく、戸籍上士族と認めないとする意味である。そして、士族と認められなくなった結果、かれらは將吏に充當されたのである。[19]

後に詳述するように、孝建元年にはじまった戸籍の假僞は、すでに大明年間には顯著になっていた。したがって、戸籍の假僞によって士族を冒稱する庶人もすくなくなかったとみられる。かれらの假僞した戸籍は、假僞が疑われると本縣に返却(これを却籍という)され、あらためて審査をうけねばならなかったし、それでも假僞がなくならないことに業をにやして、やや後の南齊永明八年(四九〇)には、戸籍假僞のものを淮水沿岸に送って一〇年間鎭戍させる措置すらとられた。[20][21]

この淮水沿岸への送遣鎭戍は、大明五年の將吏に充當する方式とよく似ている。したがって大明五年に將吏とされた一部士族とは、戸籍假僞をおこなったものたちであったと考えられなくもない。しかし、唐長孺氏が指摘するように、「壞」されて將吏に充當されるのは「婚官點雜」の士族であって、「巧僞」の士族ではなかった。[22]

585　第十五章　南朝戸籍に關する二問題

「婚官」は士族の重要な標識であった。それが「點雜」である士族はまさしく士族最下層・寒微士人に屬し、「士庶雜選」の諸官にしかつけないような士族であった。大明五年のこの「壞士族」は、士族中の下層部分、もしくは庶人にかぎりなくちかい士族を士族の範圍から排除したことを意味する。では、かれらはなぜ戸籍の假僞のような不正をおこなったわけでもないのに排除されたのか。それこそ元嘉二七年の免役の範圍が最低限の士族の條件であるように設定されたことの結果である。すなわち元嘉二七年の徵發免除規定によって、士族の最下層部分、つまり「士庶雜選」の官につく「婚官點雜」の士族、および一部の上層庶民が免役範圍内に大量に參入した。士族の整頓のために正役負擔者が減少し、これを改善するために、大明五年にかれらを士族範圍から排除せざるをえなかったのである。したがって、大明五年の措置は士族の整頓であり、大明五年にかれらを士族範圍から排除する庶人などは本來その措置の對象外であったのである。

第二節　籍注僞濫の實態

では、士人庶人は戸籍記載上、いかなるあつかいをうけていたのか。もしくは朱紹侯氏説のように、籍注に士庶の項目があったのだろうか。そもそも越智氏説のように士籍庶籍が區別されていたのか、もしくは朱紹侯氏説のように、籍注に士庶の項目があったのだろうか。このような問題を戸籍假僞の具體的情況の分析によって考えてみよう。

南朝の戸籍制度そのものについては、池田溫・朱紹侯兩氏の研究が詳細である(23)。また假僞の具體的内容と經過については、唐氏の研究も詳細である(24)。それらを參照しながら、戸籍制度の實態と假僞の情況を概觀してみよう。以下の記述の主たる典據は『通典』卷三、『南齊書』卷三四虞玩之傳、『南史』卷五九王僧孺傳である。

東晉の戸籍は咸和三年（三二八）を起點とする。この前年に發生した蘇峻の亂によって、建康は灰燼に歸し、戸籍

も焼失したからである。その後、東晉から宋にかけて作製された戸籍は精密なもので、朱筆で籍注がなされ、紙のつぎめには縫(つぎめがき)があった。記載事項は姓名、貫籍、年令はもちろん、家族、身體特徵、健康狀況や、生死、逃亡、服役關係におよび、士族のばあいには祖・父・己の官職や任免年時、干支をふした詔書の引用、鄉論清議關係の記事もふくまれていた。

この戶籍は数十百年を經過した後も廢棄されず、尚書省に保管されていた。ただし、宋元嘉以來の戶籍が、なお以後にはじまった戶籍假僞の檢查校合に用いるために、尚書上省の籍庫に保管されていたのに對し、晉籍はその必要がないとして尚書下省左民曹前廂の東西二庫におかれていたが、責任者も注意をはらわず、犬がくわえたり鼠がかじったり、雨水にぬれ、地にちらばり、箱やとじひももない杜撰な管理狀態にあった。

この晉籍宋籍であるが、沈約によるとすでに元嘉以後の戶籍には假僞が多いのに對して、晉籍は檢查校合に無關係であったため假僞がなく、信賴できるものであったという。ここには假僞の方法についての重要な問題が暗示されているが、詳細は後述にゆずりたい。ともかく、それゆえに晉籍および永初・景平籍を尚書上省に移管し、寶藏せよというのが沈約の主張であった。

元嘉二七年徵發のとき、免除規定にあうかどうかは、元嘉二七年現在の戶籍籍注を基準にしたはずである。したがって、元嘉二七年戶籍には假僞のはいりこむ餘地はなかったであろう。徵發が決定され、各民丁が免除條件にあうか否かが調査された際に、その參考とされる戶籍にただちに假僞をおこなうのは、ほとんど不可能であろう。

その四年後の孝建元年(四五四)に「書籍」がなされた。それは籍の作製と、以前の戶籍籍注との對校をもとなう籍注記入をいうのであろう。この時に、元嘉二七年徵發の免除條件に合致しようとして、籍注の假僞が發生したのである。

この假僞はただちに王朝の注意するところとなった。『宋書』卷六孝武帝紀大明五年二月條にいう、詔曰、……近籍改新制、在所承用、殊謬實多、可普更符下、聽以今爲始、若先已犯制、亦同蕩然、

孝建元年から大明五年までは七年ある。後述のように、この時代はおおむね三年一造籍であったようであるから、孝建元年書籍とこの大明五年の間に、あと二度書籍があったはずである。「近籍改新制」というのは、その書籍の時、孝建元年書籍での假僞の發生に氣づいた宋朝が、あらたな假僞を防止するために何らかの措置を講じたことをいうのであろう。(26) しかし、それでも假僞はなくならず、大明五年には、以前その「新制」をおかしたものも一切不問とし、この年からその「新制」を適用するというのが、右の詔書の主旨とみられる。

先述のように、大明五年は「壞士族」のおこなわれた年でもあった。唐氏が「壞士族」には戸籍檢査がともなったはずであり、この年が宋朝檢籍の最初と考えたのは正解である。(27) 「新制」の適用もこの檢籍と無關係でなかろう。

さて、假僞の具體的内容は「竊注爵位、盜易年月、増損三狀」(虞玩之)というものであったが、假僞された内容は誤謬だらけであった。すなわち「不辨年號、不識官階、或注義熙在寧康之前、或以崇(隆)安在元興之後、此時無此府、此時無此國、元興唯有三年而猥稱四年、又詔書甲子、不與長曆相應」(沈約)という狀態であった。

しかし、ここで注意しておかねばならぬのは、「詐入仕流」「便成士流」という結果をもたらす籍注の假僞が以上のような事項に關してなされていることであって、たとえば庶人を士人と詐稱したり、庶籍から士籍へ移籍するような假僞の痕跡が一切みられないことである。これは籍注に士族庶族に分割されていなかったことをしめすであろう。と同時にこのような形式の籍注の假僞によって士族を冒稱できたからこそ、庶人の士族冒稱は可能かつ容易であったのである。

そのような假僞の一斑は、戸籍作製の手續にも原因があった。當時の造籍が縣以下の機構でいかになされるかは不

明であるが、それらは縣にあつめられる。しかし縣ではまったくその眞偽について審査をせず、しかもそれを郡を介さずに州に送るのみであり、ようやく州の審査ではじめて假偽が判明すればすれば本縣にさしもどすのであり、最終的には尚書左民曹での審査を經て、造籍が完成するのである。しかもその間に奸智と賄賂が横行するのであるから、假偽は不可避であった。

戸籍の假偽が判明すると、左民曹または州から本縣へさしもどされるが、これを「却籍」という。(28)「却籍」がいつからはじまったかは不明である。しかし、前述のように、宋朝最初の檢籍がおこなわれ、またこの年から「新制」が適用されるようになった大明五年に「却籍」がはじまった可能性が大きい。虞玩之がいうには、「自泰始三年至元徽四年揚州等九郡四號黃籍」でさしもどされるものが七萬一千餘戸もあり、しかも建元二年まで一一年かけて矯正されたものはわずか四萬にもみたなかった。この四號黃籍とは、池田氏說のとおり、泰始三年(四六七、未)(29)泰始六年(四七〇、戌)、元徽元年(四七三、丑)、元徽四年(四七六、辰)の四次造籍をいうのであろう。これは三年一造籍を推測させるが、そうであれば、泰始三年の三年前の大明八年(四六四、辰)、さらにその三年前の大明五年(四六一、丑)で造籍がおこなわれたことになる。その大明五年が檢籍と同時に「却籍」の最初であったと考えることができよう。

ちなみに、四次造籍で七萬一千餘戸の「却籍」とすれば、一次につき平均約一萬八千戸の「却籍」となる。これは宋代揚州一四萬三三九六戸(『宋書』卷三五州郡志)のほぼ八分の一にあたる。いかに「却籍」が大きな社會問題であったかがうかがわれよう。

さて、上述の泰始三年より元徽四年までの四次の造籍の最後の年元徽四年(四七六)の三年後、四七九年がつぎの造籍の年にあたるが、この年は南齊建國の年、虞玩之上表中に「今建元元年書籍」とある建元元年である。虞玩之は

第十五章　南朝戸籍に關する二問題

この書籍に際して、あらためて「明科」をたてて戸籍假僞を防止しようとし、同時に縣の令長がみずから戸籍を審査して假僞を一掃し、しかる後に州に送れと建策している。

南齊高帝が虞玩之の上言をいれ、あらたに採用した對策は校籍官をおくことであった。しかし、その校籍官の作業能率をあげるために、一日數件の假僞の摘發が義務づけられたため、正しい籍注までむりに「却」し、あるいは賄賂が橫行して、事態はさらに惡化した。その結果が永明三年（四八五）の唐寓之の反亂であった。翌永明四年（四八六）になされた南齊の竟陵王子良の密啓には、つぎのようにいう。

それでも假僞は絶えることがなかった。

窃官假號、騈門連室、今左民所檢、動以萬數、

かくて、武帝永明八年（四九〇）には戸籍假僞のものを淮水沿岸に十年鎭戍させるという強硬方針がうちだされたが、百姓の怨望によって、宋昇明年間（四七七—七九）以前の戸籍についてはすべて籍注をもとどおりにもどすことになった。それは宋代の假僞をすべて容認することを意味した。こうみてくると、宋齊兩朝には戸籍假僞に對する有效な對抗措置がなかったといわざるをえないであろう。

ところで、戸籍假僞は造籍時の籍注についてのもろもろの不正にとどまらなかった。戸籍假僞は「巧換」とも表現されるが、巧はここまでのべてきた籍注の假僞、つまりごまかしである。そもそもあらたに戸籍ができる際に、いかに士族を冒稱するために父祖、曾祖、高曾祖の戸籍が殘存しているのであれば、その戸籍との對校で籍注の官爵をごまかし、籍注に細工しても、その父祖、高曾祖の戸籍がごまかしはただちに露呈する。沈約の言によれば、「不識冑胤、非謂衣冠、凡諸此流、罕知其祖、假稱高曾、莫非巧僞、質諸文籍、姦事立露」である。そして實際に尙書上下省には東晉咸和以來の精詳な戸籍が保存され、「位官高

卑、皆可依按」(沈約)、すなわちその籍注の爵位は信頼がおけ、新籍との對校に有力な根據となるものであった。現にそれらは新籍作製や戸籍假僞の檢査の校合にもちいられてもいた。南齊からはじまる校籍官の檢籍の主たる方法は、新籍とこの舊籍の對校であったろう。

そうすると、戸籍の假僞は、造籍時の籍注への細工だけでなく、その新籍の假僞を蔭蔽するために、新籍と校合される舊籍へとおよぶことは必至である。そしてまた、戸籍假僞の相當部分はこの舊籍に對するものであり、それが換さしかえであった。沈約の上言の大半は、實にこの問題についやされている。以下にその沈約の上言から、この間の具體的狀況をみてみよう。

沈約はその上言で、とくに下省に放置されている晉籍および宋永初・景平籍の上省への移管と、管理改善を強調する。その理由は、元嘉以來の戸籍に假僞が多いのに對して、景平以前の戸籍はさいわいに「巧換」がないからである。そして元嘉以來と景平以前の「巧換」の有無は、前者が檢籍に參照されたのに對し、後者はそうでなかったことによるという。このことは、新籍の檢籍の參考資料となる舊籍に何らかの不正工作がなされたことを意味する。それが尙書上省の舊籍の換、つまりさしかえである。

沈約はいう。

凡粗有衣食者、莫不互相因依、競行姦貨、落除卑注、更書新籍、通官榮爵、隨意高下、以新換故、不過用一萬許錢、昨日卑微、今日仕伍。

この記事はあらたに戸籍がつくられる時の假僞をいうのではない。隨時舊籍を僞造し、それには低身分をしめす舊來の籍注を削除して、かわりにおもいのままの官爵を記入し、その僞造舊籍を本來の舊籍とさしかえる(以新換故)という方法である。

第十五章 南朝戸籍に關する二問題

さしかえのための僞造戸籍の籍注の年號は、沈約によれば、義熙、寧康、隆安、元興、みな東晉のものである。沈約の上言は梁武帝時であるから、沈約の時代の造籍時の假僞であるとはいえ、八〇年餘にわたる宋齊二代の記事に關する假僞がないのは不自然である。これは元嘉以來の舊籍は檢籍の參考資料とされなかったからこそ、詐稱籍注はそれ以前の年號ばかりなのである。と同時に、景平以前の舊籍は檢籍の參考資料のさしかえであるから、僞造籍注の記事はみな景平以前のことに集中したためである。

沈約が戸籍假僞の中心は以上のような舊籍のさしかえであると認識していたことからうかがえる。かれは上述のように、晉籍・永初・景平籍を尚書上省の籍庫に移管するように提言するとともに、上省籍庫での晉籍の管理強化を主張し、つぎのようにいう。

又上省籍庫、雖直郞題掌、而盡日料校、唯令史獨入、籍旣重寶、不可專委羣細、若入庫檢籍之時、直郞直都、應共監視、寫籍皆於郞都目前、並加掌置、私寫私換、可以永絶、事畢郞出、仍自題名、

これによると、さしかえや書きかえ（私寫私換）は賄賂をうけた校令史によって、籍庫中で祕密裡になされることがすくなくなかったようである。それは、沈約が假僞の經過について、つぎのようにのべることと對應するであろう。

宋元嘉二十七年、始以七條徵發、旣立此科、苟有廻避、姦僞互起、歲月滋廣、以至於齊、於是東堂校籍、置郞令史以掌之、而簿籍於此大壞矣、

すなわち、沈約は東堂の令史檢籍が戸籍混亂の直接の契機であるとみたのであった。

以上にのべたところによれば、南朝の戸籍假僞には二段階があり、宋孝建以後、南齊建元までは、造籍時の籍注のごまかしであったのに對し、建元の校籍開始以後は、むしろ籍庫中の舊籍のさしかえに中心が移ったということにな

ろう。

ここで本節冒頭にもうけた課題である士族庶族とその戸籍上のあつかいにたちもどろう。これまでの考察であきらかなように、戸籍籍注と士族庶族の判別には不可分の關係があった。しかし、その士族庶族の判別の根據となる籍注に士族または庶族と明確に規定されていたという痕跡はみられない。士族を冒稱するための籍注の假僞の實際をみればそのことはあきらかであろう。まして、士族と庶籍がまったく別籍であったとはおもわれない。かりに孝建元年以前の戸籍が士庶別籍であったなら、士族を冒稱しようとする庶人の不正工作は、齊初の校籍開始までの籍注の假僞においても、校籍以後の舊籍のさしかえにおいても、もっと別の形態をとったであろう。「尋律令、不分別士庶」（『宋書』卷四二王弘傳）という原則は、戸籍關係諸規定のある『晉令』においてもつらぬかれていたのではなかろうか。

むすび

以上に南朝、とくに宋齊の戸籍に關するふたつの論點について若干の考察をおこなった。そして以下のような結論に達した。

第一に、南朝の戸籍混亂の發端とされる元嘉二七年の徵發について、從來はこれを庶人に對する徵發と考え、したがって、そこに設定された徵發免除規定が、文字どおり庶人の一部に免役權をみとめるものであったと理解していたのに對し、本稿では、この徵發は士庶ともに對象であったとし、したがって、免役規定も主として士族に對するものであること、あわせてその免役規定の設定は士庶の境界を明確化する役割をになわされていたと主張した。この措置を契機として出現した庶人の免役權取得は、したがってこの措置の本來の目的であったのではなく、附隨的に發生し

第十五章　南朝戶籍に關する二問題

た事態であった。

第二に、籍注の假僞の具體的內容について、從來ともすればそれは籍注のごまかしや書きかえのことと理解されていたが、實際には南齊建元初の校籍官による檢籍の前後で二段階にわかれ、前半はたしかに造籍時の籍注記事に對する不正が中心であったが、後半はむしろ新籍の校合資料となる舊籍の僞造、さしかえが主となっていたと推測してみた。

そして、以上の考察から、南朝戶籍には士庶の別を制度的に明示する形態、もしくは記事はなかったと考えた。

もちろん、これが南朝の戶籍問題のすべてではない。免役權についていえば、中國學者に黃白籍のうちの白籍と免役の關係を、元嘉二七年の徵發除外と關連づけようとする獨特な見解がある(31)。士庶の判別にかかわる籍注と密接に關係するものに譜とその詐僞の現象があり、また戶籍假僞には、べつに軍功に關する詐僞の現象もある(32)。本稿ではこれらに一切言及することができなかったが、今後にその檢討をゆだねたいとおもう。

注

(1) 『通典』卷三、『南齊書』卷三四虞玩之傳、『南史』卷五九王僧孺傳。なお、これら史料の釋讀については、池田溫『中國古代籍帳研究』一九七九、二九頁以下を參考とした。

(2) 唐長孺『三至六世紀江南大土地所有制的發展』(上海、一九五七) 四八頁以下、同「士人蔭族特權和士族隊伍的擴大」(『魏晉南北朝史論拾遺』北京、一九八三) 三六六頁以下、何茲全『魏晉南北朝史略』(上海、一九五八) 一五六頁以下、王仲犖『魏晉南北朝史』(上海、一九七九) 四三五頁以下、萬繩楠『魏晉南北朝史論稿』(合肥、一九八三) 二三二頁以下、張承宗・田澤濱・何榮昌主編『六朝史』(南京、一九九一) 一七五頁以下、朱紹侯「東晉南朝的戶籍、里伍制度和階級關係」(『魏晉南北朝土地制度與階級關係』

（3）鄭州、一九八八）等々。越智重明『魏晉南朝の政治と社會』（一九六三）第三編第二章、同「南朝の國家と社會」（『岩波講座世界歴史』五、一九七〇）、兼田信一郎「漢六朝の税役問題」（『九州大學東洋史論集』六、一九七七）、池田温『中國古代籍帳研究』（一九七九）第二章。このほか、唐前掲「東晉戸籍制度の一端」（『中國古代の法と社會』一九八八）にも籍注についての言及がある。

（4）唐前掲「士人蔭族特權和士族隊伍的擴大」、とくに七〇頁以下。

（5）注（3）所掲論著。ただし、それぞれにやや見解の差異があるようで、一例をあげれば、士籍・庶籍の關係を、『魏晉南朝の政治と社會』四〇〇頁以下では、魏晉では士籍・庶籍の區別があったが、それが宋孝建元年に單一平等の戸籍となったと斷言されたのを、「南朝の國家と社會」一八二頁では、孝建元年籍の出現を、單一平等戸籍とはいわず、ただ舊士籍・庶籍の區別を形骸化するものとかえている。

（6）朱前掲論文二九六頁。

（7）朱前掲論文二九八頁。

（8）宮崎市定『九品官人法の研究』（一九五六）二五〇頁によって補う。

（9）この「尭」は、もちろん三五民丁を發した南尭のことではなかろうし、揚・南徐・江州を參照すれば北尭のことでもない。江南ということからみて、南豫とすべきであろう。

（10）たとえば『魏晉南朝の政治と社會』四〇六頁。

（11）宮崎前掲著二五〇頁は、これが軍役であって、普通の徭役とは異なる點があったろうとのべている。

（12）唐前掲論文七三頁。

（13）越智前掲著四〇六頁。

（14）同右。

（15）越智「南朝の國家と社會」一八一頁。

（16）『晉書』巻二六食貨志。越智前掲著四〇六頁はこの記事をひき、東晉・宋でも品官の近親の力役免除は、西晉と同樣であっ

第十五章　南朝戸籍に關する二問題

たと明言している。

(17) 唐前掲論文七一頁。
(18) 池田前掲著二八頁。
(19) 唐『三至六世紀江南大土地所有制的發展』五一頁。
(20) 却籍については、王仲犖前掲著四三五頁、韓國磐前掲『魏晉南北朝史綱』三六九、三八三頁などが、戸籍からの削除という側面を重視するが、やはり本縣への返却と再審査という點が主眼であろう。
(21) 『通典』卷三、『南齊書』卷三四虞玩之傳。
(22) 唐前掲論文七四頁。
(23) 池田前掲著二七頁以下、朱前掲論文二九六頁。また、傅克輝「魏晉南朝黃籍之研究」（『山東大學學報』哲社版一九八九―一）。
(24) 唐前掲論文。
(25) 『通典』に三年とするのに對し、『南史』は二年とする。この咸和戸籍について、萬繩楠「論黃白籍、土斷及其有關問題」（『魏晉南北朝史研究』成都、一九八六）二七八頁は、この籍こそ土斷以後、僑舊、士庶を包括した全國統一戸籍であったとみなす。
(26) 兼田前掲論文が蘇峻の亂の經過を詳しく年表にしているが、建康が燒けたのは咸和四年正月『南史』のように、蘇峻の亂によって文籍が燒け、その後咸和二（または三）年を起點にして戸籍が確立したとするのは實は疑問であり、あるいは兩記事に若干のあやまりがある可能性がある。越智前掲著四〇八頁は、この「近籍改新制」を、戸籍の單一平等を前提とする新しい戸籍制度の成立とみなした（傍點中村）が、この新制の謂とは、制度の謂ではなく、唐前掲論文七三頁に示唆するように、何らかの規制・禁止の意味の語であると理解するべきであろう。後文の「犯制」の制はこの新制をさすのである。
(27) 唐前掲論文七四頁。

(28) 注(20)参照。
(29) 泰始三年から、建元二年までは、實は一四年間である。
(30) 池田前掲著三三頁。
(31) 萬繩楠注(25)論文、注(2)著。
(32) 周一良『南齊書』札記、虞玩之傳詔書及表文」(『魏晉南北朝史札記』北京、一九八五)に言及があるように、虞玩之上表の半ばは軍勳不正申告の問題である。

第十六章 六朝史と「地域社會」

はしがき

 中國史研究の方法、あるいは概念としての「地域社會」が強く意識され、また自覺的に用いられはじめたのは、一九八〇年代に入ってからのことである。そこには、「地域社會」の視點を最も積極的に提唱した一人である森正夫氏の言葉に端的にみられるように、戰後日本の中國前近代史研究に對する一種の見直しが含意されている。その見直しは、「從來の階級分析の方法のみに安易によりかかっているだけでは、私たちの今日的な人間としての課題と中國前近代史研究とが乖離を強めていくのではないか」と表明されたような、單なる方法上の問題にとどまらない、歷史學のより根源的な學問的意義の模索につながる深刻な思想的營爲でもあったようにみえる。森氏によれば、「今日的な人間としての課題」は、「人間が生きる基本的な場における意識の統合の上で不可缺な役割を果たしている秩序原理——社會秩序とは何か」を問うことであり、この問題關心と、戰後中國前近代史研究への反省が結合した地平に設定されたのが、「地域社會の視點」なるテーマであったという。
 このような戰後歷史學への見直しと新しい視點の設定は、すでに一九七〇年になされていた川勝義雄、谷川道雄兩

氏のそれを想起させる。兩氏は、戰後の中國史研究が強く「近代」と「世界史の基本法則」に束縛されたものであったと認識し、その突破口として、以後の中國史研究に大きな影響を與えた「共同體」を提唱したのである。そこでの「共同體」概念は、優れて歷史學研究の方法概念としての性格を賦與されているにすぎないようにみえる。しかし、さらにこれを一〇年さかのぼった時點ですでに「共同體」に言及しつつあった谷川氏の、「一東洋史研究者として何を現實の課題として生きていくかを考え」るうえで、普遍的な人間の存在樣式としての「共同體」を想定し、さらに進んで反體制運動の組織の在り方にまで思いを巡らせたその省察に着目すれば、谷川、川勝兩氏の「共同體」の提唱が森氏の「地域社會」と、歷史學の學問的存在意義、もしくは現實的課題への關心という一點で共通の底流をもつことは明らかであろう。

このように、兩者が共有する戰後歷史學への反省は、その方法的な側面だけでなく、歷史學の學問的存在意義、もしくは現實的課題の側面という兩面において、しかも表裏一體的になされたものであった。その反省が兩者をほかでもなく「共同體」「地域社會」の提唱に期せずして向かわせたことの意味について考えないわけにはいかない。いうまでもないことだが、いわゆる「世界史の基本法則」「發展段階論」等々の言葉で象徵される戰後歷史學の基本的な方法は、當時の現實的課題に緊密に對應すべく設定されたものであった。時間軸と發展という必然性や法則性を強くもつ要素を根底に据えたその方法こそが、歷史學の實踐性を實現するものと確信されていたのである。なぜなら、現實的課題へ實踐的に對應するためにはには歷史の必然や法則性の認識が不可缺であり、それは歷史學の實踐性が當時の現實的課題に對してもつ歷史學の唯一の有效性によってのみ可能であると考えられたからであった。その實踐的性格が當時の現實的課題に對應するためのであった。したがって、兩者の反省の對象となった戰後歷史學の方法と、現實的課題への對應の在り方の二側面は不可分のものであった。ほかでもない學問としての歷史學の存在意義の證明であった。

その反省のうえに提出された「共同體」あるいは「地域社會」という概念が、時間軸より空間を、發展や連續より も關係や構造をより強く發想させるものであることは否定できないであろう。このような見直しは、戰後歷史學の方 法のみではなく、學問としての歷史學がもっとされた、現實的課題への對應の在り方としての法則性に立脚した實踐 性という信念への懷疑でもあるようにみえる。と同時に、それは歷史を時間や發展、あるいは必然性や法則性とは別 の次元で認識しようとするものであるともいえよう。やや誇張していえば、これは歷史學史上の相當に大きな轉換で あり、それ自體が興味ある考察の對象となろう。

それはともかく、私個人としては、このような見直しに接して、大いなる共感とともに、ある種の動搖を感ぜずに はおれない。率直にいって、歷史學の對象である「歷史」と私たちが直面する現實を媒介するのは兩者を接續する時 間であるはずであり、この媒介項なくしては、「歷史」は現實から孤立してしまう。それは歷史學の現實からの遊離 を意味する。森氏の今日的關心の的である社會秩序や、谷川氏の「共同體」は、人間の普遍的な存在樣式、または人 間が生きる基本的な場という、普遍的人間の在り方を視野に入れた問題であり、人間の普遍性という一點で、確かに 現實と接點をもつ。また、彼らが、その考察において、社會秩序や「共同體」の歷史性を忘却しているわけでも決し てないし、それこそが私たちの今日的な課題の模索にとって大きな導きの絲となる可能性を祕めていることも事實で あるとおもう。しかしなお、「共同體」や「地域社會」は、何を媒介項としたときに歷史的過去と現在を結ぶことが 可能になるかという疑問は消えないし、そこにおいて歷史學の獨自性はいかにして主張されるべきかという疑問もま た捨てきれない。もちろん、私自身このようなことを臆面もなくいえるほど、現實とのあいだに強い緊張感をもって 六朝史を學んできたわけではない。事實はその逆である。動搖はそれだからこそ生まれるのであり、このような問題 についての今後の檢討とそのための基盤作りの必要を、いま強く感じる。

本稿は、このような素朴な疑問から出發して、範圍を六朝史に限ったうえで、歴史研究の方法としての「地域社會」の意味を考えようとした覺書である。

第一節 六朝史研究における「地域」的視點

一 「地域社會」とはなにか

最初に「地域社會」の意味について整理しておく必要があろう。そして、この點については、森氏に周到な文章がある(5)。これを檢討しながら、二つの留意點を擧げてみたい。

森氏によれば、「地域社會」には、二つの相異なった概念がある。實體概念としての「地域社會」と、方法概念としてのそれである。前者は、一定の具體的な地理的界限をともなうものであり、たとえば、行政的區分、集落形態、市場圈、對比的に呼稱される地理的風土などがそれにあたる。

後者は、「廣い意味での再生產の場としての、人間が生きる基本的な場を總括的に把握するための方法概念」であり、その意味での地域社會とは、階級的矛盾、差異をはらみながらも、廣い意味での再生產のための共通の現實的課題に直面している諸個人が、共通の社會秩序のもとに置かれ、共通のリーダーシップのもとに統合されている地域的な場のことであり、そこは意識の領域をも包括するところの、固有の社會秩序に貫かれているという。

森氏はこのような方法概念としての地域社會の理解に基づいて、從來の中國前近代史研究には、家族・同族基軸論、地主(大土地所有者)指導型地域社會論、士大夫指導型地域社會論、國家基軸論とそれぞれ森氏が呼ぶような、四つ

の立場があったと總括している。この整理は、確かに首肯できる。しかしながら、この四つの立場のすべてが、今取り上げた森氏の地域社會の規定、とりわけ「共通の社會秩序のもとに置かれ、共通のリーダーシップのもとに統合されている」構造を前提としているか否かは、なお檢討の餘地があるように思える。もちろん、幾分かは、リーダーシップや統合、指導という用語の問題でもあろう。しかし、そのような用語によって表現される行爲が、その行爲の主體と客體の歴史的性格によって、その用語に我々が感じる實態と乖離することがないとはいえない。方法概念としての地域社會の規定における社會秩序の在り方の理解が、すでに森氏自身のある種の結論を反映しているのではないか、これが留意しておきたい第一の點である。

次に留意しておきたいのは、「地域」という限定の意味である。實體概念としての地域社會とは異なり、方法概念としての地域社會は必ずしも空間的限定が前提としてあるようには説明されず、場という特異な用語で表現されている。「事物を把握する方法的立場を示す概念」としての地域社會を説明するために、森氏は基層社會（上層ないし表層社會に對する）、地方社會（中央權力に對する）、周縁社會（中心ないし中樞社會に對する）の概念を援用するが、それらは確かに實體空間をもつものではなく、それぞれに添えられた説明に明らかなように、他によってそれ自體を規定する相對的な概念である。したがって、いうところの地域社會も、具體的な所在や空間的限定をもたないものとなる。しかし、地域という用語は、右の基層、地方、周縁が他者との相對的な位置關係（それは必ずしも具體的な位置關係を意味しないが）を内包するのとは異なり、實體としての地理的界限ではなくとも、全體を細分したある種の空間的限定を構成する一部を發想させるものであり、常識的には全體の規定のもとにあるとみなければならない。むしろ、「人間が生きる基本的な場」という表現からは、全體から切り取られた細胞のごとき小世界が連想され、空間的限定こそがその第一の要素であるようにみえる。假にそう理解した場合、

そのような意味での「地域」という限定は、「廣い意味での再生産の場としての、人間が生きる基本的な場を總括的に把握する」ことにおいて、なぜ有效、ないし必要なのか。さきに觸れた從來の研究の四つの立場の一つとして擧げられた國家基軸論について、森氏は、それは人間が生きる基本的な場は國家であるという認識を内包しているようだという。「地域」は、そのような場合の國家とどこで本質的に異なるのであろうか。換言すれば、「地域社會」は國家の社會と、いかに異なり、またその異質性の所由は、「地域」という限定といかなる關係にあるのか。これが留意點の第二である。

二　方法概念としての「地域」

從來の六朝史研究の中で、「地域」という概念はどのように認識され、いかなる意義を歴史的にもつととらえられているのか、具體的な研究に即して、いくつかの側面からながめてみよう。

まず想起されねばならないのは、六朝貴族制研究における、方法としての鄉里社會の意味であろう。詳しくは別稿(6)を參照されたいが、貴族制研究において、貴族が貴族であるための根源的な契機を鄉里社會に求める考え方が、有力な視角の一つとしてある。たとえば、早くに内藤湖南は、貴族の出自を地方の名望家として永續した家柄に求め、しかもその家柄は天子をも凌駕するものと考えた。(7)谷川道雄氏は、「貴族の地位・身分がいくら王朝權力によって附與されているかに見えても、本源的にはその鄉黨、換言すれば、社會における地位・權威によって決定されるもの」という有名な定義によって、貴族がその存在の根據を鄉里社會に置くことを主張した。(8)川勝義雄氏は、貴族を形成する根源的な力として、鄉論なるものとその積み重なり（「鄉論環節の重層構造」と川勝氏は呼ぶ）を想定したが、その最も基本的な第一次鄉論の場は、縣、鄉などの鄉邑社會であった。(9)また、堀敏一氏によれば、九品官人法の鄉品は後漢以

第十六章 六朝史と「地域社會」

來の鄉黨における人物の品評の傳統を繼ぐもので、その品評は鄉黨社會の秩序の反映であった。したがって、九品官人法を重要な契機として出現する貴族制は、いわば鄉黨社會の秩序を政治的に編成したものということになる。さらに、私は、同鄉の關係こそが人間の諸關係を基本的に律するという觀念がこの時代に存在したと、かつて主張したことがある。[11]

次に擧げなければならないのは、六朝の政治社會文化に地域社會が及ぼした作用はいかなるものであったかという視點である。たとえば、早く陳寅恪氏は隋唐王朝の成立とその性格、および唐王朝の政治過程を、關隴集團と山東貴族という二種の政治勢力の對峙拮抗から說明しようとした。また布目潮渢氏は唐創業の主李淵の集團の人的構成、唐王室の婚姻關係その他の詳細な硏究を行ない、隋唐政權の中心がこの關隴集團にほかならないことを確認した。[12] 南方朝政治史において各地の豪族土豪、あるいは流民のはたす役割に注目する安田二郎氏の硏究がある。[13] また、王志邦氏によれば、當時會稽の曹娥江流域には、華北文化の擔い手たちが多く流寓し、風光明媚な山水の中で、獨特の文化をはぐくんだ。その一帶の通稱をとって東山文化とでも呼ぶべきこの文化は、江南文化に多くの影響を與えたという。[16] 族制成立の根本原因を求めているし、[14] 東晉の政治過程が、華北江淮から南下した流民を基礎として南徐州や荊州江州に構築された軍事集團の相互關係に規定され、そこに門閥政治が出現することを詳細に論じた田餘慶氏の硏究や、[15] 南族についていえば、川勝義雄氏が、華北社會に對する江南社會の後進性に注目して、そこに華北貴族優位の東晉南朝貴

このほかにも、宮川尚志氏、越智重明氏による、この當時新たに出現した村落「村」の硏究、[18] あるいは上田早苗氏の地方豪族硏究や安田氏による地方土豪の硏究[19] なども、「地域」的な視點をもっているといえるが、ここでは割愛する。また、「都市」に關する問題も、都市それ自體が「地域」の特殊形態であるといえるし、農村との對比のうえで考察する場合は、やはり「地域」的視點をもつが、これもここでは觸れないことにする。

さて、以上のような研究には、鄉里、鄉黨、あるいは地域、地域社會が、方法の基本的な視角として現われる。しかし、その内容や性格が、兩者でかなり異なっていることも確かである。この點をやや詳しく檢討しておこう。

前者における鄉黨社會の概念には、以下のような内容、性格が、前提としてある。第一に、それは、全國各地に存在する、さまざまな樣態をもった、個々の具體的な在地の鄉村社會そのものを意味するのではなく、社會を構成する普遍的な基本單位としてのそれであり、方法概念としてかなり抽象化されている。第二に、その結果として、この鄉黨社會は、すべてに共通する普遍的構造をもつとされている。その普遍的構造とは、豪族社會、すなわち豪族が秩序の中心となって形成する社會に一般的に存在する構造である。ただしその社會秩序の在り方に關する理解には、大きく隔たる二つの觀點がある。その一はいわゆる「豪族共同體」である。すなわち、川勝、谷川兩氏によって創出されたこの概念における在地の社會關係理解の前提であった、大土地所有者とその直接の經濟的支配下にある隸屬民、および一種の經濟外的強制のもとにある小農民の三者によって構成された、階級的支配の貫徹する社會という考えを一變させ、大土地所有者すなわち豪族がその卓越した人格と經濟力をもって在地社會を指導し、その共存を圖って、自律的な秩序を形成し、一種の「共同體」を構成するというものであった。一方、堀氏においては、六朝社會を、基本的には漢の「里」共同體から變化した豪族社會と見なし、その豪族社會は豪族による自律的な秩序によって規定された、小農民支配の實現する場と考えており、川勝、谷川兩氏と必ずしも同一ではない。

しかし、いずれの場合も、そこは自律的秩序の貫徹する、一種の完結した世界であるとする點では共通するといえる。

第三に、それゆえ、そこは皇帝を頂點とする政治的な支配體制とは異質な秩序によって維持された世界であり、また政治的な支配の貫徹を拒絶したところに出現する世界でもあった。と同時に、そこは獨特の歷史的性格をもつ價値觀によって支配された世界でもあった。第四に、以上に述べた性格と深く關係するが、ここでいう鄉黨社會において、

空間的限定はむしろ第二義的である。もちろん、たとえば川勝氏のいう郷論の場の段階的上昇は、當時の地方行政區畫の等級と對應するものであり、そこには地方行政區畫という現實的な空間的限定があるようにみえる。しかし、それは一種の類型であり、空間の限定から生まれるさまざまな要因がここでいう郷黨社會を本質的に規定する要素ではないのである。

では、後者においてはどうであろうか。そこで重視されているのは、むしろより具體的な、もしくはより現實的なおのおのの地域が空間的であるようにみえる。そこでは、まずなによりも關隴、江南、南徐州、雍州（襄陽）など特定の具體的な地域が空間的に限定される。その空間的限定は、單なる地方行政區畫を自明の前提とするのではなく、むしろ限定の方法や範圍そのものが一個の重要な問題たりうるのであり、事實、右に例示したような地域の限定は一定の論理によってなされているのである。そして、そのように限定されたそれぞれの地域における、自然的、および歷史的・人文的諸條件と、それが作り出すそれぞれの地域の地域的特質や地域的性格が、政治過程における最も重要な契機として理解されている。その地域的特質や性格の中には、單に地理的位置や經濟的水準、住民構成の特質などだけではなく、風俗習慣や價值觀、人間關係の特徵等々が含まれている。たとえば、陳寅恪氏が關隴集團と山東貴族というとき、それら集團の性格を構成する要素の中には、婚姻關係についての考え方や、それによって派生する諸族間の關係の在り方、人物評價の基準などが含まれている。[20]またたとえば、川勝氏が江南の後進性というとき、それは江南の自然的歷史的條件に規定された開發の在り方のなかで、江南豪族がとらざるをえなかった、華北豪族とは異なる開發領主的形態を主たる內容としている。[21] 田氏の研究における、南徐州の北府に結集した集團の歷史的役割は、彼らが精銳をもてなる軍事力量であったことに負うところが大きいが、それもまた地域的性格の一つとみることができよう。あるいはまた、王志邦氏のいう東山文化は、曹娥江流域の自然環境に強く規定されている。つまり、ここでは前者のような

普遍性は否定され、特殊性が積極的に意義づけされているといえる。

このようにみてみると、この兩者の差は決して小さくない。そしてこの差は、「地域」を考える際に留意すべきさまざまな論點を提示しているようにおもえる。以下、この差を手がかりに、兩者が内包する若干の問題點について檢討しておきたい。まず前者についていえば、そこには、一定の歴史的段階に屬するあらゆる社會には、すべて共通する普遍的な人間關係が存在するという前提がある。その人間關係は最も基本的かつ根源的な關係であり、それゆえに歴史的段階を規定する根源的な條件である生產關係を除く、外在的な諸條件によっては改變しえないことになる。したがって、そこには普遍的な社會的構造は存在していても、自然的歴史的な外在的諸條件によって形成される地域的な差異、もしくは地域性の生じる餘地はない。そうであるからこそ、それはその時代の歴史的性格を表現する體制である貴族制を規定する契機たりうる。

しかしながら、そもそも人間關係を規定する根源的條件である生產關係自體、自然的歴史的條件によって規定されているのであり、したがって、一定の歴史的段階において、ある生產關係がすべての地域に普遍的であるとは必ずしも斷定できない。華北と江南のあいだの地域差はいうまでもなく、そのそれぞれの内部においてさえも、生產關係に起因する地域社會構造の多樣性の存在は否定できないであろう。その多樣性を抽象して、全國一律の普遍的構造を抽出することはかなり困難といわざるをえない。にもかかわらず、「地域」を普遍的な方法概念として用いるとすると、その人間關係はきわめて抽象的、あるいは類型的なものとならざるをえまい。前者の方法にそのような傾向が皆無であったとは思えない。

後者にあっては、この點は、もちろん程度の差はあるが、克服されているといってよい。しかし、逆に地域差や地域性を强調するあまり、對象地域以外の諸地域に關する考慮が比較的おろそかにされる傾向がないとはいえない。換

言すれば、對象地域に關する地域性と、それを形成する地域的要因は主たる關心の對象となっているが、それ以外の地域に對する認識はきわめて抽象的、ないし一般的であるといわざるをえない。したがって、歷史的諸現象の理解が特定の地域の地域性に基づいてなされる傾向を否定できない。と同時に、當時の地域社會の全體像や普遍性の把握に限界があるという點で、前者と同樣に弊をもつとせざるをえない。

さらに考慮しておかなければならないのは、兩者における地域の範圍、もしくは限定のしかたである。前者においては、すでに觸れたように地域の空間的限定は第二義的であり、したがって地域の範圍のとらえ方は抽象的であるとともに、地域の範圍の寬狹は地域社會の性格、構造を決定する要素ではない。これに對して後者は、地域の空間的限定とその所在が決定的な意味をもち、たとえば地域の範圍の設定が地域の社會の性格、構造を左右したり、地域の所在地がその地域の歷史的役割を規定することもあるし、場合によっては所在地が社會の性格、構造を決定することもありうる。このように、地域のとらえ方がまったく異質なのである。

この兩者の差異を突き詰めてみると、地域そのものの意味、地域の構造の普遍性と特殊性、地域としての歷史的役割の特殊性と普遍性、それらが錯綜しているようにみえる。その整理には、あらためて六朝における地域とはいったいいかなるものかを再認識することが不可缺であろう。

第二節　六朝時代の「地域」の具體像とその歷史的性格

六朝時代における「地域」の概念を具體化すれば、それはいかなるものになるか、あるいは「地域」は具體的にいかなる形で存在し、また認識できるのか、いくつかの側面から考えてみたい。

一　「地域」の構成要素と地域性

後漢から六朝にかけて、大量の地理書の出現したことが知られている。たとえば『隋書』卷三三經籍志二史部には、地理の類として、一三九部一四三二卷の書を擧げているが、一部を除いて、それらは皆一種の地方志、すなわちさまざまな地域の記録であるといってよい。その記録の内容には、當時の「地域」の具體像、あるいは「地域」の構成要素をうかがわせるものがある。

『隋書』史部經籍志の地理類の説明は、まず冒頭に、

　昔者先王之化民也、以五方土地、風氣所生、剛柔輕重、飲食衣服、各有其性、不可遷變、是故疆理天下、物其土宜、知其利害、達其政而通其欲、齊其政而修其教、故曰廣谷大川異制、人居其間異俗、

と述べ、地域性の存在とそれに對應する統治の在り方についての認識を示している。その統治方式は『禹貢』や『周禮』諸官の組織を借りて説明されるが、それは九州の多様な特性への認識を前提としたものであるといえる。このような統治の在り方ゆえに、地圖地理書の類が要請されるのである。

さて、その地圖地理書の類として、蕭何が得たという秦の圖書や『山海經』以來の地理書の類の書籍の歴史を跡づけたのち、『漢書』地理志を取り上げ、その内容について、

　其州國郡縣、山川夷險、時俗之異、經星之分、風氣所生、區域之廣、戸口之數、各有攸敍、與古禹貢周官所記相埒、

といい、次いで『禹貢』『周禮』を承けたものとして晉の摯虞撰『畿服經』一七〇卷を擧げ、

　其州郡及縣分野封略事業、國邑山陵水泉、郷亭城道里土田、民物風俗、先賢舊好、靡不具悉、

第十六章 六朝史と「地域社會」

という。以上の文脈からいえば、ここに舉げられた州郡縣の分野以下の諸要素が、「各有其性」なる「五方土地」の、その性質を表現するものであるといえよう。これらは、『漢書』『畿服經』に先行する『禹貢』や『周禮』職方氏にみえる各地域の内容説明の山川土田草木鳥獸、あるいは特産品、および民數と共通するものである。ただし、それらの段階ではなお風俗についての記載は現われない。風俗についての記述が最初のようであり、この後『漢書』地理志、『隋書』地理志へと繼承されていく。

ある地理的空間に限られた小世界、それを地域とすれば、その地域を構成する要素であると當時認識されていたのは、この『漢書』『畿服經』に取り上げられた諸項目であると見なしてよいであろう。すなわち、自然環境と境界、人爲人工の施設、住民と風俗、それらが有機的連關をもって構成する世界が、當時の郷黨の全體像であった。

このような郷黨の全體像は、上述の諸書や『畿服經』だけにみられるものではない。たとえば、當時の代表的地方志というべき常璩撰『華陽國志』は、おおまかにいえば郡縣・山川、牧守、先賢・後賢の三部分から構成されているし、今日ほぼその原型を推定できる地方志である習鑿齒撰『襄陽耆舊記』の内容も、人物、山川、城邑、牧守から成っている。『漢書』地理志や『畿服經』にみえない牧守の項が加わっているのは、これら地方志があくまで王朝の統治の基礎單位であると認識されていたことを示すものであるとともに、後世の地方志が包括する地域の一般形態がすでに成立していることをうかがわせるが、それはともかく、ある地域の全體像が、これらの要素によって表現されるという認識があったことを示すものにほかならない。

その諸要素が、同時に各地域の地域的特色や地域差を表現する重要な要素であることは、あらためていうまでもないことであろう。すでに『禹貢』にみえる山川や土、田、賦の差と等級づけ以來、各種の地理類の書には必ずこのような地域的特色と差異が記されている。しかも、注目すべきことには、所與の自然的條件が當地の價値觀や社會の性

格、さらには風俗に一定の影響を及ぼし、そのことが地域差を一層強く表現することになるという認識がみられることである。一例を擧げると、『史記』貨殖列傳に描かれた江南の地は、さまざまな點で華北と自然條件が異なり、食料を入手しやすいため、人びとは怠惰で、生を貪り、蓄えがなく、貧者が多い。それゆえ、この地は、凍餓の人もいないが、千金の家もないという。これなどそのような認識の典型であろう。このような風俗の地域差の記事は『漢書』地理志や『隋書』地理志にうけつがれ、地域性の重要な表現でありつづける。

次に注目すべきは、『漢書』地理志にはみえず、『畿服經』に現われた新しい要素である先賢なる項目である。それは『華陽國志』『襄陽耆舊記』においても、重要な構成要素であった。この點について想起されるのは、同じ『隋書』經籍志雜傳の部に收載される各地の先賢耆舊傳の類である。そこには、徐州、交州、兗州、益部、汝南、陳留、會稽、襄陽、豫章、長沙、武昌等々の地名を冠した先賢傳耆舊傳が多數ある。この類の書もまた漢末より盛行し、地理書の盛行と軌を一にする。そのこと自體の意味については後にあらためて觸れよう。ここで強調しておきたいのは、所與の條件としての自然環境が表現する各郷黨間の差異優劣とは別種の、各郷黨間の差異優劣を量る指標として、それが當時の社會において說得性をもちうるようになっていることである。つまり地域性、あるいは地域差の表現として、人間存在があらたに重要な意味をもつようになるのである。この問題の檢討は、次項で行ないたい。

二　郷黨の氣風と優劣

すでに觸れたように、『史記』貨殖列傳以後、郷黨、地域の風俗、氣風がさまざまに記述されるようになる。それは、各地に存在する地域性や價値觀の多樣な姿を知らせてくれている。しかし、おおむねそこに記されるのは獨自性、

あるいは差異である。もちろん時には優劣を含意することもあるが、それは具體的な地域間の比較對比という形では示されない。ところが、漢末になると、風俗氣風とはやや異なった局面での、地域間の優劣比較がなされることになる。

『晉書』卷七一陳頵傳によると、豫州刺史解結は、赴任の後、屬僚を大會して諸事を問うた。その問に對する部從事陳頵の對應の流暢さに、解結が述べた感想は次のようなものであった。

張彥眞以爲汝潁巧辯、恐不及靑徐儒雅也、

この言は、『晉書』卷六二祖納傳の逸話を連想させる。

時梅陶及鍾雅數說餘事、納輒困之、因曰、君汝潁之士、利如錐、我幽冀之士、鈍如槌、持我鈍槌、捶君利錐、皆當摧矣、陶雅並稱、有神錐、不可得槌、納曰、假有神錐、必有神槌、雅無以對、

みられるように、ここには汝潁と靑徐、汝潁と幽冀それぞれの人士の氣質の優劣が巧辯と儒雅、あるいは利錐と鈍槌の譬えで表現されている。今それを氣質の優劣と表現したが、實はこのような優劣は、單に氣質のみにとどまらないはずである。なぜなら、漢以來、鄕黨社會に君臨しつつあった士人は、その鄕黨社會における彼らの指導的な地位を、その社會における價値觀を體現することによって獲得してきた。もちろんその價値觀自體が、彼らの主導によって醸成された虛僞意識的性格をきわめて強くもつものであったが、それが鄕黨社會を一定程度規定し、獨特の觀念的秩序を形成するに至った。それゆえに、その價値觀の體現が彼らをしてこの秩序の支配者であることを可能にするのである。したがって、それぞれの地域を代表するような人士の性格は、その地域の價値觀の體現者として、その價値觀をある程度反映したものと見なすことができる。つまり、儒雅は靑州徐州の人士の氣質であるのみではなく、靑州徐州の地域社會の價値觀なのであり、鈍槌のごとき存在であることは幽州冀州の人士の性格のみではなく、幽州冀州

の地域社會ではあるべき人間存在の姿なのである。このようにみてみると、當時の各地の地域社會は、それぞれ相異なる價値觀をもち、異なる性格氣質の人士を生み出していたことになる。このような出身地域による人士の性格氣質の優劣は、いつから意識され、顯在化したのであろうか。『晉書』陳頵傳にみえた解結の感想に對して、陳頵は「彥眞與元禮不協、故設過言」と答えている。彥眞とは陳留の人張升（『後漢書』列傳七〇下文苑列傳）のこと、元禮とは、かの黨錮で有名な潁川の李膺（『後漢書』列傳六七黨錮列傳）のことである。時は漢末、李膺と仲の惡かった張升が、李膺とその鄉里潁川を批判してこのような評價を下したのが發端であるという。しかし、それは單なる隣邦とその風氣に對する誹謗ではなく、豫州西南部にあって、東北と西南に隣り合う陳留陳國と汝南潁川雙方の一種の對抗意識の現われとみることもできよう。

このことについて、ただちに想起されるのは、同じ漢末の汝南潁川優劣の議論である。それは、孔融が『汝潁優劣論』を著わし、汝南の士が潁川の士に勝ると主張したのに對して、陳羣が『汝潁士論』を著わして反駁し、さらに孔融が答えたという議論の應酬である。その孔融の論法は、合わせて八人の汝南の士を列擧し、彼らの行爲のいちいちが潁川の士の類似の行爲に勝るものであるとするものであった。たとえば、冒頭に擧げられるのは戴子高なる人物で、彼は後漢光武帝の大軍を自ら押しとどめて帝に揖讓したが、潁川の士は抗節の士であっても、彼のように天子に屈しないでいられるような人物はいないという。『後漢書』列傳七三逸民戴良傳に、その曾祖父で汝南の戴遵、字子高の記事がある。俠氣を好み、食客常に三、四百、關東の大豪と呼ばれたとあり、いかにもそれらしき人物であるが、光武帝との揖讓のことはみえない。

これ以外に取り上げられた優劣の爭點は、たとえば稻田開發の實績を擧げた者、弟の身代わりに自殺した者、王莽に對して義兵を擧げた者、梁冀を彈劾した者などを實例にした、「成功見效」「殺身成仁」「破家爲國」「投命直言」等々

の行爲である。これらの行爲は、もちろん孔融自身の價値觀において上位に位置するはずのものであるが、同時に當時の社會に普遍的にその價値を認められたものであったろう。汝南潁川の優劣が、その道德的行爲に値する人物の有無ではなく、程度差で論じられているのは、兩地においてもこれらの價値觀を體現することが人士の共通の當爲としてあったことを示している。

この汝南潁川優劣論は、そのようにその地の人士の氣質性格の差というよりは、優劣として論議されているが、それが地域差として認識されていることも當然である。つまり汝南と潁川は、後漢時代には、相互に比較すれば、確かに異なる性格をもつ地域とみられていたのである。ところが、一方では、この兩地は汝潁として一括され、後漢時代の例では青徐と、西晉時代の例では幽冀と比較して、獨特の性格をもつ地域としてとらえられている。つまり、外部の、そして汝潁とは異なる價値觀をもつ地域と比較すれば、ほとんど一つの地域性をもつ地域ととらえられていたことになろう。このことは、地域や地域性のとらえ方が相對的なものであり、またそこに水準の差とでもいうものが存在したことを示すものである。すなわち、ある地域の地域性は、地域の範圍が一定の程度を越えるたびにその對比の對象が變化し、それにともなって自身の性格づけに變化の生じることが起こりうるのである。

それはともかく、このような地域間の優劣が、その地が生んだ人士の在り方と、それに表現されているその地の價値觀によって競われていることは、漢末・六朝時代の特異な現象と見なすことができる。それは、人間存在と地域社會のある種の關係を象徵するものといえる。しかし、その檢討の前に、以上とは別種の地域間の格差の表現についてみておきたい。

三　郷黨の格差

『三國志』卷二三裴潛傳裴注引『魏略』に、

嚴幹字公仲、李義字孝懿、皆馮翊東縣人也、馮翊東縣舊無冠族、故二人並單家、其器性皆重厚、當中平末、同年二十餘、幹好擊劍、義好辦護喪事、馮翊甲族桓田吉郭及故侍中鄭文信等、頗以其各有器實、共紀識之、……逮建安初、關中始開、詔分馮翊西數縣爲左内史郡、以東數縣爲本郡、治臨晉、義於縣分當西屬、義謂幹曰、西縣兒曹、不可與爭坐席、今當共作方牀耳、遂相附結、皆仕東郡爲右職、

とある。この例が注目されるのは、家柄の分布に地域（この場合は、縣）差、あるいは偏りのあることがわかるからである。馮翊には甲族、すなわち最上級の家柄である桓田吉郭諸氏が存在していたが、彼らは馮翊管縣の一つである東縣には屬していなかった。東縣には冠族と呼べる家柄はなく、したがって、ここの嚴幹、李義の二人は家柄の低い、單家と呼ぶ階層に屬していた。建安の初め、馮翊郡の東半を馮翊、西半を左内史の二郡に分割したとき、彼ら二人は本來西牛の左内史郡に仕官すべきところを、おそらくそれは甲族の桓田吉郭をいうのであろうが、彼らに比肩できないとみて、東半の新馮翊郡に仕官して上級職を得たというのである。それは新馮翊郡である彼ら二人を越える家柄が多くはなかったことを意味する。

ここにおいて左内史郡と新馮翊郡では、甲族、冠族、單家などの家柄による社會の秩序の水準において、明らかな差異が生じたことになる。つまり、左内史郡では舊來の甲族桓田吉郭諸氏がなお甲族として君臨しつづけるのに對して、新馮翊郡ではそれに匹敵するような家柄が、舊馮翊郡における單家のような家柄が、郡社會の上層に位置することが可能になる。ある地域では上層部から排除される家柄が、別の地域では上層部でありうるのである。し

附編　614

かも、その地域だけで上層部たりうるのみでなく、それを出發點にして他の地域においても上層部たりうるようにな
ること、この場合でいえば、嚴幹李義が新馮翊郡を基盤にして舊馮翊郡の甲族桓田吉郭諸氏に比肩する家柄をもつに
至ることも起こりうるであろう。しかしそのことはしばらくおいて、ここで注意したいのは、全社會に普遍的な家柄
である甲族を基準にして、そのような家柄の存在する郡としない郡とのあいだに一種の格差が設けられるという現象
がみられることである。ここの例でいえば、舊來の甲族を擁する左内史郡が、そのような家柄のない新馮翊郡より地
域として高い評價を得ることは、ほとんど確實である。

前掲『晉書』卷七一陳頵傳に、

（豫州刺史解結）又問僚佐曰、河北白壤膏梁、何故少人士、每以三品爲中正、（頵）答曰、……夫英偉大賢多出於
山澤、河北土平氣均、蓬蒿裁高三尺、不足成林故也、

とある。これは右の例より約一世紀後、鄕品が社會の身分の普遍的な標識として導入されて以後のことであるが、そ
の鄕品を基準にした地域の格差がみられる例である。同傳のここに引用を省略した部分からは、鄕品二品以上が特別
の身分であること、また州大中正は原則的には鄕品二品以上であることが明らかになるが、豫州刺史解結には、三品
を中正にする河北は何と人士が少ないところかという疑問を禁じることができなかったのである。

解結の疑問からは、上品の人士の多寡で州の等差を量ろうとする發想があったことを知ることができる。本來、九
品官人法は、官人登用の基礎資格であった各地の人物評價に統一基準を設けることが、その制定の目的の一つであっ
たのではないかと別稿で推測したことがあるが、その施行後、その統一基準のもとで行なわれた鄕品清定の結果とし
て、各地域で鄕品の分布に偏りの生じたことが豫想される。それがこの解結の疑問の背景にあるとみられるのである。

以上の例は、當時の地域社會の中に、甲族冠族單家等々の家柄、あるいは鄕品によって表現される秩序が普遍的に

構成されていたこと、そして地域社會の一單位である州郡のあいだに、その管下の社會の家柄や鄕品を基準にした格差が存在したことを示している。つまり當時の各地域社會は、單一の構成原理によって構成されてはいたが、それゆえにこそそれぞれのあいだに一種の上下關係を必然的にもたざるをえなかったのである。換言すれば、當時の地域社會はすべてが同一水準の上に存在していたのではなかった。

ところで、ここで注意しておきたいのは、本項のような地域間格差においても、前項同様、その地域の空間的範圍の水準によって、その格差の在り方に變化の生じることがありうる點である。前者の例においては、その基本單位が縣、または州となった場合には、この例のような家柄の格差の在り方がまた違ったものになることが豫想される。後者の場合も、この例のように州中正の鄕品ではなく、郡中正のそれであれば、さらに複雜な格差が生まれる可能性があろう。つまりは、地域性はその地域の範圍の設定方法によって、その性格を變化させることになる。

この問題は、いかなる水準の空間的限定によって設定された地域においても、ある種の構造の普遍性が存在する一方で、その普遍性を前提にして、地域の設定のしかたによっては地域性が變化する、ないしは特殊性が生じると要約することができる。それはまた、地域社會が假に方法概念であっても、その地域をいかなる水準、規模のものと考えるかで、地域社會そのものの意味が變化するのではないかという疑問を生むであろう。

四　「鄕里」の意識の高揚

以上二項に述べたような鄕黨の優劣や格差には、その背景に「鄕黨意識」、ないしは「鄕黨主義」とでも呼べるような一種の意識や主張があるとみてよい。そこには、地域間の對抗意識があり、また自鄕至上主義がある。

いったい、漢唐間に大量の地誌類が撰述されたのは、既述のように『隋書』經籍志の著錄にみられるとおりであるが、それはいかなる時代的特徴なのか。それはひとえに、自ら住むその土地の自然と人爲、いわば鄕里の自己主張とでもいうべき現象である。しかし、その自己主張は排他的で偏狹なものというよりは、同じような他者との比較を前提としたもののように思える。では、他者たる他の鄕里の存在の認識はいかにして可能かといえば、相互の情報の交通しかありえない。社會の上層における情報の交通は、いつの時代にもみられる。官僚生活や上計、あるいは自覺的な他鄕との婚姻や他鄕での葬儀など、社會上層部は比較的外部世界との接觸の機會に惠まれている。その機會の見聞が、彼ら自身の鄕里を他者との比較を通じていったんは相對化し、あるいはより正確に認識し、そこから自鄕中心の思考へと進んでいくことは多分にありうる。上記の地誌類の撰者が多く各地の上層の知識人であったことを考えると、それらは他鄕の讀者を念頭に置いたものであったともいえる。

地誌類の大量の出現は、この時代が自他の鄕里や地域性についての關心、あるいは自覺が特に高揚した時代であったことを示している。そこには、以上にみたような情報量の增加、それにともなう自己の生活の場に對する客觀化・相對化という條件がある。しかしそれだけでは鄕里や地域性についての關心や自覺の高揚を歷史的に說明しきれない。

この時代、「鄕黨主義」とでも呼びうる意識には、さらに特異な形態をとって現象するものがある。かつて草した拙文で の考察を要約することでその槪要を示そう。六朝時代、人びとの行爲の規範として大きな力を發揮したものに、同鄕の關係がある。その關係はしばしば極限に近い狀況に置かれた人間の命運・生死すら決定しかねない重大な選擇に關與し、それを左右しうるだけの現實的な力をもっていた。とともに、その關係は君臣關係と對立し、それに優越するような人間關係としてあった。したがって、同鄕であることは、單なる親近感や連帶感で表現されるものとは異

質な、歷史的な人間關係を形成していたといえる。それだけではなく、當時の人間にとって、その鄉里との關係の在り方は、彼自身の存在を決定し、あるいはその存在の價値基準ともなるものであった。たとえば鄉里を捨てることは、彼の人間性の根源を否定される結果さえ呼びかねない行爲であった。このような點で、當時の人間にとって鄉里とは、彼の母胎であり、存在の根據であった。つまり、鄉里なくして人は存在しえなかったのである。

ではなぜ鄉里はそのようなものとしてあったのか。そのことを考えるためには、そもそもそのような鄉里がいかなる世界であったかをみなければならない。その世界は、端的にいえば、特異な價値觀によって律せられた内部秩序をもつ、一種の共同的社會であり、しかも外部世界の秩序、特に政治的秩序の介入を拒絕する世界と意識されていた。ちなみに、ここでいう鄉里は、當時の行政區畫である州、郡、縣のいずれに對應するというのでもなければ、具體的な境界をもつ地域でもない、いわば意識上の區域である。ところで、問題はそのような内部秩序をもつ世界が實は必ずしも現實のものとしてあったわけではないところにある。むしろ現實の鄉里社會はそれとは對蹠的であり、その現實を前提として、觀念上の世界として釀成されたのが、ここでいう鄉里であったのである。そしてその本質は、小農民層にこの世界の主體的構成者としての幻想を抱かせつつ、彼らをこの秩序の中に包攝し、もって在地社會への現實的支配を補完しようとするこの世界の實質的支配者、すなわち豪族層の主導する虛僞意識であったというのが拙稿の主張であった。

「鄉黨主義」とでも表現すべき鄉里への關心の增大には、このような歷史的背景がある。それは一方では、自らの生活の場である日常的世界としての鄉里の自然と人爲を再發見し、それが生んだ人材について認識を深め、それらを記述した多くの地誌類を世に殘した。他方、虛僞意識としての「鄉里」は、當時の政治的、社會的構造に特異な性格を與え、いわゆる六朝貴族制の成立と維持に多大の寄與をした。もちろん、歷史現象のすべてが虛僞意識によって規

第十六章　六朝史と「地域社會」

定されるわけではないが、「鄕黨主義」は鄕里という日常世界の場がその母胎であり、また、同鄕といった普遍的な感情を借りて擴大した點に、社會の下層まで浸透する力をもち、したがって社會全體の價値觀として、歷史的に大きく作用することが可能であった。

實は、このような考えの基本的な發想は、はしがきに述べた谷川、森兩氏の方法から學んだものであり、私なりの「地域社會の視點」から構想したものであった。しかし、現實に考察を進めてみて感じたのは、この方法が構造の分析には確かにきわめて有效な力をもつが、歷史現象の動態的把握や契機の說明においてやや困難なところがあるということであった。もちろんそれは大半が私の力不足によるものであるが、一部ははしがきに述べたことと關係があるように思われる。

むすび

以上二節において、歷史研究の方法としての「地域社會」についての考え方と、「地域社會」を六朝時代の歷史的現象の中に具體化した場合の特徵をまとめてみた。そこからいかなる今後の檢討課題を認識できるか、若干の補足を行なうことでむすびに代えたい。

第二節に述べたように、「地域社會」を、六朝時代の歷史的、具體的な在り方に卽してみた場合、そこにさまざまな普遍性と特殊性が交錯しつつ存することがわかる。その中には、普遍的構造を前提にして生まれる地域間の優劣差異という特殊性もあれば、諸地域の特殊性を捨象した「鄕黨主義」とでも呼ぶべき普遍性もある。本稿で取り上げたものは、「地域社會」の特に顯著な現われとおもわれるもののいくつかに限られているから、これ以外にも、同様

のことがいえる現象は少なくないであろう。したがって、「地域社會」的視點によって六朝史を研究する場合、その「地域社會」がもつこの二面性について十分な留意が必要となろう。もちろん、第一節で擧げたような研究がこの點で不十分であるというわけではない。しかし、ある種の方法概念として用いる場合、一方の性質の捨象という傾向がなかったとはいえないと思われる。

次に、普遍性であれ特殊性であれ、そのより實體的な認識の上に立って、六朝時代の「地域社會」像をさらに豐かにする必要がある。とくに、「地域社會」が「人間が生きる基本的な場」を總括的に把握するための方法概念であるとすれば、そこに生きる諸個人の具體的な生までを視野にいれた「地域」の認識が不可缺ではなかろうか。そのような意味での「地域」認識は、六朝史研究においてはたして可能であろうか。では、六朝史研究の地域性という問題である。ここでそのことを考えるための一つの個別研究の見取圖を示してみたい。それは、江南地域社會の地域性という問題である。江南は、古代以來、華北とはあらゆる點で對蹠的、または異質な世界と理解されてきた。六朝史研究においては、開發後進地域としての江南社會の社會的特質を強調した前述の川勝氏の見解が特に注目されよう。江南社會は獨自な地域的性格をもつといえるのである。しかし、その地域性は江南に相應するような他の地域との對比において顯現するのであって、江南内部では、また異なった地域性の在り方がある。

私見では、六朝時代の江南は、地理的、人文的に異なる性格をもったいくつかの地域に細分できる。その中心は、六朝の首都建康であるが、地理的空間においては、建康が江南の西北邊に位置することが、江南内部の地域性の在り方に重大な影響を及ぼしている。建康を左右から挾むように、長江南岸には、京口と姑孰という軍事據點が配置されている。京口の背後には舊毗陵の屯田地帶があり、その一角からやがて京口の軍事力量を掌握した皇帝家が出現する。姑孰の南方には宣城があり、ここに入った軍閥桓氏は西方へとその勢力を擴大し、四世紀江南の政治史に大きな足跡

第十六章 六朝史と「地域社會」

を殘した。江南の地理的中心部は、吳郡、吳興郡、會稽郡であり、いわば建康の後背地として、六朝の農產物資、人物の淵叢であった。それらをとりまく山地・丘陵からなる周縁部は、かつて山地勢力の本據であり、六朝諸朝の開發前線でもあったが、山林資源に惠まれて窯業、製紙などの諸產業が發達し、商品生產の中心地となった。この地區と大消費地建康のあいだは物資の流通路によって結ばれ、沿線には流通に從事する人口が多數存在した。

江南內部のこのような諸地域は、それぞれその獨自な役割と性格をもっていた。その役割と性格は、自然的條件と地理的位置、および歷史的傳統によって規定されたものである。と同時に、その地域のもつ役割は、その地域の社會の構造や性格を規定することがありえた。たとえば、軍事中心である京口、姑孰と、產業中心である周縁部では、社會關係が異なる形態をとった可能性がある。もちろん價値觀や、意識形態においてもその差は少なくなかったであろう。江南社會の地域性とは、これらすべての總合の上に成立したものといえる。未熟な見取圖にすぎないが、こうして江南の全體と部分を俯瞰すれば、より具體的な地域社會像をえることができるようにおもう。

もっとも、このような地域社會の理解は、すでに方法概念としての「地域社會」と大きく乖離しているであろう。同時にまた、このような研究が、過去の一地域の研究にとどまらず、歷史學的硏究としていかなる點で過去と現在を結ぶものとなりうるか、心もとなさを禁じえない。ここに至って、再びはしがきにのべた問題と直面せざるをえなくなる。しかし今、それに對する用意はない。本稿での整理を基礎に、今後にその檢討の機會をあらためてもちたいとおもう。

注

（1） 名古屋大學文學部東洋史學硏究室編『地域社會の視點——地域社會とリーダー』（一九八二）がその出發點である。なお、

に言及し、あるいは引用する場合、いちいちその箇所を注記しない。

(2) 森正夫「中國前近代史研究における地域社會の視點」(『名古屋大學文學部研究論集』史學二八、一九八二)を參照されたい。以下、本論文

(3) 川勝義雄・谷川道雄「中國中世史研究における立場と方法」(中國中世史研究會編『中國中世史研究』一九七〇)。

(4) 谷川道雄「一東洋史研究者における現實と學問」(初出一九六一、『中國中世社會と共同體』一九七六)。

(5) 森正夫、前揭論文（2）。

(6) 中村圭爾「六朝貴族制論」(谷川道雄編『戰後日本の中國史論爭』一九九三)。なお、中村圭爾『六朝貴族制研究』(一九八七)、「六朝貴族制研究に關する若干の問題」をあわせて參照されたい。

(7) 內藤湖南「概括的唐宋時代觀」(初出一九二二、『東洋文化史研究』一九三六)。

(8) 谷川道雄「六朝貴族制社會の史的性格と律令體制への展開」(初出一九六六、前揭『中國中世社會と共同體』)。

(9) 川勝義雄『貴族制社會の成立』(初出一九七〇、『六朝貴族制社會の研究』一九八二)。

(10) 堀敏一「九品中正制度の成立をめぐって」(『東洋文化研究所紀要』四五、一九六八)。

(11) 中村圭爾『「鄉里」の論理』(初出一九八二、前揭『六朝貴族制研究』)。

(12) 陳寅恪『唐代政治史述論考』(上海、一九四七)。

(13) 布目潮渢『隋唐史研究』(一九六八)。

(14) 川勝義雄「貴族制社會と孫吳政權下の江南」(初出一九七〇、前揭『六朝貴族制社會の研究』)。

(15) 田餘慶『東晉門閥政治』(北京、第一版一九八九、第二版一九九一)。

(16) 安田二郎「南朝の皇帝と貴族・土豪層」(初出一九七〇、『六朝政治史の研究』二〇〇三)、「南朝貴族制社會之變革與地域社會」(谷川道雄編『地域社會在六朝政治文化上所起的作用』一九八九)。

(17) 王志邦『六朝江東史論』(北京、一九八九)。

(18) 宮川尙志「六朝時代の村について」(初出一九五〇、『六朝史研究 政治社會編』一九五六、越智重明「東晉南朝の村と豪

第十六章 六朝史と「地域社會」

族」（『史學雜誌』七九―一〇、一九七〇）。なお最近では、谷川道雄「六朝時代における都市と農村の對立的關係について」、堀敏一「魏晉南北朝時代の村をめぐって」（ともに唐代史研究會編『中國の都市と農村』一九九二）が特に注目される。

(19) 上田早苗「巴蜀の豪族と國家權力」（『東洋史研究』二五―四、一九六七）、安田二郎、前揭論文 (16)。

(20) 陳寅恪前揭書 (12)、および「記唐代之李武韋楊婚姻集團」（初出一九五四、『金明館叢稿初編』上海、一九八〇）參照。

(21) 川勝義雄、前揭論文 (14)。

(22) この議論については、勝村哲也「後漢における知識人の地方差と自律性」（前揭書 (3)）に詳細な分析がある。

(23) 中村圭爾、前揭書 (6)、第一編第一章「品」的秩序の形成」。

(24) 中村圭爾、前揭論文 (11)。

(25) この問題については、中村圭爾の以下の論文、「六朝時代江南的地域社會與地域性」（初出一九八九、本書第五章）、「建康と三吳地方」（初出一九九二、本書第六章）、「江南六朝墓出土陶瓷の一考察」（初出一九九三、本書第九章）などに關連の記述があるので、參照されたい。

あとがき

本書は、六朝時代江南地方についての三〇数年間の研究の成果である。既發表の論文を原型のまま收載したものが大半であるが、一部中文で公刊したものの日本語原文と、あらたに書きおこしたものをふくんでいる。それらを主題ごとに四編にわけ、さらに内容においていずれにも屬しがたいものを附編に編んだものである。

第一編は、六朝江南史の前提ともいうべき漢族南下流民を、僑寓先における王朝、在地の對應を中心に論じたものである。第二編は、江南地方がさらにいくつかの異なる地域性をもつ小地域から構成されるという發想をもとに、その地域性を開發や産業、流通の側面から論じたものである。第三編は、江南地域出土の六朝墓と、研究上にきわめて重要な意味を有するとおもわれる伴出墓誌と陶磁器を論じたものである。第四編は、江南の主都建康の研究である。また附編は、江南地域史そのものとはいいがたいが、それと多少の関連をもつ主題を論じた三篇をおさめた。

以下に、まずそれらの初出誌・書を、本書の章別にしたがってあげておく。

序章　六朝江南地域史研究史（新稿）

第一章　東晉時期揚州的流民問題及其歷史意義（牟發松主編『漢唐歷史變遷視野下的社會與國家關係』上海、二〇〇六）

第二章　東晉南朝における豫州・南豫州について（『人文研究』五三―二、二〇〇一）

あとがき　626

第三章　南朝政權と南徐州社會（唐代史研究會編『東アジア史における國家と地域』一九九九）

第四章　六朝時代三吳地方における開發と水利についての若干の考察（中國水利史研究會編『佐藤博士還曆記念中國水利史論集』一九八一）

第五章　六朝時代江南的地域社會與地域性（谷川道雄編『地域社會在六朝政治文化上所起的作用』一九八九）

第六章　建康と三吳地方（唐代史研究會編『中國の都市と農村』一九九二）

第七章　會稽郡在六朝史上所起的作用（『六朝文化國際學術檢討會暨中國魏晉南北朝史學會第六屆年會論文集』（南京、一九九八）

第八章　南京附近出土六朝墓に關する二三の問題（『人文研究』三四―一二、一九八二）

第九章　江南六朝墓出土陶瓷の一考察（礪波護編『中國中世の文物』一九九三）

第十章　東晉南朝の碑・墓誌について（河音能平編『比較史の觀點による史料學の總合的研究』一九八八）

補章　江南新出土六朝墓と墓誌（新稿）

第十一章　建康の「都城」について（唐代史研究會編『中國都市の歷史的研究』一九八八）

附章　六朝古都建康的都城位置新探（『南京史志』一九九一―六）

第十二章　建康と水運（中國水利史研究會編『佐藤博士退官記念中國水利史論叢』一九八四）

第十三章　建康における傳統と革新（『大阪市立大學東洋史論叢』別冊「中國都市の時空世界」二〇〇五）

第十四章　臺傳―南朝における財政機構―（『中國史研究』八、一九八四）

第十五章　南朝戶籍に關する二問題（『人文研究』四四―一二、一九九二）

第十六章　六朝史と「地域社會」（中國中世史研究會編『中國中世史研究　續編』一九九五）

以上の諸篇は、中文論文の日文原文を多少改稿した以外は、誤植の訂正、假名遣いの統一程度の改變にとどめ、改編修訂はほどこしていない。ただ、そのために各篇に重複する部分がかなりできてしまった。もともと各篇は主題が相互に關連することもおおく、とくに會稽郡における産業や流通をあつかった部分、舊僑兩民の居住地や墓地を論じた部分、建康の商業や人口に關する部分などは、五〜八、十二章で形を變えて、繰り返しのべられている。しかし、それぞれ各篇の主題のなかでの位置づけが異なるので、あえて原型のままにした結果であることをご理解いただきたい。また、附編三篇は本書に收載すべきかどうか最後まできめかねたが、江南社會の獨自性やその地域研究的方法に關連する部分があるとかんがえて、最終的にこの形にしたものである。

なお、第十六章は、公刊後、谷川道雄先生から嚴しいご批判をいただいた（「共同體」論と六朝鄉里社會―中村圭爾氏の疑念に答える―」『東洋史苑』五四、一九九九）。本來ならこれにきちんとおこたえしたものをあわせて本書に再錄すべきところであるが、みずからの考えをなかなか整理できないまま、今日にいたっている。この點、先生のお許しをたまわれればとおもう。

私が江南地方に關心をもったのは、中國史研究にかかわるよりもかなり以前のことである。江南という言葉の響きや江南地方の紀行文などから、江南にあこがれのような思いをいつしかもつようになっていた。大學で六朝史をまなびはじめたころのことについては、かつて舊著にしるしたのでくりかえさないが、六朝史をえらんだきっかけのひとつが江南への思いであったことは確かである。

したがって、六朝史にとりくんで、貴族制を研究の主題にさだめたころ、一方で江南研究がもうひとつの主題とし

あとがき　628

て自然に浮上していた。そのころ、恩師佐藤武敏先生の江淮の水利に關する論文を拜見し、また先生が主宰されていた中國水利史研究會に參加させていただいて、江南研究をまず水利から着手しようとおもいついたのが、じつに本書の出發點となった。

江南の水利と開發の文章は、そのようにしてはじめた研究の最初の成果で、貴族制研究のかたわら、大學院に進學した頃からあつめていた史料をもとに執筆し、佐藤先生の還暦を記念する論文集に掲載していただいた、懐かしい論文である。

貴族制研究を東晉南朝中心にすすめ、川勝義雄、安田二郎兩先生の研究の江南關係の部分からおおきな影響をうけたこと、また一九八七年に、谷川道雄先生代表の學術振興會國際共同研究の一員にくわえていただいて、江南への關心は産業、流通、流民問題、地域性など地域性の問題を明確に意識するようになったことなどもあって、江南への關心は産業、流通、流民問題、地域性など地域性にひろがり、考古學的資料の重要さも認識しはじめた。また、學生の頃偶然目にした朱偰氏の著書で深い印象をうけていた建康への關心もつよまった。こうした結果、本書のもととなった各篇がかたちを成したのである。

ここで、私がこのような研究をすすめるなかで、有形無形の影響をうけた江南の小旅行の思い出について、私事に屬するものもあるが、いくつかのことを書きとめておきたい。

江南を最初に訪れたのは、一九八二年八月末から九月初にかけてのことである。大阪市立大學名譽教授本田濟先生を團長とする最初の訪中團にくわえていただいて、杭州、紹興、蘇州、揚州などをめぐる小旅行をした。そのとき、いわゆる「教科書問題」で緊迫の雰圍氣がつたえられた南京を訪問し、本田先生のお許しを得て、通譯の張さんと二人だけで甘家巷をおとずれることができた。あの日、目前に白くうかびあがった吳平忠侯蕭景墓の辟邪と神道柱は、そのと

きの南京の空氣とともに、いまも記憶に鮮やかである。

一九八七年五、六月、谷川道雄先生を代表とする學振國際共同研究の一員として、先生を團長に、吉川忠夫、安田二郎、上田早苗、高木智見諸先生と、北京を出發點に、石家莊、臨漳、鄭州、許昌、武漢、荊州、襄樊、隨州、南京、丹陽、紹興などを歴訪し、各地で研究者と交流した。これはたいへんに印象深い旅であったが、そのとき、南京大學で、蔣贊初、羅宗眞、許輝、郭黎安など、それまで論文でのみ名前を存じあげていた研究者にお目にかかることができた。炎天下でみた丹陽の景陵の石刻の勇壯さとともに、忘れられない思い出である。

一九九〇年、大學の在外研究員として南京に二ヶ月たらずの間、滯在することができた。南京大學は蔣先生に受け入れていただいたのだが、羅、許、郭三先生にも何回かお會いすることができたし、いま南京出版社にいる盧海鳴君の案内で、ほとんどの六朝石刻をたずねることができ、感銘をあらたにした。連日、地圖を頼りに建康の位置を想像しながら南京市街を自轉車で走り回り、また南京大學に滯在中であった關西學院大學の坂倉篤秀先生や留學生諸君と交流するなど、夢のような日々をすごした。なお南京滯在中とその前後は、甪直、松江、嘉定、常熟、宜興、上虞、嵊縣、嘉興、鎭江、常州、蕪湖、馬鞍山など、いま名を聞くだけでも懷かしい土地に立ち寄り、それぞれの風物に接することができたのも、樂しくおもいだされる。

ここまでの研究の歩みをささえてくださったかたがたには、この場をかりて篤くお禮申し上げたい。なかでも、大阪市立大學文學部文學研究科史學教室の先生方には、學生大學院學生として、また後輩同僚として、この上ないご指導とご支援をいただいてきた。この教室に屬していたことは私の喜びであり、誇りであり、感謝の念のつきることはない。

また、三〇餘年の文學部教員生活で、つねにはげみとささえになってくださった年長の同僚のお二人、宗教心理學

あとがき

の金兒曉嗣教授（現學長）、人文地理學の山野正彥教授（元文學部長）には、格別の感謝の意をここにあらわしておきたい。

學界では、いちいちお名前はあげることはしないが、多くのすばらしい先輩や同學知己に出會い、無限の學恩をうけた。また中國古代史研究會、中國中世史研究會、魏晉南北朝史研究會、唐代史研究會、京都大學人文科學研究所研究班などでは、研究の嚴しさと樂しさを感得することがしばしばであった。心から感謝の意を申しのべたい。

本書編纂の直接の契機は、昨年四月、このたび本書を出版してくださった汲古書院の坂本健彥樣から、じきじきに書簡をいただき、研究を一書にまとめるようお勸めいただいたことにある。そのようなお話はずいぶん以前から承っていたのだが、まだ研究も納得のいく狀態ではなかったので、失禮なことであるが、日延べのようなお返事をさせていただいていた。

ところが、このときは、二年間勤務先でつとめていた、ほとんど研究時間のとれない職務を辭した直後であった。その二年間は焦燥感にかられる日々をすごしていて、その任をはなれたあとは、また研究を再開しようという意氣込みをもっていたのに、いざそうなってみると、この間の空白もあって、その後の研究方向にまったく展望がもてなかった。そのような時期であったので、そのお勸めはたいへんありがたく、これまでの江南研究をとりまとめ、それを彈みにこの沈滯した狀態から拔けだそうとおもいいたったのである。

ただ、かなり以前の文章もあり、それらをいまさらとりまとめたとしてなにか意味があるだろうかという疑問もあったし、また、本文中でもふれたが、考古學的成果をもちいた部分の資料の古さが氣がかりでもあった。それで、各篇を研究史のなかに位置づけるため、この三〇數年間の日中學界における研究史を概觀しようとこころみた。考古學的

あとがき

資料に關しては、一九八〇年以後の報告書の主なものからあらためて資料をひろい、この間にどのような進展がみられたかを確認する作業をはじめた。どちらの作業も今後への意欲をかきたててくれたが、意外に時間が必要で、編集作業が大幅に遅滯し、坂本様には多大のご心配とご迷惑をおかけしてしまった。書簡をいただいて以來一年半、本書の出版はひとえに坂本様のご盡力によるものである。末尾で失禮であるが、心からお禮申し上げたい。

二〇〇六年八月

中村圭爾

班瀆	37	望族	582	ら行	
蠻	228	ま行		樂游苑	459,481
萬春門	524	民丁	579〜581	洛陽宮城	521
陂	171	無實土僑郡	127,130	蘭臺宮西大路	457
淝水の戰	108	無實土僑州郡縣	12,83	籬門	37,38,**528**
毗陵典農校尉	206	婺州窯	366	六朝墓	**271,323**
百家譜	582	婺州窯瓷	372	六朝陵墓	35
憑几	349,355	明器	350	六門	455,493
品官	582	明曇憘墓誌	399,427,429	陸襌碑	389
浮橋	491	免役權	581,583	陸碑	388
符伍	19	模型器	327,347	劉懷民墓誌	399,427,429
墳丘	277	孟府君墓誌	426	劉氏墓誌	426
平昌門	456,457	門閥政治	603	劉襲墓誌	399,429
別墅	561	や行		劉岱墓誌	399,429
保母磚志	391			劉媚子墓誌	424
方山埭	499	冶	242,255,562	流民	23
復客制	27	窯業	363	龍蟠虎踞	206
北市	502,503	窯址	364	龍窯	244
北牆	479	揚州奴	72	良人奴	72
北府	83,125,210,212,605	揚州百姓家奴	72	琅邪國人	128,137,139,208,494
北府兵	27,82	雍州土斷	11		
墓誌	19,34			祿米絹布絲綿	566,568
墓銘	400				

8　事項索引　さ〜は行

石頭津倉	500	臺庫	566,568	東華門	524
先賢	610	臺使	562	東宮	464,466
錢貨	27	臺城	37,39,454,490,491,	東山文化	603,605
錢塘倉	212,233,500		527,562	東牆	480,481
宣陽門	455,465,467,477,	臺城前橫街	457	東府城	491
	492,520,530	臺邸	562	東陽門	457,465
前秦	91	臺傳	**557**	鬪場市	502
蘇峻の亂	77,418,482,490,	臺傳御史	563,566	同泰寺	482,533
	529,534,585	臺傳倉庫	565,566	銅駝街	467,533
租調	26,27,568,569	單家	614	德清瓷	237
宋乞墓誌	424,429	單室墓	273,326,409	德清窯	237,366
宗愨母劉夫人墓誌	399	地緣	10,15	德清窯瓷	**368**,374
宗部	23	地方官俸祿	569	屯	242,255,561,562
倉庫	212,500,565	地理書	608	屯邸	8,23,209,211
僧尼	228	竹籬	454,**526**	屯田	26,27,206,210,620
雙室墓	326	中州良人奴	72		
雙頭郡	97	長春門	524	**な行**	
竈	351,353	張氏墓誌	399	南兗州大中正	133
造籍	587	張蒼梧碑	388	南京大學北園東晉墓	480
藏戶	10,78,79	張鎮墓誌	388	南市	502,503
族群	29	鎭墓獸	355	南牆	480
村	15	堆塑罐	234,256	南徐州刺史	138
孫吳	6,17,26,27	邸	242,255,562	南徐州秀才	134
		傳	242,255,561,562	南徐州中正	133
た行		傳庫	565	南塘倉	500
多室墓	274	都城	37〜40,**453**,**476**,**517**,	南北人問題	12,23
唾壺	349,355		**526**,**529**,533	二宮中大路	457
太初宮	490	土斷	9〜11,16,25,26,77,		
塿	169,193		280	**は行**	
大夏門	459,464,481,520	奴	74	白下城	491
大市	502	塘	169,193	白水	37
大司馬門	465,492,530	塘（塿）丁	194	白籍	9,10,11,12,94,593
臺	562	塘丁	186,194,264	薄葬	330,386
臺軍	562	塘役	187,188,580	八條取人	578

事項索引　か～さ行　7

虎子	349,355,366	山川叢澤	14,27,211,241,244	州秀才	134
戸籍制度	8	山澤の占有	23	州大中正	615
戸籍の假僞	582	山東貴族	603,605	州中正	132
庫曹	563	四號黃籍	588	庶籍	578
吳郡四姓	16,207,225	士庶	8,25,576,**578**,580	書籍	581,586
吳都賦	492	士庶雜選	581	徐州流民	76
功	185	士籍	578	閶闔門	456,464,524
侯景の亂	20,230,454,527	士族	577,581	尙書下省	586
行主	13	士族譜	582	尙書左民曹	588
庚戌制	98	市店列肆	501	尙書上省	586
庚戌土斷	9,81	始寧墅	240,254,255	將吏	584
校籍官	589	徙民	190	昭明宮	490
校籍令史	591	七條徵發	578	承明門	459,464,524
甲族	584,614,615	治書侍御史	563	醬釉瓷	368
後趙	91,105,582	實土僑郡	127,130	上虞瓷	237
公田	19,569	謝溫墓誌	428	襄陽耆舊記	609
江南豪族	15,29,125,225,605	謝鯤墓誌	425	帖治	97
江南社會	603	謝氏墓	**409**	常平倉	567,570
江南の大土地所有	13	謝氏墓誌	430	新宮	418,490
黃籍	9,11,12,94,578	謝氏墓地	**420**	晉籍	77,586,590
黃白籍	9,11,12,25,593	謝琰墓誌	424,428	晉令	9
廣莫門	455,456,464,481	謝濤墓誌	391,399,429	人口移動	23
廣陽門	520	朱雀航	530	崇禮門	524
穀倉	234,330,**341**,365,372	朱雀門	465,492	青溪	37
穀倉罐	19,32,36	朱雀橋	491	青瓷	34,36,236,243,256,258,363
さ行		朱然墓	374	西州城	491
		周札墓	345	西牆	480
柵塘	486	周氏墓	278	西明門	464,498,520
山陰市	231	周氏墓群	286,288	清明門	457,465,466
山越	17,18,23,27,31	周處碑	389	籍庫	586,591
山居賦	99,177,240,254,255	周處墓	345	籍注	577,**578**,582,587,589
		周訪碑	387	籍注の假僞	581,**585**
三五民丁	579	周墓墩	346	石頭城	491,499

事項索引

あ行

蔭	582
塢	15
塢主	13,105
運漕	37
雲龍門	524
營戶	228
永橋	467
永初・景平籍	590
永陽敬太妃墓誌	391
永陽昭王墓誌	391
驛傳	560,565
越窯瓷	372,374
苑城	487
王興之墓誌	425,428
王氏墓	347,**409**
王氏墓群	277,286,348
王氏墓地	**414**
王仚之墓誌	425
王敦の亂	105,289,491
橫塘	486
橫街	**530**
甌窯	366
甌窯瓷	372
溫嶠墓誌	427

か行

會稽四族	16,225,253
開發領主	17
海陵王墓誌	391,395
家籍	75
假葬	280
華北社會	603
華陽國志	609
瓦器	232,237,350,374
顏含碑	389
顏謙婦劉氏墓誌	425
顏氏墓群	278,286,287,348
漢魏禪讓	516
漢書地理志	609
桓宣碑	387
冠族	614
寒微士人	583,585
關隴集團	603,605
咸和土斷	27,77,79
寄生官僚	15
歸善寺	481
貴族制	8,17,602
紀年墓	273
氣風	611
畿服經	609
義熙土斷	9,10,12,**82**,93～95,98,101
客	74,75
却籍	584,588
給客制度	71,75,76
宮城	454,463,466,481,490,**521**,**530**,533
九品官人法	602,615
僑郡縣	11,25,78,125,211
僑州郡縣	29,80,91
僑民	**208**
鄉黨	610,**614**
鄉品	602,615
鄉品二品	615
鄉里	**616**
鄉里社會	602,618
鄉論	17,602
御街	40,467,529
御史臺	562～564
御史中丞	563
御道	229,457,492,498,**530**,531
均山窯瓷	372
禁碑	386,390,392,400
金明門	520
軍役	580
郡中正	616
鷄首壺	371
鷄鳴寺	483
桂陽王墓誌	396
迎主簿	134
建春門	520
建初寺	494
縣令	566
玄武湖大路	459
玄武門	459
湖	169,171,193
湖田	179,189,193

地名索引　さ〜わ行　5

秦淮	455,460,469,485,491,503,525	鎮江	413	方山埭	486,489
西池	465	珍珠河	461,463,481	枋頭	108
西陵	233	陳留	97,612	鄧	180
青溪	455,460,465,478,479,487,488,491,496,497,525	荻塘	174	北塹	487
		土山	99,208,420	北瀆	525
		當塗	281		
		鄧府山	373	**や行**	
青徐	611,613	東陽	32	油坊橋	413
濟陽	136,140	德清	290,364	幽冀	611,613
赤山塘	489			豫州	83,**89**,612,615
石子岡	99	**な行**		餘姚	79,178,180,237,374,413
石頭	230	南兗州	71,126,579〜581		
仙鶴山	422	南京	19	揚州	**69**,567
宣城	100,211,242,256,338,620	南徐州	89,**124**,170,209,210,567,579,603	弋陽	98
				ら行	
錢塘	163,212,232,233,261	南東海	126,128,139,338	洛陽	466,515,522,532
曹娥江	254,365,603	南彭城	140,141	溧陽	290
象山	277,409	南豫州	**89**	呂家山	422
た行		南蘭陵	140,226	梁郡	97
		南梁州	564	臨沂	282,495
太康湖	177	南琅邪	128,139,141	臨淮	140
大雷	92			歴陽	95,98,105,110,111
丹徒	281	**は行**		練湖	171
丹陽	19,35,161,170,185,262,413,489	破崗瀆	37,125,207,213,261,489,500	練塘	172,173
				廬江	95,98,112
長安	514,515	白下	455	婁湖	175,192
長干	493,495	白下壘	470		
長干巷	208,224	馮翊	614	老虎山	278
長興	281	毗陵	205,206,620	**わ行**	
長城	78	武康	175,290,374,579		
潮溝	37,460,461,463,464,478,479,488,489,525	武進	212,226	淮陰	105
		方山	230	淮陵	140
苕溪	161				

地 名 索 引

あ行

烏衣巷	208,225,287,495
烏程	174,281
運瀆	460,461,465,478, 479,486,525
永興	234,240,261
潁川	97,612,613
宛陵	100
横塘	493
溫州	364,366

か行

瓜瀆	232
華亭	290,389
回踵湖	181
會稽	15,16,31,32,81,161 ～163,178,187,209,211, 242,243,**252**,338,564, 566,603,621
懷德	208
懷德縣	494
郭家山	348
甘家巷	273,275,281,348, 366,393,396
鑑湖	205,239,257
顏家巷	225,495
義興	128,136,140,141,338
宜興	278,364,389
牛埭	233
鏡湖	171
魚浦	236
鄴	515,524,530,532
均山	364
金華	364
金壇	281
金陵城	469
鄞	180
句容	489
京口	126,130,206,209, 210,212,214,620
荊州	93,109,603
鷄籠山	481,483
建業	**204,205**
建康	8,**36**,77,203,214, **222**,252,260,338,366, **453,484**,513,620
玄武湖	470,525
姑孰	110,620
姑熟	162
黃巖	273,275
江寧	281
吳	338
吳郡	15,16,126,160,170, 204,207,211,252,621
吳縣	281
吳興	15,16,160,163,184, 185,211,239,579,621
吳興塘	174

さ行

査下	493
左内史	614
山陰	190,205,231,232, 253,564,566
三橋	497
三吳	4,8,75,81,**159,204**, **208,222**,272,338
司家山	410,420
獅子山	278
始寧	99,177,178,193,209, 225,236,243,254,256, 283,365,420
朱雀橋	467
壽春	111
汝陰	97
蕭山	281
嵊	281
上虞	31,236,243,244,256, 364,365
上元	281
上容瀆	489
城北渠	488
襄陽	387,566
新豐塘	171～173,185
晉陵	82,125,128,136,139, 141,160,161,170,173, 191,193,209,214,252, 338

李氏	422	劉隗	72,74,76	劉穆之	212
李膺	612	劉毅	93,212	劉裕	9,16,83,92,93,210
陸氏	16,205,289,389	劉敬宣	242	呂文度	242
柳元景	191	劉孝綽	394	魯肅	161

人名索引　か～ら行

虞氏	205		389	褚裦	107
竟陵王子良	187,189,264	周處	34,288,342,389	陳勳	489
江淹	398	荀羨	107	陳羣	612
江夏王義恭	190	諸葛長民	93	陳氏	78
江氏	133	徐勉	261,394,398	陳壽	279
孔子	190,234	蕭衍	226,455	陳霸先	226
孔休源	225	蕭道成	111	陳敏	172,490
孔融	612	蔣子文	28	唐寓之	27,589
孔靈符	14,180,190,209,	沈瑀	232,237,374,489	東昏侯	455
	231,240	沈嘉	174	陶潛	26
高氏	422	沈慶之	176,185,192,225,	**は行**	
高崧	422		227,228		
孝武帝	109	沈憲	112	范元琰	232,233
侯景	29,324,464	沈氏	16,175,290	范氏	133
さ行		沈約	576,582,589,590,591	范甯	11,388
		沈攸之	579	傅琰	231
蔡氏	133	石冰	490	輔公祏	469,478
山遐	78	石勒	76,582	**ま行**	
始興王	393	蘇峻	105		
史氏	290	祖逖	76,104	明氏	285
謝安	99,226,229,254,420	祖約	105	孟顗	181
謝晦	83,93,101	孫權	27,516	**や行**	
謝玄	177	孫晧	490		
謝鯤	99,424	孫策	490	庾楷	109
謝氏	34,98,208,209,276,	**た行**		庾希	107,108
	284			庾氏	101
謝尙	106,497	戴氏	283	庾準	109
謝濤	99	戴若思	74	庾翼	106
謝靈運	14,99,180,181,186,	戴法興	226,231	庾亮	105
	225,240,254,283,420	檀氏	212	姚嶠	184
朱异	225	刁協	71	**ら行**	
周玘	346	張闓	185		
周札	342	張昭	16,26,175	李安民	174,227
周氏	34,136,274,276,289,	張鎭	388,424	李居士	455

索　引

凡　例

・人名は歴史上のものに限り、近代の研究者名等は採録していない。
・地名は原則として歴史的地名に限った。また一部の例外を除き、郡・縣名に郡・縣を附すことはしない。なお、門名は事項に入れた。
・頁數のゴチックは、章・節・項の標題にその語があることを示す。その章・節・項内でのその語は省略した。

人名索引……………………………… 1
地名索引……………………………… 4
事項索引……………………………… 6

人 名 索 引

あ行

安成康王秀	275,393
殷琰	116
殷浩	107
殷康	174
殷仲堪	109,110
殷瀬	112
袁眞	107,108
王羲之	232,283
王恭	109,110
王敬弘	283
王敬則	187,232,566
王儉	111
王玄謨	11
王國寶	109

王氏	34,133,137,208,225,276,282,495
王珣	529
王僧孺	394
王忱	109
王導	282,287,529
王敦	72,76
王彪之	81,287,418
王彬	286,414,415,418
王彭之	415
王廣	347,410
溫嶠	491

か行

何充	79
會稽王道子	109

郭原平	232
郭世道	232
賀循	349,353
賀琛	225,232
桓伊	100
桓溫	9,100,106～108,529
桓玄	465
桓氏	100,256,620
桓宣	100
簡文帝	464
顔延之	390
顔含	288,495
顔氏	225,276,282,288,495
顔之推	495
魏氏	205
虞玩之	576,582,588,589

著者略歷

中村　圭爾（なかむら　けいじ）
1946年　和歌山縣生まれ。
大阪市立大學大學院文學研究科修士課程修了、文學博士。
大阪市立大學大學院文學研究科教授を經て、現在、大阪市立大學理事・副學長。

著譯書
『六朝貴族制研究』（1987）
『古代江南の考古學』（羅宗眞原著、共譯、2005）

六朝江南地域史研究

二〇〇六年十月十九日　發行

著者　中村圭爾
發行者　石坂叡志
整版印刷　富士リプロ
發行所　汲古書院
〒102-0072　東京都千代田區飯田橋二-五-四
電話　〇三(三二六五)九七六四
FAX　〇三(三二二二)一八四五

©二〇〇六

ISBN4-7629-2567-5 C3322

汲古叢書 68

36	明代郷村の紛争と秩序	中島　楽章著	10000円
37	明清時代華南地域史研究	松田　吉郎著	15000円
38	明清官僚制の研究	和田　正広著	22000円
39	唐末五代変革期の政治と経済	堀　敏一著	12000円
40	唐史論攷－氏族制と均田制－	池田　温著	近刊
41	清末日中関係史の研究	菅野　正著	8000円
42	宋代中国の法制と社会	高橋　芳郎著	8000円
43	中華民国期農村土地行政史の研究	笹川　裕史著	8000円
44	五四運動在日本	小野　信爾著	8000円
45	清代徽州地域社会史研究	熊　遠報著	8500円
46	明治前期日中学術交流の研究	陳　捷著	16000円
47	明代軍政史研究	奥山　憲夫著	8000円
48	隋唐王言の研究	中村　裕一著	10000円
49	建国大学の研究	山根　幸夫著	8000円
50	魏晋南北朝官僚制研究	窪添　慶文著	14000円
51	「対支文化事業」の研究	阿部　洋著	22000円
52	華中農村経済と近代化	弁納　才一著	9000円
53	元代知識人と地域社会	森田　憲司著	9000円
54	王権の確立と授受	大原　良通著	8500円
55	北京遷都の研究	新宮　学著	12000円
56	唐令逸文の研究	中村　裕一著	17000円
57	近代中国の地方自治と明治日本	黄　東蘭著	11000円
58	徽州商人の研究	臼井佐知子著	10000円
59	清代中日学術交流の研究	王　宝平著	11000円
60	漢代儒教の史的研究	福井　重雅著	12000円
61	大業雑記の研究	中村　裕一著	14000円
62	中国古代国家と郡県社会	藤田　勝久著	12000円
63	近代中国の農村経済と地主制	小島　淑男著	7000円
64	東アジア世界の形成－中国と周辺国家	堀　敏一著	7000円
65	蒙地奉上－「満州国」の土地政策－	広川　佐保著	8000円
66	西域出土物の基礎的研究	張　娜麗著	10000円
67	宋代官僚社会史研究	衣川　強著	11000円
68	六朝江南地域史研究	中村　圭爾著	15000円
69	中国古代国家形成史論	太田　幸男著	近刊

（表示価格は2006年10月現在の本体価格）

汲 古 叢 書

1	秦漢財政収入の研究	山田　勝芳著	本体 16505円
2	宋代税政史研究	島居　一康著	12621円
3	中国近代製糸業史の研究	曾田　三郎著	12621円
4	明清華北定期市の研究	山根　幸夫著	7282円
5	明清史論集	中山　八郎著	12621円
6	明朝専制支配の史的構造	檀上　寛著	13592円
7	唐代両税法研究	船越　泰次著	12621円
8	中国小説史研究－水滸伝を中心として－	中鉢　雅量著	8252円
9	唐宋変革期農業社会史研究	大澤　正昭著	8500円
10	中国古代の家と集落	堀　敏一著	14000円
11	元代江南政治社会史研究	植松　正著	13000円
12	明代建文朝史の研究	川越　泰博著	13000円
13	司馬遷の研究	佐藤　武敏著	12000円
14	唐の北方問題と国際秩序	石見　清裕著	14000円
15	宋代兵制史の研究	小岩井弘光著	10000円
16	魏晋南北朝時代の民族問題	川本　芳昭著	14000円
17	秦漢税役体系の研究	重近　啓樹著	8000円
18	清代農業商業化の研究	田尻　利著	9000円
19	明代異国情報の研究	川越　泰博著	5000円
20	明清江南市鎮社会史研究	川勝　守著	15000円
21	漢魏晋史の研究	多田　狷介著	9000円
22	春秋戦国秦漢時代出土文字資料の研究	江村　治樹著	22000円
23	明王朝中央統治機構の研究	阪倉　篤秀著	7000円
24	漢帝国の成立と劉邦集団	李　開元著	9000円
25	宋元仏教文化史研究	竺沙　雅章著	15000円
26	アヘン貿易論争－イギリスと中国－	新村　容子著	8500円
27	明末の流賊反乱と地域社会	吉尾　寛著	10000円
28	宋代の皇帝権力と士大夫政治	王　瑞来著	12000円
29	明代北辺防衛体制の研究	松本　隆晴著	6500円
30	中国工業合作運動史の研究	菊池　一隆著	15000円
31	漢代都市機構の研究	佐原　康夫著	13000円
32	中国近代江南の地主制研究	夏井　春喜著	20000円
33	中国古代の聚落と地方行政	池田　雄一著	15000円
34	周代国制の研究	松井　嘉徳著	9000円
35	清代財政史研究	山本　進著	7000円